Oscar Canstatt

**Brasilien
Land und Leute**

Canstatt, Oscar: Brasilien. Land und Leute
Hamburg, SEVERUS Verlag 2013
Nachdruck der Originalausgabe von 1912

ISBN: 978-3-86347-411-9
Druck: SEVERUS Verlag, Hamburg, 2013

Der SEVERUS Verlag ist ein Imprint der Diplomica Verlag GmbH.

Bibliografische Information der Deutschen Nationalbibliothek:
Die Deutsche Nationalbibliothek verzeichnet diese Publikation in der
Deutschen Nationalbibliografie; detaillierte bibliografische Daten sind im
Internet über http://dnb.d-nb.de abrufbar.

© **SEVERUS Verlag**
http://www.severus-verlag.de, Hamburg 2013
Printed in Germany
Alle Rechte vorbehalten.

Der SEVERUS Verlag übernimmt keine juristische Verantwortung oder
irgendeine Haftung für evtl. fehlerhafte Angaben und deren Folgen.

seVERUS

BRASILIEN

LAND UND LEUTE

VON

OSCAR CANSTATT

Dem verdienstvollen Förderer

der

Erd- und Völkerkunde

Herrn Friedrich von Hellwald

in aufrichtiger Verehrung

gewidmet

vom

Verfasser.

Vorrede.

Seit dem Jahre 1871, in welchem das mit so ausserordentlichem Beifall aufgenommene Handbuch der Geographie und Statistik des Kaiserreichs Brasilien von Dr. J. E. Wappäus erschien, ist, abgesehen von den officiellen Relatorien der brasilianischen Regierung, gelegentlich der Weltausstellungen zu Wien und Philadelphia meines Wissens kein umfangreicheres deutsches Werk mehr über Brasilien veröffentlicht worden, welches geeignet gewesen wäre, die immer noch sehr nebelhaften, in Deutschland herrschenden Ansichten über jenes wichtige Land zu klären. Diejenigen Bücher aber aus früherer Zeit, welchen neben Wappäus eine grössere Bedeutung hinsichtlich der Erlangung einer genaueren Kenntniss Brasiliens beizumessen sein dürfte, stehen noch immer so hoch im Preise, dass nur Wenigen die Anschaffung derselben ermöglicht ist und nicht einmal alle grösseren öffentlichen Bibliotheken sich im Besitze derselben befinden. Sowohl das Interesse jedoch, welches neuerdings die Länder- und Völkerkunde in allen Kreisen hervorruft, die ohne Zweifel grosse Beachtung verdienende Auswanderungsfrage, sowie der mehr und mehr sich ausbreitende Handel, liessen es mir wünschenswerth erscheinen, ein populäres und weniger kostbares Werk über Brasilien der Oeffentlichkeit zu übergeben.

Gestützt auf jahrelange, eigene Beobachtungen in den Tropengegenden, und mit Zuhülfenahme der umfangreichen Brasilien-Literatur, habe ich es deshalb versucht, ein Bild des Kaiserreiches zu entwerfen, bei dessen Ausarbeitung ich mir vor Allem zur Richtschnur nahm, unbeeinflusst von jedem sonstigen Interesse, möglichst wahre und treue Schilderungen zu geben.

Bei der ausserordentlichen Ausdehnung Brasiliens ist es selbstverständlich, dass ich nicht über Alles aus eigener Anschauung berichten konnte, zumal ich von den 20 Provinzen nur sechs, und unter diesen manche selbst nur auf kurze Zeit bereisen konnte. Ich musste deshalb die Schriften anderer Forscher und Reisenden mehrfach zu Rathe ziehen. In vielen derartigen Fällen habe ich, um den Gang der Schilderung nicht zu stören, darauf verzichtet, die Quellenangabe bei der betreffenden Stelle ausdrücklich hervorzuheben; um so mehr scheint es mir geboten, hier die Autoren namhaft zu machen, deren Schriften ich als Hülfsmittel benutzte. Es waren dies hauptsächlich: Agassiz, Erzherzog Maximilian von Oesterreich, O. Dörffel, Spix und Martius, v. Eschwege, Da Cunha, Moraes, da Costa Honorato, Petermann, R. Hensel, v. Tschudi, de Souza, Pöppig, Maximilian Prinz von Neuwied, J. E. Pohl, M. Rugendas, Burmeister, R. Avé-Lallemand, J. Platzmann, C. Ritter, C. v. Koseritz, F. Mouchez, J. C. Häusser und G. Clarez, J. Armitage, H. Handelmann, O. Varnhagen, A. v. Humboldt, Blumenau, Kleudchen, Hörmayer, Neumann, Niemeyer, Mulhall, Gervinus, A. Jahn, W. Schultze, H. Lang, Dr. Kupfer, Marcoy, Keller-Leuzinger, Coëlho, Wappäus und verschiedene andere deutsche, englische, französische und portugiesische Autoren. Besondere Dienste leisteten mir ausserdem die bekanntlich nur mit Vorsicht zu gebrauchenden Angaben der officiellen Ausstellungsberichte von Wien und Philadelphia.

Um das Buch durch Illustrationen anschaulicher zu machen, kam die Verlagsbuchhandlung mit anerkennenswerther Bereitwilligkeit meinem Wunsche entgegen, indem sie den Schilderungen eine Reihe von Original- und anderen Aufnahmen, erstere von der Hand meines Bruders Dr. Rud. Canstatt einfügte, von welchen ich hoffe, dass sie das Verständniss der einzelnen Mittheilungen wesentlich erleichtern werden.

Bei dieser Gelegenheit muss ich betonen, dass die vorliegende Arbeit nicht den Anspruch erhebt, eine rein wissenschaftliche zu sein, und keineswegs den Stoff nach dieser Seite hin in erschöpfender Weise behandelt; es war im Gegentheil schwer, bei der gestellten Aufgabe und der Fülle des Materials nur diejenigen Dinge herauszugreifen, welche unerlässlich sind, um Land und Leute Brasiliens im richtigen Lichte erscheinen zu lassen. Wissenschaftliche Kreise und Leser, welche vielleicht aus eigener Anschauung das Land kennen, mögen deshalb keine allzu strenge Kritik walten lassen. Vieles werden sie nur flüchtig berührt finden, ja Manches kaum erwähnt. Dahin gehört unter Anderem eine Besprechung der politischen Entwickelung Brasiliens in den letzten 6 Jahren, welche ich unterliess, da derartige Vorgänge zu ihrer richtigen Beurtheilung unbedingt erst der Gegenwart ferner rücken müssen. Andere unwesentliche Dinge dagegen würden bei einer ausführlicheren Abhandlung zuviel von dem knapp bemessenen Raume in Anspruch genommen haben. Nach alledem wünschte ich das vorliegende Werk nur als einen kleinen nnd bescheidenen Beitrag zur geographischen Literatur betrachtet zu sehen. —

Zum Schlusse bleibt mir noch die Pflicht, meinen Dank dahin auszusprechen, von wo mir durch Ueberlassung der einschlägigen Literatur in bereitwilliger Weise jederzeit Hülfe gewährt wurde. Insbesondere muss ich der immer gütigen Zuvorkommenheit der Universitätsbibliotheken zu Strassburg und Göttingen auf das Verbindlichste gedenken.

Cassel, im Oktober 1876.

Der Verfasser.

Inhalts-Verzeichniss.

1. Kapitel.

Einleitung. — Flächenausdehnung. — Inseln. — Sonstige Topographie. — Geognostische Verhältnisse. — Flüsse und Ströme. — Wassersturz von Paulo Affonso. — Seen. — Klima und Jahreszeiten. — Gesundheitsverhältnisse . . . . 1—16

2. Kapitel.

Flora. — Eine Exkursion in den Urwald. — Waldfrüchte und Nutzbarkeit der einzelnen Bäume . . . . 17—44

3. Kapitel.

Fauna. — Affenarten. — Fledermäuse. — Raubthiere. — Beutel- und Nagethiere. — Gürtelthier und Ameisenbär. — Roth-, Reh- und Schwarzwild. — Tapir. — Wallfische etc. — Vogelwelt. — Der Strauss. — Schildkröten und deren Nutzen. — Krokodile. — Eidechsen. — Schlangen. — Frösche, Kröten und Lurche. — Fische. — Insekten . . . . 45—72

4. Kapitel.

Bevölkerung. — Indianer. — Eine Begegnung mit Botocuden. — Besuch bei den Coroados. — Guatós. — Caripunas. — Muras. — Miranhas. — Ticunas. — Passés. — Macusis. — Sahua-Indianer. — Bereitung des Urarigiftes. — Terenos. — Laïanos . . 72—93

5. Kapitel.

Landwirthschaft. — Mandioca-Anbau. — Sonstige Feldfrüchte. — Obst- und Gemüsezucht. — Blumen. — Die Handelsgewächse. — Kaffee-Kultur. — Baumwollen-Kultur. — Zuckerrohr-

— X —

Seite

anbau. — Tabakbau. — Cacaogewinnung. — Theegewinnung. — Paraguaythee. — Kautschuknutzung. — Officinelle Pflanzen. — Viehzucht. — Pferde- und Maulthierzucht. — Carreiro-Pferde. — Ein schlechter Handel. — Eselstücken. — Schaf-, Ziegen- und Schweinezucht. — Geflügelzucht. — Hunde. — Bienen- und Seidenraupenzucht. — Jagd. — Eine Jagd in Rio grande. - Eine Hetzjagd. — Fischerei . . . . 93—124

6. Kapitel.

Mineralprodukte. — Goldgewinnung. — Diamantengewinnung. Diamantenwäscherei. — Andere Edelsteine. — Eisengewinnung. — Andere Metalle. — Mineralien und Steinkohlen. — Salz. — Mineralwasser. — Industrie. — Zuckersiederei. — Branntweinbrennerei. — Bierbrauerei. — Tabakfabrikation. — Baumwollenfabrikation. — Maschinenfabriken. — Sonstige Industrie. — Handwerke. . . 125—145

7. Kapitel.

Handelsverkehr. — Schifffahrt. — Seereise auf einem deutschen Dampfer. — Sonstige Dampferverbindungen und Flussschifffahrt. — Landstrassen. — Tropeiros. — Wagengebrauch. — Eisenbahnen. — Zollwesen. — Banken. — Post. — Telegraphen. — Münzen. — Maasse und Gewichte. — Handelsgerichte . . . . 125—174

8. Kapitel.

Brasilianische Kolonieen und deren Entstehung. — Sklaveneinfuhr. — Zweifelhafte Elemente unter den deutschen Einwanderern. — Kirchliche Verhältnisse. — Krankenhäuser und Wohlthätigkeitsanstalten. — Unterricht. — Volkscharakter . . . . . 174—200

9. Kapitel.

Entdeckung und Besitzergreifung durch die Portugiesen 1497. — Erste Kolonisation des Landes durch die Portugiesen 1531. — Gründung Bahias 1549. — Erste Landung der Franzosen 1552. — Einfall der Aymores. — Vertreibung der Franzosen durch die Portugiesen. — Zweite Landung der Franzosen 1570. — Jesuitenmissionen. — Indianerverfolgungen 1571. — Dritter Landungsversuch der Franzosen. — Englische Beutezüge nach Brasilien. — Entdeckung von Gold- und Silberminen durch Alvarez Corea. — Spanische Goldgräber und deren Kämpfe mit den Indianern 1600. — Vierte französische Landung. — Rüstungen Hollands und der Westindischen Kompagnie gegen Brasilien. — Kampf der Brasilianer mit den Holländern. — Wegnahme der spanischen Silberflotte durch Admiral Petrit 1626. — Belagerung Pernambucos und seiner portugiesischen Besatzung durch die Holländer. — Seeschlacht von Pernambuco zwischen Holländern und Spaniern um den Besitz der zweiten Silberflotte. — Verlust Olindas. — Empörung der spanischen Truppen und Calabas Verrath. — Niederlage der Holländer 1633. — Besitznahme von Nordbrasilien durch die Holländer. — Pernambucos Fall. — Verlust von Porto Calao. — Siege Moritz von Nassaus über die Spanier. — Flucht der Bewohner Pernambucos nach Bahia. — Moritz von Nassau endliche Niederlage. — Entdeckung des Amazonenstromes 1637. — Vernichtung der spanischen Flotte 1640. — Losreissung Portugals von Spanien 1640. — Abberufung Moritz von Nassau. — Vieiras Verschwörung und Erfolge gegen die Holländer. — Hülfeleistung Portugals. — Schlacht von Guarabi 1648. — Einnahme von Pernambuco durch die Brasilianer 1654. — Gründung von Palmares. — Zerstörung von Palmares 1696. — Gründung von Ortschaften in Goyaz und Minas Geraes. — Traktat Portugals mit England und Angriff Frankreichs. — Einnahme Rio Janeiros durch Franzosen. — Friedensschluss und Abzug der Franzosen 1711. — Friede von Utrecht 1713. — Gründungen von Ortschaften durch die Paulisten. — Ministerium Pombals 1750. — Indianerbekämpfung und Grenzstreitigkeiten mit den spanischen Ansiedlern. 201—224

10. Kapitel.

Pombals Sturz und Regierung der Königin Maria 1777. — Johann VI. 1792. — Uebersiedlung des portugiesischen Hofes nach Brasilien 1807. — Neuorganisation der Landesverwaltung und Proklamation des Königreichs 1815. — Revolution zu Pernambuco 1817. — Revolution in Pará und Bahia 1821. — Truppenrevolte in Rio Janeiro und Versprechung einer Constitution 1821. — Ministerwechsel. — Manifest der Junta von Oporto 1821. — Rückkehr König Johanns nach Portugal 1821. — Regentschaft des Kronprinzen Dom Pedro. — Feindseliges Auftreten der Cortes gegen Brasilien. — Widersetzung Dom Pedros gegen seine Abberufung durch die Cortes. — Entfernung der portugiesischen Truppen aus Rio 1822. — Neues Ministerium unter Andrada e Silva. — Secessionistische Bewegung in Minas Geraes. — Befehl zur Rückkehr nach Portugal an den Kommandanten Madeira. — Idee einer Personalunion zwischen Brasilien und Portugal. — Unabhängigkeitserklärung zu Spiranga, 7. September 1822. — Kaiserproklamation und Krönung Dom Pedro I. — Auseinandersetzung mit Portugal. — Verschwörung der Gebrüder Andrada. — Beschwörung der neuen Verfassung von 1824. — Losreissung der Banda Oriental und Erbfolgestreit in Portugal. — Aufregung der Kammern 1829. — Diogo Antonio Feijó. — Verläumdung des Kaisers. — Reise nach Minas Geraes. — Theilweiser Wechsel des Ministeriums. — Wiederauflösung des Ministeriums. — Verschwörung der Gebrüder Lima. — Abdankung Dom Pedro I. —

Proklamation Dom Pedro II. — Organisation der Regierung. — Parteizwist zwischen den Familien Andrada und Lima. — Regentschaft des Diogo Feijó. — Lima Regent. — Unruhen im Reiche und Sturz Limas. — Majorennitätserklärung Dom Pedro II. — Bürgerkrieg in der Provinz Rio grande do Sul 1843—1844. — Krieg Brasiliens mit Paraguay. — Lopez Tod. — Dynastie. — Die Verfassung von Brasilien. — Die Provinzialverwaltung . . 224—253

11. Kapitel.

Reise durch Brasilien — Ankunft in Pernambuco. — Rückkehr an Bord. — Bahia. — Cadeiras. — Passeio publico. — Leichenwagen. — Wanderung durch die Stadt. — Negerbegegnung. — Speisehäuser. — Lastträger. — Streifzüge durch die Stadt. — Der Tich. — Das erste Nachtquartier auf brasilianischem Boden. — Brasilianische Frauen. — Die Cajúfrucht. — Bahias Industrie. — S. Francisco-Eisenbahn. — Citandeiras. — Besuch der Insel Itaparica. — Ein Manglewald. — Die Krabben. — Rückkehr nach Bahia. — Verkaufsläden von Naturmerkwürdigkeiten . . . . . 254—282

12. Kapitel.

Abreise nach Rio Janeiro. — Die Bai von Rio Janeiro. — Rio Janeiro. — Umständlichkeiten bei der Landung. — Exchange Hôtel. — Inneres der Stadt. — Passeio publico. — Strassen und Plätze. — Oeffentliche Bauten. — Frohnleichnamsprozession. — Der botanische Garten. — Wasserleitung. — Gasbeleuchtung. — Strassenleben und Mercado. — Lastträger. — Landsitze der Kaufleute. — Bauart der Privathäuser. — Innere Einrichtung der Wohnungen. — Musikalische Misère. — Brasilianisches Militair. — Klima von Rio. — S. Domingo. — Eine deutsche Familie. — Wagenverkehr und Pferdebahn. — Fremde Nationalitäten in Rio. — Die Portugiesen. — Brasilianische Kindererziehung. — Zeitungswesen in Rio und geistiges Leben . . . . 282—311

13. Kapitel.

Abreise nach Petropolis — Austernfrühstück. — Fahrt auf der Mauá-Bahn. — Diligenciafahrt über die Serra — Petropolis. — Dom Pedros II. Persönlichkeit. — Brasilianische Flagge und Orden. — Reise nach Ouro preto. — Reiseequipirung. — Ein Elsässischer Mascate. — João, der Peão. — Reiseunterhaltung. — Eine Venda. — S. José Sumidoiro. — Ein toller Hund. — Riberão. — Am Rio Parahyba. — Die Brücke bei Parahyba. — Ein Gewitterregen. — Façenda Cafesal. — Sattelung der Reitthiere. — Parahybuna und Juiz de Fora. — Chapeo d'Uvas. — Die Serra Mantiqueira. — Pferdepflege in Brasilien. — Barbacena. — Flussübergang bei Tahipas. — Begegnung einer Karrete. — Queluz. — Ein amerikanischer Zahnarzt. — Ouro preto . . . . 311—354

Seite

14. Kapitel.

Trennung von der bisherigen Reisegesellschaft. — Itabira. — Ein Estanceiro. — Aus dem Leben des Estanceiros. — Reise nach Tamanduá. — Tamanduá. — Unwetter. — Ein Nachtlager im Walde. — Eine Affenheerde. — Zwei Deserteure. — Am Rio Pará. — Der Wasserfall bei Passagem. — Ein deutscher Missionair. — Leuchtkäfer. — Caldas. — Der Peão des Pater Hyeronimus. — Penha. — Allgemeines über die Provinz S. Paulo. — Kolonieen der Provinz S. Paulo. — Jundiahy. — Eisenbahn nach Santos. — S. Paulo. — Santos . . . . 354—390

15. Kapitel.

Küstenfahrt. — Desterro. — Brasilianisches Gefängnisswesen. — Deutsche Landsleute in Desterro. — Seefahrt nach Rio grande. — Barre von Rio grande. — Im Hafen von Rio grande. — Hafenleben. — Theater — Fahrt über die Lagoa dos Patos. — Porto Alegre. — Das Einwandererhaus. — Deutscher Hülfsverein. — Konsulate und öffentliche Gebäude. — Die Varzia. — Deutsche Vereine. — Caridade. — Schulen. — Oeffentliche Brunnen. — Industrie Porto Alegres. — Eisenbahn . . . . 390—410

16. Kapitel.

Reise nach S. Leopoldo. — S. Leopoldo. — Geschichte der deutschen Kolonieen. — Schulen. — S. Leopoldos Jugend. — Abreise in die Picaden. — Ein unfreiwilliges Bad. — Der Hamburger Berg. — Die Baumpicade. — Lage der deutschen Kolonisten. — Der Muckerkrieg. — Im Theewald. — Der Wasserfall des Rio da Cadea. — Ein kleiner Roman. — Kaffeepicade. — Ein Sonntag auf den deutschen Kolonieen. — Ein Kolonistenschullehrer. — Roçabrennen. — Von der Kaffeepicade nach Nova Petropolis. — Nova Petropolis. — Eine Kirchweih in der Picada Nova. — Rückkehr nach S. Leopoldo. — Allgemeine Lage der Kolonieen . . 410—437

17. Kapitel.

Fahrt auf dem Jacuhy. — S. Jeronymo und Triumpho. — Rio Pardo. — Ritt nach S. Cruz. — S. Cruz. — Von S. Cruz nach Mont' Alverne. — Ein Missverständniss. — Jung Deutschland im Urwald. — Mont' Alverne. — Verirrt. — Produktionsverhältnisse. — Kirchen- und Schulverhältnisse zu S. Cruz. — Ausflüge von S. Cruz. — Fledermaushöhle bei S. Cruz. — Der Butucarahy. — Eine verödete Kapelle. — Aerztliche, polizeiliche und sonstige Verhältnisse. — Schlusswort . . . . 437—456

BRASILIEN

LAND UND LEUTE

Erstes Kapitel.

Oertliche Verhältnisse.

Den Portugiesen, bei welchen frühzeitig Schifffahrt und Handel einen ungewöhnlichen Aufschwung gewonnen hatten, verdanken wir zunächst die Entdeckung Brasiliens. Seitdem König Ferdinand von Portugal für beides noch besondere Vergünstigungen gewährt hatte und 1483 von einem Deutschen, Martin Behaim, das verbesserte Astrolabium in der portugiesischen Marine eingeführt ward, welches die Orientirung auf hoher See erleichterte, vermehrte sich jedoch das rege Leben in den Häfen Portugals; die Zahl der Schiffe wuchs und die Werften und Märkte der Küstenstädte boten ein reiches Bild geschäftiger Thätigkeit. Reich beladen mit den Schätzen fremder Welttheile kehrten die heimischen Schiffe zurück und der Erfolg der an die Wagnisse ihrer Führer geknüpft war, entflammte in stets erweiterten Kreisen den Thatendurst und die Begierde nach Gewinn. Mehr noch, als der absichtliche Zweck, neue Entdeckungen zu machen, durch welchen sich zahlreiche verwegene Abenteurer zu weiten Fahrten verlocken liessen, begünstigte Wind und Strömung oft diesen glücklichen Zufall. Auf solche Weise ward denn auch in der Osterwoche am 22. April 1500 durch Pedro Alvarez Cabral, das Land von Santa Cruz, das heutige Brasilien, entdeckt. Beiläufig bemerkt, soll aber auch früher schon im Jahre 1497 durch einen gewissen Amerikus Vesputius zufällig die südamerikanische Küste aufgefunden worden sein. Doch, da das Interesse Portugals damals ausschliesslich an den Handel mit dem Orient und dem reichen Indien geknüpft war, die beide einen glänzenderen und leichteren Gewinn boten, als Brasiliens undurchdringliche Wälder, so begnügte man sich durch einige Grenzsteine und in schriftlichen Dokumenten das Vorrecht an dem Besitz der neuen Entdeckung festzustellen. Erst unter König Johann III. und nach dem Verluste einer grösseren Zahl ostindischer Besitzungen dachte man daran, das Land zu kolonisiren, was wir später in dem geschichtlichen Abschnitt näher ausführen werden. Um den Leser jedoch, wie es unsere Absicht ist, mit Land und Leuten Brasiliens so vertraut als möglich zu machen, erscheint es uns von Wichtigkeit, zunächst die örtlichen und geographischen, eigenthümlichen Verhältnisse des brasilianischen Gebietes, soweit es nur immer der Raum gestattet, eingehender zu schildern. Nur dann wird man sich ein klares Urtheil über die mit den Eigenthümlichkeiten des Landes Hand in Hand gehenden geschichtlichen Vorkommnisse und Brasiliens Fortentwickelung bilden können.

Das heutige Brasilien umfasst einen Flächenraum von 172,000 Quadrat-Meilen, nach Dr. Hübners statistischer Tafel 151,973 Quadrat-Meilen, nach A. von Humboldt 7,952,344 Quadrat-Kilometer. Die Angaben darüber lauten sehr verschieden und schwanken zwischen 172- und 173,000 Quadrat-Meilen. Mit absoluter Sicherheit dürfte wohl überhaupt noch nicht eine endgültige Zahl festzustellen sein, da die Vermessungen dieses ungeheuren Landes noch nicht vollständig beendet sind. Die jüngst erst niedergesetzte Kommission, welche mit der Ausarbeitung einer Generalkarte von Brasilien beauftragt ist, hat die Areal-Ausdehnung mit Einschluss der an Guayana, Columbien und die Argentinische Konföderation grenzenden Gebiete, deren Demarkationslinie noch durch besondere Verträge festzustellen ist, auf 8,337,218 Quadrat-Kilometer angesetzt; doch steht unbezweifelt fest, dass seine Ausdehnung diejenige ganz Europas und etwa 14mal die Grösse Frankreichs übersteigt.

Es grenzt im SO., O. und NO. an den atlantischen Ocean, gegen N. an das französische und brittische Guayana und Venezuela, gegen Westen resp. Süden an Neu-Granada, Ecuador, Peru, Bolivia, Paraguay und die Argentinische Republik und gegen Süden an die orientalische Republik von Uruguay. Auch die Grenzen sind grösstentheils noch nicht definitiv bestimmt worden.

An Inseln, die als Bereicherung des Festlandes anzusehen sind, ist Brasilien arm. Die einzige wirkliche Inselgruppe, Santa Barbara oder Abrolhos (d. h. thu' die Augen auf), ward stets nur als eine Gefahr für die Seefahrer angesehen, welche Ansicht erst durch gründliche Untersuchungen in der neuesten Zeit berichtigt werden konnte. Diese Inselgruppe liegt 30 Seemeilen vom Lande entfernt und ist aus 5 Inselchen und einer Menge Klippen zusammengesetzt, die aus einem weisslichen Gestein bestehen, das an der Luft rasch zerfällt, unter dem Wasser aber sich bedeutend verhärtet. Da sie keine Quellen besitzen, machen sie jede menschliche Niederlassung daselbst unmöglich. Nur hie und da sind sie mit dürrem Gestrüpp oder Cacteen bedeckt und in ungestörter Einsamkeit horsten Schaaren von Vögeln hier in bester Eintracht mit zahllosen Eidechsen und ungewöhnlich grossen Ratten. Die Umgebungen der Inseln bilden reiche Fischreviere, welche die Küstenbewohner und Wallfischfänger, letztere besonders, zu gewissen Jahreszeiten hierher locken. Das grösste und nördlichste jener Eilande, Santa Barbara genannt, trägt auf einem seiner Hügel einen Leuchtthurm, dessen Licht auf weite Fernen hin dem Schiffer ein treuer Wegweiser ist. Doch auch hier würde es den 3 bis 4 Wächtern des Leuchtthurms nicht möglich sein zu existiren, wenn nicht vorsorglich alle Monate vom Festlande aus ihnen Nahrungsmittel zugeführt würden. Anhaltender Regen begünstigt zudem hier die Ansammlung des nöthigen Wassers in Cisternen. Ein baumartiger Strauch, Seriba, der einzige seiner Art auf der ganzen Inselgruppe, gab einem der kleinen Eilande zugleich seinen Namen. Häufig wird das Bassin, welches durch die Inseln und Felsenriffe sich bildet, als willkommener Ankerplatz von vorüberfahrenden Segelschiffen benutzt, um hier das Tosen des Sturmes abzuwarten. Eine grosse Korallenbank auf der Ostseite der Inseln wird dagegen als eine gefährliche Stelle von allen Schiffen sorgfältig gemieden.

Bedeutender als die Abrolhos, aber viel abgelegener, ist die Inselgruppe von Fernando de Noronha, die gleichfalls aus einem grösseren und mehreren kleinen Eilanden und Riffen besteht. Auf 30 Seemeilen weit erblickt man den charakteristischen Pik der Insel, die Pyramide genannt, der 800 Fuss aus dem Meere sich erhebt. Die Insel ist dicht bewaldet, und im Besitz des nöthigen Quellwassers erwies sie sich zur Besiedelung, doch nur in beschränktem Maasse, günstig, da der fast gänzliche Regenmangel und die felsige Bodenbeschaffenheit dem Anbau von Kulturgewächsen unüberwindliche Schranken entgegensetzte.

Fernando de Noronha dient als Deportationsort für Verbrecher und aus diesen, wie aus der 200 Mann betragenden Besatzung besteht zur Zeit die Gesammtbevölkerung der Insel. Fischfang und etwas Viehzucht bilden ihre Beschäftigung. Zum Schutze gegen Seeräuber wurden 1738 verschiedene Forts auf den einsamen und kühn ins Meer hinausragenden Felsen errichtet, deren Spuren jedoch nur noch als malerische Ruinen aus dem Grün der Palmen, Jacarandas und Cassias emporragen. Von ähnlicher Beschaffenheit und ebenfalls von Sträflingen bewohnt, ist die sogenannte Ratten-Insel, welche als Bestandtheil einer noch kleineren Inselgruppe weiter nördlich gelegen ist. Als zu Brasilien gehörig wird auch noch die am Himmelfahrtstage 1506 von Tristão da Cunha entdeckte und deshalb Ascensão oder Trinidad genannte Insel gerechnet, welche im Jahre 1700 von den Engländern in Besitz genommen ward. Ein Versuch, der 1781 von ihnen gemacht wurde, sie durch Ansiedelung zu beleben, misslang, wie das ähnliche Bestreben Portugals, das sich wieder in deren Besitz setzte, und zwar durch das Versiegen aller Quellen. Gegenwärtig ist Trinidad nur noch von verwilderten Katzen und Ziegen bewohnt.

Gross ist schliesslich die Zahl der in den Buchten und Baien und in nächster Nähe des Landes befindlichen kleinen Inselchen. Nennenswerth sind aus der Zahl der dichter am Gestade liegenden Inseln: Marajó, Mexiana und Caviana in der Mündung des Amazonenstromes; Maranhão mit der gleichnamigen Hauptstadt der Provinz, Jtamaracá in der Provinz Pernambuco, Jtaparica und Tinharé in der Provinz Bahia, Governador in der Bucht von Nitheroy, Ilha Grande bei Rio Janeiro, S. Sebastião und S. Vicente in der Provinz S. Paulo und S. Catharina.

Leider befinden sich von dem grossen Flächenraum Brasiliens noch wenigstens 100,000 Quadrat-Meilen im wilden Naturzustande als völlig freies und besitzloses Land. Von dem übrigen Theil sind 12—15 Prozent, wie Flüsse, Seen, Sümpfe etc. als völlig unanbaubar zu rechnen und selbst der Rest, obgleich in den Besitz der Bewohner bereits vertheilt, erfreut sich doch erst in dem geringen Maasse von 2—3 Prozent des Anbaus und der Kultur.

Brasilien ist theils Gebirgshochland, theils Niederung. Ersteres auch „brasilische Anden" genannt, nimmt etwa 50,000

Quadrat-Meilen ein. Brasilianischerseits unterscheidet man als die höchsten und bedeutendsten Gebirgsketten eine centrale, die von Espinhaço oder Mantiqueira; die östliche, Maritima oder do.Mar; die westliche oder das Vertentes, und die nördliche mit den Gebirgen Paracayma und Tumucuraque. Die Serra do Mar, auch dos Orgãos, das Orgelgebirge, genannt, zieht sich der Küste entlang von der La Plata-Mündung bis zum Franciscothal. Im Norden, wo es sich mehr von der Küste entfernt, erhält es den Namen Serra do Espinhaço, Nadelgebirge. Hier erreichen die Gipfel unter der Benennung Orgelgebirge, Pico dos Orgãos und Morro de Papagaio, Papagaienhügel, ihre höchste Höhe mit 7300 und 7000 Fuss. Die nördlicher gelegenen Gipfel (in der Serra de Villa Rica) der Itacolumi und Itambe erreichen nur die Höhe von 5700 und 5250 Fuss. Ganz neuerdings wird als höchster Gipfel der Serro de Itatiaia betrachtet, dessen Höhe über der Meeresfläche 2994 Meter oder nach Anderen 3140 Meter beträgt. Die Serra do Mar und do Espinhaço, nebst der Querkette, Serra Negra genannt, sind bis jetzt die allein genauer bekannten brasilianischen Gebirgszüge. Weniger bekannt sind die Gebirgsketten des inneren Landes. Die Serra Negra, welche sich an der Franciscoquelle, hier Koffergebirge, Serra de Canastra genannt, nördlich bis zur Querkette der „Pyrenäen" wendet, bildet als Wasserscheide für die 3 Haupt-Wassersysteme Brasiliens den Knotenpunkt des ganzen Gebirgssystems.

    Die Gebirge zeichnen sich durchweg durch ihre höchst eigenthümlichen Formen aus und gestalten sich je nach ihrem Gestein bald zu langgestreckten sargähnlichen Höhenzügen, bald zu hohen nadelförmigen Felsengebilden, welche die Einbildungskraft der Seefahrer, wie der Eingeborenen lebhaft erregte. Im Innern des Landes, wo neben dem Granit- auch Schiefergesteine erscheinen, sind die Berge zackiger und zum Himmel anstrebend, obgleich ihre Höhe keine so sehr bedeutende ist, während die Küstengebirge, z. B. in der Umgegend Rio Janeiros, mehr hohen Domen gleichen. Die Bai von Rio Janeiro, einer der schönsten Häfen der Welt, verdankt auch gerade den eigenthümlich geformten Höhenzügen ihrer Umgebung ihre überwältigende Schönheit. Da liegen im Hintergrunde der von mächtigen Felsmassen umsäumten Wasserstrasse, welche das Schiff nach vielleicht stürmischer Fahrt zum stillen Hafen leitet, der 1000 Meter hohe sogenannte Mastkorb (la Gabia), dessen breiter, etwas weiter gegen unten eingeschnürt erscheinender Gipfel, von der See aus gesehen, in der That einige Aehnlichkeit mit einem Mastkorb hat. Im Osten erhebt sich ein eben so merkwürdiger Berg, der Corcovado, ein mächtiges höckerichtes Ungeheuer, und dicht an der linken Seite der Einfahrt ein Granitkegel, der vollkommen die Form eines schiefstehenden Zuckerhutes hat und deshalb auch diesen Namen trägt. Wie jeder Ort irgend ein besonderes Wahrzeichen besitzt, wie man Neapel nicht sich ohne den Vesuv denken kann, so ist der Zuckerhut die unzertrennliche Ergänzung des Bildes von Rio Janeiro. Alle die genannten Berge zusammen stellten sich den älteren Seefahrern als die Gestalt eines ruhenden Riesen dar, dessen Kopf, der sogar einige Aehnlichkeit mit dem Profil der Bourbonen hat, von der Gabia und dessen Füsse von dem Zuckerhut gebildet werden. Als der König von Portugal 1807 vor Napoleons Uebermuth flüchtend sich in den Schutz Brasiliens begab, welches damals noch im Besitz der portugiesischen Krone war, wurde das Bild dieses Riesen, als Genius des Landes ihn bewillkommend, mit der Unterschrift: „Der Riese erhebt sich", dargestellt.

In weiter Ferne sind in dieser Gegend Brasiliens auch jene Berge durch ihre kühnen Formen besonders in die Augen fallend, welche das sogenannte Orgelgebirge bilden, da seine Nadeln und pyramidenartigen Kuppen einer lebhaften Phantasie als Orgelpfeifen erscheinen.

Im Gegensatz zu diesen malerischen Umgebungen der Bai von Rio Janeiro besteht die südlicher gelegene Küste Brasiliens aus einer trostlosen Sandwüste, namentlich die weiten Landstrecken bei Rio grande vergegenwärtigen uns geradezu das Wüstenbild der Sahara. Der blendend weisslich-gelbe Sand, welcher jenen Küstenstrich bedeckt, ist von solcher Mächtigkeit, dass es unmöglich sein würde, diese Ebenen nutzbar zu machen. Ja, das Uebergreifen des sandigen Elementes wird sogar den Bewohnern der wenigen Ortschaften, die nur um der Fischerei und des Handels willen hier entstanden, gefährlich. Es giebt sogar Stellen, woselbst der Triebsand Menschen und Thiere, die sich in seine Nähe wagten, rettungslos verschlang.

Geognostische Verhältnisse.

Die geognostischen Verhältnisse Brasiliens im Zusammenhange zu schildern, so dass man ein übersichtliches Bild von der Beschaffenheit der weiten Landstrecken erhält, würde sehr schwierig, wenn nicht ganz unmöglich sein. Eine planmässige Erforschung des Landes, wie sie anderwärts längst stattgefunden, ist zwar von der Regierung schon oft beabsichtigt, aber noch niemals mit Ernst und Beharrlichkeit durchgeführt worden. Selbst fremden Naturforschern, welche seit vielen Jahrzehnten das reiche und interessante Land bereist haben, wurde nicht nur bei ihren wissenschaftlichen Expeditionen brasilianischerseits keine Unterstützung zu Theil; es wurden ihnen sogar, wie z. B. Alexander v. Humboldt, noch zu Anfang dieses Jahrhunderts die grössten Hindernisse in den Weg gelegt.

Die vorherrschenden drei Hauptgesteine Brasiliens sind Gneuss, Granit und Basalt. Auf dem Gneuss finden sich in gewissen Gegenden Brasiliens jene Formationen, die durch Goldgehalt und Diamantenreichthum seit seiner Entdeckung Tausende von Abenteurern angelockt haben. Häufiger noch, wie in diesen Schichten, finden sich die edlen Metalle und Gesteine in dem aufgeschwemmten Gebirge und den mächtigen Sand-, Thon- und Mergellagern in den Provinzen Minas geraes, S. Paulo, Goyaz und Matto grosso. In der Provinz Minas geraes war es auch, woselbst 1800 der berühmte Diamant gefunden, der als grösste Zierde der Krone von Portugal eingefügt wurde. Neben den Diamanten liefern die Südprovinzen Brasiliens an kostbaren Steinen in Masse die prächtigen Achate und Opale, welche in den berühmten Achatschleifereien zu Oberstein in der preussischen Rheinprovinz zu Schmuck- und Nippsachen und zu sonstigen Geräthschaften verarbeitet werden. Es giebt Steine von besonderer Schönheit darunter, welche ein Gewicht von mehreren Centnern haben und durch deren Verkauf von den Händlern oft einige 1000 Thaler auf einmal gewonnen werden.

Ausser den obengenannten Hauptgesteinsarten ist Porphyr und Syenit weit verbreitet und im Innern, wo Felsen mit jenen Gesteinen in langen Zügen auftreten, zeigen sich Massen reinen und eisenhaltigen Sandsteins, ferner Kalksteine und tiefschichtige Töpferthonlager. In den zahlreichen Höhlen, welche ein Produkt ungeheurer Wasserfluthen zu sein scheinen, kommen auch in grosser Verbreitung und zahlreichen Exemplaren fossile Knochen von Säugethieren vor. Neuerdings hat man auserdem mehrfach Salz- und Steinkohlenlager gefunden. Vulkane, wie sie z. B. Japan so eigenthümlich sind, fehlen dem grossen Gebiete von Brasilien gänzlich.

Der Wasserreichthum Brasiliens ist ein ausserordentlich grosser, denn abgesehen von den sehr ausgedehnten meerumspülten Küstenflächen und ausser dem gewaltigen Amazonenstrom, dem grössten Strom der Erde, besitzt Brasilien auch noch eine namhafte Anzahl Flüsse von hervorragender Bedeutung. Der majestätische La Platastrom berührt das Gebiet Brasiliens nur auf einer kleinen Strecke. Als Wasserstrassen jedoch bieten Brasiliens Flüsse und Ströme der Schifffahrt durch ihre vielfachen Stromschnellen und Wasserfälle zur Zeit noch grosse Hindernisse. Auf gewaltigen Umwegen und nachdem sie sich mit andern Strömen vereinigt, streben alle brasilianischen Gewässer dem gemeinsamen Ziele des atlantischen Ozeans an der Ostküste des Landes zu.

Der eben erwähnte Amazonenstrom, jenes grösste Flussbecken der Erde, umfasst eine Fläche von etwa 130,000 deutschen Quadratmeilen, nur um den sechsten Theil weniger demnach, als ganz Europa beträgt. Der grössere Theil des Amazonas (3828 Klm.) durchströmt Brasilien. Seine Totallänge wird auf 2066 Seemeilen angegeben, seine Breite aber beträgt an der Mündung nicht weniger als 180 Seemeilen. Auch der Tiefe nach ist der Amazonas der erste Fluss der Erde. Stellenweise soll das Senkblei, wie glaubwürdige Forscher versichern, bei 600—800 Fuss noch keinen Grund gefunden haben. Doch mag hier einige Uebertreibung mit im Spiele sein. Jedenfalls überragt der Amazonas alles, was sich die Phantasie auf diesem Gebiete vorzustellen vermag.

Der Amazonenstrom hat, wie der Nil, jährlich sein Steigen, seine befruchtende Ueberschwemmung und sein Zurücktreten. Dieses Wachsthum ist weniger abhängig von dem Schmelzen des Schnees in den Gebirgen (denn auch die brasilianischen Gebirge und die Kette der Anden sind einen grossen Theil des Jahres hindurch mit Schnee bedeckt), als von dem periodischen Regen in den Gebieten seiner zahlreichen Zuflüsse. An einigen Stellen steigt der Fluss zu gewissen Jahreszeiten bis zu 40 bis 50 Fuss über seine gewöhnliche Höhe. An der Mündung wird das Steigen und Fallen des Flusses auch durch Fluth und Ebbe bedingt. Die Fluthwelle, die am Amazonas mit dem Namen Pororoca bezeichnet wird, treibt das Wasser oft in wenigen Minuten zu einer mächtigen Höhe und braust mit solcher Heftigkeit heran, dass sie nicht selten ganze Strecken Landes hinwegschwemmt, die stärksten Bäume entwurzelt und überhaupt die ungeheuersten Verheerungen anrichtet. Die rasende Eile, mit welcher der Strom sich in das Weltmeer ergiesst, und die Geschwindigkeit seines Laufes ist so gross, dass längst, wenn seine Ufer dem Gesichtskreis entschwunden sind, der Seefahrer noch von seinem unvermischten Wasser trinken kann.

Unzählig sind die Inseln, welche in dem Süsswassermeere des Amazonas zerstreut liegen und die mit einer eigenthümlichen buschigen Vegetation und den weissstämmigen Ambauvas bedeckt sind. Man kann sich einen Begriff von der Mächtigkeit des Stromes machen, wenn man bedenkt, dass mehrere von diesen Inseln viele Meilen lang und von verhältnissmässiger Breite sind. Eines dieser Eilande (Marajó) hat sogar nicht weniger als 960 Quadratlieues Flächeninhalt; es ist mithin grösser als die Schweiz.

Die Flussufer des Amazonas sind niedrig und würden jedes landschaftlichen Reizes entbehren, wenn nicht die grossartige Pflanzenwelt des Urwaldes sie umgäbe. Auf die Nebenflüsse näher einzugehen, die an Grösse nicht minder bedeutend sind, als unser Rhein oder Donaustrom, würde zu weit führen. Einige sind berühmt durch die besonders grossartigen Wasserfälle, welche von ihnen gebildet werden, wie z. B. der Rio negro und der Rio grande.

Ueber die Entstehung der Benennung Amazonenstrom wird erzählt, dass sie sich von dem Seefahrer Orellana herschreibe, der 1542 den ganzen Strom befahren und an der Mündung eines seiner Nebenflüsse, Trombetas, von Indianern angegriffen wurde, an deren Spitze Frauen mit der grössten Wuth kämpften und die Männer auf alle Weise zur Tapferkeit anfeuerten. —

Innerhalb Brasiliens sind es 18 Flüsse ersten Ranges, welche dem Riesenstrom ihre Gewässer zusenden. Zur Rechten sind dies: der Xingú, Tapajóz, Madeira, Jurús, Coary, Teffé, Juruá,

Jutahy, Javary; zur Linken: der Jary, Parú, Trombetas, Nhamundá, Uataman, Urubú, Negro, Japurá, Içá.

Unter den ausserhalb des Amazonengebietes in den Ozean mündenden Flüssen seien nur wenige namhaft gemacht. Vor Allem ist es der San Francisco, der für das Land um so wichtiger ist, da er ihm mit seinem ganzen Stromgebiete angehört. Leider aber ist er nicht in seiner ganzen Ausdehnung schiffbar, sondern wird vielmehr durch den berühmten Wassersturz Salto de Paulo Affonso unterbrochen.

Zwischen zwei ungeheuren Granitmauern eingeschlossen eilt das Wasser zuerst mit rasender Geschwindigkeit auf einer stark geneigten Fläche wie ein entfesselter Bergstrom dahin und stürzt dann plötzlich in drei auf einander folgenden Fällen, im Ganzen 80—84 Meter tief, mit donnerartigem Getöse hinab. Der Katarakt lässt ausser den drei genannten Theilen noch vier besondere Fälle unterscheiden, welche zwischen schroffen Felseneinfassungen vereint mit den übrigen unaufhaltsam herabtoben. Von wunderbarer Wirkung sind unter ihnen die beiden Wasserfälle Angiquinho und Dous Amores.

So hoch ist der Fall der gesammten Wassermasse, welche durcheinander wirbelt und rast, dass alles in Schaum, Dampf und dichten Wasserwolken, ein furchtbares Chaos, sich zur Tiefe wälzt. Der ganze San Franzisco, ein für grosse Fahrzeuge schon 200 deutsche Meilen weit schiffbar gewesener Strom, ist es, der durch eine Felsenspalte sich ergiesst. Von Weitem gesehen, mag der Niagarafall den Salto de Paulo Affonso wohl übertreffen, dagegen in der Nähe betrachtet, ist der letztere im Vortheil, denn der Formenreichthum und die wechselvolle Beleuchtung der dem engen Raum der zusammengepressten Wassermasse entsteigenden Dampfwolke ist ein so grossartiges Schauspiel, dass kein Vergleich es annähernd schildern könnte. Der in einer mächtigen Säule emporsteigende Wasserdampf zeigt sich, von der Sonne beleuchtet, 4 Leguas weit, während am Fusse derselben die Windsbraut tobend dem von dem Kampf der Elemente betroffenen Wanderer jede Annäherung wehrt und ihm den Athem benimmt. — Als einer Naturmerkwürdigkeit müssen wir bei dieser Gelegenheit einer unterhalb jener Fälle gelegenen Höhle, der sogenannten Furna dos Morcegos, gedenken. Ihr Eingang, zu dem man auf steilen Klippen hinabgelangt, ist

6 Meter hoch und 1,5 Meter breit. Die eigentliche Höhle, die wohl Raum für 2000 Menschen hat, besitzt eine Länge von 48 Meter und eine Höhe von 88 Meter.

Im Vergleich mit dem San Francisco sind die übrigen an der Ostküste von Brasilien mündenden Ströme von geringer Ausdehnung und Bedeutung. Es blieben noch zu nennen der Itapicurú, der Paraguassú, der Rio das Contas, der Rio Pardo, der den Colonisten durch seine Ausdünstungen so gefährliche Mucury und viele andere von mehr oder minder ausgedehntem Stromgebiet.

Weiter südwärts ist das Flusssystem von Brasilien geringer entwickelt. Erst in der südlichsten Provinz Rio grande do Sul finden sich wieder recht ansehnliche Gewässer, z. B. der San Francisco do Sul, der Jacuhy und andere; diese fliessen aber nicht dem Ozean zu, sondern münden in die grossen Lagunen, welche den grössten Theil dieser Provinz umsäumen. Der Theil der Flüsse, welche dem La Plata zuströmen, ist zwar auch ein sehr ansehnlicher, sie sind aber in noch höherem Grade durch Stromschnellen und Wasserfälle der Schifffahrt versperrt. Manch' kühne Abenteurer und Naturforscher haben versucht, diese natürlichen Verbindungswege des Landes, welche durch die unwirthlichsten Urwaldgegenden führen, mit Gefahr ihres Lebens zu erkunden, immer aber musste man sich von Neuem davon überzeugen, dass menschliche Kühnheit und Unternehmungslust den gewaltigen Hemmnissen der Natur gegenüber sich ohnmächtig erweisen. Noch im Jahre 1865 rüstete die Regierung eine Untersuchungs-Expedition unter Leitung zweier deutscher Ingenieure Namens Keller aus, welche mit 6 Böten, worunter 5 grosse zu 5 Tonnen Gehalt waren, einige der wichtigsten Nebenflüsse des grossen Paranástromes im Interesse der Schifffahrt und der Wissenschaft genauer untersuchen sollten. Auch schon im Jahre 1845 war eine ähnliche Expedition zu gleichem Zwecke in jene Gegenden gesandt worden. Die Mitglieder beider Unternehmungen aber kehrten ohne ein anderes Resultat zurück, als das der Bestätigung, dass sich die Flüsse des Westens nur in beschränktem Maasse zur Schifffahrt eigneten. Sieben Wasserfälle (die Sete Quedas oder Guayrá) hemmen an einer Stelle allein den Lauf des Paraná. Dieselben gehören, wie es in dem kürzlich erschienenen Werke: „Das Kaiserreich

Brasilien auf der Weltausstellung zu Philadelphia 1876" heisst, zu den bedeutendsten, die man kennt, und dürfen, wenn nicht wegen der Höhe der Felsenmauern, doch in Anbetracht der hier zusammenfliessenden Wassermenge, welche, durch eine enge Schlucht von 70 Metern sich drängend, bei einem Winkel von 50° auf geneigter Fläche 17 Meter tief herabstürzt, den Vergleich mit den Niagarawasserfällen durchaus nicht scheuen.

Wie Azara bemerkt, der gegen Ende des vorigen Jahrhunderts diese Gegend besuchte, bildet der Wasserstaub des Falles Dampfsäulen, welche auf viele Meilen hin sichtbar sind und im Lichte der Sonne zahllose Regenbogen erzeugen. — 33 Klm. weit ist das Getöse des Wassersturzes noch vernehmlich. Zur Beurtheilung der Grossartigkeit dieses Naturwunders müssen wir der Messungen des Ingenieurs Hunt erwähnen, welcher fand, dass in einer Entfernung von 100 Klm. die Breite des Flussbetts 1500 Meter, die durchschnittliche Tiefe bei hohem Wasserstande 12 Meter, die Strömungsgeschwindigkeit 1 Meter und folglich die in der Sekunde fallende Wassermenge 18,000 Kubikmeter beträgt. Ausser diesem ist noch des berühmten Katarakts von Sipotuba in dem reissenden Strome gleichen Namens zu gedenken, einem Zuflusse des Paraguay, der, wie uns Antonio de Souza e Azevedo berichtet, welcher gegen Mitte des vorigen Jahrhunderts ihn besuchte, in senkrechter Linie 132 Meter tief herabstürzt.

Höchst interessant waren die Ergebnisse der erwähnten Expeditionen durch die Auffindung der wieder verloren gegangenen Kulturanfänge, welche bis zur Mitte des 17. Jahrhunderts durch Missionaire unter den Indianerhorden hier einst begründet waren.

Auch der Rio Paraguay, welcher im Süden dieselbe Bedeutung gewinnt, wie im Norden der Amazonenstrom, ist gleichfalls durch periodische Anschwellungen für die Kultur des Landes besonders einflussreich.

Eine wichtige Rolle fällt für die Schifffahrt neben den Flüssen den zahlreichen Binnenseen oder Lagunen zu, deren grösste, die Lagoa dos Patos (Entensee), in der südlichsten Provinz Rio grande do Sul, 130 Seemeilen lang und 40 Seemeilen breit ist. (Nach neueren Berechnungen 303,6 Klm. lang und 66 Klm. breit.) Durch einen natürlichen Kanal ist dieser

See, der jedoch nicht mindere Gefahren als der Ozean bietet, mit letzterem verbunden. Eine Erwähnung verdienen noch die Lagoa Mirim in eben derselben Provinz Rio grande, mit einer Längenausdehnung von 171,6 Klm. und einer Breite von 46,2 Klm.; ferner die Seen von Maricá, Araruama und Feia in der Provinz Rio de Janeiro und die von Siquia und Manguaba in der Provinz Alagôas. — Auch auf der Insel Bananal oder Santa Anna in der Provinz Goyaz und im brasilianischen Guyana befinden sich ein paar beträchtliche Seen, welche mindestens die gleiche Bedeutung haben, wie jene, welche im Amazonenthal gelegen sind.

Häfen zählt die brasilianische Küste 42 und unter diesen nimmt durch seine Grösse und Sicherheit der Hafen Rio Janeiros, dessen Umfang über 198 Klm. beträgt, den ersten Platz ein. — Die übrigen bedeutendsten Häfen, von Norden nach Süden gezählt, sind die von Pará, Maranhão, Parahyba, Pernambuco, Maceió, Aracajú, Bahia, Ilheos, Santa Cruz, Porto Seguro, Victoria, Santos, Paranaguá, Santa Catharina und Rio grande do Sul.

Man kann sich denken, dass die Verdunstung dieser ungeheuren Wassermassen, wie die tropische Pflanzenwelt des weiten brasilianischen Ländergebietes nicht ohne den allergrössten Einfluss auf das ohnehin verschiedene Breitengrade umfassende Klima sein muss. Der allgemeine Charakter desselben ist der eines sehr warmen. Schnee und Eis sind auch in den kühleren und tiefer gelegenen Landestheilen selten und nie eine so lange andauernde Erscheinung, dass dadurch das Aussehen der Pflanzenwelt allzustark beeinflusst würde. Da natürlich, wo der Aequator das Land durchschneidet, ist es tropisch heiss, auch sind im Allgemeinen die Nordprovinzen heisser als die dem Südpol nahe gelegenen. — An der Küste wird die Hitze durch die Einwirkung der Seebrisen in etwas gemildert. Die heissesten Monate sind Januar und Februar, der kühlste der Monat Juli, zu welcher Jahreszeit die mittlere Temperatur 17—18 Grad Reaumur beträgt. Das Klima hat ganz den Charakter eines warmen Seeklimas, doch ist bemerkenswerth, dass der Uebergang vom Sommer zum Winter viel rascher sich vollzieht als umgekehrt. Die grosse Gleichmässigkeit der Temperatur und die sehr geringe Abkühlung während der Nächte, besonders in Rio Janeiro, wo anderseits doch die günstige Einwirkung der See den Bewohnern zu Gute kommt, lässt die Hitze drückender und erschlaffender erscheinen, als sie es in der That sein mag. Nach unserer eigenen Erfahrung ist es höchst eigenthümlich, dass die Widerstandskraft gegen die entnervenden klimatischen Einflüsse bei Europäern im Anfang ihres Aufenthaltes in jenen Gegenden eine bei Weitem grössere ist, als sie es bei längerem Verweilen daselbst bleibt. Eine sehr unangenehme Eigenschaft des brasilianischen Klimas ist die grosse Feuchtigkeit der Luft, die zwar dem Wachsthum der Pflanzen ungemein zuträglich ist und viel zu der prachtvollen Entwicklung der tropischen Baum- und Pflanzenwelt beiträgt, desto ungünstiger aber auf die Gesundheit der Menschen und die Erhaltung aller Gegenstände einwirkt. Unglaublich schnell unterliegen die Metalle dem Einflusse der Feuchtigkeit; Papiere, Bücher und Lederwerk sind in kürzester Frist mit Schimmel bedeckt. Der Handel mit Lederwaaren u. dgl. gehört daher dort zu den schwierigsten Aufgaben des kaufmännischen Betriebes. Wir waren wiederholt Zeuge davon, wie Verkäufer von Glacéhandschuhen diese einzeln aus der Umhüllung von Watte aus Einmachegläsern herausnahmen, um sie dem Käufer vorzulegen, und die nichtgewählten eben so sorgfältig wieder dem Einfluss der Luft zu entziehen bedacht waren.

Man unterscheidet in Brasilien im Allgemeinen nur zwei Jahreszeiten, die trockene und die Regenzeit. Die Regengüsse bestehen gewöhnlich in plötzlichem sündfluthartigen Herabstürzen von Wassermassen, die erst nach und nach an Heftigkeit verlieren, dann aber mitunter Wochen ja Monate lang anhalten. Im Jahre 1811 war die Dauer eines solchen Regens in Rio Janeiro sogar 100 Tage und nicht gering war der Schaden, welchen die Fluthen in der Stadt anrichteten. Während der häufigen Gewitter treten zuweilen heftige Wirbelwinde (Böen) ein, deren verderbenbringende Wirkung sich während eines solchen namentlich am 12. Januar 1817 äusserte. Dasselbe dauerte zwar nur 20 Minuten, trat aber mit so grosser Gewalt auf, dass 220 Personen dadurch auf den im Hafen liegenden Schiffen den Tod fanden. Wirkliche Orkane, wie die der Antillen, Cyklone genannt, sind unterhalb des Aequators äusserst selten, doch erinnert man sich noch mit Schrecken auch eines solchen, der am 19. März 1817 in Bahia wüthete. Die empörten Meereswogen drohten, zu Bergeshöhen aufgethürmt, der ganzen Stadt den Untergang. Doch während der niedrig gelegene Theil derselben von der Fluth überschwemmt sich in dieser Gefahr befand, brach sich glücklicherweise die Gewalt des verheerenden Elementes an den steil emporsteigenden Höhen der oberen Stadttheile.

Berüchtigt sind im südlichen Brasilien die heftigen Südost- und Südwest-Winde, die sog. Pamperos, die nicht selten ein paar Tage andauern und als gefürchtete Feinde der Seefahrer gelten.

Besondere klimatische Eigenthümlichkeiten weisen die grossen Stromgebiete mit ihren ungeheuren Wassermassen und den sie begrenzenden undurchdringlichen Urwäldern auf, welche jedoch nur in ihrer Einwirkung auf die Thier- und Pflanzenwelt vorzugsweise bemerkbar sind.

Das für den Europäer zuträglichste Klima besitzen die Südprovinzen Brasiliens Santa Catharina, S. Paulo, Rio grande do Sul und ein Theil von Matto grosso. Die anhaltenden Dürren, in denen die Grasebenen vielfach verbrannt und die darauf wurzelnden Bäume und Wälder blattlos und abgestorben sich zeigen, sind vorzugsweise die Ursache, dass im Allgemeinen das brasilianische Binnenland namentlich in den Campos, welche in Brasilien die Stelle der nordamerikanischen Prairien einnehmen, einen trostlosen Anblick bietet. In manchen Provinzen nimmt die Dürre zeitweise durch gänzliches oder theilweises Ausbleiben der Regenzeit, wie dies im höchsten Maasse alle 10 Jahre in Maranhão vorzukommen pflegt, so zu, dass die Erde in tiefen Rissen auseinander berstet, das Pflanzenleben gänzlich erlischt, die Thierwelt von Durst und Hunger hinweggerafft und die menschlichen Bewohner der Gegend zur Auswanderung gezwungen werden. Flüsse und Bäche versiegen; kaum, dass ein von faulendem Wasser angefüllter Tümpel noch die Spur eines ehemals reissenden Stromes verräth. Tritt die Regenzeit indessen wieder ein, dann verwandeln sich die weiten ausgebrannten Wüsteneien in endlose Wasserflächen, Bäche und Ströme erscheinen wieder in Macht und Fülle und Alles grünt und blüht in üppiger Pracht.

Die Eintheilung der Jahreszeiten auf die verschiedenen Monate, die Witterungsverhältnisse im Einzelnen und die dadurch bedingte Temperatur sind je nach der geographischen Lage der Provinz verschieden.

Brasilien kann, was seine Gesundheitsverhältnisse anbetrifft, nicht gerade ungünstig beurtheilt werden. Wohl tritt hie und da das so gefürchtete gelbe Fieber namentlich an Orten auf, wo die Verdunstung grosser Wassermengen und die tropische Hitze solchen Krankheiten Vorschub leisten; wohl müssen neu angekommene Europäer und Ausländer ein leichtsinniges Ausserachtlassen der nöthigen Vorsicht bei Erhitzung und Erkältung und im Genusse ungewohnter Früchte und Lebensmittel mit mancherlei Beschwerden büssen, lange Zeit indessen, ehe von Westindien die Cholera durch eine englische Fregatte aus Irland eingeschleppt wurde, genoss Brasilien namentlich in dem ganzen unterhalb Bahia gelegenen Gebiete im Gegensatz zu andern überseeischen Ländern, wie Indien, Chili und Peru, in Bezug auf Gesundheit einen guten Ruf. Eine landeseigenthümliche Krankheit hingegen ist eine Aussatzart, von welcher vorzugsweise die Neger befallen werden, sowie die unter dem Namen Elephantiasis bekannte monströse Anschwellung der Füsse. Die sogenannten Malaria oder Wechselfieber treten daneben nach Ueberschwemmungen und an den Niederungen der Flüsse häufig auf. Ebenso finden sich alle in Europa heimischen Krankheiten auch in Brasilien vor. Die Blattern sollen sogar, wie man sagt, die grosse Entvölkerung im Amazonasgebiet bewirkt haben, indem sie früher namentlich unter den Indianern die grössten Verheerungen anrichteten. Oft könnten die Ursachen des Auftretens einer Krankheit beseitigt werden, wenn man sich die Mühe geben wollte, denselben nachzuforschen, doch unbekümmert um die Folgen und träge gemacht durch die entnervende Hitze, ist es keine Seltenheit, dass man selbst in den Strassen der Hauptstadt den Verwesungsprozess gefallener Thiere allein durch Luft und Sonne sich vollziehen lässt. Man trinkt an manchen Orten lieber schlechtes Wasser, als dass man einige Mühe auf die Herbeischaffung von besserem Trinkwasser verwendet. Der Genuss von getrockneten und schlecht gesalzenen, oft übelriechenden Fischen und Fleisch, sowie von verdorbener Butter — einer unter dem Namen englischer Butter eingeführten ranzigen, schmierigen

Substanz, an deren Stelle man selbst die beste Butter durch Einführung einer vernünftigen Rindviehzucht gewinnen könnte — dies alles trägt dazu bei, Seuchen und Krankheiten jeder Art zu fördern.

An manchen Stellen des Urwaldes findet sich die von den deutschen Colonisten als „Landeskrankheit", „mal de terra" bezeichnete, sog. tropische Bleichsucht vor, welche indessen nur unter den Bewohnern des Urwaldes aufzutreten und mit der fortschreitenden Ausrodung desselben zu verschwinden scheint. Die von diesem Uebel befallenen Leute verschlingen mit einem wahren Heisshunger alles, was ihnen vorkommt und was sie mit den Zähnen zu zermalmen im Stande sind; namentlich erregt Erde und Lehm ihre Essbegierde.

Auffallend ist die Einwirkung des brasilianischen Klimas auf die Haut und Gesichtsfarbe der Weissen, welch' erstere sich allmälig verdichtet, so dass das Durchschimmern des Blutes nicht mehr wahrnehmbar ist. Mit Ausnahme der Lippen zeigen die Gesichter daher eine fahle, graugelbliche Färbung und selbst neu eingewanderte Europäer verlieren nach längerem Aufenthalt im Lande die lebhaftere, von gesundem Blutumlauf zeugende Gesichtsfarbe. Ebenso eigenthümlich ist die Beobachtung, dass die Kopfhaare von Europäern, selbst wenn diese früher nicht die geringste Anlage dazu verriethen, bei einem längeren Verweilen unter brasilianischem Himmel sich zu kräuseln beginnen, sich verästeln und an den Enden spalten.

Zweites Kapitel.
Die Pflanzenwelt.

Die Flora Brasiliens ist eine ausserordentlich reiche; man kennt bereits nicht weniger als 20,000 einheimische Pflanzengattungen, ausserdem aber hat man noch eine grosse Fülle fremdländischer Pflanzen, deren Zahl täglich wächst, in letzter Zeit eingeführt. Die bedeutenden Gegensätze aber, welche durch Klima und Bodenbeschaffenheit des Landes bedingt werden, zeigen sich auch hier und veranlassen uns dazu, vor Allem zwei Abtheilungen derselben zu unterscheiden: den Urwald und die

Campos (Grasfluren). Wissenschaftlich liessen sich noch eine Menge von Unterabtheilungen feststellen, jedoch kommt es hier nicht darauf an, ein botanisches System zu entwickeln, sondern dem Europäer die Naturwunder eines fremden Welttheils anschaulich zu machen, dessen reiche Pflanzenwelt unübertroffen und als ein entzückendes Bild unbegrenzter Schöpfungskraft vor unserer Erinnerung steht.

Natürlich haben die Wälder und Campos in der Nähe des Aequators ein anderes Aussehen, als im Süden des brasilianischen Gebietes und an der Küste, sowie in der Nähe der grossen Stromgebiete eine andere Pflanzenwelt aufzuweisen, als in dem Binnenlande. Die Urwälder, welche in ursprünglicher Wildheit und noch unentweiht durch menschliche Einwirkung dem überraschten Eindringling sich darstellen, nennt man in Brasilien „Jungfräuliche Wälder" (Mato virgem). Erquickende Kühle weht den Wanderer an und der Zauber einer märchenhaften Pflanzenwelt umfängt ihn in denselben; ein ewig drängendes Wachsthum treibt die Bäume zu majestätischer Höhe empor und noch nicht zufrieden mit diesen riesenhaften, uralten Denkmälern ruft die Natur auf jedem Stamme noch neue Pflanzengebilde in das Leben. Statt jener bescheidenen, wenig wechselvollen Ausstattung europäischer Wälder entfaltet sich hier eine unübersehbare Mannigfaltigkeit der Bildungen in Stämmen, Blättern und Blüthen. Jeder dieser himmelanstrebenden Pflanzenkolosse unterscheidet sich von seinem Gefährten durch die Wunderlichkeit seiner Formen, und zu Füssen der Giganten entwickelt sich ein unentwirrbares Durcheinander von grünendem Strauchwerk und blühenden Pflanzenmassen. Alles ist mit einer Fülle von bunten Blumen und Blättern durchwebt. Baum und Aeste aber sind mit mächtigem Netzwerke, dessen kolossale Maschen sich durch vielgestaltige Schlingpflanzen gebildet, von den höchsten Gipfeln herabsenken, behangen, welches nicht den Wald allein überdeckt, sondern auch die Seele des Beschauers mit ungeahntem Zauber zu bestricken scheint.

Rohrgewächse entkeimen dem feuchten Boden in solcher Ueppigkeit und Fülle, dass sie eine undurchdringliche grüne Wand bilden und ein Vordringen, wenn es nicht mit schneidender Waffe erzwungen wird, unmöglich machen. Aus der Mannigfaltigkeit der Baumarten winken Palmen dem Beschauer entgegen, die luftig und leicht mit ihren so edlen Formen das grüne Labyrinth überragen und den Eindruck der fremdländischen Zone in ihm vollenden. Einzelne der mächtigen Pflanzen und Bäume scheinen sich feindlich gegenüber zu stehen und im Kampf um das Dasein begriffen zu sein. Es ist ein lautloses Ringen, das hier geführt wird, dem jedoch da und dort schon zahlreiche Opfer fielen. Entwurzelt liegen viele der riesigen Baumleichen umher, doch neues Leben entwickelt sich auf ihren zerfallenden Körpern. Einzelne der Stämme haben in ihrem Falle andere mit zu Boden gerissen, ohne selbst die Erde, durch die darauf wuchernde Pflanzenfülle aufgehalten, ganz zu erreichen; und diese wieder ziehen schwächere Gefährten mit der Krone abwärts: ein Sinnbild menschlichen Lebens, in dem so oft das Geschick des Einzelnen weitergreifend auch Andere dem Verderben entgegen führt. Hierdurch entstehen auf die natürlichste Weise architektonische Gebilde. Kühn gewölbte Bogen wechseln mit grotesken, thurmartig emporragenden Baumresten und einzelne der gefallenen Riesen des Waldes verbinden brückenartig die blumenumsäumten Ufer eines zwischen Felsen gebetteten, wild rauschenden Baches. An anderen Stellen sind es Felsen, die nackt und unheimlich in dem schattigen Gezweige auftauchen und so die Mannigfaltigkeit des Urwaldbildes erhöhen.

So gigantisch jedoch die Formen des Urwaldes und so wunderbar seine Reize im Einzelnen erscheinen, so sind die immer aufs Neue sich wiederholenden Bilder doch nicht geeignet, den grossartigen Eindruck bei längerem Verweilen ungeschwächt zu erhalten. Der erhebende Anblick des blauen Himmels, die Fülle von Licht und Leben, die dadurch auf alle Gegenstände und in unsere eigene Seele fällt, wir vermissen sie hier schmerzlich und ihr Mangel lässt sich selbst durch die staunenswerthesten Naturwunder nicht ersetzen. Wir ziehen mit andern Reisenden unsere heimischen Buchen-, Eichen- und Tannenwälder auf die Dauer dem Urwalde vor. Denn auch die verhältnissmässig erquickende Kühle, die uns bei unserm mühsam erzwungenen ersten Eintritte zu umfangen scheint, macht bei einem tieferen Eindringen einer drückenden Schwüle Platz, da die massenhafte Anhäufung von Pflanzen das Durchstreichen der Luft gänzlich verhindert. Auch erfüllt der Modergeruch, welcher aus der Zersetzung von Pflanzen und Thieren hervorgebracht wird, die Atmosphäre oft mit so widrigem Dunste, dass man darüber den Duft aller Blumen zuweilen vergisst.

Unter allen Pflanzenfamilien, welche den Urwald bevölkern, zeichnen sich, wie überall in den tropischen Waldungen, durch die Eigenthümlichkeit ihrer Formen vornehmlich die Glieder der Bombaceen oder Wollbäume, eine Art Malvengewächse aus, die das Auge durch die kühne Masse ihrer ungeheuren Stämme und Aeste und die Ueppigkeit ihres Laubes fesseln. Zahlreich sind die Palmenarten, unter denen besonders die ebenso schöne als nützliche Miriti-Palme (Mauritia flexuosa) hervorzuheben ist, welche mit ihren ungeheuren Fächerblättern oft über 100 Fuss hoch in die Luft ragt und an manchen Orten so gesellig und dicht vorkommt, dass ihre grünen glatten Stämme gleich Pallisaden einer Riesenfestung an einander gereiht erscheinen. Den grössten Gegensatz zu diesen Riesenstämmen bilden die mit ihnen häufig zusammen vorkommende Jussara (Euterpe edulis) und der Assaï (Euterpe oleracea), welche zu den zierlichsten Palmen gehören, und vor Allem die edle Anajá (Maximiliana regia), von dem berühmten Brasilienreisenden v. Martius nach dem König Maximilian von Bayern so benannt. Ein zartes Kind des Waldes erhebt sie sich stolz und schlank mit ihrem leichten und luftigen Blätterwerk in unendlicher Anmuth über das sie umgebende tiefdunkle Grün der niedrigen Gesträuche. Ihre schwanken Zweige, welche der leiseste Lufthauch bewegt, tragen so viel Schönheit zur Schau, dass man versunken in ihren Anblick all' der Gefahren vergisst, welche der Urwald zwischen seinen Wundern birgt.

Das glänzende Laub der Hippocrateen und Avicennien, die mächtigen scharlachrothen Trauben der Schousboea, die prachtvollen Ranken rosenfarbener und goldiggelber Bignonien, die sammetvioletten Erismablüthen, die übergrossen Blumengebilde der Carolinea princeps, deren ausgebreitete Aeste kaum vermögen, die fünfeckige, kopfgrosse Frucht voll mandelartiger Samenkörner zu tragen, die herrlichen Sträusse der Dalbergien und Andiren — dies alles erhöht die Lebhaftigkeit der unvergleichlichen Farbenpracht eines tropischen Waldbildes. Doch nicht die Palmen und Blumen allein fesseln die Aufmerksamkeit des Beschauers, auch die zahllosen Vertreter der Laubbäume mit ihren weit ausgedehnten Kronen und ihrem oft so sonderbaren Blätterschmucke erregen unsere ungetheilte Bewunderung. Im geselligen Verein wachsende Castanheiro's (Bertholletia excelsa) wechseln mit den hier heimischen Seringeira's (Siphonia elastica) und tiefdunkel glänzende Sarsaparilla's (Smilax syph. ilitica) heben sich ab von den unscheinbaren Gruppen wilder Cacaobäume.

Das früher erwähnte Netzwerk von rankenden und kletternden Gewächsen zeigt sich bei näherer Betrachtung als eine ungeheure Menge den verschiedensten Gruppen angehöriger Pflanzenarten, die vielfach nur durch den ihnen versagten Raum veranlasst zu sein scheinen, kletternd nach Nahrung, Luft und Platz emporzustreben. Selbst eine Palme ist zur Kletterpflanze geworden und verschlingt ihren tauartigen, dornenbewehrten und elastischen Stamm mit den nebenstehenden, zu unglaublicher Höhe heranwachsenden Bäumen. Das Blattwerk dieser Jassitara-Palme (Desmoncus macroacanthos und orthacanthos), welches die gewöhnliche, dieser Familie eigene gefiederte Form hat, kommt in weiten Abständen aus dem Stamm hervor; die Spitze der einzelnen Blätter aber läuft in eine Anzahl langer umgebogener Dornen aus, mit welchen sich diese Palme an ihre wehrlosen Opfer festkrallt. Von der zartesten Ranke bis zum armdicken Tau verweben sich schlangengleich in räthselhaften Verschlingungen die Ciboas und Lianen und erwürgen schliesslich in laokoontischer Umarmung die ihnen bisher Nahrung und Leben spendenden Baumriesen.

Da, wo ein schiffbarer Fluss, wie in den Niederungen des Amazonas, den Wald durchschneidet, kann das Fahrzeug zuweilen nur mit grösster Anstrengung durch den dichten Teppich der Schlingpflanzen fortgeschoben werden, die sich von einem Ufer zum andern hinübergesponnen und an dem Flussrande zu undurchdringlichen Hecken, oft bis zu 20 Fuss Höhe hinaufgerankt haben. Die Pracht des Waldes ist, von solchen Flüssen aus gesehen, besonders grossartig. Hier treten aus dem dichten Chaos einzelne Riesenformen von Pflanzenkolossen schärfer hervor und fast alles, was sich als Rankengewächs oder Kletterpflanzen vordrängt, ist hier noch glänzender, noch farbenprächtiger als anderwärts. In reichen Guirlanden senkt sich aus unnahbarer Höhe die Blüthenfülle der goldgelben Banisterien, und blaue, weisse und gelbe Bignonien bilden luftige Brücken in den lauschigen Buchten des Flusses. Der Blumenteppich, der den äussersten Rand des Flusses noch bedeckt, webt sich aus den Lilienblättern der gelbblühenden Rabatteas, aus prächtigen bunten Annigas und Aronsstauden. Eine Kürbispflanze (Elaterium carthaginense) ist es vorzüglich, welche mit unglaublichem Wuchern alle übrigen Pflanzen überzieht und unterdrückt. In dem höher gelegenen Festlande wird der Wald niedriger, im Baumschlage gleichförmiger, glänzender und vorzugsweise reich an Schmarotzergewächsen. In diesen Gegenden treten eigenthümliche Palmenarten auf, unter denen die Papiuvapalme mit ihren weit aus dem Boden hervorragenden Wurzeln und ihrem in der Mitte ausgebauchten und deshalb zu Canoes von den Indianern verwendeten Schafte, sich befindet. Fächerpalmen, Rohr- und Stabpalmen, zierliche und plumpe Formen aller erdenklichen Palmengattungen, jede mögliche Abstufung grüner Schattirung ist hier vertreten, von dem lichtesten Hellgrün der in Südamerika weit verbreiteten Weidenart (Salix Humboldtiana) bis zu dem saftigen Schwarzgrün der Laurineen, welche mit ihrem glänzenden Laube dem Baumschlage einen üppigen Ausdruck verleihen. Weiter im Süden gesellen sich zu all' den geschilderten grotesken Formen noch jene der Cactusgewächse und der Baumfarren, bei deren Hervorbringung sich die Natur in neckischen Einfällen und humoristischen Gebilden gleichsam erschöpft zu haben scheint. Nicht minder fremdartig und interessant berührt der Anblick der undurchdringlichen Bambusdickichte, welche hie und da in erstaunlicher Höhe die Flussniederung umsäumen. Durch die Zähigkeit und Festigkeit ihrer Pflanzenfasern erlauben sie weder ein Vordringen, noch ihr massenhaftes Vorhandensein einen Blick in die Ferne zu senden. Ein gleichfalls charakteristischer Baum der brasilianischen Wälder ist der Spreubaum (Anda brasiliensis), der schon aus geringer Höhe viele dichte mit Blättern bedeckte Aeste ausbreitet, die sich zu einem rund belaubten Gewölbe vereinigen; ebenso beim Erwachen des Pflanzenlebens nach der Regenzeit die durch ihre rosenfarbenen Blätter und später ihre grossen weissen Blüthen den Wald wunderbar schmückenden Sapucáyabäume (Lecythis olaria, parviflora). Am oberen Mukuri ist die Barriguda (Pourretia tuberculata) erwähnenswerth, ein Baum, dessen Stamm bis zu

70 Fuss emporsteigt, ohne einen Ast abzugeben, dagegen an der Wurzel schon zu einem fassförmigen Ungethüm anschwillt und dabei ein leichtes und lockeres Gebilde gleich dem Kork besitzt; auch wird es in ähnlicher Weise verwandt. Nicht ohne Wirkung stehen in dem Gemälde zwischen andern hohen Gestalten der Urwälder die blüthenreichen Caesalpinien, ferner die luftigen Lorbeerbäume, die hochstämmigen Maribäume und die schlanken Cedrelen, welche das Zuckerkistenholz liefern, die fiederblätterigen Ormosien, der scharf nach Knoblauch riechende Páo d'Alho und tausend namenlose Sträucher und Bäume.

In gewissen Lagen bringt der Urwald unter hunderten von nutzbaren Pflanzen und Bäumen*) auch die edle Cocospalme hervor, deren originelle Früchte dem mannigfachsten Gebrauch dienen und zu einem wichtigen Handelsartikel geworden sind.

Als eine besondere Form des brasilianischen Waldes ist die sogenannte Capoeira zu erwähnen, welche sich auf ausgerodetem Urwaldboden wieder erhebt. An Stelle der vorigen hochstämmigen Baumarten treten neue eigenthümliche Pflanzengattungen und dichtes Gestrüpp auf. Am auffallendsten ist ein Baum von bedeutendem Umfange, dessen Stamm von keiner eigentlichen Holzfaser, sondern von einer porösen weichen, unserm Hollundermark ähnlichen Masse gebildet wird. Die deutschen Kolonisten haben ihm deshalb den bezeichnenden Namen „Käsbaum" gegeben, die Brasilianer nennen ihn Maria Moll.

Die tropischen Urwälder, wie wir sie bei der vorhergehenden Schilderung vorzugsweise im Auge hatten, kommen im Innern von Brasilien nicht mehr in gleicher Pracht und Ausdehnung vor. Da feuchter Boden und häufige Regenniederschläge die Hauptbedingungen ihrer üppigen Entwickelung sind, bleibt

---

*) Der Weltausstellungs-Katalog von Philadelphia von 1876 zählt als nutzbare Pflanzen Brasiliens unter der Rubricirung Faserpflanzen 20, Oelpflanzen 27, Gummiarten und Harze 24, Färbepflanzen einige 20, aromatische Pflanzen 19, Pflanzen mit essbaren oder im Haushalte verwendbaren Früchten circa ein paar hundert verschiedene Gattungen auf, deren botanische ganz allgemeine Bezeichnung an 18 Druckseiten ausfüllt. Die Zahl der nutzbaren Wurzeln und Arzneistoffe führenden Pflanzen lässt sich ausserdem bis jetzt noch gar nicht übersehen.

der Urwald im Innern auch nur auf die Flussthäler und Niederungen beschränkt. Je weiter sich die Waldungen von diesen entfernen, desto mehr verlieren sie den Charakter einer tropischen Pflanzenwelt und vermitteln gleichsam den allmäligen Uebergang zu den unübersehbaren Grasfluren oder Campos des Binnenlandes. Die Brasilianer unterscheiden mehrere Arten dieser letzteren, deren verschiedene Benennung nur durch die Bodenbeschaffenheit bedingt wird. Sie unterscheiden Campos geraes, die wellenförmigen, endlosen, grasbewachsenen Fluren; Taboleiras, die durch Trockenheit und Dürre ausgezeichneten; die Chapadas oder Hochebenen, die Sertoès oder Einöden, und die Campos agrestes und Mimosos, welche sich durch eine grössere Gebundenheit und Gleichheit des Grasteppichs, sowie durch ihr frischeres Grün hervorheben. Letztere bieten namentlich die grossartigen Weideplätze für die zahlreichen Viehheerden, die in ungestörter Freiheit sich hier ihre Nahrung suchen. Das Gras selbst ist in den mannigfachsten Arten hier vertreten und mehr oder minder, je nach seiner Beschaffenheit, als Futter geschätzt. Stellenweise erreicht es eine Höhe, dass Menschen und Pferde darin verschwinden. Die Einförmigkeit dieser Grasflächen ist nicht selten durch einzelne Bäume, Strauchwerk, Baumgruppen, ja sogar durch kleine und grössere Gehölze unterbrochen, die dem einsamen Reiter nach dem beschwerlichen Ritt ersehnten Schutz gegen die sengenden Strahlen der tropischen Sonne gewähren und den ermatteten Maulthiertreiber mit seinen schwer beladenen Thieren, der auf diese Weise die Erzeugnisse europäischer Kultur in die entlegensten Estancien des fernen Westens einführt, zur Rast einladen. Hängen diese Gehölze auf grösseren Strecken zusammen, so nennt sie der Brasilianer Catingas. Diese Catingas erreichen nie die Höhe und Kraft des Urwaldes. Doch kommen auch in solchen Hainen vielfache Palmenarten vor, welche mit ihren blattreichen runden Kronen der Landschaft den Stempel des Südens aufdrücken. Nennenswerth darunter ist eine dornige Fächerpalme und die eben so schöne als vielfach nutzbringende brasilianische Wachspalme (Corypha cerifera). Von den niedrigen Gebüschen seien ferner noch genannt die Ariri und die Alicuripalme, aus deren Stamm die Bewohner der einsamen Campos bei eintretender Hungersnoth ein trockenes, aber wenig nahrhaftes Brod zu bereiten verstehen.

Einen eigenartigen Anblick bieten die Wälder in dem obern Stromgebiete des Paraguayflusses, welche durch die grosse Menge der Ipecacuanha für die Provinz Mato grosso von Bedeutung geworden sind; auch sind die Nebenflüsse von einem so dichten Bambusrohrgeflecht umrahmt, wie man es an keiner andern Stelle findet, und die scharfen Stacheln der kleinen Tucumápalmen erschweren das Eindringen in jene Wälder. An einigen Orten findet sich in grossen Mengen ein Riesenschilfrohr (Gyneirum saccharoides), dessen oberstes Stengelglied etwa 2 bis 3 Meter lang ist und den Indianern an fast allen Strömen Südamerikas als Pfeilstange dient. An den meisten Flüssen haben die jährlichen Ueberschwemmungen Schlamm und Treibreisig an den Ufern zurückgelassen, das wenig zur Verschönerung derselben beiträgt, aber die Entstehung einer grossen Masse von Schmarotzerpflanzen begünstigt. Im Verein mit dieser parasitischen Pflanzenmenge kommen zahlreiche Wasserpflanzen vor, welche die wellenumspülten Felsen und Sandbänke mit rosigen Blüthen bedecken, so dass der Fluss zuweilen in einem Rosenbette dahin zu fliessen scheint.

In den Südprovinzen tritt in den Vordergrund des Landschaftsbildes ein Baum, der wohl von allen Nadelhölzern, zu welchen er gehört, der edelste Vertreter genannt werden muss: die Pinheira (Araucaria brasiliensis). Mit diesem Baume zugleich erscheint der Gongonha (Ilex paraguayensis). Selten ist das Vorkommen dieser Bäume über den 24. Breitegrad hinaus. Von dem Gongonha werden wir später noch Gelegenheit haben eingehender zu sprechen, da er eine wichtige Pflanze in volkswirthschaftlicher Beziehung ist.

An den steinigen und schroffen Abhängen der Gebirge ist natürlich die Zusammensetzung der Baum- und Pflanzenwelt eine andre, als in den Ebenen und statt der riesigen Formen, die uns in den Niederungen entgegentraten, sehen wir hier nur verkrüppelte und unscheinbare, an die Alpenflora erinnernde Bäume und Sträucher.

Wenn wir im Vorhergehenden ein allgemeines Bild des brasilianischen Urwaldes unter den verschiedensten örtlichen Verhältnissen zu geben versucht haben, so mag dem Leser die nachfolgende Schilderung selbst erlebter Kreuz- und Querzüge in den Wäldern der südlichen Provinzen die Schwierigkeiten vergegenwärtigen, mit welchen der zu irgend einem Zwecke in ihr Inneres eindringende Reisende oder Forscher zu kämpfen hat.

Ich war kaum einige Wochen an Brasiliens Küste gelandet und hatte eben erst mich von den Strapazen einer von Unwetter und Seekrankheit nicht freien Reise etwas erholt, als sich mir die Gelegenheit bot, meine Kenntnisse im Dienste der kaiserlichen Vermessungskommission weit ab von allen menschlichen Wohnstätten aufs Beste zu verwerthen. Es lag die Aufgabe vor, weite, fast ausschliesslich noch von Urwald bedeckte Landstrecken zu vermessen und durch Aufnahme genauer Karten dieselben weiterer Verwendung zugänglich zu machen. In Begleitung eines brasilianischen und zweier deutscher Ingenieure verliess ich zu diesem Zwecke die gastliche Hafenstadt, nicht wenig erfreut, einen meiner heissesten Wünsche, den Urwald selbst zu betreten, so bald erfüllt zu sehen, und hoch zu Rosse steuerten wir unter fröhlichem Geplauder dem Ziele zu. Oft war ich versucht, die unsern Weg berührenden Waldpartien näher zu betrachten in der Meinung, dass diese lianenverflochtenen Bäume der ersehnte Urwald seien, aber bald wurde ich belehrt, dass es nur Capoeiras wären, wodurch meine Ungeduld immer mehr gesteigert wurde.

Erst als die Sonne sich dem äussersten Horizonte zuneigte, tauchten die dunkeln Massen der gigantischen Urwaldbäume an den Hängen des weithin sich erstreckenden Gebirgszugs vor uns auf. Nirgends vermochte das Auge einen Eingang in dieses grossartige, eine dichte, undurchdringliche Wand bildende Baumlabyrinth zu entdecken. Unmerklich fast wand sich ein kaum sichtbarer Pfad, der erst im Innern sich etwas erweiterte und nach und nach sich als ein von Maulthieren vielfach benutzter Weg zu erkennen gab, der Tiefe des Waldes zu. Je mehr wir in das Dunkel eindrangen, desto schöner und reizender entfaltete sich das erhabene Naturbild, welches mir den ganzen Schauer der einst mit so grosser Begierde gelesenen Cooperschen Schilderungen ins Gedächtniss zurückrief. Jede Minute fesselte, jeder Augenblick bot für mich etwas Neues und begierig sah ich bei jeder Wendung des Weges den neu auftauchenden Erscheinungen entgegen.

Eine Schaar krächzender Papageien, die unser Nahen aufgescheucht, flog hoch über unsern Häuptern einem andern Waldtheile zu und weit in der Ferne ertönte das widerliche Geheul der Brüllaffen.

Meine Begleiter machten mich aufmerksam auf die besonders bemerkenswerthen Bäume, unter Andern auf die kolossalen Stämme der Miritipalme, welche so vielfach zu Kähnen, Dachsparren und anderm Holzgeräthe Verwendung findet und deren süsser Saft, welcher aus den abgehauenen Fruchtästen hervorquillt, den Bewohnern dieser Gegenden ein kühlendes Getränk bietet. Je tiefer wir eindrangen in das geheimnissvolle Reich einer fremdartigen Natur, desto unwegsamer wurde der ohnehin nach europäischen Begriffen so mangelhafte Weg. Wie von Pflugschaaren gerissen, zogen sich breite Furchen durch den lehmigen Grund und an manchen Stellen waren diese Vertiefungen der Strasse, in welchen sich Wassertümpel gebildet, zu förmlichen Sümpfen und Seen erweitert. Mit Gefahr nur vermochten wir unsere Rosse an diesen Hindernissen hindurch zu lootsen, ohne uns davor schützen zu können, dass der bei jedem Tritt der Pferde hoch aufspritzende Schlamm bis zum Gesicht hinan uns beschmutzte. Wenn, wie es hie und da geschah, mein Pferd bis an den Sattel fast in ein aussergewöhnlich tiefes Loch einsank, ergötzten sich meine Gefährten darüber und gaben mir die tröstliche Versicherung, dass dies gar nichts sei gegen die noch zu erwartenden Beschwerlichkeiten der Reise.

Wäre meine Aufmerksamkeit nicht fortwährend durch die zu umgehenden Fährlichkeiten der Urwaldstrasse sowie die mich streifenden dornenreichen Zweige und Ranken der den Weg begrenzenden Pflanzen in Anspruch genommen worden, so hätte ich mich ungestört an dem Anblick ergötzen können, welchen unsere nach Landesart ausgerüstete Reisegesellschaft darbot. Breitkrempige Hüte schützten uns bei dem Durchreiten der Campos vor den glühenden Strahlen der Sonne, ein blau und weisser, mit bunten Kanten durchwirkter Poncho (Ueberwurf) von leichtem Wollenzeug, dessen flatternde Enden zu beiden Seiten des Reiters herabfielen, mächtige Reiterstiefeln und daran die umfangreichen Chilensporen vollendeten unsern Anzug, während die Pferde eben so malerisch als zweckmässig nach Landessitte aufgezäumt und mit dem in weiten Satteltaschen verwahrten Gepäck beladen waren. Um den Gefahren und Hindernissen auf der Reise zu begegnen, trugen wir sämmtlich in ledernen Halftern wohl versehene Revolver und lange dolchartige Messer versahen die Stelle unserer deutschen Hirschfänger. Wir waren schon Stunden lang so dahin getrabt, der Tag ging zur Neige und Hunger und Durst begannen eben sich fühlbar zu machen, als sich das Waldesdunkel etwas lichtete und wir bei Verfolgung unseres Weges einiger Lehmhütten ansichtig wurden. Es waren die äussersten Ansiedelungen deutscher Kolonisten, welche fernab vom Vaterlande hier ihr Glück gesucht.

Das Getrappel unserer Pferde über eine kunstlos durch rohe Stämme hergestellte Brücke hatte die in jenen Hütten vorhandene Kinderschaar vor die Thüre gelockt und mit staunenden Gesichtern sahen sie unserer Annäherung entgegen.

„Da wären wir endlich am Platze", sagte der wegekundige älteste meiner Begleiter, „nun sehe Jeder, wie er sich für die Dauer unseres Aufenthaltes in diesen Einöden einrichte. In dem Kolonistenhause da soll eine Stube für unser Unterkommen zu haben sein, wie mir in der Stadt gesagt wurde, wenn sonst dies das Haus von Peter Menz ist. Ihr Buben", rief er die Kinder an, „wohnt hier der Peter Menz?"

Die Kinder liefen statt aller Antwort in das Haus zurück und nach wenigen Augenblicken erschien die korpulente Gestalt des Hausherrn auf der Schwelle.

„Aha", redete der gutmüthig drein sehende Mann uns an, „das sind wohl die Herren von der Vermessungskommission! Mein Gevatter in S. Leopoldo hat mir schon von Ihrer Ankunft geschrieben, nun kommen Sie nur herein, mein Jacob kann den Pferden die Sättel herunternehmen und sie dann in das Portreiro (eingezäunter Hof) führen. Dort mag man ihnen etwas Milho (Mais) geben; für Ihr Nachtquartier ist hier drinnen so gut gesorgt, wie sie es im besten Gasthof in Deutschland nur erwarten können. Auch die Arbeiter, die Sie nöthig haben, sind schon bestellt und brauchen nur benachrichtigt zu werden, dass Sie angekommen sind."

„Das klingt ja ganz tröstlich", sagte ich, indem ich mich aus dem Sattel schwang und mich damit beschäftigte, mein Gepäck, gleich den Andern, selbst in das Haus zu tragen.

Das Innere des schmucklosen, nur aus einem Erdgeschoss

bestehenden Gebäudes war nun zwar nicht so glänzend, wie es der Wirth geschildert, und der Imbiss aus Maisbrod und schauderhaftem portugiesischem Landwein meinem Geschmacke wenig entsprechend, aber die Müdigkeit und Ermattung liess mich im Augenblick dieser Mängel nicht sonderlich achten und ich hatte mich kaum auf das harte Maisstrohlager gestreckt, so umfing mich auch schon, Dank den Anstrengungen des Tages, ein tiefer, todtenähnlicher Schlaf.

Als ich am andern Morgen erwachte, fielen meine Augen auf ein wüstes Durcheinander von Dingen, die sammt unsern werthen Persönlichkeiten zu meinem Erstaunen alle in einem Raum von wenigen Quadratmetern Umfang über Nacht untergebracht waren. Glücklicherweise wurde mir bald das Feld allein überlassen, da meine Gefährten ihre Arbeiten an einer andern Stelle, noch weiter im Innern des Koloniebezirks, beginnen sollten.

Nachdem ich meine Instrumente geordnet und sechs kräftige Burschen andern Tages sich mir zur Verfügung gestellt, worunter einige Deutsche waren, zogen wir, mit etwas Speck, schwarzen Bohnen und Cachaz (Zuckerrohrbranntwein) verproviantirt, dem Urwalde zu.

Lautlose Stille herrschte in dem waldbegrenzten Thale und die Sonne, welche längst trotz des frühen Morgens sehr fühlbar uns auf den Scheitel brannte, liess unsere Schritte uns beschleunigen, den Weg von etwa einer Stunde über Weideplätze und Plantagen in kürzester Frist zurückzulegen. Viele Waldbäche waren auf dieser Wanderung zu passiren und da sie alle brückenlos durchschritten werden mussten, gaben diese mir zuerst Gelegenheit, die Wasserdichtigkeit meiner trefflichen Stiefeln von Tapirleder zu erproben. Diese Bäche und Flüsse, welche den Wald kaum verlassen und auf kurze Strecken nur von den Sonnenstrahlen berührt werden, waren von eisiger Kälte, dabei aber von einer wunderbaren Klarheit und Durchsichtigkeit. Ich wollte eben meinen Morgentrunk aus dem Bache schöpfen, den wir gerade durchschritten, als mich ein kleiner schwarzgelockter Brasilianer, einer meiner Arbeiter, davon zurückhielt und seine Warnung von den Uebrigen mit dem Bemerken bestätigt wurde, dass ein Trunk aus manchem dieser Gewässer der Gesundheit schädlich sei. Heftige Diarrhöen und sonstige Krankheitszufälle pflegten oft nach dem Genuss desselben zu entstehen und erst nach und nach gelänge es den Kolonisten, sich von den guten oder schlechten Wirkungen der Quellen und Bäche durch Erfahrung zu überzeugen. So gewarnt, musste ich den beabsichtigten Trunk unterlassen.

Nach dem Ueberschreiten des letzten Baches hatten wir einen ziemlich steilen Hang hinanzuklimmen, ehe wir bei einer Gruppe von Campetabäumen in das Gebiet des zu durchmessenden Urwaldes gelangten. Meine Leute zogen nun ihre Facas aus der ledernen Scheide, in welcher sie dieselben bisher hinten am Hosengurt getragen und bahnten mit diesen säbelartigen langen Messern einen schmalen Pfad durch das weit hinein üppig wuchernde Rohrgras, welches in der Höhe von 10—12 Fuss im Aussehen dem deutschen Schilfrohr sich nicht unähnlich zeigte. Von diesem Rohrgras giebt es mehrere Arten, welche insofern von einiger Wichtigkeit für die Ansiedler sind, als sich nach ihrem Vorkommen die Güte und Beschaffenheit des Bodens leicht beurtheilen lässt.

Ich hatte eben durch Aufstellung meiner Instrumente den Leuten die Richtung angegeben, in welcher wir vordringen mussten, als mir einer der Arbeiter mit ein paar kräftigen Hieben nach einer baumhoch herabhängenden Liane von sonderbarem Aussehen ein Stück davon mit dem Bedeuten darreichte, das abgehauene Ende an den Mund zu halten, um mit dem reichlich hervorquellenden Safte meinen noch ungestillten Durst zu löschen.

Es war eine sogenannte Wasser- oder Kreuzwurzel, die in der That einen erfrischenden Saft enthielt und bei meinen vielfachen Streifereien durch den Urwald späterhin noch oft an Stelle der tückischen Quellen zum Labetrunk von mir benutzt wurde.

Während meine Arbeiter mit wuchtigen Messerhieben nach rechts und links, nach oben und unten in dem verworrenen Pflanzenchaos vordrangen und nachdem der Rohrgraswald hinter uns lag, hatte ich hinlänglich Muse mit allem Behagen und aus nächster Nähe die wunderlichen Gewächse um mich her zu betrachten. Da waren kolossale Blätter der Aaronsstaude und zur anderen Seite die stachlichten Blätteransätze einer am Boden kriechenden Aloëart, das lichte Grün abenteuerlich geformter Farrenkräuter und die herrlichen Blüthen

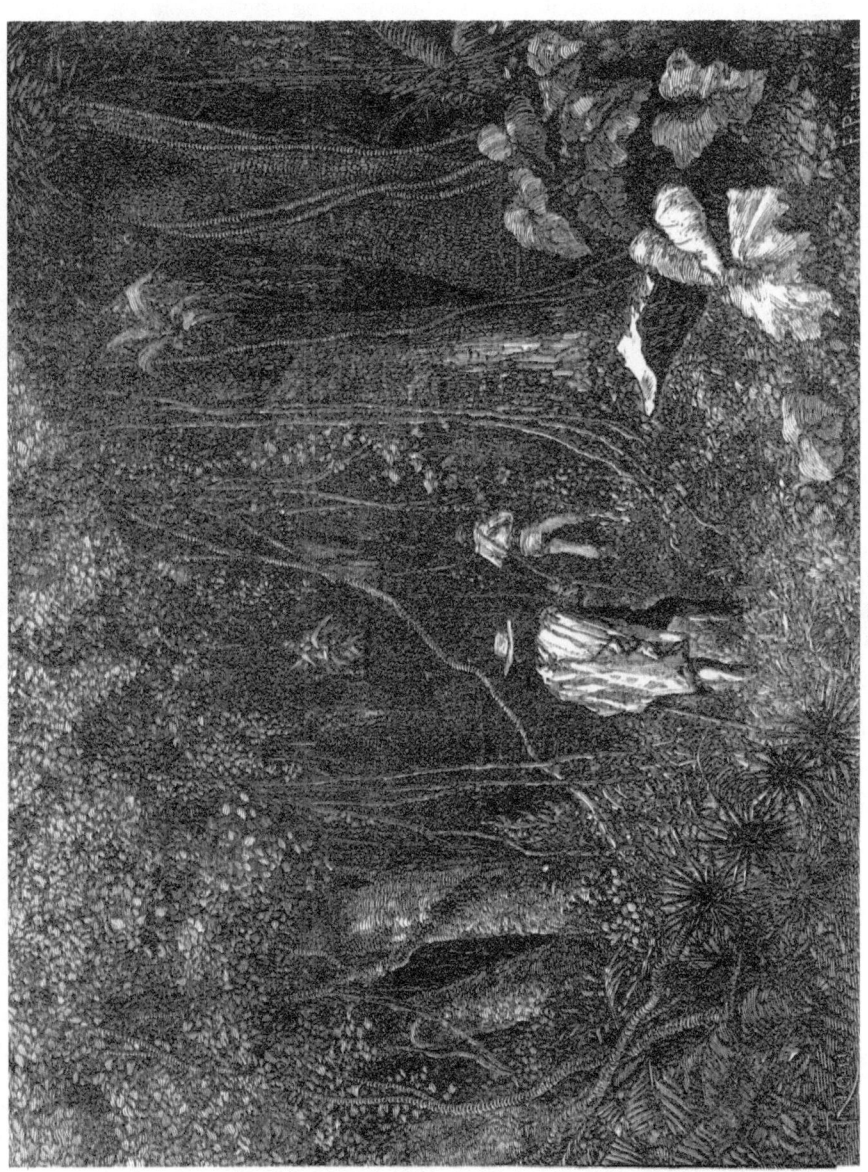

Im Urwalde.

einer an einem Riesenstamm wuchernden Orchidee. Wie eine Ampel hing über dem Durchhau meiner Leute eine hochroth blühende Schmarotzerpflanze, und Ciboas von jeder Grösse und Gestalt wanden sich schlangenartig um die rissigen, bald tief dunkel, bald hellgrün schimmernden Rinden uralter, namenloser Baumriesen. Mir ging es, wie andern Reisenden. Anfangs und so lange meine geistige Spannkraft durch die zu treffenden Anordnungen erregt war, blieb ich aufgeweckt und geneigt als Neuling die Belehrung meiner Arbeiter mit Interesse hinzunehmen und wohl auch selbst durch manche Fragen die Unterhaltung zu beleben. Doch nach und nach, als wir weiter eindrangen, empfand ich unwillkürlich und beinahe unbewusst die Einwirkungen, welche die grossartige Waldeinsamkeit und ihre Majestät auf mich ausübte. Ich fühlte mich überwältigt, ein Gefühl unheimlicher Bewunderung mischte sich mit dem heiligen Schauer, dem diese unentweihte Gedankenfülle der Schöpfung über mich ergoss. Die Zunge aber wurde gleichsam gefesselt und ich empfand den geheimnissvollen Einfluss des Urwaldes auch auf meine Seele, wie sie sich selbst bei den waldgewohnten Indianern kundgiebt.

Auffallend war mir der verhältnissmässige Mangel an lebenden Geschöpfen, trotzdem die Thierwelt, wie man mir sagte, nicht minder mannigfaltig unter diesen Himmelstrichen entwickelt ist, als das Pflanzenreich. Bei eingehenderem Forschen indessen und Monate langem Verweilen in den Klüften und Wäldern der Serra-Vorgebirge lernte ich auch in dieser Beziehung den Reichthum der Natur bewundern. Auf dem feuchten Boden unter den grünen Wölbungen, welche die Riesenblätter der Aroideen und Scitamineen bilden, unter dem buschigen Kraut der Begonien, in den zartgegliederten Halmen der Gramineen lebt die sonderbar gewundene Schnecke, ergeht sich der märchenhafte Salamander, treiben die klugäugigen und beweglichen Eidechsen ihr muthwilliges Spiel, lauert das unheimliche Gezücht der Schlangen, rollt sich das feiste Gürtelthier; über die niedern Pflanzen hin eilt das flüchtige Reh, verfolgt von der gierigen Pantherkatze und geräuschvoll bricht sich der plumpe Tapir die Bahn. Zwischen den Mimosen und unter dem schützenden Dache der gefiederten Palmen fliegt der schillernde Kolibri von Blume zu Blume, von den Brasilianern Beixa flores (Blumenküsser) genannt und Riesenschmetterlinge schwingen sich in den Lüften in geräuschlosem traumhaften Fluge. In den Kronen der hochstämmigen Cedern schreit der Tukan und wetzt den hornigen Schnabel und zwischen den Baumkronen eines lichten Araukarienwaldes, wo köstliche Früchte reifen, lebt in fröhlichen Schaaren das muthwillige Volk der langgeschwänzten Affen; fliegen von Ast zu Ast zierliche und gelenke Eichhörnchen, verscheucht von den kreischenden Schwärmen smaragdgrüner Papageien. Aber dem Wanderer ist es nicht vergönnt, beim ersten Betreten des Urwaldes dies mannigfaltige Leben und Weben der Thiere zu überschauen; was sich auf den luftigen Zinnen des grünen Waldes bewegt, das hört er nur, was hinter dem undurchdringlichen Dickicht vor sich geht, das ist ihm nur in seltenen Fällen vergönnt zu beobachten; nur an den Ufern eines Flusses oder an einer durch den Sturz eines Baumes entstandenen Lücke glückt es ihm die Bewohner dieser geheimnissvollen Irrgänge flüchtig zu belauschen.

Beim Weiterschreiten kamen wir an eine etwas lichtere Stelle, wo sich die schlanken Bäume freier erhoben und das Auge auf grössere Entfernungen schweifen konnte. Hier war es zum ersten Male möglich die Windungen der Lianen bis in die höchsten Gipfel zu verfolgen. Eine Bauhinien-Gattung, welche die Brasilianer „die Affenleiter" nennen, da sie diesen zur Ersteigung ihrer luftigen Tummelplätze dient, fiel mir besonders auf.

Obgleich ich mein Gewehr bei mir hatte, um eventuell meiner Jagdlust zu fröhnen, fand sich in den ersten Stunden meiner Urwaldwanderungen doch nichts zum Schiessen. Erst gegen Mittag, als wir an den Ufern eines rauschenden Flüsschens Halt gemacht, um unser frugales Mahl zu bereiten, lenkte ein vorüberziehender Schatten zu unseren Füssen meinen Blick in die Höhe und ich sah einen grossen schwarzgefiederten Vogel mit rother Brust, der etwa die Grösse eines Raben hatte.

„Das ist ein sonderbares Thier", sagte der mir zunächst stehende Arbeiter, indem er darauf hindeutete, „wir nennen es den Charfreitagvogel."

„Was hat es damit für eine Bewandtniss?"

„Der Vogel", war die Antwort, „sie können es glauben oder nicht, ist am Charfreitag unverwundbar; einer unserer besten Jäger auf der Kolonie hat die Probe oft gemacht und sich von der Wahrheit dieser Thatsache überzeugt."

Mein ungläubiges Lächeln schien der gute Mann sehr übel zu nehmen und so gab ich ihm denn die Versicherung, dass ich seine Worte nicht länger bezweifle.

Unterdessen hatten die Leute mit vieler Mühe von dem frischen Holze auf dem feuchten Grund ein Feuer in Gang gebracht und in dem mitgebrachten Kesselchen die schwarzen Bohnen, eine Brasilien eigene Gattung dieser Hülsenfrucht, mit Speck zum Kochen aufgesetzt.

Vorsichtiger, als meine Leute, unterwarf ich das Lager, worauf ich mich auszuruhen gedachte, einer genauen Besichtigung, breitete meinen Poncho sodann auf all' die üppig wuchernden Pflanzen aus, misstrauisch um mich schauend, ob nicht ein giftiges Reptil in meiner Nähe lauere. Noch war ich zwar keinem solch' unheimlichen Thiere begegnet, aber der durch zahllose Beschreibungen etwas ängstlich gemachte Europäer kann den Schauer vor diesem Gewürme nicht unterdrücken, während es der Einheimische mit Gleichgültigkeit betrachtet. Man gewöhnt sich eben an alles und so auch an die muthmaassliche Nähe der Schlangen im Urwald; auch ist vieles in den Erzählungen über ihr Vorkommen unendlich übertrieben. Es lässt sich nicht läugnen, dass es hier zu Lande viele Schlangen giebt, aber ein Unglück, durch sie veranlasst, gehört doch zu den selteneren Fällen.

Kaum hatte ich mich behaglich auf meinen Poncho hingestreckt und den Hahn der noch zum Schuss gerichteten Flinte zur Ruhe gesetzt, als sich ein eigenthümliches Pfeifen und Geräusch in den Kronen der nächsten Bäume hören liess, welches meine Leute sogleich als die Laute einer Affengesellschaft mir bezeichneten. Schnell sprang ich empor und eilte nach der Richtung, von wo die Töne herüberdrangen. In der That, kaum 50 Schritte von unserem Lagerplatz entfernt, kletterten und sprangen über die schwanken Zweige der förmlich in einander verwachsenen Wipfel, sich haschend und um die Früchte mit einander raufend, eine Heerde schwarzer ungemein drollig sich geberdender Affen, die höchst verwundert uns entgegenschauten und, als ich mich zu nahe an den von ihnen eingenommenen Standpunkt wagte, um mich zum Rückzuge zu nöthigen, mit dürren Aesten und Rindenstücken bewarfen. Eine Weile liess ich mir den unhöflichen Empfang gefallen, bis endlich eines ihrer Wurfgeschosse mich sehr empfindlich ins Gesicht traf und ehe ich noch selbst einen meiner Leute, der mir die Flinte nachgetragen hatte, dieselbe aus der Hand nehmen konnte, hatte dieser schon, von seiner Jagdlust hingerissen, das Gewehr auf einen der schwarzen Vorfahren abgedrückt; die andern aber traten eiligst beim Knallen des Schusses den Rückzug an. Ein klägliches Geschrei erhob sich hierauf und zu schwach sich länger in den Aesten zu halten, stürzte der Getroffene zu unsern Füssen nieder. Jetzt erst bemerkte ich, dass er auf seinem Rücken ein kleines Aeffchen trug, das angstvoll wimmernd sich an den Hals der sterbenden Mutter klammerte. Wir sprangen hinzu und nahmen die kleine Waise an uns; das Verenden des zum Tode verwundeten Affen aber gewährte einen so überaus schmerzlichen Anblick, dass ich fast dem Schützen grollte, wenn nicht der Besitz des allerliebsten kleinen Thierchens mich bald die brechenden Augen seiner Mutter hätten vergessen lassen. Es sei hiebei bemerkt, dass der Todeskampf einzelner Affenarten und ihre menschenähnlichen Töne und Geberden so ergreifend sind, dass sich der Europäer selten nur entschliessen wird, wenn er ein Mal Zeuge desselben war, je wieder die mörderische Kugel in ihre Reihen zu senden. Unser kleiner Gefangener gehörte der Race der sog. Pfifferaffen auch Kapuzineraffen genannt, an und war lange Zeit hindurch mein liebenswürdiger Gesellschafter während meines Aufenthaltes in diesen Gegenden, bis später durch einen unglücklichen Zufall der kleine Gefährte seinen Tod wohl' in Folge einer Vergiftung fand.

Die Bereitung unseres Mahls, welches schliesslich im dampfenden Kessel, in Gestalt eines chocoladenfarbigen Breies zweifelhaften Aussehens bestand, nahm mehr Zeit in Anspruch als ich Anfangs vermuthet und die Mittagshitze, die vorher schon unerträglich gewesen, hatte während der zweistündigen Ruhepause dergestalt überhand genommen, dass ich fast Lust bekam, ein kühlendes Bad in dem klaren von Felsen gebildeten Wasserbecken des an meinen Füssen vorüberrauschenden Baches zu nehmen. Ehe ich aber noch die Oertlichkeit einer genaueren Untersuchung unterworfen, erblickte ich zwischen den hochaufgeschossenen Stauden einer prächtig rothblühenden Uferpflanze, die von den Kolonisten wegen ihrer zur Nahrung verwendbaren Blätter, Backblätter genannt wird, eine geräuschlos zwischen dem Grün sich windende 4—5 Fuss lange Wasserschlange. Unter diesen Umständen verging mir die Lust zum Baden. Indessen versicherten mich meine Leute, dass gerade diese Schlangenart zu den nicht giftigen gehöre und um mich davon zu überzeugen, packte einer der Arbeiter das Reptil mit geschicktem Griff beim Kopf, um es trotzdem zu tödten. Merkwürdig war mir bei dieser Gelegenheit die Erzählung der Leute, dass der Körper der Schlange nach dem Tode nicht eher aufhöre sich zu bewegen, bis die Sonne untergegangen sei. Später habe ich zum Theil mich von der Wahrheit der Behauptung selbst überzeugt.

Als wir von Neuem die Arbeiten aufgenommen und ich zur Unterhaltung mich selbst mit dem Facão an dem Vordringen im Dickicht der wuchernden Lianen betheiligt, ohne sonderlich darauf zu achten, wohin die wuchtigen Schläge meines bahnbrechenden Messers gerade fielen, schrieen mit einem Male meine Arbeiter Zeter und Wehe und ich wurde selbst im Nu über die Ursache ihrer Aufregung dadurch aufgeklärt, dass ein Schwarm von Wespen so dicht, dass sie eine undurchsichtige Wolke bildeten, auf uns einstürmten und uns zur eiligsten Flucht zwangen. Die Zudringlichkeit und Wuth der höchst wahrscheinlich durch einen unvorsichtigen Hieb unserer Messer aus ihrem Bau aufgestörten Thierchen war so nachdrücklich, dass unsere Füsse uns nicht schnell genug davon tragen konnten; und dennoch blieben 5 bis 6 Wespen mir unausgesetzt zur Seite, bis es mir gelang, meine Feinde durch kräftige Abwehr mit meinem Filzhut zu erlegen. Allerdings trug ich nicht wenige Spuren ihrer Rache im Gesicht und an den Händen davon. Wie man mir erzählte, ist die Begegnung solcher Wespenschwärme oft gefährlicher, als die eines reissenden Thieres. Leute, die unversehens auf den Urwaldwegen mit einem jener Schwärme zusammentrafen, sollen sogar schon den Tod davongetragen haben.

Es kostete nun nicht wenig Mühe, uns wieder aus allen Schlupfwinkeln, in die wir geflüchtet, zusammenzufinden und ich sah, als wir endlich versammelt waren zu meiner Genugthuung, dass jeder gleich mir seinen Theil davon getragen hatte. Wir durften es aber keineswegs wagen, an der von den Wespen besetzten Stelle den Durchgang aufs Neue zu erzwingen. Ich musste mich deshalb dazu bequemen, unter Zuhülfenahme der Instrumente den gefahrdrohenden Ort im Winkel zu umgehen.

Mittlerweile neigte sich der Tag seinem Ende zu und ernstlich dachte ich daran den Ort aufzusuchen, wo wir beschlossen hatten, die Nacht über zuzubringen. Es war dies eine einsam gelegene Plantage, die nach meiner Berechnung etwa eine gute halbe Stunde seitwärts von der aufgehauenen Linie liegen muste. Nachdem wir daher durch verschiedene Merkmale den Platz gekennzeichnet, wo wir am nächsten Morgen unser Tagewerk wieder aufzunehmen hatten, wurden sorglich die Instrumente zusammengepackt, und bald kriechend unter den wirr übereinandergethürmten vom Winde geworfenen Stämmen, bald kletternd über die felsigen Hänge eines schroff begrenzten Thales und dann wieder munter zuschreitend durch die leichter zu beseitigenden Schilfgräser traten wir unsern beschwerlichen Rückzug an.

Immer schwieriger wurde es, aus den Umrissen der Umgebung Einzelnes zu erkennen, immer gespenstischer ragten die Stümpfe und dürren Aeste der Waldesriesen über unsern Häuptern. Schon liessen sich die einförmigen Töne eines Fereiro (Schmied) vernehmen, eines weissgefiederten taubenartigen Vogels mit blauen Achselflecken, dessen Ruf untrüglich die nahende Nacht verkündet, schon blitzten einzelne Sterne am dunkelnden Horizont und eine sanfte Kühle durchzog belebend die Luft. Die Nacht war hereingebrochen, die Nacht im grossen weiten Urwald. Unausgesetzt zwar hatten wir uns mit unsern Messern durchzuarbeiten gesucht, aber immer noch wollte die ersehnte Lichtung sich nicht zeigen. Ich war eben etwas stehen geblieben, um mit Hülfe eines angebrannten Zündholzes meinen Kompass zu Rathe zu ziehen, als ein schmerzhafter Aufschrei des voranschreitenden ersten Arbeiters mich erschreckte.

„Was giebts?" frug ich meine Leute. „Nur schnell Licht her!" rief es zurück, „der João liegt am Boden und blutet!"

„Wie ist das möglich, was ist ihm denn geschehen?" rief ich

hinzutretend aus, indem ich zugleich ein für alle Fälle mitgeführtes Wachskerzchen ansteckte.

Einer der Leute berichtete nun, sie seien etwas zu hitzig wegen der einbrechenden Nacht durch das Dickicht vorgedrungen, ohne wahrzunehmen, das João vor einem schwieriger zu beseitigenden Hinderniss etwas stehen geblieben sei. Dadurch geschah es, dass der Hintermann beim Vorwärtsschreiten mit dem zum Hiebe ausgeholten Messer João's Rücken traf. Zum Glück führte ich eine kleine Verbandtasche und in dieser etwas Schwamm und Heftpflaster bei mir, mit welchen ich das Bluten der Wunde einstweilen stillen konnte. Es war zwar nur eine Fleischwunde, aber der arme Junge mochte doch grosse Schmerzen empfinden, denn es dauerte geraume Zeit, ehe er sich soweit fassen konnte, um unterstützt von einem Kameraden mit uns weiter zu gehen. Durch diesen Vorfall gewarnt, suchten wir nun mit doppelter Vorsicht einen Ausgang zu gewinnen, was uns nach unsäglichen Schwierigkeiten und spät in der Nacht erst gelang.

Das Nachtlager wurde in einer alten verlassenen Bretterhütte, die vordem zur Aufbewahrung der eingeerndteten Maiskolben gedient haben mochte, aufgeschlagen. Kein weiches Lager erwartete die müden Glieder, und so viel Schweiss wir den Tag über in sengender Hitze vergossen, so empfindlich kühl durchfröstelte uns die feuchte Atmosphäre der tief gelegenen Plantage. Trotzdem aber umfing mich bald ein tiefer und wohlthätiger Schlaf.

Solche Plantagen, wie ich hier eine aufgesucht, sind wenig umfangreiche Pflanzungen, welche die Kolonisten oft weit entfernt von ihren Wohnstätten mitten im tiefsten Urwald durch Ausroden desselben angelegt haben, um die Güte und Ertragsfähigkeit des Bodens zu prüfen. In den meisten Fällen verlassen die Pflanzer trotz all' der aufgewandten Mühe nach kurzer Zeit wieder das neu gewonnene Land, und üppig wucherndes Unkraut, Sträucher und Bäume verwischen dann bald genug diese vorübergehenden Spuren menschlicher Thätigkeit.

Den nächsten Tag setzte sich unsere Karawane von Neuem in Bewegung, und so von Tag zu Tag wurde mir der Urwald mit seinen tausendfältigen Erscheinungen, an die sich noch manches ungewöhnliche Erlebniss knüpfte, vertrauter. Auch erwarb ich mir bei meinem lange andauernden Urwaldleben eine gewisse Praxis, die der Neuling erst nach bitteren Erfahrungen sich zu eigen macht. Ich lernte die zahlreichen Bäume Grapia, Punha, Canela, Louro, Catiguá, Timpa uva, Capri uva und wie sie sonst alle heissen mögen, nach ihrem Aussehen allmälig unterscheiden und ihre Verwendung kennen; ich wusste mich in den schwierigsten Lagen zurecht zu finden und den Gefahren, welche der Urwald an reissenden Strömen, an jähen, den Schritt plötzlich hemmenden Felsenwänden und seinen mannigfaltigen feindlichen Bewohnern bietet, zu trotzen, aber dennoch erlebte ich fast jeden Tag auf diesen Fahrten etwas Neues und Ungewöhnliches. Es würde ermüdend für den Leser sein, wollte ich ausführlich jedes der erlebten Abenteuer erzählen: wie oft wir uns von schwindelnder Höhe an den lebendigen Tauen der Lianen zur Tiefe herabgelassen, wie wir im Bett der reissenden Waldbäche emporgeklommen zum Gipfel der Berge, wo meinen staunenden Blicken ein tosender Wasserfall sich zeigte, der nur dem stillen Walde bis jetzt seine Schönheit erschlossen; mit welcher Freude mich der gelungene Schuss erfüllte, der mir das buntgefleckte Fell der Unze als Jagdtrophäe bescheerte — dies alles mag sich vorläufig die Phantasie des Lesers ergänzen, für jetzt sei es mir nur erlaubt, hinzuzufügen, dass keines dieser so gefährlich scheinenden Dinge mich den Urwald zu meiden veranlasste.

Ein Jahr war fast verstrichen und ich hatte mich schon mit dem Gedanken vertraut gemacht noch länger die einsamen Wälder, meinem Berufe obliegend, zu durchstreifen, als die winzigsten Geschöpfe dieser fremdartigen Welt, Insekten, kaum dem unbewaffneten Auge bemerkbar, mich allmälig in jenen qualvollen Zustand versetzt hatten, der allgemein als eine der grössten Plagen der tropischen Gegenden bekannt ist und schon manchen Reisenden gezwungen, seinen Rückzug anzutreten. Vor Allem war es ein Thierchen, welches unter dem Namen Mucuim (eine Trombidiumart) bei den Brasilianern bekannt ist und welches im frischen Grase lebt, das mich bis zur Verzweiflung peinigte. Sobald es sich auf die Haut gesetzt, erschien es als ein kaum sichtbares scharlachrothes Pünktchen und nachdem es sich mit seinem langen Rüssel darin eingegraben und todt als giftiger Reiz dort zurückgeblieben war, verursachte es ein so unangenehmes, Wochen lang andauerndes Jucken, dass ich ruhelos zu heftigem Reiben gezwungen ward. Hierdurch wurde eine Entzündung hervorgerufen, welche erst durch das Ausschwären der fremden Körperchen nachliess. Dieses Leiden, welches bei mir in ganz ungewöhnlich heftiger Weise zur Erscheinung kam und dem ich lange getrotzt hatte, bis mir zuletzt die Füsse so sehr anschwollen, dass ich den Zwang des Schuhwerks nicht mehr ertragen konnte, nöthigte mich, meinem Urwaldleben auf lange Zeit zu entsagen und mich in der mehrere Tagereisen entfernten Stadt zu pflegen.

Späterhin habe ich mich noch öfter in den Urwäldern der südbrasilianischen Provinzen aufgehalten und im weiteren Verlaufe meines Aufenthalts in Südamerika auch die nordbrasilianischen Wälder kennen gelernt. Ich konnte mich dabei überzeugen, dass die Anzahl der Pflanzengattungen und Arten zu gross ist, um einzeln nach ihrem Nutzen oder ihren sonstigen Eigenschaften, wenn nicht in einem botanischen Handbuche, in Reisebeschreibungen näher erörtert werden zu können. Dennoch lässt sich dieses Kapitel nicht wohl schliessen, ohne noch einiger besonders merkwürdiger Gewächse zu gedenken.

Hervorragend an Grösse und Mächtigkeit findet sich im Süden die Figueira mit ihrem in lauter senkrechte Fächer eingebuchteten Stamme und ihren weithin über den Boden sich erstreckenden hochkantigen Wurzeln, der riesige Angico mit seinem nutzbaren harten Holze und den feinfühlenden gefiederten Blättchen, die bei Sonnenuntergang sich schliessen, und das Unkraut der Wälder in Rio grande do Sul, der Mataolhos (Augenmörder), dessen milchweisser Saft bei Verletzung der Rinde in reichlichem Maasse hervorquillt und das menschliche Auge, wenn es davon bespritzt wird, mit Erblindung bedroht. Vorzugsweise den niedrigen Gegenden im Stromgebiete des Amazonas eigen ist die Bubunha-Palme (Gulielma speciosa), welche aber auch in andern Gegenden Südamerikas vorkommen soll und bis zu Höhen von 3—4000 Fuss steigt. Die birnenartigen goldgelben Früchte dieses Baumes, welche gekocht oder gebraten wie unsere echten Kastanien schmecken, sind eine Lieblingsspeise der Indianer, die deshalb den Baum auf das Sorglichste pflegen. Noch wichtiger ist in jenen Gegenden die Assaï-Palme (Euterpe oleoracea). Die pflaumenartigen Beeren dieses Baumes dienen zur Bereitung einer unter dem Namen Assaï weit und breit in Amazonas und Para bekannten und beliebten Speise, welche das ganze Jahr hindurch von den indianischen Mädchen zum eigenen Gebrauche sowohl, wie zum Verkaufe bereitet wird.

Die Nutzbarkeit der Piaçaba-Palme (Attalea funifera) ist hie und da selbst bei uns in Europa bekannt, namentlich in neuerer Zeit haben ja die Besen und Bürsten aus den Blattfasern derselben eine allgemeine Verbreitung gefunden. In Brasilien ersetzen diese Fasern in mannigfacher Verwendung zum Theil unsern Hanf. Zum Bau der indianischen Hütten dient eine sehr schöne Palme des Amazonas, die Bussú (Manicaria saccifera) von der ein einziges Blatt genügt, um die Thür einer solchen Indianerwohnung herzustellen.

Unter den übrigen Bäumen Brasiliens ist wohl gegenwärtig der wichtigste die Seringeira (Siphonia elastica), welche den Kautschuk liefert. Letzterer besteht aus dem an der Luft verhärteten milchigten Saft des Baumes, welchen die Indianer, noch ehe derselbe zum gewinnreichsten Ausfuhrartikel Brasiliens geworden, bereits zu Tabaksröhren und anderen Dingen verwendeten. Von dem Vorkommen der Sarsaparilla und des Ipecacuanha-Strauchs, zwei wichtigen Arzneipflanzen, ist früher bereits gesprochen worden. Auch die Vanille kommt wildwachsend in den Urwäldern Nordbrasiliens vor, doch wird sie wenig gesammelt und schlecht zubereitet. Viele andere Bäume und Gewächse liefern wichtige Arzneistoffe und Droguen, mit denen die Eingebornen einen ausserordentlich einträglichen Handel treiben. Eine Palmenart, Carnaúba (Copernicia cerifera) liefert, um nur in Kürze dieser Naturmerkwürdigkeit noch zu gedenken, in ihren Blättern ein Wachs, woraus Kerzen gegossen werden, welche den ausgedehntesten Gebrauch finden, so dass jährlich an 300,000 Kilogr., in Cera sogar 1 Mill. Kilogr. davon ausgeführt werden.

Wie aus dem Vorhergehenden zu ersehen, ist der Reichthum in Wald und Flur an wildwachsenden und geniessbaren Früchten sehr gross. Einen wahren Segen gewähren z. B. den Bewohnern des Landes die Bananen (Musa paradisiaca). Man hat behaupten wollen, diese Pflanze sei aus der alten Welt erst in Südamerika eingeführt worden, aber das verschiedenartige Vorkommen und die vielen Namen, unter welchen selbst die

Indianer in den frühesten Zeiten die Frucht gekannt, beweist, dass sie doch hier wohl von jeher heimisch war. Geschichtlich wenigstens lässt sich ihre Einführung nicht nachweisen. Die Pflanze besteht aus hohen baumartigen Sträuchern, deren breite, palmenähnliche Blätter die in mächtigen Dolden zusammenstehenden Früchte beschatten. Dieselben haben die Gestalt einer Gurke und schmecken etwa wie unsere Birnen. Ihrer Güte wegen werden sie viel in der Nähe der Häuser, in Gärten

Bananengruppe bei Rio Janeiro.

und Gehöften angepflanzt, gleich den ebenso nützlichen Orangenbäumen.

Mehrere Arten von Sapucaya, dann der Topfbaum mit seinen dickschaligen schmackhaften Nüssen, die von den Indianern auch gleich den Früchten des Calabassenbaumes zu Trinkschalen verarbeitet werden, der schöne luftige Bacorybaum mit seinen fleischigen aromatischen Beeren, und die Sorveira, sind alle geschätzte Gaben der Natur.

Eine sehr wohlschmeckende Speise, die unter der Benennung Genipapa in Ostbrasilien berühmt ist, liefern die graugrünen länglichen Früchte des Genipapeiro (Genipa brasiliensis). Ein weit verbreiteter, viel cultivirter, aber wenig ansehnlicher Baum ist auch der Cajueiro mit seiner sonderbaren Doppelfrucht. Der Blüthenstiel nämlich schwillt beim Reifen zur Dicke einer Birne an und trägt auf seinem Ende eine nierenförmige, kastanienartige Frucht; diese lässt sich nur geröstet essen, wo sie dann im Geschmack unsern Haselnüssen gleichkommt. Die birnenartige Anschwellung des Stieles aber, welche sich wie ein Schwamm auspressen lässt, enthält in reichlicher Menge einen ungemein erfrischenden, angenehm säuerlichen Saft, der von den Brasilianern besonders in der Hitze eifrig getrunken wird und für sehr gesund gilt.

Wohlschmeckende Früchte liefern fernerhin der Imbuzeiro, der Cajaseiro, die Papaja und die Ambauva mansa, deren Früchte unseren Weinbeeren nahe kommen und von Indianern, wie von Ansiedlern mit Begierde aufgesucht werden. Die Maracujá-Arten (Passiflora maliformis), mehrere Myrtaceen und Psitium-Arten gehören gleichfalls zu den Pflanzen, die den Bewohnern des Landes wichtige Nahrungs- oder Genussmittel liefern. Der brasilianische Kastanienbaum (Bertholletia excelsa), ein schöner grosser Baum, ist durch die unter dem Namen der Paranüsse in den Handel kommenden Früchte wohl zur Genüge bekannt. Zu erwähnen ist hier auch noch der Cacaobaum, der in verschiedenen Arten zusammen mit der Sarsaparilla vorkommt und eine wichtige Rolle im brasilianischen Handel spielt.

Von den Schlingpflanzen und sonstigen Waldgewächsen werden mancherlei Bestandtheile zu nützlichen Dingen verarbeitet und verwerthet, und im höchsten Grade interessant ist in dieser Beziehung die Ansammlung von nutzbringenden Erzeugnissen der Natur, welchen man in der brasilianischen Flora begegnet. Baumwolle von allen Farben findet sich um die Samen riesiger Bombaceen, andere Sträucher liefern den Stoff zur Fabrikation der schönsten Hüte und wieder andere Fasern zur Verarbeitung als Tauwerk. Aus der Frucht der Barriguda wird sogar ein der Seide ähnlicher, leicht zu verarbeitender Bast gewonnen.

Durch ihre Rinde wichtig sind von den Bäumen der Tauiri und der Jatobá. Der Erstere giebt den Indianern Stoff zur

Anfertigung einer Art langer Hemden, der Letztere wird zum Bau der Kähne verwandt.

Sehr reich sind die Wälder Brasiliens an werthvollen Holzarten, sowohl Färbe-, als Bau- und Nutzhölzern, die hier in Deutschland von Manchem mit Gold aufgewogen würden, wenn sie leichter zu beschaffen wären. Jeder kennt wohl das rothe Brasil- oder Fernambukholz, das Anfangs ein seltener Handelsartikel gewesen, heute aber alljährlich in Massen als Schiffsballast zu uns herüber kommt. Es stammt von der Caesalpinea echinata brasiliensis. Gleich gross sind die Mengen eines andern Färbeholzes, des echten Gelbholzes (Broussonetia tinctoria), welche von Brasilien ausgeführt werden. Beide Holzarten haben übrigens stark abgenommen, da man diese Bäume in sehr unverständiger Weise aller Orten des Verkaufs halber fällte. Die Verwendbarkeit der Hölzer zum Schiffsbau und zu Mobilien ist selbstverständlich eine ausserordentlich grosse und man würde in Verlegenheit kommen, wenn man eines oder das andere vorzugsweise als das werthvollste nennen sollte. Durch feines, schön gefärbtes Gefüge ausgezeichnet ist zu Tischlerarbeiten das auch in Deutschland hinlänglich bekannte Jacarandá- oder Palisanderholz (von ihm allein wurden im Jahre 1872 für den Werth von 2,100,000 Mark, von 1869—1874 in Summa aber für 2,364,750 Mark ausgeführt), ebenso das Holz des Cajueiro do Mato oder Camará, des Paó da Rainha, der Moira piranga, der Moira pinima, einer Leguminose, und vor Allem des Cedro.

Zu Geräthen und Bauten werden das Páo mulato, das dem Nussbaumholze ähnliche eines Myrtenbaumes und jenes der verschiedenen Lorbeerarten angewendet. Um nur noch einen Vertreter der nützlichsten Bäume des brasilianischen Urwaldes zu nennen, sei der riesige Massarandúba (Mimusops elata), der treffliches Bauholz giebt, erwähnt. Zugleich liefert er einen reichlichen, der Kuhmilch ähnlichen Milchsaft, welcher als nahrhaftes Getränk gilt und in Pará als Zuthat zu Kaffee und Thee genossen wird, weshalb dieser Baum auch im benachbarten Venezuela Milchbaum, Arbol de leche, genannt wird.

Es macht auf den Europäer einen eigenthümlichen Eindruck, wenn er in brasilianischen Landen die einfachsten Möbel und Geräthschaften, welche zum täglichen Gebrauche dienen, von den nach deutschen Begriffen kostbarsten Hölzern angefertigt findet und die Fremdartigkeit der neuen Umgebung ihm dadurch überall vor Augen tritt; Palisander und Ceder vertreten dort das bei uns gebräuchliche Tannenholz. Allerdings sind in den seltensten Fällen die Hausgeräthe entsprechend dem werthvollen Material, gleich sorgfältig verarbeitet. Achtlos bedient man sich der kostbarsten Naturprodukte, welche einem noch nicht auf der Höhe der Kultur stehenden Volke in Brasilien durch Gunst des Geschickes zufielen, und Jahrhunderte können vielleicht noch verfliessen, ehe jene Schätze alle in Wahrheit gewürdigt und nach ihrem vollen Werthe erkannt und verwendet werden.*)

Drittes Kapitel.

Die Thierwelt.

Bei der Wanderung durch den Urwald sind wir bereits einigen Vertretern der überaus reichen Thierwelt Brasiliens begegnet, die jedoch nur einen kleinen Bruchtheil der dort einheimischen Fauna bilden. Die Campos, wie die jungfräulichen Wälder, die Flüsse und Seen, wie die Luft sind gleich zahlreich bevölkert durch Geschöpfe aller Art. Bezeichnend für Brasilien sind vor Allem die Affen, von denen an 50 verschiedene Arten dort bekannt sind. Namentlich in Nordbrasilien, nahe dem Aequator, giebt es eine Menge von Macacos, wie der Brasilianer die Affen nennt. Am verbreitetsten sind darunter die Brüll- oder

---

*) Der Weltausstellungs-Katalog von Philadelphia zählt von Holzarten, welche der Architektur, den Civil- und Schiffsbauten, der Tischlerei und dem Geniewesen zur Verwendung dienen, auf: unter den Apocineen 4 verschiedene Arten, unter den Artocarpeen 5, unter den Leguminosen 45, unter den Terebinthaxeen 5, unter den Laurineen mehr als 9, unter den Meliaceen 3, mehrere Proteaceen, unter den Myristiceen, Rubiaceen, Cordiaceen, Combretaceen und Bignoniaceen je 3 Arten, unter den Rutaceen 4, unter den Erythroxileen 2, unter den Myrtaceen 10, unter den Guttiferen 2, und ferner verschiedene Malpighiaceen, 7 Sapotaceen und 2 Coniferen-Arten, also wohl über 120 Pflanzengattungen.

Heulaffen (Mycetes), welche in grossen Schaaren gesellig in der Tiefe des Waldes zusammenleben und ihr widerliches Geheul früh Morgens schon anstimmen. Einer der rothhaarigen Gesellen leitet hierbei stets den Chor ein und die andern entsprechen dieser unharmonischen Aufforderung mit einstimmigem Gebrülle. Nächst den Brüllaffen sind einige Klammeraffen in Brasilien heimisch und vertreten gewissermaassen den Orang-Utang. Diese werden häufig gezähmt und auch in den Hütten der Indianer viel gehalten. Eine am Amazonas vorkommende Art der Coatá (Ateles paniscus) gehört zu den Lieblingen der Indianer wegen ihrer Grösse und drolligen Würde. Auch ist diesen Thieren eine seltene Ruhe und Gutmüthigkeit bei einem hohen Grade von Schlauheit eigen. Ihr menschenähnliches Gesicht, das sie zu den lächerlichsten Grimassen verziehen, war die Veranlassung, dass man ihnen allgemein den für Negerknaben gebräuchlichen Namen Muleque beigelegt hat. Die Wollaffen (Lagothrix), die Rollaffen (Cebus), die Kapuzineraffen mit ihrem flötenartig zwitschernden Geschrei, weshalb sie die Franzosen Singes pleureurs nennen, die Schweifaffen und der schwarze Saki oder der Judenaffe sind ziemlich häufig.

Eine merkwürdige Gattung bilden die Nachtaffen, wegen ihrer nächtlichen Lebensweise so genannt. Diese leben still und scheu in kleineren Gesellschaften, schlafen bei Tage in dichten Gebüschen zusammengekrümmt und gehen bei Nacht auf den Raub aus. Ihre ganze Erscheinung erinnert an die Katzen und die Marder. Harmloser als diese Art sind die Saimiri und die Springaffen (Chrysothrix und Callithrix), welche etwa in 10 Arten in Brasilien bekannt sind.

Die kleinsten Affen Brasiliens sind die zierlichen Seidenäffchen, deren es 14 verschiedene Abarten giebt. Die Brasilianer nennen sie alle Sihuïs. Diese überaus niedlichen Thierchen, die ein Zwischending zwischen Affe und Eichhörnchen zu sein scheinen, lassen sich sehr leicht zähmen und werden wegen ihrer Munterkeit und allerliebsten Gestalt viel in den Zimmern von den Einwohnern gehalten. Sie gewöhnen sich so sehr an die Person ihres Herrn, dass sie bei Annäherung einer Gefahr oder während der Nachtkühle Schutz und Wärme an seinem Busen suchen. Manche der Thierchen sind ausserordentlich klein und kaum grösser als eine Maus; selten aber erreicht ihr Körper mehr als 9 Zoll Länge. Einige Arten haben Gesicht, Hals und Nacken umgebende lange mähnenartige Haare, welche gleich einem Kragen aufgerichtet, sind, weshalb sie auch Löwenäffchen genannt werden. Zu den niedlichsten dieser Seidenaffen (Hapale), gehört der Mico am Amazonas. So zahlreich wie diese Affenart die Urwälder unter der heissen Zone bevölkert, so schwierig, ja fast unmöglich ist es, eines dieser an eine so hohe Temperatur gewöhnten Geschöpfchen lebend nach Europa zu bringen. Oft schon wurde der Versuch gemacht, dieses reizende Thierchen als Andenken an Brasilien in die ferne europäische Heimath mitzunehmen, allein trotz der grössten Fürsorge widerstand in der Regel ihre zarte Konstitution nicht lange den Einflüssen eines rauheren Himmelsstriches. So allgemein in Bahia z. B. die Micos als Schoosthiere von Alt und Jung, von Reich und Arm gehalten sind, so gelingt es nicht einmal in Orten, welche nur um wenige Grade südlicher gelegen sind, die Seidenäffchen am Leben zu erhalten.

Die Affen sind fast durchweg scheu und lassen sich selten sehen, nur ihr Geschrei verräth in der Regel ihren Aufenthalt. Wie belustigend es ist, ihnen bei ihren Zänkereien zuzuschauen und sie zu beobachten, weiss jeder, der in einem Thiergarten oder in Menagerien schon einmal eine grössere Anzahl Affen bei einander gesehen. Einen Nutzen jedoch gewähren sie nicht; sie sind vielmehr arge Diebe und stehlen in der Nähe menschlicher Wohnungen, was sich ihnen nur immer Geniessbares bietet. Dafür wird ihnen denn mitunter von den Brasilianern das Fell über die Ohren gezogen, um sie zu braten und zu verzehren. Ich erlebte es selbst mehrere Male, dass meine Leute Affen schossen und sich an dem davon bereiteten Spiessbraten gütlich thaten. Die Brasilianer konnten es dann gar nicht begreifen, dass ich mich nicht an dem Mahle betheiligte und versicherten mir hoch und theuer, dass der Braten ganz ausgezeichnet schmecke. Nichtsdestoweniger vermochte ich nicht das Vorurtheil gegen das Affenfleisch zu überwinden, um so mehr, als das am Spiess steckende seines Pelzes entkleidete Thier eine verzweifelte Aehnlichkeit mit einem menschlichen Körper hat. — Das Pelzwerk findet bekanntlich auch bei uns seine Verwendung.

Die Häufigkeit der Affen in Brasilien hat dem Lande, namentlich unter den Kolonisten den Spottnamen „das Affenland" zugezogen, wie es ehedem wegen seines Reichthums an Papageienarten unter den ersten Ansiedlern, „das Papageienland" genannt wurde.

Eine wahre Landplage in manchen Gegenden, insbesondere für die Viehzucht, sind die blutsaugenden Fledermäuse, welche über die schlafenden Thiere herfallen und diese bis zum Tode peinigen. Wer kennte nicht die Fabel von den Vampyren, die sich hier verwirklicht, wenn auch die Erzählung, dass Menschen von der Vampyrfledermaus (Phylostoma spectrum) angefallen wird, nicht durch alle Reisenden Bestätigung findet. Die grösste unter den in Brasilien vorkommenden Fledermäusen ist Phyllostoma hastatum, auch unter dem volksthümlichen Namen Guandirá oder Andirá bekannt. Diese Säugethiergruppe gewährt indessen auch grossen Nutzen, da sie alljährlich eine grosse Anzahl schädlicher Insekten vertilgt.

Die Raubthiere Brasiliens sind weniger zu fürchten als andere, dem heissen Lande eigenthümliche Plagen. Unter den Ersteren sind verschiedene Katzenarten zu rechnen, darunter die Unze (Felis onça), oder der Jaguar und der Cuguar. Die Unze ist ein starkes Thier, welches hie und da wohl das Hausvieh anfällt, Menschen dagegen nur wenn sie gereizt wird und den Farbigen dann eher als den Weissen. Viel weniger kühn ist der Cuguar, von dessen Angriffen der Mensch so gut wie nichts zu fürchten hat.

Von der Gattung des Hundes (Canis) finden sich mehrere Arten, unter welchen der schöne Schakalfuchs, der die weiten Campos bewohnt, hervorzuheben ist. Ferner sind von den Säugethieren die brasilianische Fischotter und zwei marderähnliche Galictis-Arten bemerkenswerth.

Ein wenig liebenswürdiges Geschöpf ist das Stinkthier, welches einen so unerträglichen Gestank verbreitet, dass man seine Nähe auf weite Strecken wahrnimmt. Ja Kleidungsstücke, seien sie von Tuch oder Leder, welche mit dem Surillo in Berührung kamen, sind ihres unerträglichen Geruches wegen nicht weiter zu gebrauchen.

Eines der gemeinsten brasilianischen Raubthiere ist der südamerikanische Waschbär und das Cuaty (Nasua rufa).

Eine Menge verschiedener Arten von Beutel- und Nagethieren bevölkern ausserdem Wälder und Fluren und fallen durch ihre charakteristischen Formen dem Fremdling auf. Aber auch alte Bekannte aus Europa scheinen uns hier zu begegnen, wie das behende muntere Eichhörnchen, welches unbekümmert um die Gefahren des Urwaldes an den üppig bewachsenen Bäumen auf und nieder springt.

Zahllos ist das Heer der Ratten und Mäuse, welche in wahrhaft erschreckender Weise sich in den Wohngebäuden, sogar in Gängen und Zimmern herumtreiben und den Aufenthalt im Lande der Palmen und Orangen höchst ungemüthlich machen. Nach ihren verschieden gewählten Berufsarten oder Tummelplätzen benannt, giebt es Dachratten und Ferkelmäuse, Stachelratten und Schrotmäuse, Wasserratten und Wühlmäuse, Wanderratten und Andere mehr. Viele dieser Thiere mögen als Europamüde, als Eingewanderte zu betrachten sein, ein grosser Theil aber zählt doch unter die eingeborenen Landeskinder.

Eine Gruppe von Stachelschweinen und die mit hufartigen Pfoten versehene Nagethierart, der Subungulati, unter denen der Páca, sind charakteristisch. Der Páca ist ein stumpfsinniges Thier, das wenig vorsichtig, vom Jäger leicht beschlichen und um seiner Schmackhaftigkeit willen vielfach erlegt wird. Das Wasserschwein, das grösste unter allen Nagethieren, 3—4 Fuss lang, und das Meerschweinchen werden auch gejagt. Weniger geschätzt ist der brasilianische Hase, dort Coelho genannt, der im Urwalde wie auf den Campos ziemlich häufig vorkommt, an Schmackhaftigkeit des Fleisches aber mit unserem guten deutschen Hasen nicht zu vergleichen ist.

Sonderbare Gestalten der südamerikanischen Urwälder sind die Faulthiere, Gürtelthiere und Ameisenbären. Die Faulthiere scheinen förmlich für das Leben auf Bäumen geschaffen zu sein, die sie oft lange Zeit gar nicht verlassen, und wenn dies der Fall ist, nur um zu trinken, denn ihre Nahrung besteht allein aus Blättern. Von der Langsamkeit ihrer Bewegungen, die übrigens vielfach übertrieben wird, haben die nicht gerade schönen Thiere auch ihren Namen. Die Indianer nennen das Thier Aï, eine Benennung, die sich von ihrem also lautenden Geschrei herleitet. Der den Urwald durchstreifende Jäger wird indessen selten eines Faulthieres ansichtig werden, da es meist regungslos an dem einmal gewählten Stamm verharrt und schwer von der Rinde desselben zu unterscheiden ist. Auch lebt es einsam und höchstens von dem auf seinem Rücken befindlichen Jungen begleitet, welches diese Stätte erst, wenn es ausgewachsen, zu verlassen pflegt. Ihrer Natur nach sind es sehr harmlose Geschöpfe, die Niemandem etwas zu Leide thun.

Weit häufiger begegnet der Reisende den Gürtelthieren oder Tatús, doch erst in der Abenddämmerung, da sie am Tage ihre Erdlöcher selten verlassen. Sie haben im Graben eine sehr grosse Gewandtheit und häufig begegnete es mir selbst, dass sich das ansichtig gewordene und nur wenige Schritte entfernte Thier, ehe ich es erreichen konnte, bereits unter der Erde verkrochen hatte. Trotz seiner Kleinheit entwickelt dasselbe eine solche Stärke, dass man es kaum vermag, mit Gewalt aus seiner Erdhöhle herauszuzerren. Allgemein gilt in Brasilien das Gürtelthier, von dem sich etwa 6 Arten dort vorfinden, für eine wohlschmeckende Speise und der Panzer, welchen es trägt, dient zur Anfertigung von mancherlei nützlichen Dingen. Ich habe oft, wenn sich sonst nichts Anderes vorfand, von dem zarten und saftigen Gürtelthierbraten gegessen, fand aber immer, dass ihm ein erdiger Geschmack, etwa wie dem Dachsfleisch eigen ist; auch sein Geruch hat etwas Abstossendes, obgleich es sich von ganz unschuldigen Insekten, wie auch Ameisen- und Käferlarven etc. nährt. Lange Zeit machte es mir Vergnügen, solche Gürtelthiere zu zähmen und in meiner Stube zu halten; ihr ruheloses Wesen aber während der Nacht und ein durchdringender scharfer Geruch, der den sonst mitunter ganz possierlichen Geschöpfen eigen ist, veranlasste mich, sie bald wieder aus meiner Nähe zu verbannen.

Ein ziemlich grosses Säugethier Brasiliens ist der Ameisenbär oder Tamandua, der in Wäldern sowohl wie auf den Campos vielfach vorkommt und sich bekanntlich von Ameisen nährt, welche er mit seiner langen Zunge aufleckt. Sein schönes schwarzweisses Fell und der buschige prächtige Schweif, der ihm beim Klettern als Stütze wesentliche Dienste leistet, giebt ihm ein eigenthümliches Ansehen.

Aehnlich im Aussehen und in der Lebensart wie die europäischen sind die in Brasilien vertretenen Hirsch- und Reharten, nur ist das Geweih der ersteren weniger entwickelt; auch steht das Wildpret an Güte dem unserer heimischen Hirsche und Rehe bedeutend nach.

Unter allen Thieren der Urwälder werden von den Indianern und auch von den Ansiedlern am meisten wohl die vielen sich vorfindenden Wildschweine gejagt, welche zwar dem europäischen Schwarzwild ebenfalls ähnlich sind, aber doch manche Unterschiede aufzuweisen haben, darunter namentlich eine Moschusdrüse, welche sie als Eigenthümlichkeit auf dem Rücken tragen. Sie treiben sich in grossen Rudeln von 50—60 Stück herum und werden von den Indianern mit Pfeilen, aber auch in Fanggruben erlegt. Höchst verderblich werden sie den Pflanzungen der Kolonisten, welche sich nur schwer gegen solchen Wildschaden zu schützen vermögen. Manche Indianerstämme besitzen auch ein Vorurtheil und Abneigung gegen den Genuss dieses Schweinefleisches.

Das grösste brasilianische Säugethier ist unstreitig der Tapir oder die Anta, der etwa die Grösse eines ausgewachsenen Kalbes und sonst viel Aehnlichkeit mit dem gewöhnlichen Schweine besitzt. Er lebt ziemlich vereinzelt in den tiefsten Gründen des Urwaldes, ohne jedoch zu den Seltenheiten darin zu gehören. Wie das Rothwild hat der Tapir seine ganz bestimmten Wechsel und kommt z. B. mit der grössten Regelmässigkeit, stetig auf demselben Wege wie Tags vorher, zu den Trinkplätzen. Unter diesen Umständen ist es eben nicht sehr schwer ihn zu jagen, wenn es sonst gelingt, mit einem Schuss sein ausserordentlich dickes Fell zu durchbohren. Wegen der vorzüglichen Beschaffenheit des Antenfells, wie auch wegen seines Fleisches wird dem Tapir überall mit Eifer nachgestellt. Man verfährt dabei leider nur recht unwaidmännisch, indem es selten Jemandem einfällt, statt der Schrotladung sich der Kugeln zu bedienen. Jung eingefangen, lässt sich der Tapir so leicht zähmen, dass er vielfach bei den Indianern an Stelle der Schweine gehalten wird.

Zu den brasilianischen Säugethieren ist füglich auch noch der in der Nähe der Küste, in den grossen Flüssen vorkommende Lamantin oder Manati zu rechnen. Aehnlich den Wallfischen, erreicht dieses Wasser-Ungethüm die ausserordentliche Grösse von 15, ja zuweilen von 20 Fuss und wiegt dann 70—80 Centner. Er wird vorzüglich um des Thranes willen, wovon aus einem

Thiere oft 500 Gallonen ausgesotten werden, wie die Wallfische mit Harpunen gejagt. Sein Fleisch schmeckt nicht übel, ist aber sehr fett. Mit dem Lamantin zugleich stösst man hie und da, besonders in den Buchten des Amazonas, auf ansehnliche Rudel von Delphinen.

Die eigentlichen Wallfische und Pottfische haben hingegen an der brasilianischen Küste sehr abgenommen.

Grossartig ist die Manigfaltigkeit der brasilianischen Vogelwelt, die an Eigenthümlichkeiten so viel aufzuweisen hat, wie wohl in keinem andern Theile der Erde. Da sind die originellen Tukane, auch Pfefferfresser genannt, und die allerliebsten früher bereits erwähnten Kolibris, welche allerwärts mit ihrem prächtig schillernden Flügelkleide die Luft durchschwirren und im Fluge mit ihrer langen muskulösen Zunge den Nektar aus Blüthenkelchen schlürfen, und wieder die so einfachen schwarzen Ani's, die brasilianischen Kuckucks, welche sich weniger poetisch ihre Nahrung auf dem Rücken des durch zahlreiche Insekten geplagten Viehes suchen. Die phlegmatische Jacamare, von den Einwohnern mit dem Namen Dummhans bezeichnet, die muntern Steigschnäbler, die emsigen Baumhacker, die lebhaft gefärbten Manakins; die mit hellleuchtendem Gefieder geschmückten Tangaras und Andere mehr beleben die Gebüsche und Waldungen. Vögel, welche die Zierde unserer naturhistorischen Sammlungen bilden, fliegen in grosser Zahl umher und entzücken uns durch die Schönheit ihres farbenreichen Gefieders. Jedoch so schön auch ihr Aeusseres ist, so wenig wissen sie uns durch ihren Gesang zu erfreuen. Nur kreischende und schrillende Töne sind es meist, welche man von den Sängern des Waldes hier vernimmt, obgleich 133 Vogelarten zu den echten Singvögeln davon gezählt werden. Das Kollern des Pavão und das Hämmern des Ferrador sind eigenthümlich, aber keineswegs harmonisch. Am meisten in der Sangeskunst leistet noch der Spottvogel (Sabiah), der indessen allerhöchstens sich in einen Wettkampf mit unserer Amsel einlassen könnte. Auch die Finken und Zaunschlüpfer scheinen in Brasilien ihr musikalisches Talent eingebüsst zu haben und sind hier auf die Stufe gewöhnlicher Bänkelsänger herabgesunken, deren Leistungen trotzdem den in dieser Hinsicht nicht verwöhnten Brasilianern zusagen.

Mehr als von der Musik verstehen die brasilianischen Vogelgeschlechter von der Baukunst; in allen Formen und aus allen Stoffen wissen die Vögel jener Gegenden ihre Nester zu verfertigen; bald sind es Lehmhüttchen zwischen den Aesten der Bäume, bald zierliche Lager von Wolle und Pflanzenseide unter schützendem Blätterdach, bald aber auch gestalten sich die Wohnungen derselben zu sonderbaren beutelförmigen, langen und durchsichtigen Gehäusen.

Zugvögel giebt es in Brasilien des ziemlich gleichförmigen Klimas halber keine.

Aus der Ordnung der Raubvögel, welche sich recht nützlich durch die Vertilgung unzähliger Insekten, Amphibien und faulender Thierkörper machen, kennt man an 33 Gattungen. Eulen, Geier, worunter der buntköpfige, truthahnartige Urubú und ein anderer, der mit grosser Dreistigkeit auf Strassen und öffentlichen Plätzen der Städte sich die Verspeisung der umherliegenden Thierleichen angelegen sein lässt. Falkenarten, unter denen am gemeinsten der von den Indianern wegen seines kläglichen Geschreis als Unglücksvogel betrachtete Caracará, der kühnere Uribitinga, welcher seine Beute im Fluge erhascht, sind die häufigsten unter den gefiederten Räubern. Aber auch Adler kommen vor und einige gefürchtete Habichte und Edelfalken.

Unter den Klettervögeln nehmen die Papageien den ersten Rang ein; sie unterscheiden sich mehr durch ihre Grösse, als durch ihr Gefieder, an welchem die grüne Farbe vorherrschend ist. Sie sind unter den Vögeln in Brasiliens Wäldern gleich zahlreich, wie die Affen unter den Säugethieren vertreten. In grossen Schwärmen durchziehen sie krächzend und widerlich schreiend die Luft und stören dadurch unangenehm die heilige Stille des Waldes. Ihrer Gelehrigkeit wegen werden sie häufig zur Unterhaltung gezähmt, und man hat hierbei die Erfahrung gemacht, dass die kleineren Gattungen gelehriger sind als die grösseren Arten. Vielfach behauptet man, dass diese Vögel ein höheres Alter als alle anderen Thiere erreichen, ja wiederholt wurde mir von Brasilianern versichert, dass es Papageien gäbe, welche über 100 Jahre zählten. Die brasilianischen Zwergpapageien (Psittacula passerina) sind die kleinste und gewöhnlichste Papageienart, aber von niedlichem Aussehen. Diese

Vögel der tropischen Welt sind es denn auch, welche zuerst die Aufmerksamkeit der ankommenden Europäer erwecken und in Menge von spekulativen Negern auf den die Häfen anlaufenden Dampfern den Passagieren zum Kaufe angeboten werden, um als brasilianische Erinnerung denselben in die ferne Heimath zu folgen.

Erwähnenswerth sind ferner die Segler, die Nachtschwalben, die Eisvögel und die Sägeracken, die Kreischer, die interessanten Schmuckvögel, Zweig- und Wollschlüpfer, deren viele ein mit grellen Farben prangendes oft buntes Gefieder haben.

Jeden der merkwürdigen Vögel, der sich durch seine Färbung, seine Lebensweise, oder sonstige Eigenthümlichkeiten in diesem Lande der Naturwunder auszeichnet, zu nennen, würde ermüdend sein. Dennoch können wir dieses Gebiet nicht verlassen, ohne der bunt gekleideten, dompfaffenartigen Euphoniden, des Cardinals mit seinem blutrothen Gefieder und der hellrothen Scheitelhaube, des rothköpfigen Papacabim oder Dichodichorey, des finkenartigen niedlichen Patetivo, des olivengelben Canario und der prachtvoll feuerfarbenen Icterinen zu gedenken. Kein Land der Erde hat eine solche Menge farbenglänzender Vogelschaaren; nirgend sonst hat die Natur mit so üppigen Tinten das Federkleid der leichtbeschwingten Bewohner der Lüfte gemalt, als hier. Man würde aber irren, wenn man sich dem Glauben hingäbe, dass jeder Vogel in gleich farbenprächtiger Toilette einherstolzirte. Es giebt auch viele bescheiden, ja sogar unscheinbar gekleidete Vögel; dahin vor Allem gehören die vielen Tauben- und Hühner-Arten.

Ein recht interessantes Thier ist der in Brasilien einheimische Strauss (Nandú, Ema oder Emu). Er ist beträchtlich kleiner, als der afrikanische Strauss, sonst diesem aber sehr ähnlich. Hauptsächlich ist es das Camposgebiet, wo er in wenig zahlreichen Trupps lebt und sich von Insekten, Früchten und kleinen Amphibien nährt. Da er von den Brasilianern wegen des Federschmuckes viel gejagt wird, so zieht er sich mehr und mehr in die unbewohnteren Gegenden zurück. Diese Straussenjagd wird auf eine höchst originelle Weise mit Anwendung des Lassos, eines langen Seiles, an dessen Ende sich eine ziemlich starke Bleikugel befindet, betrieben. Die Hauptkunst der Jäger besteht darin, dass man dem Strauss, welcher ganz plötzliche scharfe Wendungen nach der Seite zu machen pflegt, um seinen Verfolgern zu entrinnen, durch geschicktes Manövriren mit dem Pferde den Weg abzuschneiden sucht und in dem Augenblicke, wo der Verfolgte eine neue Richtung einschlagen will, den vorher schon zum Wurfe bereiten Lasso ihm um den Hals wirft. Sonderbar ist es dabei, dass der Vogel selten oder nie von der Fähigkeit zu fliegen Gebrauch macht und die Flügel nur dazu benutzt, um seinen rasend schnellen Lauf zu beschleunigen oder zu steuern.

Häufig werden die jungen Strausse, deren man zufällig habhaft wird, in den Gehöften der Landesbewohner zum Vergnügen gehalten. Ich selbst besass lange Zeit hindurch bei meinem jahrelangen Aufenthalt in einer südbrasilianischen Stadt einen solchen Strauss, als dessen hervorstechendste Eigenschaft, ohne sonst irgend welche Gaben und Talente zu verrathen, nur eine ungeheure Fressbegierde sich offenbarte, und dieses vorwiegend den materiellen Neigungen zugewandte Naturell soll dem Straussengeschlecht überhaupt eigen sein. Bei seinen täglichen Spaziergängen im Hofe verschmähte der langhalsige Hausgenosse nichts, was sich seinen Blicken darbot; selbst Nägel, Zeugreste, zum Trocknen aufgehangene Wäsche wanderten in unbewachten Momenten in den wahrlich räthselhaft unverwüstlichen „Straussenmagen". Der Genuss der grossmächtigen Strausseneier ist zwar allgemein üblich, gilt aber nicht gerade für sehr gesund.

Eine grosse Klasse von brasilianischen Vögeln ist schliesslich noch die der Sumpfvögel, deren einige Arten in zahllosen Massen die Landseen und Flüsse beleben. Am bekanntesten von ihnen ist der den einsamen Reiter oft so belästigende und sein Pferd erschreckende kibitzähnliche Queroquero, dessen widerliches Geschrei den Reisenden förmlich zu seiner Verfolgung aufstachelt.

Die Schaaren der an den Sümpfen und Weihern hausenden Vögel, bestehen ausserdem aus Becassinen, Austernfischern, Schilfhühnern, den so eigenthümlich rufenden Serracuras, den so geschickt tauchenden Picaparas, den schönen Jaçanans, Chaias, Inhumas, zahlreichen Entenarten, von denen jener grosse Binnensee bei Rio grande den Namen Lagoa dos Patos hat, und den rothbeinigen Kranichen und Storcharten.

Als besonders schöne und belebende Ergänzung der landschaftlichen Staffage sind unter die zahlreichen zu dieser Ordnung zu zählenden Vogelarten die Flamingos noch zu rechnen.

Weniger anmuthend als die im Vorhergehenden geschilderte Thierwelt erscheinen die Amphibien, wenn auch nicht jede derselben gerade unsere Abneigung verdient. Recht nützliche Thiere sogar sind einige Schildkrötenarten, worunter die Jurará asu oder Tartaruga grande die grösste ihrer Art, welche bei den Anwohnern des Amazonenflusses an Stelle des mangelnden Rindviehs die gewöhnliche Fleischnahrung bildet.

Bei der ansehnlichen Länge von 4 Fuss sind diese Schildkröten etwa 2 Fuss breit und liefern an 10 Pfund äusserst schmackhaftes und fettes Fleisch. Während der Ebbe und jederzeit bei niedrigem Wasserstande sind die Indianer darauf bedacht, eine möglichst grosse Anzahl dieses sonderbaren Schlachtviehs einzufangen und es in Verzäunungen mit Blättern und Früchten bis zum Verbrauch zu mästen. Die Bewohner der Provinz verstehen viele, zum Theil sehr schmackhafte Gerichte aus dem Schildkrötenfleische zu bereiten, die aber dem Europäer bei häufigem Genusse leicht widerstehen.

Bekanntlich pflanzen sich die Schildkröten durch Eierlegen fort; es geschieht dies gesellschaftsweise im Oktober und November und dauert etwa 20 Tage lang. Von diesen Eiern wird die sogenannte Schildkrötenbutter hergestellt, deren massenhafter Verbrauch einen Begriff von der reichen jährlichen Ausbeute an Schildkröteneiern giebt, welche unter Kontrole der Regierung auf den Sandinseln der Ströme gesammelt werden. Zur Zeit des Besuches von Brasilien durch die Naturforscher Spix und Martius betrug die Zahl der Töpfe Butter, welche jährlich auf den Inseln des Amazonenstroms bereitet wurden, über 800, und die in der ganzen Provinz Amazonas 15,000. Zu jedem Topfe, deren einer etwa 25 Maassflaschen enthält, werden 1600 Eier angenommen, danach beliefe sich die Zahl der Schildkrötenweibchen (wovon jedes im Durchschnitt 100 Eier legt), deren Eier jährlich zu Mantega (Butter) verwendet wurden, 240,000. Von der ungeheuern Anzahl Schildkröten, welche in den Flüssen Brasiliens leben, macht man sich aber erst dann einen Begriff, wenn man bedenkt, dass den Eiern nicht allein von den Menschen, sondern von allen möglichen Thieren, namentlich Geiern, Schlangen und Krokodillen, arg nachgestellt wird. Die Schildkröten selbst sind den Verfolgungen der Jaguare ausgesetzt. Hierzu kommt, dass die Industrie der Mantegagewinnung schon viele hundert Jahre unter den Indianern im Schwunge ist und ohne jede Kontrole auch heute noch von den herumziehenden wilden Stämmen betrieben wird, ohne dass sich die Zahl der Thiere von Jahr zu Jahr übermässig dadurch verringert hätte. Wie aber das scheinbar Unerschöpflichste bei unbedachter Ausnutzung sein Ende erreicht, so werden in neuester Zeit unter den Brasilianern Befürchtungen laut, dass der fortgesetzte planlose Raub der Eier zur Ausrottung dieser Schildkrötenart dereinst führen könnte.

Die Jurará asu ist bei Weitem die häufigste und nützlichste der in verschiedenen Arten vorkommenden Schildkröten. Essbar sind sie indessen ziemlich alle; nur zur Gewinnung von Schildpat eignen sich ihre Schalen nicht.

Sehr unheimliche Bewohner der Gewässer sind die Krokodile, die als Kaimans oder Alligatoren den Menschen beim Baden oder Durchschwimmen der Flüsse gefährlich werden.

Hat ein Alligator einmal seine Beute erhascht, so zieht er sie sogleich unter das Wasser, um sie daselbst zu verschlingen. Noth und Erfahrung wurden die Lehrmeister des Menschen und gaben ihm Mittel zur Hand, der anscheinend so unentrinnbaren Gefahr zu begegnen. Die Einwohner verstehen es, sich in solchen Fällen von ihrem Feinde zu befreien, indem sie den Kopf des Alligators zu fassen und ihm einen Druck auf die Augen beizubringen oder diese sonst zu verletzen suchen. Dies veranlasst den Alligator, seine Beute fahren zu lassen, so dass für den Bedrohten oft eine Rettung, wenn auch nicht immer ohne Verstümmelung, möglich ist. Auch durch Aufschlitzen des Unterleibs gelingt es den Indianern, das Ungeheuer zuweilen mit Erfolg zu besiegen. Schweine, Hunde und Geflügel gehören zu den Lieblingsspeisen der Alligatoren und sind daher in den bewohnten Gegenden nicht einmal des Nachts und in den Gehöften in Nähe der Flüsse vor ihren gierigen Feinden sicher. Die Gefrässigkeit der Krokodile übersteigt alle Begriffe und ihr Appetit verschmäht im hungrigen Zustande nicht einmal Steine und grosse Holzstücke, wenn sie ihre gewöhnliche Nahrung, der Fische, entbehren. Diese Eigenschaft benutzen die Indianer, um die Alligatoren zu erlegen, indem sie dem Thiere ein Stück Holz vorhalten und, wenn es sich darin verbissen hat, ihm den Kopf mit Keulen zerschmettern. Besonders beherzte Indianer springen, wie man erzählt, dem Thiere bisweilen auf den Rücken, um ihm das weiche Holz des Ambauvabaumes wie einen Zaum in den Rachen zu geben, während die übrigen Indianer das Ungethüm von vorn und von allen Seiten bekämpfen. Wenn man bedenkt, dass die Krokodile, mit welchen dieser ungleiche Kampf aufgenommen wird, oft die riesenhafte Länge von 10, 15, ja 25 Fuss erreichen, so muss man staunen über den tollkühnen Muth dieser Naturkinder.

Die grössten Exemplare der Alligatoren, und zwar der sogenannte Jacaré guaçú, sollen auf der Insel Marajó bei Pará vorkommen, wo sie sich in der Nähe der Faktoreien, welche am Amazonas gelegen sind und wo zu gewissen Zeiten Fische eingesalzen werden, deren Abfälle ihnen eine willkommene Beute sind, oft bis zu 60 Stück zusammenschaaren. Ist es den Indianern gelungen, die scheusslichen Thiere zu erlegen, so suchen sie nach Möglichkeit ihren Fang auszunutzen. In erster Linie ist es das Fett, welches zum Brennen und zum Kalfatern der Canoes, bei einigen Indianerstämmen auch zum Einsalben des Körpers dient. Der widerliche Moschusgeruch, welchen das Fett bei längerem Aufbewahren annimmt, scheint den Söhnen der Wildniss gerade zu behagen, die auch nicht davor zurückscheuen, das Fleisch des Krokodils, frisch zubereitet oder gedörrt, zu geniessen. Auch Neger essen das Fleisch des sogenannten Brillenkaiman, der vorzugsweise in Ostbrasilien vorkommt, wenn es ihnen gelingt, des bösartigen Reptils habhaft zu werden. Kleinere Krokodilarten sind das Jacaré tinga und andere mehr.

In allen möglichen Spielarten begegnen wir in Brasilien den Eidechsen, die, prächtig gefärbt oder von unscheinbarem Aeussern, an Mauern, Häusern, Bäumen und Sträuchern umherhuschen und mit ihren klugen Augen flüchtig nur den Menschen beschauen, um schnell in irgend einem Schlupfwinkel zu verschwinden. So unschuldig diese Thiere sind, so vermag Einem doch das Erscheinen einiger grossen Exemplare, wie z. B. der grünen Iguane, auf einsamen Streifereien mitunter zu erschrecken. Der immer fürsorglich mit seinem Magen beschäftigte Herr der Schöpfung hat auch dieses Wildpret auf seinen Speisezettel in Brasilien gesetzt und rühmt namentlich das dem Hühnerfleisch ähnliche Fleisch der Teiú guaçu.

Wir hätten füglich bei der Erörterung der brasilianischen Thierwelt den Lesern zuerst einiges von den Schlangen erzählen sollen, da gewiss mancher unter ihnen sich gewundert, dass von diesen noch nicht die Rede war. Da indess die Schlange verborgen und im Hinterhalte nur sich ihre Lagerstätte wählt, so ist es wohl gerechtfertigt, dass sie auch in diesem Kapitel andern Thieren, die mehr in die Augen fallen, den Vortritt gewährt. Die Zahl dieser so gefürchteten Reptilien ist zwar sehr gross, aber zum Glücke sind nur wenige Arten derselben wirklich giftig und gefährlich. Trotzdem mag es gerade nicht sehr angenehm sein, mit einer oder der andern Riesenschlange, wenn sie auch keine Giftzähne besitzt, zusammenzutreffen. Kann doch eine Schlange, wie die Boa constrictor, welche im ganzen wärmeren Theile von Brasilien ziemlich häufig ist und in unbewohnten Gegenden in einer Länge von 20—30 Fuss und in der Dicke eines Mannsschenkels gefunden wird, auch ohne Giftzahn dem Menschen durch ihre Umschlingung, obgleich dies von den Eingeborenen in Abrede gestellt wird, verderblich werden. Die Letzteren nähern sich ihr vielmehr ganz furchtlos und schlagen sie mit Knütteln todt oder erlegen sie mit der Flinte. Mehr als die Menschen sind die Thiere durch sie gefährdet, welche sie aus sicherem Hinterhalt belauert und ohne Wahl verschlingt.

Neben der Boa constrictor kommen noch andere Riesenschlangenarten, wie die Jibóa (von ihr leitet sich die Benennung der dicken schlangenähnlichen Schlingpflanzen her), die Sucurujú und die Wasserschlange (Boa aquatica) vor. Letztere soll nicht selten ganze Pferde und Ochsen verspeisen, die sie bei ihren Spaziergängen am Ufer auf der Weide findet.

In keinem Theile unserer Erde bemerkt man Schlangen, welche so schön gefärbt sind, wie einige der brasilianischen Nattern. Unter ihnen zeichnet sich die prächtige hochrothe, schwarz und gelb gereifte Korallenschlange aus, welche sehr giftig ist. Der Farbenglanz derselben verschwindet merkwürdigerweise bei ihrem Tode. Am gefürchtetsten unter den Giftschlangen sind die Jararaca, die Surucucu und die durch ihr Rasseln dem Namen nach bekannten Klapperschlangen. Die Bisse einiger Schlangen sind so gefährlich, dass nach wenigen Stunden bereits der Tod des Verwundeten erfolgt, wenn nicht auf der Stelle die Wunde ausgeschnitten, ausgesogen oder ausgebrannt wird. Das einzige Mittel, welches man sonst gegen den Schlangenbiss vielfach anwendet, ist Ammoniak, mit dem man schnell die oft ganz unscheinbare Wunde auswäscht und von dem man mit Wasser verdünnt, einige Tropfen trinkt. Auf meinen Urwaldstreifereien habe ich in der Regel deshalb auch ein Fläschchen mit Salmiakgeist bei mir geführt und auch einmal einen meiner Leute wesentliche Dienste damit geleistet. Derselbe war etwas unvorsichtig in das Waldesdickicht vorgedrungen, wo plötzlich eine graugrüne dunkle Surucucu an ihm empor sprang und dem vor Entsetzen starren jungen Menschen einen Biss am Handgelenk beibrachte. Wie ein Blitz fuhr der Verletzte zurück und berichtete uns, die wir wenige Schritte ahnungslos hinterher kamen, was ihm widerfahren sei. Schnell verliessen wir die Stelle und begaben uns an einen in der Nähe befindlichen Bach, wo die Wunde gehörig ausgewaschen, von mir mit Ammoniak eingerieben wurde. Den innerlichen Gebrauch dieses Medikaments verstärkte der Geängstigte noch durch eine ungeheure Menge von Zuckerrohrbranntwein, die er gleichfalls hinunterstürzte. Der Vorfall hatte keine weiteren Folgen und oftmals versicherte mir der junge Mann später, dass er nicht geglaubt hätte, mit dem Leben davon zu kommen. Die Rettung müsse er wohl allein der raschen Anwendung des Ammoniaks danken.

An das Vorkommen der Schlangen knüpfen sich manche Fabeln und unglaubliche Jagdgeschichten, die vielfach aber auf Erfindung beruhen. Ein schlangenähnliches Geschöpf, welches in den Ameisenbauten vorkommen soll und gewissermassen ein brasilianisches Charakterthier ist, eine Amphisbaenide wird am Amazonas besonders zum Gegenstand vielfacher Indianerfabeln und die Aehnlichkeit des Schwanzendes mit dem Kopfe hat bei den Brasilianern sogar zu dem Glauben Anlass gegeben, dass das Thier mit 2 Köpfen versehen sei.

Die Hauptnahrung der Schlangen sind Frösche, Kröten und Lurche, mit denen die Gewässer, Sümpfe und stets feuchten

Urwälder in genügender Menge erfüllt sind. Unter ihnen giebt es recht ekelhafte Thiere, deren einige trotzdem, wenigstens die Brut derselben, ausser von den Alligatoren, Schlangen und Wasservögeln auch von den Indianern als Leckerbissen verzehrt werden. Wie diese seltene Speise schmeckt, kann ich aus eigner Erfahrung leider nicht mittheilen, da ich mich ebensowenig zu ihrem, wie zu dem Genuss des Affenfleisches entschliessen mochte.

Die brasilianischen Laubfrösche haben die merkwürdige Liebhaberei, nicht nur wie ihre deutschen Kollegen eine kleine Leiter emporzuklimmen, sondern sogar bis in die höchsten Gipfel der Urwaldbäume hinaufzusteigen und von dort aus den ihnen zugefallenen Antheil an dem in so zweifelhafter Harmonie erklingenden Urwaldconcert mit sonderbaren Tönen auszufüllen. Ein musikalisches Genie ist darunter der Ferreiro der Brasilianer, dessen Stimme wie der Lärm einer vereinten Menge von Blechschmieden klingt; aber das Orchester hat ausser ihm auch noch andere musikalische Talente unter den Fröschen aufzuweisen. Da ist der Knackfrosch, dessen Geschrei wie ein lautes Knacken, als würde ein Stück Holz zerbrochen, tönt, dann der Ochsenfrosch, dessen Stimme einem gewaltigen Paukenschlage gleicht, und der Cutagoá, der genau wie ein kleines Kind schreit. Auch andere Frösche, welche in Brasilien leben, geben ihre Nähe durch eigenthümliche Töne kund, die wie herzzerreissende Klagelaute aus menschlicher Brust ertönen und unwillkürlich an das Märchen von dem zum Frosch verwünschten Prinzen erinnern. Hört man in der Einsamkeit eines nächtlichen Ritts in lauer Sommernacht diese Töne des Jammers, so kann man sich kaum des melancholischen Eindrucks erwehren, welchen sie in der Seele des Hörers hervorbringen. Wie sich übrigens die Natur in Brasilien auf jeglichem Gebiete darin gefiel, Eigenthümliches und Sonderbares zu erzeugen, so schuf sie auch unter dieser Thierklasse allerlei ungeheuerliche Gestalten, bei deren Beschreibung wir aber nicht länger verweilen können.

Ein Hauptnahrungsmittel für die Bevölkerung sind die alle Gewässer erfüllenden zahlreichen Fische. Dieselben sind zudem von Wichtigkeit, da sie höchst gefährliche Arten aufzuweisen haben und den verhältnissmässigen Mangel an reissenden Säugethieren in Südamerika reichlich ersetzen. Im Gegensatz zu den

Vögeln unternehmen die Fische in Flüssen und Strömen grosse Wanderungen, welche sie in so ungeheuren Zügen bewerkstelligen, dass durch ihre gemeinsame Bewegung ein förmlich unheimliches Geräusch entsteht, welches meilenweit hörbar ist und in der Stille der Nacht den Menschen mit Grausen erfüllt. Die Indianer, welche den Fischen von jeher um ihres Fleisches willen eifrig nachstellten, machen sich diesen Umstand zu Nutzen, um sie in Unmassen zu fangen, zu tödten und dann zu trocknen oder einzusalzen. Sie bedienen sich hierzu einer Giftpflanze, womit sie die Fische erst betäuben. Der Brasilienreisende Castelnau berechnete die Zahl der bei einem solchen Fischzuge, dem er beiwohnte, gefangenen Fische auf 72,000 Stück und ihr Gewicht auf 50,000 Pfd., die Zahl aber derjenigen, welche getödtet wurden und der Verwesung anheimfielen, auf das dreifache der gefangenen. Mehr noch als wie unter allen andern Thierklassen der Tropengegenden ist die Mannigfaltigkeit unter den Fischen eine staunenerregende. Der Naturforscher Agassiz will bei einer Bereisung im Bereiche des Amazonenstromes an 2000 verschiedene Fischarten gefunden haben. Der wichtigste Fisch Brasiliens ist unstreitig der Pirarucú (Sutis gigas), der am Amazonas am verbreitetsten ist und fast die ausschliessliche Nahrung eines grossen Theiles der Bevölkerung in den Nordprovinzen bildet. Er erreicht die ansehnliche Grösse von $2^{1}/_{2}$ Klafter und ein Gewicht bis zu 150 Kilogramm und wird an Gemeinnützigkeit unserm nordischen Stockfische kaum nachstehen.

Ein ganz merkwürdiger Fisch ist die Piranha, eigentlich Fischzahn (Serrasalmo Piranha, Pygocentrus piraya), das gefürchtetste Raubthier Brasiliens. So klein dieser Fisch auch ist — denn er misst nur 10—12 Zoll — kommen doch alle Reisenden und Forscher darin überein, dass diesem Ungeheuer des Wassers nichts an Fürchterlichkeit gleicht. In den innern Gegenden Brasiliens, wo die Bewohner aller Raçen an die tausendfältigsten Gefahren gewöhnt sind, welche das Leben der Waldläufer darbietet, ist die Tigerjagd ein Spiel, der Kampf mit den Alligatoren ein gewöhnlicher Zeitvertreib, das Zusammentreffen mit einer Boa oder einer Klapperschlange ein tägliches Ereigniss, so dass die Gewohnheit sie gelehrt hat, alle diese Gefahren kaum zu beachten. Spricht man ihnen aber von der Piranha, so sieht man Entsetzen sich in ihren Gesichtern malen, weil in der That die Piranha das furchtbarste Thier dieser Wildniss ist. Selten hält ein angeschwollener Strom die Schritte des Jägers auf, aber selbst der Unerschrockenste wagt es nicht, das nur wenige Klafter entfernte jenseitige Ufer zu gewinnen, sobald er die Piranha in dem Wasser vermuthet. Bevor er die Mitte des Flusses noch erreicht, würde in diesem Falle sein Körper durch tausende der schrecklichen Thiere in wenigen Minuten zu einem Skelette, gleich dem Präparate eines anatomischen Museums umgewandelt werden. Die Gier der Piranhas wurde denn auch in der That von den Indianern am Orinoco ehemals dazu benutzt, ihre Todten, deren Skelette sie aufbewahrten, präpariren zu lassen, indem sie die Leichname eine Nacht im Flusse aufhingen. Man hat erlebt, dass kühne Jäger in solchen Lagen sich dem Hungertode eher überliessen, als sich der Gefahr aussetzten, gegen welche weder Kraft noch Muth etwas ausrichten konnten. Von Ochsen, Tapiren und anderen grossen Thieren selbst, welche an solchen Stellen ins Wasser gingen, wo die Piranha häufig ist, liessen deren messerscharfe Zähne nach wenigen Minuten nur Skelette übrig. Diese Fische fallen über alles Lebendige her, was in ihren Bereich kommt, selbst Unzen und Krokodile erliegen ihnen regelmässig, nur die Fischotter allein, die unter ihrem langen dichten Haare durch eine filzartige Decke geschützt ist, soll die Piranhas in die Flucht treiben. Zum Glücke für die Bewohner jener Gegenden lieben diese gefährlichen Fische nur stillere Gewässer und wer nur einigermaassen mit ihrer Lebensweise vertraut ist, kann ihnen leicht aus dem Wege gehen. Trotz der Fährlichkeit, welche die von Piranhas bewohnten Gewässer bieten, scheuen sich die Eingeborenen nicht, ihnen als Nahrungsmittel nachzustellen, indem sie die blinde Gier, mit welcher diese Fische nach jedem Köder haschen, sofern derselbe nur ein fleischartiges Aussehen hat, als Mittel beim Angeln benutzen.

Eben so gefährlich wie die Piranha ist ein anderer kleiner Fisch, der Candirú. Dieser hat die Gewohnheit, mit grosser Heftigkeit und Schnelle in die äusseren Höhlungen und Oeffnungen des menschlichen Körpers hineinzuschlüpfen und dadurch die schmerzhaftesten und gefährlichsten Zufälle hervorzubringen.

Das Baden in den brasilianischen Gewässern hat mithin seine grossen Schattenseiten, wenn man sich überhaupt dazu nach alledem noch entschliessen kann, und oft genug habe ich mich während meines Aufenthaltes in Brasilien an heissen Tagen nach einem erquickenden Flussbade in Elbe, Rhein oder Donau vergebens gesehnt.

Zitteraale, Delphine, merkwürdige Roggenarten, Plattfische, Welse, gehören alle mit tausend andern Arten zu den Bewohnern der Flüsse, Ströme und Seen. Manche darunter sind durch ihre eigenthümlichen Formen ausgezeichnet, manche fallen durch ihre sonderbare Lebensweise auf, und viele dienen als mehr oder weniger grosse Leckerbissen in diesem Lande, das mit Recht als unerschöpfliche Vorrathskammer einer verschwenderischen Natur zu bezeichnen ist.

Ein höchst interessantes Bild gewähren in Folge dessen die Fischmärkte der grossen Städte, wie Bahia und Rio Janeiro, wo in weiten Hallen meist von Negern und Mulatten in Trögen und auf langen Tafeln alle erdenklichen, essbaren Süsswasser- und Seefische, Muscheln und Schalthiere feilgeboten werden. Hier liegt das weisse und feste Fleisch der Dorado, dort der wunderliche Barbeiro, hier der geschätzte Cavalho und dort der nicht minder als Leckerbissen gerühmte Sororoca. An einer Stelle bietet ein schreiender Neger mit heftigen Geberden die wenig einladende Maria molle zum Kaufe an, an einem andern Tische zerlegt mit geschickter Hand ein bärbeissig dreinschauender Fischer einen haifischartigen Çucuri, der in Bahia ein Hauptnahrungsmittel der Sklaven und der Armen bildet. Mühsam aber nur kann man sich durchwinden durch die stossende, drängende und schreiende Menge der Käufer, der Verkäufer und der müssigen Zuschauer, welche alle die zahlreichen Kaufgegenstände umstehen. Ueber diesem Orte ist die Luft von einer den Geruchsinn gröblich beleidigenden Ausdünstung erfüllt, den die mitunter schon halb in Fäulniss übergegangenen hässlichen Fische verbreiten. Dennoch wird es kein Fremder so leicht versäumen, sich auf dem einen oder andern Fischmarkte die Wunder der südlichen Gewässer mit Staunen zu betrachten. Einst brachte ich vier Wochen in einer brasilianischen Seestadt zu, und mein liebenswürdiger Wirth, welcher meine Vorliebe für gute Fische kannte, machte sich das Vergnügen, mir an 14 Mittagsmahlzeiten alle Tage eine neue Sorte davon aufzutischen, indem er mich beim Abschied versicherte, dass ich noch lange nicht alle Fischdelikatessen durchgekostet hätte.

Die Insektenwelt Brasiliens ist in ihren schönsten Vertretern den Käfern und Schmetterlingen längst eine Hauptzierde unserer europäischen Sammlungen geworden. Die Prachtkäfer mit ihren goldgrünen Flügeldecken, die leuchtenden Springkäfer, welche wie ein kleines Meteor im düstern Walde erscheinen, die irrlichterartigen Johanniskäfer, der seltsame Laternenträger, die aller Beschreibung spottenden prächtigen Schmetterlinge, unter welchen die riesigen schwalbenschwanzartigen Papillonen, die tagscheuen Eulen- und Nachtfalter; sie alle sind in dem einen oder anderen Exemplar dem Leser vielleicht schon bekannt und ermöglichen es ihm, sich einen Begriff von diesen Blumen und Pflanzen umschwärmenden bunten Schaaren zu machen. Nicht aber wird der Leser in der Lage sein, eine Vorstellung von den übrigen in Unmassen dort vorhandenen schädlichen und lästigen Insekten zu gewinnen. Bei diesen müssen wir deshalb etwas länger verweilen. Starke wie Schwache, Vorsichtige wie Unvorsichtige werden von diesen blutgierigen Dämonen, oft wenn sie es am wenigsten ahnen, bei Tag wie bei Nacht in der rücksichtslosesten Weise überfallen und bis zur Verzweiflung gepeinigt. Ihnen verdankt Brasilien es wohl zumeist, dass der Fremdling, alle Wunder der Natur missachtend, diese paradiesischen Gegenden verlässt und unsern dagegen stiefmütterlich bedachten Norden allem Zauber der Tropenwelt vorzieht. Flöhe, Wanzen, Läuse, Mücken, Myriaden von Fliegen, sogenannte Schwaben, Zecken gehören noch zu den unschuldigsten ihrer Art und ihre Erscheinung hat nichts Beunruhigendes, da verschiedene ihrer Genossen auch bei uns ortsansässig sind, aber unangenehm im höchsten Grade berührt uns die gemeine Aufdringlichkeit der berüchtigten Mosquitos, die Halsstarrigkeit der Carapaten, das lauernde Wesen der ekelhaften Tausendfüsse, die unheimliche Erscheinung der schleichenden Vogelspinne, das feindliche Gebahren der berüchtigten Skorpione und die fürchterliche Nähe der gefährlichen Sandflöhe, ohne alle der andern Peiniger zu gedenken.

In den Häusern sehr verbreitet ist die sogenannte Baratta (Blatta orientalis), welche durch ihre kaum abwehrbare Dreistigkeit die Menschen zur gelinden Verzweiflung bringt. Es ist eigentlich nichts weiter als ein etwas grösseres Exemplar der heimischen Schwaben, welches jedoch hier häufigen Gebrauch von seinen Flügeln macht und äusserst gefrässig nichts verschont, was sich im Hause an Nahrungsmitteln, an Leder, Papier und sonstigen Stoffen darbietet. Dem Menschen fliegen sie in das Gesicht, laufen während des Schlafs über seinen Körper und sollen sogar, wie mehrere Reisende behaupten, an Fingern und Nasenspitze desselben ihr Gebiss versuchen. Ich selbst halte dies für eine Verläumdung der nicht wählerischen Thierchen, denn ich hatte das Vergnügen lange Zeit in einer Stube zu schlafen, wo sich die Baratten allabendlich zu hunderten einfanden und förmliche Volksversammlungen abhielten, die ich durch gröbliche Handhabung einer grossen Fliegenklatsche gewöhnlich zu stören pflegte. Kaum war das Licht aber erloschen, so vernahm ich deutlich wie neue Schaaren aus allen Schlupfwinkeln hervorkamen, die im Laufe der Nacht nicht einmal aus gerechter Rache mich an der Nase zupften. Eine besondere Leckerspeise sind für diese Insekten etwa vorhandene Mehlvorräthe, aber im Ganzen sind sie, wie gesagt, nicht wählerisch.

Den Pflanzungen werden oft die vielen Heuschreckenarten verderblich, welche, zu grossen Zügen vereinigt, die Schrecken der bekannten ägyptischen Landplage in jene Gegenden übertragen, wie es in letzter Zeit erst der Fall gewesen.

Die Wanzen sind durch verschiedene Arten vertreten und zeichnen sich durch nichts von ihren europäischen Kollegen, wenn nicht durch ihre schmerzhafteren Stiche und ihre noch grössere Blutgier aus.

Höchst interessant ist das Leben und Treiben der zahlreichen brasilianischen Ameisenarten, deren einige so schädlich und gefrässig sind, dass sie fast Alles zerstören, was nicht von Glas oder Metall ist. Vor Allem sind es die Termiten, welche eine besondere Aufmerksamkeit verdienen. Wie unsere Ameisen leben sie in grossen Kolonien zusammen und fertigen aus Erde und den Staubresten zernagter Gegenstände mit Zuhülfenahme eines ihnen eigenen leimartigen Schleims, grosse pyramidenförmige Wohnungen, die oft in beträchtlicher Menge beisammen stehen und einen eigenthümlichen Anblick gewähren. Von den hier bekannten Ameisenhaufen unterscheiden sie sich durch ihre Festigkeit, ihre Grösse und das von aussen nicht wahrnehmbare

Insekten. 67

Leben ihrer Insassen. Unzählige Gänge durchziehen das Innere der mannshohen Hügel und stellen die Verbindung mit dem höhlenartig erweiterten Mittelpunkte her. Nach gewissen Gesetzen bilden die Thierchen ein vollkommenes Staatswesen, in welchem alle Stände vertreten zu sein scheinen. Wie die meisten Termiten sind sie mehreren Verwandlungsperioden unterworfen, wobei sie in derjenigen, welche die sogenannten Arbeiter ins Leben ruft, wohl am verderblichsten sich zeigen. Auch die ge-

Termitenhaufen

schlechtslose Klasse der Termitenvölker, die sogenannten Soldaten, welche die Eingänge zu den festungsartigen Bauten zu vertheidigen haben, sind bissige und zu fürchtende Geschöpfe. Am Abend begiebt sich das Termitenvolk in der Regel schaarenweise auf seine Raubzüge und wehe dem Sterblichen, der mit ihm dann zusammentrifft. Jeder Reisende weiss ein Stückchen von der Fress- und Raubgier dieser rücksichtslosen Kameraden zu erzählen. Die Reisegefährten des Naturforschers Dr. Pohl büssten durch sie ihre ganze Wäsche ein; einem Kaufmann wur-

5*

den an 50 Kisten ostindischen Nankings im Zollgebäude zu Rio Janeiro zernagt; Humboldt schreibt ihren verderblichen Eingriffen es zu, dass sich Bücher und Schriften in Brasilien selten über 50 Jahre erhalten lassen. Martius wurde in einem Hause von ihnen überfallen und behauptet, dass ihre Leichen, nachdem sie durch heisses Wasser in Massen getödtet waren, mehrere grosse Körbe füllten. Ich selbst sass eines Tages arglos in einem Kolonistenhause und labte mich an einer dort selten gebotenen Schüssel mit saurer Milch, als mich ein Kriegszug der Termiten erbarmungslos aus dem Hause vertrieb.

Die Indianer, welche so vielem Erschaffenen Geschmack abgewinnen, an dem so leicht wohl kein anderer Gaumen Gefallen findet, pflegen die Termiten nicht nur geröstet, sondern auch lebendig zu verspeisen.

Verheerender noch in ihren Wirkungen sind die eigentlichen Ameisen, welche daneben einen hervorragenden Nutzen gewähren, indem sie die Aufräumung todter Körper und Vertilgung anderer Insekten besorgen. Auch sie bauen grosse, hügelartige Wohnstätten, von denen aus sie in Masse ihre Wanderungen und Reisen unternehmen. Ueberall, in allen Provinzen, allen Gegenden und auf jedem Gegenstande leben diese Thierchen, deren einige Arten, wenn auch nicht giftig sind, so doch durch heftige Bisse und die ätzende Flüssigkeit, welche sie bei sich führen, brennende Schmerzen auf der Haut verursachen. Mitten in den Städten selbst schlagen die ungeheuren Heere der Ameisen ihr Lager auf und treten dem Menschen feindlich gegenüber. In ihren staatlichen Einrichtungen zeigen sie ähnliche bewunderungswürdige Erscheinungen, wie die europäischen Ameisen und es ist bemerkenswerth, dass sie wie diese auch gewisse Thiere als Milchkühe benutzen, indem sie dieselben um ihres Saftes willen förmlich melken.

Vorzüglich schädlich unter den Ameisenarten Brasiliens ist die Sahuva, die Plantagenameise. Sie entblättert oft ganze Bäume, so dass diese wie Besen aussehen, und schleppt das Laub in ihre unterirdischen, oft sehr ausgedehnten Vorrathskammern. Orangen- und Kaffeebäume zieht sie andern vor, so dass die Kaffeeplantagen-Besitzer sie mehr als andere Thiere hassen. Als echte Landeskinder haben diese Ameisen eine grosse Liebhaberei für die Mandiocawurzel, welche ein Hauptnahrungsmittel der Brasilianer bildet. Finden sie in einem Hause einen Sack voll Mandiocamehl, so ist es ihnen ein Kleines, den Inhalt in einer Nacht spurlos verschwinden zu lassen. Dabei sind sie so bissig und so unwiderstehlich in ihren Angriffen, dass selbst Mäuse und Ratten vor ihnen die Flucht ergreifen. Ihr Biss ist äusserst schmerzhaft und verursacht unangenehme Geschwüre. Trotzdem rühmen die Indianer ihre Schmackhaftigkeit und ziehen sie als Speise den Termiten vor; selbst Europäer geniessen sie zuweilen.

Unausstehliche Geschöpfe unter den Ameisen sind die kleinen schwarzen und die grosse dunkelbraune Art (Tapipitinga), welche in ungeheuren Schaaren die Häuser besuchen und deren Fressbegierde es hauptsächlich auf den Zucker abgesehen hat. Wenn vorher auch noch keine Spur von ihnen gesehen wurde, so finden sie sich doch im Nu bei dem Vorhandensein von Zucker ein. Nach und nach gewöhnt man sich so sehr an ihre Erscheinung, dass man ihren Mitgenuss im Kaffee und allen gezuckerten Speisen gar nicht mehr beachtet.

Die Tocanteira, eine grössere Ameisenart, welche am Amazonas lebt und durch ihren Biss einen brennenden, nesselartigen, mit Fieber verbundenen Ausschlag bewirkt, soll so bösartig sein, dass sie die Menschen zum Verlassen von Häusern, Dörfern und ganzen Gegenden zwingt.

Ueber die Ameisen allein und ihr Wesen liessen sich Bücher schreiben, so mannigfach sind ihre Arten und ihre sonderbaren Lebensgewohnheiten. Wie sie sich gegen den Menschen feindlich zeigen und gegen gewisse Thiere, so führen sie auch unter einander heftige Kriege. Die grösseren sind die natürlichen Feinde der kleineren Arten, und wie unter Nationen der erstrebte Besitz fruchtbarer Landstrecken zum Kriege führen kann, so sind es hier verwesende Thierleichenreste oder sonstige wünschenswerthe Gegenstände, welche zum Zankapfel werden.

Nächst den Ameisen lästige Insekten sind mancherlei Wespen, deren sonderbare Nester im Urwalde in die Augen fallen. Auch zahlreiche Bienengattungen sind in Brasilien heimisch, welche die reiche Blumenfülle von Wald und Flur zur Bereitung des köstlichsten Honigs benutzen. In neuerer Zeit wird der Bienenzucht viel Sorgfalt gewidmet und in den Provinzen

S. Paulo und Rio Janeiro gehören ihre Produkte bereits zu den wichtigen und gewinnbringenden Handelsartikeln.

Eine wahre Landplage bilden die wiederholt schon genannten Mosquitos, von denen drei Arten sich im Peinigen von Menschen und Vieh gleichsam ablösen: Maruim, Pium und Carabana. Auf den Flüssen und in der Nähe der Gewässer kommen dieselben häufiger vor, als in den trockenen und hochgelegenen Gegenden. Am meisten zeichnet sich durch ihr Vorkommen der Amazonenstrom aus, wo die Menschen sich mitunter nicht vor den Angriffen der Mosquitos zu retten wissen. An manchen Stellen sind ihre Schwärme wie Wolken so dicht und die heftigste Abwehr vermag nicht zu verhüten, dass man binnen Kurzem mit brennenden Stichen förmlich übersäet ist. Nicht einmal des Nachts hat der Mensch Ruhe vor den Unholden und wenn ihr Stachel ihn verschont, so lässt ihn doch ihr nervenaufregendes Gesumme kaum wenige Minuten schlafen. Das viel gerühmte Mittel: die Anwendung eines Mosquitonetzes, welches die Lagerstätte umgiebt, ist eine höchst ungenügende Abwehr und man wird leicht begreifen, dass in solchen Gegenden, wo die Mosquitos so schaarenweise vorkommen, wie am Amazonas, in kurzer Zeit Menschen und Thiere von Kräften kommen und abmagern. Auch sie können die Bevölkerung zum Verlassen einer Gegend nöthigen und den Genuss einer grossartigen und schönen Natur im höchsten Grade vergällen. Auch das sanfteste Gemüth vermag der Angriff dieser kleinen Dämone in Ungeduld und maasslose Aufregung zu versetzen; sie erlauben weder mit Ruhe an einem Baume empor zu schauen, mit Behagen seine Mahlzeit einzunehmen, mit Gleichmuth der so nothwendigen Ruhe zu pflegen, noch viel weniger aber etwas mit den Händen zu verrichten, ohne unausgesetzt diese, mit Baumzweigen versehen zu ihrer doch immer unzulänglichen Abwehr gebrauchen zu müssen. Der einzige Trost für die Brasilianer ist der Ausspruch Humboldts, dass die Mosquitoplage am Orinoko in noch weit schrecklicherem Maasse stattfindet.

Mit Fliegen jeder Gattung, Flöhen und Läusen ist das Land ebenfalls reichlich gesegnet. Letztere sollen vor der Ankunft der Europäer nicht so zahlreich gewesen sein, als heutzutage, wo man von Glück sagen kann, wenn man nie und nirgends in Brasilien mit ihnen in Berührung gekommen ist. Viel Schuld mag daran die Unreinlichkeit der meisten Bevölkerungsklassen sein und das Entsetzen des Lesers wird es erregen, wenn ich berichte, wie die Scheu vor diesem Insekt so gering ist, dass das niedere Volk und namentlich die Neger sogar einen Leckerbissen in ihm erblicken. Die Jagd auf diese Thiere wird in harmlosester Weise selbst in den besseren Ständen betrieben; Farbige sieht man am hellen Tage in den Strassen der Hauptstadt mit dem Ablesen der Läuse von den Köpfen der Ihrigen eifrig beschäftigt, ohne dass Letztere sich dadurch in ihren sonstigen Geschäften stören liessen.

Landeseigenthümlich und höchst gefährlich ist der Sandfloh, der Bicho dos pês, d. h. Fusswurm (Pulex penetrans), dessen Weibchen sich an den Zehen, meist unter den Nägeln der Füsse einbohrt und hier zahlreiche Eier ablegt, durch welche bösartige Geschwüre, der Brand und oft selbst der Tod von Menschen und Thieren herbeigeführt wird. Das Thier hält sich vornehmlich im Sande, aber auch im Staube und in der Asche auf und ist so klein, dass es mit Leichtigkeit sich einen Weg durch die Nähte der Stiefelsöhlen bahnt. Nur sehr grosse Vorsicht vermag den Menschen vor diesem Uebel zu schützen. Bemerkt er dennoch, dass ein Sandfloh sich bei ihm eingenistet, so leistet ein schnell herbeigerufener Neger, deren sich die meisten vortrefflich auf die Operation verstehen, mittelst Messer oder Nadel das Thier herauszugraben, die beste Hülfe und das Ausbeizen der Wunde mit Tabaksasche oder Citronensaft beseitigt dann jede Gefahr. Viele, welche die Gegenwart des Sandflohs Anfangs nicht beachteten, büssten ihre Sorglosigkeit oft schon mit dem Verlust einzelner Gliedmaassen.

In der Erde, unter Baumrinden, in faulem Holze und auch in menschlichen Wohnungen häufig findet sich der Tausendfuss, dessen Biss Entzündungen herbeiführen soll. Gleiche Eigenschaften werden dem Bisse zahlreicher grosser Spinnenarten zugeschrieben, unter welchen eine der häufigsten die handtellergrosse Vogelspinne ist. Sie greift den Reisenden zwar nicht selbst an, sucht aber gern dessen Lagerstätte auf und verursacht allein schon durch die Berührung ihrer Haare mit der Haut eine starke Entzündung. Vermuthlich ernährt sie sich von kleinen Vögeln und deren Eiern, was ihr auch die Benennung gab.

Weniger gefährlich und giftig, wie der italienische, afrikanische und asiatische, ist der brasilianische Skorpion.

Grösser als die Belästigung durch die eben genannten Thiere ist die Plage der vielen Zecken- und Milbenarten. Am bekanntesten sind die Carabatos, namentlich eine der grösseren Arten (Ixotes americanus), deren wir früher bereits Erwähnung gethan. Sie halten sich vorzugsweise im Walde auf, wo sie auf Blättern, Bäumen oder Sträuchern zu tausenden sitzen und bei dem leisesten Anstreifen sich an die Kleider der Vorübergehenden hängen. Ihr Stechen und Beissen ist so empfindlich, dass alle Selbstbeherrschung daran zu nichte wird und alle übrigen etwa gefürchteten Schrecken oder bewunderten Schönheiten des Urwaldes davor in den Hintergrund treten. Erzherzog Maximilian, welcher mit allen Hülfsmitteln der Bequemlichkeit versehen den Urwald bereiste und die Absicht hatte, möglichst weit darin vorzudringen, wurde nicht durch die feindliche Begegnung der Wilden, nicht durch den Angriff reissender Thiere, auch nicht durch die Beschwerlichkeit der Urwaldwanderung, sondern einzig und allein durch die Carabaten zur schleunigen Rückkehr gezwungen. Wie mich selbst die kleine Carabaten-Art der Mucuims gepeinigt hat und mich zu gleichem Entschluss veranlasste, wurde bereits früher erzählt.

Ehe wir das Kapitel über die brasilianische Fauna schliessen, sei noch bemerkt, dass viele Krebsarten, Krabben, Schaalthiere, Schnecken und Austern gleichfalls vorkommen und die Mannigfaltigkeit der Thierwelt nach jeder Richtung hin erhöhen.

Viertes Kapitel.

Bevölkerung.

Nachdem wir in allgemeinen Umrissen das Land gezeichnet und seine Pflanzen- und Thierwelt mehr oder weniger ausführlich beschrieben, erscheint auch wie bei Erschaffung der Erde zuletzt als bevorzugtester Bewohner derselben, der Mensch, der, wenn auch nicht im Aussehen durchweg von uns sehr verschieden, so doch in der Farbe und vor Allem in Sprache, Sitten und Gewohnheiten von dem Europäer abweicht. Trotz der ungeheueren Ausdehnung des Landes ist die Bevölkerung eine ausserordentlich schwache und steht in gar keinem Verhältniss zu anderen Staaten.

Nach der Volkszählung vom 30. Dezember 1871 hat das Kaiserreich Brasilien auf dem Flächenraum von 12,672,742 Quadrat-Kilometer (Hübner giebt 11,780,000 Seelen an) nur eine Einwohnerzahl von 10,196,327. Nach dem soeben, im August 1876, von Geheimrath F. Correia veröffentlichten Resultate der vorjährigen statistischen Kommissionsarbeiten zählt Brasilien 9,930,479 Seelen, darunter 1,510,300 Sklaven. (Nichtkatholiken 16,313; Fremde: 179,337 Männer, 64,144 Frauen; von 1,911,454 schulpflichtigen Kindern besuchen 317,745 die Schule.) Das Weltausstellungs-Relatorium der Regierung von 1876 giebt dagegen die Gesammtziffer von 10,700,187 Seelen, erwähnt dabei jedoch ausdrücklich der noch nicht endgültig festgestellten Zählung, von der man hofft, dass sie die Zahl von 12,000,000 erreichen würde. In der eben genannten Summe sind 1,000,000 Indianer und 1,476,567 Sklaven inbegriffen. Beiläufig bemerkt sind in Folge des Sklaverei-Aufhebungs-Gesetzes vom 28. September 1871 bis jetzt etwa 6000 Personen aus dem Sklavenstand mit Hülfe von Staatsmitteln und freiwilligen Beiträgen befreit worden.

Des Interesses wegen lassen wir umstehend eine kleine Tabelle folgen über die Vertheilung der Bevölkerung auf die einzelnen Provinzen nach eben jener amtlichen Angabe.

Durchschnittlich kommt danach kaum ein Einwohner auf je 1 Quadrat-Kilometer und diese Bevölkerung ist bunt zusammengesetzt aus Indianern, Negern und Weissen. Die Indianer und die Neger bilden sogar einen bedeutenden Bestandtheil der Einwohnerzahl. Wird die Schätzung des Pater Damazo, auf den sich Martius beruft, bezüglich der vorhandenen Indianer auch etwas zu hoch gegriffen sein, so steht doch so viel fest, dass in Brasilien nahezu 1 Million Wilde ihren ständigen Wohnsitz haben. Die Dichtigkeit der Bevölkerung ist selbst für andere südamerikanische Verhältnisse äusserst gering und spärlich, so dass eine gedeihliche Entwickelung des volkswirthschaftlichen Lebens bisher in sehr beschränktem Maasse nur stattfinden konnte. Manche Gegenden des Landes sind trotz ihrer Fruchtbarkeit noch vollständige Einöden, die nie ein menschlicher

Namen der Provinzen oder des Municipiums der Reichshauptstadt.	Bevölkerung.		
	Freie.	Sklaven.	Im Ganzen.
Amazonas	56,631	979	57,610
Para*	232,622	27,199	259,821
Maranhão*	284,101	74,939	359,040
Piauhy	178,427	23,795	202,222
Ceará	689,773	31,913	721,686
Rio Grande do Norte	220,959	13,020	233,979
Parahyba*	341,643	20,914	362,557
Pernambuco	752,511	89,028	841,539
Alagôas	312,268	35,741	348,009
Sergipe*	139,812	21,495	161,307
Bahia*	1,120,846	162,295	1,283,141
Espiritu Santo	59,478	22,659	82,137
Rio de Janeiro*	456,850	270,726	727,576
Municipium von Rio	226,033	48,939	274,972
S. Paulo	680,742	156,612	837,354
Paraná	116,162	10,560	126,722
Santa Catharina	144,818	14,984	159,802
S. Pedro do Rio Grande do Sul*	364,002	66,876	430,878
Minas Geraes*	1,612,449	366,574	2,009,023
Goyaz	149,743	10,652	160,395
Matto Grosso	53,750	6,667	60,417
Summa	8,223,620	1,476,567	9,700,187
Wilde Indianer	1,000,000	—	1,000,000
Im Ganzen	9,223,620	1,476,567	10,700,187

Weisse, Neger und Mischlingsraçen.

(In den mit * bezeichneten Provinzen war die Zählung noch nicht abgeschlossen.)

Fuss, wenn nicht der vorüberziehender Indianerhorden, berührt hat. Es giebt aber auch Landstriche in Brasilien, deren Kultur sich so günstig entwickelt hat, dass man vereinzelte Distrikte bezüglich der Bevölkerung manch' deutschem Gaue an die Seite stellen kann. Wie in allen Dingen, so treten eben auch hier die grellsten Gegensätze zu Tage, für deren Ausgleichung wenig genug geschieht.

Etwas Genaueres noch über die Vertheilung der Bevölkerungsraçen anzugeben ist kaum möglich, da alle Zählungen und Abschätzungen bisher nur sehr oberflächlich vorgenommen wurden. Die Zahl der Weissen für sich kommt wahrscheinlich der der Sklaven, die grösstentheils nicht alle ungemischten Blutes sind, kaum gleich, selbst wenn man den Begriff des reinen Blutes nicht strenger nimmt, als dies in Brasilien geschieht, wo im Allgemeinen kein allzustrenges Vorurtheil der Farbe herrscht und alle Abkömmlinge von Weissen, die nicht sehr entschieden in der Hautfarbe die Beimischung afrikanischen oder indianischen Blutes zeigen, als Weisse angesehen zu werden pflegen.

In ihrer ganzen Erscheinung sind die Weissen, welche den herrschenden Stamm des Kaiserreichs bilden, eine den Portugiesen, von welchen sie ja auch grösstentheils abstammen, ähnliche, kleine, unansehnliche und dunkelfarbige Raçe. Unter den Frauen finden sich nur wenig schöne Gesichter und bei den Männern vermisst man die edlen und kräftigen Formen anderer südländischer Nationen. Einen nicht zu unterschätzenden Bestandtheil der weissen Bevölkerung bilden neben dem die eingewanderten Europäer, unter welchen Franzosen, Engländer, Italiener und vor Allem Deutsche Industrie und Handel beleben. Auch Nordamerikaner und Chinesen haben sich mit den Brasilianern vermischt und alle diese weissen Elemente werden nicht viel weniger als eine halbe Million betragen. Bemerkenswerth ist es, dass man die Weissen fast ausschliesslich nur in den grösseren Städten findet, während das Innere des Landes mehr als Domäne der Mischlingsraçen und der Indianer erscheint. Dass die Neger in so zahlreicher Menge Brasilien bevölkern, hat seinen Grund darin, dass die Portugiesen seit der Entdeckung des Landes Afrikaner von ihren Faktoreien in andern Welttheilen als Sklaven auch in das neu erschlossene Brasilien einführten und viele Schiffskapitaine noch bis vor wenigen Jahrzehnten mit Negern an der brasilianischen Küste einen schwunghaften Handel trieben. Erst Englands energischem, aber nicht uneigennützigen Einschreiten gelang es, diesem Menschenhandel ein Ende zu machen, während zu gleicher Zeit die brasilianische Regierung auf die Aufhebung der Sklaverei im Lande hinzuwirken suchte. Da zur Zeit der Einfuhr aber aus fast allen Theilen Afrikas Neger nach Brasilien verpflanzt wurden, so begegnet man daselbst den verschiedensten Negerraçen. Eine der kräftigsten und schönsten unter ihnen ist die der Minasneger, welche sich ziemlich unvermischt erhalten und ihre afrikanischen Sitten und Sprache unverfälscht bewahrten. So lange die Sklaverei bestand, wurden für Minasneger in der Regel auch die höchsten Preise bezahlt und die Kaffee- und Zuckerrohr-Plantagenbesitzer suchten nach Möglichkeit die Reihen ihrer Arbeiter aus ihnen zu rekrutiren.

Uebrigens ist der Eindruck, welchen das massenhafte Auftreten der Neger auf den neu ankommenden Europäer in Brasilien macht, kein angenehmer und man kann sich nur schwer an die schwarze Umgebung gewöhnen. Manche Exemplare und Raçen sind von wahrhaft abschreckender Hässlichkeit, andere nehmen sich äusserst komisch in der modischen Tracht der Europäer aus, und in den Städten und Ortschaften sind sie es vorzüglich, welche der Umgebung den Stempel eines fremden Welttheils aufprägen. Hierzu kommt noch, dass die fremdartigen Laute ihrer Sprache das Ohr mit eigenthümlichem Klange berühren, da er mehr den Thieren als menschlicher Ausdrucksweise entlehnt scheint.

Die ansässigen Indianer haben sich zwar vielfach mit den andern Raçen vermischt und deshalb Manches auch von ihrer ursprünglichen Eigenart aufgegeben, dennoch findet man die Wilden in vielen Gegenden des Innern in ansehnlicher Zahl und unvermischten Blutes in unbestrittenem Besitz jener entlegenen Gebiete. Es ist aber damit nicht gesagt, dass sich diese Indianer immer feindlich gegen die Weissen verhalten. Am Amazonas begegnet man vielmehr Indianern oder direkten Abkömmlingen derselben inmitten der weissen Bevölkerung, als Fischer, Jäger, Lastträger, Soldaten und Gehülfen in allen Handwerken. Am häufigsten trifft man die sogen. Indios mansos (zahme Indianer) an den Orten der ehemaligen Missionen, d. h. dort, wo bald nach der Entdeckung dieses Welttheils Ordensgeistliche sich angesiedelt und die Bekehrung der Wilden zur Aufgabe gestellt hatten. Blutige Kriege zwischen den Portugiesen, Holländern und Franzosen, welche sich um den Besitz des Landes stritten, in welchen auch die Indianer bald auf dieser bald auf jener Seite kämpften und ihre Heranziehung zur Sklavenarbeit, nach Vertreibung ihrer väterlichen geistlichen Beschützer, bewirkten, dass sie allmälig unter den Weissen verschwanden und in das Innere zurückgedrängt wurden. Das abgeschlossene Wesen der Indianer bot von jeher dem Bekehrungseifer der Missionaire grosse Schwierigkeiten dar und so kommt es denn auch, dass jeder Versuch zur Civilisation der Indianer nur äusserst geringen Erfolg hat.

Durch die Vermischung der Weissen, Schwarzen und Indianer sind eine Unzahl von Mischraçen entstanden, welche mit allen möglichen Namen belegt werden. Es giebt Mulatten, Mestizen, Kreolen und Caribocas. Ganz allgemein werden von den Brasilianern die Mischlinge mit dunkler Hautfärbung, namentlich die Nachkommen von Indianern, Cafusos genannt. Das Auffallendste in der Erscheinung der letztern ist ihr merkwürdiger Haarwuchs, der auf dem Haupte wie ein ungeheurer Wall emporragt und dem Kopfe ein unförmiges Ansehen giebt. Die Haare sind an den Enden gekräuselt und so ineinander verwickelt, dass an eine Reinigung derselben mittelst des Kammes nicht zu denken ist.

Die eigentlichen Wilden und noch gänzlich unabhängigen Indianer zerfallen in eine ausserordentlich grosse Zahl von verschiedenen Völkern, Stämmen und Horden, deren mehr als 250 existiren sollen, und wenn auch im Allgemeinen ihr Aussehen nicht allzusehr von einander abweicht, so zeigen sie doch desto grössere Verschiedenheiten in der Sprache, sowie in Sitten und Gewohnheiten. Eine kurze gedrungene Gestalt, ein breites Antlitz mit flach zurücktretender Stirn, etwas schräg nach Aussen gezogenen Augen, vorspringenden Backenknochen, eingesunkener Nase und stark entwickeltem Unterkiefer, — diese Raçen-Merkmale tragen gewöhnlich alle Indianer mehr oder weniger an sich. Die Sprache ist eine unbeholfene und höchst einfache; wenigstens entbehrt sie aller grammatikalischen Ausbildung. Keinem Forscher ist es noch gelungen, den Zusammenhang von den Hunderten von verschiedenen Dialekten zu ergründen, obgleich man gerade versucht hat, nach der Aehnlichkeit und Sprachverwandtschaft die brasilianischen Indianer in mehrere Klassen zu gruppiren. Hierbei glaubte man auch die Ueberzeugung gewonnen zu haben, dass die Indianer die Ueberreste eines in seiner Entwickelung zurückgegangenen früheren Kulturvolkes seien, eine Hypothese, welche noch der Begründung harrt. Die ersten Indianer, mit welchen die Europäer bei Entdeckung des Landes in Berührung kamen, waren die Tubinambas an der Ostküste von Brasilien, und da sich diese vielfach von den Ankömmlingen als Dolmetscher und Bundesgenossen im Kampfe gegen die den Europäern feindlich entgegentretenden Indianer verwenden liessen, so wurden die Portugiesen bald mit ihrer Sprache vertraut. Sie zeigte sich zugleich als Mittel zum Verständniss mit anderen Stämmen besonders anwendbar, und diese Wahrnehmung veranlasste späterhin die Jesuiten, sie möglichst auszubilden und als allgemeine Verkehrssprache mit den Wilden einzuführen. Sie hofften die vielzüngige eingeborene Bevölkerung mit solchem gemeinsamen geistigen Bande zu umschlingen und damit zugleich die Möglichkeit einer höheren Kultur für jene näher zu rücken. Auch jetzt noch bildet neben dem Portugiesischen die Tubisprache, als lingua geral bekannt, die allgemeine Umgangssprache der Indianer mit den andern Raçen und je weiter man nach Westen vordringt, desto häufiger wird ihr Gebrauch. Auch in dem spanischen Theile von Südamerika benutzten die Jesuiten-Missionaire die Guaranisprache in gleicher Weise zur Verständigung mit den verschiedensten Stämmen der Eingeborenen, wobei es sich herausstellte, dass das Guarani ein der Tubisprache verwandter, aber gleichsam reinerer Dialekt derselben sei. Als Grund der allgemeinen Sprachverwirrung unter den Indianerstämmen, wie der theilweisen Aehnlichkeit ihrer Dialekte, betrachtet man die unaufhörlichen Wanderungen der Horden und den damit verbundenen Wechsel ihrer Wohnplätze und Beziehungen mit andern Stämmen. Welche Ursachen sie dazu bewogen haben mögen, ihre Wohnstätten mit andern zu vertauschen und welcher Zeitraum zwischen diesen Wanderungen lag, lässt sich nicht mit Sicherheit nachweisen. Jedenfalls mögen sie aber nicht ohne Einfluss gewesen sein auf das völlige Verschwinden einzelner in früheren Reisebeschreibungen genannter Stämme.

Von dem grössten Indianervolke, den Tubinambas, unterscheidet man je nach ihrem ständigen Aufenthalt heute noch die Süd- und Nord-, Ost-, West- und Central-Tubis, welche wieder in eine Menge von kleineren Horden zerfallen. Unter ihnen sind nur wenige Tubi-Nationalitäten von grösserer Bedeutung und einer näheren Besprechung werth. Hierher gehören z. B. die Mundruâes, welche am Tabajoflusse leben. Sie zeichnen sich durch ihre atlethische Gestalt, helle Hautfarbe, starke künstliche Tätowirung, aber auch durch ein seltsames Gemisch von roher Barbarei und verhältnissmässig hoher gewerblicher Betriebsamkeit aus. Trotz ihrer kriegerischen Natur stehen sie mit den Weissen in lebhaften Handelsverbindungen, indem sie Salz, Pfeffer und Eisenwaaren gegen gewisse Arzneipflanzen, Baumwollenfäden und den von ihnen mit grosser Kunst gefertigten Federschmuck eintauschen. Alle Tubis unterscheiden sich wesentlich von andern Indianern dadurch, dass sie trotz ihres Hanges zum Wandern doch zugleich auf den Anbau von Nahrungspflanzen bedacht sind. Grosses Geschick legen sie an den Tag in Allem, was die Schifffahrt betrifft. Nicht allein die Ströme des Innern, sondern auch sogar das Meer wagten sie seit undenklichen Zeiten schon mit ihren kunstvoll aus Baumstämmen ausgehöhlten Kähnen zu befahren.

Die Besatzung ihrer Fahrzeuge, welche mittelst Feuer und steinerner Aexte ausgehöhlt wurden und auf denen sich ein Feuerheerd aus Steinen und Lehm befand, während im hinteren Theile die Mundvorräthe geborgen waren, betrug oft 40 bis 60 Mann, aber solche Fahrzeuge werden heutzutage nicht mehr von ihnen gebaut. Die Kähne, deren sie sich in neuerer Zeit bedienen, bestehen vielmehr nur noch aus kurzen und schmalen Canoes oder etwas grösseren Kähnen, die alle aus einem Baumstamm gezimmert werden. Bewundernswerth ist die Kunstfertigkeit, mit welcher die Tubis und auch die übrigen Indianer diesen einfachen Fahrzeugen das nöthige Gleichgewicht zu geben und dieselben zu lenken wissen. Sonderbarer Weise kommt es ihnen nicht bei, ihre Canoes mit Sitzbänken zu versehen und höchstens nehmen sie bei anhaltender Fahrt auf dem Boden der Kähne Platz, indem sie sich mit den schaufelförmigen Rudern fortbewegen. Sollte ja einer der seelenverkäuferischen Kähne umschlagen, so hat dies wenig zu sagen, da die Indianer eine ganz ausserordentliche Geschicklichkeit im Schwimmen besitzen und im Wasser nicht weniger, wie auf dem Lande zu Hause zu sein scheinen. Um ihrer genauen Kenntnisse willen, welche sie über die Beschaffenheit der Küsten und Ströme durch ihre Vertrautheit mit dem Element besitzen, bedient man sich ihrer gern als Schiffer und Lootsen.

Eine den Tubis gemeinsame Eigenthümlichkeit ist es, dass

sie in Ortschaften zusammenleben und in ihren grossen offenen Hütten nicht auf der Erde oder hölzernen Gerüsten, wie andere Indianer, sondern in Hängematten schlafen.

Ihre Waffen bestehen aus einer langen Keule von schwerem Palmen- oder einer Streitaxt von rothem Holze. Von mächtigen Bogen von Palmen- oder anderem Holze, deren Schnüre aus Tucumfasern oder Baumwolle gedreht sind, schiessen sie lange Pfeile, die je nach dem Zweck mit geraden Spitzen oder Wiederhaken versehen sind. Vergiftet ist diese Waffe nicht, denn keiner der Tubistämme kennt die Gifte, womit andere Indianer ihre Pfeile und Wurfspiesse bestreichen.

Die Tubistämme sind nur insofern gefährlicher fast als andere Wilde, da sie keine Gefangene machen, sondern alle Feinde ohne Unterschied des Geschlechts tödten und verzehren. Ganz erwiesen scheint indessen die Wahrheit dieser Beschuldigung nicht und es ist möglich, dass man ihnen so Schreckliches nur nachsagt, um die Menschenjagden und Vertilgungskriege gegen sie zu rechtfertigen.

Höchst interessant ist die Art und Weise, auf welche die Tubis ihre Todten beerdigen, indem sie dieselben in sitzender gekrümmter Stellung, die Schenkel dicht an den Unterleib hinaufgezogen, die Hände unter den Wangen oder über der Brust gekreuzt, frei oder in irdenen Geschirren verscharren. Grabhügel kennen sie nicht und eben so wenig beerdigen sie ihre Todten auf gemeinsamen Grabstätten, wie dies bei anderen Indianern Brauch ist.

Ganz entschieden nahe verwandt mit den Tubis, zwischen deren Stämmen sie sich auch aufhalten, werden vor andern zahlreichen Indianerhorden, wie die Tapugas, Cayapos, Cherentes, Chicriabás, Jeicós etc., die man unter dem Namen der Gês zusammenfasst, die Völkerschaften der Canoeiros und Bororôs genannt. Die Canoeiros, d. h. die Kahnindianer, sind von jeher der Schrecken der Handelsreisenden gewesen und jeder Versuch, mit ihnen in friedlichen Verkehr zu treten, scheiterte an ihrer Wildheit und Raubgier. Neigen die Wilden von Natur schon zur Hinterlist und Tücke, so sind sie es vornehmlich, welche in dieser Beziehung mehr als alle andern zu fürchten sind. Kleinere Reisegesellschaften oder nicht sehr stark bewohnte Gehöfte sind einem Ueberfall durch die Canoeiros am meisten ausgesetzt. Ihr nach Fleischnahrung lüsterner

Sinn veranlasst sie, alles Vieh zu rauben, während überhaupt Plünderung und Mord die Losung bei ihrem Zusammentreffen mit den Weissen ist. Ueber ihre eigentliche Heimath und Schlupfwinkel weiss man nichts Zuverlässiges, da ihr plötzliches Erscheinen und Wiederverschwinden ein allzu flüchtiges ist.

Die sonst zur Völkergruppe der Gês zählenden Horden gehören zu den schönsten und schlankesten Indianern Brasiliens, welche viel Talent und Kunstfertigkeit in mechanischen Arbeiten an den Tag legen. Wie bei allen Indianern jener Gegenden ist ihre Zähmung oft schon versucht, aber selten genug von einigem Erfolg begleitet gewesen. Namentlich gelang es bis jetzt niemals, sie in festen Wohnsitzen zu halten; viel lieber schweifen diese Söhne der Wildniss auf der Jagd umher oder stellen den stummen Bewohnern der Seen und Flüsse nach. Sind sie aber beim Fischfang oder auf der Jagd nicht vom Glücke begünstigt, dann begnügen sie sich wohl auch mit den Früchten des Waldes, der in seiner unendlichen Mannigfaltigkeit reiche Abwechslung an leckerer Nahrung bietet. Eine Lieblingsspeise der Gês bilden die Früchte der Assaipalme, aus deren markigem Kern sie ein berauschendes Getränk zu bereiten wissen. Aber auch andere ölreiche Früchte, wie die mächtigen Nüsse der Kokospalme, dienen häufig zu Zeiten allein ihnen als Nahrung.

Ihre Art, das flüchtige Wild zu jagen, ist barbarisch und nur in jenen zum Schutz des Waldes fast aller Gesetze entbehrenden Landstrichen möglich. Zur Zeit der Dürre nämlich, wenn die tropische Sonne Fluren und niedriges Buschwerk mit glühendem Strahl versengt, entfachen sie dieses zu loderndem Brand und halten an Stellen, die sie dem verheerenden Element nicht preisgegeben, im Hinterhalte. Hier ist es ihnen leicht, alles Wild zu erlegen, das in eiliger Flucht den einzigen Rettungspfad einschlägt. Treffliche Schützen, verschmähen sie es, die Beute anders als mit Pfeil und Bogen zu erlegen, ja selbst die Fische werden von ihnen nur auf diese Weise getödtet.

Beide Geschlechter sind kühne und geschickte Schwimmer, auch in den tiefsten und reissendsten Strömen, aber in der Schifffahrt stehen sie den Tubis weit nach. Sie haben nur kleine Nachen und setzen über die Gewässer meistens auf Flössen, von leichtem Holze oder Blattstielen der Puritipalme verfertigt, die sie mit Schlingpflanzen kunstreich verbinden.

Canstatt, Brasilien.

In früheren Zeiten waren die Kriege der Ansiedler mit den Gês, unter welchen sich die Horde der Chavantes durch ihre Grausamkeit besonders hervorthat, eine ununterbrochene Fehde, doch haben sie in neueren Zeiten, ähnlich wie die Indianer in Nordamerika vor Ausbruch der jüngsten Feindseligkeiten, einen förmlichen Frieden mit der Regierung in Brasilien geschlossen. Da man von Seite der Brasilianer bei den ersten Zusammenkünften die Tücke der Indianer fürchtete, so war es Gesetz, dass alle Indianer vor einer solchen die Waffen ablegen mussten, ein Brauch, der sich bis heute in jenen Gegenden erhalten hat. Im Gegensatze zu den Tubihorden ist ihnen der Genuss des Menschenfleisches fremd, ausserdem unterscheiden sie sich noch in Sitten und Gebräuchen dadurch, dass sie nicht in Hängematten, sondern auf der Erde schlafen.

Eine besondere, aber nur ganz kleine Gruppe von Indianern bilden ferner die Carajás, die klein und unansehnlich, aber dabei äusserst geschickt in der Verfertigung guter Töpferwaaren, schönen Federschmuckes und kunstreicher Hängematten sind.

Eine Indianergruppe, die ziemlich mit auf der niedrigsten Stufe der brasilianischen Wilden steht, ist die der Goyatacás, die hier und da auch unter dem für rohe Indianer allgemein gebräuchlichen Namen der Bugres verstanden werden und in den Südprovinzen in mässiger Anzahl leben.

Die gleichen Gegenden, wie die Goyatacás, bewohnen die früher unter dem Namen Aymorés bekannten, in neuerer Zeit unter der Bezeichnung Botocudos so berüchtigten Indianer, welche man als Hauptstamm einer grossen Völker- und Sprachengruppe der Crens betrachtet. Die Angehörigen dieses Stammes tragen als eine Art Nationalabzeichen eine unförmliche Holzscheibe in der Unterlippe, wie auch in den Ohrläppchen, und eine Haarschnur rings um den Kopf. Von diesem scheusslichen Schmuck mögen sie wohl ihren Namen Botocudos haben, denn Botoque bedeutet im Portugiesischen „Fassspund". Der Versuch, mit dieser rohen Völkerschaft, welche sogar zu den Menschenfressern zählt, friedlich zu verkehren, musste in der Regel scheitern, da die Grausamkeit und Blutgier der Botocuden nicht zu besiegen schien. So kam es denn auch, dass man dies unversöhnliche Geschlecht der Wilden für völlig vogelfrei erklärte und einen förmlichen Vernichtungskampf gegen sie führte. Durch die Grausamkeiten, welche derselbe auf beiden Seiten im Gefolge hatte, wurden die Leidenschaften auch bei den Weissen dermaassen entfesselt, dass man die Vertilgung der Botocuden selbst durch hinterlistige Verbreitung des Blatterngiftes unter ihnen zu befördern suchte. Die Botocuden stehen auf einer sehr niedrigen Stufe der Kultur und ihre Wohnstätten

Botocuden-Gruppe im Urwald.

sind nichts anderes, als dürftige Schlupfwinkel; höchstens eine Lagerstätte aus einigen kreisförmig in den Boden gesteckten und mit den Spitzen zusammengeneigten Palmenblättern und sonstige ganz in ursprünglicher Weise gefertigte Laubhütten dienten ihnen in früheren Zeiten zum Aufenthalt. Neuerdings haben sie in der Herstellung ihrer Wohnungen sich etwas vervollkommnet, da sie durch den Verkehr mit Brasilianern in den Besitz von Aexten kamen. Auch auf den Anbau von Feldfrüchten verwenden sie nicht viel Mühe und begnügen sich mit

6*

dem, was der Boden von selbst hervorbringt. Palmenkohl, wilder Honig und Wurzeln sind Alles, was sie zur Nahrung bedürfen, höchstens etwas Mais und Bohnen oder einige Kürbisse pflanzen sie nebenbei.

Nicht minder einfach als ihre Nahrung und ihre Wohnung sind ihre Waffen. Ein Knüttel und Pfeil und Bogen, welche aus einem seidelbastähnlichen Strauche gefertigt werden, bilden das ganze Kriegsgeräth. Die Bogen sind von ungeheurer Länge und Tragkraft, so dass sie immerhin gefährlich genug für den Gegner bleiben, trotzdem ihre Pfeile nicht vergiftet sind.

Es kommt sehr häufig vor, wenn man eine Reise in das Innere Brasiliens unternimmt, dass man mit diesen unausgesetzt herumziehenden Botocudenhorden zusammentrifft. So ging es auch mir einst, als ich, weit ab von allen menschlichen Wohnstätten, in den westlichen Theilen von Rio grande do Sul zum Zwecke der Auskundschaftung eines Verbindungswegs zweier Ansiedlungen im Flussgebiet des Uruguay umherschweifte.

In einer wilden Gegend, wo sich zu allen Seiten über dem saftigen Grün der schwankenden Palmen und melancholisch dreinschauenden Pinienstämme moosbewachsene Felsen thürmten, war ich mit drei Gefährten viele Stunden schon den wunderbaren Schlangenwindungen eines silberglänzenden Baches gefolgt, als die Waldesstille am Spätnachmittage durch ein Geräusch unterbrochen wurde, welches nur von menschlichen Stimmen herrühren konnte, und ehe wir noch unsere Gedanken darüber ausgetauscht, erschien in einer Entfernung von etwa 100 Schritten ein kleiner, aus drei Personen bestehender Trupp völlig unbekleideter Menschen, in denen ich sofort, ehe noch mein brasilianischer Vaqueano (Führer), der ein paar Schritte vor mir ging, sich zu mir gesellt hatte, die vielgenannten Botocudos erkannte.

Was mir zunächst auffiel, war die abscheuliche Entstellung der im Allgemeinen sonst so wohlgebauten Leute durch die riesigen Holzklötzchen, welche sie sich in Ohren und Lippen eingezwängt, und deren letztere, wie ich bei unserer Annäherung bemerkte, ein fortwährendes ekelhaftes Geifern aus dem dadurch offengehaltenem Mund veranlasste. Auch eine tonsurartige Haarschur und die scheussliche Bemalung der Gesichter trugen nicht bei, ihren Anblick vortheilhaft zu gestalten.

Obgleich die Indianer nur zu Dreien waren und wir kaum etwas von ihnen zu fürchten hatten, hielten wir es doch für gerathen, uns um ihre Freundschaft möglichst zu bemühen. Auf das Anrathen meiner Begleiter nahm ich daher von den für diesen vorhergesehenen Fall mitgenommenen schönen blanken Taschenmessern ein Paar aus dem über der Schulter des Brasilianers hängenden Quersack und hielt sie der schwarzblau bemalten Indianerin entgegen. Im ersten Augenblicke wussten die Waldmenschen nicht, was sie thun sollten und schauten bald uns, bald in nicht zu missdeutender Weise ihre Waffen an, bis schliesslich wahrscheinlich die Erwägung, dass sie der Ueberzahl nicht gewachsen sein möchten, sie zur Annäherung bewog. Mit einer gewissen Zaghaftigkeit trat einer der Leute, der das Familienhaupt sein mochte, einige Schritte heran, während die daneben stehende Frau scheu zurückblieb. Zum Glück verstand unser Vaqueano einige Worte der Guaranisprache, mittelst deren er den Botocuden zur Annahme der Geschenke zu bewegen suchte. Ich musste unverwandt das abschreckend hässliche und verunstaltete Gesicht des Wilden, der überdies der erste seiner Art war, dem ich begegnete, betrachten, und so tief prägte sich mir sein Bild in die Erinnerung ein, dass es noch heute mir auf das Lebhafteste vor Augen steht. — Ehe ich es mich versah, hatte der Wilde mir die hingehaltenen Messer aus der Hand gerissen und war dann mit Blitzesschnelle, von seinen Genossen gefolgt, im Dunkel des Waldes verschwunden. —

Häufiger traf ich mit sog. zahmen Indianern zusammen, welche in Brasilien auf Anregung der Regierung sich an verschiedenen Orten angesiedelt haben. Es sind dies die sog. Aldeamentos (Dörfer), deren Oberleitung in der Regel einem Regierungsdirektor übergeben ist, doch behalten die einzelnen Stämme neben ihm ihre eigenen Häuptlinge oder Kaziken bei. Am Uruguay traf ich auf eine solche Indianeransiedlung der sog. Coroados, die früher auch zu den Menschenfressern gezählt wurden, bis die Missionaire ihre Annäherung an die Weissen im Jahre 1800 zum ersten Male mit Glück versuchten.

Das Aldeamento bestand aus einer grossen Anzahl kleiner Hüttchen, welche auf einem weiten Raum zerstreut umherstanden. Da der Kazike, welcher von der brasilianischen Regierung aus Rücksicht auf seine Stellung zu seinem Stamme zum Hauptmann in der Nationalgarde ernannt, mich selbst eingeladen hatte, seiner Wohnung einen Besuch abzustatten, so zögerte ich nicht, gelegentlich bei dem Coroadoshäuptling vorzusprechen. Der gastfreie Wilde, der beiläufig gesagt von abschreckender Hässlichkeit und mit entsetzlichen Kauwerkzeugen ausgestattet war, kam mir von Weitem schon freundlich entgegen und, wahrscheinlich zur Feier meiner Ankunft, war er mit einem abgeschabten Uniformrock angethan, welcher ihm bei sonst ganz unbekleidetem Körper ein überaus drolliges Ansehen gab. Die Hütten der Wilden, welche ich in Begleitung des Häuptlings besichtigte, waren wohl die elendesten, die es geben kann. In eine derselben aufrecht hineinzugehen, war nicht möglich. Ich musste mich entschliessen, hinein zu kriechen, wenn ich überhaupt das Innere zu besichtigen wünschte. Indessen fand sich auch diese Mühe nicht sonderlich belohnt, denn statt aller Sehenswürdigkeiten fand ich nur ein paar Matten auf dem Boden, und einige als Speisebehälter dienende korbartige Rohrgeflechte bildeten das ganze Ameublement. Als Baumaterial zur Hütte waren Schilf, Baumzweige, Gras und Flechtwerk aller Art verwandt. In dem Raume umher lag eine grosse Gesellschaft von Männern, Frauen und Kindern, zwischen welchen sich Hunde, Schweine, Affen, Hühner und Papageien umhertrieben. In der Mitte dieses bunten Durcheinanders brannte ein Feuer, über welchem in einem Kessel irgend ein räthselhaftes Ragôut von nicht sehr einladendem Aussehen brodelte, obgleich nach unsern Begriffen es weder Zeit zum Frühstück, Mittag- oder Abendessen war. Diese Geschöpfe sind aber so glücklich, zu allen Tageszeiten Appetit und Freude an dessen Befriedigung zu haben. Unsere Gewohnheit regelmässiger Mahlzeiten wird von ihnen nur für eine merkwürdige Laune der Weissen gehalten, denn im Gegensatz zu uns verzehren sie ihre jeweilig erbeuteten Mundvorräthe, bis auch der letzte Rest davon durch ihre Kauwerkzeuge vertilgt ist, sofort nach deren Besitzergreifung.

Mein wilder Freund nöthigte mich, mitten unter dieser Schaar Naturkinder Platz zu nehmen und reichte mir gastlich von dem stets bereiten Paraguaythee. Nachdem ich dann genügend von der etwas unheimlichen Versammlung gemustert war, wurde mir die besondere Auszeichnung zu Theil, dass man vor der Hütte einen Tanz aufführte. 25 bis 30 Paare trampelten zu dem eintönigen Getrommel einer Kürbisschale, in welcher Maiskörner hin und hergeschüttelt wurden, wie besessen umher. Eine Zeit lang sah ich dem seltenen Schauspiel mit unverhohlener Neugier zu und ergötzte mich an den Grimassen, welche die wie lauter Teufel aussehenden Wilden zu ihren Bocksprüngen schnitten. Die erdfahle, schmutziggelbgraue Farbe, die niedrige Stirn, das lange blauschwarze, straffe Haar, die vorstehenden Backenknochen, der Mangel der Wimpern am untern Augenlide und der scheue, hämische Blick aus den kleinen, wenig schiefgeschlitzten Augen gaben jedem Einzelnen ein ganz abscheuliches Aussehen.

Als mir die Sache allmälig zu laut wurde und der Kazike vom unaufhörlichen Zuckerbranntweintrinken berauscht am Boden lag, stellte ich mich, als ob ich nach meinem in der Nähe weidenden Pferde mich umsehen wollte und ritt, ohne weiteren Abschied zu nehmen, von dannen.

Der schönste Indianerstamm Brasiliens ist der der Guatós, welche eine Gruppe für sich bilden. In ihrem Aussehen sind sie nicht allzusehr von der kaukasischen Menschenraçe verschieden und die Männer besitzen sogar einen ziemlich starken Bartwuchs. Ihre Weiber tragen das lange unbeschnittene Haupthaar lose über den Schultern herabhängend, die Männer aber dasselbe in einem Schopf zusammengebunden, während zuweilen ein Strohhut das Haupt bedeckt. Bis auf eine Schürze um die Lenden sind sie unbekleidet, schmücken sich aber gern mit einem Pflöckchen in der Unterlippe, kleinen Federbüschen in den Ohrläppchen und Halsbändern aus Krokodilzähnen und andern Dingen. Den grössten Theil ihres Lebens verbringen die Guatós in ihren Kähnen oder Piroguen, welche sie bei eintretendem Hochwasser mit Weib und Kind besteigen und Wochen lang nicht mehr verlassen. Sie wohnen nur familienweise beisammen und fühlen sich so an die Gewässer hingezogen, dass sie selbst zum Bau ihrer Hütten sich meistens Stellen in den unwirthlichsten Niederungen oder Sümpfen aussuchen. Auch ihr Hausgeräthe ist sehr einfach und besteht nur aus einigen Thierfellen, welche sie durch ihre Lieblingsbeschäftigung, die Jagd, erbeuteten. Ihr Jagdgeräth bilden Pfeil und Bogen von aussergewöhnlicher Grösse, deren leichte

Handhabung von der grossen Körperkraft und Gewandtheit der Guatós Zeugniss giebt. Ihre Geschicklichkeit im Schiessen erreicht einen so hohen Grad, dass sie mit den 2½ Meter langen Pfeilen jeden Vogel im schnellsten Fluge erlegen; auch ihre bis zu 4 Meter langen Lanzen verstehen sie trefflich zu führen. Die einzelnen Theile der Pfeile sind mit Fischleim aneinander befestigt und mit einer Knochenspitze versehen; die Bogensehnen drehen sie aus den Därmen des Brüllaffen oder den Fasern der Tucumpalme. Zur Vogeljagd dient ausschliesslich Pfeil und Bogen, mit der Lanze aber, die nie von seiner Seite kommt, greift der Guató kühn den lauernden Tiger an.

Selten wohnt mehr als eine Familie, in der nie mehr als ein Mann sich findet, vereint zusammen. Die Zahl der Frauen beträgt dagegen 3 bis 12 und sobald ein Knabe erwachsen ist, trennt er sich von den Seinen, um einen eigenen Hausstand zu gründen.

Zu bestimmten Zeiten und nur zwei Mal jährlich vereinigen sich die Männer gewöhnlich zwei Tage an Orten, welche eine gewisse religiöse Ehrfurcht geniessen, um etwaige Angelegenheiten ihres Stammes zu besprechen. Ihre verhältnissmässig sehr hohe Geistesentwicklung, welche einen auffallenden Gegensatz zur Lebensweise der Guatós bildet, flösste den Weissen, die mit ihnen zusammentrafen, von jeher Theilnahme und Interesse an diesem Volksstamme ein. Auch ihre Sprache klingt so weich und wohllautend, besonders im Munde der nicht unschönen, aber schwermüthig dreinschauenden Frauen, dass man gern geneigt ist, mit ihnen in näheren Verkehr zu treten.

Ist es der Einfluss des Handels mit den Brasilianern oder ein Zeichen der grösseren geistigen Befähigung der Guatós, dass sie als eine Ausnahme unter den Wilden, die sämmtlich nur bis 5 zählen können, ein höher entwickeltes Zahlensystem kennen, mag dahin gestellt sein. Sie glauben auch an Einen Gott und dass nach dem Tode die Seelen Derjenigen, die sich auf Erden gut betragen haben, fortdauern, wogegen die der Bösen vernichtet werden; diese so religiöse Anschauung mag die Ursache sein, dass die Guatós bei all' ihrer Streitbarkeit sich stets so friedlich gegen die Europäer zeigten. Die Milde ihrer Sitten und ihre kindliche Neugierde erinnern etwas an die Indianer Westindiens, wie sie von den ersten Entdeckern geschildert werden. In den Paraguaygewässern pflegen sie sich mit ihren flinken Böten oft den Schiffen der Reisenden zu nähern, um ihnen Lootsen- oder Rudererdienste anzubieten oder Allerlei zu erfragen und zu erbitten, wobei sie oft in dem mangelhaften Portugiesisch, welches Viele von ihnen sprechen, sich sehr beredt und manchmal schlagend auszudrücken verstehen. Ein Guató, dem bei einer solchen Gelegenheit von dem Major Rohan ein erbetenes Geschenk abgeschlagen wurde, strafte diesen mit den Worten: „Ich bitte, weil ich arm bin, ich sehe aber, dass Du noch ärmer bist, als ich."

Unter den zahlreichen Indianergruppen Brasiliens giebt es auch verschiedene Horden, welche aus einer Vermischung von mehreren Indianerraçen sich gebildet haben, die in der Regel aber auf einer sehr niedrigen Stufe stehen. Zu ihnen werden die Caripunas, Muras und Miranhas gerechnet, welche alle fast in der Nähe des Madeirastromes hausen und sich durch ihre Rohheit auszeichnen. Von den Caripunas oder Wassermännern, welche mit vergifteten Pfeilen das Wild erlegen, erzählt man, dass sie das Menschenfleisch nicht nur genössen, sondern sogar zur Aufbewahrung räucherten. Die Miranhas, d. h. die Umherschweifenden, die Strolche, sind selbst unter den Indianern ein gefürchteter Stamm, welcher nichts als Krieg, Raub, Mord und Menschenjagden zu kennen scheint. Auch sie leben in steter Fehde mit den Ansiedlern und wurden zu Zeiten der Sklaverei oft von den Brasilianern als Sklaven in die Gefangenschaft geführt. Dies vermehrte selbstverständlich ihren Hass gegen die Weissen bedeutend. Trotz ihrer Rohheit sind sie aber sehr geschickt in der Anfertigung von Kleidungsstücken und Hängematten, Federschmuck u. dgl. mehr.

Erwähnenswerthe Indianerraçen sind noch die Ticunas, ferner die Passés und die Macusis. Die Ticunas gelten als vorzugsweise erfahren in der Bereitung eines Pfeilgiftes, Urari oder Curare genannt, welches sie auch im Tauschhandel an andere Stämme abgeben. Von den Ansiedlern werden sie als eine friedliche Indianerhorde betrachtet und mitunter sogar in deren Dienste genommen, um bei dem Fangen des Pirarucúfisches und bei der Einsammlung von Cacao, Sarsaparilla und andern Gegenständen verwendet zu werden. Eben so nützlich und brauchbar erweisen sich die Passés am Amazonas, welche sich allmälig wohl ganz mit den Weissen vermischen werden. Die Macusis sind die zahlreichsten der drei Indianergruppen und ähneln in ihrer Gemüthsart den Guatós. Auch sie verstehen die Zubereitung des Urarigiftes, wodurch sie sich eine gewisse Berühmtheit erworben haben.

Am oberen Amazonas leben die Yahua-Indianer, welche gleichfalls in der Pfeilgiftbereitung grosse Geschicklichkeit besitzen. Das von diesen hergestellte Gift gilt jedoch nicht für so wirksam, wie das der Macusis-Indianer. Letzteres wird daher auch besser bezahlt. Der englische Reisende Paul Marcoy, welcher einige Zeit bei diesem Stamm zubrachte, liess durch einen dort stationirten Missionair einen Yahua um Mittheilung über die Bereitungsart des Giftes ersuchen. Der Wilde gab zwar einen Topf voll seiner Giftpomade her, wollte jedoch über die Bestandtheile und die Verfertigungsweise nichts verlauten lassen, auch dann nicht, als ihm ein verhältnissmässig grosses Geschenk, ein Klappmesser, in Aussicht gestellt wurde. Dagegen konnte ein Anderer dem Reize eines blanken Tischmessers nicht widerstehen. Er murmelte Einiges über den Saft eines Strauches und einer Schlingpflanze, aber näher wollte er sich nicht darüber auslassen. Nach langem Unterhandeln und nachdem sich der Wilde noch immer nicht zu weiteren Mittheilungen verstanden, bot man ihm drei schöne blanke Messer für das Ausplaudern seines Geheimnisses an, und solche Lockung machte den Indianer, welcher noch einen Gefährten bei sich hatte, in seinem ersten Entschlusse wankend. Ein Zweig von dem räthselhaften Strauch und ein Stück von der Liane versprachen sie nun herbeizuschaffen; Blumen und Früchte, die Marcoy auch zu sehen verlangte, behaupteten die Indianer in dieser Jahreszeit nicht beschaffen zu können.

Drei Tage liessen sich hierauf beide Indianer nicht mehr sehen, bis sie endlich mit einem dünnen Zweig voll länglicher Blätter und einer Fruchttraube beladen wiederkehrten. An der Traube hingen holzige kernige Beeren von schwarzem sammtartigen Aussehen, in derem ockergelben Innern 4 Körner lagen. Ausserdem brachten sie ein unansehnliches Stück Liane mit weisser birkenartiger Rinde mit.

Es handelte sich nun darum, etwas Näheres über die Zubereitung des Giftes zu erfahren. Die beiden Wilden wollten jedoch unter den Augen der Europäer nur dann dieselbe vornehmen, wenn man ihnen noch 8 Fischhaken geben würde. Erst nachdem sie diese erhalten, nahm die Sache ihren Anfang. Der ältere der beiden Wilden nahm einen neuen irdenen Topf und füllte ihn mit Wasser, während der andere Reisig um denselben legte und dieses mit Ameisenzunder in Brand steckte. Der Letztere besteht aus einem klebrigen hellröthlichen Stoff, mit welchem eine gewisse Ameisenart das Strauchwerk überzieht, der an der Luft rasch trocknet und vermöge seiner weichen schwammigen Beschaffenheit leicht in Brand geräth. Noch ehe das Wasser recht kochte, warf der Indianer von dem mitgebrachten Zweige kleine Stücke hinein und im Nu nahm die Flüssigkeit eine gelbe und dann rostbraune Färbung an. Nach 2 Stunden entfernte dann der Wilde Blätter und Holz aus dem Gebräu, indem er dafür etwas von der Schlingpflanze hinein schabte und das Feuer stärker schürte. Vorsichtig schöpfte er hierauf den dick aufwallenden Schaum von der Mischung ab, zog aus einem Behälter drei kleine Päckchen und schüttete deren Inhalt in den Topf. Wie er sagte, waren es zerriebene Stacheln eines Fisches, pulverisirte Giftdrüsen und Giftzähne von Schlangen und getrocknete Feuerameisen. Wiederum blieb die Masse 2 Stunden lang im Kochen, bis sie ganz syrupartig und dick geworden war. Dann nahm der Yahua sie vom Feuer, legte kreuzweiss 2 Stäbe über den Topf, breitete ein grosses Blatt darüber und bedeckte dieses mit Erde.

Andern Tages zerschlug man den Topf und Marcoy erblickte einen harten schwarzen Klumpen, der sehr schwer zu sein schien. Es war das vielgenannte Urarigift. Wer Lanze oder Pfeil damit vergiften will, braucht es nur dem Feuer nahe zu halten, dann wird es weich und überzieht mit Leichtigkeit die hineingetauchte Waffe.

Nachdem die hauptsächlichsten Indianerstämme Brasiliens mehr oder weniger eingehend geschildert sind, bleibt noch zu bemerken, dass ausser ihnen, namentlich an der Westgrenze des Reiches gegen Paraguay zu, eine Menge kleiner Indianerstämme leben, die wohl noch manche Eigenthümlichkeiten besitzen, aber eigentlich mehr den Nachbarstaaten, wie Brasilien angehören und darum hier nicht näher beschrieben werden können. Nur so viel sei gesagt, dass sich unter diesen Stämmen sehr wilde

Reiterhorden befinden, welche die weiten Ebenen und Pampas an den Paraguay-Gewässern in räuberischer Absicht durchstreifen. Milderen Sitten am zugänglichsten zeigen sich unter ihnen noch die Guanás, deren Weiber sogar Baumwolle spinnen, Stoffe daraus weben, diese zu färben verstehen und Anderes mehr. Als kulturfähig gelten auch die Horden der Terenos und Laïanos in der Provinz Matto Grosso, welche vielfach in Aldeamentos schon bei Miranda sich angesiedelt haben.

Unter keinen Umständen ist der Verkehr mit den Indianern in Brasilien angenehm und trotzdem wir sie als mit uns gleichberechtigte Geschöpfe dieser Erde betrachten müssen, so geht es uns doch mit ihnen fast wie mit den Negern, dass wir in jeder Beziehung uns durch eine tiefe Kluft von ihnen geschieden fühlen. Umgekehrt wird selbst der in unserer Nähe und in unseren Sitten eingewöhnteste Indianer oder Neger niemals eines gewissen Misstrauens gegen den Weissen sich entschlagen können. Wir stehen dem Indianer ähnlich gegenüber, wie so manchem anderen Geschöpfe, das wir gezähmt und scheinbar uns mit Neigung zugethan wähnen und das doch gelegentlich uns bedroht oder am liebsten zur ungebundenen Freiheit nach eigener Wahl zurückkehrt.

Fünftes Kapitel.

Landeskultur.

Die volkswirthschaftliche Entwickelung Brasiliens, zu welcher wir uns nun wenden, ist zwar keineswegs schon besonders vorgeschritten, gehört dennoch aber mit zu den beachtenswerthesten Zügen in dem Gesammtbilde dieser Schilderungen. Es lässt sich denken, dass bei der ausserordentlichen Mannigfaltigkeit aller Verhältnisse, wie sie bereits erörtert wurden, auch die dadurch bedingte Art des Erwerbes je nach Lage des Ortes grosse Gegensätze aufweist. Die Urwaldgegend ist fruchtbarer als jene der unabsehbaren Grasflächen. In den Flussniederungen bieten sich den Bewohnern andere Beschäftigungen dar als jenen, die in hohen Gebirgslagen heimisch sind; der Bereich des Aequators begünstigt den Pflanzenwuchs und die Produktionskraft der Natur in höherem Grade, als der kältere Süden und an den Küsten entfaltet sich selbstverständlich ein regeres Leben, ein lebhafterer Handelsverkehr, als tief im Innern des brasilianischen Kaiserreichs.

Die Landwirthschaft ist es, welcher weitaus der grösste Theil der Bevölkerung obliegt. Dieselbe wird aber, wie Alles in Brasilien, mit unzulänglichen Mitteln und in unzweckmässigster Weise betrieben. Da das Land eine so gewaltige Ausdehnung hat und der Einzelbesitz nicht, wie bei uns nach Morgen, Ackern etc., sondern meist nach Quadratmeilen zählt, und da ferner die besten Ernten auf frisch gerodetem Waldboden erzielt werden, so setzt man alle vernunftgemässe Sparsamkeit bei Seite und treibt durch stets erneute Inangriffnahme frischen Waldbodens einen wahren Raubbau. Trotzdem kommt es in Brasilien recht häufig vor, dass bei aller Fruchtbarkeit oft weit verbreitete Missernten stattfinden, die sich ein paar Mal schon sogar zu einer Art Hungersnoth steigerten. Man hatte wahrscheinlich in solchen Fällen versäumt, mehr Sorge für den Anbau der zur Nahrung nothwendigsten Feldfrüchte zu tragen, als für die in grossem Maasse für den Handel bestimmten sog. Kolonialprodukte, wie Kaffee, Zucker, Baumwolle und Tabak. Der Anbau dieser letztgenannten Naturprodukte bildet vorzugsweise die Quelle des Reichthums für Brasilien. Ihre Erzeugung wird durch Sklavenarbeit auf grossen Plantagen betrieben und nur in geringem Grade sieht man in manchen Landestheilen, namentlich auf den deutschen Kolonien, den Anbau derselben im Kleinen fortgesetzt.

Unter den in Brasilien angebauten Nahrungspflanzen ist eine Wurzel, die Mandioca, die allerwichtigste, welche einem grossen Erfurter Rettig im Aussehen gleicht und in zwei Arten (Manihot aipi und Manihot utilissima) in allen Provinzen gedeiht. Erstere wird gekocht, wie unsere Kartoffeln gegessen und schmeckt etwa wie eine feine Möhre; die andere ist in rohem Zustande giftig und wird, nachdem sie von ihrem blausäurehaltendem Safte befreit wurde, getrocknet, zerrieben und vornehmlich als Mehl (Farinha), welches das Aussehen unserer Hafergrütze hat, genossen. Die Befreiung der Wurzel von ihrem giftigen Safte wird dadurch erreicht, dass man sie zerreibt und die erhaltene Masse durch mancherlei Vorrichtungen auspresst. Je nach der verschiedenen Weise des Trocknens unterscheiden die Indianer, von welchen die Weissen Genuss und Zubereitung der Mandioca kennen lernten, zwei Arten. Weniger gedörrt schmeckt das Mehl wie gemahlene Mandeln und schärfer geröstet, wie Hafergrütze. Die Farinha nimmt in Brasilien vollständig die Stelle des Brodes ein, welch' letzteres man meist ganz entbehren muss und wird entweder trocken ohne jede Zuthat, oder mit flüssigen Dingen durchtränkt, mit Fleisch, Bohnen, Speck u. s. w. bei allen Mahlzeiten genossen. Für den Europäer hat es etwas Befremdliches, wenn man die Leute dort bei Tische die Farinha messerspitzenweise, oder mit Wasser zu kleinen Kügelchen geformt, sich in den Mund werfen sieht. Noch weniger verlockend nimmt sich die Farinha in grösseren Mengen mit den Speisen vermischt aus, und so lange Jahre ich mich auch in Brasilien aufhielt, konnte ich doch, gleich tausend andern Europäern niemals dieser landesüblichen Kost Geschmack abgewinnen. Ein mir befreundeter Kaufmann dagegen hatte sich so an das Farinha-Essen gewöhnt, dass er, nach Deutschland zurückgekehrt, alljährlich ein paar Säcke davon sich aus Brasilien zuschicken lässt.

Nach den amtlichen Ausfuhrregistern belief sich der Export von Mandiocamehl im Jahre 1860 bis 1861 auf 3,269,963 Liter, im Werthe von 210,000 Mark; 1871 bis 1872 auf 7,087,620 Liter im Werthe von 660,000 Mark; 1869 bis 1874 erreichte die Ausfuhr die Höhe von 8,453,453 Kilogramm im Werthe von 1,597,500 Mark.

Ausser den schon genannten beiden Mandiocapflanzen giebt es noch eine Menge Abarten, deren z. B. die Manáoes-Indianer nicht weniger als 35 durch besondere Namen unterscheiden und diese Mannigfaltigkeit wird noch erhöht durch die verschiedenen Zubereitungsmethoden der Wurzel. Ursprünglich ist die Pflanze wahrscheinlich auf den Antillen zu Hause, Andere, wie Humbold, wollen ihre Heimath an den Magdalenenstrom verlegen. Im Handel wird auch uns ein Fabrikat dieser Pflanze zugeführt, welches wir unter dem Namen amerikanisches Sagomehl (Farinha de Tapioca) und auch als Arrow-root kennen. An einer oder der andern Stelle denke ich noch einmal darauf zurückzukommen.

In den südlichen Provinzen wird vorzugsweise der Anbau des türkischen Waizens oder Mais in grösserem Maassstabe betrieben und von Menschen und Thieren genossen. Neben demselben sind es die schwarzen Bohnen (Feijão, Phaseolus derasus), welche zusammen mit gedörrtem Fleisch, Farinha oder Mais im grössten Theile von Brasilien die tägliche Mittagskost der Bevölkerung bilden.

Ausserdem beschäftigt sich die Landwirthschaft mit dem Anbau der Erdmandel oder Mundubibohne (Arachis hypogaea), der Bataten oder sog. süssen Kartoffeln (Convolvulus batatas), der Inhame (Dioscorea alata), der Tayopa (Colocasia esculenta) und der Mangorito (Caladium sagittae folium). Unter ihnen befinden sich recht wohlschmeckende kartoffelähnliche Knollengewächse. Einige Provinzen kultiviren auch den Reis, andere haben sich dem Anbau unserer europäischen Getreidesorten und Kartoffeln mit glücklichem Erfolge zugewandt.

Sehr stiefmütterlich wird die Obstbaumzucht und der Garten- und Gemüsebau behandelt, obgleich eben kein Mangel an trefflichen Fruchtarten, Blumen und Gemüsen ist, die bei einiger Pflege eben so gut gedeihen würden, wie alles Andere. Zum Theil ist das Fehlen hinlänglicher Arbeitskräfte daran Schuld, zum grösseren Theil aber auch die Trägheit der Brasilianer. Nur was mit geringer Mühe ausgenutzt werden kann, wie die Fruta do Conde (Anona Cherimolia), die Abacata (Persea gratissima), die Goajaba (Psidium Guajava), aus der ein treffliches Fruchtmus hergestellt wird, die Abiu (Chrysophyllum Cainito), die Ananas, die Manga (Mangifera indica) und viele andere erfreuen sich einer grösseren Aufmerksamkeit und Pflege. Die Manga gilt für die feinste Frucht der Tropen; eine nicht minder kostbare Gabe der Natur ist das Erzeugniss des Brodfruchtbaums, welcher sich viel·in der Nähe der Städte findet und der durch die Reisen Cooks und Forsters eine wohlverdiente Berühmtheit erlangt hat. Die Manga wie der Brodfruchtbaum stammen ursprünglich aus Ostindien. Zu den aus andern Erdtheilen hinzugekommenen Fruchtbäumen ist auch noch die Cocospalme zu zählen, deren Nüsse dereinst an die brasilianische Küste angeschwemmt und auf diese Weise dort heimisch geworden sein sollen.

Orangen, Feigen, Pfirsiche, Melonen, Aprikosen, Granatäpfel und in weniger grossen Mengen der Weinstock, Quitten und Kastanien sind vielfach in ganz Brasilien angepflanzt und gedeihen zum Theil ganz vortrefflich, je nach dem ihnen zusagenden Standort. Unseren Aepfeln, Birnen, Pflaumen und Kirschen scheint das brasilianische Klima weniger zu behagen.

Die Gemüse könnten eine viel grössere Ausbeute liefern, wenn man sich ihre Pflege nur etwas mehr angelegen sein liesse, aber in der Regel sind es nur die deutschen Ansiedler, welche neben all' den südlichen Bodenerzeugnissen auch noch den heimathlichen Kohl, Gurken, Salat, Möhren, Lauch, Rettige, Spargel, Schoten, Blumenkohl u. a. m., soweit das Klima es gestattet, pflanzen. Was davon in grossen Städten zum Markte kommt, steht jedoch so hoch im Preise, dass es theurer bezahlt wird, als die Südfrüchte bei uns.

Der Blumenreichthum des Landes ist ganz ausserordentlich gross, doch wird ausnahmsweise nur in Privatgärten ihre Pflege berücksichtigt und wo dies geschieht, strebt man mehr danach, die dort so seltenen aus Europa eingeführten Astern, Nelken, Balsaminen, Rosen, Stiefmütterchen, Vergissmeinnicht u. a. m. sorglich heranzuziehen, als die so prächtigen einheimischen Blumen zu pflegen.

Am wichtigsten wohl von allen Erzeugnissen sind die eigentlichen Handelsgewächse, Kaffee, Zucker, Baumwolle, Tabak, Cacao und Thee u. s. w.

Der Kaffeebaum soll schon am Anfange des sechzehnten Jahrhunderts dort eingeführt worden sein; sein Anbau wurde jedoch bald nachher von der Regierung bei Todesstrafe wieder verboten, da die Portugiesen, welche damals alleinige Besitzer des Landes waren, den Kaffeehandel ausschliesslich auf ihre asiatischen Kolonien beschränken wollten. Später erst verpflanzte sich der Kaffeebaum wieder von den französisch-westindischen Kolonien nach Brasilien und die italienischen Kapuziner in Rio Janeiro, welchen ein paar Pflanzen von dem Vicekönig D'Andrada (1760) anvertraut worden waren, vermittelten die weitere Ausbreitung und Pflege dieses heut zu Tage für Brasilien wichtigsten Handelsartikels. Die guten Kapuziner liessen sich wohl nicht träumen, welchen Einfluss die unscheinbare Frucht dieser Pflanze in der Folge gewinnen sollte.

Nach und nach nahm die Kaffeekultur des Landes so zu, namentlich, da sie mit weniger kostbaren Arbeitskräften betrieben werden konnte, als der sehr theure Anbau des Zuckerrohrs, dass alle anderen Handelsgewächse vollständig in den Hintergrund gedrängt wurden. Die erste Kaffeeausfuhr datirt zwar erst aus dem Jahre 1806, gegenwärtig aber liefert das Land bereits zwei Fünftel des gesammten Kaffeeverbrauchs der ganzen Erde, der auf etwa 10 Millionen Centner im Jahre zu veranschlagen sein mag. Den meisten Kaffee bringen die mittleren Provinzen hervor, der bei sorglicher Pflege und Behandlung dem Kaffee von Ost- und Westindien wenig nachsteht. Nur wo ganz frischer Waldboden vorhanden ist, wird der Kaffee in grösserem Maassstabe angebaut und liefert alsdann reiche Ernten. Dieselben sind sehr unterschiedlich im Ertrage und fallen nicht immer nach Wunsch aus. Von dem Kaffeeanbau in anderen Ländern unterscheidet sich der Betrieb in Brasilien dadurch, dass man die rothen Beeren, welche die Bohnen umschliessen, vom Baume pflückt und trocknet. Dieses Trocknen erfordert grosse Sorgfalt, da der Kaffee an Güte verliert, sobald die Früchte etwa mit der Erde in Berührung kommen. Auf grossen Plantagen geschieht das Trocknen deshalb auf eigens dazu eingerichteten steinernen Terrassen, an anderen Orten dienen Hürten von Bambusrohr dazu und schliesslich wird auch unter Zuhülfenahme von Maschinen das Trocknen der Beeren und die Enthülsung der Bohnen vorgenommen. Nach dem Trocknen werden die Beeren durch Walzen von der fleischigen Hülse getrennt, gewaschen und wieder getrocknet, worauf man die Bohnen in einer Stampfmühle durch ein Windrad von der pergamentartigen Samenhülle, die sie noch umgiebt, befreit. Von den Stücken derselben gereinigt, werden sie hierauf abermals getrocknet und dann in Säcke gefüllt. Von der pünktlichen Ausführung all' dieser nothwendigen Arbeiten ist wesentlich der Werth der Waare abhängig.

Wie bei uns in Weingegenden sich nach dem Ausfall der Wein-Ernte alle Preisverhältnisse regeln und die Stimmung der Bevölkerung wesentlich von ihrem Ausfall beeinflusst wird, so ist es in Brasilien die Kaffee-Ernte, welche auf das öffentliche Leben von eingreifendster Wirkung ist. Im Jahre 1872 betrug die Kaffeeausfuhr 243,584,360 Kilogr. im Werthe von 141 Mill. Mark, von 1872 bis 1874 belief sich der fragliche Export auf 188,079,068 Kilogr. im Werthe von 253,640,250 Mark.

Eine andere wichtige Handelspflanze, die nicht minder grosse Beachtung, wie der Kaffeebaum fordert, ist die Baumwollenpflanze. Dieselbe ist in Brasilien heimisch und wurde von den Indianern angebaut, noch ehe die Weissen den südamerikanischen Boden betreten hatten. Die Baumwollenpflanze (Gossypium) ist vorzugsweise in den Nordprovinzen zu Hause, kommt aber auch in den übrigen Theilen des Reiches sehr gut fort. Da diese Pflanze einen weniger kräftigen Boden, wie der Kaffeebaum bedarf, so ist ihr Anbau geringeren Schwierigkeiten unterworfen. Bei guter Pflege und unter sonst günstigen Verhältnissen liefert die Baumwolle 2—3 Ernten im Jahre und eine einzelne Pflanze giebt mitunter $2^{1}/_{2}$ Pfund reine Baumwolle. Auch hier ist es die Trennung der Wolle von ihrer Hülle, welche die meiste Arbeit beansprucht. Nachdem jedoch sowohl für die Enthülsung, wie für das Verpacken, amerikanische Maschinen in Gebrauch gekommen, ist die Behandlung der Wolle eine bedeutend einfachere geworden. Auch die Baumwolle wird in ungeheueren Massen aus Brasilien ausgeführt und zu manchen Zeiten kann man in den Hafenorten förmliche kleine Flottillen liegen sehen, auf die wochenlang von keuchenden Negern die riesigen Baumwollenballen ameisenartig herangeschleppt werden, bis die Schiffe endlich mit hochgethürmter Ladung das mit Naturschätzen so reich gesegnete Gestade Brasiliens verlassen. Die Ausfuhr von Baumwolle betrug in den Jahren 1869 bis 1874 54,435,836 Klgr. im Werthe von 74,279,250 Mark.

Dem Zuckerrohr, welches in vielen Provinzen gepflanzt wird, wurde früher eine grössere Pflege zugewandt, als gegenwärtig, wo man sich so ausschliesslich fast für den Kaffee- und Baumwollenanbau entschieden hat. Mancherlei Umstände trugen dazu bei, die Zuckerrohr-Kultur etwas zu verdrängen. Es sei nur der hierauf so einflussreichen Erfindung des Zuckergewinns aus Rüben in Europa gedacht und der Vertheuerung der Sklavenarbeit, welche in den Zuckerrohr-Plantagen nicht durch die Arbeit von Freien bis jetzt ersetzt werden konnte. Das Zuckerrohr ist indessen keine einheimische Pflanze, sondern wurde in sehr früher Zeit schon (1520) von den kanarischen Inseln eingeführt. Eine besondere Art, welche auch für die beste gehalten wird, kam sogar erst 1792 von ihrer Heimath Tahiti nach Isle de France und von da nach Cayenne, nach den französischen Antillen und von dort erst nach Brasilien.

Man würde sehr irre gehen, wenn man glaubte, in dem Lande, welches so viel Zucker erzeugt, wie Brasilien, auch den besten Zucker zu geniessen. In der schönen weissen Form unserer europäischen, sogen. Zuckerhüte findet man ihn dort gar nicht, mit Ausnahme des etwa von Europa eingeführten. Da man zur Zeit noch keine Zucker-Raffinerien in Brasilien besitzt, so bedient man sich ausschliesslich im Lande des unscheinbaren Rohzuckers, wie er bei uns als gelber und brauner Farinzucker im Handel vorkommt. Ausgeführt wurden im Zeitraum von 1869 bis 1874 153,285,533 Kilgr. Zucker im Werthe von 54,238,500 Mark.

Die südlichen Provinzen erzeugen auch vielen Tabak, der wohl seine Abnehmer findet, aber nicht zur feinsten Sorte gehört. Namentlich die deutschen Kolonisten bebauen grosse Strecken Landes mit diesem Produkte. Der Tabakexport belief sich vom Jahre 1869 bis 1874 auf 14,975,404 Kilgr. im Werthe von 14,715,000 Mark.

Ebenso wie die letztgenannte Pflanze ist auch der Cacaobaum einheimisch, wenn auch bei Weitem nicht so grosse Mengen Cacao erzeugt werden, als bei der Zuträglichkeit des Bodens erwartet werden könnte. Die Bereitung des Cacaos für den Handel ist viel einfacher, wie die des Kaffees, indem die Früchte im reifen Zustande gepflückt, enthülst und die Kerne an der Sonne getrocknet werden. Der Cacao liefert zwei Ernten und diese pflegen bei vorzüglicher Güte der Früchte sehr ergiebig zu sein. Auch kommt der Cacaobaum vielfach wild vor und die Indianer sammeln dann seine Früchte ein, um sie als Gegenstand des Tauschhandels mit den Weissen zu verwenden. Im Handel ausgeführt wurden davon 1871 bis 1872 3,181,473 Kilgr. im Werthe von 3,000,000 Mark, 1869 bis 1874 dagegen 4,578,143 Kilgr. im Werthe von 4,938,750 Mark.

Grosse Mühe gab man sich in Brasilien mit der Einführung und Pflege des Theestrauchs. Schon im Anfange dieses Jahrhunderts trat die Regierung mit China in Verbindung und liess von dort Theepflanzen und einige Hundert zu ihrer Pflege bestimmte Chinesen kommen. Man hatte aber mit diesem Versuche wenig Glück, denn es gelang Anfangs nicht, die Pflanze zur vollen Entwickelung zu bringen, namentlich wegen schlechter Auswahl des Anpflanzungsorts, auch erlagen die zopftragenden Söhne des himmlischen Reiches fast alle dem Heimweh. Erst nach Jahrzehnten und nachdem an geeigneteren Orten die Theekultur Eingang gefunden hatte, gewann auch sie einige Bedeutung für das Land. Der Thee, welchen man gegenwärtig in Brasilien geniesst, ist nun zwar ausschliesslich im Lande gewonnen, aber, wie bei fast allen eingeführten Gewächsen, zeigt sich an ihm eine merkliche Entartung in gleicher Weise, wie dies bei dem Zuckerrohr zum Beispiel und dem Kaffee der Fall war, so dass die Regierung sich öfter veranlasst sah, diese beiden Pflanzen durch neue Exemplare aus ihrer ursprünglichen Heimath zu ersetzen.

Nicht zu verwechseln mit dem aus China stammenden und deshalb mit dem chinesischen Worte Chá benannten Thee ist der allgemein verbreitete Paraguaythee (Herva mate), das wichtigste Waldprodukt für den dortigen Handel. Diesen Artikel erzeugt jedoch nur Südbrasilien. Nichtsdestoweniger gehört der Paraguaythee zu den Hauptbedürfnissen eines grossen Theiles der südamerikanischen Bevölkerung und sein Verbrauch beschränkt sich daher nicht auf Brasilien allein, sondern ist vielmehr über diesen ganzen Erdtheil verbreitet. Bei der Betrachtung des Urwaldes begegneten wir bereits dem Baume, von welchem er gewonnen wird, dem Congonha, wie ihn die Brasilianer nennen. Die Jesuiten liessen es sich zuerst angelegen sein, den so nützlichen Baum auf ihren Missionsbesitzungen am Paraguay zu pflegen, bis im Jahre 1823 der berühmte Naturforscher Bonpland, der Freund und Reisegefährte Alexander v. Humboldts, fast sein ganzes Leben dem Anbau des Congonha widmete. Man hatte nämlich die Erfahrung gemacht, dass wohl die Blätter des wilden Baumes eben so geniessbar sind, als die von neuen Pflänzlingen, aber im Allgemeinen hat sich doch gezeigt, dass die Blätter von den in Pflanzungen gezogenen Bäumen einen besseren Thee liefern. Sonderbarer Weise erreicht der Congonhabaum in den Hervapflanzungen auch eine bedeutendere Grösse, als im wilden Zustande. Zur Theebereitung werden nur die Blätter und jungen Zweige verwendet, und da während der Fruchtreife die Blätter am saftigsten zu sein pflegen, so ist dies auch die gewöhnliche Erntezeit. Es findet diese etwa zwischen Januar und März statt, aber das Sammeln der Blätter wird oft bis zum Juni und Juli ausgedehnt. Die Gewinnungsart selbst ist eine sehr einfache. Die jungen Sprossen und Zweige werden abgeschnitten, bei mässigem Feuer getrocknet, dann in Stücke zerbrochen und auf einer Art Gerüst über abermaligem Feuer geröstet. Hierbei ist einige Vorsicht nöthig, damit die Blätter nicht allzusehr eintrocknen oder gar verbrennen und ihren angenehmen Geschmack verlieren. Auch darf deshalb zu dem Feuer kein feuchtes oder harziges Holz verwandt werden, da der Rauch den Thee verderben würde. Bis hierhin wird die Matézubereitung im Walde von besonderen Leuten besorgt. Nach dieser vorbereitenden Arbeit werden die getrockneten Blätter in Säcke verpackt und auf Maulthieren zu den eigens für diesen Zweck eingerichteten Mühlen (Herva Maté-Mühlen) gebracht. Es sind dies Mühlen mit Stampfvorrichtung, in welchen die Maté förmlich zu Pulver zerstampft wird. Zur Versendung wird schliesslich der fertige Thee in recht trockene grosse Ochsenhäute eingenäht, um ihn so vor Feuchtigkeit und Luft zu schützen und sein angenehmes Aroma ihm zu bewahren. In diese Hautsäcke ist der Thee so fest eingestampft, dass der Ballen steinhart erscheint.

Man geniesst den Paraguaythee aus kleinen Flaschenkürbissen, Cujas, welche an der Seite mit einer Oeffnung versehen sind. Eine Handvoll des Thees mit einem Löffel voll Zucker versetzt, wird darin mit heissem Wasser angebrüht und durch eine silberne unten siebartig geschlossene Röhre (bomba) geschlürft. Von Geschmack ist er ohne Zucker sehr bitter und mundet Anfangs selten dem Europäer, aber um seiner dem heissen Klima entsprechenden heilsamen Eigenschaften willen gewöhnt sich auch der Fremde gern an den Genuss des landesüblichen Getränks. Mehr noch als selbst in Brasilien ist der Matéthee in den La Plata-Ländern zu Hause. Von hier aus erhielt einst auch der König von Preussen eine grosse Anzahl von Maté-Ballen durch den berüchtigten Diktator Lopez zum Geschenk, mit welchen die Soldaten in der preussischen Armee eine Zeit lang versuchsweise regalirt wurden. — Die Gesammtausfuhr an Paraguaythee belief sich 1860 bis 1861 auf 6,803,056 Kilogramm im Werthe von 2,700,000 Mark; 1871 bis 1872 auf 9,507,086 Kilogramm im Werthe von $4^{1}/_{2}$ Millionen

Mark; 1869 bis 1874 auf 15,717,503 Kilogramm im Werthe von 7,449,750 Mark.

Da wir mit der Besprechung des Paraguaythees wieder in den Urwald hineingerathen sind, so ist es wohl am Platze, noch einmal auf die dem Handel dienenden andern Waldprodukte zurückzukommen. Das in so grossen Mengen ausgeführte Färbeholz wird ohne weitere Zubereitung und in neuerer Zeit, wie bereits erwähnt, nur noch als Schiffsballast ausgeführt. Interessanter dagegen ist die Gewinnung des Kautschuks. Obgleich der Seringeirabaum, aus welchem derselbe gewonnen wird, fast im ganzen Urwald, namentlich in den nördlichen Provinzen verbreitet ist, so beschränkt sich die Gewinnung des Kautschuks doch auf einen verhältnissmässig kleinen Distrikt in der Prozinz Pará. Meist sind es ärmere Leute und zahme Indianer, die sich damit abgeben; nach ihrer Beschäftigung werden sie Seringeiros genannt. Den Ertrag ihrer Arbeit verhandeln sie an Kaufleute, welche sich während der Zeit der Kautschukgewinnung unter ihnen mit allen den Bedürfnissen entsprechenden Tauschobjekten einfinden. Dies ist vornehmlich von Juli bis Januar, der Zeit des niedrigsten Wasserstandes der Fall, doch kann auch während der übrigen Zeit des Jahres, je nach Umständen die Einsammlung geschehen, wenn der Zugang zu den Bäumen nicht durch das Hochwasser unmöglich gemacht ist. Die Art und Weise der Gewinnung des Kautschuks, die man von den Indianern erlernt hat, ist folgende: der Baum wird an mehreren Stellen mit scharfen, senkrechten Einschnitten versehen, die man durch hölzerne Keile offen hält, unter welche kleine Thongefässe zur Aufnahme des Saftes befestigt sind. Bald fliesst dann ein milchartiger weisser Saft aus den Wunden, deren jede nach 3 bis 4 Stunden etwa vier Esslöffel voll liefert. Um mehr Saft noch zu erhalten, hat man den Baum wohl auch unterhalb der Einschnitte mit Stricken von Schlingpflanzen eingeschnürt, um den Umlauf des Saftes zu hemmen. Dies Verfahren, bei welchem der Strick so eingerichtet wird, dass der Saft an einer Stelle in ein bereitgehaltenes Gefäss überfliesst, hat leider das baldige Absterben des Baumes zur Folge. Der gesammelte Milchsaft wird hierauf in grössere Gefässe zusammen gegossen und zum Formen und Räuchern desselben geschritten, damit er nicht vor der Zeit verdirbt.

Aus den Samen gewisser Palmenarten, welche viel Rauch entwickeln, wird zu diesem Zwecke ein starkes Feuer angemacht und über dasselbe ein Topf ohne Boden als Rauchfang gestülpt, dann übergiesst der Seringeiro seine Form oder, wenn er Gummischuhe machen will, seinen Leisten, der an dem Ende eines Stocks befestigt ist, aus einer Schaale mit dem Safte und bewegt die so überzogene Form einige Male langsam durch den Rauch, bis der Saft getrocknet ist. Dies wird so lange wiederholt, bis der Ueberzug die erforderliche Dicke hat. Die Räucherung verändert den ursprünglich weissen Kautschuk nur wenig, indem derselbe erst durch die Einwirkung der Luft seine dunkle Färbung erhält. Die Formen sind entweder aus Thon oder aus Holz, welche mit Thon bestrichen werden, damit sich die Masse leichter wieder ablöst und haben in der Regel die Gestalt einer Flasche. Aber auch in tafelförmigen Stücken kommt der Kautschuk in den Handel. Zur Anfertigung von ein paar Schuhen sind 30 bis 40 Uebergüsse nöthig, für die Sohlen wohl noch etwas mehr, doch nimmt ihre Fertigstellung kaum 25 Minuten in Anpruch. So lange der Kautschuk noch weich ist, werden sogleich mit einer stumpfen Nadel oder einem Drahtstück allerhand Figuren auf dem Schuhe eingegraben. Nach einer Woche etwa können die Schuhe von dem Leisten herabgenommen werden.

    Fleissige Arbeiter sollen im Stande sein, an einem Tage 16 Pfund Kautschuk zu liefern; das kommt aber selten genug vor, und sie sind froh, wenn sie bei ihrer Trägheit es täglich bis auf 3 bis 4 Pfund bringen.

    Neuerdings hat ein Deutscher die Entdeckung gemacht, dass sich der Saft des Gummibaums ohne an Brauchbarkeit Einbusse zu leiden, durch Zusatz von Alaun oder Salmiak lange Zeit flüssig erhalten lässt. Hierdurch wird man vielleicht dahin kommen, den Kautschuk im flüssigen Zustande auszuführen und erst in Europa dessen Verarbeitung vorzunehmen. Die Kautschukgewinnung in Brasilien bildet eine grosse Einnahmequelle für den Staat, welcher daher in jüngster Zeit sehr darauf bedacht ist, die Nutzung gesetzlich zu regeln, da das planlose Wirthschaften der Seringeiros in den Wäldern den Kautschukbaum vollständig mit Vertilgung bedroht. Dass der Einschnitt erst nach 3 Jahren an demselben Baum wieder ohne Gefahr für ihn vorgenommen werden kann, entzieht sich vollständig ihrer Beachtung. Der Export an Kautschuk betrug im Jahre 1860 bis 1861 2,412,612 Kilogramm im Werthe von 5,400,000 Mark; 1871 bis 1872 4,798,921 Kilogramm im Werthe von 15 Millionen Mark; von 1869 bis 1874 5,582,799 Kilogramm im Werthe von 23,220,000 Mark.

Mit eben so wenig Nachhaltigkeit wird von den Droguenhändlern die Einsammlung der Sarsaparilla (Smilax papyracea), in den Urwaldungen des Amazonas betrieben. Der Strauch, welcher die echte Sarsaparilla liefert, ist schon so selten geworden, dass die Sammler gegenwärtig bis in die Nähe des Quellengebietes am Amazonas vordringen und halbe Jahre lang unter den grössten Entbehrungen in den Wäldern zubringen müssen, um die Pflanze in genügender Menge sich zu verschaffen.

Die Einsammlung der Ipecacuanha (Poaya), eines ebenso wichtigen Arzneimittels wie die Sarsaparilla, ist erst seit dem Jahre 1824 zu einer förmlichen Industrie geworden, namentlich in dem oberen Stromgebiete des Paraguay. Auch das Aufsuchen der Ipecacuanhawurzel ist, wie das Gewinnen des Kautschuks, von dem Wasserstande abhängig, da die Sammler nur auf Kähnen dem Hauptstandorte der Pflanze sich nähern können und da in der Hauptregenzeit das Trocknen der Wurzel mit zu viel Schwierigkeiten verknüpft ist. Unter der Führung von zwei erfahrenen Leuten (Praticos) befährt eine grössere Anzahl von Arbeitern (Poaieiros) in einem langen Canoe die zahlreichen den Wald durchschneidenden Kanäle und von diesen aus, an das sumpfige Land gestiegen, suchen sich die einzelnen Sammler regelmässige Durchhaue durch das Dickicht zu bahnen, wo sie sicher sind, die vielfach begehrte Wurzel zu finden. Geschickte Sammler graben täglich 12 bis 30 Pfund, die getrocknet jedoch nur 5 bis $12^1/_2$ Pfund wiegen. Am Abend treffen die Sammler auf dem gemeinschaftlichen Lagerplatz zusammen und liefern die Ernte an den Führer oder Aufseher der kleinen Expedition ab, welcher sie wiegt und zum Trocknen auf den ausgespannten Ochsenhäuten ausbreitet. Das Ausroden der Wurzel ist zwar an und für sich eine ziemlich leichte Arbeit, aber durch die Angriffe der Millionen von den gerade in diesen sumpfigen Gegenden hausenden Insekten wird die

Aufgabe der Arbeiter unendlich erschwert und mitunter zwingen sogar diese feindlichen Schaaren den Sammler auf eine vollständige Ausbeute mancher der ergiebigsten Stellen zu verzichten. Auch die Ipecacuanhawurzel würde längst ausgerottet sein, wenn sie nicht sich selbst durch die kleinsten zurückgelassenen Wurzelstückchen wieder fortpflanzte. Auf Maulthieren verladen, kommt die Ipecacuanha, ähnlich wie der Paraguaythee in Säcken von Ochsenhäuten vernäht, nach Rio de Janeiro und dort zur Ausfuhr auf die Schiffe.

Ein Droguenerzeugniss des brasilianischen Waldes, welches erst neuerdings im Handel erschienen ist, aber fast ausschliesslich im Lande selbst verbraucht wird, ist der Guaraná, der gummiartige, harzige Saft von der Frucht der Paulinia sorbilis, welche am Amazonenstrom in grosser Masse vorkommt. Er wird aus den Fruchtkernen der Pflanze gewonnen, die in Gestalt einer Kaffeebohne je zwei in einer Hülse sitzen. Zermalmt werden die Kerne in Wasser zu einer festen Masse eingekocht und dann etwas geröstet, wodurch diese etwa das Ansehen unserer Chokolade gewinnt. Zum Gebrauche wird etwas davon zerrieben und mit Zucker und Wasser vermischt dient es zu einem ebenso angenehmen als erfrischenden Getränk, welches durch seine noch ausserdem heilsamen Eigenschaften in einem grossen Theile von Südamerika den Genuss des Kaffees bereits verdrängt hat. Die Kenntniss davon verdankt man den Mauhé-Indianern, welche es auch lieben, auf den chokoladeartigen Guaranátafeln mancherlei Zeichnungen von Pflanzen und Thieren anzubringen.

Gegen die Erzeugnisse des Bodens, von denen am Anfang dieses Kapitels ausgegangen wurde, steht ein anderer Zweig der Landwirthschaft, die Viehzucht, in Brasilien sehr zurück. Von hervorragender Bedeutung ist dieselbe eigentlich nur im Süden des Landes, namentlich in der Provinz Rio grande do Sul und in einigen Theilen von Minas Geraes, Goyáz und Mato Grosso. Die Viehzucht bildet das Hauptgewerbe der Camposbewohner, doch wird sie nicht in dem Maassstabe von den Brasilianern betrieben, wie z. B. am La Plata, weil es auf den brasilianischen Campos an salzhaltigen Weiden fehlt. Nur wo dem Vieh regelmässig statt dessen Salz gestreut wird, lohnt sich die sorgliche Pflege durch schöne und gedeihliche Entwickelung des Viehstandes. Berühmt durch die in ausserordentlichem Umfange betriebene Viehzucht ist die Provinz Rio grande do Sul, wo dieselbe nach Art der Argentinier, ihrer Grenznachbaren, betrieben wird und eine Haupteinnahmequelle der Bevölkerung bildet.

Eine eigentliche Milchwirthschaft und die Erzeugung von Butter und Käse kennt man nur in Ausnahmefällen. Höchstens auf den deutschen Kolonien legt man auf die Erziehung von Milchvieh einigen Werth. Dasselbe gilt von den Provinzen Minas Geraes und Goyáz, woselbst ziemlich viel Butter und Käse bereitet wird. In den übrigen Landestheilen begnügt man sich mit der bereits früher erwähnten, aller Beschreibung spottenden schlechten, ranzigen englischen Butter.

Das Hauptaugenmerk ist bei der Viehzucht auf die Gewinnung von Fleisch und Häuten gerichtet und zwar wird das erstere nicht im frischen Zustande verbraucht, sondern zur Bereitung der sog. Xarque oder Carne secca verwendet. Die Schlächterei wird, wie auch in den La Plata-Staaten, im grossartigsten Maassstabe in den Xarqueadas betrieben. In diesen eigenartigen Schlachthäusern herrscht jahraus jahrein eine unausgesetzte Thätigkeit, welche sich darauf beschränkt, das in zahlreichen Heerden von der Serra, d. h. aus den Gebirgsgegenden beigetriebene Rindvieh zu tödten, abzuhäuten, das Fleisch vom Fette zu befreien und nachdem es in dünne Streifen geschnitten ist, auf Stangen an der Sonne zu trocknen. Das so getrocknete Fleisch bildet an den Orten, wo nur selten frisch geschlachtetes Fleisch zum Verkauf kommt, eines der Hauptnahrungsmittel der Brasilianer, ist aber auch sonst allenthalben im Lande eine beliebte Speise. Die grössten Xarqueadas Brasiliens befinden sich in der Nähe des Städtchens Pelotas in der Provinz Rio grande do Sul, worin alljährlich 20—30,000 Stück Hornvieh und 5000 Stuten zur Xarquebereitung geschlachtet werden. Die sonstigen Abfälle werden nur wenig vortheilhaft benutzt und wenn auch ein Theil des Talges, der Haare und Hörner in einigen Seifen- und Lichtfabriken, Gerbereien und Sattlerwerkstätten Verwendung findet, so geht doch ein ebenso grosser Theil derselben ungenützt verloren. Die Ausfuhr von Häuten aus Brasilien betrug in den Jahren 1869—1874 27,932,442 Kilogr. im Werthe von 28,550,250 Mark. Einen besonderen Handelsartikel bildeten ausserdem noch die Rosshaare und

Thierwolle. Nach officieller Angabe exportirte man davon 1869 bis 1874 1,469,015 Kilogr. im Werthe von 2,227,500 Mark.

Da das Vieh in ungebundener Freiheit, in Wind und Wetter auf den unübersehbaren Triften weidet und Ställe, wie eine regelmässige Fütterung ihm in den seltensten Fällen zu Theil wird, so hat es auch kein so schönes, von sorglicher Pflege zeugendes Aussehen wie bei uns. Die Kühe und Ochsen sind fast durchweg klein, unscheinbar und höchstens durch ihre bis 2 Meter erreichende Länge der Hörner ausgezeichnet.

Von untergeordneterer Bedeutung ist die Züchtung von Pferden und Maulthieren, welche nur in den Südprovinzen in grösserem Maassstabe betrieben wird, und zwar werden sie neben ihrer Verwendbarkeit im Verkehre dort auch um ihrer Häute willen sehr geschätzt.

Gleich dem Rindvieh ist das Aussehen der Pferde im höchsten Grade unscheinbar. Sie sind klein, schwach, hässlich und mager, aber mitunter begegnet man auch wohl schöneren Thieren, welche sich durch ihr feuriges Temperament und dabei doch sehr gutmüthigen Charakter auszeichnen. Bei alledem sind die Pferde ungemein schnell und halten unglaublich grosse Strapazen aus, ohne merklich zu ermüden. Da es eine Eigenthümlichkeit des brasilianischen Lebens ist, dass sich jeder freie Mann zur Zurücklegung selbst der kleinsten Wegstrecken eines Reitthieres bedient, so ist es natürlich, dass auf gute Pferde ein hoher Werth gelegt wird. Zwar sind dieselben nach unseren Begriffen nicht theuer, denn schon für 25 Thlr. bekommt man ein ganz prächtiges Ross, aber feinere Raçepferde werden auch mit Tausenden bezahlt. Das Theuerste ist die Ausrüstung des Reiters, wie des Pferdes selbst.

Die einheimische Pferderaçe findet man selten unvermischt. Mit der Züchtung, d. h. mit dem Zusammenhalten guter Pferde auf ausserordentlich grossen eingezäunten Weideplätzen, geben sich vorzugsweise die Grossgrundbesitzer im Innern Brasiliens ab und unter ihnen giebt es Estanceiros (Viehzüchter), die auf einem Areal von vielleicht 10 Quadratmeilen einschliesslich ihres Rindviehstandes Viehheerden von 70—80,000 Stück besitzen.

Höchst interessant ist die Art und Weise, wie die Brasilianer die an Freiheit gewöhnten jungen Pferde zureiten und an das Joch der Dienstbarkeit gewöhnen. Die dazu bestimmten Thiere werden in einen Hof getrieben und hier trifft der Zureiter, meist ein besonders muthiger Mulatte oder Neger, seine Wahl unter den jungen Pferden. Mit riesigen Sporen an den Füssen und mit der Reitpeitsche bewaffnet, hat er auf einem der beiden Pflöcke, welche sich am Eingang befinden, Posto gefasst. Im Augenblick, wenn der Hof wieder geöffnet wird und die Thiere im vollen Jagen den Ausgang zu gewinnen suchen, schwingt sich der Bändiger dem Thiere, das er gewählt, von oben herab auf den Rücken und fort geht es nun in wild sausender, stürmischer Hast durch den weiten Kamp. Hierbei sucht der Reiter einen bereitgehaltenen Zaum dem Pferde durch das Maul zu ziehen und nicht eher rastet die wilde Jagd, bis das junge Thier erschöpft zusammensinkt und mit gebrochenem Muthe zitternd der ungewohnten Herrschaft sich fügt. Es lernt nun Schritt und Trab, Galopp und andere Gangarten kennen und gewöhnt sich allmälig mit mehr oder weniger Fügsamkeit an den Willen seines Herrn. Ganz wilde Pferde werden wohl auch mit dem Lasso (Laço) eingefangen, einer aus rohen Lederstreifen zusammengesetzten, am Ende mit einem Laufknoten versehenen Leine, welche die Brasilianer auf dem Lande mit solcher Geschicklichkeit zu handhaben wissen, dass der im Kreise hoch über dem Kopf geschwungene Lasso selten oder nie sein Ziel verfehlt. Auch giebt es Lassos, wie bereits beim Straussenfang erwähnt wurde, die am Ende mit einer bleiernen Kugel (bola) versehen sind, welche den Schwung der Leine verstärkt, so dass sich diese mit verdoppelter Heftigkeit um die Beine der Thiere schlingt und sie zum Fallen bringt. — Nach dem allgemeinen Landesbrauch ist es auf das Höchste verpönt, eine Stute als Reitthier zu benutzen und dies führt dazu, dass man dieselben auf andere Weise zu verwenden sucht, indem man sie schlachtet.

Zu den leidenschaftlichsten Reitern gehören die Bewohner der Provinz Rio grande do Sul, wo sich in Folge dessen auch eine Vorliebe für alle Reitvergnügungen eingebürgert hat. Eine der beliebtesten darunter ist das Wettrennen, welches in der Art und Weise seiner Ausführung sehr von den bei uns gebräuchlichen Pferderennen abweicht. Man reitet nämlich auf ungesatteltem Pferde nur kurze Strecken in gerader Richtung und sucht sich gegenseitig durch Vordrängen und Abschneiden des Weges im Erreichen des Zieles zuvorzukommen. Von den Zuschauern werden namhafte Summen auf den Sieg des einen oder andern Pferdes gewettet. Auf dem Lande bildet dies sog. Carreiroreiten an Sonn- und Festtagen eine stehende Unterhaltung, bei der sich die halbe Ortschaft zu Pferde einfindet. Selbst die ärmsten Bewohner nehmen durch kleine Wetten, wenn sich diese auch nur auf Kupfergeld beschränken, an dem allgemeinen Vergnügen Theil. Ein gutes Carreiropferd wird von Liebhabern schneller Thiere doppelt so gut bezahlt, als ein gewöhnliches brauchbares Ross, aber man muss sich sehr vorsehen, dass man nicht dabei, wie es ja überall bei dieser Art Handel zu sein pflegt, betrogen wird. Mir selbst spielte einst auf einer Reise ein Brasilianer solchen Schabernack. Ich befand mich nämlich mit einem Landsmann auf dem Ritt über eine langweilige Campebene. Wir hatten uns schon Alles an Erlebnissen und Anekdoten erzählt, was sich nur zur Verkürzung der Zeit in unserer Erinnerung dazu verwenden liess, bis endlich der Unterhaltungsstoff erschöpft war und wir stumm auf unsern schon etwas matten Rossen neben einander hertrotteten. Von ungefähr schaute ich mich um und erblickte hinter uns weit am Horizonte einen Reiter, der dieselbe Richtung wie wir verfolgte.

„Lassen Sie uns etwas warten", sagte ich zu meinem Gefährten gewendet, „da kommt ein Brasilianer, der kann jetzt die Unterhaltung übernehmen."

Obgleich mein Freund im Grunde nicht damit einverstanden war, weil er fürchtete, mit seinem sehr mangelhaften Portugiesisch in einem Gespräch mit dem Fremden jämmerlich Schiffbruch zu leiden, liess er sich doch zum Verweilen bewegen, da der harte schauderhafte Trab seines schlechten Gaules auf seine Sitzmuskeln seit einigen Stunden dieselbe Wirkung ausgeübt, wie etwa das Fahren in einem Bauernkarren auf steinigem Wege.

Während wir noch der Annäherung des im Galopp heransprengenden Reiters entgegensahen, thaute unsere trotz der sengenden Sonnenstrahlen eingefrorene Unterhaltung zusehends wieder auf, und beim Anschauen des muthig vorwärts strebenden Thieres bemerkte mein Freund, das müsse ein ausgezeichneter Carreiroläufer sein. „Wohl möglich", erwiderte ich, „wir können ja den Burschen einmal fragen."

Mittlerweile war der Brasilianer in unsere Nähe gekommen; er war das Urbild eines Campeiros, der mit seinem gebräunten, von schwarzen Haaren umrahmten Gesicht und der malerischen Tracht auf seinem isabellfarbenen, unsern Pferden fröhlich entgegenschnaubenden Thiere sich prächtig von dem fahlen Hintergrunde der baumlosen Fläche abhob.

„Ihr habt da ein gutes Pferd", hub ich nach kurzer Begrüssung des Unbekannten im Weiterreiten an, „es scheint mehr Feuer zu haben, als unsere alten Mähren."

„Das ist richtig", entgegnete der Brasilianer, „ich habe es auch noch nicht lange auf der Serra gekauft."

„Seid Ihr schon einmal Carreiro damit geritten?" frug ich weiter.

„Das will ich meinen, es ist der beste Carreiroläufer von Porto Guimaraës."

„Nun, nun, ich habe zwar vorhin unsere Pferde alte Mähren gescholten, aber mein Malagar hier weiss auch, was Carreiroreiten ist."

„So?" gab der Brasilianer zur Antwort, „da könnten wir ja einmal eine Strecke zusammen in die Wette reiten. Seht Ihr dort jene Cactusstaude? Das soll unser Ziel sein. Sie, Herr", und damit wandte er sich an meinen Begleiter, „können sich als Schiedsrichter dabei aufstellen und nun, was gilts?"

„Ich bin eigentlich kein Carreiroreiter, aber man muss Alles kennen lernen", entgegnete ich, „und so will ich in Gottes Namen 5 Milreis daran setzen."

Mein Freund ritt nun an die bezeichnete Stelle voraus und als er dort angelangt war, setzten wir auf ein gegebenes Zeichen die Sporen ein und jagten dahin. Zwei Mal ritt mir der Brasilianer so in die Quere, dass ich die grösste Besorgniss hegte, nicht mit heiler Haut ans Ziel zu kommen. Als mein Gegner nicht allein durch diese Kriegslist, sondern auch durch die Schnelligkeit seines Pferdes mich weit zurückgelassen, flog letzteres wie ein Pfeil dem Ziele zu und die 5 Milreis waren unwiederbringlich verloren.

„Nun, einen Nutzen möchte ich doch aus der Sache ziehen", dachte ich in meinem Sinne; „das Pferd, was der Mann reitet, ist offenbar dem meinigen überlegen, dem ich nicht genug mit Peitsche und Sporen nachhelfen konnte. Ich werde sehen, ob er mir dasselbe nicht verkaufen will."

Als ich deshalb bei der Cactusstaude meine Wette bezahlt hatte und dafür von meinem Landsmanne mit Recht ausgelacht wurde, frug ich ganz beiläufig den Brasilianer, ob ihm vielleicht sein Pferd feil sei?"

„Warum nicht", meinte derselbe, „zwar gebe ich es nicht gerne her, doch wenn Ihr mir das eurige überlasst und zahlt noch eine Unze (22 Thlr.) darauf, so sollt Ihr es haben."

Gesagt, gethan; wir wurden handelseinig, die Pferde wurden umgezäumt und ehe noch 5 Minuten vergangen, sass ich auf dem Carreiroläufer von Porto Guimaraës. Nachdem ich auch die Unze noch gezahlt, erklärte uns plötzlich der Brasilianer, er müsse nun links abreiten und wünschte uns für unsern weiteren Weg eine glückliche Reise. Wie eine Erscheinung war er wenige Augenblicke darauf aus unserem Gesichtskreis verschwunden.

Ich freute mich schon des vortheilhaften Handels, den ich nach meiner Meinung soeben gemacht, aber kaum war ich eine Stunde geritten, so merkte ich, dass der Unbekannte mich ganz schändlich hintergangen hatte. War mein voriges Pferd träge, so war diese neue Errungenschaft der Inbegriff von Faulheit und noch ausserdem mit einem wahren Register von Untugenden behaftet, so dass ich froh war, es später mit einem Verlust von etwa zwei Unzen gegen einen bescheidenen Esel vertauschen zu können. Ein Räthsel blieb es mir nur, durch welches Zauberwort der schlaue Brasilianer die Mähre bei unserem improvisirten Wettrennen zu solch' unaufhaltsamem Siegeslauf anzutreiben wusste.

Nächst den Pferden werden auch viele Maulthiere gezogen und als eigentliche Lastthiere stehen dieselben, wenn sie nur einigermaassen brauchbar sind, bedeutend höher im Preise, als das gewöhnliche Pferd. So gross, schön und stark, wie in den benachbarten spanischen Ländern, sind die brasilianischen Maulthiere nicht, doch zeigen sie immerhin noch edle Formen und leisten in den bergigen Gegenden bei ihrer grossen Ausdauer treffliche Dienste. Die meiste Verwendung finden die Maulthiere in den Ortschaften und Städten zum Ziehen von zweirädrigen Karren, Kutschen und Leichenwagen. Viel seltner sind die Esel, da sie um ihres unzuverlässigen Charakters willen viel Geduld und Nachsicht von Seite ihrer Herren beanspruchen.

Ich selbst habe mich mehrmals überreden lassen, für meine anstrengenden wissenschaftlichen Reisen und sonstigen Ausflüge mich der Esel zu bedienen, aber einmal ist es mir bei solchem Eselsritt so schlimm ergangen, dass ich es verschwor, mich jemals solchem Grauthier wieder anzuvertrauen. An und für sich besitzen die Esel schon die störende Gewohnheit, je nach Laune sich zu Boden zu werfen, und unbekümmert um den darauf sitzenden Reiter auf der Erde herumzuwälzen. Diese nicht gerade für den im Sattel Sitzenden angenehme Belustigung ist den brasilianischen Eseln ein doppeltes Bedürfniss, da sie mit derselben noch den Zweck verbinden, sich dadurch der quälenden Insekten zu entledigen.

Es war etwa zum dritten oder vierten Male, als ich einen neu erworbenen, um seiner behaglich schaukelnden Gangart willen mir besonders angepriesenen Langohr ritt und von ungefähr ein kleines, glücklicher Weise ziemlich seichtes Flüsschen, zu durchschreiten mich anschickte, als plötzlich mein Grauer mitten im Wasser stehen blieb, und ehe ich noch das Schlimmste ahnen konnte, sich auf die Kniee niederliess und dann mit teuflischem Vergnügen sammt mir und dem ganzen Gepäcke in dem kühlenden Nass sich wälzte. Dass ich bei dem Spasse nicht mehr Wasser schluckte, als ich vertragen konnte, dass ich mir nicht einen Monate andauernden Stockschnupfen holte und dass ich schliesslich nach dem Wechseln meiner Kleider im nächstgelegenen Hause eines Brasilianers meine gute Laune wiedergewann, war nicht des Esels Verdienst.

Auf einer sehr niedrigen Stufe steht noch die Schafzucht in Brasilien und alle Bemühungen der Regierung, diesen Zweig der Landwirthschaft zu heben, sind bis jetzt vergeblich gewesen. Die von Europa eingeführten Schafe arteten sehr bald aus und ihr Fleisch nahm sogar einen höchst unangenehmen Geschmack an. Es ist dies eine Thatsache, welche um so mehr befremden muss, da gerade die Schafzucht in den benachbarten La Platastaaten eine hohe Entwickelung gefunden hat.

Ziegen begegnet man häufiger und die Schweine werden wohl überall gezüchtet, stehen aber an Güte, was andere Reisende auch dagegen einwenden mögen, den unsrigen sehr nach.

Am günstigsten hat sich die Einführung aller Hühner- und sonstigen Geflügelarten aus Ostindien bewährt. Unter den Hühnern zeichnen sich zwei in Europa nicht gekannte Arten aus; es sind das sehr hochbeinige indische Hühner von in der Regel schwarzer Farbe, die man selbst in den entlegensten Gegenden in den Hütten der Indianer findet, und eine Art Zwerghühner mit ganz kurzen gefiederten Füssen; sehr hübsche und possierliche Thiere.

Wie in England, so werden auch in Brasilien die Hähne vielfach zu den sehr beliebten Hahnenkämpfen verwendet, welche gewöhnlich als Sonntagsbelustigung unter reger Betheiligung der etwaigen Nachbarschaft abgehalten werden, wobei sich die Zuschauenden auch noch zu Wetten für und gegen die Kämpfenden versteigen. Als grosse Liebhaber der Hahnenkämpfe zeichnen sich die Neger aus, welche sich auf allerlei Kunstgriffe verstehen, die gefiederten Duellanten zu grösster Wuth zu entflammen.

Edle Hunderacen sind in Brasilien nicht heimisch und wenn selbst deren mitunter auf europäischen Schiffen eingeführt werden, so entarten sie bald und ihre Nachkommen gewinnen durch die Vermischung mit der hässlichen haarlosen Landesrace in Kurzem ein wenig vortheilhaftes Aussehen.

Auch mit der Bienen- und Seidenraupenzucht hat man in Brasilien schon mannigfache Versuche gemacht, um den natürlichen Reichthum des Landes zu erhöhen und die günstigen klimatischen Verhältnisse auszunutzen, doch ohne bis jetzt nennenswerthe Resultate zu erzielen.

Ehe wir das Kapitel der Land-, Forst- und Viehwirthschaft zum Abschlusse bringen, ist es wohl geboten, dem Leser auch etwas Ausführliches über die Jagd und Fischerei mitzutheilen. Von der Aufzählung aller jagdbaren Thiere dürfte abzusehen sein, da bei Erörterung der gesammten Thierwelt schon zur Genüge davon die Rede war. Am meisten werden die reissenden Thiere, wie der Cuguar oder der amerikanische Löwe, der

Jaguar, hier Onça oder Tiger genannt, Krokodile und sonstige Ungethüme die Phantasie des Lesers beschäftigen.

Wohl stellt man reissenden Thieren, namentlich den Tigerkatzen, gern um ihres schönen Felles willen nach, aber die eigentliche Jagd gilt doch mehr allen jenen Geschöpfen in Feld und Wald, welche ausser ihrem Kleide auch noch andern Nutzen gewähren. Dabei sind die Raubthiere gerade am allerscheuesten und halten sich deshalb meist in schwer zugänglichen Schlupfwinkeln auf. Der Eingeborene bekämpft den Tiger, wenn er ihn zum Stehen bringt, indem er seinen schweren Tuch-Poncho, wie man solchen in der Regenzeit während des Winters trägt, unter den Arm wickelt und sich auf das rechte Knie mit vorgehaltenem Jagdmesser niederlässt. Mit dem Poncho fängt er so den Schlag der Vordertatzen des Tigers auf, während er mit dem bereit gehaltenen Messer in seiner Rechten dem Thiere im Moment seines Anpralls den Bauch aufschlitzt. Dass nur die grösste Unerschrockenheit und Geistesgegenwart es wagen darf, einer so nahen Begegnung mit dem blutdürstigen, gewandten Gegner sich auszusetzen, werden meine Leser begreifen. Diese Art Jagd bleibt daher fast ausschliesslich dem gewandten Indianer überlassen, der als Sohn der Wildniss frühe schon mit allen Gefahren vertraut, seinen Muth und seine Kraft im höchsten Grade zu entwickeln und zu stählen Gelegenheit findet. Aber auch deutsche Kolonisten, die mit dem Urwald und seinen Gefahren hinlänglich bekannt sind, trotzen auf diese Weise den Angriffen der wilden Thiere. Mir wurde unter Anderem von einem elfjährigen Knaben erzählt, der in den Waldungen der Kolonien von St. Leopoldo mit seiner Faca einem ansehnlichen Tiger den Garaus gemacht hatte.

Weniger gefahrbringend ist die Jagd auf Anten, Wildschweine, Brüllaffen, Rehe und andere Vierfüssler. So gering im Allgemeinen die Gefahr ist, so gross sind die Beschwerden, welche der Jäger mit in den Kauf nehmen muss. Allen Reichthums und aller Mannigfaltigkeit an Thieren ungeachtet und trotz der die Jagd begünstigenden, durch kein Gesetz beengten Jagdfreiheit, giebt man sich dem Waidmanns-Vergnügen daher in Brasilien seltner hin als bei uns, wo unschuldige Hasen und Rebhühner mitunter die einzigen Wald und Feld bevölkernden Wildarten sind.

Ich weilte schon über Jahr und Tag in Brasilien und trotzdem ich leidenschaftlicher Jäger bin, war es mir noch nicht geglückt, ausser der äusserst beschwerlichen Buschirjagd im dicksten Urwalde eine eigentliche ergiebige Jagd mitzumachen, die entfernt einige Aehnlichkeit mit der mir in der Erinnerung noch lebendigen deutschen Jagd und gleichen Reiz wie diese gehabt hätte. Ganz zufällig lernte ich einen wohlhabenden deutschen Kaufmann aus Rio grande do Sul kennen, gegen den ich mich über diese Entbehrung beklagte und der, gleichfalls ein eifriger Jäger, meine Sehnsucht nach den Waidmannsfreuden zu würdigen verstand. Mit grosser Zuvorkommenheit lud er mich ein, ihn in Rio grande zu besuchen, wo sich alsdann wohl Gelegenheit finden sollte, meine Jagdlust zu befriedigen.

Im August desselben Jahres noch führte mich mein Weg nach der genannten Hafenstadt, wo Herr K., mein neuer Bekannter, mich mit offenen Armen empfing, als ich ganz unerwartet durch mein persönliches Erscheinen ihn an jene Einladung erinnerte. — Die Stadt Rio grande am Ausgange der Lagôa dos Patos gelegen, welche ich früher bereits kennen gelernt, bietet wenig Erbauliches und macht sogar mit ihrer flachen und wüstenartigen Umgebung einen entsetzlich traurigen Eindruck, namentlich wenn man hier etwa zum ersten Mal den brasilianischen Boden betritt. Um so angenehmer berührte mich die Gastfreundlichkeit des Wirthes, der schon am nächsten Tage bereit war, unsere Jagdpläne in nähere Erwägung zu ziehen. Herrn K.'s Landsitz befand sich mehrere Meilen von der Stadt entfernt auf den Campos am Meeresufer und sollte das Alles in Fülle bieten, was wir suchten.

Am nächsten Sonntag stand ein fünfspänniger Wagen und ein Diener zu Pferd bereit, uns beide nebst einem dritten Jagdliebhaber dem ländlichen Ziele zuzuführen. Ausser mit unsern Gewehren und Jagdrequisiten jeglicher Art war der Wagen reichlich mit Proviant versehen, worunter auch etliche Flaschen Wein und Champagner, so dass wir fürs Erste vor dem Verhungern und Verdursten hinlänglich geschützt waren.

Im scharfen Trabe ging es durch die Stadt und die fast im Sande vergrabenen Festungswerke, bald hatten wir die flachen Ufer des breiten mit der Stadt gleichnamigen Flusses Rio grande, eines natürlichen Kanals, welcher die Lagôa dos Patos mit der Lagôa Mirim verbindet, zu unserer Rechten. Von landschaftlichen Schönheiten war nichts zu sehen, nur blendend weisser Sand blitzte uns rings umher entgegen und es gehörte nicht viel Phantasie dazu, um sich einzubilden, man führe auf einer grossen Streusandschale spazieren. Statt der Bäume zogen sich einmal als willkommene Unterbrechung der einförmigen Umgebung nach rechts und links zwei Reihen Telegraphenstangen hin, deren Drähte in unabsehbarer Ferne sich verloren und das einzige Zeugniss dafür ablegten, dass vor uns schon andere Menschenkinder hiergewesen. — Abwechselnd jagten wir dichter am Strande daher, dann sausten wir wieder fast in der Mitte der Landzunge, welche von den grossen südbrasilianischen Binnenseen und dem Atlantischen Ocean gebildet wird, mit unserem Fünfgespann dahin; von einer Strasse war auf keinem Punkte die geringste Spur zu entdecken, und der Kutscher, ein nicht übel aussehender Mulatte, schien rein nach Laune seinen Weg zu wählen. Am Ufer des Sees lagen zahllose Mengen von todten durch die Fluth angeschwemmten Fischen und Schaalthieren, um die sich Raubvögel gierig schaarten. Letztere allein belebten etwas das einsame Gefilde.

Nach einer halbstündigen Fahrt stieg endlich ein langgestreckter Wald vor uns auf, dessen in verkrüppelten Bäumen bestehende Vegetation dem Auge wenigstens einige Abwechslung darbot. Nach einer weitern halben Stunde fing sich der Boden an mit einer Grasnarbe zu überziehen, die, je mehr wir vordrangen, um so dichter und üppiger wurde, um sich schliesslich zum unermesslichen Camp auszudehnen, der überall in dieser Gegend von Sümpfen, kleinen Seen und Wassertümpeln durschschnitten war.

Auf einer kleinen Anhöhe machten wir Halt, um etwas zu frühstücken und mit einem in der Nähe wohnenden Brasilianer, Namens Porphyrio, eine Hetzjagd zu verabreden. Wir trafen den Mann aber nicht zu Hause, er war bereits mit seinen Buben und seiner Meute auf die Jagd gezogen. — Im Weiterfahren bemerkte ich, dass die Vögel zahlreicher wurden und übermüthige „Quero's quero's" (Kiebitze) oder Möwen der verschiedensten Arten umschwärmten nun in dichten Schaaren unsern Wagen. Rings umher sah man Heerden von Rindvieh oder Pferden weiden, die auf einen Augenblick ihre Köpfe von der Weide erhoben und verwundert unser rasch dahin eilendes Gefährt betrachteten.

Plötzlich wurde jenseits eines Sumpfes ein Trupp Reiter sichtbar und im Näherkommen erkannte Herr K. den Gutsnachbaren Porphyrio mit seinen Freunden, die reich beladen eben von ihrem Jagdzug heimkehrten. Auf unser Rufen kamen die Brasilianer herangeritten und nachdem wir eine Flasche Sekt mit ihnen getheilt, spendeten sie uns bereitwillig die Hälfte eines gehetzten Rehes, so dass wir gleich mit einem Braten versehen ins Nachtquartier einrücken konnten. Porphyrio war das Bild eines echten Vollblutbrasilianers, ein grosser starker Mann mit pechschwarzen Haupt- und Barthaaren und dunkeln lebhaften Augen. Hohe Stiefeln mit den bekannten Chilensporen an den Füssen und den dunkelblauen, roth gefütterten Poncho malerisch über die Schulter geworfen, — so sass er auf seinem unscheinbaren aber feurigen Pferde. Seine Söhne, im Alter von 8—12 Jahren, die ihn hoch zu Rosse begleiteten, und die bei den Hetzjagden die Allerverwegensten sein sollten, nebst acht wahrscheinlich vor Kurzem erst aus England importirten Windhunden, einer schöner wie der andere, vervollständigten das wirklich pittoreske Bild der heimkehrenden Jäger.

Nach 3—4stündiger Fahrt erreichten wir die einsame Estancia K.'s, die versteckt hinter wellenartigen Hügeln erst sichtbar wurde, als wir dicht davor standen. — Wir kamen ziemlich unerwartet, doch schien dies der Capataz (Verwalter) von seinem Gebieter schon gewohnt zu sein. So still, wie es vorher auf dem Gehöft sein mochte, so rege wurde es nun bei unserer Ankunft. Trotz der inzwischen eingetretenen Dunkelheit mussten wir unserm freundlichen Wirthe zu Gefallen noch Alles in Augenschein nehmen, denn Herr K. war nicht wenig stolz auf das, was er hier in der Einöde aus Nichts hervorgezaubert hatte. Und in der That, das einfache Häuschen mit dem Hirschgeweih über der Thür, beschattet von grossen schönen Bäumen, nebst dem kleinen wohlgepflegten Blumengarten, bildete einen allerliebsten Sommerwohnsitz, dessen traulicher Anblick lebhaft an die ferne Heimath mahnte. An Ställen und Schuppen fehlte es nicht und eine Menge von Orangenbäumen, welche das Gehöft umgaben, war eigentlich das einzige

Merkmal, woran man erkennen konnte, dass man sich in einer südlicheren Zone befand.

Unterdessen hatte die Frau des Capataz, eines geborenen Dänen, ein vorzügliches Abendessen bereitet, das wir uns trefflich munden liessen, um sodann der Ruhe zu pflegen und uns für die Beschwerden der Jagd am folgenden Tage zu stärken.

Am andern Morgen wurden die Pferde gesattelt und in Begleitung dreier Diener und zweier freien Neger, die in der Nähe wohnten, sprengten wir in die Weite hinaus. Eine Stunde mochten wir wohl geritten sein, als Halt gemacht und abgesessen wurde. Wir, die wir mit Gewehren versehen waren, legten unsern Pferden Fussfesseln an und unsere fünf Begleiter ritten weiter, um aus beträchtlicher Ferne etwa vorhandenes Wild, das in dem Gras der Campos sich versteckt hielt, beizutreiben. Einige kleine Sandhügel dienten uns zur Deckung und hinter diese vertheilten wir uns jetzt, dessen gewärtig, was da kommen sollte.

Lange, lange schien Alles um uns her wie ausgestorben, auch die Treiber waren am Horizont verschwunden; nur in grosser Ferne hörte man das dumpfe Grollen der Meeresbrandung. — Da, mit einem Male bemerkte ich auf den äussersten Sandhügeln zwei winzige Punkte, die sich von Minute zu Minute vergrösserten. Bald vermehrte sich das bewegliche Etwas und blitzte unstät hin und wieder.[9] Mehrere grössere Punkte nahten sich zugleich mit fabelhafter Geschwindigkeit und liessen mich in ihnen die ausgesandten Reiter wahrnehmen. Nicht aber vermochte ich zu unterscheiden, warum sie in so rasender Eile ihre Pferde tummelten. Plötzlich schoss etwas Lebendes, wie ein elektrischer Funke dahin und hinterher konnte ich die ganze Schaar unserer Hunde erkennen. Sie mussten also ein Wild aufgespürt haben. „Was wird es aber sein?" dachte ich. Von Sekunde zu Sekunde wuchs meine Aufregung und Erwartung. „Wer, überlegte ich bei mir, wird so glücklich sein, darauf zum Schuss zu kommen?" Ich liess mich auf beide Knie nieder, regungslos die wilde Jagd erwartend, und siehe da — ein stattlicher Rehbock stürzte, wie aus der Pistole geschossen, direkt auf meinen Standort zu. Ganz plötzlich aber bog er seitwärts ab und war im Begriff, in einer Entfernung von etwa 75 bis 80 Schritten an unsern Sandhügeln vorbei zu sausen. Kurz entschlossen, nahm ich die Büchsflinte in die Höhe, zielte und drückte los. Aber auch in Brasilien ist wohl alle Tage Jagdtag, aber nicht alle Tage Fangtag. — Patsch, patsch! klappten die beiden Hähne zu und beide Zündhütchen versagten!

Niemand wird es mir verdenken, dass ich gehörig ärgerlich war, aber was half das Alles, — der Rehbock hatte sich empfohlen und uns das Nachsehen überlassen.

Im Carriere kamen nun auch die Reiter an, aber schon war es zu spät geworden, um ein zweites Treiben zu beginnen. Auf dem Heimwege versuchten wir noch einmal unser Glück im Aufspüren von Wild mit Hülfe der mittlerweile zurückgekehrten Hunde. Kaum waren wir 500 Schritte geritten, so sprang auch wirklich dicht vor Hrn. K's. Pferd ein Reh aus dem Lager. Nun begann eine rasende Hetzjagd. Jeder von uns liess dem Pferde die Zügel schiessen und Alles stürmte dahin, als wenn Glück und Seligkeit davon abhinge. Die Pferde, als ob sie dessen sich bewusst gewesen, worauf es ankäme, setzten wild über Gräben und Hügel, so dass mir fast Hören und Sehen verging. Nach etwa 5 Minuten fing das geängstigte Reh an matt zu werden und wollte sich im Schilfe eines kleinen Sumpfes bergen, aber schon hatte man seine Absicht errathen. Zwei Hunde fassten es an den Hinterläufen und zerrten es aus den Binsen hervor, worauf es schnell abgenickt wurde. Damit endete für diesmal die Campjagd und vergnügt kehrten wir mit der kleinen Beute, vermehrt durch einige wilde Enten (Marecas), die wir noch in den Sümpfen erlegten, unter das gastliche Dach der K.'schen Estancia zurück.

An andern Tagen war ich mehr vom Glück begünstigt, und der achttägige Aufenthalt auf dem einsamen Landsitz, welcher so ganz ausschliesslich der Jagd und ihren Freuden gewidmet war, machte mich mehr mit brasilianischem Jägerleben vertraut, als manche Woche Verweilen im tiefsten Urwald.

Unter die eigenthümlichsten Jagderlebnisse während meines Aufenthaltes in jenen Gegenden zählt auch eine Hetzjagd auf Strausse, der ich mit vielen meiner Landsleute unter Führung eines wettergebräunten Brasilianers und dessen Freunden dereinst beiwohnte.

Der Schauplatz der Jagd war ebenfalls in Südbrasilien und dieselbe schon monatelang vorher verabredet. Unsere Gesellschaft bestand aus etwa 20 Herren, die wir alle trefflich beritten, an einem herrlichen Septembermorgen der brasilianischen Frühlingszeit, fröhlichen Muths über die grasige Fläche dem verabredeten Stelldichein zugaloppirten. Die munter ausgreifenden, verschiedenfarbigen Rosse und deren im Morgenwinde flatternden Mähnen, die wallenden Gewänder der kampfeslustig dreinschauenden Reiter und die fremdländische Ausrüstung unseres ganzen Zuges, gewährten mir schon durch ihren Anblick allein hohes Vergnügen, obgleich es nur das Vorspiel der eigentlich zu erwartenden Lust war.

In der Nähe einer kleinen Ansiedlung, die wie eine Oase aus dem gelblichgrünen Haidemeer vor uns aufstieg, fand sich der Verabredung gemäss ein zweiter Trupp Jäger zu uns, mit welchem wir zusammen wenige Augenblicke darauf die Jagd in Angriff nahmen. Zu diesem Zwecke stellten sich die Reiter in einer durch grosse Zwischenräume ausgedehnten Linie auf, indem diejenigen Brasilianer, welche mit Laços versehen waren und solche zu handhaben wussten, zwischen die übrigen mehr den Treiberdienst versehenden Reiter vertheilt wurden. Noch waren wir keine 200 Schritte vorgeritten, da ertönte mit einem Male vom rechten Flügel der langen Reihe wildes Halloh. Ein Trupp von 4 bis 5 Straussen wurde sichtbar, die mit ausgespannten Flügeln eilenden Laufs über den Camp flüchteten. Kaum wurde das ersehnte Wild bemerkt, so löste sich jede Ordnung in unsern Reihen, und Reiter und Hunde stürmten von allen Seiten hinter den Vögeln her. Wie von Dämonen getrieben, schossen die Pferde, kein Hinderniss achtend, über Gestrüpp, Gräben und Hügel dahin und dennoch genügten sie nicht, dem tollkühnen und beutegierigen Verlangen der Reiter, die mit Sporen und Peitschen nicht abliessen, den Lauf der keuchenden Rosse zu beschleunigen. Die Strausse aber, durch den Willen eines umsichtigen Führers geleitet, trennten sich während der Flucht, um die vereinte Stärke ihrer Verfolger zu theilen. Jedes einzelne der fliehenden Thiere war bemüht, durch einen unberechenbaren Zickzacklauf den Feinden zu entkommen.

Inmitten der wilden Jagd lösten die Brasilianer nun ihre Laços vom Sattel und holten mit diesen, noch ehe das ausersehene Opfer in ihrem Bereiche zu sein schien, zum weithintragenden Schwunge aus. Ein junger Strauss, der vergeblich bisher versucht hatte, unsern flüchtigen Pferden einen grösseren Vorsprung abzugewinnen, fiel zuerst in unsere Gewalt. Der Laço eines in unserm Gefolge befindlichen Mulatten hatte sich um seinen Hals geschlungen und das ermattete Thier zu Boden gerissen. Flink war der Mann vom Sattel gesprungen, um sich der Beute zu bemächtigen und den Strauss seiner Federn zu berauben, deren Gewinn überhaupt der einzige Zweck der Jagd ist.

Eine Anzahl der übrigen Jäger war soweit abgeleitet worden, dass sie gänzlich aus unserm Gesichtskreis entschwunden waren, während einige andere der Jagdgenossen eben so glücklich wie wir einen grösseren Strauss zu Falle gebracht hatten.

Als wir längst zum Frühstücke an dem mit getrocknetem Kuhmist genährten Feuer lagen, kehrten die Genossen von ihrer leider vergeblich gewesenen Verfolgung zu uns zurück und nach kurzer Rast traten wir unter lebhafter Unterhaltung über die mir so seltsam erschienene Jagd den Heimweg in die nahgelegene kleine Villa an.

Von der Beschreibung der Wildschwein- und Tapirjagden und der Erlegung anderer Thiere, wie sie landesüblich und wie ich selbst sie oft genug erlebte, soll nicht weiter die Rede sein, da nach dem Vorhergehenden der Leser schon sich einen kleinen Begriff vom brasilianischen Jägerleben machen kann.

Etwas mehr Beachtung verdient die Fischerei. Ihr liegen vorzugsweise die Indianer und die niederen Volksklassen ob, von denen die ersteren eine erstaunliche Geschicklichkeit im Schiessen, Harpuniren und Angeln, sowie auch im Fangen der vielgestaltigen Bewohner der Gewässer durch Netze, durch Reusen und selbst durch Giftpflanzen, wie wir bereits gesehen haben, an den Tag legen.

Eine der gebräuchlichsten Methoden des Fischfanges unter den Indianern ist diejenige mittelst sog. Giráos. Dieselben bestehen aus dichten Geflechten, welche von ganzen Indianer-Ortschaften gemeinschaftlich angefertigt zu gewissen Jahreszeiten unterhalb der Stromschnellen und Wasserfälle zur Absperrung der Flüsse angebracht werden. Die Fische, welche nicht den kleinsten Durchgang in der sehr eng verflochtenen Hürde finden, auch nicht vermögen ihren Rückzug über die Wasserfälle zu bewerkstelligen, fallen dann in grossen Massen den Indianern in die Hände. Schmale Kanäle aber werden von den geschickten Söhnen der Wildniss sorglich bewacht, um entgegenschwimmende Fische mit dem Speer oder Beil in der Hand zu erlegen. Da auf diese Weise beim Emporziehen der Hürden plötzlich eine grössere Menge von Fischen getödtet wird, als für den augenblicklichen Verbrauch verwendbar sind, so wird ein Theil der Beute, welcher zur längeren Aufbewahrung bestimmt ist, getrocknet. Kleinere Fische pflegt man, an eine Schnur gereiht, an der Sonne, grössere zerstückt an dem Feuer zu trocknen. Nachdem die Fische gehörig ausgeweidet, vom Kopfe getrennt und in Stücke geschnitten sind, werden sie auf Rohrgeflechten, die man ein paar Fuss über der Erde auf Pflöcken befestigt, ausgebreitet. Ein leichtes Feuer von glimmenden Kohlen darunter, bewirkt in Kurzem das Dörren und Räuchern des ganzen Vorraths. Schon die ersten Entdecker Amerikas sollen bei den Wilden diese Art des Fischetrocknens, welche mit dem Namen Mocaém bezeichnet wird, d. h. am offnen Feuer gebraten, vorgefunden haben. Hat die Sonne allein das Trocknen zu besorgen, eine Methode, die man nur bei kleineren Fischen anwendet, so nennt man dies Murubú-Mocaém. Sehr grosse Fischstücke und Vorräthe müssen 2 bis 3 Mal in der erstbeschriebenen Weise getrocknet werden, die bei fast allen geniessbaren Fischen angewandt wird. Der Anblick der ohne Salz gedörrten, von Rauch und Russ geschwärzten Fische, welche eine ebenso geschmacklose als unverdauliche und ungesunde Speise bilden, ist nichts weniger als verlockend. Erst wenn gewisse grössere Fische für den Handel in eigenthümlicher Form zusammengepackt werden, gewinnen sie ein etwas appetitlicheres Aussehen. Insbesondere tragen die grossen Blätter, in welchen sie verpackt werden, wesentlich dazu bei, den Anblick dieses Handelsartikels etwas gefälliger zu machen.

Die indianische Zubereitung der Fische ist auch von der übrigen Bevölkerung in Brasilien angenommen und nur wenig dadurch verbessert worden, dass man vor dem Dörren den

Thran etwas auspresst und die in Haufen liegenden Fische, wenn auch leider in ungenügender Weise mit Salz bestreut. Von dem mangelhaften Einsalzen dieser als Hauptnahrungsmittel genossenen Fische (Peixe secco), rühren wahrscheinlich die vielen Erkrankungen der Verdauungswerkzeuge her, wie das besonders bei der in den Amazonasgegenden wohnenden Bevölkerung der Fall ist.

In einigen Gegenden wird aus gerösteten Fischen ein mehlartiges Nahrungsmittel (Pirá-cuhi) hergestellt, zu dessen Bereitung man die gerösteten Fische von den Gräten befreit, in einem Mörser zerstampft und die Masse hierauf in irdenen Gefässen trocknet.

Von der Seefischerei, welche längst der ganzen brasilianischen Küste betrieben wird, ist der Fang verschiedener Wallfischarten in den nördlichen Provinzen der wichtigste. In grossen Böten, welchen ein paar kleinere im Schlepptau folgen, in welchen die Harpuniere Platz genommen, streifen die brasilianischen Wallfischfänger in den von den Thieren am häufigsten besuchten Revieren herum, um diesen nachzustellen. Sobald man eines Wallfisches ansichtig wird, verfolgen ihn die Harpuniere in ihren die Wogen schnell theilenden kleinen Booten, stossen mit sicherer Hand den todtbringenden Wurfspiess ihm in den Leib und ziehen an der daran befestigten Leine den Fisch nach dem grossen Segelboote hin. Wenn er von dessen Bemannung genügend befestigt ist, wird durch die das Ufer umsäumenden Korallenriffe mit äusserster Vorsicht der Rückweg angetreten. Die Zeit des Wallfischfanges, der sich übrigens gegen früher sehr vermindert hat, liegt zwischen dem Mai und September, wo jährlich noch gegen 6 bis 7 Hundert Fische gefangen werden. Am Ufer wird sofort nach jedem Fange die Arbeit des Zerlegens vorgenommen und der Speck in den an der Küste errichteten Thranbrennereien ausgesotten. Derselbe dient zum Brennen und kommt auch in grossen Massen in den Handel.

Da im Verhältniss zu anderen Meeresgegenden der amerikanischen Küsten die brasilianischen Wallfischreviere noch immer ziemlich reiche Beute liefern, so erscheinen, ohne die brasilianischen Vorrechte zu achten, häufig genug am Hauptfangort, den Abrolhos-Inseln, auch nordamerikanische Wallfischfänger. Mit diesen kommt es dann häufig zu Zwistigkeiten.

Von dem Fischreichthum der See geben am meisten die früher bereits erwähnten Fischmärkte in den Hafenstädten Brasiliens Zeugniss, die von einer grossen Menge von Fischern der Strandniederlassungen täglich mit frischer Waare versorgt werden. Wenn man auf der blauen Fluth des Oceans in die Nähe der brasilianischen Gestade gelangt und das Land vom Deck des Dampfers kaum als ein weisser verschleierter Streifen sich vom Horizonte abhebt, erscheinen schon auf den Wogen dahintanzend die berühmten Jangadas der verwegenen Fischer. Diese kleinen Flösse, deren einzelne Stämme durch Schlingpflanzen zusammen verbunden, würden zwischen den auf- und abwogenden Wellen dem Auge des Nahenden kaum sichtbar sein, wenn nicht ein von einer frischen Brise aufgeblähtes lateinisches Segel sie pfeilschnell fortbewegte. Auf diesen Flössen, welche durch sehr einfache Steuerruder gelenkt werden, befinden sich ein paar niedrige Sitze für die zwei oder drei darauf befindlichen Fischer, ein Kochtopf, etwas Farinha, ein Fass Wasser und ein Fässchen Salz zum Einpöckeln der Fische. Mit solch' geringen Mitteln wagen sich die kühnen Schiffer nicht nur weit ins Meer hinaus, unbekümmert um die hochgehende See und den etwa drohenden Sturm, Wochen lang verzögern sie sogar die Rückkehr und scheinen mehr sich auf dem nassen Elemente heimisch zu fühlen als an dem sicheren Strande.

So wenig entwickelt das Land, dessen Schilderung wir uns unterzogen, erscheint, so gering zur Zeit alle die Hülfsmittel noch sind, welche der Bevölkerung zu Gebote stehen, so hat der nie rastende Erfindungsgeist des Menschen, wie man sieht, doch seit Jahrhunderten schon mit den einfachsten Werkzeugen die unermesslichen Schätze zum Theil zu heben versucht, welche, sei es in den Tiefen des Meeres, sei es in den jungfräulichen Wäldern, von der Natur hier aufgespeichert wurden.

Sechstes Kapitel.

Sonstige Ausbeutung des Bodens und Industrie.

Gold und Diamanten waren von jeher mit dem Begriff Brasilien so eng verknüpft, dass man unwillkürlich zu glauben geneigt ist, die Gewinnung dieser kostbaren Mineralprodukte übersteige an Bedeutung die gesammte übrige Ausbeute von Schätzen der Natur; wohl bildete auch die Gold- und Diamantengewinnung in vielen Gegenden des weiten Landes früher eine Hauptbeschäftigung seiner Einwohner, und heute noch wird eine beträchtliche Menge edler Metalle und edler Gesteine nach andern Ländern ausgeführt, doch kann nicht mehr von eigentlichen grösseren Bergwerken für edle Mineralien und Metalle die Rede sein. Diejenigen, welche allein durch die Begierde nach diesen Reichthümern zur Uebersiedlung nach dem Kaiserreich verlockt wurden, werden arg enttäuscht, wohl meist sich einer lohnenderen Beschäftigung hingeben müssen. Vor Jahrhunderten allerdings, namentlich kurz nach dem in Deutschland wüthenden dreissigjährigen Kriege war es anders, und nicht selten kehrten einzelne kühne Abenteurer damals mit unermesslichen Schätzen aus den Goldrevieren Brasiliens in ihre Heimath zurück. Die Bewohner der portugiesischen Kolonien, namentlich die sog. Paulisten (Bewohner der Provinz S. Paulo), organisirten zu jener Zeit förmliche Karavanen unter dem Namen Bandeiras, welche die Einöden im Innern nach Schätzen durchforschten. Ihre Anführer, von ihnen Certanistas genannt, zeichneten sich durch Unerschrockenheit und Verwegenheit aus. Einer der muthigsten von ihnen drang gegen Ende des sechzehnten Jahrhunderts von der Ostküste Amerikas bis an die Grenzen Perus vor und fand dort bei einer Völkerschaft die Frauen mit Schmuckgegenständen aus gediegenem Golde reich geziert. Dies führte zu der Entdeckung unermesslicher Schätze in der heutigen Provinz Minas Geraes, welche die Begierde aller übrigen Certanistas erweckten und eine massenhafte Wallfahrt nach dem neuen Lande der Reichthümer zur Folge hatte. Das Gold fand sich dort noch in solchem

Ueberflusse vor, dass es an vielen Stellen offen zu Tage lag und keine Mühe erforderte, um es dem Schoosse der Erde abzuringen. Der Zulauf der Goldgräber war allmälig so beträchtlich, dass man sich gezwungen sah, für deren Bedürfnisse durch Erbauung von Wohnstätten zu sorgen, die allmälig die Ausdehnung von ganzen Ortschaften und Städten gewannen. Je grösser jedoch der Zulauf von Menschen daselbst wurde, desto mehr traten auch unter der goldgierigen Menge, in Zwist und Uneinigkeit, die bösen Leidenschaften auf, bis die Regierung sich einmischte und den Gewinn der Abenteurer dadurch herabminderte, dass sie ein Fünftheil alles Goldes, welches gefunden wurde, für den Königl. Schatz beanspruchte. — Neue Entdeckungen von Fundgruben gediegenen Goldes in der heutigen Provinz Goyaz ermuthigten die Goldgräber zur ungestörten Fortsetzung ihres Eifers. Die Goldmenge in Goyaz war so gross, dass einer der ersten Sandhaufen, die man untersuchte, ein Pfund Goldkörner enthielt. Die höchste Blüthe der Goldgewinnung fällt in die Anfangszeit des achtzehnten Jahrhunderts. Man kann über den ausserordentlichen Reichthum der damaligen Minen sich ein Urtheil bilden, wenn man erfährt, dass das Fünftheil der Regierung in den ersten Jahren zwischen 9 bis 12 Millionen Livres schwankte. Die erste Flottille, welche aus den Golddistrikten nach Portugal zu segeln bestimmt war, führte einen Schatz von über 22,000 Livres an Bord, der jedoch bei einem Angriff der Wilden auf dem Paraguay diesen zur Beute wurde. Sie verschleuderten aber das Gold bald wieder im Tauschhandel mit Europäern gegen Waaren von nur geringem Werthe. Ein Jahr später etwa führten die Portugiesen schon 25,000,000 Livres Goldes aus der Gegend fort, und die grössten Vermögen wurden von Abenteurern daselbst gesammelt.

Das Gold in Brasilien findet sich vorzugsweise mit Sand vermischt in gewissen Flüssen und muss daher durch die sog. Goldwäscherei gewonnen werden. Die bergmännisch betriebene Ausbeutung goldführender Gebirgsarten lieferte wohl auch mitunter reiche Erträge, da man aber nicht wirthschaftlich dabei verfuhr und grössere Geldmittel, sowie die nöthigen Arbeitskräfte entbehrte, kam es, dass der Goldbergbau in Verfall gerieth. Ein grosser Theil der Bevölkerung zog es vor, sich statt dem Bergbau dem Anbau des Landes zu widmen, der weniger beschwerlich, oft grösseren und sichereren Gewinn versprach, als das Goldgraben. Heutzutage befindet sich der Betrieb von Goldlagerstätten fast ganz in den Händen englischer Gesellschaften, die bei der Theuerung und dem Mangel an Arbeitskräften indessen keine glänzenden Geschäfte machen. Interessant ist eine Berechnung des Naturforschers von Eschwege, nach welcher von den ersten Zeiten der Gewinnung im Jahre 1600 bis zum Jahre 1820 für 649$^1/_2$ Millionen Thaler Gold in Brasilien gefunden wurde. Bezüglich des gegenwärtigen Standes der Goldausbeute erfahren wir, dass die Ausfuhr in den Jahren 1869 bis 1874 732,254 Gramm, im Werthe von 1,664,325 Mark betrug.

Von dem Diamantenreichthum Brasiliens erhielt man viel später Kenntniss als von dem Vorhandensein des Goldes. Erst im Jahre 1729 fand ein Portugiese die ersten Steine der Art und brachte sie zu einem Juwelier in der Provinzialhauptstadt, welcher ihren grossen Werth sofort erkannte. Nach andern Behauptungen brachte man einige glänzende Steine dem Statthalter von Villa do principe, dem sie lange Zeit als Rechenpfennige dienten. Einige derselben gelangten darauf in die Hände des zu Lissabon residirenden Ministers, der sie nach Amsterdam schickte und ihren Werth dort untersuchen liess. Die Holländer hatten kaum die Kostbarkeit der Steine erkannt, als sie einen Vertrag mit den Portugiesen abschlossen, nach welchem gegen eine jährlich zu zahlende kleine Abfindungssumme alle in den vorzüglichsten Diamantendistrikten gefundenen Edelsteine in ihren Besitz übergehen sollten. Erst lange nachher erkannten die Brasilianer, wie sehr sie durch diese Uebereinkunft in ihren Interessen geschädigt waren. Jahre hindurch mussten sie zusehen, wie die, von der freigebigen Hand der Natur ihnen gespendeten Schätze auf diese Art in die Hände ihrer Nebenbuhler übergingen. Später, als sie nach Ablauf des Vertrages (1772) wieder in ihre Rechte eintraten, hatten die Diamanten in Europa ihren früheren Werth bedeutend verloren. Man behauptet, dass seit Anfang der Diamantenauffindung aus dem kaum 12 portugiesischen Meilen umfassenden Hauptdiamantenbezirk Brasiliens, an 1000 Unzen Diamanten über das Meer gingen. Erst im Jahre 1844 wurden neue reiche Diamantlager in der Provinz Bahia entdeckt, deren Ausbeute den Markt wieder mit einer beträchtlichen Menge von Diamanten überschwemmte und eine allgemeine Entwerthung der kostbaren Steine herbeiführte.

Die Diamanten werden gegenwärtig nirgends mehr in ihren ursprünglichen Gesteinslagern gefunden, sie müssen ähnlich wie das Gold nun aus dem Sande der Flüsse und Bäche ausgesondert werden. Fundorte sind heut zu Tage noch die Provinz Minas Geraes, längs der Serra do Espinhaço, oberhalb dieses Gebirges bis zur Nordgrenze der Provinz, sowie in den Gebirgen, welche südwestlich von den Quellen des S. Francisco-Stromes liegen, in den Ebenen der Provinz Bahia und in den an das Thal S. Francisco grenzenden südlichen Gebirgen, auch in Sincora und Chapada, ferner in den Provinzen Goyaz, Mato Grosso, Paraná, S. Pedro do Rio grande do Sul und S. Paulo. Doch finden sie sich in den letztgenannten Provinzen nur von geringem Werthe und nur gelegentlich auf Gebirgsstöcken von Itacolumit. Das Waschen und Schlemmen in den sog. Lavras, d. h. Grube, Mine, Bergwerk, ist dem Goldwaschen sehr ähnlich, erfordert aber grosse Geldmittel, welche um so unsicherer bei einem solchen Unternehmen angelegt erscheinen, als gerade die Diamanten, deren Handel von wenigen vermögenden Geschäftshäusern betrieben wird, den grössten Werthschwankungen unterworfen sind. Es giebt Lavras do Rio und Lavras do Campo (Flussminen und Feldminen). Zur Eröffnung einer Lavra in einem Flussbette, in welchem Diamanten vermuthet werden, muss zunächst das Flussbett trocken gelegt oder der Fluss auf einige Zeit abgedämmt werden. Hierauf wird die oberste Schicht, das Geschiebe, der sogenannte Cascalho bravo weggeräumt, das Gleiche geschieht mit der folgenden Schicht verwitterter Steine, unter denen sodann die diamantführende Schicht, der geröllartige Cascalho virgem zum Vorschein kommt. Manchmal bedarf es nur des Nachgrabens weniger Fuss in die Tiefe, um die diamantenführende Schicht zu erreichen; oft stösst man aber auch bei 20 bis 25 Fuss erst auf den Cascalho virgem. Die oberen losen Steinlager werden von den Arbeitern in Kübeln entfernt und in Haufen geschüttet, welche während der Regenzeit zerkleinert und ausgewaschen werden. Gewisse Steinarten lassen bereits durch ihr Vorkommen auf die Gegenwart von Diamanten schliessen, wie dies ähnlich auch sich bei dem Golde verhält. Man nennt diese Mineralien Formação, und diese sind nach den jeweiligen Fundorten sehr verschieden. Sehr häufig, ja fast immer kommt mit den Diamanten Gold vor, an manchen Orten auch Platina oder gediegenes Kupfer. Wie die Kiesel in unsern heimischen Flussbetten, ist auch der Cascalho in den diamantenhaltigen Gewässern mehr oder minder rundlich zugeschliffen; am wenigsten haben die Diamanten wegen ihrer Härte von ihrer ursprünglichen Gestalt verloren. Auch eingeballt, in rundliche Stücke von bräunlichem Eisenstein, finden sich die edlen Steine vor. — Die Lavras do Campo liegen, im Gegensatz zu den eben geschilderten, weit ab von den Flüssen auf den Hochebenen; die Lagerungsverhältnisse der Diamanten sind hier dieselben, wie bei der ersteren Art. Nur nennt man in solchen Lavras do Campo die diamantenführende Schicht Gurgulhos, und die über ihr liegenden Gesteine gleichen mehr den Trümmern von Felsmassen und haben statt des runden Gerölles der Flüsse eine eckige und rauhe Form.

Die Faiscadores, unter welchen man die ärmeren Diamantensucher versteht, legen nach einem gewissen System längliche Gruben an und fristen mit der armseligen Ausbeute, die das Auswaschen der Gurgulho-Schicht liefert, ihr und der ihrigen Leben. Ein von der Regierung ausgestellter Schein genügt, um die Berechtigung zu diesem Gewerbe zu erlangen. Eine gewisse Klasse von Abenteurern treibt die Diamanten- und Goldsucherei heimlich (Garimpeiros). Sie bildeten in der Regel, vereint mit dem schlechtesten Gesindel, die ersten Gründer der Ansiedlungen von Diamantensuchern.

Das Waschen und Auffinden von Diamanten ist an und für sich, wenn der Cascalho erreicht ist, keine allzuschwierige Arbeit. Die Neger, die in den Diamantwäschereien beschäftigt sind, stehen im Wasser und spülen in runden hölzernen Schüsseln eine kleinere Menge von dem ihnen zugetheilten Cascalho sorglich ab, indem sie durch eigenartige Schwingungen des Gefässes in gebückter Stellung den werthlosen Schlamm entfernen und den zuletzt zurückgebliebenen Kies und Sand auf der flachen Hand der genauesten Durchsuchung unterwerfen. Jeder aufgefundene Diamant wird nochmals abgespült und in

Diamantenwäscherei.

ein besonderes Gefäss, welches zu Füssen des erhöht sitzenden Aufsehers steht, niedergelegt.

Es ist durchaus nicht leicht, einen Diamanten unter dem Kiese zu erkennen und nur das scharfe und geübte Auge der dabei beschäftigten Neger vermag die werthvollen Steinchen, selbst wenn sie noch so klein sind, sofort von den übrigen glitzernden und flimmernden Quarzstückchen zu unterscheiden. Der abgesonderte Theil der Erde, in welchem sich zu Anfang nichts gefunden, wird später noch ein paar Mal durchsucht, und soll oft die schönsten Steine enthalten, welche in ihrer eisenhaltigen Umhüllung beim ersten Abschwemmen als ganz unscheinbar beseitigt wurden.

Der Unternehmer bedient sich zu der Gewinnung der Diamanten seiner eigenen Sklaven, oft aber auch vermehrt er die Zahl der Arbeiter durch andern Sklaven-Besitzern abgemiethete Leute. Obgleich die Diamantwäscherei eine ziemlich ungesunde Arbeit ist, so drängen sich die Neger doch mit Vorliebe dazu, in der Hoffnung, in einem unbewachten Augenblicke einen mehr oder minder werthvollen Stein bei Seite bringen zu können, zugleich geniessen sie auch der Vergünstigung, an Sonn- und Festtagen verlassene Plätze für sich selbst noch einmal abzusuchen.

Trotz aller Vorsichtsmaassregeln werden von den Negern eine erstaunliche Menge Diamanten gestohlen, da sie eine ausserordentliche Gewandtheit besitzen, die Steine in irgend einem Versteck, sei es an ihrem eigenen Körper oder sonst irgendwo unbemerkt verschwinden zu lassen. Sie haben Uebung genug, um den Werth der Steine beurtheilen zu können, und lassen sich daher auch selten von den Händlern überreden, einen Diamanten unter dem Werthe loszuschlagen. Mag der Erlös aber noch so bedeutend sein, so findet er doch, statt zum Erkaufen der Freiheit, nur im Branntwein seine Verwendung.

Im Allgemeinen geben die Diamantenwäschereien einen sehr geringen Ertrag, da die Betriebskosten zu grosse Summen verschlingen. Den grössten Nutzen aus der Gewinnung der Steine ziehen die Händler, welche oft nach kurzer Zeit schon sich als reiche Leute von diesem Geschäfte zurückziehen.

Der Werth der Diamantenausbeute Brasiliens wird von

Tschudi, einem der zuverlässigsten Brasilienreisenden, von 1730 bis 1822, also in beinahe 100 Jahren auf 53¹/₃ Millionen Thaler geschätzt. Das Gewicht aller bis 1850 gefundenen Diamanten wird von anderer Seite zu 44 Centnern mit einem annähernden Werthe von 450 Millionen Franken oder 360 Millionen Mark berechnet. Die stetige Abnahme der Diamantenausbeute in Folge Erschöpfung der Lager ist gar nicht zu bezweifeln, obgleich behauptet wird, dass sich der Ertrag seit ein paar Jahren wieder steigere.

So lange ein Fünftheil des Gewinnes an die Regierung abgegeben werden musste, wurde in den Diamantendistrikten ein äusserst lebhafter Schleichhandel betrieben, welchen man nur durch die härtesten und strengsten Maassregeln zu beschränken vermochte. Vornehmlich andere Nationen, welchen seit der Uebersiedelung des portugiesischen Hofes nach Rio Janeiro, 1808, die Häfen des Landes und das Innere offen standen, betheiligten sich lebhaft an dem einträglichen Diamanten-Schleichhandel. Es stehen uns keine Angaben darüber zu Gebote, wie hoch die Ausfuhr von Diamanten in der neuesten Zeit von Brasilien nach andern Ländern sich beläuft. Ihr Werth betrug aber nach einem mir vorliegenden amtlichen Bericht incl. des Goldes

in dem Finanzjahr 1860/61 12   Millionen 152,250 Reichsmark
                1865/66   7¹/₂ do.   —   „   „
                1871/72   6   do.   772,500   „   „

und von 1869 bis 1874 15,677 Gramms im Werthe von 4,147,650 Mark. Der Ertrag würde sich unbedingt steigern, wenn man auf einen bergmännischen Betrieb der Diamantgruben Bedacht nähme. Darauf scheint man aber noch gar nicht bis jetzt verfallen zu sein.

Der grösste Diamant, welcher überhaupt in Brasilien je gefunden wurde, war der berühmte Krondiamant von Portugal, dessen Entdeckung seiner Zeit für ein sehr wichtiges Ereigniss angesehen wurde. In dem Flusse Abayté, von drei zur Verbannung verurtheilten Verbrechern gefunden, wurde er durch einen Geistlichen dem Gouverneur der Minen gebracht und seine Grösse schien so wunderbar, dass man an der Aechtheit des Steines zweifelte, bis wiederholte Versuche den ganzen Rath davon überzeugt hatten. Er wurde nach Lissabon geschickt, wo er das lebhafteste Erstaunen hervorrief. (1772). Die Verbrecher, welche den Diamant gefunden und den kostbaren Fund an das Gouvernement abgeliefert hatten, wurden begnadigt und durften frei nach ihrer Heimath zurückkehren. An den Ufern des Flusses Abayté wurde zwar wiederholt nach ähnlichen Schätzen gesucht, allein seit jener Zeit kein zweiter Krondiamant mehr zu Tage gefördert. Beiläufig sei hier bemerkt, dass ausser dem Krondiamanten einige andere von ausserordentlicher Grösse eine gewisse Berühmtheit in der Welt erlangten, von denen unseres Wissens jedoch keiner aus Brasilien stammt. Der bis jetzt bekannte grösste Diamant ist unter jenen der sog. Orlow mit $194^3/_4$ Karat, ihm folgt der Regent oder Pitt mit $136^7/_8$ Karat und schliesslich der Kohinoor der $106^1/_{16}$ Karat wiegt.

Ausser den Diamanten finden sich in Brasilien noch andere Edelsteine von grosser Schönheit, namentlich Amethyste, Topase, Smaragde, Euclase, Saphyre, Turmaline von schwarzer, blauer und grüner Farbe, welch' Letzterer auch brasilianischer Smaragd genannt, Rubine und Chrysoberylle, deren kleinere Exemplare in Europa von den Uhrmachern sehr gesucht sind. Granaten kommen überall in Menge vor, doch selten von erster Qualität. Krystallgruben werden in mehreren Gegenden angetroffen, unter welchen die in der Provinz Goyaz zu den ergiebigsten der ganzen Erde gehören sollen. Häufig liegen die Krystalle frei auf der Erdoberfläche und bei 15 Fuss Tiefe hat man schon Exemplare von 64 Pfund Schwere gefunden. Sie kommen in sehr verschiedener Färbung vor; weiss, purpurfarbig, gelb, milchweiss, goldfarbig, grünlich und manchmal findet man auch schwarze. Vor ungefähr 30 Jahren wurden die Krystallgruben von Goyaz durch etwa 200 Leute bearbeitet, welche in zwei Jahren an 7000 Tons zu Tage förderten; als aber in Rio die Nachfrage schwächer wurde, liessen die Arbeiten nach, bis vor einigen Jahren der Betrieb wieder in erhöhtem Maasse aufgenommen wurde. Ein drittel Centner wurde bisher immer von englischen Händlern mit 6 bis 8 Thalern bezahlt, und dieser billige Preis ermöglicht es den Leuten, durch den Wiederverkauf der Steine in Europa einträgliche Geschäfte zu machen.

In den sechziger Jahren hatte sich herausgestellt, wie bereits im ersten Kapitel erwähnt wurde, dass die brasilianischen

Achate auf den Märkten von Oberstein mitunter höhere Preise erzielten, als die von Ostindien bezogenen. Ein grosser Theil jener mit der dortigen Achatindustrie beschäftigten Einwohner von Oberstein und der benachbarten Gegenden stand in lebhafter Verbindung mit den von hier nach Rio grande do Sul ausgewanderten Angehörigen und so wurde auch in der südlichsten Provinz Brasiliens auf Anregung von Verwandten durch die dort wohnenden Deutschen die Achatsucherei in grossartigem Maassstabe zu einem förmlichen Gewerbe erhoben.

Seit jener Zeit ziehen die Steinsucher, welche eine grosse Vertrautheit mit dem Aussehen der oft ganz unscheinbaren kugelförmigen Achatgebilde besitzen, weit und breit umher, bis alle die auf ihren Maulthieren befindlichen Körbe vollauf mit Steinen gefüllt sind. Sodann führen sie den oft aus Dutzenden von Maulthieren bestehenden Transport, zu dessen Vervollständigung viele Wochen erforderlich sind, nach der nächsten Hafenstadt. Dort werden die Steine so lange aufgespeichert, bis sich eine ganze Schiffsladung angesammelt, die dann ihren Weg nach Europa nimmt. In den Achatschleifereien zu Oberstein werden die Steine zu allerlei Schmuckgegenständen und sonstigen kleinen Geräthschaften verarbeitet, wie sie bei uns allgemein beliebt und gekannt sind. Ein einziger Transport genügt bisweilen, wenn sich besonders seltene und werthvolle Steine darunter befinden, um den glücklichen Finder zu einem wohlhabenden Manne zu machen. Besonders geschätzt sind die onyxartigen, die prächtigen Chalcedone, die schöngefärbten Jaspisarten, Rosenquarze und sonstige Spielarten von Halbedelsteinen.

Von den gewöhnlicheren Metallen, welche Brasilien hervorbringt, und welche daselbst verarbeitet werden, verdient nur das Eisen einer besonderen Erwähnung. Schon im Anfange dieses Jahrhunderts hatten die Brasilianer die Ueberzeugung von der Wichtigkeit der in Massen vorhandenen Eisenerze gewonnen, und die damalige Regierung liess es sich angelegen sein, durch Herbeiziehung von fremden Berg- und Hüttenleuten aus dem Besitz der ersteren Gewinn zu ziehen. Der Mangel an guten Strassen allein hinderte und beeinträchtigte die gedeihliche Entwickelung und Verwerthung der bergmännischen Betriebsaustalten in hohem Grade, so dass die Eisenindustrie heute selbst noch nicht auf einer sonderlich hohen Stufe sich befindet. Namentlich da, wo der Staat selbst die Eisengewinnung in die Hand genommen, ist wenig genug daraus geworden. Kleinere Eisenhütten in der Provinz Minas Geraes liefern einen Theil der dort in den Handel kommenden Eisenwaaren. Die Regierungsunternehmungen dieser Art wurden meist durch Schwindler, welchen die brasilianische Regierung ein übereiltes Vertrauen geschenkt, zu Grunde gerichtet. Das wichtigste Eisenwerk befindet sich in S. Paulo am linken Ufer des Ypanema. Ueberall sind übrigens dem Erze beträchtliche Quantitäten von Magneteisen beigemengt.

Andere Metalle, wie Kupfer, Blei, Zink, sind wohl auch vertreten, doch fällt es Niemandem ein, sie mit einigem Aufwand von Arbeit und Mühe der Erde abzuringen. Eine Ausnahme bildet nur das Kupfer, welches in dem Municipium von Caçapava, des reichsten in Brasilien zur Exploration auserwählten Erzganges, 60% reines Metall enthält. Was das Silber anlangt, so behaupten geschichtliche Ueberlieferungen das Vorhandensein reicher Minen in den Provinzen Bahia und Mato Grosso, doch ist deren Lage bis heute nicht wieder entdeckt worden. Von den sonst im Lande vorkommenden Metallen, Mangan, Zinn, Zink, Wismuth, Antimonium, Arsenik und Blei hat nur das Letztere einige Beachtung gefunden. Von allen Lagern ist das bedeutendste das des Flusses Abayté, worin man früher, als es auf Befehl der Regierung ausgebeutet wurde, auch Silber antraf. — Etwas mehr Werth legt man auf die Gewinnung von Stein- und Braunkohlen. Dieselben haben sich in verschiedenen Lagern in den Provinzen Minas Geraes, S. Catharina, S. Paulo und Rio grande do Sul vorgefunden, werden aber im Grossen ebensowenig gefördert, wie alles Andere. Man zieht es meistens vor, die Steinkohlen, deren man zum Betrieb der Maschinen bedarf, aus England und Nordamerika zu beziehen. Das Vorkommen bituminöser Schieferarten, von Torf, Graphit, wie auch Schwefel, ist constatirt, hat aber bis jetzt keine grosse und reguläre Ausbeute erfahren. Dagegen sind ausgedehnte Marmorbrüche erwähnenswerth, in welchen ein grüner, ausserordentlich harter, buntgeaderter, sowie ein schwarzer, schönglänzender Marmor gebrochen wird. —

Salz ist kaum für den nöthigen Verbrauch in Brasilien vorhanden und durchgängig so schlecht, dass es kaum zur Speisebereitung verwendbar ist. Es wird auf zweierlei Weise gewonnen, aus den salzigen Erdschichten und aus dem Seewasser. Auch einige Flüsse in den nordöstlichen Provinzen führen salzige Bestandtheile und bilden die Salzminen der angrenzenden Bewohner. Seltener ist es in Höhlen in besondern Lagern zu finden. Angeblich zwar soll es in reichlicher Menge in Mato Grosso, Goyaz, an den Ufern des Flusses Ivahy, in Paraná, im Innern Bahias, in Pianhy und besonders in Minas Geraes auftreten. Die Richtigkeit dieser Behauptung können wir nicht verbürgen. Das von den Flüssen geführte Salz bildet an den Uferrändern, wo die Sonne die Feuchtigkeit verdunstet, eine weisse Kruste und wird von der Bevölkerung einen Zoll tief etwa abgekratzt. Um es von den erdigen Theilen zu sondern, wird es mit Regen- oder Flusswasser ausgelaugt und die salzige Lauge in flachen Trögen oder auch auf einer an vier Pfählen ausgespannten Rindshaut, unter Einwirkung der Sonne zur Krystallisation gebracht. Auf diese Weise wird das Salz wenigstens in der Provinz Bahia gewonnen. In den nordöstlichen Provinzen bedient man sich des Feuers bei der Salzgewinnung, indem man die salzigen Flächen mit dürren Palmblättern bedeckt und dieselben anzündet, um die hierauf entstehende Salzkruste zu sammeln. In manchen Gegenden fehlt das Salz gänzlich und die Indianer, welche es sehr gern zu ihren Speisen geniessen, tauschen es dort mit Vorliebe gegen andere Artikel von den Weissen ein. Ist es ihnen durchaus unmöglich, sich auf diese Weise in den Besitz von Salz, welches ihnen doch zum dringenden Bedürfniss geworden, zu setzen, so bereiten sie aus der Holzasche verschiedener Bäume ein Pulver, welches durch seine salzigen Bestandtheile die Stelle desselben vertritt. Selbst das Seesalz, welches man an der Küste gewinnt, reicht nicht aus, um den Mangel an wirklichen Salzbergwerken auszugleichen. Der seltsamste salzartige Ansatz ist ohne Zweifel das chlorsaure Sodium am Gneissgestein, welches von dem Gebirge Uruburetama bis zum Meruocagebirge sich hinzieht. Die gleiche Erscheinung will man in der Provinz Pianhy und an den Höhenzügen von Minas Geraes und Goyaz bemerkt haben.

Dass man in Brasilien seit Jahren bereits eine grosse Menge Mineralwasser-Quellen neben den sonstigen Reichthümern des Landes entdeckt hat, darf nicht ganz mit Stillschweigen übergangen werden. In Rio Janeiro selbst existiren an neun solcher Mineralquellen, welche sich durch ihre Eisenhaltigkeit auszeichnen, und deren Wasser für ein sehr gesundheitszuträgliches gilt. Das Eisen ist in Form von Carbonat in einer Ueberfülle von Kohlensäure in ihnen enthalten.

In Nähe der Stadt Campanha und bei Baependy giebt es ferner reiche gashaltige Gesundbrunnen, die unter dem Namen Aguas Virtuosas und Aguas Santas bekannt sind. Sie enthalten hauptsächlich in grösserer Menge Kohlensäure, Kali, Natron, Kalk, Magnesia, Kieselsäure und Eisensesquioxyd. Mitunter wird dieses Wasser bereits versandt, und soll sich als sehr heilkräftig erweisen. Auch die Provinz Pernambuco hat ihre Mineralwasser-Quellen und speculative Aerzte haben im Vereine mit den Bewohnern hie und da an solchen Orten förmliche Bäder mit allem Zubehör eingerichtet, deren Ursprünglichkeit allerdings in mehr als einer Hinsicht an „Brasiliens" primäre Entwickelung erinnert. Einen besonderen Ruf geniessen die Quellen des Kirchspiels Alambary, dann die von Caxambú in der Provinz Minas Geraes, deren Wasser die brasilianischen Aerzte mit jenen von Baden, Spa, Plombières, Contrexeville und anderen berühmten Quellen vergleichen.

Salzhaltige Quellen sind in der Provinz von Bahia vorhanden, deren Analyse gleichfalls die glänzendsten Resultate ergeben haben soll.

Schwefelhaltiger Quellen in Brasilien hat bereits der Naturforscher A. de S. Hilaire in seinen Werken Erwähnung gethan. Sie liegen an der Grenze von Minas Geraes und Goyaz, sowie bei Boa Vista in der Provinz S. Paulo und in Guarapuava in der Provinz Paraná.

Verschiedene warme Mineralwasser in S. Catharina, Rio Grande do Norte und Mato Grosso werden schon seit langer Zeit benutzt und ihre Heilkraft hat sogar die Gründung eines Gebäudes bei S. José in der Provinz S. Catharina veranlasst, welches unter dem Namen „Hospital des Gesundbrunnens der Kaiserin" manchem Kranken als Asyl dient und zur Genesung verhilft. — Besonders interessant sind die warmen Quellen der

Lagoa Santa in der Provinz Minas Geraes, welche in einer Länge von beinahe 2 Kilometer und einer Breite von 3 Kilometer sich stets lauwarm erhält und der man allgemein Heilkräfte zuschreibt. — Eine jüngere Entdeckung sind die heissen Quellen in der Provinz Paraná.

Alkali enthaltende Thermen entspringen dem Gebirge von Caldas in der Provinz Goyaz. Man kennt deren 13, welche als Bäder benutzt werden. Einige bilden einen kleinen See von 33 Meter Länge und 3 bis 4 Meter Breite. Die Temperatur der Quellen dieses Sees ist an manchen Stellen sehr hoch, fast 48° R. Im Jahre 1839 schon belief sich die Anzahl der Badenden hier in einem Monat auf 110 Personen.

Auch heisse Schwefelquellen hat Brasilien aufzuweisen. Die bedeutendsten liegen in der Provinz Minas Geraes und erfreuen sich Dank ihrer Heilkraft einer so grossen Frequenz, dass die Kurliste von Caldas z. B., wenn man von einer solchen sprechen kann, fast jedes Jahr schon 2 bis 3000 Personen als Badegäste aufzuweisen hat. Ja nach der Meinung einiger einheimischen und fremden Aerzte sollen die Gesundbrunnen von Caldas die wirksamsten der Welt sein.

Die Provinzen Ceará und Rio Grande do Norte rühmen sich gleichfalls des Besitzes einiger heissen Schwefelquellen.

Bezüglich der Industrie steht Brasilien noch auf einer sehr niedrigen Stufe der Entwickelung und nur einige Zweige derselben erfreuen sich einer grösseren Beachtung und Pflege. Nicht allein die Trägheit der Bevölkerung steht einem höheren industriellen Aufschwunge des Landes entgegen, sondern auch der Umstand, dass die Fortschritte in der Gewerbthätigkeit sich nicht naturgemäss an einander reihen und z. B. die allerneuesten Erfindungen früher in Anwendung kommen, als man gelernt hat, die dazu nothwendigen Werkzeuge und Maschinen jeder Art am Orte selbst herzustellen. Die natürlichen Folgen davon sind eine grosse Abhängigkeit vom Auslande und nicht selten eintretende Stockungen des Betriebes. Nicht einmal die Landesprodukte versteht man auf die nutzbringendste Weise zu verwerthen, so dass die einheimischen Fabrikate den eingeführten Waaren trotz Zollabgaben und Transportkosten für Letztere im Preise und Werthe nachstehen. Wenn gleichwohl in den letzten Jahren vier nationale Industrie-Ausstellungen in Rio stattgefunden und von dort aus die besten Erzeugnisse sogar auf die Weltausstellungen von London, Paris, Wien und Philadelphia wanderten, so haben diese doch nicht jene Bedeutung, welche ihnen brasilianischerseits beigelegt wurde. Nur ist ihnen eine gewisse Anregung auf die industriellen Kreise zu verdanken.

Die Zuckersiedereien, um von diesen zuerst zu sprechen, sind nicht entfernt so gut eingerichtet, wie jene in Westindien oder auf der Insel Bourbon und beschränken sich, wie früher schon erwähnt wurde, nur auf die Herstellung des Zuckers in Mehl oder Sandform. Die Gesammtproduktion betrug nach officiellen Angaben 1860 bis 1861 65,387,951 Kilogramm im Werthe von 21 Millionen Mark; 1871 bis 1872 141,994,693 Kilogramm im Werthe von 51 Millionen Mark. Ausser dem Zucker werden noch ungefähr 293,800,000 Kilogramm Melasse erzeugt. Mit der Zuckerfabrikation pflegt in Brasilien stets Branntweinbrennerei verbunden zu sein, da aus dem Zuckerrohr der in den unteren Volksklassen vielfach genossene Cachaça gewonnen wird. Wird der Zuckerrohr-Branntwein, wie dies häufig geschieht, nicht blos aus den Rückständen bei der Zuckerfabrikation hergestellt, sondern aller Rohrsaft zur Branntweingewinnung verwendet, so giebt dies die sog. Aguardente. Die Ausfuhr an Zuckerrohrbranntwein betrug 1860 bis 1861 3,599,636 Liter, im Werthe von 12 Millionen Mark; 1871 bis 1872 aber 5,652,908 Liter im Werthe von 24 Millionen Mark. Der Zuckerrohrbranntwein sammt und sonders hat einen widerlichen Geschmack, die Neger jedoch geniessen ihn leidenschaftlich gern und auch die in Brasilien lebenden Deutschen finden leider nur allzuviel Gefallen an seinem Genuss.

Auch viele andere Früchte Brasiliens dienen zur Branntwein- und Liqueurfabrikation.

Einige Bedeutung hat in den letzten Jahren die Bierbrauerei gewonnen, welche zuerst durch die Deutschen in Brasilien eingebürgert wurde. Anfangs bestanden nur in ein paar grösseren Städten Bierstuben, welche versuchsweise neben den allgemein eingeführten englischen Bieren, im Lande gebrautes sog. Nationalbier ausschenkten. Lange Zeit war der Genuss einer solchen Flasche Bier nicht minder kostbar, als der einer Flasche Moselwein, bis in neuerer Zeit durch den Aufschwung der Bierbrauereien an den Orten, wo Deutsche in grösserer Anzahl zusammen leben, die Preise sich ermässigten, so dass heutzutage schon für 75 Pfennige eine Flasche Nationalbier zu erschwingen ist. Gerste, Hopfen und andere zur Bierbrauerei unerlässliche Zuthaten werden fast alle aus Europa eingeführt und nur in sehr geringer Menge von den Kolonisten, die sich mit dem Anbau von Cerealien beschäftigen, bezogen.

Ein wichtiger Industriezweig ist die Tabakfabrikation. Der Tabak wird zu Rauchtabak, zu Cigarren, zu Kau- und Schnupftabak verarbeitet, namentlich von Letzterem giebt es einige Arten, die eine gewisse Berühmtheit erlangt haben, wie z. B. der Rapé area preta; dieser wurde zuerst von einem Schweizer, Namens Meuron, fabrizirt, welcher dadurch ein ungeheures Vermögen erwarb, das er zur Errichtung grossartiger Wohlthätigkeitsanstalten in der Schweiz verwendete. Cigarren werden hauptsächlich in der Provinz Bahia verfertigt, wo der Handel damit so bedeutend ist, dass Schneidemühlen daselbst täglich 8000 Cigarrenkisten zur Versendung der Cigarren liefern. Die Ausfuhr an Tabak betrug 1860 bis 1861 4,608,987 Kilogramm im Werthe von $4^1/_2$ Millionen Mark; 1871 bis 1872 12,835,126 Kilogramm im Werthe von 12,900,000 Mark.

Eine besonders feine Gattung von Cigarren ist es nicht, die Brasilien hervorbringt, aber man gewöhnt sich nach und nach auch an dieses Kraut und empfindet um so grösseren Genuss, wenn man dazwischen zu Zeiten eine der vielfach aus Europa eingeführten Cigarren zum Rauchen erhält. Mehr als die Cigarren, welche in Brasilien Charutos heissen, sind eine Art von Cigarretten im Gebrauch. Ein sehr starker, schwarzer Tabak (Fumo), welcher in Stangen oder Rollen verkauft wird und mit einer Hülle von zarten Maisblättern (Palhos) umgeben ist, findet hierzu Verwendung. Die Fumostangen sind zum Schutze oder zur Verhütung des Auswitterns mit einer Art Bast spiralförmig umwickelt; sie haben eine Länge von 10 bis 12 Fuss, eine Dicke von 2 bis $2^1/_2$ Zoll und endigen in einer Spitze. Von solcher Stange führt der Brasilianer in der Regel ein kleines Ende bei sich, wie auch in seinem Hute einige Maisblätter und fällt es ihm bei eine Cigarre zu rauchen, dann zieht er die zu allen Zwecken dienende dolchartige Faca aus der Scheide, schneidet etwas von der schwarzen Tabakmasse in die hohle Hand, nimmt hierauf das Messer zwischen die Zähne, während er mit beiden Händen den Tabak durch Reiben vollständig zerkrümelt und wickelt schliesslich das Ganze in ein Stückchen des bereitgehaltenen Maisblattes zu einer zierlichen Cigarrette. Mit der Cigarrenfabrikation befassen sich auch die deutschen Kolonisten sehr fleissig, welchen aber die heimathliche Form der Cigarren mehr zusagt, als die der bei den Brasilianern vorzugsweise beliebten Cigarretten. Die Gewandtheit, welche sie sich in Verfertigung derselben angeeignet, ist manchmal ganz erstaunlich.

Einst war ich an einen weit im Innern wohnenden deutschen Ingenieur empfohlen, der mit seiner Frau, einer Wienerin von Geburt, an diesem einsamen Fleck der Erde mit seinem Wissen und Können sich Reichthümer auf Gott weiss welche Art zu erwerben träumte. Hungrig und durstig langte ich Abends bei dem weit in die Ferne verschlagenen Ehepaare an und wurde mit aller Freundlichkeit aufgenommen. Als wir die einfache Abendmahlzeit beendet hatten, griff ich wie gewöhnlich nach meiner Cigarrentasche, indem ich die Hausfrau um Erlaubniss zum Rauchen bat.

„Gewiss sollen Sie Ihre Cigarre nach Tisch nicht entbehren", entgegnete die Dame des Hauses, „aber Ihre eigenen Cigarren dürfen Sie nicht rauchen, das wäre ja beleidigend für uns, erlauben Sie, dass ich Ihnen einige von unserem Fabrikat anbiete." — Mit diesen Worten langte die zuvorkommende Wirthin unter einen sog. Esel, eine Pritsche, welche die Stelle eines Lagers vertrat, und brachte einen Kasten hervor, welcher eine Masse von, wie Kraut und Rüben durcheinander liegenden Tabakblättern enthielt. Im Nu hatte die Dame mit einem Tischmesser einige schöne grosse Blätter davon zurecht geschnitten und daraus innerhalb weniger Minuten ein halb Dutzend Cigarren schneller fast wie ein Taschenspieler verfertigt, die sie mir huldvoll lächelnd zum Rauchen darbot. — Dieselben waren, wie ich noch dazu bemerken muss, besser, als man sie in manchen der ersten Cigarrenläden brasilianischer Städte findet. — Ich habe es oft versucht, von dem braunen Kraute zur Zeit der Tabaksernte mir selbst ein paar Cigarren zu wickeln, allein es wollte mir nie recht glücken.

Die Verarbeitung der Baumwolle ist so wenig entwickelt,

dass nur ein sehr kleiner Theil des inländischen Bedarfs damit gedeckt wird. Gerade bei der Herstellung von Baumwollenstoffen u. dgl. macht sich der Mangel an Arbeitskräften besonders fühlbar, dem kaum durch irgend eins der von der Regierung erlassenen Gesetze abgeholfen wird. So wurden z. B. die in den Baumwollfabriken beschäftigten Arbeiter in gewissem Maasse von dem Militairdienst befreit. Das hatte aber nur geringen Einfluss auf die Hebung dieses Industriezweiges. Viel mehr begünstigt wurde derselbe durch mehrfache Zollerleichterungen. Ausgeführt wurden 1860 bis 1861 9,854,933 Kilogramm im Werthe von 9,600,000 Mark; 1871 bis 1872 53,589,838 Kilogramm im Werthe von 69 Millionen Mark.

Wenn weiter oben gesagt wurde, dass in Brasilien alle Maschinen von Europa eingeführt seien, so bezieht sich dies nur auf schwieriger zusammengesetzte und neuere Erfindungen. In Rio de Janeiro giebt es einige grössere Maschinenwerkstätten, welche aber in erster Linie mehr staatlichen Zwecken dienen, als dem grösseren Publikum, und Alles, was darinnen hergestellt wird, ist so plump und ungeschickt, dass es europäischen Ansprüchen nimmermehr genügen würde. Bei der Anlage gewerblicher Anstalten, in welchen grössere Maschinen zur Verwendung kommen, welche von Europa eingeführt werden, lässt man sogar zur Aufstellung und Instandhaltung derselben einen Maschinisten zugleich mit herüber kommen.

Von einigem Belang sind die zahlreichen Sägemühl-Anlagen in den verschiedenen Provinzen, die Schiffbauerei, für welche das Land so treffliches Bauholz und sonstiges zur Schiffsausrüstung nothwendiges Material liefert, und die Gerbereien. Letztere sind um so wichtiger, als im Lande eine ausserordentliche Menge von Reit- und Sattelgeschirr, welches auf das Kunstvollste gepresst ist, zur Verwendung kommt. Die nöthigen Häute liefern die zahlreichen Rinderheerden, aber auch Wildhäute und selbst die Haut der Riesenschlange wird gegerbt.

Der Handwerksbetrieb im Allgemeinen ist viel in den Händen von Mulatten und freigelassenen Negern; in den grösseren Städten finden sich unter den Handwerkern dagegen auch viele Europäer, deren Arbeit sehr gesucht ist. Kunstmässig ausgebildet ist der Handwerksbetrieb nur in den seltensten Fällen und das, was man erhält, ist nicht immer nach

Wunsch und Geschmack, bei alledem aber sündhaft theuer, so dass einem Hören und Sehen vergehen möchte.

Am meisten Geschick entwickelt die Bevölkerung in der Herstellung von Schmuck- und Ziergegenständen, vor Allem in der Verfertigung von künstlichen Blumen aus den Federn der schöngefiederten Vögel, insbesondere der Colibris, aus Fischschuppen, aus Käfern, aus Palmenmark und andern Dingen mehr. Die Pracht der Federblumen ist so gross, dass sie das Staunen aller Fremden erregt, deren selten einer für immer Brasilien verlassen wird, ohne aus den Blumenläden der Rua do Ouvidor in Rio Janeiro, wo der Mittelpunkt des Federblumenhandels sich befindet, einige dieser reizenden Produkte zum Andenken oder als Geschenke in die Heimath mitzunehmen. In neuerer Zeit hat die Federblumen-Industrie einen neuen Aufschwung dadurch erhalten, dass die Leitung derselben vielfach in die Hände von französischen Blumenmacherinnen gelegt ist, welche sich mit jedem Dampfer die neuesten Pariser Modelle schicken und nach diesen in den Fabriken arbeiten lassen.

Es ist ein eigenthümlicher Anblick, die Blumenarbeiterinnen in den Arbeitsräumen an langen Tafeln beschäftigt zu sehen, auf welchen wahre Schätze von farbenprächtigen Federn der bunten brasilianischen Vogelwelt unter Glasglocken aufgehäuft sind, während seltenere Vögel mit ihrem in allen Metallfarben schillernden Gefieder um dieses leuchtenden Federkleides willen lebendig in Käfigen gepflegt werden, bis man ihres Schmuckes bedarf. —

Aus den offiziellen Relatorien der brasilianischen Regierung geht hervor, dass auch der Seidenraupenzucht eine glänzende Zukunft in Brasilien beschieden sein dürfte. Wenigstens haben die bisher erzielten Resultate, so gering sie auch erscheinen, in Montpellier und Roveredo, sowie in Philadelphia die ehrendste Anerkennung gefunden und zu umfangreichen Versuchen ermuthigt.

Von der Industrie der Indianer ist bei Aufzählung der einzelnen Indianerhorden schon zum Theil die Rede gewesen. Hinzuzufügen wäre noch, dass sich manche Indianer neben der Gewinnung der Guarana, des Kautschuk, der getrockneten Fische und neben der Einsammlung wichtiger Waldprodukte auch auf Spinnerei, Weberei und Töpferei verstehen. Besonders kunstvoll sind die von ihnen gefertigten Hängematten aus den Blattfasern einer gewissen Pflanzenart, die zu Tausenden in den Handel kommen und zu hohen Preisen nach Westindien ausgeführt werden. Trotz der kunstvollen feinen Arbeit, welche auf diese Hängematten (Kyçaba, Redes, Maqueiras) verwandt wird, sind dieselben doch so stark und dauerhaft, dass sie lange im Gebrauche vorhalten und zudem sehr vortheilhaft sind, da sie auf Reisen im kleinsten Raume sich bergen lassen. Ich selbst besass lange Zeit hindurch kein anderes nächtliches Lager, welches mir besonders dadurch sehr angenehm war, weil ich mich, darin geborgen, vor allem kriechenden Gewürm und Ungeziefer sicher wusste. Aber auch in Europa scheint die Liebhaberei für indianische Hängematten nicht unbekannt zu sein, denn ich war kaum nach Deutschland zurückgekehrt, als mir auf heute noch unbegreifliche Weise meine Hängematte, die ich ohne weitere Umhüllung mit mir führte, von meinem Gepäck abhanden kam. — An Ort und Stelle bezahlt man eine Hängematte mit ungefähr 15 Mark.

Andere Indianer beschäftigen sich mit der Anfertigung von Thongefässen und recht hübsch gearbeiten Schaalen aus den holzigen Früchten verschiedener Bäume.

Man sieht aus alledem, dass die Wilden nicht ohne Geschick sind und es erregt bei den Reisenden gerechtes Erstaunen, welch' hohen Grad von Begabung sie bei ihrer sonst so tief stehenden Entwickelungsfähigkeit in ihren Handarbeiten an den Tag legen. Es versteht sich von selbst, dass ich ihre industrielle Geschicklichkeit, die sich noch in einer Menge von Gegenständen, welche die Indianer und ihre Frauen für den Gebrauch verfertigen, kundgiebt, nicht erschöpfend hier aufführen konnte.

Siebentes Kapitel.

Handel und Verkehrswesen.

Der Handel ist in Brasilien die Seele des öffentlichen Lebens. Er verdient deshalb nach dem Vorhergehenden mehr als alles Andere näher ins Auge gefasst zu werden. Namentlich der auswärtige Handel nimmt in Brasilien von Jahr zu Jahr zu und lässt auf ein gewisses Fortschreiten des Nationalreichthums schliessen, der allerdings noch viel grösser sein könnte, wenn die Regierung darauf bedacht wäre, zur Hebung des Handels eben so viel zu thun, wie andere Grossstaaten. Am meisten betheiligt am brasilianischen Handel war von jeher das grossbritannische Reich, welches nahezu an der Hälfte der Ein- und Ausfuhr in Brasilien interessirt ist. Unmittelbar an England reihen sich bezüglich der Ausdehnung ihrer Geschäftsverbindungen mit Brasilien Frankreich, die Vereinigten Staaten von Nordamerika, die La Platastaaten, Portugal, die Hansestädte und Spanien. Deutschland würde vielleicht eine hervorragendere Stelle in dieser Reihenfolge einnehmen, wenn nicht ein grosser Theil seiner Waaren statt über die Hansestädte seinen Weg über Frankreich, Belgien und England nähme. Die Zahl der augenblicklich in Brasilien bestehenden Geschäftshäuser beläuft sich auf 53,000, wovon 29,000 in brasilianischen und 24,000 in den Händen von Ausländern sich befinden. Es kommt sonach ungefähr auf je 190 Einwohner ein Geschäftshaus.

Obgleich Deutschland eine Menge von Waaren, welche in Brasilien eingeführt werden, eben so gut, ja vielleicht noch besser und billiger als Grossbritannien, Frankreich und die übrigen Staaten zu liefern im Stande wäre, so machte sich doch von jeher im Lande eine grosse Vorliebe für französische und englische Waaren geltend, denen jederzeit, selbst von grossen deutschen Kaufleuten Rechnung getragen wurde. England liefert Baumwollenwaaren, die mitunter aber auch von Frankreich und den Vereinigten Staaten bezogen werden. Wollenwaaren kommen aus England und Frankreich, für Seidenwaaren sind Frankreich, Italien und die Schweiz die Hauptbezugsorte. Leinenwaaren liefert zum grössten Theil Grossbritannien und Belgien, während Deutschland fast allein die Einführung der Strumpfwaaren vertritt. Kleidungsstücke und Hüte kommen aus Frankreich; Eisenwaaren und Maschinen aus England und den Vereinigten Staaten, Steinkohlen werden gleichfalls aus Britannien bezogen; Salz erhält man aus Spanien, Portugal und den Cap Verde'schen Inseln. In den Weinhandel theilen sich Portugal, Spanien und Frankreich. Die verschiedenen Nahrungsstoffe, so weit dieselben nicht im Lande selbst erzeugt werden, wie Carne secca, Weizenmehl u. dgl., werden hauptsächlich von den La Platastaaten, Chili und Nord-Amerika eingeführt. Deutschland sorgt für die feineren Genussmittel. Ganz ansehnlich ist auch die Ausfuhr der Hansestädte an Tabak und Cigarren nach Brasilien, wodurch dem selbsterzeugten Kraut des letzteren jedenfalls kein günstiges Zeugniss ausgestellt wird.

Im Gegensatz zu der Einfuhr theilen sich in die brasilianischen Waaren fast alle Länder der Erde. Der Kaffee findet die meisten Liebhaber in England, Frankreich und den Vereinigten Staaten. Brasiliens Baumwolle wird fast allein von Grossbritannien verbraucht. In den Zucker theilen sich so ziemlich alle nordischen Länder. Am wenigsten wird derselbe von Deutschland gewürdigt, welches statt dem Rohrzucker lieber den einheimischen Rübenzucker geniesst. Den Hauptmarkt für den Tabak bieten die Hansestädte, woselbst auch die brasilianischen Häute zum Verkaufe kommen.

Die wichtigsten Häfen Brasiliens, welche die Ein- und Ausfuhr vermitteln, sind Rio Janeiro, Pernambuco, Bahia, Pará, Maranhão und Rio grande do Sul. Der allerbedeutendste unter ihnen ist Rio Janeiro. Nirgends wird man so viele Schiffe aller Nationen jahraus jahrein im Hafen liegen sehen und ein so reges Leben des ewigen Aus- und Einladens aller erdenklichen Waaren, als dort. Im Ganzen besitzt Brasilien 21 Handelshäfen, deren einige aber nur schwachen Antheil an dem allgemeinen Weltverkehr nehmen. Hinsichtlich des Handels sind die Nordprovinzen des weiten brasilianischen Reiches entschieden von grösserer Bedeutung, als die im Süden gelegenen. Einen kleinen Theil der Schuld daran trägt die schlechte Beschaffenheit der südlichen Häfen. — Um eine Idee von der Entwickelung des Handels in Brasilien zu geben, mag die folgende kleine Uebersicht über Ein- und Ausfuhr in den letzten Jahren hier Platz finden. Es betrug nämlich:

Im Zeitraume von	Die Einfuhr	Die Ausfuhr	
1864—1869:	723.978 : 000 $ 000	847.408 : 000 $ 000	Reis.
1869—1874:	775.630 : 000 $ 000	960.767 : 000 $ 000	

Der überseeische und Küstenschifffahrtsverkehr Brasiliens lässt sich aus der zweiten hier folgenden kleinen Tabelle beurtheilen. Derselbe bezifferte sich

	bei der Küstenschifffahrt:		
von 1869—1874:	auf Schiffen	metr. Tonnen	Bemannung
	10,990	2,668,217	162,906
	beim überseeischen Verkehr:		
von 1869—1874:	auf Schiffen	metr. Tonnen	Bemannung
	5951	3,357,269	119,015

Jeder Küstenstrich hat, wie dies in der Natur der Sache liegt, gewisse Handelsartikel, welche in erster Linie bei der Ausfuhr in Betracht kommen. Für die mittleren Provinzen ist dies der Kaffee, für die nördlichen Baumwolle und Zucker, für die südlichen Häute und Carne secca (getrocknetes Fleisch). Ausfuhrartikel zweiten Ranges sind Kautschuk, Tabak, Paraguaythee, Cacao und sonstige Naturerzeugnisse.

An dem Handel, welchen theils Segelschiffe, theils Dampfschiffe vermitteln, nehmen die verschiedensten Nationalitäten Antheil. Einen grossen Aufschwung nahm die Schifffahrt insbesondere nach Freigebung derselben an den Küsten und auf den grossen Strömen, wo früher nur brasilianischen Fahrzeugen allein der Verkehr gestattet war. Sehr entwickelt ist in neuerer Zeit die Dampfschifffahrt, welche durch zahlreiche Linien die Verbindung zwischen den brasilianischen und europäischen Häfen herstellt. Sowohl Güter wie Passagiere werden heut zu Tage ausserordentlich rasch von einem Welttheil zum andern befördert. Während in früheren Zeiten Reisende von Bordeaux nach Rio Janeiro mehr als zwei Monate, ja mitunter nahezu ein Vierteljahr unterwegs waren, legen die französischen Postdampfschiffe diesen 5014 Seemeilen langen Weg nicht selten in 21 Tagen zurück.

Die Hauptdampferlinien zwischen Europa und Brasilien sind eine englische, Royal Mail line, und eine französische, die Packetbootpost. Neben diesen bestehen eine Menge von Dampfschiffverbindungen, die nicht immer jedoch die grössten Bequemlichkeiten für Reisende bieten.

Als ich im Jahre 1868 mich nach Brasilien begab, schiffte ich mich auf einem Dampfer der Messageries imperiales in Bordeaux ein und ich kann wohl behaupten, dass ich in diesem schwimmenden Pallast eine bessere Pflege gefunden, als in manchem der ersten Gasthöfe Deutschlands. Die Reise auf der „Estremadure" war in jeder Beziehung eine so angenehme vornehmlich durch die trefflichen Einrichtungen auf dem grossen und eleganten Dampfer, dass es mir leid that, als wir in dem Hafen von Rio Janeiro einliefen, wo ich dem Schiff Lebewohl sagen musste. Weniger günstig sprach man sich von verschiedenen Seiten in dem Kreise der Meinigen in Brasilien über eine im Jahre 1870 ins Leben getretene Dampferlinie aus, welche den Verkehr zwischen Rio Janeiro und Hamburg direkt vermittelte. Es dürfte vielleicht dem Leser nicht unerwünscht sein, wenn ich, um auch von den Leiden und Freuden einer Seereise den Schilderungen ein Bild einzufügen, hiermit die Erlebnisse einer Dame mittheile, die sich hatte überreden lassen, einen der Hamburger deutschen Dampfer zur Ueberfahrt zu wählen. Man erhält dadurch zugleich ein Gemälde, welches die Kehrseite einer so langen Meerfahrt zeigt. Es wird am besten sein, wenn ich die Brasilienreisende mit ihren eigenen Worten berichten lasse:

„Ich war bereits einige Tage vor dem zur Abfahrt bestimmten Termin in Hamburg angekommen und hatte meine Musezeit dazu benutzt, noch kleine Einkäufe zu besorgen und auch um mir im Voraus einen möglichst guten Platz zu sichern, für den ich bereits vorgemerkt und die Bezahlung erlegt hatte. Da indessen der „Criterion", so hiess das Schiff, eben erst von England mit einer Kohlenladung eingetroffen war, deren Löschung das Schiff in undurchdringlichen Staub und Schmutz hüllte, so war es mir, trotzdem ich zu dem Zwecke einer Besichtigung nach der Aussenrhede gefahren war, nicht möglich, meine zukünftige Meeresbehausung in näheren Augenschein zu nehmen. Erst am Tage der Abfahrt, als die Dämmerung bereits hereingebrochen, stieg ich an Bord des deutschen Dampfers. Ich betrat die allgemeine Kajüte, den Speisesaal, einen kleinen dürftigen Raum, in welchem auf dem Tische in der Mitte ein elendes Licht vergeblich die Dunkelheit zu erhellen bemüht war. Nicht wenig erschrak ich, als man mir auf mein Befragen mittheilte, dass keine weibliche Bedienung an Bord sei. Eben so überrascht war ich, zu hören, dass bis zum Augenblicke trotz meiner längst gemachten Bestellung keine Kabine (Kajüte) für mich reservirt war. Niemand war jedoch anwesend, der meinen Beschwerden ein offenes Ohr geliehen hätte, ja es war ausser einem blatternarbigen Aufwärter, der mir die verschiedenen Kabinen zur Auswahl aufschloss, überhaupt keine Seele da, mit der ich mich hätte in eine Konversation einlassen mögen.

Nach und nach kamen die wenigen Passagiere, welche das Schicksal mir zu Reisegefährten bestimmt hatte. Zwei Dienstmädchen erschienen, welche sich an eine deutsche Familie in Rio Janeiro vermiethet hatten; sie wurden von dem bewegten Vater der Einen, einem biedern Handwerksmann, an Bord geleitet, wo sie unter reichlichen Thränen von einander Abschied nahmen. Die beiden Mädchen ergriffen von der der meinigen gegenüber liegenden Kabine Besitz, welche wie alle übrigen in den Speisesaal mündete und so eng war, dass eines der Mädchen stets so lange im Bette verweilen musste, bis die Gefährtin sich angekleidet und den Raum verlassen hatte. — Den beiden Mädchen folgte als dritter Passagier ein sehr roh aussehender Mensch, welcher sofort, mit oder ohne Berechtigung will ich dahingestellt sein lassen, über Schiff, Kabine und alles Uebrige in ungezogenster Weise zu schimpfen begann. Zuletzt sprang leichtfüssig ein junges hübsches Mädchen von feinerem und einnehmendem Wesen munter die Treppe herab, nachdem sie von ihrem Begleiter sich freundlich empfohlen. — Dies war die sonderbar zusammengewürfelte Gesellschaft, die der blinde Zufall für die Dauer meiner Reise mir zugeführt. Der Stuart (Schiffsaufwärter) ging ab und zu, ausser ihm jedoch bekamen wir in den unteren Räumen Niemanden zu sehen. Oben auf dem Deck verursachte das noch nicht beendigte Einladen der Waaren und das Getöse der dazu verwendeten Maschinen einen solchen Höllenlärm, dass man mit ziemlicher Gewissheit einer schlaflosen Nacht entgegensehen konnte. Dennoch blieb nichts Anderes übrig, als sich zu Bett zu legen, wenn überhaupt das Lager, was sich vorfand — ein Bett mit einer zolldicken Matratze belegt — diesen Namen verdiente.

Aus unruhigem, hundert Mal unterbrochenem Schlummer wachte ich am andern Morgen wie gerädert gerade zur Stunde auf, als die schon am Abend vorher bestimmte und bis jetzt verzögerte Abfahrt vor sich gehen sollte. Ich begab mich auf das Deck und hier begegnete ich zum ersten Male dem Kapitän, einem Engländer, der erfreut darüber, sich von mir in seiner

Muttersprache angeredet zu hören, mich freundlich bewillkommte.

Bald, nachdem wir den Hafen verlassen, wurde es rauh, kalt und fing auch später an zu regnen. Trotzdem ging ich, so lange es möglich war, bei Wind und Wetter auf dem Deck spazieren. Das sollte indess nicht lange währen. Schon am Nachmittag, nachdem das Mittagsmahl stattgefunden, musste ich mich niederlegen, da die leidige Seekrankheit über mich gekommen, um mich 3 bis 4 Tage lang auf mein Lager zu bannen. Hilflos erwachte ich am anderen Morgen, denn der erste Stuart lag gleichfalls seekrank in irgend einer Ecke und liess drei Tage lang nichts von sich hören und sehen, der zweite Stuart aber hatte sich am Abend vorher betrunken und schlief nun seinen Rausch aus. Etwas Haferschleim war meine einzige Labung während der Seekrankheit, die mich erst bei der Ankunft in Havre, wo wir einige Tage vor Anker lagen, verliess. Erst am 11. Mai setzten wir unsere Reise fort. In meinem amerikanischen Stuhl zurückgelehnt, verweilte ich so viel wie möglich auf dem Verdeck und liess meine Augen über das gefürchtete biscayische Meer schweifen, welches wir leider nur zu langsam passirten. Im Scherze hatte ich unserem Schiffe den Namen „die tanzende Schnecke" gegeben, welchen es mit vollem Rechte verdiente, wenn auch die sehr schlechte Maschine seine ganz polizeiwidrige Langsamkeit zum Theil entschuldigte. Nach einer recht angenehmen Fahrt längs der spanischen Küste landeten wir noch ein Mal in Lissabon an der europäischen Küste, um sodann die eigentliche Ueberfahrt nach dem südamerikanischen Kontinent anzutreten.

Ausser den Waaren, die in Lissabon eingenommen wurden, erhielt unser Schiff auch noch durch einige Portugiesen einen Zuwachs an Zwischendeckspassagieren, die Anfangs wenig in Sicht kamen. Auf der Weiterreise indessen war wegen des überaus beschränkten Raumes auf dem Deck die Bekanntschaft mit den Reisegefährten der zweiten und dritten Klasse, wenn auch in einiger Entfernung, nicht zu vermeiden. Meist waren es Deutsche, welche irgend eine Stellung in Brasilien suchten oder vertragsmässig sich zum Antritt einer solchen verpflichtet hatten; zwei Tischlerfamilien, welche in Santos erwartet wurden, ein Gärtner mit Sohn und Tochter aus der Gegend von

Cassel, deren Reiseziel Petropolis war, ein Dienstmädchen, welches nach Bahia ging, 13 Musikanten, die ihr Glück in Brasilien versuchen wollten und fürs Erste gleichfalls sich nach Bahia wandten, und noch einige Andere mehr.

Das Wetter war heiter, die See ziemlich ruhig, allein die Langsamkeit, mit welcher wir von der Stelle kamen, eben so langweilig als aufregend. Auch stellte sich immer mehr die Erbärmlichkeit unseres Schiffes heraus. Es konnte höchstens der Zweifel entstehen, was schlechter sei, die Maschine oder das Schiff selbst. So war unsere Fahrt eine wahre Geduldsprobe; wir kamen nicht vom Fleck und dabei schien das Schiff durch unablässiges heftiges Schaukeln uns für den saumseligen Gang entschädigen zu wollen. Nachdem wir Damen mehrere Male mit unseren Stühlen umgeworfen waren, wagten wir nie mehr auf dem Deck zu sitzen, ohne dieselben vorher anbinden zu lassen.

Befremdend war es mir, zu erfahren, dass das Schiff ursprünglich gar nicht für Passagiere eingerichtet und nur von der Gesellschaft gemiethet sei, die pomphaft die Ankündigung einer neu ins Leben getretenen Dampferlinie in alle Welt hinausposaunt, ohne noch ein einziges Schiff zu besitzen. Als der Eröffnungstermin der Linie herangenaht und einige unglückliche Passagiere sich eingefunden, waren ein paar Kabinen der Bemannung auf dem „Criterion", einem alten kleinen Handelsdampfer, eiligst und nothdürftig hergerichtet, soweit es überhaupt möglich war, den engen Löchern mit den handgrossen Luken Luft und Bequemlichkeit zu geben. Das Schlimmste war die nicht zu verbessernde Bauart des Schiffes und die ungeschickte Einrichtung, nach welcher die Ketten, welche vom Steuerrad zur Maschine führen, unmittelbar über unseren Köpfen ganz offen auf dem Decke hin- und herliefen, ein Umstand, der besonders übel empfunden wurde, wenn wir im Bette lagen. Das unaufhörliche Aufschlagen dieser Ketten, vereint mit dem tobenden Stampfen der Maschine, liess an Schlaf nicht denken, bis die äusserste Erschöpfung eine Art von Schlummer erzeugte, aus welchem man unzählige Male auffuhr und erwachte. Kaum graute der Morgen, so erhob ich mich regelmässig von meinem harten und ruhelosen Lager und eilte auf das Deck, wo die frische Luft mein einziges Labsal war.

Speisen und Getränke an Bord waren so schlecht, dass es kaum möglich schien, Kaffee oder Thee zu geniessen. Der Vorrath an Eiern war bald verdorben, das Fleisch war zu fett und unschmackhaft bereitet, die Suppe verpfeffert, die Hühner uralt. Ich hätte viel darum gegeben, wenn ich ohne alle Nahrung hätte bleiben können, denn oft war auch der Haferschleim, der als Suppe aufgetischt wurde, nicht zu geniessen. Mitunter begnügte ich mich mit einigen Krachmandeln als der einzigen Speise.

Sehnsuchtsvoll blickte ich nach dem Wind und Rauch aus unserer Esse, den vorwärtstreibenden Kräften, die mich dem Ende meiner Qualen zuführen sollten. Allein es vergingen Stunden und Tage, ohne dass auch nur ein Rauchwölkchen sich über dem Schornstein gezeigt, und auf mein darüber verwundertes Befragen erklärte der Kapitän, die in Lissabon eingenommenen Kohlen seien so schlecht, dass an kein rascheres Vorwärtskommen zu denken sei, bis diese alle verbraucht wären, was wohl noch 5 bis 6 Tage dauern könne. Es währte indessen noch über 8 Tage. Dampf und Heizung waren schliesslich so schwach, dass die Speisen nicht mehr gar wurden und die armen Zwischendeckspassagiere, die ohnehin mit noch schlechterer Kost als wir vorlieb nehmen mussten, laute Klage erhoben. Die armen Leute erregten schon oft mein Mitleiden, wenn sie des Abends ihren Thee in einem Eimer zugetragen erhielten, in dem nicht selten noch Gemüseabfälle herumschwammen.

Der Kapitain sah zwar ein, dass nächst den schlechten Kohlen auch das nachlässige Heizen an dem schleichenden Gang des Schiffes schuld sei, traute sich jedoch nicht, dem Ingenieur etwas darüber zu sagen, da er behauptete, der Maschinist sei halb verrückt kürzlich aus Indien zurückgekommen und man müsse ihn suchen bei guter Laune zu erhalten, sonst sei gar nichts mit ihm anzufangen, denn er liesse sich nichts sagen noch einreden. Zu meinem Troste erzählte mir der Kapitain ferner, dass die Maschine so schlecht und schadhaft sei, dass er schon auf der vorigen Reise nicht geglaubt habe, mit ihr sein Ziel zu erreichen. Wenn dies dennoch geschah, so sei es nur der Geschicklichkeit des vorigen Ingenieurs zu danken gewesen. Jetzt habe man die Maschine in London nothdürftig geflickt, ihm aber einen Narren als Maschinisten mitgegeben, weil der Andere den Schiffseigenthümern über den schlechten Zustand der Maschine derb die Wahrheit gesagt und deshalb entlassen wurde. Das klang natürlich Alles sehr erfreulich für mich. Unser Schiff stand in der That oft lange Zeit ganz still, weil die Maschine reparirt werden musste. Wie langsam wir fuhren, zeigte sich am deutlichsten, als wir dicht bei der Insel Palma vorüber segelten, die wir am frühen Morgen in Sicht bekamen und am Abend noch nicht aus den Augen verloren hatten.

Die einzige Zerstreuung an Bord boten uns die Musikanten, die sich ab und zu auf ihre künftigen Kunstleistungen vorbereiteten und uns am Abend, wenn es windstill war, ein Concert zum Besten gaben, welchem häufig der in diesen Breitegraden plötzlich niederfallende Regen ein unverhofftes Ende bereitete.

Manche Stunde suchte ich im Schachspiel mit dem Kapitain oder dem jungen Mädchen, welches mit mir zugleich nach Brasilien reiste, Zerstreuung. Als ich aber von Tag zu Tag kraftloser und nervöser wurde und das seichte Geschwätz des Kapitains mir unerträglich anzuhören war, zog ich es vor, still und theilnahmlos, halb wachend, halb schlummernd in meinem Stuhle die endlosen Stunden hinzuträumen. Die Hitze wuchs mit jedem Tage, doch war der Aufenthalt auf dem Deck trotz der oft erstickenden Schwüle der Luft immer noch das Beste. Unfähig mich zu beschäftigen, ja nur zu lesen, selbst zum Hören und Sprechen unlustig, verbrachte ich meine Tage. War ich manchmal veranlasst in die Kajüte hinunter zu gehen, was ich so viel wie möglich zu vermeiden suchte, so machte mich die heisse stagnirende Luft in den untern Räumen sogleich wieder seekrank; auch hatte ich dabei an der sog. Pantry (Vorrathskammer) vorbeizugehen, aus der ein solcher Mischmasch von Speisedünsten der unangenehmsten Art hervordrang, dass schon der Gedanke daran Uebelkeit erregte. —

Diesem qualvollen Zustande fehlte jedes Heilmittel, durch irgend welche Gedankenanregung von Aussen. In trostloser

Einförmigkeit folgte ein Tag dem andern. Einige Abwechslung gewährte höchstens ein in weiter Ferne vorübersegelndes Schiff, was jedoch selten genug vorkam, ein Schwarm grosser Fische, eine Meerschildkröte, oder die kleinen fliegenden Fische, welche über die endlose Wasserfläche hinhuschten. Nur der Sonnenuntergang, oder der Sternenhimmel flösste mir noch einiges Interesse ein.

Da ich in der unerträglich heissen schlechten Luft und wegen des unaufhörlichen Lärms der Ketten in meiner Kabine nicht zu schlafen vermochte, wollte ich auch des Nachts auf dem Verdeck bleiben, doch der Kapitain gab es nicht zu, weil dies unter diesen Breitegraden der Gesundheit im höchsten Grade nachtheilig sein soll. Nur einmal versuchte ich es, als auch der Kapitain oben blieb, doch kam in der Nacht ein so furchtbarer Platzregen, dass ich den Versuch kein zweites Mal wagen wollte. Trotzdem ich mir des Nachts bei der immer zunehmenden Hitze im weiteren Verlaufe der Reise den Kopf mit kalten Umschlägen zu kühlen suchte, vermehrten sich meine steten Kopfschmerzen in beängstigender Weise und die schrecklichen Nächte ohne Schlaf und Luft auf steinhartem Lager, der Mangel an ausreichender Nahrung, mit Ausnahme von einigen Tropfen Wein mit Wasser, einer Brodrinde oder einigen Mandeln brachte noch andere körperliche Störungen mit sich, so dass ich die Unmöglichkeit einsah, auf diesem schlechten Schiffe die Reise vollenden zu können. Selbst der Kapitain meinte, ich setze Leben und Gesundheit auf das Spiel. Doch war es nur das schlechte Schiff, was mich krank machte. Mein Entschluss war daher gefasst, in Bahia, dem nächsten Hafen, auszusteigen und dort bis zur Ankunft des französischen Dampfers zu verweilen, mit welchem ich meine Reise zu beendigen beschloss. Meine anfängliche Absicht, einen Warnungsruf zu veröffentlichen, um Andern die gleichen Leiden und Entbehrungen zu ersparen, welche mir die Wahl des „Criterion" bereitet hatte, trat durch die Fülle von neuen Eindrücken und Erlebnissen in Brasilien allmälig in den Hintergrund, bis ich zuletzt dieselbe ganz aufgab."

Soweit die Erzählung jener Dame. Neuerdings ist nun eine neue deutsche Linie durch den Norddeutschen Lloyd von Bremen aus ins Leben getreten, welche sehr gelobt wird.

Auch über die englischen Dampferlinien ist nicht viel Rühmliches zu berichten, da ihre ganze Einrichtung bei Weitem nicht so angenehm und bequem für die Passagiere ist, als auf den früher genannten französischen Postdampfschiffen. Für die Engländer ist die Waarenladung mehr von Wichtigkeit als die Beförderung der Reisenden, und so wichtig auch die Vermittelung des Handels durch englische Dampfer für Brasilien und die gesammte Handelswelt ist, so ungern bedient sich die Mehrzahl der Reisenden der englischen Steamer. Ich selbst kann das allgemeine Urtheil über die Unbequemlichkeit englischer Dampfer aus eigener Erfahrung nur bestätigen.

Als ich im Jahre 1871 von Brasilien nach Europa reisen wollte und trotz der ungünstigen Zeit diese Reise keinen Aufschub duldete, erschien es mir nicht rathsam, mich zur Ueberfahrt eines französischen Steamers während des noch nicht beendigten Krieges mit Frankreich zu bedienen. Ich musste daher suchen, auf alle Fälle ein englisches Schiff zu erreichen, und dies gelang mir, wenn auch mit einem grossen Umwege über Uruguay, im Hafen von Montevideo. Der englische Dampfer, welcher von dort nach Europa abzusegeln bestimmt war, gehörte der belgischen Linie an und führte den bestechenden Namen „Bonita" (die Schöne). Wie bei den meisten englischen Dampfern war der Speisesaal unter Deck angebracht und alle Kabinen hatten ihren Ausgang in diesen Raum. Abgesehen davon, dass es höchst lästig war, die Kabinen nicht verlassen zu können, ohne sogleich unter die im Speisesaal versammelte Gesellschaft zu treten und sich nicht regen und bewegen zu dürfen, ohne von aussen gehört zu werden, wurde dem Speisesaal durch die an der Decke befindlichen Luken nur eine ungenügende Menge von Licht und Luft zugeführt. Ungleich besser war dafür seiner Zeit auf dem französischen Dampfer gesorgt, wo der Speisesaal vollständig frei als besonderes Stockwerk mit allem erdenklichen Luxus ausgestattet, licht und luftig, oben auf dem Deck angebracht war. Doch dies sind Geschmackssachen und hat einmal einer der Leser Lust, selbst nach Brasilien zu reisen, so möge er sich noch genauer mit den Vor- und Nachtheilen des einen und anderen Schiffes bekannt machen. Das was mich auf dem englischen Dampfer am unangenehmsten berührte, war die für einen deutschen Magen schändliche Kost, welche während der über alle Gebühr verzögerten 42 tägigen Reise ausschliesslich fast in Hammelfleisch bestand. Um aber auch in der übrigen Zeit und zwischen den Mahlzeiten an die leidige Hammelkost erinnert zu werden, wurden die Geruchsorgane der Passagiere zum Ueberflusse durch eine mit uns reisende Schaafheerde tagtäglich beleidigt. Nahezu ein Jahr noch nach meinem Aufenthalte auf der „Bonita" war mir der Genuss von Hammelfleisch zur Unmöglichkeit geworden.

Den ungemüthlichsten Aufenthalt bieten die verschiedenen brasilianischen Dampfer, welche die Küsten- und Flussschifffahrt vermitteln. Häufig sind es nur für den eigenen Gebrauch zu schlecht befundene Dampfer anderer Nationen, welche vom Staate oder einer Gesellschaft dazu angekauft wurden, dem Personen- oder Güterverkehr auf den brasilianischen Gewässern zu dienen. Gebrechlichkeit des Schiffes, Schmutz, mangelhafte Einrichtungen jeder Art, Unpünktlichkeit und Rücksichtslosigkeit gegen die Reisenden, — dies sind so die Haupteigenschaften brasilianischer Dampfer. Dass man den Spaziergang auf dem Deck mit den zum Küchengebrauch bestimmten Schweinen theilt, dass der Aufwärter die nach der Mahlzeit von den Passagieren bei Seite geworfenen Zahnstocher aufsucht, um sie ein zweites Mal auf die Tafel zu setzen, — dass von den Aufwärtern in kalten Nächten das Tischtuch als Schlafdecke benutzt wird, um andern Tags seiner ursprünglichen Bestimmung wieder zu dienen, oder dass vor den Augen der Reisenden etwa verendetes Federvieh ungescheut dem Koche zur Verwendung zugewiesen wird, — das sind Alles tägliche und unschuldige Vorkommnisse, an welchen man keinen Anstoss auf brasilianischen Dampfern nehmen darf.

Die Dampfschiffverbindungen mit Europa, an der Küste und auf den Flüssen würden übrigens nicht so zahlreich sein, wenn nicht die meisten Schifffahrtsgesellschaften vom Staate, in der Absicht den Handel dadurch zu heben, eine Beihülfe aus der Regierungskasse erhielten. Vor 4 Jahren noch betrug der Zuschuss des Staates für die Dampfschifffahrt $5\frac{1}{2}$ Millionen Mark. Es bestehen 18 vom Staate unterstützte See- und Flussschifffahrtslinien, deren Subventionen die Gesammtsumme von

7,731,000 Mark, ungerechnet 450,000 Mark jährlichen Zuschusses an die nordamerikanisch-brasilianische Gesellschaft, welche die Postverbindung zwischen New-York und Rio Janeiro vermittelt. Mehrere andere Linien werden aus Provinzialfonds unterstützt. Die sogenannte transatlantische Dampfschifffahrt besteht ohne jegliche Staatsunterstützung, und das Unternehmen von sechs englischen, vier französischen, einer deutschen und einer italienischen Gesellschaft, welche die Handels- und Postverbindung zwischen Rio Janeiro und Southampton, London, Liverpool, Falmouth, Bordeaux, Havre, Marseille, Antwerpen, Hamburg, Genua, Neapel, sowie Barcelona, Lissabon, S. Vicente, Pernambuco, Bahia, Santos, Montevideo, Buenos Ayres, Valparaiso, Arica, Islay und Callao de Lima unterhalten. — Die obenerwähnten vom Staate und den Provinzen mit Geld unterstützten Dampfschifffahrtslinien haben eine Ausdehnung von 36,300 Kilometer, wovon 17,160 auf die Küsten und 19,140 auf die innere Flussschifffahrt zu rechnen sind.

Ziemlich ansehnlich ist die Zahl der Segelschiffe, welche neben den Dampfern in Thätigkeit sind und zu deren Sicherheit und Schutz namhafte Summen von der Regierung für Errichtung von zum Theil vorzüglich eingerichteten Leuchtthürmen und anderen Küstensignalen verwendet werden. Im Jahre 1872 nahmen am überseeischen Handel 6324 Segelschiffe, am Küstenhandel 9893 Schiffe Theil.

Die brasilianische Marine ist selbstverständlich bei der kaum etwas über 50 Jahre erreichten Selbstständigkeit des Staates noch von keiner grossen Bedeutung. Da ihr aber in der grossen Küstenausdehnung Brasiliens eine Hauptrolle in der Landesvertheidigung zufällt, so werden alljährlich grosse Summen auf ihre Fortentwicklung verwand. Im Wesentlichen ist Alles, was mit ihr zusammenhängt, nach dem Vorbilde Frankreichs geregelt. Die Bemannung der Schiffe wird fast ausschliesslich aus einem besonders herangebildeten etwa 3000 Mann starken Matrosenkorps entnommen. Etwaige Verstärkungen liefern die auf etwa 3400 sich beziffernden Schiffsjungen-Kompagnien, und für den Landungsdienst besteht noch ein 1000 Mann zählendes Seebataillon. Die Kriegsflotte, auf welcher diese kleine Truppe Verwendung findet, und welche die Seen und grösseren Flüsse Brasiliens befährt, zählt gegenwärtig

70 Fahrzeuge incl. 9 Dampfer für den Hafendienst, ausserdem eine Panzerfregatte und ein Thurmfahrzeug. Unter den 70 erstgenannten Schiffen sind 15 Panzer- und 55 Holzschiffe mit 65 glatten und 72 gezogenen Geschützen, sie haben zusammen 11,188 Pferdekraft. Der Officierstand beläuft sich auf 338 Personen. — Der Bau der Schiffe und des grössten Theils des Kriegsmaterials wird neuerdings soviel wie nur immer möglich im Lande selbst bewerkstelligt und die vorhandenen Docks und Marine-Arsenale sind in der That nicht unbedeutend. Auch den allerneuesten Ausrüstungs-Erfordernissen einer grösseren Marine suchte man durch die Anlage von Feuerwerks-Laboratorien, Giessereien, Torpedowerkstätten u. dgl. zu genügen, so dass voraussichtlich Brasilien in der Zukunft sich zu einer nicht zu unterschätzenden Seemacht entwickeln wird.

Mit welchen Hindernissen die Flussschifffahrt durch das Vorhandensein zahlreicher Wasserfälle und Stromschnellen zu kämpfen hat, ist bereits früher angedeutet worden. Auch hier ist die Regierung fortwährend bemüht, durch mannigfache zum Theil sehr kostbare Arbeiten, wie z. B. die Anlage von Marginalstrassen, die Befahrung verschiedener für den grösseren Verkehr bisher unzugänglicher Wasserstrassen zu ermöglichen und dadurch zur Hebung des Handels beizutragen.

Die Schiffe, welche sich auf den Flüssen vorzugsweise in Gebrauch befinden, sind sehr verschiedentlicher Art. Man hat Barcos de Negocio (Handelsfahrzeuge), welche mit einer Fracht von etwa 400 Centner und einer Bemannung von 10 bis 18 Leuten durch Fahrbäume, halb stossend, halb rudernd fortbewegt werden, während ein Theil der Schiffsmannschaft ständig auf der Wacht steht, um einem etwaigen Ueberfall der Wilden zu begegnen. Sehr malerisch nehmen sich die grossen indischen Boote aus, wie man solchen häufig auf dem Amazonenstrom begegnet. Es ist weniger die Bauart, welche als besonders eigenthümlich in die Augen fällt, wie vielmehr die dunkle Bemannung. Nothdürftig nur mit einem Schurz bekleidet, sitzen die schwarzen Gesellen in Reih und Glied hintereinander mit dem kurzen Ruder in der Hand und stossen mit derselben taktmässigen Bewegung, wie die Schaufeln eines Dampfers die leichtgekräuselten Wellen des majestätischen Stromes zurück. Hinten am Fahrzeuge aber lenkt ein ebenso dunkelfarbiger Steuermann mit kundiger Hand

Sonstige Dampferverbindungen und Flussschifffahrt. 159

das Boot, während auf der mit Matten überdachten Kautschukladung oder was sonst darunter verborgen sein mag, zwei andere

Ein indisches Boot auf dem Amazonenstrom.

etwas civilisirter aussehende Männer als Aufseher die Leute überwachen und Papageien und Affen auf der hinteren Kajüte ihr Wesen treiben. Die Fahrzeuge alle, welche im Gebrauche sind, mit Namen aufzuführen, würde den Raum dieser Blätter überschreiten.

Von grosser Bedeutung für den Binnenhandel in Brasilien, nächst der Flussschifffahrt, sind die Landstrassen und Eisenbahnen, welche heute zwar beide noch keine grosse Verzweigung erlangt haben, aber doch noch mehr fast wie der Verkehr auf den Gewässern von äusserster Wichtigkeit für das Land sind. Landstrassen nach unsern europäischen Begriffen, welche geebnet und sorglich unterhalten werden, sind spärlich vorhanden. Ja ich selbst kenne eigentlich nur eine einzige treffliche Kunststrasse und zwar ist es die vom Fusse der Serra bei Rio Janeiro bis nach dem Lustschloss des Kaisers auf der deutschen Kolonie Petropolis und weiter nach Suiz de Fora. Es soll dies auch die erste Kunststrasse in Südamerika überhaupt gewesen sein. Trotzdem man beim Bau derselben die gewaltigsten Hindernisse zu überwinden hatte, ist es doch gelungen, wenn auch nicht ganz ohne Vermeidung aller Fehler in der Anlage, vornehmlich durch das kräftige Eingreifen deutscher Arbeiter einen breiten herrlichen Fahrweg über die ansehnliche hohe Serra d'Estrella zu führen. Allerdings soll die kurze Strecke ganz ausserordentliche Summen verschlungen haben. Ausser dieser Verbindung der Hauptstadt mit dem Kaiserlichen Lustschlosse ist die Zahl der Land- und Kunststrassen nicht sehr gross und nachdem erst an einigen Orten Eisenbahnunternehmungen ins Leben getreten sind, vernachlässigt man mehr noch als früher den Strassen- und Wegebau, ohne zu bedenken, dass dieser allein den wahren Hebel alles Fortschritts für die Entwicklung des Landes bildet. Man ist deshalb zum grössten Theile mit dem Binnenhandel und als Reisender auf Strassen angewiesen, die kaum den bedächtigen Schritten der Reit- und Lastthiere genügen. Die Waaren müssen auf eine höchst mühselige Art, wie dies bereits in den vorigen Kapiteln angedeutet wurde, fortgeschafft werden. Auf dem Rücken der Lastthiere befördert man selbst Pianos nach dem Innern des Landes.

Wie bei uns in früherer Zeit vor der Ueberhandnahme des Güterverkehrs auf den Eisenbahnen die Frachtfuhrleute eine wichtige Rolle im Handelsverkehr spielten, so sind es dort drüben, auf den kaum sichtbaren Pfaden über die Campos-

und auf den sehr verwahrlosten Wegen des Urwaldes die Tropeiros (Maulthiertreiber), welche alle Handelsgeschäfte bis in die entferntesten Gegenden des Landes vermitteln. Dieselben besitzen in der Regel ein Dutzend oder mehr Thiere, mit welchen sie jahraus jahrein von einem Handelsplatz zum andern ziehen, die Schätze des Innern in die Städte, die europäischen Waaren dagegen von da zu den einsam gelegenen Ansiedelungen und Ortschaften im Innern geleiten. In der Regel reitet der Tropa, so nennt man die ganze Maulthiertruppe, ein Anführer voran, und im Gänsemarsch ihm nach folgen die schwerbeladenen Thiere, welche zur besseren Aufrechthaltung der Ordnung durch je einen Strick, welcher am Gebiss des Einen und am Schwanz des Andern befestigt ist, mit einander verbunden sind. Den Beschluss macht der Tropeiro, welchem die ganze Karavane angehört. Er ist selten nur ein reicher Mann und erwirbt sich unter unsäglichen Beschwerden und Gefahren mit Aufopferung von Gesundheit und dem Einsatz aller Habe sein Brod. Mit Leib und Seele indess ist er seinem Berufe zugethan, dem er seit seiner frühesten Jugend angehört und dessen mühevolles und bewegtes Leben von ihm einen hohen Grad von Muth, Entschlossenheit, Kraft, Gelenkigkeit, Geistesgegenwart, zähe Ausdauer und die grösste Genügsamkeit fordern. Mehr als für sich selbst ist er auf das Wohl seiner Thiere bedacht, welche bei den zahllosen Wechselfällen solcher Reisen jederzeit die allergrösste Aufmerksamkeit fordern, um ihr Leben oder die oft noch kostbareren ihnen anvertrauten Güter vor Schaden zu bewahren. Dennoch geschieht es, dass bei dem Fehltritt eines Maulthieres auf den oft mit tiefen Löchern besäeten Wegen, oder durch die Tücke des brückenlosen, zu durchschreitenden Flusses dem armen Maulthiertreiber der empfindlichste Verlust bereitet wird. So unentbehrlich das Geschäft der Tropeiros für den Binnenhandel Brasiliens ist, so verderblich ist die Einwirkung der Maulthiertransporte auf die Beschaffenheit der Wege. Da es die Gewohnheit der Maulthiere ist, immer genau in die Fusstapfen der nächst voranschreitenden Gefährten zu treten, so wird in unerhörter Weise die Verschlechterung des Weges dadurch bewirkt.

In den nördlicher gelegenen Provinzen sind die Tropas besser zusammengesetzt als im Süden, da hier z. B. in Minas

Geraes die eigentliche Heimath der eingeborenen Tropeiros ist, während anderwärts, wie in der Umgebung der deutschen Kolonien vielfach Deutschbrasilianer sich diesem Berufe ergeben, welche nicht die gleiche Geschicklichkeit und Hingebung dafür besitzen. Zwar sind uns keine statistischen Zahlenangaben zur Hand, wie hoch sich die Zahl der Tropeiros im Lande beläuft, jedenfalls aber muss dieselbe sehr bedeutend sein, da man denselben auf jeder Reise so überaus häufig begegnet.

Ein Haupthinderniss für den Verkehr auf den Landstrassen ist die Seltenheit, ja in den meisten Provinzen der gänzliche Mangel an Brücken und Fähren, die nicht einmal, trotz der leicht möglichen Beschaffung bei den kleinsten Flüssen vorhanden sind. Alle Gewässer müssen durchritten oder zu Pferde durchschwommen werden. Ich selbst habe unzählige Male auf meinem Pferde kauernd Ströme durchritten und durchschwommen, welche so breit waren, dass wir mitunter eine viertel bis halbe Stunde zu dem allerdings langsam bewerkstelligten Uebergang gebrauchten. Das Ueberschreiten der Flüsse erschien mir auch stets bei meinen Reisen als eine sehr ungemüthliche Beigabe. Abgesehen davon, dass man nie ganz trocken das andere Ufer erreicht und bei starker Strömung Gefahr läuft mit fortgerissen zu werden, haben manche Thiere eine so grosse Abneigung gegen dieses ihnen fremde Element, dass es weder der ungeduldigsten Drohung noch den zärtlichsten Schmeichelworten gelingt, ihren Widerwillen dagegen zu überwinden.

Der Gebrauch von Wagen ist nur ein sehr beschränkter, namentlich sofern es sich um die Beförderung von Waaren und Gütern per Achse handelt und dieselben also lediglich dem Handel zu dienen haben. Am häufigsten begegnet man in den grösseren Städten mit Zugvieh, Maulthieren oder Pferden bespannten Vehikeln. Hier finden sich Wagen vom elegantesten Pariser Cabriolet, von altmodischen Kutschen vorsündfluthlicher Bauart an bis zu den fastnachtsmässig aufgeputzten Leichenwagen und den eigentlichen landesüblichen zweirädrigen Karreten, welche an die Wagen der römischen Triumphatoren erinnern würden, wenn sie nicht so unendlich plump gebaut wären. Letztere sind diejenigen Vehikel, welche fast allein auf dem flachen Lande neben den Tropas auf den bodenlosen Wegen verkehren. Stundenweit kündigen sie sich durch das abscheuliche Gequietsche an, welches die Räder bei dem absichtlichen Wegfall alles Schmierens verursachen. Dieses widerliche Getön ist nicht zufällig, es wird vielmehr von den Führern als ein unentbehrliches Mittel betrachtet, das daran gewöhnte Gespann in regelmässigem Gang zu erhalten. Gilt es, das Weiterkommen noch etwas zu beschleunigen, so werden die 4 bis 8 Ochsen durch Lanzenstiche des zu Pferde nebenher trottenden Karretenführers angetrieben. Die Art der Bespannung und der Bau der Karrete sind von einer ganz ausserordentlichen Einfachheit. Riemenzeug oder Zügel kennt man gar nicht, die Ochsen werden mit klobigen hölzernen Jochen mittelst ihrer Hörner zu zwei und zwei vorgespannt, während die zwei Räder der Karrete nur aus runden Holzscheiben bestehen, die durch eine Achse mit einander verbunden sind. Die Karrete selbst besteht aus rohen Brettern und hohe mit Schilfmatten bekleidete Rohrbogen überdachen dieselbe. — Im Innern des Landes dienen diese einfachen Fuhrwerke, mit welchen man keineswegs schnell vom Flecke kommt, nicht nur der Frachtbeförderung allein, auch die Brasilianerinnen verschmähen es nicht, damit ihre Besuche in der Nachbarschaft abzustatten oder eine Reise in die Stadt auf so bescheidene Weise zurückzulegen. Dass sie selbst wie gerädert und halb taub den dunkeln Kasten, auf dessen Boden sie nach türkischer Art kauern, verlassen, ist den brasilianischen Schönen durchaus nicht störend.

In den südlicheren Provinzen haben sich schon, zumeist wohl durch die deutschen Kolonisten und wo es der Weg nur einigermaassen erlaubt, Leiterwagen nach europäischer Art eingebürgert. Das Fahren mit Wagen ist aber unter allen Umständen auf brasilianischen Verkehrswegen ein so halsbrecherisches Unternehmen, dass es nicht zur rathsamsten und sorglichsten Waaren- und Personenbeförderung gehört. Auf die übrigen im Gebrauch befindlichen Wagen zurückzukommen, wird sich im weiteren Verlaufe der Schilderungen brasilianischen Lebens und Treibens Gelegenheit finden.

Dem Bau der Eisenbahnen, welchem man den grössten Eifer widmet und der in Folge dessen seit einem Jahrzehnt zur Fertigstellung einiger Linien geführt hat, stellt sich das grösste Hinderniss in dem Mangel an Kapitalien und Arbeitskräften.

11*

entgegen. Alle Eisenbahnen, welche bereits existiren, sind von Aktiengesellschaften und mit Zuhilfenahme ausländischer Geldmittel erbaut, indem der Staat eine gewisse Zinsengarantie dafür übernahm.

Die brasilianischen Eisenbahnen sind meist von englischen Ingenieuren hergestellt und trotz der vielfach zu überwindenden Schwierigkeiten, wie Brücken, Viadukte, Tunnels, gut und zweckmässig gebaut, aber die zugehörigen Gebäude und sonstigen Anlagen werden an manchen Stellen auf unbeschreibliche Weise vernachlässigt. Die Sicherheit auf den brasilianischen Eisenbahnen würde daher sehr gefährdet sein, wenn der Personen- und Güterverkehr erheblicher wäre. Am meisten wird die schon 1854 dem Verkehr übergebene sog. Mauábahn, welche von der Bai von Rio Janeiro bis zur oben erwähnten Kunststrasse nach Petropolis führt, befahren. Die neueste Bahn ist jene, welche in der Provinz Rio grande do Sul mit englischem Kapital von der Hauptstadt Porto Alegre nach dem Hauptstapelplatz der umliegenden deutschen Kolonien S. Leopoldo und Hamburgerberg geführt wurde.*) Die Einrichtung der Waggons auf den brasilianischen Bahnen ist durchaus europäisch; befremdlich ist nur das rasend schnelle Fahren der Züge, deren Bedienung fast nur aus Negern und Mulatten besteht, so dass sich das dahinschnaubende Dampfross mit der schwarzen Bemannung doppelt unheimlich ausnimmt.

Einem kurzgefassten Ueberblick über die vorwärtsschreitende Entwickelung Brasiliens, der im Jahre 1874 zu Rio im Drucke erschien und das Resumé der amtlichen Relatorien enthält, entnehme ich folgende Angaben über den Stand des Eisenbahnwesens:

Dem Verkehre eröffnet sind bereits 15 Bahnen mit einer Längenausdehnung von 5026 Kilometer, im Bau begriffen sind 17 mit 1525 Klm. Länge, in Angriff genommen 12, deren Länge man auf 2421 Klm. veranschlagt, und durch das Gesetz bereits genehmigt sind noch andere 26 mit 5505 Klm. Länge. Unter den drei grossen Linien, welche projektirt sind, bildet die

---

*) Die jüngst von den Blättern telegraphisch im Auszug mitgetheilte Thronrede der Prinzessin-Regentin bei der Eröffnung der Kammern in Rio erwähnt als allerneuester Errungenschaft nun auch der Vollendung einer Eisenbahnlinie von Bahia nach Pernambuco.

bereits bestehende Eisenbahn Pedro II. den Ausgangspunkt. Sie soll bis zum S. Franciscofluss durch die Provinzen Rio Janeiro und Minas Geraes und von hier durch das Flussthal des Tocantins nach Pará führen. Die zweite soll das Centrum Brasiliens durchschneiden von der Mündung des Amazonas bis zu der des La Platastromes, und sich ferner durch die Flussthäler des Tocantins, Araguay und Paraguay in einer Längenausdehnung von 6798 Klm. erstrecken. Die dritte Linie soll von Rio Janeiro bis an die Südgrenze gehen und die Hauptstädte der Provinzen S. Paulo und Parana, das Innere von S. Catharina und die Stadt Porto Alegre in der Provinz Rio Grande do Sul berühren.

Die Erhebung der Steuern wird wesentlich durch die Belastung der Handelswaaren mit hohen Zöllen in Ausführung gebracht. Zum Theil sind die Zollabgaben so hoch, dass sie den ursprünglichen Preis der Waaren übersteigen und den auswärtigen Handel in unerhörter Weise niederhalten. Im Allgemeinen werden die Waaren mit 30 bis 80 Prozent ihres Werthes versteuert, nur gewisse Artikel, welche das Land im Ueberflusse erzeugt, werden bei der Ausfuhr und andere, welche in Brasilien gar nicht zu haben sind, bei der Einfuhr niedriger verzollt. Mit dem höchsten Zoll sind unter Anderm Schuhwaaren aller Art, fertige Kleidungsstücke und Mobilien belegt. Nicht minder kostspielig ist die Einführung von Tüll, Seide und andern dergleichen Dingen, welche zu 40 bis 50 Procent versteuert werden müssen. Natürlicherweise ist durch dieses ganze Steuersystem die Versuchung zur Bestechung und Untreue der Beamten und zum Schleichhandel der Kaufleute und Schiffsführer in reichem Maasse gegeben. Die Unterschleife, welche sich die angesehensten Kaufhäuser oft in grossartigster Weise zu Schulden kommen lassen, werden häufig mit bewunderungswürdiger Schlauheit ins Werk gesetzt und die Wachsamkeit der zahlreichen brasilianischen Zollbeamten genügt nicht, allen den Betrügereien und Hintergehungen der Behörden Seitens der Kaufleute auf die Spur zu kommen. Es möge genügen, zur Vergegenwärtigung des durch den hohen Zoll hervorgerufenen schlauen Betrugs ein paar Stückchen zu erzählen, wie sie sich gerade während meiner Anwesenheit in Rio Janeiro zugetragen.

Ein Handelshaus liess alle von ihm aus Europa bestellten

Waarenballen so verpacken, dass zwei überein gezeichnete
Collis sich unter einer Umhüllung befanden. Nachdem nun
beim Einlaufen in den Hafen die Zollwächter an Bord die
Stückzahl der Waarenballen verzeichnet und sich wieder entfernt hatten, trennte man die obere Umhüllung ab und erhielt
dadurch die doppelte Anzahl Collis, deren eine Hälfte in der
Dunkelheit auf Kähnen unverzollt ans Land geschmuggelt wurde,
während die andere Hälfte der Verzollung überlassen blieb.

Der französische Consul in einer nicht unbedeutenden Hafenstadt liess jahraus jahrein eine grosse Menge von schwedischen
Zündhölzern kommen, welche durch die Originalverpackung der
Fabrik von Aussen sofort leicht ihrer Natur nach kenntlich
waren. Im Vertrauen zu der Persönlichkeit und der Stellung
des Empfängers gestattete die Zollbehörde Jahre lang, dass
die Kisten mit schwedischen Zündhölzern für den französischen
Konsul statt in den Lagerschuppen des Zollamtes uneröffnet
und direkt von dem Schiffe in dessen Haus gebracht wurden.
Eines Tages aber fiel es einem Beamten ein, eine solche Kiste
genauer nachzusehen, wobei es sich herausstellte, dass der Kern
derselben aus lauter kostbaren Seidenstoffen bestand, während
die Tändstickors in den grünen Packetchen nur in einer
dünneren Schicht rings herum gepackt waren.

Ein Anderer wusste die Zollbehörde dadurch zu hintergehen, dass er bei Bestellung einer Kiste mit Handschuhen
die für beide Hände bestimmten Hälften in getrennten Collis
an verschiedene Häfen versenden liess. Beim Empfang der
Waare verweigerte er die Annahme und überliess es der Zollbehörde, die scheinbar unbrauchbare Sendung, wie dies in
solchen Fällen üblich, zu versteigern. An beiden Eingangsplätzen erstand dann der listige Besteller die Waare zu weit
geringerem Preis, als der Zoll betragen haben würde, wogegen
ihm nur die Mühe blieb, die Handschuhe wieder zu assortiren.

Eine ähnliche List ward von einem Uhrenhändler angewendet, welcher eine grosse Partie Genfer Uhren mit nur
theilweisen Werken versehen zugeschickt erhielt, während zu
anderer Zeit die fehlenden Räder ihm zukamen. Auch er erhielt auf obige Weise seine Waare wieder, ohne den theuren
Zoll dafür zahlen zu müssen, und nachdem die Uhren vervollständigt und das Werk ergänzt war, verkaufte er sie mit
doppeltem Gewinn.

Wenn schon die Vorschriften über die Waarenversendung zur See und das Verhalten der Schiffe im Hafen bezüglich der Verzollung sehr streng und belästigend für den Verkehr sind, so beeinträchtigen die Brasilianer ihren Handel noch mehr dadurch, dass es gesetzlich bestimmt ist, in den einzelnen Häfen nur gewisse Waaren einzuführen, und sehr wenige Hafenplätze dem auswärtigen Handel in seinem vollen Umfange geöffnet sind.

Auch für den Reisenden macht sich die Unbequemlichkeit der Zollämter sehr fühlbar und man wird beim Landen in Brasilien halbe Tage lang durch die Chikanen in den Zollhäusern gepeinigt, ehe man seine Habseligkeiten aus den Klauen der Steuerwächter befreit hat. Die Kaufleute, welche in grossen Massen die europäischen Waaren einführen, bringen überhaupt den grössten Theil ihrer Lebenszeit in der Alfandega (Hauptzollamt) zu. Zwischen Haufen von Stockfischen, Mehlsäcken, Tuchballen, Bücherkisten, Eisenwaaren, Mühlsteinen, Häuten und Fellen, Mobilien, Fässern u. dgl. laufen sie in angelegentlichem Zwiegespräch mit den sehr behäbigen Zollbeamten hin und wieder, bald durch ihre Beredsamkeit eine Herabminderung der Zollansätze erstrebend, bald durch eine bestechende Freigebigkeit beim Oeffnen einer Wein- oder Liqueurkiste die Geneigtheit der Wächter des Gesetzes erkaufend. Oft aber auch verlieren die gequälten Kaufleute alle Fassung und Geduld und man hört dann in allen Sprachen Flüche und Verwünschungen ertönen über das jeder Vernunft spottende brasilianische Zollsystem. Deutsche Kernflüche gehören dabei nicht zu den Seltenheiten, da der Grosshandel an den grösseren Seeplätzen sich vielfach in den Händen deutscher Kaufleute befindet. Ausser ihnen halten sich in grosser Zahl portugiesische, französische, englische und amerikanische Grosshändler hier auf. Am stärksten unter den Fremden sind die Portugiesen vertreten, deren fast 10,000 nahezu ein Fünftel der bis jetzt statistisch festgestellten Zahl aller Kaufleute in Brasilien ausmachen.

Grosse Bankinstitute, welche den Geldverkehr vermitteln, sind erst in neuerer Zeit wieder in Brasilien erstanden, nachdem ein früheres Institut dieser Art wegen nachlässiger Führung bereits im Jahre 1829 seine Thätigkeit einstellen musste. Aber auch unter den bestehenden Banken giebt es solche, die nicht als sehr zuverlässig gelten, und die Handelswelt sucht überhaupt soviel als möglich die Vermittelung der Banken bei ihren Geschäften zu vermeiden. Nur zu häufig kommt es vor, dass einer der betheiligten Bankbeamten mit grossen Summen verschwindet und die Ersparnisse Jahre langer Mühen und Entbehrungen für Viele dadurch verloren gehen. Bei dieser Gelegenheit sei erwähnt, dass ausser den etwa 29 Banken noch gegen 30 Gesellschaften für industrielle und commercielle Unternehmungen in Brasilien bestehen, deren Dasein entschiedenes Zeugniss für das Vorwärtsstreben des brasilianischen Volkes ablegt. Allerdings sind diese Eisenbahn-, Versicherungs-, Schifffahrts-, Gasbeleuchtungs-, Bergbau-, Wasserleitungs- und Chausseebau-Gesellschaften meist von Ausländern gegründet, doch würde ihr Fortbestehen ohne die lebhafte Betheiligung der einheimischen Bevölkerung nicht möglich sein.

Eine wichtige Rolle spielt heute im Verkehrsleben das Postwesen, welches seit einigen Jahrzehnten bei uns in Deutschland einen so grossartigen Aufschwung genommen und die andern Länder gleichsam mit sich fortgerissen hat. Auch Brasilien ist seit mehreren Jahren bemüht, hinsichtlich des Postbetriebs den Anforderungen der Neuzeit nach besten Kräften zu genügen; man würde aber sehr fehlgehen, wenn man sich die brasilianischen Posteinrichtungen auch nur annähernd wie den deutschen Postbetrieb vorstellen oder gar irgend welche Ansprüche auf gleiche Ordnung und Pünktlichkeit daran erheben würde. Zwar sind mit den überseeischen Staaten eine Menge von Verträgen abgeschlossen, die Briefsäcke werden wohlverpackt von bestimmten Postdampfern in bester Ordnung in Rio Janeiro abgeliefert, aber kaum dass brasilianische Hände sich ihrer bemächtigt haben, so wird die Weiterbeförderung des Inhalts mit der in allen Verhältnissen gewohnten Nachlässigkeit und Willkür betrieben. Demnach ist es zu verwundern, dass in Anbetracht der Handhabung des Postdienstes verhältnissmässig selten ein Brief ganz verloren geht. Der grösste Uebelstand in dem Postverkehr ist der, dass nur eine kleine Zahl von Briefen durch wirkliche Postboten an die Empfänger befördert wird. Der bei weitem grössere Theil von Briefen bleibt auf dem Postamte liegen, um von dem Adressaten, namentlich den Kaufleuten, welche gerade wie bei uns die für sie bestimmten Sendungen in Fächer zurücklegen lassen, für deren Gebrauch sie jährlich eine kleine Summe an die Post entrichten, in Empfang genommen zu werden.

Die Adressen der nicht für diese Fächer bestimmten Briefe werden jedes Mal nach Ankunft des Dampfers und erfolgter Sortirung von einem Postbeamten laut verlesen, während eine dicht gedrängte Menge von Leuten aller Art mit gespannter Aufmerksamkeit auf die Namen horcht und bald da, bald dort ein lautes „Hier!" ertönt, auf welches hin gegen Erlegung des etwaigen Portobetrags die Aushändigung des Briefes ohne Weiteres erfolgt. Eine Legitimation des Empfängers wird in den seltensten Fällen beansprucht. Natürlicherweise führt dieses Verfahren zu grossen Missbräuchen. Auch bei dem Sortiren der Briefe verfahren die Postbeamten nicht mit allzu grosser Aengstlichkeit und es ist gewiss bezeichnend für die ganze Verwaltung, dass die Angestellten nicht selten nach Eröffnung der Briefbeutel gute Freunde aus dem draussen harrenden Publikum zur schnelleren Erledigung ihres Geschäftes in die geheiligten inneren Räume der Post einzutreten nöthigen. Noch weniger wird in den kleineren Städten auf Ordnung in dem Postwesen gesehen, und gar auf dem Lande, wo ein Krämer oder sonst Jemand nebenbei als Postbeamter fungirt, muss man seine Ansprüche auf Zuverlässigkeit dieses Instituts gewaltig herabstimmen.

Nur sehr belebte Orte geniessen die Wohlthat einer täglichen Postverbindung mit der nächsten Stadt; die meisten Niederlassungen im Innern müssen sich mit einer wöchentlichen Postverbindung begnügen. Letztere wird in der Regel von einem berittenen Neger oder Mulatten hergestellt, welcher je nach Beschaffenheit des Weges die in einer Blechkapsel verwahrten Briefe mehr oder weniger rasch befördert. Die Mangelhaftigkeit der Postverbindungen im Innern wird an manchen Orten so schwer empfunden, dass in einem grossen Umkreis der deutschen Kolonien, z. B. in der Provinz Rio grande do Sul, wo man nicht recht an die von der Regierung in Aussicht gestellten Verbesserungen glauben wollte, eine Biertrinkergesellschaft auf eigene Faust eine Art Postdienst ins Leben rief.

Allerdings bietet der Postverkehr im Innern Brasiliens bei den unendlichen Entfernungen, bei den zu überwindenden Schwierigkeiten und Entbehrungen, welche die Vermittler dieses

Verkehrs auf den unbewohnten weiten Strecken erleiden müssen, aussergewöhnliche Hindernisse. Man wird sich einen Begriff davon machen können, welche Opfer erforderlich sind, um überhaupt eine Verbindung zwischen den entfernteren Provinzen zu schaffen, wenn man vernimmt, dass die Regierung einem damit betrauten Unternehmer jährlich die Summe von 72,000 Mark für eine monatlich nur dreimal zu bestellende Post zwischen Jundiahy und der Stadt Cuyaba bezahlt, für welche eine Frist von 30 Tagen zugestanden ist, welche nur zur Hauptregenzeit um 6 Tage überschritten werden darf.

Die Postbeamten sind zwar mit einer Art Uniform bekleidet, die aber ein sehr schäbiges Aussehen hat. An ihre Kenntnisse werden keine allzugrossen Anforderungen von Seite der Regierung gestellt, und die Post in Brasilien liefert in Folge dessen manche ergötzliche Anekdoten. Mit den geographischen Kenntnissen über Europa ist es namentlich bei den brasilianischen Postbeamten sehr schlecht bestellt. Wahrscheinlich durch den Umstand irre geleitet, dass die meisten der ansässigen Deutschen stets nur von Hamburg sprachen, fragte z. B. ein Postbeamter in Rio Janeiro den eben am Schalter einen Brief aufgebenden Herrn: „ob Deutschland in Hamburg liege?"

Das Porto ist in Brasilien immer noch sehr hoch. In formeller Beziehung wurden besonders in neuester Zeit eine Menge Einrichtungen europäischer Art dorthin übertragen. Die Benutzung der mit dem Bildniss des Kaisers geschmückten Freimarken ist eine ganz allgemeine, auch übernimmt die Post die Beförderung von Geld durch Anweisungen bis zu 100 Milreis, doch ist diese Einrichtung noch auf gewisse Strecken beschränkt. Passagier- und Güterbeförderung findet durch die Post nicht statt.

Mit der Einrichtung von Telegraphenlinien ist man in Brasilien eben so voreilig, wie mit dem Bau von Eisenbahnen zu Werke gegangen. Es wurden auf ungeheure Entfernungen, durch die unwirthlichsten Gegenden Telegraphenverbindungen hergestellt, ehe nur entfernt dafür Sorge getragen war, einen passirbaren Weg, geschweige eine grössere Strasse zwischen den einzelnen Stationen anzulegen. Eine natürliche Folge davon war die unablässige Beschädigung der Leitung und Störung ihres Betriebs. Schon im Jahre 1853 wurde der erste Anfang mit dem Telegraphenwesen in Brasilien gemacht; eine grössere Ausdehnung jedoch erfuhren die elektrischen Verbindungen erst während des zwischen Paraguay und Brasilien entbrannten Krieges. Die Kosten für jene damals errichtete Linie von Rio Janeiro nach der Provinzialhauptstadt Porto Alegre waren so ungewöhnlich hoch, dass man lange zögerte, neue Linien der ersten Anlage folgen zu lassen. In jüngster Zeit endlich wurde mit dem Bau von Telegraphenlinien wieder fortgefahren und unter andern das brasilianische Kaiserreich durch ein unterseeisches Kabel mit Europa in Verbindung gebracht.

Anfangs wurde die Brauchbarkeit der Telegraphenlinien sehr dadurch beeinträchtigt, dass die Beamten, welche dabei angestellt und aus allen möglichen Berufsfächern entnommen waren, wenig oder gar keine Kenntniss von den ihnen mit einem Mal zu Gesicht kommenden Apparaten besassen. Auch beging man bei Herstellung der Linien die Unvorsichtigkeit, zur Ersparniss der Kosten den Draht statt an besondern Stangen an Baumstämmen und deren Aeste zu befestigen. Bei dem so schnell überwuchernden Wachsthum der Pflanzen und dem ungestörten Walten dieser Naturthätigkeit waren die Störungen durch stürzende Bäume und sonstige Zufälligkeiten ganz unausbleiblich. Die Beamten, welche angestellt sind, nur um die Linie zu bereisen und auf den betreffenden Stationen die etwaigen Mängel aufzusuchen und Abhülfe zu schaffen, werden unter diesen Umständen mit ihrer Aufgabe nie fertig.

Mir ist es stets begegnet, dass ich die Leitung, so oft ich Willens war zu telegraphiren, unterbrochen fand und als ich mich darüber gegen Bekannte beklagte, wurde mir die erbauliche Versicherung zu Theil, dass der wirkliche Betrieb und geregelte Depeschenverkehr gewohnter Maassen ein Ausnahmezustand sei, welcher höchstens alle Monate einige Mal wenige Stunden andauere. Der bescheidene Anfang der errichteten Telegraphenlinien für ein so unermessliches Reich beziffert sich bis jetzt auf 3469 Kilometer Ausdehnung mit 64 Stationen. Die Telegraphenlinien längs der Eisenbahnen sind in dieser Zahl nicht mit inbegriffen; sie haben für sich eine Länge von 1113 Kilometer. Die Länge der bestehenden unterseeischen Kabel beträgt 26,743 Meter. Durch Letztere ist so ziemlich zwischen dem äussersten Norden und Süden Brasiliens eine Verbindung hergestellt; auch steht das Kaiserreich hierdurch mit Europa in unmittelbarem Verkehr. — Nicht alle Telegraphenlinien sind Staatseigenthum, sondern vielfach im Besitz von Privatgesellschaften.

Das brasilianische Münzsystem ist ein sehr einfaches und wird höchstens dadurch für den Fremden etwas schwerverständlich, weil viele alte Benennungen des ehemaligen Mutterlandes Portugal und sonstige aus den einzelnen Provinzen stammende Münztheilungen beibehalten wurden. Die Münzeinheit bildet der Real, in der Mehrzahl Reis, eine Münze, die in Wirklichkeit wegen ihres zu geringen Werthes gar nicht geprägt wird. Die kleinste Münze, welche im Gebrauch ist, sind die 10 Reisstücke. Nächst diesen giebt es 20 Reis, 100 Reis, 200 Reis, 500 Reis, 1000 oder Milreisstücke und 2000 Milreisstücke. Man sieht, es ist das ausgeprägteste Decimalsystem. Diese einzelnen Münzen tragen noch besondere Namen. 20 Reis heissen ein Vintem, 100 Reis ein Testão, 1000 Reis ein Milreis und eine Million Milreis ein Conto. Der eigentliche Werth eines Milreis ist 2 Mark 25 Pfennige, unterliegt jedoch als Papiergeld grossen Schwankungen. In Gold werden Stücke von 5, 10 und 20 Milreis geprägt. Gross ist der Mangel an Scheidemünzen, welchem man einigermaassen dadurch zu begegnen suchte, dass man in Rio Janeiro die längste Zeit hindurch Omnibus- und Dampffährmarken als gangbares Zahlungsmittel gelten liess. In andern Städten halfen sich die Kaufleute damit, dass sie sich selbst Geschäftsmarken prägten, welche, soweit ihr Credit reichte bei der Bevölkerung Geltung hatten. Ein wahrer Schrecken aller Reisenden waren die früher kursirenden Kupfermünzen. Dieselben hatten die Grösse und Dicke eines Thalers und den Werth eines Vintem; um daher nur 50 Stück solcher unförmlicher Geldstücke zu tragen, welche erst den geringen Werth von 2 Mark 25 Pfennigen repräsentirten, bedurfte man beinahe der Zuhülfenahme eines Negers.

Silber- und Kupfermünzen tragen, wie auch das Gold, das Bild des Kaisers mit der Umschrift Petrus II. D. G. C. Imp. — et Perp. Bras. Def. und auf der Rückseite das Wappen Brasiliens mit Angabe des Münzwerthes.

Lange Zeit hindurch wurden die Münzen zum Theil wie auch das Papiergeld nicht im Lande selbst, sondern in Nord-

Amerika gefertigt. Heute dagegen prägt man hübsche Münzen in Rio Janeiro selbst, welche die alten hässlichen Geldstücke bald vollständig verdrängt haben werden. Die Münzstätte befand sich Anfangs im Jahre 1694 in Bahia, 1699 wurde sie nach Rio Janeiro, 1702 nach Pernambuco und im folgendem Jahre für immer nach Rio Janeiro zurückverlegt. In einem eigenen schönen Gebäude daselbst sind ihre Maschinen und Werkstätten nach dem Vorbilde der besten Anstalten dieser Art eingerichtet, doch scheint sie allein die Herstellung des brasilianischen Münzbedarfs nicht bewältigen zu können. Es wurden daselbst im Jahre 1850 bis 1870 nach dem gegenwärtigen Münzfuss in Gold 34,195,250 Milreis, in Silber hingegen nur 16,812,613 Milreis geprägt. — Die Basis des ganzen Münzsystems ist die Octave ($1/8$ Unze) Gold im Werthe von 4 Milreis oder 9 Mark. Das Verhältniss zwischen dem Münzwerth von Gold und Silber ist ohne den Schlagsatz $15^5/8 : 1$. Auch fremden Goldmünzen begegnet man aus aller Herren Länder in Brasilien, wie dies bei dem Zusammenfluss so vieler Nationen in einem für den Handel so wichtigen Lande natürlich ist. Yankees bezahlen ihre Einkäufe mit nordamerikanischen Eagels, Engländer erscheinen mit wohlgefüllten Börsen voll Sovereigns, Franzosen zahlen ihre Rechnungen mit Napoleons und stolze Spanier wechseln ihre gewichtigen Unzen in brasilianische Waaren um, in neuster Zeit aber erst finden die Brasilianer Gelegenheit, auch deutsches Goldgepräge kennen zu lernen. — Der Stand der Finanzen in Brasilien ist trotz mancher schlechten Operationen der letzten Finanzminister kein allzu ungünstiger. Die Schulden belaufen sich auf 1,484,000,113 Mark inclusive der Depositen und Schatzscheine. Die Einnahme ist pro 1876 auf 291,489,324 Mark und die Ausgabe auf 272,525,213 Mark veranschlagt gewesen.

Maasse und Gewichte sind seit dem Jahre 1872 mit dem metrischen System in Uebereinstimmung gebracht und dieselben wie in Frankreich. Diese Neuerung hat indessen noch nicht ganz die früher gebräuchlichen Maasse und Gewichte zu verdrängen vermocht; ja im Innern wird sich voraussichtlich das alte System noch sehr lange in Gebrauch erhalten. Am gebräuchlichsten ist die alte Legoa als Längenmaass für Entfernungen, welche in der vorliegenden Schilderung des Landes auch wohl allein in Betracht kommen dürfte. Sie enthält

6172,84 Meter. Die übrigen alten Maasse und Gewichte waren ziemlich verwickelter Art und erschwerten ungemein die Umrechnung in fremdländische Systeme. Trotzdem verzögerte sich die längst geplante Einführung des Metersystems in Brasilien über ein Jahrzehnt, und als man schon die Muster, welche aus Frankreich verschrieben waren, Seitens der Regierung erhalten, blieben dieselben, angeblich weil es an Raum zu ihrer Aufstellung fehlte, lange Zeit unbenutzt in Kisten verpackt. Bezeichnend für brasilianische Verhältnisse und ergötzlich war es, als dann endlich nach dem Oeffnen und Auspacken der Kisten, da die Waagen nicht zugleich mitgeschickt waren, die Beamten glaubten, nun doch nicht die neuen Gewichte verwenden zu können. Mehrere Monate verstrichen abermals, bis auch diese letzteren, die man für unentbehrlich hielt, von Frankreich anlangten.

Zur Schlichtung von Rechtsstreitigkeiten und Prozessen, soweit sie den Handel betreffen, bestehen seit 1836 schon neben den übrigen Justizbehörden besondere Handelsgerichte in Brasilien, die auf Grund eines eigenen Handelsgesetzbuches, welches sich an die französischen, spanischen und portugiesischen Handelsgesetze genau anlehnt, in den grösseren Städten zu Rio Janeiro, Bahia, Pernambuco und Maranhão, Recht sprechen.

Achtes Kapitel.

Kolonisation und geistige Kultur.

Seit der Entdeckung Brasiliens durch die Portugiesen machte sich auf diesen unendlich ausgedehnten Landstrecken von jeher der Mangel an Arbeitskräften in hohem Grade fühlbar und es konnte an keine umfassende Hebung aller Schätze der Natur und eine bedeutendere Entwickelung des Landes gedacht werden, so lange dieses Hinderniss nicht überwunden war. Zur Zeit der Entdeckung Brasiliens durch die Portugiesen war das Augenmerk der Letzteren selbstverständlich in erster Linie darauf gerichtet, dem Lande die nöthigen Arbeitskräfte zuzuführen. Da Portugals verhältnissmässig geringe Bevölkerung aber diesem

Mangel nicht abzuhelfen vermochte, suchte es durch eine ausgedehnte Sklaveneinfuhr, wie schon früher die älteren Kolonien auch das neue Territorium zu bevölkern. Es erschien dies als das geeignetste Mittel und zugleich glaubte man hierdurch dem Klima Brasiliens am besten Rechnung zu tragen. So kam es denn, dass zwischen Brasilien und Afrika ein regelmässiger Sklavenhandel sich entwickelte, der selbst dann noch fortgesetzt wurde, als Brasilien längst sich von Portugal losgesagt hatte und ein selbstständiges Kaiserreich bildete. Die Sklaveneinfuhr hatte bald einen so bedeutenden Umfang gewonnen, dass es einer grossen Verläugnung eigenen Vortheils von Seiten der Regierung wie der Bevölkerung bedurfte, um auf diese leicht beschaffte Zufuhr von Arbeitskräften späterhin, als man die Verwerflichkeit des Mittels erkannt, freiwillig zu verzichten. Allerdings war man nicht so ganz aus freiem Willen zu dem Entschluss gekommen, den Sklavenhandel aufzugeben, denn England, welches sich seit undenklichen Zeiten die Herrschaft auf dem Meere angemaasst, trat schon im Jahre 1845 gegen den Sklavenhandel auf und liess durch seine Kriegsschiffe nicht nur auf hoher See, sondern sogar in den brasilianischen Gewässern die Sklavenschiffe wegnehmen. Zwar war die brasilianische Regierung selbst im Jahre 1826 mit den Britten übereingekommen, keinen Sklavenhandel mehr an seinen Küsten zu dulden, aber dem ungeachtet betrug die heimliche Zufuhr an Sklaven in den 40er Jahren nach den einen 27 bis 28,000, nach anderen Angaben 50 bis 80,000 Sklaven jährlich. Englands philantropische Einmischung gerade in diese Angelegenheit darf übrigens nicht vergessen lassen, dass Grossbrittanien es war, welches im Jahre 1715 beim Abschluss des Friedens von Utrecht mit Spanien den sogenannten Asiento, einen Vertrag abschloss, durch welchen es sich das ausschliessliche Recht sicherte, den Menschenhandel allein am La Plata zu betreiben. Kraft dieses Vertrages wurde England zugestanden, an verschiedenen Punkten, namentlich in Buenos Ayres Factoreien anzulegen und jährlich 4 Schiffe mit 1200 Negern hier zu landen, wofür es den Werthbetrag in Landeserzeugnissen entgegennahm. Besonders nachdrücklich wurde der Sklavenhandel erst nach dem Regierungsantritt des jetzigen Kaisers 1851 verfolgt, und seit dem Jahre 1855 hörte die Einfuhr neuer Sklaven nach

Brasilien gänzlich auf. Die Sklaverei selbst blieb bestehen bis zum Jahre 1871, d. h. die noch vorhandenen Sklaven lässt man nun allmälig aussterben, die neugeborenen Sklavenkinder aber sind frei und keinem Sklaven ist es verwehrt, sich durch den Ueberschuss seines Arbeitsertrages loszukaufen, eine Vergünstigung, die der Besitzer ihm niemals verweigern darf. Auch bestehen allerwärts in Brasilien Vereine, welche es sich zur Aufgabe gestellt haben, alljährlich einer Anzahl Sklaven durch Loskauf die Freiheit zu schenken.

Die Unterdrückung der Sklaveneinfuhr und die dadurch herbeigeführte Stockung in der Bevölkerungszunahme bewog selbstverständlich die Regierung, auf anderweitige Mittel zu denken, dem Lande die nothwendigen Arbeitskräfte zuzuführen. Dies war umsomehr ein dringendes Bedürfniss, als man wusste, dass die vorhandene schwarze Sklavenbevölkerung sich um so rascher vermindern würde, weil sich die Einfuhr seiner Zeit vorzugsweise auf Männer beschränkt hatte.

Man richtete deshalb sein Augenmerk auf das so stark bevölkerte Europa und suchte von hier Leute zur Einwanderung nach Brasilien zu gewinnen. Schon 1819 bis 1825 hatte man einige Auswanderer aus Deutschland und der Schweiz hinübergezogen, eine grössere Ausdehnung gewann aber die Einwanderung nach Brasilien erst seit dem Jahre 1849, bis in der allerneuesten Zeit die Auswanderung nach Brasilien wieder ins Stocken gerieth, da fast sämmtliche europäische Regierungen derselben gesetzliche Hindernisse in den Weg legten. Der Grund hierzu liegt darin, dass von vielen Kolonisten in Brasilien, welche neu eingewandert, ihre Hoffnungen und Erwartungen nicht alsobald erfüllt sahen, berechtigte und unberechtigte Klagen laut wurden.

Zu den hauptsächlichsten, namentlich mit deutschen und schweizer Einwanderern bevölkerten Kolonien, welche bis zum Jahre 1850 bereits vorhanden waren, gehören Nova Friburgo, Petropolis und Valão dos veatos in der Provinz Rio de Janeiro, S. Leopoldo, Torres und Tres forquilhas in Rio grande do Sul; S. Pedro de Alcantara und S. Isabel in S. Catharina, Rio grande in Paraná, S. Isabel in Espirito Santo und endlich die Parceria-Kolonien des Senators Vergueiro, auf dessen Herrschaft Ybicaba in der Provinz S. Paulo. Letztere waren aus dem sogenannten Halbpartsystem, einer eigenthümlichen Idee Vergueiros, entsprungen, und haben, so gross der Erfolg auch auf den weitläufigen Gütern des reichen Ländereibesitzers war, mit am meisten dazu beigetragen, das Auswandern nach Brasilien in Europa wie eine Art von Sklaverei oder Leibeigenschaft in Verruf zu bringen.

Der Senator Vergueiro und diejenigen, welche sein System nachahmten, schlossen mit den Einwanderern schriftliche Kontrakte ab, wonach sie sich zur Tragung der Uebersiedlungskosten verpflichteten, während die angeworbenen Kolonisten ihre Arbeit auf eine bestimmte Reihe von Jahren gegen die ihnen zufallende Hälfte des Plantagenertrages verdingten. Streitereien aller Art, welche hierbei vorkamen, warfen tiefe Schatten auf das Parceriasystem, welches später auch ganz aufgegeben wurde.

Ein grosser Fehler machte sich bei der Gründung von Kolonien in der heillosen Verwirrung der Ländereibesitzverhältnisse geltend, da man früher ganz planlos ausgedehnte Landstrecken an die ersten Eroberer (Conquistadores) verliehen hatte. Die Regelung der Besitzverhältnisse musste vorausgehen, ehe man an eine Vertheilung neuer Landstrecken in grösserem Maassstabe an europäische Einwanderer denken konnte. Die Gesetzgeber waren deshalb seit 1850 unablässig bemüht, in Allem, was die Staatsländereien anlangt und wovon die ganze Zukunft des Landes abhing, Ordnung zu schaffen. Wer sich nicht über den rechtmässigen Besitz einer Strecke Landes ausweisen konnte, wurde deren für verlustig erklärt, und zwischen dem übrigen Ländereibesitz wurde mit möglichster Strenge auf eine Feststellung der Grenzen gedrungen.

Dann aber wurden den europäischen Einwanderern die günstigsten Bedingungen bei einer etwaigen Uebersiedelung nach Brasilien geboten und Gesetze erlassen, welche sie vor jeder Unbill schützen sollten.

Da man erkannt hatte, dass unter allen Nationen die deutsche am meisten geeignet sei, tüchtige Kolonisten abzugeben, so rechnete man hierbei in erster Linie auf die zur Auswanderung geneigten Deutschen, welche auch in der That dieser Erwartung in ziemlicher Menge entsprachen. Meist waren es Agenten und sonstige Unternehmer, die von der brasilianischen Regierung je nach dem Erfolg ihrer Bemühungen besoldet wurden, und die verschiedene Gegenden Deutschlands bereisten, um Landleute, Handwerker und überhaupt Handarbeiter aller Art für ihre Zwecke zu gewinnen. Viele dieser Ansiedler zogen in der Folge durch günstige Schilderungen ihrer Verhältnisse in der neuen Welt Verwandte, Freunde und Landsleute nach sich. So entstanden denn innerhalb der letzten Jahrzehnte ausser den oben genannten ersten Niederlassungen zahlreiche Kolonien von zum Theil bedeutender Ausdehnung fast in allen Provinzen des Reiches. Sie alle zu nennen, oder auf ihre Entwickelung einzugehen, ist hier nicht der Ort. Es mag genügen zu bemerken, dass von allen mit Europäern, namentlich Deutschen, bevölkerten Kolonien nur diejenigen der Südprovinzen St. Catharina und Rio grande do Sul eine wirkliche Zukunft besitzen, während die nördlicheren Theile des Reiches ihres Klimas wegen der europäischen Einwanderung nicht sonderlich günstig sind.

Die Zahl der in Brasilien eingewanderten Deutschen beläuft sich nach den letzten amtlichen Berichten auf etwa 130,000 Seelen. Für die Einwanderung überhaupt soll die Regierung schon gegen 35,000,000 Thaler aufgewendet haben, worunter natürlich auch die für nichtdeutsche Einwanderer verausgabten Summen inbegriffen sind. Die Erfolge der nichtdeutschen Einwanderung sind äusserst kläglich. Italiener, Franzosen, Engländer und Nordamerikaner, die man zur Uebersiedelung nach Brasilien bewogen, verliessen die Kolonien, zogen in die Städte, wo sie herumlungerten und führten sogar Strassentumulte herbei, so dass die Regierung froh war, wenn sie mit neuem Kostenaufwande die unruhigen Elemente wieder los wurde.

Die Portugiesen, welche nächst den Deutschen am zahlreichsten eingewandert sind, halten sich vorzugsweise in den Städten auf, wo sie, wie die Italiener in den La Platastaaten, dem Kleinhandel obliegen, bei ihrer Sparsamkeit sich bald ein Vermögen erwerben und damit alsdann in die Heimath zurückkehren. Wenn auch Handel und Wandel dabei gewinnen, so bringt dies dem Lande selbst und seiner Kultur keinen Vortheil und lässt nur die Brauchbarkeit des deutschen Elementes in um so glänzenderem Lichte erscheinen.

Es ist damit keineswegs gesagt, dass die deutsche Einwanderung ausnahmslos dem brasilianischen Staate nur arbeitsame und gediegene Kräfte zuführte; noch weniger liegt es in der Absicht behaupten zu wollen, dass jeder Deutsche in Brasilien sein Glück fände.

Manche verlorene Söhne, welche man früher nur nach Nordamerika zu schicken pflegte, um sie eine harte Schule des Lebens durchmachen zu lassen, werden zur Abbüssung ihrer Thorheiten gegenwärtig nach Südamerika gesandt, wo man hofft, dass sie gleichermaassen durch Anstrengung und Arbeit auf den richtigen Weg zurückgelangen möchten. Bei manchem jungen Manne bewährt sich das Mittel, viele aber leben auch hier in der alten Weise fort, indem sie sich nicht scheuen, die landesübliche grosse Gastfreundschaft nach Kräften auszubeuten, und Andere, welche bereits allzusehr gesunken, gehen in Brasilien eben so leicht zu Grunde, wie ihnen dies sonst wo beschieden gewesen wäre.

Da giebt es mitunter wunderliche Lebensläufe, deren ich bei meiner Anwesenheit in Brasilien eine ganze Reihe kennen gelernt und von denen ich nur einige zum abschreckenden Beispiele für arbeitsscheue und europamüde Leute herausgreife.

Eine sonderbare Laufbahn hatte unter Anderen Lieutenant v. d. G., der zur Zeit des brasilianisch-paraguayschen Krieges Schulden halber seine Stellung in Deutschland verlassen musste und entblösst von allen Mitteln in Rio Janeiro landete. Aus Rücksicht auf die angesehene Familie wurde er nach vielen Bitten und Gesuchen auf der damaligen preussischen Gesandschaft als Schreiber verwendet. Entsprach dies nun nicht seinem Geschmacke, oder war der Vorgesetzte nicht mit seinen Leistungen zufrieden, bleibe dahingestellt. Kurzum er vertauschte diesen Posten mit der Stelle eines Lehrers an einem brasilianischen Mädcheninstitut. Allein seine allzu zärtliche Fürsorge für die jungen Damen brachten den Armen bald in Misskredit und nach Verlauf weniger Wochen schon verliess der verunglückte Vaterlandsvertheidiger, Gesandschaftsschreiber und Erzieher das Mädcheninstitut sammt der tropischen Residenz, um sein Glück weiter im Süden zu versuchen.

Die deutschen Grosshändler in Südamerika, welche Jahrzehnte von Europa abwesend mitten unter einer geistig trägen Bevölkerung bei kärglicher Verbindung mit der gebildeten Welt sich oft entsetzlich langweilen, sind immer hoch erfreut, wenn

12*

sie gelegentlich einen recht unterhaltenden Gesellschafter unter den neuen Ankömmlingen aus Europa oder den Provinzen finden und überhäufen einen solchen, wenn er noch gar mit guten Empfehlungsbriefen ausgestattet, mit jeder nur erdenklichen Artigkeit.

Unter diese Glückskinder gehörte auch Herr v. d. G. Der Chef eines Handelshauses, ein unverheiratheter Lebemann in der Hafenstadt X., nahm Herrn v. d. G. bei sich auf, ergötzte sich an den Schnurren, welche der ehemalige Lieutenant zu erzählen wusste und betrachtete den jungen Mann als eine ganz willkommene Ergänzung seines kleinen Hofhaltes.

Als jedoch v. d. G. die Freigebigkeit des biederen Kaufmanns mit der Zeit allzuviel in Anspruch nahm und dieser auch eine bedenkliche Abnahme seines Champagner-Vorrathes übel vermerkte, hielt er es für gerathen, seinem Schützlinge eine Stelle in der brasilianischen Armee zu verschaffen. Dies gelang auch. General Osorio, der Kommandant der brasilianischen Truppen, welche gegen den Diktator Lopez im Felde standen, nahm nicht ungern den preussischen Lieutenant in sein Offizierkorps auf und trieb die Gunst so weit, denselben zu seinem persönlichen Adjutanten zu ernennen.

Im Hause des Kaufmanns glaubte man Herrn v. d. G, trefflich untergebracht zu haben und sah von Woche zu Woche den Nachrichten vom Kriegsschauplatze in der Erwartung entgegen, demnächst eine rühmliche That von dem neuen Adjutanten zu vernehmen. Ein Gefecht nach dem andern ging jedoch vorüber, ohne dass der Name des jungen Deutschen in den öffentlichen Blättern, die bei der sonstigen Ereignisslosigkeit sehr genau jede Einzelheit berichteten, genannt worden wäre. Da eines schönen Abends sass der Kaufmann mit seinen Freunden beim Abendessen, als sich ganz unerwartet die Thüre öffnete und v. d. G. in eigener Person frisch und gesund, gestiefelt und gespornt sich seinem Gönner mit der Erklärung wieder vorstellte, dies sei kein Unterkommen für ihn gewesen, seine Ehre verbiete ihm die Stelle eines brasilianischen Kápitains noch länger zu bekleiden. Höchlichst erstaunt frug und forschte man, was Herrn v. d. G. denn eigentlich so verletzt habe. Der gekränkte Abenteurer erzählte darauf: „eine brasilianische Wache sei seinem Pferde eines Abends in die Zügel gefallen und habe die Parole von ihm verlangt. Als er dieselbe, da er die portugiesischen Worte vergessen, nicht angeben konnte, habe ihn der Wachtposten mit unerhört groben Worten zurückgewiesen, ohne von seiner Versicherung, er sei Offizier und Adjutant, die mindeste Notiz zu nehmen. Als er sich über den ungeschliffenen schwarzen Wachtposten darauf beklagt, habe man ihn obendrein ausgelacht." — Mehr noch fühlte sich der zart besaitete Lieutenant durch ein Begegniss mit seinem Vorgesetzten, dem General Osorio, gekränkt.

Während der General sonst aus Zuvorkommenheit mit seinem Begleiter nur französisch sprach, fiel es ihm eines Tages ein, denselben portugiesisch anzureden. Herr v. d. G. aber verstand eben so viel vom Portugiesischen, als etwa ein Eskimo vom Sanskrit. Er blieb daher auf die an ihn gerichtete Frage stumm.

General Osorio wartete eine Weile, frug dann nochmals, und als er trotzdem keine Antwort erhielt, polterte er ärgerlich in französischer Sprache heraus: „Brasilianisches Geld wollen Sie verdienen, aber zum Lernen der brasilianischen Sprache scheinen Sie keine Lust zu haben!" —

Dieser Vorfall schlug dem Fass den Boden aus. Der beleidigte Adjutant beurlaubte sich, sattelte sein Pferd und ritt so schnell ihn dasselbe zu tragen vermochte, dem unvergessenen gastlich deutschen Heerde und dessen trefflichem Weinkeller wieder zu.

Als die erste Bestürzung des Hausherrn sich etwas gelegt und Herr v. d. G. sich bereits wieder behaglich in dem bequemen Wiegenstuhl schaukelte, sann der Kaufherr auf einen neuen Ausweg, die unfreiwillige Gastfreundschaft abzukürzen und den Helden, dessen Witz und Anekdoten er nachgerade auswendig wusste, los zu werden.

Er schickte den jungen Mann auf die Kolonien, vielleicht, dass sich hier ein Plätzchen für ihn fände und erneuerte den Versuch noch an verschiedenen anderen Orten, indessen der Verbleib des Glücksjägers dauerte nirgends lange und im Umsehen erschien er immer aufs Neue auf der gastlichen Schwelle.

Nun gelangte der Kaufherr zu einem neuen Entschluss. Er griff noch einmal tief in seine Börse und brachte den Herrn Lieutenant, der mittlerweile seinen Abschied von der brasilianischen Armee erhalten hatte, zu einem Photographen in die Lehre. Und siehe da, — diese Beschäftigung schien ihm besser zu behagen als der Krieg in Paraguay. — Da die Hauptkundschaft in Neger und Negerinnen bestand, so war es ziemlich gleichgültig, wenn die ohnehin schwarzen Gesichter durch G's. neu erlernte Kunstfertigkeit noch beträchtlich dunkler ausfielen, als die Natur sie ohnedies hervorgebracht. Mit einem Wort, der verabschiedete Krieger war ein ganz leidlicher Photograph geworden, ja bald hatte er sich die Zufriedenheit seines Lehrherrn in so hohem Grade erworben, dass dieser als ein schlauer Fuchs ihn in der Hoffnung auf weitere Geldzuschüsse des gutmüthigen Gönners zum Geschäftstheilnehmer erhob.

Die stolze Firma C. R. u. L. v. d. G. prangte nun über dem unscheinbaren Laden, dem allerdings zur Entfaltung des gehörigen Glanzes ein Schaufenster zur Zeit noch fehlte, ein Mangel, der unsern G., welcher genügende Erfahrung besass, den Erfolg äusseren Scheins richtig zu würdigen sehr zu Herzen ging. Er liess deshalb, auf Borg, nach alter lieber Gewohnheit, ein prächtiges Schaufenster herstellen, verschrieb aus europäischen Kunsthandlungen für mehrere 1000 Thaler Waaren und träumte schon von dem unermesslichen Gewinne seines neuen Geschäfts.

Die Waaren kamen an und der Laden nahm sich geschmückt mit all' den Kunstgegenständen gar prächtig aus, — nur schade, dass die Käufer fehlten. Nach Jahr und Tag fingen die Gläubiger an auf Zahlung zu dringen und die beiden Firmenbesitzer mussten sich dazu entschliessen, wenigstens einmal eine Berechnung ihres Soll und Haben aufzustellen. Da entdeckten sie denn, dass man längst bankerott war. Jetzt bewahrheitete sich das tröstliche Sprüchwort: „Der Himmel verlässt keinen Deutschen." Die Feder war noch nicht trocken geworden von der Aufzeichnung der bedenklichen Geschäftslage, und v. d. G. stand nachdenklich über seine diesseits und jenseits des Oceans angebundenen Bären an der Ladenthür, als harmlos seines Wegs ein Deutscher herankam, den der Himmel mehr mit Glück im Erwerben, als mit Verstand gesegnet hatte. Das so verlockend ausgestattete Schaufenster fesselte seine Blicke und nach einigem Hin- und Herreden fragte er Herrn v. d. G., ob es vielleicht möglich sei, in das Geschäft als Theilnehmer einzutreten.

v. d. G. beschaute sich den Mann von oben bis unten und

dachte Anfangs, derselbe wolle ihn foppen; als er aber die dummehrliche Treuherzigkeit des Fragenden wahrnimmt, meint er nach einigem Zögern: „Ja Theilnehmer, das wird seine Schwierigkeiten haben, denn wir sind schon zu Zweien und ist der Gewinn auch reichlich, so ist er doch nicht so bedeutend, dass drei Familien davon leben und etwas zurücklegen könnten, indessen, — wenn Sie mir meinen Geschäftsantheil abkaufen wollen, ich habe das Leben hier ohnehin satt; — so bin ich bereit, Ihnen denselben für ein paar tausend Thaler abzutreten. „Topp, sagt der Andere, es gilt."

Wer denkt auch bei einem solchen Geschäft, namentlich wenn man nicht von Hause aus Kaufmann ist, sogleich an Soll und Haben.

Am Abend war v. d. G. im Besitz des Geldes und am nächsten Tage schon auf dem Wege nach Europa, wo er als reuiger Sohn vor seinem Vater erschien, der seine Schulden bezahlte und seinen Eintritt in irgend eine Armee in Rumänien oder sonst wo ermöglichte.

Brasilien hatte an diesem vorübergehenden Staatsbürger nichts verloren.

Ein anderer Abenteurer begegnete mir in der Person eines Grafen W., dem jedoch das Glück bisher nicht so zugelächelt hat, dass auch er sich hätte mit einigen Errungenschaften an Geld und Erfahrungen nach Europa zurückziehen können oder dürfen.

Graf W. war aus einem Kadettenhause wegen verschiedener dummer Streiche weggejagt und von seinen Eltern, welche keine Hoffnung auf seine Besserung setzten, auf Lebenszeit förmlich aus Europa verbannt. Die Eltern hatten eine nicht allzugrosse Summe Geldes an eine ihnen bekannte Persönlichkeit in Brasilien vorausgeschickt mit der Weisung, aus diesen Mitteln dem jungen Manne, der in einem gewöhnlichen Auswandererschiff nachfolgte, nur im Falle der äussersten Noth und zur Ausrüstung etwas auszuhändigen. Im Uebrigen sollte derselbe ganz auf seine eigene Thätigkeit angewiesen bleiben. Zugleich ward dem jungen Manne erklärt, dass er enterbt und verstossen würde, sollte er sich einfallen lassen, je wieder in Europa zu erscheinen; andern Falls, wenn er sich gut aufführte, wurde ihm ein Jahrgeld von den Seinen zugesichert.

Gerade wie v. d. G. fand auch W. gute Freunde, die Antheil an seinem Schicksal nahmen, welches er im Romanstyl auf das Günstigste für sich auszumalen verstand. Mit der Zeit erkaltete jedoch das Interesse an dem Grafen und es blieb ihm keine Wahl, als auf eine Beschäftigung zu sinnen, durch welche er sein Brod erwerben konnte. Lange war er unschlüssig, was er vornehmen sollte, bis er endlich auf den Gedanken fiel, Tabuletkrämer zu werden. Glücklicher Weise fehlten ihm die Mittel dazu nicht, nachdem er die Absicht, mit Ernst irgend etwas zu treiben, ausgesprochen, und so zog er denn mit einem wohlbepackten Maulesel als Händler von Ort zu Ort.

Als aber einst in einem kleinen Städtchen eine anmuthige Brasilianerin sein Herz gefangen nahm, da hing er seinen Tabuletkram an den Nagel, heirathete seine Schöne und ward Lehrer. Heute noch soll er den edlen Beruf eines Schulmeisters erfüllen, wenn auch der Schatz des Wissens, den er seinen Zöglingen erschliesst, nicht besonders umfangreich sein mag.

Reicher an Abwechslung ist die Geschichte zweier Deutschen aus angesehener Familie, die sich schwerlich ihre brasilianischen Abenteuer vorher hatten träumen lassen. Die beiden Brüder von R. hatten bei ihren Studien in Deutschland, der eine als Architekt, der andere als Oekonom, mehr verbraucht, als ihre Mittel erlaubten, sahen auch im Voraus, dass sie in ihren eigentlichen Berufsfächern nicht viel leisten würden und entschlossen sich daher, mit dem Reste ihres Vermögens nach Südamerika auszuwandern, um daselbst als reiche Farmer, oder was sie sonst geträumt hatten, sich ein recht behagliches Dasein zu gründen, jedenfalls aber als Millionaire von dort zurückzukehren. Glänzend ausgerüstet langten sie in Brasilien an und gastlich aufgenommen, ruhten sie zunächst im Hause eines deutschen Kaufmanns gemüthlich von der langen Seereise aus. Nach und nach kam nun auch für sie die Zeit heran, wo sie die Ruhe mit der Arbeit vertauschen mussten. Die beiden jungen Leute versuchten es zuerst mit einem kleinen Landgute, welches sie durch Vermittelung ihrer kaufmännischen Freunde billig gepachtet und dessen Ertrag sie theuer auf dem Markte der nächsten Stadt zu verwerthen gedachten.

Bekanntlich aber wachsen die Gemüse und andere dergleichen Dinge auch in dem gesegneten Brasilien nicht wild und ohne eigene Mühewaltung im Garten. Da das Arbeiten aber der beiden Brüder schwache Seite war, so stellte sich bald heraus, dass auf die bisherige Weise das Landgut sie nicht zu ernähren vermöge. Sie verlegten sich daher auf Ziegelbrennerei. Indess war auch dies nicht von langer Dauer, da ihnen die Arbeit viel zu anstrengend erschien und das Geschäft nicht im Einklang mit ihren persönlichen Neigungen stand.

Man versuchte es nun mit einer Gartenrestauration. So lange volle Flaschen im Keller waren, ging die Sache, denn beide Brüder waren vorzügliche Kunden ihrer eigenen Wirthschaft. Plötzlich jedoch stockte das Geschäft, der Kredit wurde nur noch mühsam durch den Verkauf von Wäsche, Kleidungsstücken und Mobilien, welche Stück für Stück in die Hände der Gläubiger wanderten, aufrecht erhalten, die rothen Nasen der beiden zechenden Brüder verblassten allmälig und mit einem Male waren die sauberen Herren aus der Gegend verschwunden. Der eine tauchte nach Monaten als wandernder Photograph weit im Innern des Landes wieder auf, der andere ist in New-York, wohin er sich mühsam als Matrose durchgeschlagen, Kellner in einem Vergnügungslokal geworden.

Eine höchst abenteuerliche Gestalt war auch ein Hauptmann M., den ich im Süden Brasiliens kennen lernte.

Ein mir befreundeter deutscher Ingenieur, welcher von einer Geschäftsreise nach der Provinzial-Hauptstadt an seinen ziemlich einsamen Wohnort zurückgekehrt, hatte den ehemaligen Hauptmann, welcher obdachlos daselbst umherlief, mit nach dem Urwald gebracht, in der Hoffnung sich einen brauchbaren Gehülfen in ihm heranzuziehen. Der Hauptmann litt aber an ein paar Schwächen, die beide ihm an allen Ecken und Enden hinderlich waren und auch seine Umgebung mitunter recht unangenehm berührten. Erstens konnte der Mann nicht vergessen, dass er einst Hauptmann gewesen und zweitens liebte er allzuviel einen geistreichen Umgang, d. h. mit starken Getränken. So machte er einst bei grosser Hitze, da ihm das Geld fehlte, um seinen Durst mit etwas anderem als Wasser zu stillen, die bezeichnende humoristische Aeusserung: „Es ist doch jammerschade um den schönen Durst, der hier zu Lande so ungenutzt zu Grunde geht."

Trotzdem ein Anderer an seiner Stelle längst verzweifelt wäre, glaubte er immer noch zu etwas Besonderem berufen zu sein und da er gerade kein beschränkter Kopf war, so schien es mir, als habe mein Freund eine gute Eroberung an ihm gemacht. Ich trat unterdessen eine Reise an und hatte schon seit Monaten Herrn M. ganz aus dem Gesicht verloren. Da begegnete es mir, dass ich mich auf einer der weiten Campflächen verirrte. Mit grösstem Unmuth ritt ich ohne Weg und Steg viele Stunden in der Einsamkeit herum, als zum Ueberfluss noch der Himmel seine Schleusen öffnete und mich sammt meinem Pferde so einweichte, dass auch nicht ein trockenes Fleckchen an uns blieb. Vor Müdigkeit erschöpft und erstarrt von dem nasskalten Wetter, erreichte ich endlich am späten Abend, Dank meinem Kompass und dem Ortssinn meines Pferdes, eine neu angelegte Strasse, welche unzweifelhaft nach der nächsten Municipal-Hauptstadt führen musste. Meine Freude steigerte sich noch, als ich im Weiterreiten die bunten Fähnchen und Signalstangen in Ausführung begriffener Ingenieurarbeiten und schliesslich eine Art Wächterhütte aus rohen Baumstämmen und Palmenzweigen erblickte, in welcher eben eine kräftige Männerstimme die vielleicht hier zum ersten Male ertönenden Klänge des Liedes: „Ich war Jüngling noch an Jahren, vierzehn zählte kaum ich nur!" anstimmte. Schnurstracks ritt ich darauf zu und rief einen „Guten Tag!" in die Hütte, als mir daraus zu meiner herzlichen Freude und grossen Verwunderung das runde, unrasirte, rothe Antlitz des Hauptmanns M. entgegenleuchtete. „Was Kuckuk führt Sie hierher?" riefen wir beide fast zu gleicher Zeit. „Ich bin seit drei Wochen hier Strassenwächter", setzte er sehr kleinlaut hinzu. „Haben Sie nichts zu trinken bei sich?" frug er gleich hinterher.

Später brachte es der Hauptmann wieder zum Hülfsarbeiter bei einem Feldmesser, dann wurde er Schaffner bei einer Eisenbahn und nachdem er Jahre lang sich auf die mühsamste Art durchgeschlagen, gewöhnte er sich endlich auch das Trinken ab. Von diesem Zeitpunkte an ging es dem vielgeprüften Mann ganz leidlich und heute soll er eine recht einträgliche Stelle in einer der vielen deutschen Kolonien bekleiden.

Dies sind jedoch noch nicht die sonderbarsten Lebensläufe deutscher Landsleute, welche ich auf südamerikanischen Reisen kennen gelernt. Zahlreich sind jene Fälle, in welchen Leute aus den besten europäischen Gesellschaftsklassen von Stufe zu Stufe herabsinken, um schliesslich zu sterben und zu verderben, ohne dass Jemand von ihnen, und wäre es auch nur aus Mitleid, Notiz nähme. — Der Eine kommt nach Amerika, um trotz seiner altadligen Abkunft zuletzt Maulthiertreiber, ein Anderer, der in Europa ein reicher Mann gewesen, um Viehhändler in den Cordilleren zu werden.

Ein Herr aus Schlesien, der früher dort ein Rittergut besass, muss sich sein Brod in Brasilien mit Grabenziehen verdienen, während dessen Frau, früher der Mittelpunkt glänzender Gesellschaften, für die Leute wäscht.

Die meisten derartigen Einwanderer richten sich durch den Trunk und ihre unüberwindliche Arbeitsscheu zu Grunde.

Man könnte die Aufzählung der Schicksale solcher unberufenen deutschen Einwanderer nach Brasilien noch unendlich weit fortspinnen, doch dürften die wenigen Beispiele schon hinreichen, unsere oben ausgesprochene Bemerkung genügend zu bewahrheiten. Man wird ferner aus dem bisher Gesagten selbst zu dem Schlusse kommen, dass nur gewisse Klassen von Einwanderern, namentlich so weit sie sich aus Arbeitern und Landleuten zusammensetzen, die sichere Aussicht auf eine günstige Gestaltung ihrer Zukunft auf brasilianischem Boden hegen dürfen. Nicht weniger günstig sind die Aussichten für Kaufleute, wenn ihnen einige Mittel zu Gebote stehen und sie sich mit dem Gedanken befreundet haben, Jahre lang um pekuniairen Gewinn europäisches Leben und dessen Annehmlichkeiten zu entbehren.

Auf die besonderen Verhältnisse der deutschen Colonisten, welche in einzelnen Provinzen des Reiches bereits grössere Gemeinwesen bilden, näher einzugehen, sei einem späteren Abschnitte gelegentlich der Bereisung des Landes vorbehalten.

Brasilien ist ein durchaus katholischer Staat, in welchem die übrigen Bekenntnisse eigentlich nur geduldet sind, ohne neben dem Katholizismus irgend welche staatliche Berechtigung zu haben. An der Spitze der katholischen Geistlichkeit steht ein Erzbischof und 11 Bischöfe. Der erzbischöfliche und die bischöflichen Sprengel theilen sich in 19 Generalvikariate mit 236 geistlichen Bezirken, 1553 Kirchspielen und 19 Kuraten. Mit dem erzbischöflichen Amte ist ein geistliches Appellationsgericht verbunden, dessen Räthe kirchliche Angelegenheiten in letzter Instanz entscheiden. Die Sitze der einzelnen Bisthümer sind in Rio, Ceará, S. Luiz do Maranhão, Belem do Pará, S. Sebastião, Marianna, Diamantina, S. Paulo, S. Pedro do Rio grande do Sul, resp. Porto Alegre, Goyaz, Cujabá.

Im Ganzen ist die Seelsorge in Brasilien sehr mangelhaft, und trotz der unausgesetzten Herbeiziehung europäischer Priester wird von der Bevölkerung, namentlich in den spärlicher bewohnten Gegenden, der Mangel an Geistlichen schwer empfunden. Eine Hauptursache des im Verhältniss zu Europa hier so gering vertretenen geistlichen Standes ist ohne Zweifel die unzureichende Besoldung der Priester. Sie werden von der Staatskasse bezahlt; eigenes Vermögen besitzt die brasilianische Kirche nicht. Da aber der gewährte Gehalt meist zu karg ist, um davon leben zu können, so sind die Pfarrer ähnlich, wie hier und da in Tyrol, wo die Pfarrhäuser auch Fremde beherbergen, genöthigt, nebenbei, sei es durch Gastwirthschaft oder sonst ein ähnliches Gewerbe, ihre Einkünfte zu vermehren.

Die Heranbildung der Geistlichen lässt noch sehr viel zu wünschen übrig, und wenn auch eine Anzahl von Seminarien sowie besondere Lehrstühle für die katholische Theologie an den höheren Unterrichts-Anstalten bestehen, so lässt sich doch nicht behaupten, dass aus ihnen besonders gebildete und unterrichtete Geistliche hervorgingen.

Die Armuth der brasilianischen Kirche tritt nicht allein durch den Mangel an Geistlichen hervor, sondern zeigt sich auch in dem Aussehen der Gotteshäuser selbst, welche schmucklos und in hohem Grade vernachlässigt, nicht einmal in den grösseren Städten diesen zur Zierde dienen, ja vielmehr den Eindruck geringer Beachtung auf den Beschauer hervorbringen. Die unzulängliche Pietät, welche man für die Kirche in Brasilien im Allgemeinen hegt, mag das Ihrige wohl hierzu beigetragen haben, aber auch die Regierung ist wenig bemüht, das religiöse Gefühl der ohnehin auf einer so niedern Stufe stehenden Gesammtbevölkerung zu heben. So ist es z. B. Brauch, die Kirchen als Versammlungsort bei den Wahlen zu benutzen, wobei es an stürmischen und unwürdigen Auftritten niemals zu fehlen pflegt.

Klöster, deren früher eine ganze Menge vorhanden waren,

giebt es heute nur noch wenige; diese aber sind von in nicht sonderlichem Ansehen stehenden Ordensgeistlichen bewohnt. Im Jahre 1860 gab es in Brasilien noch 91 Klöster, von denen 29 weiblichen Insassen zugetheilt waren. 1876 existirten in Brasilien laut amtlicher Angabe nur noch 53 Klöster, worunter 6 Nonnenklöster und ausserdem circa 9 Hospice. Die Aufnahme von Novizen bei den Mönchsorden ist seit 1855 untersagt.

Alle möglichen Orden sind unter den Klosterbewohnern vertreten und ausser ihnen findet sich alljährlich noch eine ziemliche Anzahl anderer Ordensgeistlichen, wie Jesuiten, Kapuziner, Lazaristen etc. aus Europa ein. Den Jesuiten war lange Zeit hindurch, seit der Vertreibung dieses Ordens im Jahre 1759 der Aufenthalt in Brasilien untersagt, in neuerer Zeit werden sie wieder stillschweigend im Staate geduldet und mit jedem Dampfer fast kommen deren aus Europa an. So sehr auch in Europa die Abneigung gegen diesen Orden berechtigt sein mag, so verdankt doch Brasilien gerade den Jesuiten, welche sich seit Entdeckung desselben um die Bekehrung und Zähmung der wilden Stämme bedeutende Verdienste erwarben, in dieser Beziehung einen grossen Theil seiner Kultur.

Diese Aufgabe, welche die Ordensgeistlichen von jeher in Brasilien sich angelegen sein liessen, war namentlich auf die Bekehrung jener Indianerstämme, die tief im Innern hausen, gerichtet. Das Missionswesen unter den Indianern wurde bis in die neueste Zeit im Einverständniss mit dem Papste von der Regierung auf das Kräftigste unterstützt. Nach den amtlichen Angaben werden jährlich an 180,000 Mark vom Staate dafür verausgabt. Trotzdem kann man nicht sagen, dass die Bekehrung der Wilden auffallend grosse Fortschritte mache. Am besten gelingt das Missionswerk den italienischen Kapuzinern. Einheimische katholische Geistliche befassen sich seltener damit.

Unter den brasilianischen katholischen Priestern sind, was hierbei erwähnt werden möge, die verschiedensten Raçen vertreten. Nicht nur Farbige widmen sich dem geistlichen Stande gern, auch ganz Schwarzen begegnet man im geistlichen Ornate, dies verfehlt nie auf den neuen Ankömmling einen überraschenden Eindruck zu machen.

Es ist davon die Rede gewesen, dass ausser der katholischen Religion keine andere als gleichberechtigt im Staate anerkannt ist; keineswegs aber drängt dies die Duldsamkeit gegen die Protestanten z. B. zurück. Zwar ist es den Protestanten nicht gestattet, ihre Kirchen und Bethäuser mit äusseren Abzeichen, wie Thürmen und Kreuzen zu schmücken, doch wird in jüngster Zeit nur wenig noch auf diese Bestimmung geachtet, und es ist bemerkenswerth, dass auf vielen deutschen Kolonien die Regierung selbst den Bau protestantischer Gotteshäuser in die Hand genommen hat. Bei alledem würde der protestantische Gottesdienst in Brasilien noch sehr im Argen liegen, wenn nicht von den deutschen Protestanten schon im Anfang der vierziger Jahre ein Anschluss an die kirchliche Oberbehörde in Berlin erstrebt worden wäre, welche sich seitdem lebhaft bis vor ein paar Jahren mit dem Wohl und Wehe der fernen protestantischen Gemeinden beschäftigte und für die Befriedigung ihrer religiösen Bedürfnisse Sorge trug. Indessen schlummerte das Interesse der Berliner allmälig wieder ein und da die protestantischen deutschen Kolonisten selbst in der jetzigen Zeit religiöser Gleichgültigkeit immer weniger aus eigenem Antrieb sich zu der Kirche hingezogen fühlen, oder gar bereit wären, derselben Opfer zu bringen, so sind die Zustände hinsichtlich der protestantischen Religionspflege hie und da recht trostloser Art. Schlimmer noch ist es mit den Schulen bestellt.

Die brasilianische Bevölkerung neigt im Allgemeinen nur wenig zur wirklichen Frömmigkeit, doch finden sich in ihrer Charakteranlage manche Tugenden, welche in einer wahrhaft christlichen Gesinnung wurzeln, mehr als dies oft bei vorgeschritteneren Nationen der Fall ist. Unter diesen verdient besonders die Mildthätigkeit erwähnt zu werden, welche sich in Errichtung von Wohlthätigkeits-Anstalten in jeder Weise kund giebt. Kaum giebt es eine einigermaassen grössere Stadt, in der sich nicht ein oder mehrere Hospitäler, Findel- und Waisenhäuser befänden. Eine Anstalt dieser Art von ganz hervorragender Bedeutung ist unter Anderem das allgemeine Krankenhaus von Rio Janeiro, welches schon seit dem Jahre 1545 besteht und an Grossartigkeit mit europäischen Hospitälern wetteifert. Es werden daselbst jährlich 10—14,000 Kranke von nahezu 50 Aerzten behandelt. Von 1872—1873 wurden 14,539 Kranke hier verpflegt, wovon 10,526 geheilt entlassen und 2946 als gestorben aufzuzählen sind. Die grosse Sterblichkeit wurde durch zwei Epidemien veranlasst, welche in jenem Jahre gerade mit Heftigkeit in Rio Janeiro wütheten. In der mit der Casa da Misericordia vereinigten Irrenanstalt Pedro II. befanden sich im gleichen Jahre 393 Geisteskranke aus allen Provinzen. Den Hauptprocentsatz liefern die Fremden, welche im Hafen von Rio erkrankt, der Heilanstalt überwiesen werden. Die Pflege in diesem, wie in den übrigen Hospitälern ist meistens den Ordensschwestern anvertraut, deren eine grosse Anzahl, darunter Französinnen, Oesterreicherinnen und Italienerinnen, in Brasilien sich aufhalten.

Höchst interessant sind die brasilianischen Findelhäuser, Casas das Rotas (Drehscheibenhäuser) genannt. Ausserhalb des Hauses, unweit der Thüre, ist in einer Fensteröffnung eine Drehscheibe, zur Hälfte von einem Gitter umgeben, angebracht, auf welche die ausgesetzten Kinder gelegt werden. Eine daneben befindliche Klingel ist bestimmt, die Ankunft des kleinen Einlassbegehrenden zu melden. In der Regel sind es kleine Schwarze, welche, wie Moses einst, von ihren Müttern hier ausgesetzt werden.

Segensreicher noch als die letztgenannten, auch in europäischen Staaten bekannten Einrichtungen und Anstalten sind die Waisenhäuser, welche ohne viele Bedingungen sich der verlassenen Kinder aus allen Volksschichten annehmen und nach Möglichkeit suchen, dieselben zu brauchbaren Menschen zu erziehen. Später finden dieselben, wie dies auch in Europa Brauch ist, als Dienstboten ihr Unterkommen.

Auch Blinden- und Taubstummen-Institute, Irrenhäuser und Hospitäler für unheilbare oder ansteckende Krankheiten bestehen in grosser Menge im Lande. Sie werden theils unmittelbar durch die Regierung gegründet, theils verdanken sie ihr Bestehen geistlichen oder andern Genossenschaften. Rio Janeiro ist namentlich reich an Hospitälern geistlichen Ursprungs.

Das Unterrichtswesen ist in Brasilien bei Weitem noch nicht in dem Maasse entwickelt, wie dies in Europa der Fall ist. Der Unterschied zeigt sich am besten in dem Verhältniss der Kinder, welche Schulunterricht genossen, im Vergleich zu jenen, welche ohne solchen aufgewachsen. Die ungünstigen Unterrichtsverhältnisse sind besonders in die Augen fallend durch die Nachrichten über den sogenannten Volksschulenbesuch. Ausser diesem Primärunterricht unterscheidet man noch einen Secundär- und höheren Unterricht. Auf 13 schulpflichtige Kinder im Alter von 6—14 Jahren kam im Jahre 1871 kaum Eins, welches wirklich Schulunterricht genossen. Nach officiellen Angaben vom Jahre 1874 soll sich das Verhältniss günstiger gestaltet haben. Darnach kam auf sechs schulpflichtige Kinder eins, welches wirklich regelmässigen Unterricht erhalten. Bezüglich ihrer Leistungen stehen die Primärschulen kaum auf der Stufe unserer besseren Elementarschulen. Die Secundärschulen nehmen dagegen ungefähr den Rang unserer besseren Bürgerschulen ein. Eine Ausnahmestellung wird nur von dem kaiserlichen Kollegium in Rio Janeiro behauptet, welches vollständig nach dem Muster der französischen Lycéen eingerichtet ist. Die Lehrstellen an Primär- und Secundärschulen werden mittelst Concurrenzprüfung vergeben; nöthigenfalls werden die Lehrer durch Hülfslehrer in ihrer Thätigkeit unterstützt. Die Befähigung zum Lehramte wird bei gesetzlicher Volljährigkeit von 21 Jahren und den Nachweis sittlichen Lebens und wissenschaftlicher Bildung erlangt. Zur Leitung einer Anstalt ist das Alter von 25 Jahren erforderlich. Verzichtet wird auf eine specielle Prüfung des Kandidaten bei Hülfslehrern oder gewesenen öffentlichen Lehrern, bei Allen, welche auf dem kaiserlichen Lyceum die Baccalaureus-Würde erlangt, auf einer der hohen Schulen ihre Prüfung bestanden oder gehörig legalisirte Diplome auswärtiger Universitäten beibringen, überhaupt aber alle Einheimischen und Fremden (?) von notorisch hinreichender Bildung. — Im ganzen Reiche bestehen sieben dem Lyceum in Rio ähnliche Anstalten.

Neben all' den staatlichen Schulen giebt es noch eine ganze Reihe von Privat-Unterrichts-Anstalten, in welchen zugleich Primär- und Secundär-Unterricht ertheilt wird. Ihre vereinte Zahl beläuft sich angeblich auf 4653. — Die Leistungen in diesen Schulen sind nicht sehr gross und deutsche wie brasilianische Familien, wenn sie beabsichtigen, ihre Kinder etwas Tüchtiges lernen zu lassen, schicken dieselben nach Europa. Die Stundenpläne in den Secundärschulen sind zwar mit allen erdenklichen schönen Gegenständen ausgefüllt, wie Lateinisch, Französisch, Mathematik, Geschichte, Musik, Rhetorik u. s. w. aber man legt kein grosses Gewicht darauf, dass die Schüler davon wirklich etwas in sich aufnehmen. Die Volksbildung wird ausserdem noch durch Abendschulen für Erwachsene zu fördern gesucht. Vom Staate wurde im Jahre 1873 die Summe von

1,480,500 Mark für Schulzwecke verwandt, während die einzelnen Provinzen noch 9,450,000 Mark ihrerseits beisteuerten.

Aehnlich ist es mit dem dritten Zweig des öffentlichen Unterrichtswesens, mit den brasilianischen Universitäten bestellt. Dieselben sind nach Fakultäten getrennt und bilden auf diese Weise nur eine Art höherer Fachschulen in den verschiedenen Städten. Es giebt vier solcher Hochschulen im Lande, zwei für die Rechte in S. Paulo und Pernambuco und zwei für Medicin zu Rio Janeiro und Bahia. Auf allen vier Lehranstalten wird zur Erlangung des Doctorgrades ein sechsjähriges Studium gefordert, zum Grade eines Baccalaureus an den Rechtsfakultäten genügt ein fünfjähriger Kursus. Die medicinische Schule von Rio Janeiro wurde 1872 von 586 Studirenden besucht; in Bahia studirten 262 Mediciner. Auf der Rechtsschule von S. Paulo befanden sich im gleichen Jahre 174, in Pernambuco 300 Studenten. Diese brasilianischen Hochschulen besitzen zwar einige Aehnlichkeit mit unsern derartigen Einrichtungen, lehnen sich aber in der Hauptsache durchaus an die französischen Fachschulen an und erinnern hinsichtlich ihrer Disciplinarbestimmungen sehr an unsere Seminarien. Der Umstand, dass es ausländischen Gelehrten nach den Gesetzen sehr erschwert ist, in den Lehrkörper derselben einzutreten und dass die brasilianischen Universitäts-Professoren wenig oder gar nicht (bis vor 4 Jahren noch) mit der deutschen Fachliteratur vertraut waren, erklärt es, dass man nicht auf der Höhe der Wissenschaft an jenen Hochschulen sich befindet. Ueberhaupt vermisst man in den brasilianischen Bildungsstätten den wahrhaft wissenschaftlichen Geist, obgleich es keineswegs den Brasilianern an der nöthigen Befähigung fehlt, um sich auch auf dem Gebiete des Wissens zu einer der Bedeutung des Landes würdigen Kulturstufe empor zu schwingen.

Neben den erwähnten Fachschulen bestehen Handelsschulen, dann eine Art Militairakademie, eine Marineschule, ein Lyceum für Künste und Handwerke, ein Konservatorium für Musik, für welch' letztere der Brasilianer viel Sinn hat, und eine Akademie der schönen Künste. Hat es auch danach den Anschein, als erfahre die Kunst eine grosse Pflege in Brasilien, so nimmt man von den Bestrebungen der Künstler im öffentlichen Leben doch kaum etwas wahr. Ja der auf Erwerb und Gewinn ausschliesslich gerichtete Sinn fast der ganzen Bevölkerung scheint jedes höhere Lebensinteresse verdrängt zu haben. Man hat wohl den guten Willen, in den edelsten Bestrebungen mit andern Nationen zu wetteifern, aber es fehlen einmal dazu die nöthigen Mittel und Vorbedingungen und auf der andern Seite liegt es nicht in dem Charakter und Naturell der Brasilianer, die Ausdauer geistigen Strebens zu bethätigen, wie sie Kunst und Wissenschaft erfordern, wenn etwas Tüchtiges darin geleistet werden soll.

Von den Sammlungen, welche auf Staatskosten seit dem Bestehen des Kaiserreichs beschafft wurden und dem gebildeten Publikum zur Benutzung offen stehen, ist in erster Linie die ansehnliche National-Bibliothek in Rio Janeiro zu erwähnen; das ist aber auch so ziemlich die einzige Bibliothek, die sich in Brasilien findet. Unter den in 12 Sälen vertheilten 120,000 Bänden sind die theologischen Schriften am meisten vertreten, was sich dadurch hinreichend erklärt, dass den ersten Stamm zu dieser Büchersammlung die Bibliotheken einiger aufgehobener Klöster bildeten und ihre Leitung fast stets priesterlichen Händen anvertraut war. Doch wurden durch die Uebersiedelung des portugiesischen Hofes von Lissabon nach Rio auch werthvolle Sammlungen von Handschriften und Originalskizzen, zum Theil der berühmtesten Maler, jener Bibliothek einverleibt. Sehr kläglich soll es mit den neuen Anschaffungen bestellt sein, da die Summe, welche jährlich dazu verwandt wird, nur eine äusserst geringe ist.

Eine der besten wissenschaftlichen Anstalten ist das historisch-geographische Institut in Rio Janeiro, welchem der Kaiser ein reges Interesse widmet, und dessen mustergiltige Mittheilungen die wichtigsten Quellen für das Studium der Geographie und Geschichte Brasiliens bilden. Den alle 14 Tage im kaiserlichen Pallast stattfindenden Sitzungen dieser Gesellschaft präsidirt der Kaiser in Person.

Eine gewisse Berühmtheit hat der botanische Garten der Hauptstadt erlangt, von dessen Palmen-Allee ein ander Mal die Rede sein soll.

Die mannigfachen Vereine, wie die medicinische Akademie, der Juristenverein, Vereine von Aerzten und Apothekern, Gesellschaft zur Beförderung der schönen Künste, die statistische

Gesellschaft, diejenige zur Unterstützung der einheimischen Industrie und andere mehr legen das günstigste Zeugniss dafür ab, dass sich die Brasilianer nicht dem Fortschritt auf geistigem Gebiete verschliessen. Leider muss man jedoch bestätigen, dass die meisten Vereine in der Regel nach kurzem Bestehen in ihrem Eifer erkalten und wenn nicht sehr anregende Elemente am Orte vorhanden sind sie zu stützen, eben so schnell als sie entstanden, auch wieder verschwinden. Bezüglich der Akademie der schönen Künste ist zu bemerken, dass dieselbe ein Lyceum mit 15 stark besuchten Klassen ins Leben gerufen hat. Das musikalische Konservatorium bildet eine besondere Abtheilung der Anstalt. Die Schüler, welche sich in den Prüfungen am meisten auszeichnen, erhalten Stipendien, um sich in Europa weiter auszubilden. Für Historienmaler, Bildhauer und Architekten werden dieselben auf die Dauer von 6 Jahren, für Landschaftsmaler und Graveure auf einen Zeitraum von 4 Jahren ertheilt.

In der neuesten Zeit haben sich auch Ackerbau- und andere Gesellschaften zur Hebung der National-Industrie zu bilden begonnen, welche zweifellos Vieles zur Fortentwickelung des Landes beitragen werden. Unablässig sind dieselben bemüht, die noch ausserordentlich wenig fortgeschrittene Landwirthschaft nach allen Richtungen hin zu verbessern und der Industrie mit Rath und That zu Hülfe zu kommen. Auch werden diese Institute mit anerkennenswerther Freigebigkeit von der Regierung unterstützt. Nicht mit Stillschweigen übergangen werden darf auch das jenen Wissenschaften, welche mit den Naturwissenschaften in Verbindung stehen, gewidmete Nationalmuseum. Es zerfällt in folgende vier Abtheilungen: 1) Zoologie, Physiologie und vergleichende Anatomie. 2) Botanik, Ackerbau und mechanische Künste. 3) Geologie, Mineralogie und Physik, und 4) Münzkunde, Alterthums- und Völkerkunde. Durch Austausch seiner Duplikate etc. steht es in reger Verbindung mit ähnlichen Instituten in anderen Welttheilen. Die Provinzen Pará, Ceará und Minas Geraes haben noch ihre besonderen Museen.

Am hervorragendsten unter den geistigen Bestrebungen der Brasilianer sind diejenigen auf dem Gebiete der schönen und der Tages-Literatur. Das Zeitungswesen namentlich ist nicht minder entwickelt als bei uns, und manche der in Rio Janeiro erscheinenden Tagesblätter werden an Umfang kaum den Weltblättern Englands und Nordamerikas nachstehen. Zum grössten Theile sind es politische Zeitungen, die in ihrer Art manch' gediegenen Artikel enthalten. Diese Zeitungen, welche selbst in den kleineren Orten einen ganz ansehnlichen Leserkreis besitzen, bilden die Hauptlekture der Brasilianer. Ausser ihnen sind es eigentlich nur französische Romane, welche dem Lesebedürfniss der Brasilianer Befriedigung gewähren. Im Allgemeinen sind aber Bücher überhaupt ein seltener Artikel im Privatgebrauch. Unter den zahlreichen im Lande erscheinenden Zeitungen giebt es mehrere ausschliesslich deutsche, französische und englische. Im ganzen Reich erscheinen über 297 Zeitungen und Zeitschriften, worunter fünf in deutscher Sprache.

Die schöne Literatur Brasiliens hat verschiedene namhafte Werke aufzuweisen, aus welchen hervorgeht, dass der Brasilianer viel poetisches Talent besitzt, welches sich noch weiter geltend machen würde, wenn sich die materiellen Interessen mehr damit in Einklang bringen liessen. Eine Censur besteht nicht; doch werden etwaige Missbräuche nach den gesetzlich vorgesehenen Fällen und Formen gerichtlich verfolgt.

Was die Charaktereigenschaften der Brasilianer anlangt, so ist der Grundzug derselben Trägheit, die ursprünglich vielleicht nicht in dem Maasse vorhanden gewesen sein mag, als von der Zeit an, wo sich die Sklaverei im Lande eingebürgert hatte. Aus dieser Faulheit haben sich mit der Zeit eine Reihe von andern Eigenschaften entwickelt, die dem unter ähnlichen Verhältnissen hier angesiedelten Nachbarstamm der Spanier in den angrenzenden Republiken vollständig fremd sind. Und deshalb ist Art und Weise der Letzteren dem Fremden zusagender als jene der Portugiesen, von denen sich die Abstammung der Brasilianer herschreibt. Zu den National-Untugenden gehören ausser der erwähnten allgemeinen Trägheit Unreinlichkeit, Selbstüberschätzung, Oberflächlichkeit, geringe Achtung vor dem Gesetz und ein den ausschweifendsten Lebenswandel begünstigendes sinnliches Naturell; dagegen zeichnet sich der Brasilianer vortheilhaft vor dem stammverwandten Portugiesen durch eine etwas weniger zur Knauserei hinneigende Sparsamkeit aus, durch grosse Gastfreundschaft, Genügsamkeit, Dankbarkeit und eine im Familienleben vortheilhaft sich bekundende Ehrfurcht gegen die Eltern. Nur zu leicht ist man geneigt, bei flüchtiger Berührung mit dem brasilianischen Volke dasselbe für kalt und unzugänglich zu halten und doch ist es gerade das gemüthvolle in dem Wesen desselben, welches bei näherer Bekanntschaft mit Land und Leuten, den Deutschen namentlich, zu den Brasilianern hinzieht. Die Brasilianer sind von den vielen Reisenden, welche das Land besuchten, sehr verschieden geschildert worden, ja in einzelnen Angaben scheinen sich diese geradezu zu widersprechen, je nachdem es ihnen möglich war, einen tieferen Einblick in das eigentliche Leben des Volkes zu gewinnen. Darin stimmen jedoch alle überein, dass die Sklaverei einen grossen verderblichen Einfluss auf die Entwicklung des Volkscharakters hatte. Namentlich ist es die Verachtung, mit welcher in Folge dessen die Arbeit betrachtet wird und wodurch die natürliche Trägheit berechtigt erscheint, welche dem sittlichen Fortschritt überall hemmend in Brasilien entgegentritt. — Charakteristisch in dieser Beziehung ist es, dass Sklavenbesitzer nur ihre Schwarzen für den täglichen Erwerb sorgen lassen. In den Städten werden die Letzteren deshalb dazu angehalten, irgend ein Handwerk zu erlernen, mit dessen Ausübung sie die Herrschaft ernähren müssen. Nur ein kleiner Theil des Verdienstes fliesst in ihre eigene Tasche. Selbst altersschwache, kranke oder verkrüppelte Sklaven weiss man recht einträglich zu verwenden, indem man sie betteln gehen lässt und einen gewissen Zehnten von ihrem Verdienste als herrschaftlichen Antheil allabendlich einkassirt. Hat doch in der allerneuesten Zeit erst die Municipalkammer von Rio die originelle Verfügung getroffen, dass sie Bettelconcessionen gegen Entrichtung einer Steuer von 50 Milreis ertheilte.

Man zieht einer ernstlichen Beschäftigung die Wagnisse eines unsicheren Gewinnes vor und nirgends tritt die Sucht auf schnelle und leichte Weise ohne persönliche Anstrengung Reichthümer zu erwerben mehr zu Tage, als in Brasilien. Die Brasilianer sind bei alle dem, wie man im Scherze wohl zu sagen pflegt „Millionäre an Zeit."

In jedem Augenblick und bei jeder Veranlassung tönt dem Fremden das brasilianische Losungswort „Paciencia!" entgegen, welches der Freie wie der Sklave ausruft, wenn er zur Beschleunigung seiner Thätigkeit aufgefordert wird. Brasilien scheint hierin geradezu der Gegensatz zu dem in nervenaufregender Thätigkeit sich bewegenden Nordamerika zu sein, dessen Motto „Time is money" auf brasilianischem Boden mit Hohnlachen aufgenommen würde. Selbst der Ausländer, wenn er erst eine Zeit lang im Lande heimisch, ist genöthigt, seine Ungeduld allgemach zu zähmen und sich mit Gleichmuth der hier herrschenden apathischen Lebensanschauung zu fügen.

Eigenthümlich sind einige Gewohnheiten und Landessitten, welche sich im öffentlichen Leben bemerklich machen. Es ist dies die Art der Kindererziehung und die Stellung der Frauen. Erstere wachsen ohne alle Sonderung mit den im Hause geborenen Sklavenkindern auf und nehmen in Folge dessen nur allzuhäufig die Unsitten der kleinen Neger an. Die Frauen aber sind so sehr auf das Haus angewiesen, woselbst sie sich nach Landesbrauch dem vollständigen Nichtsthun überlassen, dass ihre Charaktereigenschaften wenig nur durch den Verkehr mit der Aussenwelt beeinflusst werden. Eine gewisse Ritterlichkeit der Männer, sowie die allezeit bereiten Sklavendienste begünstigen den Brauch, den Frauen nur die Sorge und Beschäftigung mit ihrem Putz zuzutheilen. Keinerlei Verrichtung wird im Hauswesen von einer Brasilianerin verlangt und selbst die Einkäufe jeder Art besorgt der Mann, oder die Frauen lassen sich die Waaren von ihren Negern in das Haus bringen und zur Auswahl vorlegen. Man sieht daher die Letzteren mit Mustern und Proben in den Strassen der Städte fortwährend zwischen den Häusern ihrer Herren und den Waaren-Magazinen hin- und herlaufen. Die Verschwendungssucht der brasilianischen Damenwelt in Schmuck, Stoffen und sonstigen Putzgegenständen übersteigt alle vernünftige Berechnung, so dass diese Eigenschaft im Verein mit den sonstigen theuren Verhältnissen einen Haushalt in Brasilien ungewöhnlich kostbar macht. Im Gegensatz zu dieser Extravaganz beklagen sich die fremden Kaufleute vielfach über die Sparsamkeit der Männer, welche für ihre persönlichen Bedürfnisse so gut wie gar nichts verwenden. Dass man Frauen der besseren Klassen so wenig auf der Strasse sieht, hat auch darin seinen Grund, dass es die Landessitte ihnen verbietet, sich ohne männliche Begleitung öffentlich zu zeigen. Den Männern dagegen gestattet es ebensowenig der Landesbrauch den kleinsten Gegenstand, und wäre es nur ein Buch, mit eigener Hand zu tragen. Dies wird als eine ausschliessliche Sklavenarbeit betrachtet. —

Dem freien Farbigen gegenüber ist der Brasilianer sehr herablassend, was wohl dadurch begründet sein mag, dass nur wenige brasilianische Familien sich eines vollständig unvermischten Blutes rühmen können. Wie sehr die Vermischung der Weissen mit den Negern zur Verschlechterung der ursprünglich höher stehenden kaukasischen Raçe beigetragen, ist offenkundig; viel weniger demoralisirend, wenn auch nicht ganz ohne Nachtheil, wirkte die Vermischung mit den Indianern auf das Wesen der aus Europa herüber gekommenen Bevölkerung ein.

Die Brasilianer sind von einer ausgesuchten Höflichkeit und sehr leicht dazu geneigt, ein minder höfliches Wesen bei Ausländern dem Mangel an Erziehung zuzuschreiben. Lobt man irgend ein Besitzthum seines Wirthes, so ist die ständige Antwort: „Es steht zu Euren Diensten!" Dies ist in den meisten Fällen keine leere Redensart, sondern ganz ernstlich gemeint. Als Besuch willkommen ist man zu jeder Tageszeit ohne unbescheiden zu erscheinen, darf der Fremde die Einladung im Hause seine Wohnung aufzuschlagen annehmen und diese gern gebotene Gastfreundschaft nach eigenem Belieben auch auf längere Zeit ausdehnen. Allerdings muss man seine Ansprüche an eine gewählte Küche oder sonstige Aufmerksamkeiten nicht zu hoch stellen, dagegen bleibt man auch vollständig Herr seines Thuns und Wollens und kann sogar, ohne unhöflich zu erscheinen, die gastliche Stätte ohne Dank wieder verlassen. Dem kleinsten wie dem grössten Verlangen wird mit uneigennütziger Bereitwilligkeit von dem Brasilianer willfahrt.

Es ist unmöglich, auf alle die Charakter-Eigenschaften der Brasilianer mit wenigen Worten näher einzugehen, und Manches, was daher in dieser Beziehung bis jetzt unerwähnt geblieben, muss der gelegentlichen Erörterung bei der Beschreibung einer Reise durch Brasilien in einem späteren Abschnitte vorbehalten bleiben.

Wenn von den Brasilianern bisher vorzugsweise die Rede war, so muss an dieser Stelle wohl auch der Nationalitäten gedacht werden, welche einen Hauptbestandtheil der Bevölkerung bilden. Das Wesen der Indianer hat, wie ich glaube, bei

Aufzählung der einheimischen Völkerschaften bereits eine genügende Beleuchtung erfahren. Es handelt sich hierbei vornehmlich also nur noch um die in Brasilien angesessenen Portugiesen. Dieselben zeigen kaum einige Aehnlichkeit des Charakters mit dem ihrer Abkömmlinge und besitzen wenige Tugenden, welche im Stande wären, die mannigfachen Mängel desselben aufzuwiegen. Sie erfreuen sich daher auch keiner grossen Beliebtheit im Lande. Einen förmlichen Hass bringt ihnen der im Grunde fast gegen alle Fremden voreingenommene Brasilianer entgegen. Diese Feindschaft schreibt sich noch aus der Kolonialzeit her, wo die eingeborenen Brasilianer den neueingewanderten Portugiesen häufig nachgesetzt zu werden pflegten. Neben dem entwickelten die Portugiesen eine unläugbar grössere Geschäftsgewandtheit und Rührigkeit, durch welche den brasilianischen Kaufleuten kein geringer Nachtheil erwuchs. Aus der damaligen Zeit datiren auch mancherlei Spottnamen, welche die Brasilianer ihren Stammverwandten beilegen.

In gleicher Weise hatten unter dem Fremdenhass der Landeskinder lange Zeit hindurch die eingewanderten Deutschen zu leiden. „Allemão" galt allgemein als Schmähwort. Einen grossen Theil der Schuld an der Geringschätzung der Deutschen trug der Umstand, dass allerdings die Elemente, aus denen sich die deutsche Einwanderung zusammensetzte, nicht die besten waren. Heute hat sich dies wesentlich geändert und namentlich der Krieg von 1870/71 verschaffte ihnen in hohem Grade eine früher nicht gewährte Achtung und Ansehen gebietende Stellung in Brasilien. — Die Zahl der übrigen Fremden, wie z. B. Chinesen etc. ist zu gering, um hier näher berücksichtigt zu werden. Was aber die Neger anbelangt, so werden wir ihnen noch mehrfach begegnen und hierbei Gelegenheit haben, ihrer besonderen Eigenschaften zu gedenken.

Neuntes Kapitel.

Geschichtliche Entwickelung Brasiliens bis zum Sturze des Ministeriums Pombal 1750.

Am Eingang dieses Buches ist schon in Kürze von der Entdeckung Brasiliens und den Anfängen seiner Geschichte die Rede gewesen, nicht aber von der weiteren geschichtlichen Entwickelung, deren Kenntniss durchaus nothwendig ist zur richtigen Beurtheilung seiner heutigen Zustände.

Nachdem Brasilien durch den Portugiesen Cabral entdeckt war (er landete zuerst in der heutigen Provinz Espirito Santo), wurde dem Lande im ersten Jahrzehnt, wie bereits erzählt, nicht die Bedeutung zugeschrieben, wie den zu jener Zeit über Alles werthgehaltenen ostindischen Besitzungen.

Die Eingeborenen des Landes waren höchlich überrascht über die weissen Ankömmlinge, betrugen sich aber keineswegs feindselig, da man klug genug gewesen, denselben von Anbeginn an mit Freundlichkeit zu begegnen. Wie alle Wilden, wünschten sie mit Ungeduld die werthlosen Kleinigkeiten zu erhalten, welche ihr Verlangen reizten, und die von den Portugiesen absichtlich vor ihren Blicken zur Schau gestellt wurden. Merkwürdiger Weise aber fühlten sie sich nicht bewogen, wenn ihnen eins oder das andere geschenkt wurde, sich dafür erkenntlich zu zeigen. Auch dauerte die Freude an dem Besitz der kleinen Gegenstände, die man ihnen überliess, nicht lange. Am meisten Interesse und Bewunderung flösste den Wilden der Gebrauch von Aexten und sonstigen eisernen Werkzeugen ein, deren sich die Europäer zur Errichtung eines Kreuzes am Gestade des neu entdeckten Welttheiles bedienten.

Leider konnte man sich nur äusserst mangelhaft durch Pantomimen mit den Eingeborenen verständigen und um diesem Uebelstande für die Folge zu begegnen, liess Cabral, als er nach der Heimath zurücksegelte, zwei junge Leute, welche verschiedener Verbrechen wegen zur Verbannung verurtheilt waren, an Brasiliens Küste zurück, damit sie die Sprache der Eingeborenen lernen und anderen Entdeckungsreisenden als Dolmetscher dienen könnten. Gerne hätte sich die Schiffsmannschaft einiger Wilden bemächtigt, um sie mit nach der Heimath zu führen, aber Cabral liess es nicht zu, da er es für unrecht hielt, das Vertrauen der Wilden durch einen solchen Akt der Gewalt zu täuschen. Dennoch wurden von dem Kapitain eines zum Geschwader gehörigen Schiffes, welches die Nachricht von der Entdeckung Brasiliens nach Portugal bringen sollte, zwei Eingeborene an einem anderen Theile der Küste an Bord geschleppt und mit nach Lissabon entführt.

Das Interesse, welches man in Portugal an der neuen Entdeckung nahm, war sehr gross und ermunterte eine ganze Reihe von Seefahrern in den folgenden Jahren den südamerikanischen Gestaden zuzusteuern. Niederlassungen wurden dort gegründet und die Erforschung der Küste bald in grösserem Maassstabe unternommen. Besonders verdient machte sich der Seefahrer Christovão Jaques, dem man die Entdeckung der Bai von Bahia zuschreibt und welcher die ganze Küste bis zur Magelhanstrasse erkundete, um in allen Häfen, die er berührte, das Land im Namen seines Souverains förmlich in Besitz zu nehmen. Der Untergang seiner Schiffe während eines überaus heftigen Sturmes nöthigte den Entdecker, schliesslich auf dem Festlande eine Kolonie zu gründen, welche unter dem Namen Porto seguro lange Jahre hindurch ein kümmerliches Dasein fristete.

Auch die Reisen eines kastilianischen Steuermannes, Namens Soli, trugen viel zur Erforschung des Landes bei. Derselbe befuhr die ganze Küste und gelangte bei dieser Gelegenheit auch in die heutige Bai von Rio Janeiro, deren prachtvolle Lage ihn mit gerechter Bewunderung erfüllte. Von der Menge der übrigen Brasilienfahrer der ersten Jahrzehnte sind ausser diesen noch Magelhan, welcher 1525, und Diego Garcia, welcher ein Jahr später daselbst landete, die bedeutendsten.

Unter der Regierung des bald darauf zur Herrschaft gelangten Johann III. von Portugal dachte man zuerst an eine politische Eintheilung der neuen Kolonien, indem man neun Kapitanerien errichtete. In diese Zeit fällt die planlose Verschleuderung der grössten Länderstrecken dieses unermesslichen Gebietes an Abenteurer, welche ihren Besitz nach Belieben auszudehnen befugt waren und deshalb Conquistadores (Eroberer) genannt wurden. Nicht minder freigebig verschenkte die portugiesische Regierung an die Grossen des Reiches ungeheure Länderstrecken in Brasilien, welche davon den Namen Donatores erhielten.

Zwei Brüder, Namens Alphonso und Lopez de Souza, waren die Hauptbegründer der ersten Kolonien 1531, und vermittelten durch ihr Ansehen die Uebersiedelung vieler Europäer dahin. Alphonso machte sich besonders um das neu entdeckte Land verdient durch die Einführung der Hausthiere, welche sich mit ausserordentlicher Schnelligkeit daselbst fortpflanzten und durch den Anbau des Zuckerrohrs. Die Zuckerrohrpflanzungen wurden auch in anderen Landestheilen nachgeahmt, wie z. B. in Espirito Santo, wo ein gewisser Coutinho von dem Lande Besitz ergriffen hatte. Bei seiner Ankunft soll er noch einen derbeiden, früher durch Cabral hier zurückgelassenen Verbrecher vorgefunden haben.

Die Bai von San Salvador (Bahia) entging eine Zeit lang der Aufmerksamkeit der Europäer. Nach und nach aber breitete sich die Colonisation auch in jenen Gegenden mehr aus. Einen grossen Zufluss von Einwanderern und Kolonisten erhielt das Land durch jene Unglücklichen, welche ihrer religiösen Meinung wegen verfolgt, in dem neuen Welttheil eine Zufluchtsstätte suchten, oder durch Richterspruch hierher verbannt waren. Die in Portugal errichtete Inquisition schickte ganze Familien aus dem Heimathlande in die Einöden der neuen Welt und gross war die Zahl der Juden, welche aus gleichen Gründen zur Flucht nach Brasilien gezwungen wurden.

Mit der Zeit hatten die Wilden eingesehen, dass die immer mehr überhand nehmende Zahl europäischer Ansiedler sie in ihrem bisherigen unbeschränkten Besitz störte und so kam es, dass sich das frühere freundliche Einvernehmen zwischen beiden häufig in eine sehr feindselige Haltung verkehrte. Viele Unklugheiten der Weissen waren die Veranlassung, dass der Krieg zwischen ihnen und den Wilden von nun an in einzelnen Landestheilen mit grosser Erbitterung geführt wurde und niemals wieder ganz erlosch. Eine geschichtlich verbürgte Begebenheit aus jener Zeit, deren Schauplatz die Umgegend von Bahia war, verdient hier erwähnt zu werden, indem sie den Beweis liefert, wie leicht es gewesen wäre, sich durch kluges und freundliches Entgegenkommen einen unbestrittenen Einfluss von Seiten der

Europäer über die Eingeborenen zu sichern und im gleichen Maasse dieses Naturvolk einer höheren Kultur auf friedlichem Wege zuzuführen.

In der Mitte des Indianer-Stammes der Tubinambas lebte ein Portugiese Namens Alvarez Corea. Derselbe war durch Schiffbruch an die Küste von Brasilien verschlagen, war dem anfänglichen Hass der Wilden entgangen und hatte sich bald in so hohem Grade die Freundschaft derselben erworben, dass er die Tochter eines Häuptlings als Gattin heimführen durfte. Durch seine Kenntnisse und sein freundliches Wesen gelang es ihm bald, über den ganzen Stamm eine Art geistige Herrschaft auszuüben, deren sich keiner der Indianer zu entziehen vermochte, so dass sie Alvarez einstimmig zu ihrem Anführer erwählten. Der König von Portugal hatte zur selben Zeit aber den Landstrich, in welchem Alvarez herrschte, einem portugiesischen Statthalter verliehen. Letzterer zog sofort mit seinen Truppen gegen die Tubinambas zu Felde und machte Alvarez Corea zu seinem Gefangenen. Es gelang dem Statthalter auch bald, Alvarez, in welchem in der Umgebung seiner Landsleute die alten heimathlichen Erinnerungen mit aller Stärke erwachten, seiner neuen Familie vollständig zu entfremden. Als dies seine indianische Gattin erfuhr, entbrannte sie in heisser Rache; sie rief ihre Stammesgenossen auf, die ihr angethane Schmach an dem Treulosen zu rächen. Die Indianer zogen hierauf in mächtigen Haufen herbei und bedrohten die Ansiedlungen der Weissen. Alvarez, der vor Allem die Wuth der Wilden fürchten musste, floh vor seinen durch die Gattin gegen ihn aufgestachelten Feinden und suchte in einer entfernten Gegend Schutz vor ihnen.

Nach einiger Zeit bereute ein Theil der Tubinambas sein feindseliges Auftreten gegen Alvarez, zu dem man sich hatte verleiten lassen. Man erinnerte sich nur seiner Güte noch und der mancherlei Wohlthaten, deren man durch Alvarez theilhaftig geworden und beschloss deshalb, ihn zurückzurufen. Alvarez folgte vertrauensvoll mit andern Landsleuten dieser Einladung. Nahe der Bai von Bahia wurde sein Schiff vom Sturm an die Insel Itacaripá verschlagen und Alle, die von den Seinen das Land gewinnen konnten, wurden von den Wilden getödtet und verzehrt. Alvarez allein entging der Grausamkeit der Indianer und söhnte sich mit denen wieder aus, die seine Flucht veranlasst hatten. Nachdem er zu seiner Gattin zurückgekehrt war, fuhr er fort, wie ein Vater namentlich jenen Indianern ein Wohlthäter und Führer zu sein, die seine Abwesenheit betrauert, ja sogar eine Zeit lang seinen Tod beweint hatten.

Im Jahre 1549 wurde auf Befehl des Königs Johann III. von Portugal in eben jener Gegend, wo Alvarez lebte, die Hauptstadt Bahia durch Thomas de Souza, den zukünftigen Generalstatthalter, gegründet. Die erste Bevölkerung bestand aus 600 Freiwilligen, 1500 Verurtheilten und nur einigen Einwandererfamilien, welche freiwillig für alle Zeiten der Heimath den Rücken gewandt hatten. Dem Einflusse Alvarez Coreas war es zu danken, dass nun die Kolonisten bei Erbauung der Stadt die thätigste Mithülfe von Seiten der Indianer fanden. Die Feindschaft zwischen den Europäern und den Eingeborenen, welche später in einen wahren Vertilgungskrieg ausartete, wurde erst dadurch wieder angefacht, dass die mittlerweile ins Land gekommenen Jesuiten auf unvorsichtige Weise die barbarischen Feste des Menschenfressens zu stören suchten. Nur die Wirkung der europäischen Feuergewehre schreckte die Indianer von einem ernstlichen Angriffe auf die Stadt ab und trieb sie in die Wälder zurück.

Zu jener Zeit fand ein Wechsel in der Regierung statt, indem an Stelle des Generalstatthalters Duarte da Costa das portugiesische Kolonialreich in Südamerika verwaltete. In der Begleitung desselben befanden sich auch mehrere Jesuiten, welche in der Folge, um den wachsamen Blicken des keine Herrschaft neben sich duldenden Statthalters von Bahia zu entgehen, weitab an den Ufern des Paraguayflusses die später zu grosser Bedeutung unter Anführung des Pater Anchieta gelangten Missionen 1552 gründeten.

Mittlerweile war man in andern Ländern auf das neu entdeckte Gebiet aufmerksam geworden und die Protestantenverfolgung in Frankreich unter der Regierung Heinrich II. veranlasste eine grosse Anzahl Franzosen, unter Anführung eines gewissen Villegagnon nach Brasilien zu flüchten und dort sich eine neue Heimath zu gründen. Er und seine Begleiter landeten zufällig oder absichtlich in der Bai von Rio Janeiro, deren vortheilhafte Lage die neuen Einwanderer als vorzüglich geeignet zu einer Niederlassung erkannten. Von dem Admiral

Coligny begünstigt, mehrte sich die Zahl der protestantischen Flüchtlinge aus Frankreich in dem neuen von Villegagnon beschützten Asyl. Unter dem Vorwande, ein rascheres Emporblühen der französischen Kolonie durch seine Verbindungen in der Heimath herbeizuführen, segelte Villegagnon im Jahre 1557 nach Frankreich zurück, während seine Landsleute in harten Entbehrungen seiner Wiederkehr entgegensahen. Treulos aber täuschte Villegagnon die Erwartung seiner Schützlinge, indem er, in Frankreich angekommen, nicht allein die vom Vaterland entfernten Glaubensgenossen im Stiche liess, sondern auch den Protestantismus abschwur. Die Protestanten brandmarkten seinen Namen dafür, indem sie ihn den „Kain von Amerika" nannten.

Bald darauf hatte die französische Kolonie harte Kämpfe zu bestehen, denn obgleich die Portugiesen sich Anfangs wenig um die Ansiedelung der Franzosen gekümmert und ihren Fortschritten kein Hinderniss in den Weg gelegt, so war es doch den weiter im Süden wohnenden Jesuiten nicht gleichgültig, ihre Herrschaft durch die Einwanderung der Protestanten beschränkt zu sehen. Sie wussten das Interesse der portugiesischen Regierung rege zu machen und dieselbe zur Verjagung der Franzosen anzueifern. Die Franzosen verloren in Folge dessen zwar im Kampfe mit den Portugiesen ihre bisherigen Besitzungen, allein sie fanden auf dem Festlande einen Zufluchtsort bei dem mit ihnen verbündeten Stamm der Tubinambas.

Ein plötzliches Ende wurde alle den kleineren Kämpfen an der Küste bereitet, als aus dem unbekannten Innern des weiten Landes die wilde Völkerschaft der Aymores hervorbrach und die Ansiedelungen der Europäer von Bahia bis Rio Janeiro hinab fast vollständig vernichtete, so dass nur spärliche Ruinen in den folgenden Jahrhunderten Zeugniss ihres einstigen Bestehens ablegten.

Weiter im Süden hatten sich gleichzeitig viele Portugiesen niedergelassen, welche nach und nach aber durch Vermischung mit den Indianern in hohem Grade verwilderten. Dennoch war der ausserordentliche Unternehmungsgeist dieser Leute, welche in der Folge den Namen Paulistas erhielten, von der Kolonie S. Paulo, in welcher sie wohnten, so gross, dass sie mehr als alle anderen Ansiedler einen bedeutenden Einfluss auf die geschichtliche Entwicklung des Landes ausübten. Fast alle Entdeckungen im Innern verdankt Brasilien ihrer leidenschaftlichen Begierde nach Reichthümern und Abenteuern. Ihr unbegrenzter Freiheitssinn, der weder die Schranken der heimischen Gesetze, noch die geistliche Herrschaft der Jesuiten anerkennen wollte, machte sie zu unzuverlässigen Freunden, öfter aber auch zu offenen Feinden der letzteren.

Am segensreichsten für die Aufgabe, die Indianer zu Christen und Freunden der Weissen allmälig heranzubilden, erwiesen sich unbedingt die Bemühungen der Jesuiten und es fehlt nicht an Beispielen von grosser Aufopferung und Muth, womit sie den bedrohten Ansiedlungen der Europäer den Frieden zu sichern wussten.

Die Segnungen, welche den Indianern Südamerikas aus der europäischen Einwanderung erwuchsen, waren im Allgemeinen nur sehr gering, ja fast schien sich damals Alles zu ihrem Untergange verschworen zu haben. War Anfangs auch das Glück ihren Waffen günstig, so vermochten sie in der Folge doch immer weniger ihren weissen Feinden zu widerstehen. Später trat ihnen in der von den Europäern nach Brasilien eingeschleppten Blatternkrankheit ein noch verderblicherer Feind entgegen und als Bundesgenosse derselben lichtete eine Hungersnoth ihre Reihen.

Frühzeitig stellte sich bei den Kolonisten das Bedürfniss nach Vermehrung der nöthigen Arbeitskräfte ein und man glaubte daher keine bessere Verwendung für die kriegsgefangenen Indianer finden zu können, als dass man sie zu Sklaven der Ansiedler machte. Dies führte zuerst zu der Sklavenjägerei, welche besonders von den Paulistas mit Billigung der Inquisitionsbehörde in der Mitte des 16. Jahrhunderts betrieben wurde und wodurch der erste Keim zu dem später so grossartigen Sklavenhandel mit Afrika gelegt ward.

Die in den Schutz der Tubinambas geflüchteten französischen Ansiedler in der Bai von Rio Janeiro hatten nach 10jähriger Ruhe wieder ihren Besitz so weit ausgedehnt, dass die Portugiesen ernstliche Befürchtungen für ihre bisher unbestrittene Herrschaft hegten und mit Hülfe der Jesuiten abermals die Vertreibung der Franzosen ins Werk setzten. Während eines ganzen Jahres widerstanden diese den Angriffen der unter der

Anführung Eustach Desas kämpfenden Portugiesen, endlich aber waren die Franzosen doch zur Flucht genöthigt und schifften sich nach Pernambuco ein; ihr Versuch, hier zu landen und sich festzusetzen, scheiterte an der energischen Abwehr des dortigen Gouverneurs und so blieb ihnen nur die Rückkehr nach Frankreich übrig.

Die Portugiesen beeilten sich, ihre Eroberung zu benutzen und gründeten das heutige Rio Janeiro in der weltberühmten Bai gleichen Namens. Mit aller Grausamkeit wurde von dem ersten Statthalter Rios, einem Vetter Desas, gegen einzelne noch im Lande zurückgebliebene französische Ketzer gewüthet. Unter ihnen befand sich auch ein durch sein Wissen und seine Begabung ausgezeichneter Calvinist mit Namen Jean Boles, der im Vertrauen auf die europäische Gesittung der Sieger sich in ihre Mitte begeben hatte. Doch der Ketzerei beschuldigt durch den Jesuiten Louis de Grans, liess man ihn erst 8 Jahre lang im Kerker schmachten, um ihn sodann in Rio Janeiro, welches zu jener Zeit noch den Namen San Sebastião trug, als Ketzer und Franzosen hinzurichten.

Noch einmal erschienen die Franzosen gegen das Jahr 1570 mit 4 Schiffen in der Bai von Rio Janeiro, um in Brasilien wieder festen Fuss zu fassen. Aber sie waren nur gekommen, um ihren Untergang zu finden, indem der portugiesische Statthalter sie ungeachtet ihrer hartnäckigen Gegenwehr besiegte und vernichtete.

Mit grossem Glück hatten unterdessen die Jesuiten im Süden Brasiliens ihre Besitzungen wie ihre Herrschaft fortwährend vergrössert, und um ihre in dieser Beziehung umfassenden Pläne noch mit mehr Nachdruck verfolgen zu können, zogen sie aus dem heimathlichen Portugal neue Verstärkungen ihres Ordens herbei. Eine Flottille wurde in Lissabon ausgerüstet, welche alle früheren nach Brasilien bestimmten Geschwader an Stärke übertraf und 69 Väter der Gesellschaft Jesu schifften sich auf derselben nach den südamerikanischen Besitzungen ein. Allein Jaque Sore, ein berühmter normännischer Korsar reformirten Glaubens, hatte geschworen, um seine französischen Glaubensbrüder zu rächen, alle Katholiken, die in seine Hand fallen würden, zu vertilgen. Diesem kühnen Piraten gelang es, die portugiesischen Schiffe zu überwältigen und sämmtliche Jesuiten bis auf einen fielen seiner Rache zum Opfer.

Ein eben so harter Schlag für die Missionen war der im Jahre 1571 erfolgte Tod des um die Kolonisation Brasiliens so verdienten Jesuiten Nobrega und des dem Orden günstig gesinnten, nicht minder berühmten ersten portugiesischen Statthalters in Brasilien Mem de Sa, welcher 14 Jahre lang die Zügel der Regierung geführt hatte. An die Stelle des letzteren wurden zwei Generalkapitäne von Lissabon gesandt, welche im Namen des mittlerweile zur Herrschaft gelangten König Sebastian von Portugal sich die Vertilgung der Wilden namentlich in der Gegend von Rio Janeiro sehr angelegen sein liessen. 8—10,000 Indianer wurden in diesen Verfolgungskriegen theils getödtet, theils gefangen, und nicht eher liess die Wuth der Verfolger nach, als bis sich die unglücklichen Tubinambas weit ins Innere und nach dem Norden zurückgezogen hatten.

Als die Ruhe einigermaassen wieder hergestellt war, wendeten sich die portugiesischen Ansiedler mit Eifer dem Landbau wieder zu. Unternehmungslustige Abenteurer aber, ermuntert durch das Beispiel der Spanier in den benachbarten Ländern, zogen auf die Entdeckung von Gold- und Silberminen aus. Dies führte zu der Auffindung der später so wichtig gewordenen metallreichen Gegenden von Minas Geraes.

Nicht ganz ohne Einfluss blieb in der folgenden Zeit auf Brasilien der am 4. August 1578 erfolgte Tod des Königs Sebastian in der mörderischen Schlacht von Alcazar und die Thronbesteigung von dessen Grossoheim, dem Kardinal Heinrich.

Sei es, dass die Franzosen den Zeitpunkt gekommen glaubten, wo sie mit Erfolg von Neuem die Ansprüche auf ihr früheres Besitzthum erheben konnten, sei es, dass sie von ihren Verbündeten dazu veranlasst wurden, kurz, sie eröffneten abermals die Feindseligkeiten gegen ihre Nebenbuhler, wurden aber nur zu bald wieder geschlagen und vertrieben.

Durch den Tod des Kardinal-Königs hatte sich mittlerweile in dem dadurch hervorgerufenen Erbfolgekrieg Spanien der portugiesischen Krone bemächtigt und die Politik König Philipp II. hatte zur Folge, dass Brasilien in eine feindliche Stellung zu dem bisher befreundeten England gerieth. In der Hoffnung, reiche Beute in den nunmehr spanischen Besitzungen zu machen, rüsteten die Engländer verschiedene Expeditionen gegen Brasilien aus. Fast alle Niederlassungen der Portugiesen hatten unter den feindlichen Einfällen der Engländer zu leiden, welche zu verschiedenen Malen mit unermesslicher Beute beladen aus Brasilien heimkehrten.

Wiederholte Entdeckungen reicher Gold- und Silberminen reizten zu jener Zeit im höchsten Grade die Habgier des spanischen Hofes, und als ein Abkömmling des berühmten Alvarez Corea dem König Philipp gegen die Ertheilung eines Adelsbriefes den Fundort der reichsten Silberminen zu entdecken versprach, schickten sich viele Spanier an, auf eigene Faust die Silbergruben des Corea, dessen Bitte ihm versagt wurde und der sein Geheimniss daher für sich behielt, aufzusuchen.

Im Innern des Landes stiessen die nach Schätzen ausgezogenen Spanier auf die eigentlichen Herren des Landes, die Wilden, und hatten mit denselben blutige Kämpfe zu bestehen. Als Sieger daraus hervorgegangen ahmten sie das früher gegebene Beispiel der Portugiesen nach und schleppten die gefangenen Feinde in die Sklaverei. Dies erbitterte die Indianer so sehr, dass sie sich selbst an den sie zur Bekehrung aufsuchenden friedlichen Jesuiten vergriffen. Erst im Jahre 1603 gelang es einer indianischen Frau, welche man gefangen und deren Wohlwollen man durch gute Behandlung gewonnen hatte, Friedensverträge zwischen den Kolonisten und Indianern zu Stande zu bringen. Ein Jesuit Namens Domingo Rodriguez vollendete das Friedenswerk und lange Zeit hindurch liessen die wilden Stämme sich in der Nähe der Ansiedler nieder, bis Krankheiten, die sich unter ihnen verbreiteten, sie veranlassten, wieder in die Einsamkeit der Wälder zurückzukehren.

Kurz vor Anfang des dreissigjährigen Krieges in Deutschland suchten die Franzosen wieder sich eines Theiles des südamerikanischen Festlandes zu bemächtigen, indessen war dies mehr eine Privatunternehmung unter dem Schutze der Regierung, als eine staatliche Expedition. Das Vorhaben war namentlich darauf gerichtet, vortheilhafte Handelsverbindungen anzuknüpfen. Die französischen Ankömmlinge liessen sich auf der Insel Maranhão nieder und waren wohl die Ersten, welche die Gegend des Amazonenstromes näher erforschten. Ein paar

Jahre lang blieb der brasilianischen Regierung die Anwesenheit der Franzosen im Norden des Landes verborgen; als man aber Kenntniss davon hatte, wurde sofort deren Vertreibung beschlossen. Es kam zu einer hartnäckigen Belagerung des von den Franzosen erbauten Fort und zu äusserst blutigen Kämpfen, die schliesslich, trotzdem man auf das Heldenmüthigste Widerstand leistete und ungeachtet der Hungersnoth, welche im Lager der Brasilianer ausgebrochen war, mit der Vertreibung der Franzosen endigten.

Währenddessen war auch Holland, dessen Macht und Bedeutung in hoher Blüthe stand, aufmerksam auf Brasilien geworden, und sowohl im Interesse des Handels als aus Feindschaft gegen das verhasste Spanien dachte man an eine Eroberung des portugiesisch-spanischen Amerikas. Zu diesem Zwecke wurde eine Gesellschaft gegründet, welche sich die Westindische Compagnie nannte und welcher die ehrgeizigen Pläne der holländischen Regierung zur Ausführung übertragen wurden. Die Westindische Compagnie rüstete darauf eine ungefähr aus 16 Segeln bestehende Flotte aus, welche unter der Führung dreier geschickter Männer, unter ihnen der Admiral Petrit, dem Westen zusegelte.

Obgleich von der Gefahr unterrichtet, in welcher die Kolonie Brasilien schwebte, that Spanien nichts, um dem angedrohten Einfall zu begegnen. Die Holländer hatten daher sehr leichtes Spiel und nahmen eine Ansiedelung nach der andern an der brasilianischen Küste in Besitz. Endlich traten ihnen die Brasilianer selbst unter Auführung des Bischofs von Bahia, Marcos Teixeira, entgegen. Zum Oberhaupte erwählt, feuerte der Prälat seine wenigen Truppen mit zündenden Worten zum Kampfe an und führte sie zum Siege. Einer der feindlichen Generäle, Vaudort, verlor dabei sein Leben und die Holländer waren auf dem Punkte, alle Früchte ihrer seitherigen Eroberungen zu verlieren. Bald nachher starb jedoch Teixeira und der Oberbefehl über die Brasilianer ging in andere Hände über.

Allmälig hatte der spanische Hof eingesehen, was Alles auf dem Spiele stand, wenn nicht rechtzeitig den Kolonien Hülfe geleistet würde. Man rüstete daher mit grossem Eifer und schickte eine ansehnliche Truppenmacht unter dem Befehle des Don Fabricio de Toledo zum Entsatze nach Brasilien. Gleiche Anstrengungen von Seite der Holländer entfachten den Krieg zu grosser Heftigkeit. Der Anfangs mit so grossem Glück von den Holländern geführte Feldzug nahm eine sehr ungünstige Wendung für die letzteren, bis es im Jahre 1626 dem Admiral Petrit gelang, den Spaniern einen empfindlichen Schlag dadurch beizubringen, dass er sich auf hoher See der alljährlich von Mexiko nach Spanien abgesandten Schiffe bemächtigte, welche die reichsten Schätze an Gold, Silber und Edelsteinen an Bord führten.

Fast mit derselben Hartnäckigkeit, mit der zur gleichen Zeit in Mitteleuropa sich verschiedene Nationen und Religionsgenossenschaften in blutigen Kämpfen gegenüberstanden, wurde zwischen Holländern, Spaniern und Portugiesen auf brasilianischem Boden um die Herrschaft gerungen. Bald war das Kriegsglück der einen, bald der andern Partei günstig und lange Zeit hindurch erschien es zweifelhaft, wer den endgiltigen Sieg davontragen möchte. Die grösste Beharrlichkeit und muthige Widerstandskraft entwickelten die Brasilianer selbst. Zahlreich sind die Beispiele ruhmvoller Thaten aus jener Zeit, welche für den Heldenmuth der Kolonisten Zeugniss ablegen. So erzählt die Geschichte von einem unerschrockenen jungen Manne, der bei der Belagerung Pernambucos durch die Holländer seine 37 Waffengefährten mit solchem Kampfesmuth zu beseelen wusste, dass sie den Anstrengungen von 4000 Mann, welche eine zahlreiche Artillerie noch furchtbarer machte, bei deren Angriff auf das Fort St. Georg sechs Tage lang Widerstand leisteten. Der junge Held hiess Vieira. Dennoch war die Lage der Portugiesen peinlicher als die der Holländer. Man litt oft Mangel an Munition, an Lebensmitteln und an Kleidungsstücken und Spanien war mit der Sendung von Hülfe sehr säumig, da seine Kräfte durch den Krieg in Deutschland ausserordentlich in Anspruch genommen waren.

Vielleicht hätte zu jener Zeit Spanien den Besitz Brasiliens ganz aufgegeben, wenn nicht neue Umstände das spanische Interesse für Amerika wieder rege gemacht hätten. Es war nämlich von Spanien in Erfahrung gebracht worden, dass eine holländische Flotte unter dem Admiral Hadrian Patry ausgeschickt werden sollte, um zum zweiten Male die mexikanischen

Galeonen wegzufangen. Der spanische Minister, der den abermaligen Verlust so grosser Reichthümer fürchtete, schickte den erwarteten Schiffen bedeutende Verstärkungen unter dem Befehl des Don Oquendo entgegen. Derselbe traf vor Pernambuco mit dem Admiral Patry zusammen und die fürchterlichste Seeschlacht, die man jemals in diesen Gewässern gesehen, entspann sich zwischen den feindlichen Geschwadern. Von beiden Seiten kämpfte man mit gleichem Muthe, endlich aber neigte sich der Sieg den Spaniern zu. Als der brave holländische Admiral sah, dass er Gefahr lief in die Hände der Feinde zu fallen, stürzte er sich in die Wellen, indem er die denkwürdigen Worte ausrief: „Der Ocean allein ist das würdige Grab eines batavischen Admirals!"

Im ersten Schrecken vor den landenden Spaniern und Portugiesen gab die holländische Besatzung das zunächst bedrohte Olinda den Flammen preis.

Der spanische Sieg zur See trug indessen keine grossen Früchte, da unter den Landtruppen, welche aus allen Nationen angeworben waren und unter dem Befehl des Grafen Bagniolo standen, Empörung ausbrach. Anfangs nützten die Holländer diesen ihnen günstigen Umstand wenig aus, bis ein Mulatte Namens Calaba, der sich an seinen Landsleuten irgend welcher Streitigkeiten wegen rächen wollte, zu den Holländern überging. Unter der Anführung dieses Ueberläufers erfochten die Holländer mancherlei Vortheile, so dass sie sich der Hoffnung hingaben, ihre Herrschaft neu und dauernd zu befestigen. Schon im Jahre 1633 erlitten sie wieder eine Niederlage, welche bedenklich für sie hätte werden können, wenn der spanische Feldherr Mathias d'Albuquerque die nöthige Reiterei zur Verfolgung des Feindes besessen hätte. Es dauerte indessen nicht lange, so hatten sich die Holländer vollständig von den gehabten Verlusten erholt und waren den von den Spaniern immer spärlicher unterstützten Feinden wieder überlegen. Zum Ueberfluss standen ihnen auch Indianerhorden bei, welche hier Gelegenheit fanden, ihre eigene Grausamkeit noch von den Europäern übertroffen zu sehen.

Zu jener Zeit war es etwa, in welcher die Holländer mit Hülfe des Verräthers Calaba sich in Besitz eines grossen Theils von Nordbrasilien gesetzt hatten. Das einzige Bollwerk, das ihrem Siegeslauf eine Schranke setzte, war Pernambuco, welches von dem tapfern Albuquerque vertheidigt wurde. Ein holländischer General Artisiosky, Pole von Geburt, belagerte die Stadt und nöthigte durch seine Hartnäckigkeit die Besatzung, nachdem sie alle Schrecken einer Hungersnoth erfahren, zu kapituliren. Der grösste Theil der Einwohnerschaft verliess mit Weib und Kind hierauf das unglückliche Pernambuco und vertraute sich ganz der Führung des bewährten Kommandanten Albuquerque an. Durch die Verrätherei eines Portugiesen Soto, der bisher unter den Holländern gelebt, gelang es hingegen den Brasilianern Porto Calvo einzunehmen; auch erwirkten sie die Auslieferung Calaba's, der nun den Tod für die frühere Treulosigkeit gegen seine Landsleute erleiden musste.

Im Jahre 1635 veranlasste zum dritten Male die Furcht vor dem Verluste der mexikanischen, mit Schätzen beladenen Schiffe die Spanier zur Aussendung von Hülfstruppen in die brasilianischen Gewässer und an die brasilianische Küste. Auch die Holländer wurden hierdurch bestimmt, Verstärkungen aus dem Vaterlande heranzuziehen und Moritz von Nassau, ein Vetter des bekannten Statthalters, erschien, um den Spaniern ihre etwaigen Eroberungen mit ansehnlicher Macht wieder zu entreissen. Mit dem Muthe der Verzweiflung setzten sich die Brasilianer zur Wehre, aber unaufhaltsam reihte der kühne Führer Sieg an Sieg und eroberte unter andern Porto Calvo zurück.

Da sich in Folge dieser Ereignisse die Bewohner von Pernambuco zur Flucht gezwungen sahen, suchten sie Schutz in der Provinz San Salvador (Bahia). Die Einzelheiten dieser Massenauswanderung werden von den Geschichtsschreibern mit den düstersten Farben ausgemalt. Von ihren grausamen Feinden verfolgt, von Hitze und Hunger in den unwegsamsten Gegenden gequält, kamen eine Menge der fliehenden Brasilianer ums Leben, und der Rest erreichte erst nach Erduldung der schrecklichsten Leiden das weite Ziel seiner Reise. Moritz von Nassau zeichnete sich zwar selbst als Sieger durch weise Mässigung aus und bemühte sich nach Kräften, der Zuchtlosigkeit seiner Truppen zu steuern, dennoch liess auch er sich manche Willkürlichkeiten zu Schulden kommen, um den holländischen Schatz zu bereichern, woraus man Veranlassung nahm, ihm den Vorwurf der Habgier zu machen. Auch waren die Holländer als Sieger nicht sehr duldsam gegen die Bekenner der katholischen Religion.

Der erste weitere Schritt, welchen Moritz von Nassau unternahm, war der Angriff auf San Salvador, welches von dem Grafen Bagnolo vertheidigt wurde. Obgleich die Holländer mit 40 Schiffen und 7800 Mann Landungstruppen vor der Stadt erschienen, war doch für sie dieser Feldzug nicht vom Glück begünstigt. Prinz Moritz wurde geschlagen und musste zurückweichen.

Bei der Ausdehnung Brasiliens machte sich der Einfluss der kriegerischen Ereignisse in Pernambuco und Bahia in den übrigen Provinzen nicht sonderlich bemerkbar. Unbekümmert um den Kriegszug der Holländer gegen ihre Landsleute fuhren die brasilianischen Kolonisten vielmehr fort, in den nördlichsten Provinzen unter Verübung der abscheulichsten Grausamkeiten und Treulosigkeiten den Eingeborenen neue Landstrecken abzugewinnen. In jene Zeit 1637 fällt auch die Erkundung des Amazonenstroms in seiner ganzen Länge durch Teixeira, welcher nach Ueberwindung der grössten Hindernisse in Peru landete. Wenn man Teixeira vollen Glauben schenken darf, so müssen die Ufer des Amazonenstromes damals bei Weitem bevölkerter gewesen sein, als dies heute der Fall ist. Erzählte er doch seinen Landsleuten von einem Marktflecken, der Jurimanas, welchen er besuchte und der über eine Stunde gross im Umfange gewesen sein soll.

Die Spanier machten nunmehr neue Anstrengungen, Moritz von Nassau, welcher immer noch seine Macht auf ein weites Gebiet ausdehnte, zu verdrängen. Eine beträchtliche Flotte und Truppenmacht unter dem Befehl des Franzisco Mascarenhas, Grafen von Torre, wurde von Lissabon abgeschickt, die aber nach beschwerlicher, langwieriger Seereise und Erduldung unsäglicher Leiden im Jahre 1640 vor Recife fast gänzlich vernichtet wurde.

Am 1. Dezember 1640 fand das für Brasilien bedeutungsvolle Ereigniss der Losreissung Portugals von der spanischen Herrschaft statt, indem der Herzog von Braganza unter dem Namen Johann IV. zum König von Portugal ausgerufen wurde. Mit ungleichen Gefühlen empfing man die Nachricht von dem Regierungswechsel in Brasilien; am wenigsten behagte den Holländern dieser Umschwung der Dinge. Johann IV. jedoch war bemüht, ein freundschaftliches Einvernehmen mit den Holländern zu unterhalten und schloss einen zehnjährigen Waffenstillstand mit ihnen.

Das steigende Ansehen Moritz von Nassaus erfüllte die holländische Regierung mit argwöhnischen Befürchtungen, da man den Prinzen im Verdacht hatte, dass er nach Selbstständigkeit auf dem eroberten Gebiete strebe, und so kam es, dass Moritz unerwartet und plötzlich nach Holland zurückgerufen wurde, trotzdem erst kurz vorher unter seiner Verwaltung (wenn auch nur durch schändliche Verrätherei während des Waffenstillstands) Maranhão gewonnen war und unermessliche Summen durch seine Bemühungen alljährlich in den Schatz der Westindischen Compagnie flossen.

Der bereits genannte jugendliche Held Vieira, der den Wunsch zur Befreiung seines Vaterlandes von der Herrschaft der protestantischen Fremdlinge stets im Herzen trug, wusste seine Landsleute mit dem gleichen Verlangen zu beseelen und eine grossartige Verschwörung zu diesem Zwecke im Stillen ins Werk zu setzen. Als die Holländer Kunde davon erhielten, setzten sie zwar einen Preis auf Vieiras Kopf, doch ohne jeglichen Erfolg. Auch Truppen, welche zur Unterdrückung der bereits zum Ausbruch gekommenen Empörung von dem Vicekönig von Brasilien gegen Vieira und die Seinen abgesendet wurden, richteten nichts aus und gingen bald selbst zu den Aufständischen über. Binnen Kurzem nahm der Kampf einen sehr ernsten Charakter an und alle Umstände vereinigten sich, die Brasilianer in ihren Erfolgen zu unterstützen; der holländische Kommandeur Hoogstraate, der das Fort Nazareth befehligte, überlieferte den Brasilianern diesen wichtigen Posten für 18,000 Thaler. Porto Calvo vermochte nicht dem ungestümen Angriff Christoph Cavalcant's zu widerstehen, und Valentin Roccia bemächtigte sich der an der Mündung des Flusses St. Francisco erbauten Stadt. Ueberall siegte Vieira. Mit Uneigennützigkeit war er dabei bestrebt, die Opfer des Krieges grösstentheils auf seine eigenen Schultern zu nehmen. Er zahlte den Kriegern den fehlenden Sold aus und steckte die eigenen Besitzungen in Brand, um dem Vordringen des Feindes zu wehren.

Erschreckt über die Erfolge Vieiras und die Niederlagen

der eigenen Generäle rüsteten die Holländer mit Aufwand aller ihrer Kräfte, um ihre Besitzungen in Brasilien zu vertheidigen. Dies veranlasste den König von Portugal, eine starke Truppenmacht unter der Führung Francisco Baretto de Menezes nach Brasilien zu entsenden, woselbst Vieira mit edelmüthiger Entsagung den Oberbefehl über die von ihm geführten Brasilianer dem vom Könige gesandten Feldherrn freiwillig abtrat. Die berühmte Schlacht, welche in den Gebirgen von Guararabi 1648, einige Stunden von Pernambuco, geschlagen wurde und in welcher die Portugiesen und Brasilianer einen glänzenden Sieg über die Holländer erfochten, war die erste Waffenthat ihrer vereinigten Kräfte. Lange Zeit wusste der holländische General Sigismund dennoch den feindlichen Angriffen zu widerstehen und 7 Jahre schon dauerte der Kampf, in welchem beide Parteien immer weniger von den Mutterländern unterstützt wurden, so dass sie zuletzt fast nur auf ihre eigenen Kräfte beschränkt blieben. Noch länger würde sich der entscheidende Ausgang des Krieges verzögert haben, da die Holländer trotz allen sonstigen Verlusten doch Herren des Meeres waren, während es den Portugiesen an Schiffen fehlte, ihnen diese Herrschaft streitig zu machen, wenn nicht plötzlich ein portugiesisches Geschwader erschienen wäre, welches zum Schutze der Handelsschiffe ausgesandt war. Den dringenden Bitten der Brasilianer gelang es den Anführer zu bewegen, sie bei einem Sturme auf das von den Holländern bisher mit so grosser Hartnäckigkeit behauptete Pernambuco zu unterstützen.

Der Commandant Baretto, in gerechter Würdigung von Vieiras Verdiensten, übergab demselben zu diesem voraussichtlichen Schlussakt des jahrelangen Kampfes den Oberbefehl. Vieira rechtfertigte vollkommen das in ihn gesetzte Vertrauen und nahm die befestigten Stellungen der Holländer eine nach der andern mit stürmender Hand. Die Mauern der Stadt wurden durch wohlangebrachte Minen gesprengt. Entsetzt flohen die bisher mit den Holländern verbündeten Indianerstämme und bald konnte der tapfere und standhafte General Sigismund dem dringenden Verlangen des Rathes und der Bürgerschaft nach Uebergabe der Stadt nicht mehr widerstehen. Wohl wurde hierauf von den Siegern der Besatzung gestattet, mit Waffen und Gepäck abzuziehen, allein zugleich verlangte man die Räumung aller übrigen Provinzen vom Feinde und damit war Brasilien für immer von den Holländern befreit (1654 am 27. Januar). Vieira, welchem König Johann IV. die Wiedergewinnung der brasilianischen Provinzen dankte, wurde mit hohen Ehren belohnt, doch allen diesen Gunstbezeugungen zog Vieira den Namen vor, welchen seine Landsleute ihm zuerkannten, die ihn als „Befreier Brasiliens" feierten.

Eine interessante Episode aus der Geschichte Brasiliens im 16. und 17. Jahrhundert bildet die Entstehung des Ortes Palmares in der Nähe von Pernambuco. Diese Niederlassung verdankte ihre Gründung einigen flüchtigen Sklaven, denen es gelungen war, sich einer Anzahl Feuergewehre zu bemächtigen und mit dem Muthe der Verzweiflung sich ihre vollständige Unabhängigkeit zu erkämpfen. Als sodann ihr kleiner Staat befestigt schien, suchten sie gleich den Gründern Roms sich ihre Frauen durch den Raub aller farbigen Weiber in den umliegenden Ansiedlungen zu verschaffen. Auch ihre übrigen Bedürfnisse wussten sie durch Erpressung und Beraubung der Nachbarschaft zu gewinnen.

Bald waren sie zu einer Achtung gebietenden Macht gelangt, welche durch fortwährenden Zuzug neuer Elemente die europäischen Pflanzer eines Theils mit Furcht erfüllte, andern Theils sie aber doch dazu bewog, die Gunst der Palmaresier, so nannten sich die schwarzen Republikaner, mit Waffen und Waaren zu erkaufen. Ursprünglich war die Bevölkerung der Republik auf zwei Niederlassungen vertheilt. Eine derselben bei Porto Calvo wurde 1644 schon durch die Holländer wieder vollständig vernichtet, erhielt sich aber lange genug, um ihr die Berechtigung einer historischen Erinnerung zu sichern.

Die Palmaresier waren allmälig zu einem gesellschaftlichen Zustand gelangt, welcher, falls der neue Staat sich fortschrittlich entwickeln sollte, eine feststehende Verfassung nöthig machte. Man entschloss sich daher in Palmares für die Gründung eines Wahlreiches, dessen erster Fürst bis zu seinem Lebensende der Neger Zombe wurde. Seine Nachfolger sollten aus den Tapfersten und Verständigsten erwählt werden. Auch Magistratspersonen wurden gewählt und Gesetze erlassen, welche die Ordnung im Reiche aufrecht zu halten bestimmt waren. Die

Religion der Palmaresier bestand aus einem sonderbaren Gemisch von Aberglauben und Christenthum, doch hat die Geschichte etwas Genaueres über deren Natur uns nicht überliefert. Der Fleiss, mit welchem die Bürger von Palmares sich nicht allein dem Aufbau eines Staatswesens, sondern auch der emsigsten Pflege der Landwirthschaft sowie dem Handel und der Industrie widmeten, hatte zur Folge, dass die Ansiedlung in kurzer Zeit an Wohlstand mit den blühendsten Nachbar-Kolonien der Holländer wetteiferte. Ja 50 Jahre nach Erbauung der ersten Hütten sah man schon prächtige Wohnungen in den zwischen Gärten und Feldern zerstreut liegenden Häusern in Palmares und die Bevölkerung des Ortes, welche Anfangs kaum 40 Köpfe zählte, war auf nicht weniger als 20,000 Seelen angewachsen.

Die Fortschritte der Negerrepublik machten die portugiesische Regierung im höchsten Grade besorgt. Die Portugiesen beschlossen deshalb die Vertilgung des kleinen Staates und bald zogen 7000 Mann Truppen gegen die gefürchteten Palmaresier zu Felde. Da man den Feind sehr unterschätzte, so war es nicht einmal für nöthig befunden, die ausgesandte Macht mit Geschützen zu versehen, und ihre völlige Niederlage überzeugte die Portugiesen bald, dass es nicht so leicht sein würde, zu dem beabsichtigten Ziele zu gelangen. Erst nachdem man Kanonen herbeigeschafft und mit diesen den aus übereinandergefügten Baumstämmen bestehenden Wall von Palmares an einzelnen Stellen zerstört hatte, liess der verzweifelte Widerstand, welchen die Palmaresier bisher geleistet, etwas nach und endlich gelang es den Portugiesen, Herren der Stadt zu werden. Zombe wusste dem Schicksal, in die Hände der Feinde zu fallen, durch den Tod zu entgehen, seine Waffengefährten aber starben nicht minder heldenmüthig, indem sie sich vom Gipfel des inmitten der Stadt gelegenen Felsens freiwillig herabstürzten. Nur Frauen, Greise, Kinder und Verwundete fielen in die Gewalt des Feindes und wurden als Sklaven verkauft. Die Stadt wurde bis auf den letzten Rest zerstört (1696) und nichts blieb übrig von dem blühenden Orte, als ein ruhmvolles Andenken.

Von einer ganz ähnlichen Negerrepublik in Brasilien wird in der allerneuesten Zeit berichtet. Ein Deutscher Namens

Schlosbach schreibt darüber in der Deutschen Zeitung von Porto Alegre Folgendes:

„Wer, wie der Schreiber dieser Zeilen, nächtlicherweile durch die Strassen der brasilianischen Stadt Diamantina geritten ist, dem wird es aufgefallen sein, dass einzelne Läden, deren unverschlossene Thüren immer nur angelehnt sind, schwach erleuchtet erscheinen. Oft huscht ein schwarzer kraushaariger Neger heimlich hinein; die Thür wird verschlossen und nun beginnt zwischen dem Inhaber des Ladens und dem schwarzen Sohne Afrikas ein seltsamer Handel. Der letztere zieht ein kleines Papier hervor, öffnet es und hält es an die matt brennende Lampe, bei deren Schein dem Kaufmanne hellblitzend die schönsten Diamanten entgegenfunkeln. Bald sind Beide handelseinig und für Geld oder Kleider und Esswaaren gehen die Diamanten in den Besitz des Händlers über.

Wie kam jener Neger in den Besitz der kostbaren Steine? Warum schlich er verstohlen in jenen Laden, während doch gegen eine geringe Abgabe Jedermann frei und ungehindert in der Umgebung Diamanten waschen kann? Er ist ein vogelfreier Mann, geächtet vom Staat, ein Mitglied der gefürchteten Negerrepublik in den unzugänglichen Serras des an Diamanten überreichen Flussgebiets des oberen Jequitinhonha. Dort leben inmitten steiler, wildzerklüfteter und kaum zugänglicher Felsen zwei bis drei Tausend entflohene Negersklaven beisammen, die hier im Herzen des brasilianischen Kaiserreichs einen förmlichen Freistaat gegründet haben.

Rund um ihre Felsenfeste, welche schon von Natur uneinnehmbar ist, haben sie tiefe Gräben und sorgsam verwahrte Fangeisen angebracht. Wehe dem Unvorsichtigen, der seinen Fuss auf das dürre Laubwerk oder den Rasen setzt, der die Eisenspitzen verdeckt; eine schreckliche Verwundung der Füsse ist die sichere Folge.

Die Diamantenwäschereien im nahen Flusse sind es, aus denen die Neger ihren Lebensunterhalt in leichter Weise erlangen, und gerne sind die Händler von Diamanten bereit, den Ertrag der Arbeit gegen Geld oder Waaren umzutauschen. Schon wiederholt hat in der letzten Zeit die brasilianische Regierung gut ausgerüstete Expeditionen gegen die entflohenen Sklaven abgeschickt, um die Flüchtlinge einzufangen, doch stets haben die Schwarzen, von ihren aufmerksamen Freunden rechtzeitig über die drohende Gefahr benachrichtigt, die Angriffe mit den Waffen in der Hand erfolgreich zurückgeschlagen und bis heute ihre Unabhängigkeit behauptet. Kaum zwei Fuss breit ist der Pfad, der zu ihrer weit ausgedehnten Felsenfeste heraufführt, und auf diesem rollten sie grosse Steinblöcke auf die Angreifer herab oder sandten ihnen ihre wohlgezielten Kugeln entgegen. So besteht trotz aller Anstrengungen seiner Gegner der Negerfreistaat auch heute noch fort.

Den Bedarf an Lebensmitteln und Schlachtvieh kaufen die Neger heimlich von den benachbarten Fazendeiros, welche sie generös bezahlen, oder sie halten wohl auch bepackte Maulthierzüge auf offener Strasse an und zwingen die Führer, ihnen die Ladung zu verkaufen. Die geängstigten Treiber müssen dann die Lebensmittel an einen entlegenen Ort transportiren, wo sie jedoch regelmässig den verlangten Preis gewissenhaft ausgezahlt erhalten und dann ruhig ihren Weg weiter ziehen können. Niemals ist es bekannt geworden, dass diese schwarzen Republikaner sich zu einem Diebstahl herbeigelassen oder gar einen Raubmord verübt hätten; ja, es ist sogar vorgekommen, dass sie des Nachts fünfzig und mehr Stück Schlachtvieh von der Weide getrieben haben und des Morgens hat der erstaunte Fazendeiro die entsprechende Geldsumme, die dem vollen Werthe des geraubten Viehs entsprach, auf der Thürschwelle seines Hauses vorgefunden.

Als ich nach achtzehnjährigem Aufenthalt im verflossenen Jahre das schöne gesegnete Brasilien verliess, hatte man in Rio de Janeiro noch keine Kunde von der sonderbaren Republik und die hier mitgetheilte Nachricht ist die erste, welche über dieselbe in Europa veröffentlicht wird."

Während eine so weit gediehene Ansiedelung in der Küstengegend von Pernambuco ihren Untergang gefunden, erstanden im Innern Brasiliens, in Goyaz und Minas Geraes, neue Orte, deren Gründung aus gänzlich andern Ursachen durch die Goldgräber stattfand. Unter andern wurde damals das heute noch vorhandene Villa rica erbaut.

Zu jener Zeit glaubte die portugiesische Regierung ihren Vortheil mehr in einem Bündniss mit England, als in der seither bestandenen Freundschaft mit Frankreich zu finden.

Indem sie daher offen durch einen Traktat mit Grossbritannien sich dessen Schutz zu sichern bemüht war, vernachlässigte sie Frankreich und reizte dessen beleidigten Ehrgeiz. Die Folge davon war ein feindlicher Angriff des französischen Kapitäns Duclerc auf Rio Janeiro. Siegreich wurde derselbe zurückgeschlagen, allein allem völkerrechtlichen Herkommen entgegen wurde Duclerc, nachdem er sich mit den Seinigen den Portugiesen ergeben, von letzteren ermordet und auch seinen Untergebenen zum Theil das gleiche Schicksal bereitet.

Dieses grausame Verfahren des portugiesischen Statthalters Francisco de Castro gegen die Franzosen erweckte in Frankreich das heisseste Verlangen nach Rache. Freiwillig stellte sich ein berühmter französischer Marineofficier, Duguay Trouin, an die Spitze einer Expedition von 15 Schiffen, zu deren Bemannung Ludwig XIV. einige königliche Truppen bewilligt hatte. Kühn segelten die französischen Abenteurer nach der Bai von Rio Janeiro, wo sie nach glücklicher Ankunft auf der heutigen Ilha das Cobras (Schlangeninsel) festen Fuss fassten.

Obgleich die Einwohner von Rio Janeiro Alles gethan hatten, um den Angriffen der Franzosen mit Erfolg zu begegnen und ein aus Frankreich stammender Kolonist in Rio als Spion seine Landsleute zu Gunsten der Brasilianer auszuforschen wusste, sahen diese sich doch mehr und mehr von den feindlichen Truppen bedrängt. Einen vollständigen Sieg erfocht Duguay Trouin, als er nach einem von den Brasilianern zurückgewiesenen Kapitulationsanerbieten Rio Janeiro während eines fürchterlichen Gewitters auf das Heftigste beschoss. Das plötzliche Feuer der Geschütze, schreibt ein französischer Geschichtsforscher, das Rollen des Donners, noch fürchterlicher verstärkt durch die zahllosen Echos der von Fels und Bergen umgebenen Bai, die grellen Blitze des Himmels wie der Verderben speienden Feuerschlünde erfüllten die Bewohner der Stadt, gegen welche der Zorn des Himmels und der Hölle entfesselt schien, mit unerhörtem Entsetzen. Sie fingen an in Unordnung dem Innern des Landes zuzufliehen, indem sie nur bemüht waren, von ihrem Besitz das Kostbarste zu retten und mit sich zu nehmen. Alle Kämpfenden, selbst die Befehlshaber, verliessen die Wälle; bald waren die Strassen der sonst so belebten Stadt einsam und verödet. Anfangs bemerkten die Franzosen nicht einmal bei dem Toben der Elemente und ihrer Geschütze, dass die Bewohner Rios sich zur Flucht gewandt. Nachdem die Stadt von Duguay Trouin in Besitz genommen, hatten sich die Brasilianer von ihrem ersten Schrecken wieder erholt und suchten mit dem Sieger in Unterhandlung zu treten. Trouin erklärte sich auch zur Rückgabe Rio Janeiros bereit gegen ein Lösegeld von 1,525,000 Franken, mehr als 100 Kisten Zucker und beträchtliche andere Vorräthe, welche innerhalb 14 Tagen von den Brasilianern herbeigeschafft werden sollten. Auf Grundlage dieser harten Bedingungen wurde am 4. Oktober 1711 Friede geschlossen und Duguay Trouin verliess die brasilianische Küste. Den Gesammtverlust, welchen damals die portugiesische Kolonie erlitten, schätzte man auf 27,000,000 Franken. Die Freibeuter zogen reich mit Beute beladen von dannen, ein fürchterlicher Sturm aber überfiel sie auf offener See und vernichtete eines der besten Schiffe Duguay Trouins, wodurch der Gewinn der Expedition sehr geschmälert wurde.

Den Feindseligkeiten Frankreichs machte im Jahre 1713, den 11. April, der Friede von Utrecht, wodurch auch die Abgrenzung Brasiliens bestimmt und den französischen Kolonisten jeder Uebergriff auf brasilianischem Gebiet untersagt wurde, ein Ende.

Der Friede in den Küstenniederlassungen war nun zwar wieder befestigt, allein im Innern trieben die oben genannten Paulisten ihr Unwesen, dem man am wirksamsten entgegenzutreten hoffte, indem man ihnen eine Art Selbstregierung durch ein aus ihrer Mitte gewähltes Oberhaupt zugestand. Von diesem Zeitpunkte an wandten sich die unruhigen Abenteurer dem Aufbau von Ortschaften und sogar Städten zu, welche heute noch einen grösseren Glanz aus jener Zeit aufweisen würden, wenn man nicht so achtlos es versäumt hätte, bei jenen überseeischen, der portugiesischen Krone so nützlichen Unterthanen den Sinn für Kunst und Industrie mehr zu wecken. Das einzige Interesse, welches sie kannten, war die Gier nach Gold. Wohl entstanden hierdurch Städte wie Marianna, Guyaba und andere; bauliche Denkmäler jedoch aus jener Zeit finden sich nirgends.

Im Jahre 1750 wurde der Marquis von Pombal portugiesischer Minister und mit seinem Eingreifen in die Staatsverwaltung brach für den Kolonialbesitz Portugals eine neue und höchst bedeutsame Epoche heran. Unter die wichtigsten Ereignisse aus dieser Zeit zählt die Verlegung des bisherigen Regierungssitzes von Bahia nach Rio Janeiro; nächstdem war es die Verfolgung der Jesuiten, welcher er wie auch sein Bruder, dem die Regierungsgeschäfte und Verwaltung Brasiliens übertragen war, mit Eifer betrieb. Auch war Pombal der Urheber eines Gesetzes, welches die Sklavenjägerei unter den eingeborenen Indianern verdammte und Letztere für frei erklärte.

Die folgenden Jahre waren durch Kämpfe bezeichnet, welche immer von Neuem gegen die kriegerischen Indianerhorden des Innern geführt wurden und durch Streitigkeiten, in welche man mit den benachbarten spanischen Ansiedlern gerieth, bis im Jahre 1778 ein Staatsvertrag zwischen Spanien und Portugal die südamerikanischen Besitzverhältnisse endgültig regelte.

Zehntes Kapitel.

Fortsetzung der Landesgeschichte bis auf die Neuzeit.

Nach dem Sturze Pombals in Portugal und dem Regierungsantritt der später wahnsinnig gewordenen Königin Maria gingen viele der segensreichen Neuerungen des grossen portugiesischen Staatsmannes wieder unter und der klägliche Verfall Portugals warf seine düsteren Schatten auch auf das junge aufblühende Brasilien. Eine glücklichere Wendung in den politischen Schicksalen des weiten Kolonialgebietes schien erst im Anfang der 90er Jahre des vorigen Jahrhunderts heranzunahen, als König Johann VI. an Stelle seiner unglücklichen Mutter die Regentschaft (1792) übernahm. Endlich wurde auch der Prinzregent durch die selbstsüchtige und nachdrückliche Politik Englands dazu bewogen, selbst an eine Uebersiedlung nach Brasilien zu denken, welche in früheren Zeiten schon einmal im Plane der portugiesischen Krone gelegen hatte. Dies war der erste Schritt zur Konstituirung eines eigenen brasilianischen Reiches. Die französischen revolutionären Bewegungen hatten sich in jener Zeit auch den südamerikanischen Besitzungen mitgetheilt und von Furcht erfüllt über die Tragweite dieses Einflusses, entschloss sich der portugiesische Hof, das Band, welches die Kolonie Brasilien mit dem Mutterlande vereinigte, fester zu knüpfen, indem er als Unterpfand gegenseitigen Vertrauens den neunjährigen Kronprinzen Dom Pedro nach Brasilien sandte. Ehe aber noch die Abreise des jungen Prinzen erfolgen konnte, hatte Frankreich im Geheimen aufs Eifrigste die Zersplitterung Portugals betrieben, wobei es Spanien zuliess, an diesem Raube sich zu betheiligen.

Um der Wegnahme der portugiesischen Streitkräfte zur See durch die herannahenden Franzosen zuvorzukommen, stellte Portugals einziger Verbündeter England an den König die Aufforderung, die Flotte unter englischen Befehl zu stellen oder auf derselben sich unverzüglich nach Brasilien einzuschiffen. Johann VI. wählte das letztere. Er liess die Archive, den Staatsschatz und die kostbarsten Kronjuwelen an Bord der Schiffe schaffen und segelte am 29. November 1807 mit der königlichen Familie und zahlreichem Gefolge, inmitten eines mächtigen Geschwaders, dem sich zahlreiche Handelsschiffe anschlossen, unter dem Donner englischer und portugiesischer Kanonen von Lissabon ab. Ein heftiger Sturm, welcher die Flotte gleich im Beginn der Reise überfiel, trennte zwar die Schiffe zum Theil, am 7. März 1808 jedoch lief dieselbe nach einem vierwöchentlichen Aufenthalt in Bahia glücklich in die prächtige Bai von Rio Janeiro ein. Unter dem Jubel der Bevölkerung hielt das Herrscherpaar seinen Einzug in die damals noch so bescheidene Hauptstadt, nachdem es am 23. Januar in Bahia zuerst den südamerikanischen Boden betreten hatte.

Der mit diesem geschichtlichen Ereigniss verknüpfte Umschwung aller bestehenden Verhältnisse war um so grösser, als das bisher von Portugal aus streng bevormundete Brasilien mit einem Male dadurch zugleich als wichtiges Glied in die Reihe der Staaten eintrat. Unter die einflussreichsten Gesetze, welche der neue Regierungsabschnitt ins Leben rief, gehörte die Freigebung des Handels, mit welcher die Eröffnung der Häfen für alle fremden Nationen verbunden war. Weniger glücklich war man mit der Verwaltungseinrichtung des Landes, welche nach portugiesischem Muster von dem damaligen Minister Fernando José de Portugal é Castro einfach von Lissabon nach Rio Janeiro übertragen war, aber sich als viel zu verwickelt, umständlich und kostbar erwies. Die Verleihung vieler Aemter an Personen aus dem Gefolge des Prinzregenten, welche ihre Einkünfte durch das Verlassen Portugals verloren, gab zudem Anlass zu vielfältigen Beschwerden der hiermit unzufriedenen eingeborenen Brasilianer.

Am 15. Dezember 1815 wurde Brasilien durch ein besonderes Dekret zum Königreich erhoben. Trotzdem der Regent und seine Minister darauf bedacht waren, durch das Wohl des Landes fördernde Gesetze in jeder Weise die aufwärts strebende Entwickelung Brasiliens zu begünstigen, gelang es doch den revolutionären Elementen, nachdem der erste Freudenrausch über die errungene Selbstständigkeit der Kolonien verflogen war, sich bei einem Theile der Bevölkerung grösseren Anhang zu verschaffen. Nachdem sodann Portugal sowohl wie das benachbarte spanische Amerika einen gewissen Anstoss dazu gegeben, kam es im Jahre 1817 zu einer Revolution in Pernambuco. Dieselbe verfolgte die gleichen Ideen wie eine bereits im Jahre 1783 stattgehabte politische Verschwörung zu Minas Geraes, welche die Losreissung und Unabhängigkeit der Provinz erstrebte. Das Bestehen der Republik von Pernambuco war nicht von langer Dauer. Allenthalben wurde die Regierung Johann VI. durch Niederwerfung des Aufstandes unterstützt und namentlich die Engländer, in deren Handelsinteresse die Bekämpfung der revolutionären Bestrebungen lag, leisteten durch Ausfuhrverbote und Sperrung der Schifffahrt in dem von ihnen abhängigen spanischen Amerika wesentliche Hülfe.

Zum zweiten Male wurde das Banner des Aufruhrs und zwar dies Mal in Pará und Bahia entfaltet. Die Aufständischen hier stellten das Verlangen einer gleichen Konstitution für Brasilien, wie sie zur selben Zeit von der Bevölkerung des Mutterlandes stürmisch gefordert wurde. Der König beschloss, den Kronprinzen als Friedensstifter nach Portugal zu senden, die Brasilianer aber wurden durch das Ausschreiben einer Versammlung vertröstet, welche die nöthigen Verfassungsreformen zum Wohle Brasiliens berathen sollte.

Alle königlichen Versprechungen aber konnten den Lauf der Dinge nicht mehr hemmen, umsomehr als ein' fester Plan bestand, die portugiesische Konstitution mit Hülfe eines Aufstandes der Truppen, deren Theilnahme man sich versichert halten konnte, zu proklamiren. Von den Geschichtsschreibern wird behauptet, dass der Kronprinz selbst an der Verschwörung Theil gehabt, indem er den König hierdurch zur Annahme der portugiesischen Konstitution nöthigen wollte, ohne selbst den Degen ziehen zu müssen. Der wirkliche Hergang bestätigt vollkommen diese Ansicht. Während nämlich König Johann in seinem Schlosse São Christovão sich befand und mit seinen Ministern über die einzuschlagenden Maassregeln sich berieth, stiessen, wie auf gemeinsame Verabredung, die sämmtlichen in der Nähe befindlichen Truppenkorps am 26. Februar 1821 auf einem der grössten Plätze von Rio zusammen und verlangten durch ihren Anführer Carretti von dem herzugeeilten Kronprinzen die Anerkennung der portugiesischen Konstitution in Brasilien. Schnell eilte Dom Pedro nach São Christovão und erpresste von seinem Vater in der That ein Dekret, welches in wenigen Worten die Bereitwilligkeit des Königs aussprach, den Brasilianern die gleiche Verfassung wie Portugal geben zu wollen. Nachdem das Volk einmal diese Zusage erlangt, stellte man an den anwesenden Kronprinzen noch weitergehende Forderungen, welche dieser nicht minder bereitwillig zugestand, als das erste Verlangen.

Die bisherigen Minister wurden abgesetzt und Dom Pedro war so wenig auf die Wahrung der Rechte seines königlichen Vaters bedacht, dass er die von ihm entworfene neue Ministerliste vom Balkon des Theatergebäudes herab mit lauter Stimme dem versammelten Volke zur Sanktionirung vorlas und sich für deren Bestätigung durch den König verbürgte. Kaum hatte man sich mit den Namen der neu ernannten Minister einverstanden erklärt, so galoppirte Dom Pedro abermals nach São Christovão und kehrte innerhalb einer Stunde mit der Unterschrift des Königs zu der harrenden Volksmenge zurück. Zu seiner Rechtfertigung soll er zu den ihn umstehenden Personen geäussert haben: „Man muss sich zuweilen vor den falschen

Ideen des Volkes beugen, wenn sie aus einem guten Principe hervorgehen und vorzüglich wenn sie von der Furcht vor dem Verluste eines so kostbaren Gutes wie die Freiheit inspirirt sind." Die Bestätigung des neuen Ministeriums wurde mit ungeheurem Beifallsgeschrei des versammelten Volkes begrüsst, in welches die Glocken aller Kirchen und der Donner der Kanonen von den Hafenforts einstimmten.

Nach einigen Stunden erschien Dom Pedro wieder vor dem Volke in Begleitung der neuernannten Minister, um die Verfassung durch einen Eid in seinem und seines Vaters Namen zu bekräftigen. Ein Gleiches geschah von den Ministern. Als der Ruf nach dem Könige selbst laut wurde, sprengte der Kronprinz nochmals nach dem königlichen Lustschlosse und bot seine ganze Beredsamkeit auf, um den König, der in diesem Ansinnen eine Herabwürdigung seiner königlichen Würde sah, zum Erscheinen vor dem Volke Rio Janeiros zu bewegen. Endlich gab Johann VI. dem Drängen seines Sohnes nach und trat die peinliche Fahrt an, welche ihn die Stadt in ihrer ganzen Länge zu durchmessen zwang. Mit lärmender Begeisterung wurde der geängstigte König, von welchem man erzählt, dass er in Ohnmacht gefallen, als man ihm die Pferde ausspannen wollte, von den schwarzen und farbigen dichtgedrängten Volksmassen empfangen und nach dem königlichen Schlosse geleitet. Die deprimirende Einwirkung aller dieser Scenen wird um so begreiflicher bei Erwägung des Umstandes, dass König Johann nach den Ueberlieferungen seines Hofes nur unter der strengsten Etikette sich stets bewegt und überdies von wenig energischem Charakter war. Mit seinem Sohne betrat er den Balkon und bekräftigte den von dem Kronprinzen bereits auf die Verfassung abgelegten Eid. Das Komische an der ganzen Sache war der Umstand, dass die so vielfach beschworene Verfassung, von welcher alles Heil in Brasilien erwartet wurde, in Wirklichkeit noch gar nicht vorhanden, ja noch nicht einmal eine Zeile davon niedergeschrieben war. Ganz Brasilien nahm an dem Erfolg des Militairaufstandes in Rio Janeiro den freudigsten Antheil und einmüthig theilte man die Begeisterung für die zu fassenden Beschlüsse der portugiesischen Cortes. Doch bald erhielt die Freude einen bitteren Nachgeschmack. Die portugiesische Nation, aus welcher das Verlangen nach einer

Verfassung hervorgegangen war, hatte ganz andere Ziele als man in Brasilien voraussetzte. Darüber sollten die Brasilianer zuerst durch ein Manifest der revolutionären Junta von Oporto vom 26. Januar 1821 belehrt werden, welches bereits auf dem Wege nach Rio sich befand, als man hier noch in ganz andern Vorstellungen von der Sachlage in Portugal sich wiegte. Die portugiesischen Volksvertreter rügten in erster Linie die fortwährende Abwesenheit des Königs und seines Hofes, die unabhängige Stellung Brasiliens zum Mutterlande, namentlich aber den dadurch und durch die Begünstigung Englands herbeigeführten Verfall von Handel und Gewerbe. Allerdings waren diese Klagen nur allzuberechtigt, denn Portugal nahm nur noch eine untergeordnete Stelle im Handel neben Brasilien ein und wurde ausserdem durch die alles vernünftige Maass überschreitende Bevorzugung Englands im Handelsverkehr ganz ausserordentlich benachtheiligt. Während die englischen Waaren nur 10 pCt. Eingangszoll zahlten, war der portugiesische Import, der überdies noch zu Hause einem Ausfuhrzoll von 16 pCt. unterlag, wie alle Waaren anderer Nationen mit 24 pCt. besteuert. Viele portugiesischen Handelshäuser wurden dadurch ganz zu Grunde gerichtet. Die Zahl der portugiesischen, in Rio Janeiro eingelaufenen Schiffe, die in den Jahren 1805 bis 1808 durchschnittlich sich auf 777 belief, betrug im Jahre 1820 nur noch 212.

Das Verlangen Portugals nach Rückkehr des Hofes war ein sehr dringliches, auch suchte man noch grösseren Nachdruck demselben durch die Androhung einer Losreissung des Stammlandes von der Dynastie zu geben, so dass der König wohl oder übel sich zu einem entscheidenden Schritt entschliessen musste.

Zwar hatte man früher schon die Abreise des Kronprinzen nach Lissabon ins Auge gefasst, aber die Ansichten der königlichen Rathgeber gingen so auseinander, dass man mehrere Tage lang schwankend war über die Entschliessung, bis der einflussreiche englische Gesandte Thornton sich für das Verbleiben des Kronprinzen in Brasilien und die Rückkehr des Königs Johann nach Portugal aussprach. Nachdem sich der König, obgleich schwer genug, zur Rückkehr nach Europa entschlossen, machte er dies öffentlich bekannt, setzte seinen Sohn zum Regenten

Brasiliens ein und verordnete noch die Vornahme der Deputirtenwahlen im Lande für die Cortes in Lissabon. Dem einzigen der neuen Minister, welcher entschieden für die Abreise des Kronprinzen und das Verbleiben des Königs gestimmt, Sylvestre Pinheiro, soll Johann entgegnet haben: „Was liess sich anders thun, Sylvestre Pinheiro, wir waren besiegt."

Durch die Zusammenberufung der Wahlversammlung hoffte der König die Zustimmung zu seinen Maassnahmen und eine Bestätigung der Regentschaft zu erlangen. Im Stillen erwartete er wohl auch von den Vertretern Brasiliens eine Nöthigung zum Bleiben, welche ihm einen willkommenen Vorwand geben konnte, den abgedrungenen Entschluss zur Abreise rückgängig zu machen.

Die Wahlen selbst sowohl wie die kundgewordenen Reisezurüstungen des Hofes, dem eine ganze Reihe der angesehensten Familien, Kapitalisten und Kaufleute sich anschlossen, hatten mittlerweile eine ungeheure Aufregung im Lande erzeugt. Auch das dadurch veranlasste Flüssigmachen bedeutender Geldsummen und die dadurch entstandene Geldklemme, die jedoch vom Hofe so wenig berücksichtigt wurde, dass dieser selbst die Mitnahme aller in den öffentlichen Kassen befindlichen Gelder anordnete, rief die allgemeinste Erbitterung hervor. Ihren Gipfel erreichte dieselbe in einer Versammlung der Wahlmänner am Abend des 21. April 1821, woselbst man die Sachlage auf das Heftigste erörterte und sich schliesslich förmlich die Rechte eines Nationalkonvents anmaasste. Der Sohn eines Franzosen, Namens Duprat, ein Jüngling von kaum 20 Jahren, wusste mit glühender Beredsamkeit die Versammlung zu beherrschen. Von ihm beeinflusst, forderte man den Hafenkommandanten vor, verpflichtete ihn, des Königs Abreise zu verhindern und richtete an den letzteren die Forderung, die spanische Konstitution von 1812 für Brasilien anzuerkennen, da man von den Beschlüssen der Cortes in Lissabon nur die einseitige Wahrung der portugiesischen Interessen erwarten könne. Trotz der vorgeschrittenen Stunde wurde noch um Mitternacht eine Anzahl Volksvertreter an den König geschickt, um demselben die Wünsche der Versammlung vorzutragen. Johann VI. war so betroffen und eingeschüchtert, dass er im ersten Augenblick Alles zugestand.

Während die Abgeordneten nach ihrer Rückkehr noch über die weiter zu ergreifenden Schritte beriethen, wurde plötzlich, angeblich auf Befehl des Königs, das Börsengebäude, worin die Versammlung stattfand, von Truppen umzingelt und eine portugiesische Jägerkompagnie feuerte eine Musketensalve durch die Fenster, drang mit gefälltem Bajonett in den Saal und räumte denselben, wobei 3 Personen getödtet und mehr als 20 verwundet wurden. An diesem um 3 Uhr Morgens stattgehabten Angriff soll zwar, wie später die öffentliche Meinung sich aussprach, der König vollständig unschuldig gewesen sein, obgleich er andern Tages die abgedrungenen Zugeständnisse wieder zurücknahm. Desto allgemeiner wurde der Kronprinz als Urheber dieses gewaltthätigen Einschreitens bezeichnet, der seit längerer Zeit mit der königlichen Familie wegen der ihm zugewiesenen untergeordneten Stellung in Feindschaft lebte und deshalb die Abreise des Hofes dringend wünschte.

Man war durch den blutigen Zwischenfall in Rio Janeiro so betroffen, dass Niemand nunmehr sich der Abreise des Königs, die nach einigen Tagen stattfinden sollte, widersetzte. Feierlichst wurde vom König Johann Dom Pedro zum Regenten mit nahezu souverainer Machtvollkommenheit eingesetzt, während der vertraute Rathgeber des Kronprinzen, der Graf Dos Arcos, an die Spitze eines ganz neuen Ministeriums nach der Wahl Dom Pedros trat.

Am 26. April 1821 verliess König Johann mit bitterem Schmerze das ihm so lieb gewordene Brasilien, begleitet von tausend Segenswünschen der ihm im Grunde ihres Herzens zugethanen Brasilianer, welchen er stets ein wohlwollender, wenn auch schwacher Fürst gewesen war. Die letzten Worte, die er zum Abschied an seinen zurückbleibenden Sohn, den nunmehrigen Herrscher von Brasilien richtete, waren: „Pedro, wenn jemals Brasilien von Portugal sich trennen muss, so sei es nicht für irgend einen Abenteurer, sondern für Dich, der Du mich in Ehren halten wirst."

Immer deutlicher trat nach diesen Ereignissen das Bestreben der Cortes in Lissabon hervor, Brasilien wieder in die abhängige Stellung einer Kolonie herabzudrücken. Die Rücksichtslosigkeit, mit welcher dieser Plan verfolgt und die brasilianischen etwaigen Einsprachen gegen den zu berathenden

Verfassungsentwurf missachtet wurden, riefen Zerwürfnisse herbei, welche bald zum unheilbaren Bruche führten. Wohl hatten sich im Lande vorher schon zu Gunsten der im benachbarten spanischen Amerika siegreichen republikanischen Bewegung Stimmen geltend gemacht und der Prinzregent hatte alle seine Willenskraft aufbieten müssen, um die Sache des Königthums mit Glück zu verfechten; die unerhörte Anmassung der portugiesischen Cortes, durch welche die königliche Macht auch in Portugal gänzlich gelähmt war, brachte den Prinzregenten dahin, sich selbst in Brasilien an die Spitze der Opposition und des Kampfes für seine politische Selbstständigkeit zu stellen. Eine Verordnung der portugiesischen Cortes insbesondere, welche verlangte, dass die Behörden in den einzelnen Provinzen, direkt mit Umgehung des Prinzregenten, mit den Lissaboner Behörden verkehren sollten, brachte Anfangs grosse Verwirrung durch Aufstachelung der Sonderinteressen unter den Parteien hervor, beschleunigte die Unabhängigkeitsbestrebungen und führte sogar zu einem festeren Anschluss der wirklich national gesinnten Bevölkerung an den Prinzregenten.

Immer noch versuchte Dom Pedro übrigens die Interessen Brasiliens mit jenen Portugals in Einklang zu bringen, als der Uebermuth der Cortes sie zu dem unpolitischen Beschluss hinriss, die bisherige Eintheilung Brasiliens aufzuheben und an deren Stelle 14 Distrikte (Capitanerien) mit je einem von Lissabon aus zu ernennenden Gouverneur zu errichten. Derselbe sollte nur der portugiesischen Regierung verantwortlich sein. Zugleich enthoben sie den Prinzregenten ohne Weiteres seines Amtes und beriefen ihn nach Portugal zurück.

Dom Pedro, welcher längst vorauszusehen glaubte, dass Brasilien, sich selbst überlassen, schnell der portugiesischen Krone verloren gehen würde, namentlich, da die Provinzen jetzt schon in ihren politischen Parteistellungen sich streng von einander schieden und die Gefahr nahe lag, dass gleich den Nachbarstaaten das Land in kleine Republiken zerfallen und dadurch gleich diesen niemals zur Ruhe kommen würde, war entschlossen, den Cortes zu trotzen.

Um jedoch sein Erbrecht nicht durch offenen Widerstand gegen die allmächtigen Cortes auf das Spiel zu setzen, glaubte

Dom Pedro eine Nöthigung zu weiteren Schritten durch die Stimme des Landes abwarten zu müssen. Es dauerte auch nicht lange, so wurde der Prinzregent mit Adressen bestürmt in Brasilien zu bleiben und sich der schimpflichen Abberufung zu widersetzen. Auch die gesammte Presse von Rio forderte den Prinzregenten zum Bleiben auf, indem sie die Cortesbeschlüsse für ungesetzlich, beleidigend und unpolitisch erklärte. Die gleiche Sprache führten Deputationen und Adressen des Landes.

Der ausgesprochene Entschluss des Prinzregenten, im Lande zu bleiben, erwarb demselben den Beifall aller Parteien mit Ausnahme der weniger zahlreichen leidenschaftlichen Anhänger der Cortes und einer Division portugiesischer Truppen. Zwischen diesen und den brasilianischen Bataillonen nebst der Nationalmiliz wäre es am 11. Januar 1822 zum blutigen Zusammenstoss in den Strassen Rio Janeiros gekommen, wo bereits die portugiesischen Truppen eine feste Stellung eingenommen, wenn nicht der Prinzregent durch sein persönliches Erscheinen den Kampf verhindert hätte. Weitere Feindseligkeiten verhinderten seine Willenskraft und Umsicht dadurch, dass er die portugiesische Division aus der Stadt auf das jenseitige Ufer der Bai verlegte, wo sie sich der Einschiffung und Rücksendung nach Portugal fügen musste.

Nachdem die Truppen entfernt waren, musste sich Dom Pedro natürlich ganz auf die einheimische Militairmacht stützen und daraus folgte wieder der Anschluss an die sogenannte nationale Partei. Dies führte zur Ernennung eines neuen Ministeriums, an dessen Spitze der berühmte Staatsmann José Bonifacio Andrada e Silva berufen wurde. Eine neue Ordnung der Dinge wurde angebahnt und eine Versammlung in Rio anberaumt, welche unter dem Namen eines Staatsrathes über die Zukunft Brasiliens berathen sollte.

Eben war zu jener Zeit der Prinzregent von einer Reise ins Innere der Provinz Minas Geraes zurückgekehrt, wo er einer aufrührerischen Bewegung durch seine rasche Entschlossenheit und imponirende Persönlichkeit mit Erfolg entgegengetreten war, als er nach einem wahrhaften Triumphzug durch die Provinz bei seiner Rückkehr nach Rio Janeiro, wo man ihn gleichfalls mit den grössten Ehrenbezeigungen empfing, durch die

Nachricht überrascht wurde, dass die portugiesische Regierung ihre Konsuln in den fremden Häfen angewiesen habe, die Ausfuhr von Waffen und Munition nach Brasilien zu verhindern. Dieser Schritt wurde in Rio Janeiro als eine förmliche Kriegserklärung aufgefasst und eine Adresse der Bevölkerung Rios forderte den Prinzregenten auf, sich zum Beschützer und Vertheidiger Brasiliens zu erklären. Dom Pedro nahm nur den Titel eines immerwährenden Vertheidigers von Brasilien an (13. Mai 1822). Ende Mai erschien das förmliche Ersuchen, sich von Portugal loszusagen, indem man alle die gerechten Beschwerden gegen die Regierung von Lissabon dabei zur Rechtfertigung des Beschlusses aufzählte. In Rio Janeiro hatte man sich dadurch thatsächlich von Portugal losgerissen und die Südprovinzen waren mit dem Geschehenen einverstanden, aber gross und nicht zu unterschätzen war noch der Anhang, welchen die portugiesische Partei in Bahia und Pernambuco zählte, wo man überhaupt nicht geneigt war, die Autorität des Prinzregenten anzuerkennen. Dom Pedro hatte es sich daher angelegen sein lassen, nach und nach die Parteien auch dort zu seinen Gunsten zu stimmen. Die dadurch entstandene brasilianische Partei rief seine Hülfe an gegen die Portugiesen. Alles, was der Prinzregent aber thun konnte, war, dass er den Befehlshabern der ziemlich starken portugiesischen Besatzung und dem Kommandeur des Geschwaders, Madeira, im Hafen von Bahia durch ein Handschreiben gebot, die gesammte königliche Truppenmacht nach Portugal zurückzuführen. Die Gehorsamsverweigerung Madeiras und die mittlerweile eingetroffene Nachricht neuer Truppensendungen der Cortes nach Brasilien waren die Veranlassung der eigentlichen Unabhängigkeitserklärung des Prinzregenten, während er allerdings noch den Wunsch und Willen betonte, die politische Verbindung beider Länder durch eine Personalunion aufrecht zu erhalten. Zugleich erklärte Dom Pedro, dass er zur Vertheidigung gerüstet und entschlossen sei, nicht länger portugiesische Soldaten auf brasilianischem Boden zu dulden. Dies geschah am 1. August 1822.

Seinen Entschliessungen wusste der Prinzregent durch Veröffentlichung eines Aufrufs an die Bewohner aller Provinzen, durch den Befehl an alle Civil- und Militairbehörden über die zu ergreifenden Vertheidigungsmaassregeln und durch eine Rechtfertigungsschrift über das Geschehene an alle befreundete Regierungen und Völker Nachdruck zu verleihen.

Es ist wohl zu beachten, dass der Prinzregent trotz dieses anscheinend zum äussersten Widerstand entschlossenen Verfahrens hoffte, seinen Plan einer Personalunion zwischen Portugal und Brasilien aufrecht zu erhalten, namentlich weil er das Verfahren der Cortes von seines Vaters in dieser Beziehung unfreier Stellung streng unterschied. Dieser Standpunkt war indessen dem Volke gegenüber, welches solchen Unterschied nicht zu machen verstand, nicht lange festzuhalten, und gewisse Parteien drangen immer mehr in den Regenten, sich und das Land völlig von der lusitanischen Monarchie loszusagen.

Zu jener Zeit rief eine unruhige Bewegung der Bevölkerung Dom Pedro nach der Provinz São Paulo. Als er daselbst in der kleinen Ortschaft Ipiranga auf der Strasse nach Santos verweilte, erhielt der Prinz neue bedrohliche Depeschen aus Lissabon, welche ihn, während er von einer begeistert zustimmenden Volksmenge umgeben war, am 7. September 1822 zu dem Ausruf hinriss: „Unabhängigkeit oder Tod!" Zugleich löste er die portugiesische Kokarde von seiner Kopfbedeckung und knüpfte statt ihrer ein grünes Band, auf welchem dieselben Worte um ein goldenes Dreieck zu lesen waren, um seinen Arm. Von da ab wurde nunmehr die neue Gestaltung der Dinge in Brasilien datirt und grün und gelb zur Nationalfarbe des Landes erwählt.

Nach diesem Ereigniss begab sich der Prinzregent in die Hauptstadt Rio Janeiro, wo er am 13. September anlangte und mit den Nationalfarben geschmückt vor dem versammelten Volke im Theater erschien. Er hatte die 100 Leguas von São Paulo bis Rio zu Pferde in 5 Tagen zurückgelegt. Mit stürmischem Jubel unter dem stetigen Zurufe: „Unabhängigkeit oder Tod!" wurde er von der erregten Menge begrüsst. Der Senat erklärte andern Tages den einmüthigen Willen der Bevölkerung, Dom Pedro zum Kaiser von Brasilien auszurufen und that die nöthigen Schritte, um nach Einholung der Zustimmung aller Provinzen am 12. Oktober, dem Geburtstage des Prinzen, die Kaiserproklamation bewerkstelligen zu können.

Der Minister Andrada aber erliess einen Befehl, nach welchem die Anhänger der nationalen Sache sich mit dem Abzeichen eines grün und gelben Bandes zu versehen, die andern dagegen das Land zu verlassen hätten, wozu ihnen eine angemessene Frist bewilligt wurde und jeder, der die Unabhängigkeit Brasiliens in Wort oder Schrift anzugreifen wage, als Hochverräther betrachtet werden sollte.

Nachdem die Zustimmung der Provinzen in Rio eingetroffen, wurde durch eine Senatsdeputation Kaiserkrone und Titel dem Regenten nochmals feierlich angetragen und von diesem angenommen. Auf dem Campo de Santa Anna folgte sodann vor sämmtlichen Behörden, den Truppen und einer zahllosen Volksmenge eine Ansprache des nunmehrigen Kaisers, in welcher er die künftige Konstitution anzunehmen sich bereit erklärte und nach einem Tedeum in der kaiserlichen Kapelle als Kaiser von Brasilien nach seinem Schlosse zurückkehrte. Die eigentliche Krönung fand am 1. Dezember, dem 182. Jahrestage der Thronerhebung des Hauses Braganza, unter Entfaltung grosser Pracht, statt.

Die erste und nothwendigste Aufgabe, welche dem jungen Kaiserreiche zufiel, war die Entfernung der noch in Nordbrasilien verweilenden portugiesischen Besatzungen und Schiffe. Schwerlich würde dies so leicht geglückt sein, wenn nicht der englische Befehlshaber Lord Cochrane hülfreiche Hand dazu geboten hätte. Binnen Jahresfrist war es gelungen, ohne allzugrosses Blutvergiessen nicht allein die fremden Truppen zu entfernen, sondern sich auch trotz der fruchtlosen Einsprache der Cortes als neues unabhängiges Reich in allen seinen Beziehungen zu befestigen. Eine endgültige Auseinandersetzung und der Abschluss des Friedens mit Portugal konnte erst nach dem Sturze der Cortes durch die Vermittelung Englands am 29. August 1825 erzielt werden.

Was den inneren Ausbau des neuen Kaiserreichs anlangt, so war Dom Pedro darin weniger glücklich, da er bald gegen zahllose politische Parteien anzukämpfen hatte, die Ansichten und Verhältnisse im Allgemeinen noch sehr verworren waren, da er trotz seiner Willenskraft nicht immer die nöthige Autorität vor dem Volke besass und schliesslich ihm zur kräftigen Handhabung der Herrschergewalt die Stütze einer zuverlässigen

Truppenmacht fehlte. — Als der schon früher genannte Minister Andrada und seine beiden Brüder aus Herrschsucht in der ersten gesetzgebenden Versammlung im Mai 1823 Partei gegen den Kaiser ergriffen, wurde die Lage für Dom Pedro eine so bedrohliche, dass es nur der äussersten Besonnenheit des Kaisers gelang, einer gegen ihn gerichteten blutigen Revolution vorzubeugen. Erschwert wurde seine Lage dadurch, dass er kein wohlgeschultes Heer besass und selbst die späteren Versuche zur Bildung einer regulären Truppenmacht mussten sich, da unter der Bevölkerung das dazu nöthige Material nicht vorhanden war, auf die aus der Fremde herbeigezogenen Elemente stützen. Hierdurch wurde mancher Missgriff verursacht und sogar eine Hauptursache zur steten Opposition gegen die Autorität und zum endlichen Siege der Revolution gegeben. Günstiger wäre es ohne Zweifel für Dom Pedro gewesen, hätte er durch einen ernstlichen Kampf um Brasiliens Unabhängigkeit seine neue Krone mit dem Lorbeer des siegreichen Feldherrn schmücken können. An der Spitze der wenigen ihm zu Gebote stehenden Truppen rückte er gegen das Gebäude, in welchem die Volksvertretung versammelt war, liess die drei Gebrüder Andrada verhaften, um sie später aus Brasilien zu verbannen, und löste am 12. November 1823 die Versammlung, welcher es nicht gelungen war, eine allen Parteien annehmbare Verfassung zu entwerfen, auf. Hiermit war die Ruhe soweit wieder hergestellt, die Verfassung aber wurde von einer neuen Versammlung im Dezember entworfen, dem Volke unmittelbar selbst zur Billigung unterbreitet und nach erfolgter Zustimmung desselben am 25. März 1824 feierlichst unter grossem Volksjubel vom Kaiser und dessen Gemahlin, dem Bischofe und dem städtischen Senate beschworen.

Mit der Vollendung des Verfassungswerkes waren die Kämpfe der inneren Politik keineswegs beendigt. An vielen Orten erhob sich Widerspruch gegen die verschiedenen Artikel, der zuerst in den Nordprovinzen zur offenen Empörung ausartete, welche nur durch das schleunige bewaffnete Einschreiten des Lord Cochrane, den die Aufständischen vergeblich zu bestechen versuchten, niedergeworfen wurde. Weniger glücklich war man im Süden, wo sich zur selben Zeit ein langwieriger Krieg mit der argentinischen Republik entwickelte, welcher im Verlaufe zur Losreissung der Banda Oriental und einer ungeheuren Zerrüttung der finanziellen Verhältnisse Brasiliens führte. Weitere Summen verschlangen die mittlerweile in Portugal entbrannten Kämpfe um die Erbfolge zwischen des Kaisers Bruder Dom Miguel und Dona Maria da Gloria, zu deren Gunsten Dom Pedro auf sein Erbrecht seit dem am 10. März 1826 erfolgtem Tode Johann VI. verzichtet hatte. Eine leidenschaftliche Gegenpartei in den Kammern missbilligte laut und wiederholt diese angeblich rein das portugiesische Interesse nur berührenden Geldopfer und machte nicht minder dem Kaiser einen Vorwurf daraus, dass er zur Führung des Krieges in der Banda Oriental deutsche Fremdenbataillone in das Land gezogen habe. Man beschuldigte den Kaiser im Herzen mehr Portugiese als Brasilianer zu sein, und suchte immer aufgeregter die Ueberschuldung des Landes als Hebel zu benutzen, um den Kaiser zu einer Aenderung seiner Politik zu zwingen. Unter keinen Umständen wollte man sich zu einer Erhöhung der Steuern und Zölle und zu einer Vermehrung der Truppen verstehen.

Immer stürmischer wurden die Sitzungen der gesetzgebenden Versammlung, und der Kaiser, durch die Abweisung aller billigen Forderungen aufs Höchste gereizt, gab seiner Stimmung bei dem Schluss der letzten Versammlung aus der Reihe der ersten vierjährigen Legislaturperiode 1829 in sehr ungnädiger Weise Ausdruck. Den Hauptzankapfel hatte ein Vorschlag des Finanzministers zur Deckung des auf 5 bis 6000 Contos berechneten Deficits die Erhöhung der Steuern und Zölle und Kontrahirung einer Anleihe zu bewilligen, gebildet, wogegen Seitens der Abgeordneten, statt auf diese Anträge einzugehen, eine Reduktion der Ausgaben um 10,000 Contos beschlossen wurde. Nicht genug mit der ohnedies erregten Volksstimmung trug die Presse auch noch das Ihrige bei, die Kluft zwischen Fürst und Volk zu erweitern. Bei Wiedereröffnung der Kammern im Jahre 1830 trat ein gewisser Diogo Antonio Feijó an die Spitze der Gegner des Kaisers und scheute sich nicht, die erbittertsten persönlichen Angriffe demselben entgegen zu schleudern. Bezüglich des Verfahrens des brasilianischen Gesandten in London, welcher die geflüchteten Anhänger der Dona Maria da Gloria aus Portugal aufgenommen und nach Brasilien geschickt, verlangte man die Einleitung einer Untersuchung. Höchst wichtige Anträge der kaiserlichen Regierung wurden mit Nichtachtung behandelt und die Budgetangelegenheiten auf das Gehässigste erörtert. Der Kaiser, eingeschüchtert durch die leidenschaftliche Erregung des Volkes, welche die Nachricht von der in Frankreich stattgehabten Juli-Revolution maasslos gesteigert, so dass an vielen Orten dies Ereigniss durch Illumination gefeiert wurde, wagte nicht nur keinen Widerspruch, sondern entliess sogar die Kammern mit huldvollen Dankesworten für die von ihnen erledigten Arbeiten. Statt den Unwillen des Volkes mit solcher nachgiebigen Muthlosigkeit zu beschwichtigen, scheint dies vielmehr den Sturz Dom Pedros nur beschleunigt zu haben. Auch trugen zur Steigerung der Aufregung die von Rache eingegebenen schändlichen Verläumdungen des Kaisers in der Presse durch einen in Ungnade gefallenen Günstling, Namens Brant Pontes, bei. Derselbe, früher vom Kaiser zum Minister und Marquez de Barbacena erhoben, war wiederholt zu vertraulichen Missionen verwandt worden, über welche er nun die beschimpfendsten Enthüllungen veröffentlichte.

Einen schwachen Versuch, seine frühere Beliebtheit beim Volke sich wieder zu gewinnen, machte der seines Ansehens grösstentheils beraubte Kaiser, indem er aus Anlass einiger unbedeutender Unruhen in Begleitung seiner liebenswürdigen zweiten Gemahlin, der geborenen Prinzessin Amalie von Leuchtenberg, eine Reise nach der Provinz Minas Geraes unternahm. Die Hoffnung auf einen enthusiastischen Empfang, wie er ihn vormals dort gefunden, erwies sich als trügerisch. Schleunigst kehrte er daher nach Rio zurück. Zwar bemühte sich ein Theil der Bevölkerung, ihn mit Herzlichkeit zu bewillkommen; dies führte aber vom 11. bis 13. März 1831 durch das Benehmen der Gegenpartei nur zu Strassentumulten und wilden Raufereien. Aus Anlass derselben richtete eine Anzahl Deputirter eine Adresse an den Kaiser, welche in wahrhaft schamloser Weise die Bestrafung der Schuldigen forderte. Hierdurch bestimmt, liess Dom Pedro eine Aenderung im Ministerium eintreten, dessen Mitglieder nunmehr zumeist aus der Reihe der eingeborenen Brasilianer gewählt wurden. Die Dauer des neuen Ministerrathes sollte keine lange sein. Schon am 6. April, nachdem neue Revolten in mehreren Provinzen ausgebrochen, nachdem die Truppen von dem aufrührerischen

Geiste mit durchdrungen, die Presse zügellos geworden war und Dom Pedro seine verzweiflungsvolle Lage erkannt, löste er das Ministerium wieder auf und suchte sich mit seiner Sache treu ergebenen Männern zu umgeben. Doch unaufhaltsam bereitete sich Alles zu seinem Sturze. Der Ministerwechsel hatte das höchste Missfallen des Volkes erregt, und stürmisch verlangte man unter der Führung kühner Aufwiegler die Entlassung des neuen und Wiederherstellung des alten Ministeriums. Zur Niederhaltung der Bewegung fehlten dem machtlosen Kaiser alle Mittel. Die Fremdenbataillone waren entlassen, das Kommando über einen grossen Theil der brasilianischen Truppen aber lag in der Hand eines offenkundigen politischen Gegners. Am wenigsten fruchtete die Milde und Nachgiebigkeit, mit welcher der Kaiser dem Aufstand zu steuern suchte, und als er eine begütigende Proklamation erliess, wurde dieselbe dem vorlesenden Friedensrichter aus der Hand gerissen und mit Füssen getreten.

Am Abend des 6. April erschien endlich im Schlosse São Cristovão selbst eine Deputation des versammelten Volkes mit dem Verlangen, das vorige Ministerium wieder eingesetzt zu sehen. Dom Pedro weigerte sich dessen und soll dabei die Worte gesprochen haben: „Ich will Alles für das Volk thun, aber nichts durch das Volk." Dies war das Losungswort zum offenen Aufstande. Auf Anregung der drei Brüder Lima, welche eine förmliche Verschwörung gegen Dom Pedro organisirt, machten die Truppen gemeinsame Sache mit dem Volke und selbst das Bataillon des Kaisers, sowie die Pallastwache liessen Dom Pedro schmählich im Stiche. Drei Soldaten und ein Offizier, Bastos mit Namen, allein blieben ihm treu.

Durch Abgesandte vom Volke gedrängt, sich endgültig zu entschliessen, weigerte sich Dom Pedro entschieden nachzugeben und zog es vor, statt aller weiteren mündlichen Erörterungen, dem auf die kaiserliche Entschliessung wartenden Adjutanten in der zweiten Morgenstunde des 7. April die mit fester Hand und wenigen Worten niedergeschriebene Abdankungsurkunde zu Gunsten seines Sohnes Dom Pedro zu übergeben. Ohne irgend Jemand um Rath zu fragen, und ohne das Ministerium nur davon zu unterrichten, war der Kaiser zu diesem Entschlusse gelangt. Mit Thränen in den Augen soll er dem

Adjutanten das Schriftstück mit den Worten übergeben haben: „Dies ist die einzige meiner würdige Antwort. Ich entsage der Krone und verlasse das Kaiserreich, möchtet Ihr glücklich sein in Eurem Vaterlande." Rasch wandte er sich hierbei, indem eine innere Bewegung seine Stimme erstickte, nach dem Nebenzimmer, in welchem die Kaiserin mit den Gesandten Englands und Frankreichs sich befand. Hierauf entliess der Kaiser das Ministerium, ernannte als Vormund für seine gleich unmündigen Waisen in Brasilien zurückbleibenden Kinder seinen wahren Freund José Bonifacio Andrada e Silva, und begab sich mit der Kaiserin und seiner Tochter der Königin von Portugal noch in früher Morgenstunde an Bord eines englischen Kriegsschiffes, um auf Nimmerwiedersehen Brasilien zu verlassen. Nur kurze Zeit sollte Dom Pedro seinen Sturz überleben, denn schon am 24. September 1834 ereilte ihn zu Lissabon ein früher Tod.

Von der auf einem der grössten Plätze Rio Janeiros versammelten Volksmenge und den Truppen wurde die Nachricht von der Abdankung Dom Pedros mit unbeschreiblichem Jubel aufgenommen und durch die zustimmende Begeisterung für die Thronfolge Dom Pedros des Zweiten der Aufstand mit einem Male beschwichtigt. Zunächst trat eine provisorische Regentschaft ins Leben mit dem Senator Vergueiro, dem General Franzisco de Lima und dem Marquez de Caravellas an der Spitze. Nach Einsetzung dieser Regierung wurde der sechsjährige Prinz (geboren am 2. Dezember 1825) im Triumph zur Stadt gebracht und zum Kaiser ausgerufen. Ein Tedeum, Paraden und eine feierliche Huldigung des Volkes vor dem in einem Fenster des Schlosses stehenden kaiserlichen Knaben leiteten in der Hauptstadt den Regierungswechsel ein. An vielen Orten aber führte der Tag zu beklagenswerthen feindseligen Auftritten gegen die Fremden und namentlich gegen die Portugiesen. Mord und Plünderung häuften sich so, dass die ernstesten Vorkehrungen von den fremden Kriegsschiffen zum Schutze der Ausländer getroffen wurden. — Die Diplomaten huldigten dem jungen Kaiser erst, nachdem sie aus dem Munde Dom Pedros selbst die Bestätigung seiner Abdankung erfahren hatten.

In der darauf folgenden Zeit wurde durch den mittlerweile

zu einer Sitzung zusammengetretenen Reichstag an Stelle der bisherigen Regentschaft eine anderweitige, aus dem General Lima José da Costa Carvalho und João Braulio Muniz bestehende Regierung erwählt. Der vom Kaiser ernannte Vormund seiner Kinder wurde in seinem Amte belassen.

Der Friede war damit keineswegs gesichert. Innerhalb der Parteien kam es in der Folge zu heftigen Kämpfen, ja sogar zu Unruhen und Aufständen. Am erbittertsten standen sich die Anhänger der Monarchie und jene gegenüber, welche in der Umbildung der Verfassung nach dem Muster der Vereinigten Staaten von Nordamerika das Heil für die gedeihliche Entwickelung des Landes erblickten. Selbst in Regierungskreisen war man uneinig und eine beständige Fehde zwischen den Familien Andrada und Lima nährte die allgemeine Zwietracht, die schliesslich zur Entsetzung des vom Kaiser ernannten Vormundes führte.

Bemerkenswerth ist von den weiteren historischen Begebenheiten die an Stelle des Triumvirats im Jahre 1834 erfolgte Einsetzung eines einzigen Regenten, der zuerst in der Person des schon früher genannten Paters Diogo Antonio Feijó sein Amt antrat, welches später, als er die Gunst des Volkes verloren, nach seiner Abdankung am 17. September 1837 den Händen eines nicht minder tüchtigen Mannes, Pedro de Araujo Lima, nachheriger Marquez de Olinda, anvertraut wurde.

Erst am 2. Dezember 1843 sollte die Zeit der Regentschaft durch die Entlassung Dom Pedros aus der Vormundschaft ihr Ende erreichen. Aber die Unzufriedenheit der Gegenpartei und unvorhergesehene Ereignisse entwanden dem Regenten Lima vor der Zeit die Zügel der Regierung, indem man darauf drang, den Prinzen schon jetzt mündig zu erklären. Eine blutige Revolution in Bahia, förmliche Raçenkriege in Pará und Maranhão und vor Allem ein Aufstand in der südlichsten Provinz Rio Grande do Sul im Jahre 1835, welche Erhebungen alle Lima nur mit wenig Erfolg zu bekämpfen wusste, führten seinen Sturz herbei, indem man ihn beschuldigte, mit den Aufständischen im Einverständnisse zu handeln. Im Juli 1840 wurde zuerst in den Kammern die Abkürzung der Regentschaft und die Mündigkeitserklärung des jungen Kaisers ernstlich erwogen. Es kam zu stürmischen Verhandlungen, da Lima immerhin noch eine starke Partei für sich hatte; er selbst machte durch Erlass gewisser Dekrete, die sich theils auf einen Ministerwechsel, theils auf die Vertagung der Kammern bezogen, vergebliche Versuche, den gegen ihn gerichteten Sturm zu beschwören. Unter der Führung eines der Gebrüder Andrada konstituirte sich eine Art von Nationalversammlung, welche eine Deputation an den jungen Kaiser abzusenden beschloss, um seine Zustimmung zur Proklamation seiner Grossjährigkeit einzuholen. Dom Pedro willigte ein und mit einem wahren Beifallssturm wurde die Nachricht hiervon von der harrenden Menge aufgenommen. Die feierliche Majorennitätserklärung erfolgte am 23. Juli 1840, nachdem der Regent seines Amts entsetzt und die Beschlussfähigkeit der während der ganzen Nacht zusammengebliebenen Senatoren- und Deputirtenkammern festgestellt war. Hierauf wurde der Kaiser durch Abgesandte zum Erscheinen eingeladen und Nachmittags begab sich derselbe in feierlichem Zuge, begleitet von seinen kaiserlichen Schwestern, seinem Vormunde und allen Würdenträgern der Krone, unter dem stürmischen Jubel des Volkes in Mitte der Versammlung. Dom Pedro wurde zum Thron geleitet, an dessen Stufen sich die Vertreter der fremden Staaten bereits in Hoftracht eingefunden, und leistete nunmehr den vorgeschriebenen Verfassungseid. Gleichzeitig wurde eine Proklamation an das brasilianische Volk erlassen und damit dem ganzen Reiche der Regierungsantritt Dom Pedros II. kundgethan.

Der glücklichen Entwickelung und Begabung Dom Pedro II. war es zu danken, dass er trotz seiner Jugend während der folgenden immer noch nicht ganz von Stürmen freien Zeit mit Mässigung, Klugheit und Festigkeit das Staatsruder führte. Indessen ist auch Dom Pedro II. Regierung nicht frei von heftigen Parteikämpfen geblieben. Die Wahlen zu den gesetzgebenden Versammlungen namentlich gaben öfters Anlass zu revolutionairen Aufregungen und die Reibungen zwischen den Konservativen und Liberalen führten sogar hie und da zu offenem Kampfe. Am bedeutsamsten unter den Unruhen in der ersten Periode der Regierung Dom Pedro II. war der Bürgerkrieg in der Provinz Rio Grande do Sul 1843—44, dem der Regent Lima seinen Sturz verdankte. Etwas ruhiger wurde es nach dem

Jahre 1844, insofern die Parteikämpfe auf Wortgefechte in der gesetzgebenden Versammlung beschränkt blieben.

Eines der wichtigsten Ereignisse in der neueren Geschichte Brasiliens war der Ausbruch eines Krieges zwischen dem Kaiserreich und der benachbarten Republik Paraguay im Jahre 1865. Derselbe entspann sich theils wegen Grenzstreitigkeiten, theils hatte er die Vernichtung des absoluten persönlichen Regiments des Präsidenten Lopez zum Zweck. Auch darin mochte wohl ein Anlass zum Kriege gefunden worden sein, dass sich in Paraguay ein Theil der indianischen Raçe zu einem nationalen Staatskörper konstituirt hatte, während diese Raçe in dem übrigen Amerika wild und heimathlos herumirrte. Der Krieg währte in Folge der Entfernungen, der Grösse des Schauplatzes, der mangelhaften Verbindungsmittel und Wege und vor Allem wegen der hartnäckigen und zähen Vertheidigung des Landes, durch den tyrannisch auftretenden Diktator Lopez bis zum Frühjahr 1870.

Von der Tyrannei des Francisco Solano Lopez erzählt man sich zahllose Beispiele, die allein es erklären, dass der Diktator so lange Zeit sich als gefürchteter Herrscher behaupten und das eingeschüchterte Volk zum unbedingten Gehorsam seiner Befehle willig machen konnte. In Verbindung mit einer übel beleumundeten Nordamerikanerin Elise Lynch suchte Lopez das Land nach Möglichkeit zu Gunsten seiner Privatkasse auszusaugen. Auf seinen Befehl wurde die Anregung gegeben, man müsse dem Höchsten alles edle Metall anbieten, um den Krieg gegen die Alliirten damit erfolgreich betreiben zu können. Da sich Niemand von dieser Kontribution auszuschliessen wagte, wurde eine Schrift aufgesetzt, in welcher die Unterzeichneten ihr ganzes Besitzthum dem Diktator als Eigenthum anboten. Lopez liess nun durch seine Beamten ein Verzeichniss über die dargebotenen Reichthümer aufnehmen und erklärte grossmüthig, sich mit dem zehnten Theil begnügen zu wollen.

H. Mangels erzählt in der Zeitschrift aus allen Welttheilen zu diesem Fall noch Folgendes: Ein deutscher Goldschmied, der die verschiedenen silbernen Gefässe zu Silberbarren verarbeiten musste, wurde gleich darauf als Hochverräther erschossen, damit er nichts darüber aussagen könne. Lopez hatte aber jetzt das Verzeichniss von dem Reichthum des Landes in Händen und versäumte während der langen Kriegsjahre nicht, das Meiste an sich zu bringen. An verschiedenen Stellen hatte er ganze Wagenladungen Silber vergraben, wenn der Transport ihm bei einem eiligen Rückzuge zu beschwerlich fiel. Die damit betrauten Soldaten wurden, um ihres Schweigens sicher zu sein, nach geleisteter Hülfe erschossen. Noch jetzt findet man hie und da solche vergrabene Schätze auf. Das Gold ist alles verschwunden. Europäische Kriegsschiffe, die sich von Zeit zu Zeit in Paraguay zeigten, haben den Transport dieses Blutgeldes übernommen. Aber nicht allein materiell führte Lopez das Land dem sicheren Ruin zu, sondern auch sonst machte sich sein Despotismus in der unheilvollsten Weise geltend. Zum Beweise dessen führen wir an, dass die Einwohnerzahl Paraguays vor dem Kriege vielleicht eine Million überstieg und durch denselben bis auf 200,000 sich verminderte, die meist nur aus Weibern und Kindern, aus Greisen und Krüppeln bestehen.

Man kann sich einen Begriff von der gewaltthätigen Natur des Tyrannen Lopez machen, wenn man vernimmt, dass er während des Krieges die Verwundeten und Kranken kalten Blutes umbringen liess, um sie nicht in die Hände der Brasilianer fallen zu lassen. Die jetzt noch in Paraguay vorhandenen Männer verdanken fast alle ihr Leben der Gefangenschaft, in die sie während des Krieges gerathen waren. Auch hätten sich viel mehr Leute noch auf diese Weise gerettet, wenn sie nicht durch Lopez, die Lynch und die Pfaffen in einer Weise fanatisirt gewesen wären, die sie den Pardon verschmähen liess. Gewöhnlich zogen sie den Tod der Gefangenschaft vor und gaben bei der Aufforderung, sich zu ergeben, die Antwort: „Wir haben keinen Befehl dazu." Manche hatten sogar den Glauben, sie würden in der Hauptstadt wieder auferstehen, wenn sie im Felde fielen, ein Glaube, der ihnen vom Bischof von Assumption selbst beigebracht war.

Der Ausbruch des Krieges datirte eigentlich schon vom August 1864, nachdem von dem Diktator Brasilien die verlangte freie Schifffahrt auf den Strömen Paraguays verweigert worden war. Im Mai 1865 erst schlossen sich Brasilien Argentinien und Uruguay als Verbündete an.

Das Heer von Lopez, der längst gerüstet und nach Kriegsruhm lüstern war, ging scharf angreifend vor, gewann mehrere Schlachten, wurde aber später zurückgeworfen und die Feinde drangen langsam, ein Bollwerk nach dem andern vor sich niederwerfend, in das Land ein. Endlich wurde der festeste Platz von Paraguay, Humaïta und selbst die Hauptstadt Assumption nach harten Kämpfen eingenommen; vollständig wurde die Kraft des Widerstandes erst durch den Tod des Diktators gebrochen. Umgeben von dem etwa 1000 Mann starken Reste eines ansehnlich gewesenen Heeres sah sich Lopez, welcher nach und nach bis an den Fuss des Gebirges in wilder Flucht zurückgedrängt war, von dem brasilianischen General Camera in einem Wäldchen angegriffen. Auf beiden Seiten focht man mit der äussersten Erbitterung, doch die Uebermacht der Brasilianer war zu gross, um auf die Dauer ihr Stand zu halten. Der Rest der Paraguayten gab die Stellung auf und wendete sich zur Flucht. Lopez selbst suchte mit Hülfe seines guten Pferdes ebenfalls zu entrinnen, blieb aber, wie man sagt, in dem etwas sumpfigen Boden stecken und wurde hier, weil er sich auf die an ihn ergangene Aufforderung nicht ergeben wollte, von einem ihm zugesprengten brasilianischen Kavalleristen erstochen.

Mit dem Tode des, beiläufig bemerkt erst 43 Jahre alten Tyrannen, Lopez traten endlich wieder friedliche Zeiten für Brasilien ein. So gross indessen die Errungenschaften aus diesem Kriege für das Kaiserreich waren, unter denen nur die Erschliessung des La Plata-Stromes für den Welthandel erwähnt sein möge, so gross waren die Hemmnisse, welche der Feldzug der industriellen und materiellen Entwickelung des Landes für lange Zeit in den Weg legten. Es war das erste Mal gewesen, dass Brasilien als selbstständiger Staat ein Machtwort in der äusseren Politik mitgesprochen; nicht unwahrscheinlich ist es, dass diesem ersten Schritt nothwendigerweise weitere Beweise seines Einflusses auf die Nachbarstaaten folgen werden. Heute noch sind die Auseinandersetzungen zwischen den Verbündeten von 1865 bis 1870 nicht so geordnet, dass man dadurch für immer das Verhältniss Brasiliens zu seinen Nachbarstaaten im Süden als endgültig geregelt betrachten könnte. Die letzten brasilianischen Truppen, welche dás paraguayanische

Gebiet besetzt hielten, haben erst im Sommer 1876 dasselbe verlassen.

Es kann hier nicht unsere Aufgabe sein, näher auf die innere Geschichte Brasiliens einzugehen, nachdem wir in grossen Umrissen nur die wichtigsten Ereignisse in der historischen Entwickelung des Landes im Vorhergehenden berührt haben.

Nur die Dynastie möchte ich der Vollständigkeit halber noch mit einigen Worten besprechen. Es dürfte dabei genügen, sich auf die Wiedergabe der Daten über Geburt und Todestage der einzelnen Familienglieder des kaiserlichen Hauses und sonstiger wichtiger Zeitabschnitte in deren Leben zu beschränken.

Stammhalter der Familie, soweit es die Herrschaft über Brasilien betrifft, ist Dom Pedro I. Sein Sohn Dom Pedro II., der regierende Kaiser, ist am 2. Dezember 1825 geboren und folgte seinem Vater auf dem Throne am 7. April 1831. Derselbe wurde, wie wir bereits wissen, am 23. Juli 1840 mündig erklärt und am 18. Juli 1841 zum Kaiser gekrönt. Er verehelichte sich am 30. Mai 1843 durch Prokuration mit der am 14. März 1822 geb. Tochter des Königs Franz I. von Sizilien Dona Teresa Maria Christina.

Die Kinder, welche aus dieser Ehe entsprangen, waren der am 23. Februar 1845 geb. und am 11. Juni 1847 gest. Prinz Dom Alphons; der am 19. Juli 1848 geb. und am 10. Januar 1850 gest. Prinz Dom Pedro; die am 29. Juli 1846 geb. Prinzessin Dona Isabella und die am 13. Juli 1847 geb. und am 7. Februar 1871 zu Wien gest. Prinzessin Dona Leopoldina.

Rechtmässige Thronfolgerin ist demnach bis heute die Kronprinzessin Dona Isabella, welche sich am 15. Oktober 1864 mit dem Grafen Ludwig Philipp Maria Ferdinand Gaston d'Orleans, Comte d'Eu, vermählte. Als Gemahl der Kronprinzessin erhielt derselbe die Würden eines brasilianischen Feldmarschalls und Staatsraths. Dieser Ehe entspross am 15. Oktober 1875 der Prinz Dom Pedro von Gran Pará. Da durch diese Geburt die direkte Thronfolge des Hauses Bragança gesichert schien, wurde die Kunde des glücklichen Ereignisses vom Volke mit unbeschreiblichem Jubel aufgenommen.

Aber auch durch einen jüngeren Zweig des Herrscherhauses wurden Dom Pedro Enkelkinder bescheert, und zwar entsprangen diese der am 15. Dezember 1864 geschlossenen Ehe der Prinzessin Leopoldina mit dem Herzog Lud. Aug. Maria Eudes von Koburg-Gotha zu Sachsen, dem gegenwärtigen Admiral der brasilianischen Flotte. — Es sind die Prinzen Dom Pedro, geb. den 19. März 1866; Dom August, geb. den 6. Dezember 1867; Dom Joseph, geb. den 21. Mai 1869 und Dom Ludwig, geb. den 15. September 1870.

Die mit so langandauernden und so heissen Kämpfen errungene konstitutionell repräsentative Erbmonarchie ist die heute bestehende Regierungsform des Kaiserreichs, dessen Staatsverfassung vom 22. März 1824 datirt und somit die drittälteste ihrer Art von allen Staaten der Erde ist. Ihre Freisinnigkeit kann in jeder Beziehung als Muster gelten; man könnte ihr nur den Vorwurf machen, dass sie in dieser Beziehung der fortschrittlichen Entwickelung der Landesbevölkerung in einer Weise vorausgeeilt ist, welche in vielen Fällen die Wohlthaten ihrer Institution illusorisch, noch öfter aber bedenklich erscheinen lässt. Als Vorbild zu ihrem Ausbau diente die Verfassung der nordamerikanischen Freistaaten, verschmolzen mit französischen und portugiesischen Grundsätzen aus den Jahren 1791 und 1822. Die persönliche Freiheit eines jeden Bürgers ist im weitesten und unbeschränktesten Maasse gewährleistet. Dies erstreckt sich nicht allein auf Denk- und Gewissensfreiheit, sondern auch auf Gewerbefreiheit, Freizügigkeit und anderes mehr. Auch geniesst jeder Brasilianer, selbst als Verbrecher, einen weitgehenden Schutz in Bezug auf sein Vermögen, und eine gesetzlich bestimmte Bürgschaft befreit ihn von jeder Haft während einer leichteren Anklage. Die Todesstrafe ist zwar für Mord unter erschwerenden Umständen und für Aufrührer beibehalten, wird aber doch nur selten vollzogen. Der Volkswille gilt als der eigentliche souveraine Herrscher, welcher die vier Staatsgewalten, nämlich die gesetzgebende, die vermittelnde, die vollziehende und die richterliche Gewalt aus eigener Machtvollkommenheit einzelnen Personen oder Korporationen zur Handhabung überträgt; der Kaiser und der Reichstag sind die Repräsentanten der Nation. Bemerkenswerth ist es, dass die Verfassung bei all' ihrer Freisinnigkeit keineswegs eine allgemeine Theilnahme am Staatsleben gewährt; das politische Wahlrecht wird nur in indirekter Weise ausgeübt. Die Urwähler wählen in den einzelnen Kirchspielen ihre Wahlmänner und diese wählen wie bei uns erst die

Deputirten und die Senatoren zum Reichstage für eine bestimmte Zeit, beziehungsweise die Abgeordneten für die Provinzial-Landtage. Dabei ist das Wahlrecht durch verschiedene Bestimmungen beschränkt, indem Sklaven, Minderjährige und andere Kategorien von Personen, je nach ihrem Berufe, Einkommen und Glauben davon ausgeschlossen sind. Dahin gehören unter Anderen nach den neuesten Wahlgesetzvorschlägen die Bischöfe und sonstige höhere geistliche Würdenträger, Militairbefehlshaber, verschiedene Beamtenklassen in der Justiz und den übrigen Verwaltungsbranchen.

Nach der offiziellen Statistik gehen aus 1572 Kirchspielversammlungen 432 Wahlkollegien hervor; die Zahl der stimmberechtigten Urwähler erhebt sich auf 1,093,054, welche 20,016 Wahlmänner wählen.

Für alle politischen Wahlen sind gewisse Feierlichkeiten vorgeschrieben, welche in erster Linie in kirchlichen Ceremonien bestehen. Dass die Wahlen selbst in den Kirchen abgehalten werden, wurde schon früher hervorgehoben. Dies hindert aber nicht, dass es bei dem feierlichen Akt trotz des geweihten Ortes toller zugeht, als auf einem unserer oberbayerischen Dorfkirchweihfeste. Offen und vor aller Welt bekämpfen sich die einzelnen Parteigruppen mit Intriguen, Worten und Fäusten. Damit nicht genug, gehört es nicht zu den Seltenheiten, dass Revolverschüsse oder Dolchstiche die Wahlschlacht in blutiger Weise enden. Häufig kommt es vor, dass Einer oder der Andere seine Stimme für Geld verkauft; bietet ein Anderer dann mehr als der erste Käufer, so ist diese Art von politischen Landsknechten sogleich bereit, im letzten Augenblicke noch zur Gegenpartei überzugehen und letzteres ist es wohl zumeist, was solche blutige Scenen hervorruft. — Von dem Schacher, welcher in der Kirche mit den Stimmzetteln getrieben wird, kann man sich bei uns kaum einen Begriff machen, man muss es selbst gesehen haben, um daran zu glauben. Schlaue und verwegene Parteigänger ohne Ehrgefühl und Gewissen, deren ich im Verlauf meines Aufenthalts in Brasilien leider auch unter unsern deutschen Landsleuten einige angetroffen, wissen daraus viel Vortheil zu ziehen. Die Brasilianer selbst sind nicht blind gegen diese Missstände und würden denselben auch gern steuern, wenn sie über die dagegen vorzunehmenden Reformen im Klaren wären. — Mehr als einmal schon geisselten brasilianische Lustspieldichter diese Zustände auf der Bühne und ich erinnere mich eines Stückes, welches, auf einem Provinzialtheater aufgeführt, in höchst ergötzlicher Weise die Zeit der Wahlen schilderte.

Die dem Reichstage wie bei uns übertragene gesetzgebende Gewalt, deren Beschlüsse dem Kaiser zur Genehmigung unterbreitet werden, besteht aus zwei Kammern, derjenigen der Deputirten und der der Senatoren. Die Zahl der ersteren beträgt gegenwärtig 122 und ist je nach der Einwohnerzahl der Provinzen auf diese vertheilt. Senatoren sendet jede Provinz soviel, als die Hälfte der von ihr gestellten Deputirten nach Rio.

Die hauptsächlichsten Aufgaben des Reichstages bestehen in der Gesetzgebung, Budgetfeststellung, Regelung der Thronfolge in allen zweifelhaften Fällen, Verwaltungskritik, Abschluss von Anlehen u. dergl. mehr. Bezüglich der Thronfolge ist noch zu bemerken, dass bis zu der erst in dem 18. Lebensjahre eintretenden Volljährigkeit des Kaisers die Regentschaft dem nächsten über 25 Jahre alten Verwandten zufällt. In Ermangelung eines solchen wird zur Verwaltung des Reiches von vier zu vier Jahren durch die Wahlkörperschaft ein zeitweiliger Regent ernannt, bis zu dessen Regierungsantritt der Minister des Innern oder der Justiz die Zügel des Staates führt. Jener Regent ist nicht verantwortlich und die Grenzen seiner Amtsgewalt werden von dem Reichstage festgesetzt. Auch körperliche Gebrechen und Geisteskrankheit des eigentlichen Thronfolgers können zur Einsetzung einer Regentschaft führen. Gesetzesvorschläge können von den Mitgliedern beider Kammern wie auch von der ausübenden Gewalt gemacht und durch einen der Staatsminister in der Abgeordneten-Kammer eingebracht werden. Vor ihrer Berathung unterliegen sie einer Kommissionsprüfung. Die Kammerverhandlungen sind öffentlich und werden mit grossem Interesse Seitens der Bevölkerung während ihrer viermonatlichen Dauer verfolgt. Ueber Annahme oder Verwerfung eines Gesetzes entscheidet die absolute Stimmenmehrheit der anwesenden Mitglieder.

Sowohl die Deputirten wie die Senatoren erfreuen sich grosser Privilegien, wie solche in den meisten konstitutionellen Staaten bereits zu Recht bestehen oder noch angestrebt werden.

Dahin gehört z. B. die Unantastbarkeit der Volksvertreter während der Sitzungsperiode und Anderes mehr.

Bei Meinungsdifferenzen der beiden Kammern treten dieselben auch zu vereinigten Sitzungen hie und da zusammen. Verweigert der Kaiser die Genehmigung eines Gesetzes, so hat dies eine aufschiebende Wirkung für die Dauer von zwei Gesetzgebungsperioden zur Folge. Kommt der Entwurf sodann jedesmal in derselben Fassung zur Vorlage, so erlangt das Gesetz auch ohne kaiserliche Genehmigung seine Gültigkeit und hat der Kaiser die Genehmigung zu einem Gesetze binnen Monatsfrist weder gegeben noch verweigert, so wird die Verweigerung als maassgebend angenommen.

Bemerkenswerth ist es, dass die Prinzen des kaiserlichen Hauses mit Erlangung ihres 25. Jahres von Rechtswegen Senatoren sind.

Dem Senate steht u. A. das ausschliessliche Recht zu, über persönliche Vergehen von Mitgliedern des kaiserlichen Hauses, Staatsministern, Senatoren und Abgeordneten, sowie ferner über die Verantwortlichkeit von Ministern und Staatsräthen zu urtheilen, wozu der Senat sich in einen Gerichtshof umgestaltet, während vorkommenden Falles von der Abgeordnetenkammer das Ministerium in Anklagestand versetzt wird.

Die vermittelnde Gewalt ist ein ausschliessliches Privilegium des Kaisers, dem die Ernennung aller höheren Staatsbeamten, die Einberufung und Auflösung der Kammern und die Ausübung von Gnadenakten zusteht.

Die vollziehende Gewalt wird durch ein aus sieben getrennten Abtheilungen bestehendes Staatsministerium ausgeübt, welches dem kaiserlichen Oberhaupte beigegeben ist. Es zerfällt in ein Ministerium des Innern oder des Reiches, welches den Kultus und das höhere Unterrichtswesen zu vertreten hat, der Justiz, der auswärtigen Angelegenheiten, der Finanzen, der Marine, des Krieges und das Ministerium für Handel, Ackerbau und öffentliche Bauten. Einer der Minister ist Vorsitzender des Ministerrathes. Die Befugnisse dieser einzelnen Ressorts ergeben sich aus ihrer speciellen Bezeichnung und es kann füglich davon abgesehen werden, ihre Thätigkeit näher zu erläutern. Wesentlich erscheint nur die Gesetzesbestimmung, dass die Staatsminister für ihre Amtshandlungen verantwortlich sind. Kein mündlicher oder schriftlicher Befehl des Kaisers kann sie dieser Verantwortlichkeit entheben.

Ausserdem giebt es noch einen Staatsrath, welcher aus zwölf ordentlichen und mehreren ausserordentlichen, die Zahl zwölf nicht übersteigenden und auf Lebenszeit ernannten Mitgliedern besteht. Es ist dies eine nur berathende Behörde, welche indessen die bedeutendste Stütze der höheren Staatsverwaltung bildet. — Sowohl der Kronprinz wie eventuell auch die Kronprinzessin haben hierin nach Vollendung des achtzehnten Lebensjahres Sitz und Stimme. Auch die Minister sind zur Theilnahme an den Staatsraths-Sitzungen, mit Ausnahme wenn es sich um Auflösung der Kammern oder Veränderung des Ministeriums handelt, berechtigt.

Sehr unabhängig ist in Brasilien die richterliche Gewalt, welche zum Theil unabsetzbaren Richtern (Amtsrichtern und Oberrichtern), zum Theil Geschworenen übertragen ist. Nur durch einen Urtheilsspruch kann ein Richter seines Amtes verlustig gehen. Im Uebrigen ist derselbe streng verantwortlich für den Missbrauch seiner Amtsgewalt oder sonstiger Pflichtverletzung. Jedermann hat sogar das Recht, ihn bei dem zuständigen Gericht wegen Bestechung, Unterschleif oder wegen Erpressung vorkommenden Falles anzuklagen. Die Strafrechtspflege ist in der Regel eine öffentliche. — Die Staatsanwaltschaft ist dagegen noch nicht für alle Gerichtsinstanzen gehörig ausgebildet und ihre Befugnisse werden zur Zeit noch von anderen höheren Beamten ausgeführt. Eine grosse Aufgabe in der Rechtspflege fällt den Friedensrichtern zu, deren jedes Kirchspiel einen zählt, da für alle Parteien, ehe sie zum Prozesse zugelassen werden, eine gütliche Auseinandersetzung von diesem versucht werden muss. Die Zahl der in Brasilien funktionirenden Friedensrichter beläuft sich auf 6288. Sie werden auf vier Jahre von den Wahlmännern und zwar vier auf einmal gewählt und lösen sich alljährlich im Dienste ab. Zu ihren Verpflichtungen gehört auch die Leitung der Wahlversammlungen.

Aehnlich wie bei uns bilden Appellationsgerichte, deren elf im Reiche bestehen, die zweite Instanz. Gegen ihre Entscheidung giebt es nur eine Berufung an den kaiserlichen

Kassationshof, der in gewissen Fällen jene annulliren und den Prozess einem andern Appellationsgericht zur erneuten Aburtheilung überweisen kann. — Dieses oberste Tribunal steht an der Spitze aller brasilianischen Gerichte und zählt 17 Mitglieder, deren Vorsitzender von drei zu drei Jahren von der Regierung ernannt wird. Die Mitgliederzahl der Appellationsgerichte schwankt zwischen 5 und 17. Die Zahl der Gerichte erster Instanz beläuft sich an Obergerichten auf 343 und an gewöhnlichen Amtsgerichten auf 452.

Bei der ungeheueren Ausdehnung des Reiches ist auf den Ausbau einer detaillirten Provinzialverwaltung grosse Sorgfalt verwendet und es erscheint daher angemessen, auch diese etwas näher ins Auge zu fassen.

An der Spitze einer jeden Provinz steht ein vom Kaiser und Ministerium ernannter Präsident, welcher im Sinne der ausübenden Gewalt den ihm anvertrauten Theil des Staates verwaltet. Ihm ist die Genehmigung von Gesetzesbeschlüssen der Provinzialversammlung und deren Ausführung, Ernennung und Entlassung von Provinzialbeamten und überhaupt die Leitung der speciellen Provinzialangelegenheiten übertragen. Ihm zur Seite steht die für jede Provinz eingesetzte und alle zwei Jahre sich erneuende gesetzgebende Provinzialversammlung, deren Mitglieder von denselben Wahlmännern ernannt werden, welche die Kammerabgeordneten nach der Hauptstadt senden. Zu den Obliegenheiten dieses gesetzgebenden Körpers gehört der Erlass oder Entwurf aller jener Bestimmungen, welche ausschliesslich das Interesse der Provinz bedingen und die der Präsident seinerseits sanktionirt.

Als ein weiteres Glied in der Landesverwaltung sind die Municipalräthe zu betrachten, welche alle vier Jahre durch direkte Wahl in jeder Stadt und in jedem Flecken des Reiches ernannt werden und welchen die wirthschaftliche Verwaltung und die niedere Polizei des betreffenden Gebietes obliegt. In den Städten besteht der Municipalrath aus neun, in den Flecken aus sieben Räthen, denen ein aus Stimmenmehrheit gewählter Präsident vorsitzt. Die Municipalräthe sind den Provinzialversammlungen und dem Provinzpräsidenten untergeordnet.

Elftes Kapitel.
Reise durch Brasilien von Pernambuco bis Bahia.

Es mag zwar scheinen, als wäre bereits in den vorliegenden Kapiteln Brasilien in erschöpfender Weise geschildert worden und kaum sei noch ein Gegenstand von Interesse übrig geblieben, auf den wir nicht mit wenigen Worten die Aufmerksamkeit des Lesers hingelenkt, doch müssen wir erklären, dass unser Bild nur ein sehr unvollkommenes sein würde, wenn wir hiermit unsere Skizzen schon abbrächen. Eine Kenntniss des Landes mit all' seinen Licht- und Schattenseiten, Annehmlichkeiten und Widerlichkeiten kann eigentlich nur erlangt werden durch die Bereisung einzelner Landstriche des ungeheuren brasilianischen Gebietes. Wenige Reisende jedoch waren in der Lage, ihre Streifzüge auf alle Provinzen des Reiches auszudehnen und ich selbst sah kaum den dritten Theil des Landes, obgleich ich viele Jahre in Brasilien verweilte. Wenn ich daher im Folgenden den Leser einlade, mich auf einer Reise in das Innere zu begleiten, so bemerke ich dazu, dass ich an jenen Orten, welche zu besuchen mir selbst nicht gestattet war, namhaften als Brasilienkenner bekannten Forschern wie v. Tschudi, Martius, Erzherzog Maximilian und anderen das Wort überlassen werde. Gelegentlich dieser Reise möge sodann auch noch eine kurze Besprechung jener Landes-Institutionen, sowie sonstiger Verhältnisse, deren Erwähnung vielleicht von dem einen oder anderen Leser bisher vermisst wurde und Interesse erwecken dürfte, Platz finden.

Es war an einem Junimorgen, als ich zum ersten Male bei herrlichem Wetter die brasilianische Küste in der Höhe von Pernambuco in Sicht bekam. So ruhig die See auch war, schwankte doch unser Schiff bedeutend, als wir uns dem Lande näherten und ziemlich weit vor dem Hafen draussen Anker warfen. Oft hoben die Wogen der stürmischen Brandung den grossen Dampfer, auf welchem ich mich befand, so hoch empor, dass es den vielen kleinen Schiffen, welche uns sofort nach unserer Ankunft umschwärmten, schwer wurde, an der Seite desselben anzulegen. Es gehörte eine eigene Geschicklichkeit dazu, von den Booten zu uns und umgekehrt von dem Dampfer in die Ruderboote zu gelangen. Zu meiner besonderen Erbauung erzählte mir einer unserer Schiffsofficiere auch, dass es bei der Landung in Pernambuco, welche in jedem Wetter gleich gefährlich sei, selten ohne einen Arm- oder Beinbruch abginge. Man hat auf verschiedene Weise den stürmischen Charakter dieses Ankerplatzes zu erklären versucht, ohne jedoch allen Meinungen damit Genüge zu thun. Es steht fest, dass viele Tausende sich dadurch abhalten lassen, hier an das Land zu gehen, da sogar die Gefahr besteht, dass ihre Rückkehr auf den Dampfer zeitweise unmöglich ist und ihre Weiterreise dadurch mit demselben in Frage gestellt wird. Dennoch rühmt man, diese Schattenseite abgerechnet, dem Hafen von Pernambuco eine sehr günstige geographische Lage nach und in der That versäumen es wenige Schiffe, bei diesem wichtigen Handelsplatze anzulegen. Der eigentliche Hafen wird durch ein Riff gebildet, welches sich als schmaler Felsendamm in einer langen geraden Linie, wie ein natürlicher Wellenbrecher, längs der Küste fortzieht und die Lagune von Pernambuco von der See trennt. Nur zwei Durchgänge dienen zur Einfahrt der Seeschiffe in das stillere Fahrwasser der Lagune. Schiffe, welche einen bedeutenderen Tiefgang haben, müssen stets auf der Aussenrhede liegen bleiben. Auch uns ging es so. Obgleich wir ansehnliche Massen von Gütern auszuschiffen und einzunehmen hatten, auch viele Passagiere von Europa hier das Ziel ihrer Reise fanden, mussten wir uns doch darein fügen, das gelobte Land fürs Erste noch auf etwa ein paar englische Meilen Entfernung zu begrüssen. Unter den eben geschilderten Umständen hätte ich vielleicht Verzicht darauf geleistet, meiner Gewohnheit nach auf jedem Ankerplatz ans Land zu gehen, wenn nicht die Schilderungen einiger Franzosen meine Neugier rege gemacht und prächtige Ananas, Mangas und andere Früchte, welche von Negern mittlerweile zum Verkaufe an Bord gebracht waren, in mir die Lust zum Besuche der Gärten von Pernambuco erweckt hätten. Ich sah mich daher unter den eigenthümlichen uns umschwärmenden Jangadas nach einem nicht zu halsbrecherischen Boote um und turnte dann mit einigen Gefährten vom Decke unseres Dampfers in das schwankende Fahrzeug hinab. Der Preis, welchen die schwarzen Bootführer für die kurze Ueberfahrt forderten, war zwar nichts weniger als bescheiden und hätte hingereicht, um hier in Deutschland eine Reise von Frankfurt nach Cassel zu machen, aber die Konkurrenz unter den Schiffern war nicht gross und die Einschiffung war fürs Erste ohne unglücklichen Zwischenfall abgelaufen.

Der eigentliche Name Pernambucos ist Recife, d. h. Riffstadt, und ihre Entstehung verdankt dieselbe, wie man sich aus den historischen Mittheilungen erinnern wird, den Holländern. Noch heute erinnert Manches in Pernambuco an die Zeit des holländischen Besitzes und zum Theil dankt Pernambuco es diesem Umstande, dass es von jeher zu den bestgebauten Städten Brasiliens gehörte. Namentlich weicht die Bauart der Häuser durch ihre Höhe von den in Brasilien fast allgemein gebräuchlichen einstöckigen Wohnhäusern ab. So weit es sich in der Geschwindigkeit thun liess, — denn wir mussten noch am gleichen Tage an Bord des Dampfers zurückkehren, — durcheilten wir die engen und unregelmässigen Strassen Recifes, in dem wir nach allen Seiten die interessantesten Gebäude ausspähten. Eigenthümlich ist die Lage der Stadt, welche aus drei durch Brücken verbundenen Theilen besteht. Am bedeutendsten unter diesen Stadttheilen ist das auf einer Insel gelegene San Antonio, dessen schöne Hauptstrasse, die Rua imperial, in einer Längenausdehnung von einer englischen Meile eine Menge der prächtigsten Häuser aufzuweisen hat. Das Treiben auf den Strassen ist ein ungemein reges und lässt den Fremden sofort erkennen, dass er sich in einer Haupthandelsstadt befindet. In der That ist Pernambuco die drittgrösste Stadt des Kaiserreichs, deren Einwohnerzahl über 100,000 Seelen betragen soll. Hier ist es, wo der eigentliche Markt des brasilianischen Zuckers und der Baumwolle sich befindet, mit deren Verladung täglich tausende von Negern beschäftigt sind.

Die Fülle der neuen Eindrücke, welche auf mich einstürmten, war bei diesem ersten Spaziergang durch eine brasilianische Stadt so gross, dass es mir schwer fallen würde, wenn ich sie alle hier wiedergeben wollte. Weisse sah man selten in den Strassen. Meist waren es Neger und Mulatten, welche lasttragend, nur nothdürftig bekleidet, bei

sengender Sonnengluth die unreinlichen schlecht gepflasterten
Strassen durcheilten. Viele der fremdartigen Gestalten machten
auf mich und meine Begleiter einen so komischen Eindruck,
dass wir uns des Lachens nicht enthalten konnten und einer
meiner Gefährten, welcher ein trefflicher Zeichner war, nicht
fertig wurde, einzelne der wunderlichsten Strassenfiguren mit
wenigen Strichen in seinem Skizzenbuche zu verewigen. Wir
waren etwa 1½ Stunden mit Nichtachtung einer wahren Treib-
haustemperatur herumgeschlendert, als einer nach dem andern
von uns lebhaft eine Erfrischung herbeiwünschte. Bei dieser
Gelegenheit fielen uns die gerühmten Ananas von Pernambuco
ein und mit Zuhülfenahme aller bis zur Stunde gelernten portugiesischen Redensarten zogen wir bei einem vorübereilenden
Neger Erkundigung ein, wo wir unsere leiblichen Bedürfnisse
befriedigen könnten. Anfangs hielt es schwer, sich mit dem
schwarzen Menschenbruder zu verständigen, aber als wir zu
Dreien die Lücken unseres portugiesischen Wortvorraths durch
nicht misszuverstehende Geberden ersetzten, grinste der An-
geredete und zeigte uns bereitwilligst ein nahe gelegenes Hôtel.
Europäischen Anforderungen an ein Gasthaus vermochte die
Spelunke, in welche wir gerathen, nun gerade nicht zu genügen
und es stiegen zum ersten Male einige Bedenken in mir auf
über die Stufe der Entwickelung, auf welcher das Kaiserreich
in Wahrheit stand, als ich mich in den Hôtelräumen etwas
umsah. Schaaren von Fliegen summten durch das von Schmutz
starrende Zimmer und ein Mulatte in Pantoffeln und Hemd-
ärmeln frug schläfrig nach unserm Begehr. Die Lust zum Essen
war uns vergangen, als wir beim Eintritt in die innern Räume
des sogenannten Hôtels die schwarzbraune Köchin in dem
Heiligthum der Küche hatten schalten und walten sehen. Wir
gedachten daher unsern Appetit fürs Erste mit Früchten zu
stillen und zum Glück konnte diesem Verlangen entsprochen
werden. Einige herrlich duftende Ananas, wie sie unter dem
Namen Abacaxi vornehmlich in den Gärten Pernambucos gezogen werden, und etwas Portwein liessen uns vergessen, dass
wir eigentlich nach einer derberen Mahlzeit Sehnsucht getragen.
Lange liess es uns jedoch keine Ruhe bei unserm Mahle;
man hatte uns zuviel von den Schwierigkeiten erzählt, welche
uns bezüglich der Rückkehr an Bord erwarteten, und so gern

wir einen Ausflug nach dem nahe gelegenen Olinda unternommen, so liess sich an einem Tage in Pernambuco doch kaum mehr als die Stadt selbst und ihre Sehenswürdigkeiten beschauen. Beachtenswerth unter den Gebäuden erschien uns der noch von dem holländischen Gouverneur Prinz Moritz von Nassau auf der Insel San Antonio aufgeführte Regierungspallast, auch Pallast Vriiborg genannt. Unter den öffentlichen Gebäuden fielen uns noch einige Kirchen, das Marinearsenal, das Observatorium, das Zollhaus und andere amtliche Bauten auf. Von den Kirchen ist die Hauptkirche Santissima Sakramento von ansehnlicher Grösse. Im Ganzen hat die Stadt 17 katholische Kirchen und Kapellen, zwei Klöster und eine englische Kirche. Nicht uninteressant ist auch die Anlage der vielen öffentlichen Brunnen, welche durch einen von einer Gesellschaft errichteten Aquädukt mit trefflichem Wasser gespeist werden und die seit noch nicht sehr lange bestehende Eisenbahn. Ich habe dieselbe zwar nicht mit eigenen Augen gesehen, doch neuerdings deren Betriebsverhältnisse und Weiterbau mehrfach in den amtlichen Relatorien erwähnt gefunden. Der dem Verkehr eröffnete Theil beginnt in der Vorstadt Cinco-Pontas und endet im Marktflecken Palmares, indem er die zuckerreichste Gegend der Provinz durchschneidet. Die Weiterführung nach dem S. Franciscoflusse wird den fruchtbarsten Baumwolldistrikten zu Gute kommen. Das Ganze ist das Unternehmen einer englischen Gesellschaft und erweist sich als sehr gewinnbringend.

In gewisser Hinsicht bietet Pernambuco das meiste historische Interesse, da mancherlei hier noch an frühere Jahrhunderte erinnert. Selbst unter den Brücken, welche die Inseltheile der Stadt mit dem Festlande verbinden und deren zwei beiläufig bemerkt eine Länge von 5—600 Fuss haben, hat man noch Reste einer Steinbrücke aus holländischer Zeit entdeckt.

Wie in allen südamerikanischen Handelsplätzen ist das deutsche Element unter den Kaufleuten verhältnissmässig ziemlich zahlreich vertreten. Die Zeit war aber zu kurz, um mit dem einen oder dem andern Landsmanne Bekanntschaft anzuknüpfen und ein Kanonenschuss vom Hafen aus mahnte nur allzubald, den Rückzug nach dem Schiffe anzutreten. Die bestellten Bootführer warteten glücklicher Weise unserer schon, als wir den Hafen erreicht und günstiger als wir gedacht ging die Ueberfahrt von statten. Das Meer auf der Aussenrhede selbst war so still und friedlich, dass sich kaum die Wellen kräuselten und wir mit minder grossen Fährlichkeiten die Schiffstreppe wieder emporklommen, als es in andern Häfen oftmals der Fall war.

Wir hatten allerdings nun Pernambuco gesehen aber nur im Fluge den Eigenthümlichkeiten des Landes und seiner Bewohner einige Aufmerksamkeit schenken können. Es war nichts weiter als eine Antrittsvisite gewesen, welcher erst in Bahia eine eingehendere Betrachtung des so gänzlich von Europa verschiedenen Lebens und Treibens der Bevölkerung folgen sollte.

Noch ehe die Sonne mit ihren letzten Strahlen die fliehenden Ufer vergoldete, eilte unser Dampfer weiter dem Süden zu, wo mir zunächst ein längerer Aufenthalt in Bahia bevorstand.

Von der Seereise von Pernambuco bis Bahia ist nicht viel zu erzählen. Schon wenige Tage nach dem Aufenthalte an letzterem Orte lief unser Dampfer in die prachtvolle Allerheiligen-Bai der alten brasilianischen Reichshauptstadt ein und eine so glänzende neue Welt zog beim Dahingleiten des Schiffes an dem mit tropischen Gewächsen bestandenen und mit Landhäusern geschmückten Ufer meinen Blicken vorüber, dass ich gewünscht hätte meine Sehwerkzeuge verzehnfachen zu können. Wohl waren mir früher schon Palmen begegnet, nie aber glaubte ich so anmuthig diese zierlichsten aller tropischen Pflanzengattungen aus dem glänzenden Grün einer herrlichen Vegetation hervorragen gesehen zu haben, wie hier. Mit jeder Wendung des Dampfers entrollte sich ein glänzenderes Panorama vor unseren Augen, bis endlich stolz an dem bergigen Ufer emporsteigend die mächtige Handelsstadt mit ihren blendend weissen Gebäuden vor uns lag. Bahia liegt unendlich malerisch an den Hängen des ziemlich steil ansteigenden Ufers hingestreckt und die heiteren hellen Farben seiner Häusermassen, das saftige Grün der dazwischen hervortauchenden Pflanzenwelt und der wunderbar leuchtende Himmel geben dem ganzen Bilde ein lachendes und glänzendes Ansehen.

Das Landen konnte hier ohne jede Fährlichkeit geschehen und sobald wir daher Anker geworfen, liess ich mich von einem der in zahlreicher Menge harrenden Bootsführer an das kaum ein paar hundert Schritte entfernte Ufer hinüberrudern. Der Quai war ungleich belebter, als in Pernambuco und mit dem Bewusstsein, nun alle Musse zur Betrachtung von Land und Leuten zu haben, liess ich meine Augen verwundert durch die bunte Menge schweifen. Europäer, welche unbeirrt durch die drückende Hitze in ziemlich modischer Kleidung ihren Geschäften nachgingen, Neger, welche lasttragend in luftigem Kostüm sich einen Weg durch das Gedränge bahnten, ausländische Seeleute, welche sich nach langer Fahrt zur Erholung auf dem Lande herumtummelten und hausirende Negerinnen belebten allenthalben die Strassen. Ich suchte mich zunächst über die Stadt und ihre Lage selbst zu orientiren. Sie zerfällt in einen oberen und unteren Theil, der untere zieht sich am Meeres-Ufer entlang, der obere krönt die mit der See parallel laufende Hügelkette. In der untern Stadt fällt das Auge auf die Baulichkeiten des Marinearsenals und auf eine alte architektonisch geschmückte Kirche; in der oberen Stadt fesselt der Theaterplatz die Aufmerksamkeit. Im Allgemeinen entspricht das Innere Bahias nicht dem hübschen Aeussern und die steilen, unregelmässigen, schlecht gepflasterten Strassen, die vielen vernachlässigten Gebäude machen einen sehr verwahrlosten Eindruck. Die untere Stadt ist das eigentliche Geschäftsviertel; hier pulsiren Handel und Industrie. Die Kaufleute haben da ihre Comptoirs und Waarenlager; das Hafenamt, das Zollhaus (Alfandega), die Werften, die Börse und die meisten Verkaufslokale finden sich hier vereinigt und von früh bis Abend, mit Ausnahme nur der heissesten Mittagsstunden, wogt in Folge dessen ringsum ein reges Leben.

Ein Cadeira in Bahia.

Weniger geräuschvoll empfängt uns die obere Stadt, zu welcher man nur auf sehr steilen Wegen emporsteigt; je höher man gelangt, um so einsamer wird der Weg, und so gering ist hie und da der Verkehr, dass üppiges Gras die Strasse zu beiden Seiten deckt. Wenn man überhaupt gegen das Gehen in Brasilien zu einer leicht erklärlichen Abneigung gelangt, so ist dies in Bahia doppelt der Fall. Wer nicht Gelegenheit zum Reiten oder Fahren hat, benutzt einen der hier gebräuchlichen Tragstühle, in welchen man von ein paar Negern in schaukelnder Bewegung durch die Strassen befördert wird. Diese Stühle haben einige Aehnlichkeit mit dem veralteten Institut unserer Portechaisen, nur mit dem Unterschiede, dass der Insasse seitwärts sitzt und statt der Wände nur ein bunter Vorhang ihn umschliesst. Auch ist nur eine Tragstange vorhanden, an welcher der Stuhl herniederhängt. In früheren Zeiten wurde mit den Cadeiras, so heissen diese Tragstühle, viel Luxus getrieben. Heut zu Tage sind sie etwas in Abnahme gekommen, aber immerhin bilden sie mit ihren bunten goldgeschmückten Decken und flitterhaft ausgestatteten Vorhängen, bedient von zwei sonderbar kostümirten Schwarzen, eine specielle Eigenthümlichkeit Bahias.

Die Wagen, welche ebenfalls zur Personenbeförderung im Gebrauche sind, findet man meist mit vier Pferden oder Maulthieren bespannt. Sie werden von den Kutschern mit bewunderungswürdiger Geschicklichkeit die steilsten Hänge im schärfsten Tempo hinabgeführt.

Weniger aus Trägheit, als mit der Absicht, den Apparat näher kennen zu lernen, liess ich mich in einem der bunten Tragsessel in die obere Stadt führen. Sehr bald wurde mir die schwankende Bewegung aber lästig und unangenehm und ich liess die Träger auf halbem Wege schon Halt machen, um meine Strasse, deren Endziel der Passeio publico sein sollte, zu Fuss fortzusetzen. Dieser öffentliche Spaziergang wurde im Jahre 1814 gegründet und bietet die wundervollste Aussicht auf die prachtvolle Allerheiligen Bai mit ihren üppig grünenden Ufern, der freundlichen Insel Itaparica und die bunt bewimpelten Schiffe so vieler Nationen, von der kleinsten Barke bis zur stattlichen Fregatte. Nächst der entzückenden Aussicht über die Stadt, den Hafen und das weite Meer, welche in ihrem Gesammteindruck wahrhaft grossartig genannt zu werden verdient, bietet der Garten selbst ein reiches Bild südlicher Pflanzenpracht. Unmittelbar beim Eintritt empfing mich das Schattendach riesiger Jacca-Bäume, die einen dichtbelaubten Hain bilden und dem Auge so wohlthuend die sengenden Strahlen der Sonne abwehren. Einladend winkten hier auch Ruheplätze und ihre Lockung war nicht vergebens. Dicht neben einem kleinen Brunnen setzte ich mich nieder und weidete meine Blicke an den für mich so neuen und fesselnden Eindrücken. Unweit dieser Ruhestelle sah man am Rande des Gartens hinab in eine Schlucht, in welcher gleichsam als Gegensatz zu der im Garten selbst waltenden Ordnung, tausende von Pflanzen, Sträuchern und Bäume aller Art sich auf- und durcheinander im buntesten Gewirre drängten. Mein Auge ward nicht müde, in das blühende grünende Pflanzenmeer hinabzuschauen. Nur eins störte den reinen ungetrübten Genuss all' dieser Herrlichkeit; es war die drückende schwüle Luft, die über solchem Eden lag, die erstickende Hitze, welche die Genussfähigkeit selbst beschränkte. Lange verweilte ich in dem schönen und doch so einsamen Garten. Dann trat ich langsam den Rückweg an, der mich über grasbewachsene Flächen, an Kirchen und Verkaufsplätzen vorüber wieder abwärts führte. Die etwas eleganteren Häuser sah ich häufig mit bunten Fliessen bedeckt, von lebhaften Farben, wie denn überall sich die Vorliebe für grelle bunte Farben in Brasilien kund giebt. Vor einem Hause bemerkte ich ein sonderbares Fuhrwerk; es war ein phantastisch bemalter vergoldeter Wagen mit Federbüschen an den Ecken geschmückt, und mit vier Pferden bespannt, die gleichfalls mit Federbüschen und bunten Decken geziert waren. Hoch auf dem Bocke thronte als Kutscher ein Neger mit einem Dreimaster auf dem Wollhaupte, mit weisser Kravatte und einer märchenhaften Livrée bekleidet. Noch ehe mein Erstaunen über diese eigenthümliche Erscheinung sich erschöpft hatte, donnerte das sonderbare Fuhrwerk in sausendem Galopp die Strasse entlang, und mit nicht geringer Verwunderung vernahm ich auf meine Frage, dass auf diese Weise man die Todten, denn eine Leiche war des Wagens Insasse, zur letzten Ruhestätte geleitet. — Auf meinem Wege, der die Stadt fast in ihrer ganzen Länge durchmaass, fiel es mir auf, dass ich ausser einigen anständig gekleideten Herren, die in Tragstühlen sassen, keinen Angehörigen der besseren

Stände, noch viel weniger aber einem weiblichen Wesen begegnet war, welches einigen Anspruch auf gesellschaftlichen Rang machen konnte. Nur Neger und Negerinnen mit und ohne Kinder trieben sich lärmend und mit entsetzlicher Zungenfertigkeit schnatternd, in mancherlei Handtierungen, oder auch einem süssen Nichtsthun hingegeben, auf Plätzen und Strassen umher. Eine für den Geruchssinn nicht gerade angenehme Wahrnehmung, an die sich der Fremdling bei seinem Aufenthalt in Brasilien allenthalben zu gewöhnen hat, drängte sich mir hier zum ersten Male bei meiner Wanderung durch die Strassen Bahias auf. Aus jeder der offenstehenden Räume der Häuser drang eine Art Modergeruch, der, wie ich später Gelegenheit fand zu erfahren, sich in jedem Gelass oder verschlossenen Möbel selbst erzeugt und von dem Niederschlag der Luft, die an Feuchtigkeit so reichhaltig ist, herrührt. Kleider und Geräthe aller Art nehmen allmälig diesen eigenthümlichen Geruch an, der sich kaum durch häufiges Lüften derselben etwas verringern lässt. Diesem Uebelstand leistet überdies noch die Unreinlichkeit Vorschub, der man in Brasilien leider allenthalben begegnet. Ist an und für sich schon die Reinlichkeit keine Tugend des portugiesischen beziehungsweise brasilianischen Volksstammes, so trägt die Negerbevölkerung noch wesentlich dazu bei, die Gleichgültigkeit gegen Schmutz und Unsauberkeit zu steigern. Man muss erst längere Zeit in Brasilien zugebracht haben, um den Abscheu und Ekel vor dieser äusserlich selbst so schmutzig erscheinenden Menschenraçe etwas zu verlieren. Die Verwaltung thut ihrerseits nicht das Geringste, um die Reinlichkeit in den Strassen der Städte zu fördern. In ganz Brasilien überlässt man es allein den Elementen, für die Beseitigung verwesender Körper mit Ausnahme der menschlichen Ueberreste, Sorge zu tragen. Verendete Hunde, Katzen, ja mitunter sogar Pferde kann man in allen Stadien ihres Auflösungsprozesses täglich in den Strassen beobachten, ohne dass es irgend Jemanden einfiele, diese ekelhaften Reste zu entfernen. Gleich bei dem ersten Ausgange fiel mir auf einer der belebtesten Strassen ein Gegenstand in die Augen, welchen ich beim Nähertreten als den todten Körper eines Esels erkannte. Als ich verwundert stehen blieb und spähend um mich schaute, ob Niemand zugegen sei, der sich gleich mir von dem Anblick angewidert fühlte, bemerkte ich kaum hundert Schritte von mir entfernt, an einer Gartenmauer sitzend, eine ganze Reihe Obst verkaufender Negerinnen. Meine Aufmerksamkeit wurde dadurch von dem Thierkörper abgelenkt und ich heftete mit grossem Interesse meine Blicke auf die Versammlung abstossend hässlicher Schwarzen. Meist waren es alte abgelebte Negerinnen, deren schwarze Lederhaut in tausend Runzeln über ein menschliches Skelett nur lose übergestülpt zu sein schien. Die blendend weissen Zähne, der widerlich stechende Blick der Augen und die thierischen Geberden der in lebhaftem Gespräch begriffenen Weiber gaben der Gruppe etwas ungemein Abstossendes. Höchstens vermochte die nicht unmalerische Tracht den Gestalten etwas Anziehendes vom künstlerischen Standpunkte aus zu verleihen. Ein grellfarbiger geblümter Kattunrock schlotterte

Eine Minasnegerin in Bahia.

um die Hüften der Schönen, ein weisses Hemd ohne Aermel deckte nachlässig den Oberkörper, über die Schultern hing ein buntgewirkter Shawl und ein mächtiger Turban in bunten Farben schützte das Haupt vor den sengenden Strahlen der Sonne. Jede der Negerinnen hatte einen muldenartigen Korb vor sich stehen, in dem sich vielerlei der gerühmten Früchte Bahias zum Kauf ausgeboten fanden. Die Verkäuferinnen selbst aber waren so wenig appetitlich, dass ich mich nicht dazu entschliessen konnte, aus ihren Händen Bananen und Orangen zu nehmen, wie ich dies später ohne alle Scheu zu thun allmälig lernte. Auffallend war mir der geringe Unterschied in der Gesichtsbildung der Neger und der Negerinnen, welche ich in Bahia so vielfach zu beobachten Gelegenheit fand. Umfang und Alter schienen die einzigen Unterscheidungszeichen zwischen ihnen zu sein. Körperlich ist die Negerraçe meist sehr kräftig entwickelt und schön gebaut. An die niedrigere Stufe, welche die Neger im Gegensatze zu den Weissen einnehmen, erinnert nur der untere auffallend stark hervorspringende Theil des Gesichtes, die langen Arme und Beine und das Fehlen der Waden. Die Männer, welche ich auf meinem weiteren Spaziergange sah, waren einfacher und weniger bunt als die Frauen gekleidet. Sie trugen in der Regel nur ein paar weite weisse Hosen und ein offenes weisses Hemd, auf dem Kopfe einen kübelartigen zerrissenen Strohhut. Einzelne der schwarzen Gesellen waren mit Bruchstücken europäischer Kleidung angethan, was sich durch die Art der Zusammenstellung unendlich komisch ausnahm. Eine der liebsten Bestandtheile europäischer Kleidung für den Neger ist der Cylinderhut. Im Besitz eines solchen suchen sich die Schwarzen deshalb gerne zu setzen, ohne sich sonst um die Harmonie mit ihrer übrigen Bekleidung zu kümmern, so dass der Kontrast des hohen Hutes mit den unbeschuhten nackten Füssen den Fremdling unwillkürlich zum Lachen reizt.

Das mehrstündige Durchwandern von Strassen und Plätzen hatte mittlerweile den Wunsch nach einer kleinen Erfrischung in mir wach gerufen; ich eilte deshalb, ein Hôtel ausfindig zu machen. Lange brauchte ich darnach nicht zu suchen, denn nach wenigen Schritten schon bemerkte ich verschiedene durch ihr Aussehen sich kennzeichnende Landsleute, welche mit Schirmen zum Schutze gegen die Sonne bewaffnet, augenscheinlich in gleicher Absicht vor einer Thüre Halt gemacht, die ich als Eingang zu dem mir früher bereits empfohlenen Gasthof des Herrn Mühling aus Aachen erkannte. Im ersten Stock des Hauses fand ich eine Restauration, die ganz nach europäischer Art eingerichtet, wenig zu wünschen übrig liess und die mich in die Gesellschaft einer Menge von Landsleuten führte. Das reichliche und gute Mahl verfloss unter dem anregendsten Geplauder, wobei ich viel des Wissenswerthen von den bereits länger in

Bahia anwesenden Kaufleuten erfuhr. Die Zahl der hier weilenden Fremden soll einige Tausend betragen; sehr stark sind die Farbigen im Gegensatz zu den Weissen vertreten. Mehr als zwei Drittel der Bevölkerung, welche gegen 150,000 Seelen zählt, besteht aus Mestizen und Negern, deren Uebergewicht noch grösser zu sein scheint, wenn man ihre Anzahl nur nach den auf der Strasse verkehrenden Personen abschätzt. Viel wurde von dem ungesunden Klima Bahias erzählt, woselbst häufiger als an andern Orten Brasiliens das so gefürchtete gelbe Fieber herrscht. Ist für die einheimische Bevölkerung das Klima Bahias schon wenig zuträglich, so vermag ihm die Natur der Europäer noch geringeren Widerstand zu leisten, und Jeder betrachtet es als selbstverständlich, nur für den Zeitraum weniger Jahre sich hier aufzuhalten. Man erzählte mir, dass spätestens nach sechs Jahren die Mitglieder eines hier etablirten Handlungshauses nach Europa heimkehren, um durch andere Theilnehmer des Geschäftes aus der Heimath ersetzt zu werden. Der hier lebende deutsche Arzt hatte gerade auch während meiner Anwesenheit seine Familie nach Europa geschickt, um sie eine Luftveränderung geniessen zu lassen. Das gelbe Fieber schien lange Zeit vollständig verschwunden, bis es 1849 mit erneuter Heftigkeit wieder ausbrach.

Als wir unser Mahl beendet hatten, warf ich einen Blick aus den Fenstern des geräumigen Speisesaals und war erfreut über die prächtige Aussicht, welche man hier genoss. Dicht bei dem Zollhaus gelegen, liess sich der rege Verkehr besser als an irgend einer andern Stelle beobachten und namentlich den lasttragenden Negern ward man nicht müde zuzusehen. Es ist eine ganz besondere Race, dem diese atlethischen schwarzen Afrikaner entstammen. Sie sind bekannt unter dem Namen Minasneger und wurden zur Zeit der Sklaveneinfuhr an der Küste von Benin in Ober-Guinea eingefangen. Ihnen bekommt das Klima darum wohl auch besser, als Andern, da es viele Aehnlichkeit mit dem ihres Heimathlandes an den Ufern des Niger hat. Eigenthümlich ist das Verfahren, mit welchem sie die oft viele Centner schweren Lasten tragen. In der Mitte einer langen Stange wird an Stricken schwebend Ballen, Kiste oder Fass befestigt und indem vier bis acht Neger, je nach der Schwere des Gegenstandes, die Stange, manchmal auch die zwei Stangen, auf ihre Schultern nehmen, bewegen sie sich nach einem in eigenthümlichem Rythmus ausgestossenen Geschrei in ziemlich raschem Tempo durch die Strassen. Es sind keine geringen Lasten, welche auf solche Weise getragen werden; Kisten, an welchen in Deutschland vier Träger schleppen würden, sah ich von einer dieser herkulischen Gestalten gleichsam spielend auf die Schulter gehoben und ein Piano von zwei Negern nur auf die oben erwähnte Weise mit Leichtigkeit transportirt. — Man rühmt die Arbeitskraft und Geschicklichkeit der Minasneger wohl allgemein, verwendet sie aber lieber zur Arbeit im Freien als im Hause, da ihre Stärke und Wildheit nicht mit Unrecht gefürchtet wird. In früheren Jahren soll es wiederholt zu höchst bedenklichen Auftritten zwischen der schwarzen und weissen Bevölkerung in Bahia gekommen sein, welche nur mit Aufwand aller Kräfte von den Weissen unterdrückt wurden.

Da ich vermuthen konnte, dass die Hitze am Nachmittage etwas nachgelassen, begab ich mich von Neuem auf die Wanderung und durchstreifte mit einem deutschen Kaufmann, der sich mir angeschlossen, ohne bestimmtes Ziel die Stadt.

Die Bauart der Häuser bietet keine besondere Abwechslung; sie sind ziemlich einfach und unscheinbar; selten weicht ein Privathaus im Baustyle von den Nachbargebäuden ab und die Einförmigkeit der Strassen wird höchstens durch Unterbrechung der Häuserreihen durch Kirchen und Klöster gemildert. Wegen seiner grossen Ausdehnung fiel mir unter diesen kirchlichen Bauten besonders das Franziskanerkloster auf, welches wie eine Festung mit seinen Thürmen und düstern grauen Mauern den Stadttheil, aus welchem es sich erhebt, völlig beherrscht. Die meisten der Klöster, deren eine grosse Anzahl in Bahia vorhanden, stammen noch aus der ältesten Colonialzeit. Die verschiedenen Orden wurden damals in der doppelten Hoffnung, dass sie den geistigen und materiellen Fortschritt der Kultur begünstigen würden, mit grossartigen Schenkungen bedacht, so dass sie noch jetzt zu den reichsten Besitzern des Landes gehören.

Das Eintreten in eine der vielen Kirchen versparte ich auf eine spätere Zeit, da ich begieriger war, mich etwas in der nächsten Umgebung der Stadt umzusehen. Einer der meistgerühmten Punkte in nächster Nähe von Bahia, wo sich alle Gelegenheit bieten sollte, den Reichthum der Natur zu bewundern, ist der sogenannte Tich. Es ist dies derselbe kleine See, welcher bei dem Erzherzog Maximilian (späterem Kaiser von Mexiko) während seines hiesigen Aufenthaltes so grosses Entzücken hervorrief und ich glaube den Lesern am besten zu dienen, wenn ich über den Tich den Erzherzog selbst reden lasse, dessen Schilderung ich kaum etwas zuzufügen wüsste.

„Der erste Blick auf den äussersten Theil des Sees war ein gewöhnlicher, ich möchte sagen ein europäisch gemeiner. Er bildet, wie ich später Gelegenheit hatte zu bemerken zahlreiche Windungen, und so zeigte sich uns im ersten Augenblick nur ein Stück Tümpel, von sumpfigem Grunde umgeben, in dem die Neger Pferde schwemmten und der zarte Theil ihres schwarzen Geschlechts unter furchtbarem Lärmen und Gekreische theils im, theils am Wasser die schmutzige Wäsche bearbeitete . . . . . Je weiter wir am Ufer auf einem schmalen, von frischem Grün umsäumten Fusssteige zogen, desto mehr verlor sich zu meiner Freude die menschliche Staffage der waschenden und badenden Negerinnen mit ihrer Umgebung von Soldaten und faullenzenden schwarzen Gassenbuben. Wir drangen in gehobener Stimmung immer weiter in die unendliche Fülle der Tropennatur ein. Zu unserer Rechten hatten wir den Ufersaum mit feuchten, lasurgrünen, geheimnissvollen Wasserpflanzen, zahllosen Aroideen und Caneen, unter ihnen das Riesenarum, die seltenen Anhinga, die unser kleiner Botaniker*) mit wahrhaft rührendem Jubel, als sei es das Ziel seines Glückes, die Wunderblume eines Märchens, begrüsste. Zu unserer Linken hatten wir am herabtretenden Bergabhange mächtige Bäume und dichtes Strauchwerk aller Gattungen. Vor uns schoben sich überraschend wie Dekorationen die Buchten des langgedehnten Sees mit den sie einschliessenden Höhen aus einander. Der Totaleindruck war der eines grossen Parkteiches, von einem Maler in idealer Richtung, jedoch mit bekannter lebender Grundform in eine andere Welt gebracht; wie bei allen Idealen erscheinen auch hier die Haupt-

---

*) Erzherzog Maximilian hatte in seiner Begleitung Gelehrte, Künstler, Gärtner und viele andere Personen, denen die Aufgabe zufiel, die Merkwürdigkeiten fremder Regionen für den Prinzen zu beschreiben, zu zeichnen und für die reichen Sammlungen in Oesterreich einzuernten und zu ordnen.

linien immer aus dem Leben genommen, nur der märchenhafte Duft, der exotische Schmelz mahnen uns an die poetische Verfeinerung der Künstler. Der kesselartige Höhenzug, die Hauptformen des Bodens, die Grundfarben könnten einem jener englischen Parke, wo die Kunst der Natur 'in so reichem Maasse aushilft, entnommen sein; ideal ist dem fremden Auge der Farbenglanz und das Riesige in den Formen, die tiefen Schattentöne, das Undurchdringliche des Pflanzenluxus. Im Einzelnen aber ist alles neu, einer andern Welt angehörend. Wie grosse Wogen drängen sich die Waldpflanzen den Abhang herab bis in den See hinein; einzelne gigantischere Baumgruppen der Manga und Jaccá bilden die runden Fluthenberge; die aufzischenden Wellenspitzen im grünen Meere sind die hin und wieder hervorragenden Palmen; der spielende, anstrebende und abrinnende glänzende Schaum sind die zahllosen Schlingpflanzen, die, bald herabhängend, bald hinaufstrebend, die Baumwelt überziehen. In diese Pflanzenmassen verlaufen und verzweigen sich die einzelnen Buchten des stillen Sees; hie und da leuchtet aus dem Mangagebüsche oder aus einer Gruppe der saftiggrünen Bananen das Palmenblätterdach einer Negerhütte hervor; auf der Höhengrenze gegen Süden zeichnen sich hinter dem dichten Grün des Waldes einzelne Thürme und Häusergruppen auf dem tiefblauen Himmel und lassen, ohne störend auf das Naturbild zu wirken, die Nähe der grossen Stadt ahnen. Wenige Wohngebäude sind auf den Abhängen hie und da zerstreut, um sie lichtet sich der Wald zu beginnender Kultur. Stünden nicht diese Merkzeichen des Lebens, man könnte sich in eine verzauberte Insel fern vom Getriebe der Welt versetzt glauben. Das Einzige, was nicht der paradiesischen Poesie des Uebrigen entspricht, ist das schmutzige, braune, erdgeschwängerte Wasser, das man überall in den Tropen findet und welches der Ueberfülle der vegetabilischen Stoffe zuzuschreiben ist. Man begreift, dass sich in dieser braunen Fluth die Alligatoren sehr wohl befinden müssen, ihre Zahl soll im Tich sehr bedeutend sein und sie beweisen von Zeit zu Zeit ihre Gegenwart durch das Verschwinden eines badenden Negerkindes oder durch den Biss in den Fuss einer allzudreisten Wäscherin. Doch kommen solche Fälle selten vor und nur dadurch lässt sich der Muth der Bevölkerung erklären, sich dennoch im Tich herumzutummeln. Auch bei unserm Botaniker war der Wissensdrang stärker, als die Scheu vor den Jacarés; alle Augenblicke wollte er ins Wasser steigen, um irgend eine Pflanze zu fischen. Wir gingen staunend längs des Uferpfades fort; bald war es eine Lantane in blühenden Farben, die uns entzückte, bald die malerische Form eines zur Fluth gebeugten Baumes, an dessen Aesten die Schlingpflanzen in Bogen hingen; bald beobachteten wir niedliche Vöglein mit schwarzem Körper und blendend weissem Kopfe, die auf den Wasserpflanzen nach Insekten schnappten. In einer der Buchten hinter einem förmlichen Walde von seltenen Pflanzen fanden wir an einem Bache, der sich unter mächtigen Mangabäumen dem Teiche zuschlängelte, eine Gruppe von schwarzen Wäscherinnen in einem nicht zu beschreibenden Kostüm, oder eigentlich in einer Abwesenheit von Kleidern, die ein flatterndes Lendentüchlein als einzige Erinnerung zurückliessen. Unter Scherzen und gurgeltönigem Geplauder waren sie beschäftigt, die Wäsche, ein breites Holz in der kräftigen Rechten schwingend, zu misshandeln. Es waren wahre Riesinnen ihres Geschlechts, die man eher für Höllengeister als für friedliche Wäscherinnen hätte halten können. Ihre kecke zwanglose Erscheinung hatte etwas Widerliches und zugleich in ihrer Urwüchsigkeit etwas Komisches. Sie hatten zwei allerliebste Kinder, kaum 2 Jahre alt, wie schwarze Käfer mit grossen glänzenden Augen, bei sich; das eine derselben kam uns lachend und freundlich entgegen und trieb seinen Scherz mit uns, während das andere heulend und wehklagend vor uns floh und sich an seine atlethische Mutter klammerte." —

Die Pflanzenpracht und die ganze Umgebung des Tichs, der allerdings, wie so leicht kein anderer Punkt in der Nähe der Stadt, geeignet ist, den Europäer in die Wunder der Tropenwelt einzuführen, fesselte den Erzherzog Maximilian in so hohem Grade, dass er nicht müde wird, in der Beschreibung seiner Reise davon zu erzählen. Auch ich nahm einen grossartigen Eindruck von hier hinweg und hätte gern wiederholt diesen schönen Punkt aufgesucht, wenn nicht allzuviel des Neuen anderen Orts mich erwartete.

Die späte Stunde mahnte uns unsern Weg zur Stadt zurückzulenken, um für ein Nachtquartier Sorge zu tragen. Wir kehrten selbstverständlich bei unserm deutschen Landsmann ein in der Hoffnung, bei ihm die Unannehmlichkeiten eines brasilianischen Gasthofes weniger zu empfinden. Indessen liess das deutsche Hôtel doch sehr Vieles zu wünschen übrig und gab mir einen kleinen Vorgeschmack von dem, was meiner noch späterhin harrte. Die Ausstattung des Zimmers, welches mir angewiesen, war zwar ganz leidlich und machte im ersten Augenblicke keinen unangenehmen Eindruck. Auffällig war nur das Fehlen aller Polstermöbel, die ich oft genug während meines ganzen Aufenthaltes in Brasilien überall vermissen sollte. Als ich vor dem Schlafengehen meine Zimmerthür schliessen wollte, machte ich die unliebsame Entdeckung, dass dieselbe zwar mit einem Schloss, aber nicht mit einer Klinke versehen war und der Schlüssel nicht einmal von innen in das Schloss eingeführt werden konnte, das Zimmer also nur von aussen zu schliessen war. Die Thür war überhaupt ein Unicum in ihrer Art; als Verschluss eines Kerkers hätte sie nicht massiver und klobiger konstruirt sein können. Es blieb unter diesen Umständen kein anderer Ausweg, mein Schlafzimmer für die Nacht abzusperren, als die Thür zu vernageln oder durch eine Barrikade von Tischen und Stühlen innen zu verrammeln. Ich zog das letztere vor und fing im Schweisse meines Angesichts an, Tisch und Stühle und was mir sonst noch zu Gebote stand, zu einem Bollwerk aufzuthürmen. Als ich in der besten Arbeit war, polterte es im Nebenzimmer und mit lauter Stimme schallte es an mein Ohr: „In des Kuckuks Namen, glauben Sie allein hier im Nachtquartier zu sein?" „Nichts für ungut", erwiderte ich, von der heimischen Sprache angenehm überrascht, „aber ich kann doch nicht bei offenstehender Thüre die Nacht zubringen." „Allerdings nicht", war des Nachbars Antwort, „aber Sie hätten sich anders helfen müssen und es so machen wie ich, da Ihnen der Spass hier noch häufiger vorkommen wird. Ich führe nämlich einen starken Bohrer bei mir, mittelst dessen ich alle Abende auf die einfachste Weise von der Welt meine Thür zuschraube." Diesen guten Rath meines unbekannten Stubennachbars in Bahia machte ich mir in der Folge zu Nutzen, für heute versuchte ich unter dem Schutze meiner Barrikade zu schlafen. Ein weiches Lager war es nicht, was ich fand und die landesübliche Matte (Estera), welche das Betttuch ersetzte, war zwar sehr kühlend, trug aber nicht dazu bei, mir einen hohen Begriff von brasilianischem Luxus zu geben. Das Kopfkissen bildete eine Rolle, welche so hart war, dass Jakobs Lager, auf welchem er bekanntlich den Traum von der Himmelsleiter hatte, kaum weniger weich und unbequem gewesen sein konnte, als das meinige. Dazu wollte die Hitze des Tages sich durchaus nicht legen und vergeblich sehnte ich den Schlaf herbei. Kaum war es mir gegen Mitternacht gelungen einzuschlummern, als mich ein Rascheln wieder weckte. Aufmerksam lauschte ich dem Geräusch und entdeckte bald, dass ich die Stube mit zahllosen Mäusen theilte, welche ganz ungenirt nicht etwa nur sich auf ein schüchternes Nagen und Knuspern in den dunkeln Ecken des Zimmers beschränkten, sondern mit einer seltenen Frechheit selbst auf meinem Lager herummarschirten und sich wenig in ihren nächtlichen Vergnügungen durch meine sie scheuchenden Bewegungen stören liessen. Schliesslich setzte ich mich über das Begegniss hinweg und schlief trotz alledem ein, um erst spät am Morgen des kommenden Tags zu erwachen. Meiner Klage über die nächtlichen Ruhestörer begegnete die Hausfrau mit Lachen, indem sie mich in ihr Zimmer führte, wo ich die Mäuse umherhuschen und am hellen Tag an den Wänden auf und ab spazieren sah. „An dergleichen gewöhnt man sich in Brasilien", meinte die Dame gleichmüthig, „da sich die Sache nicht ändern lässt." Eine Bemerkung, deren Wahrheit ich bald vollkommen bestätigen konnte.

Brasilianische Frauen und Familien hatte ich während meines Aufenthalts in Bahia keine Gelegenheit näher kennen zu lernen. Die Damen sieht man überhaupt selten bei dem flüchtigen Besuch eines Ortes, da sie sich nicht wie bei uns auf den Strassen und höchstens einmal an dem Balkonfenster ausnahmsweise zeigen. Ich fühlte überdies noch nicht das Bedürfniss, mit der heimischen Bevölkerung näher und öfter in Berührung zu kommen, als unbedingt nothwendig war. Die Natur selbst und ihre mir so fremdartigen Produkte waren interessant genug, um, in ihre Betrachtung versunken, mir den Umgang mit Menschen ziemlich entbehrlich erscheinen zu lassen. Wiederholt blieb ich an den von den Negern feilgebotenen Früchten stehen und erwarb eine oder die andere, um ihre Güte zu prüfen.

Zu den seltsamsten Naturerzeugnissen dieser Art gehört

die Cajú, eine birnenartige weiche Fruchtmasse mit glänzender gelb und rother Haut und einem braungrünen bohnenartigen Auswuchs. Den letzteren nennt man Elephantenlaus. Die Frucht hat einen säuerlich süssen Geschmack und soll sehr Durst stillend sein. Ein Saft, den man aus ihr bereitet, der aber nicht besonders gut schmeckt, bildet ein beliebtes brasilianisches Getränk. Aus der Elephantenlaus selbst wird ein Oel gepresst.

Die Industrie Bahias, nach welcher ich mich erkundigte, knüpft sich einzig an die Produktion von Zucker, Baumwolle, Kaffee und Tabak. Weit ausgedehnte Plantagen in der Umgegend bringen grossartige Mengen dieser geschätzten Handelswaaren hervor, und namentlich der Kaffee und der Tabak wird in Massen von den fremden Schiffen aus der Allerheiligen-Bai ausgeführt. In der Produktion des Tabaks besitzt die Provinz Bahia nur noch in Rio grande do Sul einige Konkurrenz. Nichtsdestoweniger sind die Cigarren, deren jährlich gegen 50,000,000 hier angefertigt werden, von geringer Güte und die leidenschaftlichen Raucher verschmähen den alleinigen Genuss des Bahianer Tabaks.

In hohem Grade hat sich der Handel Bahias durch den Bau einer Eisenbahn nach dem Rio San Francisco gehoben. Die Bahnstrecke hat zwar nach europäischen Begriffen noch keine sehr grosse Ausdehnung, führt aber doch schon durch einen grossen und wichtigen Theil der Provinz. Ich gelangte auf ihr bis nach San Antonio das Alagoinhas. Der Betrieb der Bahn weicht im Wesentlichen nicht viel von dem europäischen Eisenbahnwesen ab; nur vermisst man die strenge Zucht und Ordnung bei Abgang und Ankunft der Züge. Den Bau der Bahn verdankt man einem englischen Aktienunternehmen, welches sich zur Aufgabe gestellt hat, den Hafen von Bahia mit dem oberen Rio San Francisco in Verbindung zu bringen. Wie Alles in Brasilien mit Eifer [begonnen wird, um bald genug wieder einzuschlafen, so blieb auch diese Eisenbahn, obgleich erst zum fünften Theile vollendet, auf ihren Anfang beschränkt. Viel mochte dazu das geringe Einnahme-Ergebniss der ersten Jahre beitragen, welches nichts weniger als zur Fortführung des Unternehmens ermuthigte.

Die Strecke, welche ich durchfuhr, war allem Anschein nach eine wenig bevölkerte und nicht sehr fruchtbare Gegend.

Dennoch fehlte es nicht an Unterhaltung, da das Land im Innern für den Neuling natürlich viele Reize bietet. Auch hatten wir mehrere kleine Tunnels und Viadukte zu passiren, deren Bau in nichts dem unserer europäischen Eisenbahnkunstbauten nachsteht. Einer der Tunnels, der mit Ziegelsteinen ausgekleidet, und ein grösserer Viadukt von Eisenkonstruktion sind die hervorragendsten Bauwerke. So kurz die Strecke war, so zählte ich mehr als ein halbes Dutzend Stationen, auf denen wir Halt machten, um eine geringe Menge von Frachtgütern und einige verwegen aussehende schwarzbraune Passagiere aufzunehmen. Im Ganzen war der Zug sowohl auf dem Hin- wie Rückwege so leer, dass ich mich nicht im Geringsten darüber verwunderte, als mir ein Mitreisender erzählte, die Einnahmen der Bahn stellten sich von Jahr zu Jahr schlechter. Im Jahre 1875 betrug die Einnahme dieser Betriebsstrecke 366 Contos 247 Milreis 450 Reis für die Beförderung von 65,661 Fahrgästen, 84,251 Klgr. Gepäck und 15,173,264 Klgr. Frachtgüter. Die Betriebskosten beliefen sich auf 410 Contos 722 Milreis 965 Reis.

San Antonio das Alagoinhas ist ein elender Ort, der auch nicht das geringste Einladende besitzt und dem ich mit Vergnügen sobald als möglich den Rücken kehrte. Die Zwischenstationen sehen nicht viel besser aus und weder die Villa Santa Anna do Catú noch Pojáca, Pitanga, Feira velha, Bandeira, Muritiba, und wie die Orte sonst alle heissen mögen, verlockten mich dazu, unterwegs Halt zu machen. Es trieb mich vielmehr ein gewisses Verlangen nach Bahia zurück, wo man doch noch in einigen Dingen an europäische Kultur erinnert wurde, da die Geheimnisse des brasilianischen Innern mir noch genugsam für spätere Zeit in Aussicht standen.

Kommt man von auswärts in die Stadt zurück, so gewinnt das Bild mit all' dem fremdländischen Inhalte wieder einen erhöhten Reiz, und so ging es auch mir. Wohl war ich vorher unter den schwarzen Verkäuferinnen verschiedentlich solchen begegnet, welche statt des Korbes auf dem Kopfe eine Glaskiste trugen, worin sie ihre Waaren, die grösstentheils aus Süssigkeiten und sonstigen Kleinigkeiten bestanden, vor Staub und Fliegen schützten, aber ich hatte noch nicht Gelegenheit genommen, mir die sonderbaren Kasten näher anzusehen.

Zufällig machte, während ich vorüberging, eine der Verkäuferinnen (Citandeiras) den wohlverwahrten Schrein auf, aber der Inhalt schien mir so wenig verlockend, dass ich trotz der eifrigen Anpreisung von der Güte der Waaren auf ihren Erwerb Verzicht leistete. Ich bemerke hierbei, dass in Brasilien alle Lasten, welche eine gewisse Grösse nicht überschreiten, auf dem Kopfe getragen werden; staunenswerth ist die Geschicklichkeit, mit welcher die Schwarzen leichte und schwere Gegenstände auf ihrem Haupte balanciren, während sie im lauten und lebhaften Gespräch die Strassen durchschreiten. In der Unterhaltung unter ihres Gleichen bedienen sie sich dabei nicht immer der Landessprache, sondern mit Vorliebe ihres heimischen afrikanischen Idioms. Dies gilt besonders von den Minasnegern, welche nicht im Lande geboren, vielmehr erst vor Jahren nach Brasilien verhandelt wurden. Es sind ganz sonderbare Gurgellaute, welche man von ihnen zu hören bekommt.

Der Zufall wollte es, als ich in meinen Gasthof zurückkam, dass sich einige Reisende dort unterdessen eingefunden, die sich mit dem Plane trugen, die grosse einladend am jenseitigen Ufer der Allerheiligen-Bai gelegene Insel Itaparica zu besuchen. Schnell entschlossen bat ich um die Vergünstigung, an dem Ausfluge, von dem man sich sehr viel versprach, gleichfalls Theil nehmen zu dürfen und gern gestand man mir meine Bitte zu. Itaparica ist um seiner Lage und Fruchtbarkeit Willen, wie auch einiger historischer Ereignisse wegen in gewissem Maasse berühmt. Lange soll an seiner Küste der Sklavenhandel fortbestanden haben, als längst schon mit allem Eifer an der Unterdrückung des verabscheuungswürdigen Gewerbes gearbeitet wurde. Bis in die sechsziger Jahre hinein wurden noch Neger zum Verkaufe hier eingeschmuggelt, obgleich Tag und Nacht am gegenüberliegenden Ufer von Bahia ein Hafenschiff Wacht hielt. Man erzählte mir als noch gar nicht so lange geschehen, wie ein geheimnissvolles Schiff sich an dem Ufer von Itaparica herumgetrieben, welches man bald als einen Sklavenfahrer erkannte. Das Hafenwachtschiff setzte sich deshalb in Bewegung, um dem Fremden etwas näher auf den Zahn zu fühlen. Mit Spannung sah man vom Lande aus dem nun sich entwickelnden Schauspiele zu. Der bedrängte

Sklavenfahrer warf indessen ohne Weiteres 300 der schwarzen Insassen über Bord und hurtig wie ein Aal schlüpfte er, mit dem Fahrwasser wohl bekannt, in den Ocean hinaus. Die armen Sklaven erreichten zum Glück mit der ihnen eigenen Schwimmfertigkeit die nahe Küste. Nach brasilianischem Gesetze fielen sie in den Besitz der Regierung, welche sie zur heimlichen Freude der reichen Besitzer von Bahia zu den gerade in Angriff genommenen Eisenbahnbauten dirigirte. Die Brasilianer wussten sich bei der damals noch nicht so allgemein gebrandmarkten Sklaverei den Vorfall auch noch anderweitig zu Nutzen zu machen. Die Plantagenbesitzer nämlich tauschten unter der Hand ihre alten hinfälligen Sklaven gegen die neu angekommenen schwarzen Eisenbahnarbeiter aus, ohne dass dies betrügerische Verfahren im Ministerium bekannt wurde, da die Kopfzahl der Geretteten in den Regierungslisten dieselbe blieb.

Itaparica besitzt eine kleine Niederlassung, welche den stolzen Namen Stadt führt, aber kaum einem ansehnlichen Dorfe Europas gleich kommt. In jeder Beziehung macht das sogenannte Städtchen einen sehr kümmerlichen Eindruck. Interessanter ist die Umgebung, welche aus dem wirrsten Pflanzenchaos besteht, dessen Undurchdringlichkeit mich mehr anmuthete, als die spärlichen Anfänge einstiger Kultur. Auf Schritt und Tritt sah ich so viel Neues und Eigenthümliches unter den Pflanzen, dass es mir ordentlich leid that, nicht mit dem vollen Wissen eines Botanikers ausgestattet und zum Erforschen der Pflanzenwelt allein hierher gekommen zu sein. Schwärme smaragdgrüner sonnenumglänzter kleiner Papageien durchzogen zudem die Luft, um vor den Eindringlingen in den dicht belaubten Kronen mächtiger Bäume Schutz zu suchen. Widrig war das Gekreische dieser Papageienschaaren, welche ich nie zuvor in solcher Zahl beisammen gesehen.

Wir richteten unseren Ausflug zunächst nach einer Anhöhe, die weithin sichtbar aus der Ebene hervorragte und einen kleinen Wald von Riesenbäumen trug. Derselbe bestand aus einigen prächtigen Exemplaren des Mangueirabaums. Dieselben waren von staunenerregender Höhe und Stärke und machten auf uns Alle einen geradezu überwältigenden Eindruck.

Weiter im Innern der Insel gelangten wir zu einer höchst

merkwürdigen Partie, wie ich sie ähnlich kaum sonst wo in Brasilien gefunden und welche seiner Zeit auch dem vielgereisten Erzherzog Maximilian Rufe der Bewunderung und des Staunens entlockte. Letzterer beschreibt dies Wunder der Natur in folgender Weise: „Die gewöhnliche Vegetation machte Halt und dehnte sich in einem weiten Kreise zur Linken ins Innere der Insel, während eine neue Vegetation hier herrschte. Dicht gedrängt, halb tanzend, halb schwebend, halb wie Storch und Reiher auf spindeldürren Beinen in sinnender Ruhe, halb wie eine Fata Morgana durch Zauber in der Luft erhalten, stand die neue Vegetation da, — breitete sie sich über eine weite Fläche feinen, festen, glänzendweissen Sandes, den die See, wenn sie hoch fluthet, mit ihrem nassen Schaum überdeckt, ebnet und glättet. Wir standen vor einem Manglesumpfe, einer jener Brakwasserpartien, wo das vom Lande ablaufende Süsswasser sich mit der äussersten Linie der Fluth verbindet, wo manchmal der ganze Sumpf in Wasser steht, manchmal aber der Sand offen zu Tage liegt und das Wasser nur in einzelnen Tümpeln und in seinen Fugen zurückbleibt. An diesen Rändern, zwischen der frischen, vom süssen Wasser gelabten Waldvegetation und dem salzigen Reiche der brandenden See, regiert ausschliesslich jene Manglevegetation, jener kaum zu durchdringende Urwald der Fluthen. Der Manglewald, der hier das breite Brakwasserbassin überzog, war noch sehr jung und bestand mehr aus Sträuchern, wie aus Bäumen. Solch' eine Manglewirthschaft ist für ein Auge, dem die Phantasie durchs Fenster schaut, höchst ergötzlich. Dies verworrene Durcheinanderwachsen der Aeste und Wurzeln, diese Angst der hocherhobenen Stämme, sich im feuchten Schlamme zu beschmutzen, dieses märchenhafte Durcheinanderkriechen, diese feuchten inneren Waldbilder mit ihren geheimnissvoll lauschigen Winkeln, dieses Leben in verschiedenen Stockwerken vom sumpfigen Krabbenbewohnten Keller, von dem wie auf venezianischem Pfahlrost ruhenden Parterre bis in die grüne Pracht der obern Stockwerke, wo die lustigen Passerinen und der kluge Eisvogel ihre freie sonnenbeschienene Existenz führen; wie werde ich das Alles meinen Europäern erklären? Denkt Euch ein Erlengehölze unserer deutschen Auen, das bei uns bescheiden in Dammerde, Kies und Fluth wurzelt; denkt Euch nun diese bescheidenen Gebüsche vom Hochmuthsteufel gepackt und in diesem Rausche in die Tropen versetzt. Es überfällt unsere guten Erlen die Angst, mit ihrem Körper den Schlamm zu berühren, sie lernen von den Wasservögeln das Stelzengehen, sie ziehen ihren Stamm in die Luft und berühren nur mit den äussersten Enden ihrer Wurzeln den feuchten Boden; um aber nicht das Gleichgewicht zu verlieren, wohl wissend, dass Hochmuth leicht vor dem Falle kommt, breiten sie ängstlich ihre Aeste aus, stützen sich gegenseitig und werfen von den Aesten aus wieder Wurzeln in den feuchten Grund. Wir sehen also einen Erlenhain, der durch Zauberschlag um einige Schuhe gehoben in der Luft schwebt.

Der Manglebaum (Rhizophora Mangle) ist über die ganze Tropenwelt verbreitet. Ueberall, wo in den Tropen die See das Land küsst, in Amerika und in Indien, auf den tausenden von Inseln, wuchert dieses Pflanzenamphibium und ihm beigesellt gewöhnlich das Fieber mit seinem Gifte. Einen Manglehain zu durchdringen gehört zu den grössten Schwierigkeiten, die der Reisende zu überwinden hat, denn schon mitten in der Fluth ohne sichere Basis müsste er sein Kunststück beginnen; diesem grünen Gürtel, der sich an so vielen Küsten hinzieht, ist es zuzuschreiben, dass manche Gegend der Wissenschaft bis jetzt unerforschbar war. Dieser schwebende Wald hat seine eigene Thierwelt, die wir hier gleich bei den ersten Schritten in Massen vertreten fanden; es sind dies Krabben von dreierlei Gattungen nach ihren Altersstufen von den verschiedensten Grössen, von einem Zoll im Durchmesser bis zu einem halben Fuss. Die drei Gattungen, die wir hier und auch später im Verlaufe der Reise sahen, unterscheiden sich scharf und kenntlich durch ihre Farbe; die einen sind korallenroth glänzend und schimmernd, wie das schönste Siegellack, andere kanariengelb und die dritte Art, von der wir die grössten Exemplare gefunden haben, himmelblau, an den Extremitäten in lila übergehend. Diese Thiere sind die eigentlichen Beherrscher der Manglewälder und führen in denselben die angenehmste Existenz; in tiefen Löchern, unter den Wurzeln wohl geschützt, nehmen sie ihre weitläufige kühle Wohnung; an den Wurzeln steigen sie hinan wie auf bequemer Stiege, und suchen sich auf Stamm und Aesten angenehme Balkone und Terassen, von wo sie in mittäglicher Ruhe in Träume versunken die Gegend betrachten und sich der Sonne, des Lichts und des Lebens erfreuen. Naht etwas Aussergewöhnliches, ihrem Ideenkreise Neues, so entsteht eine bemerkbare Aufregung in den Parkanlagen und in einem anmuthigen Seitengalopp rücken die klugen Thiere für die kurze Zeit der Gefahr den Pforten ihrer sicheren Wohnung zu; dort setzen sie sich, ich möchte fast sagen herausfordernd, an die Thorbank, heben sich manchmal in die Höhe und warten mit gespannter Neugierde das Ungeheuerliche ab. Naht der Schrecken, so sind die frommen Hausväter wie der Blitz hinter ihren Thorflügeln verschwunden und im sicheren Schoosse ihrer Familie geborgen. Mitunter geschieht es aber, dass einer der älteren Herren in Folge zu reichlicher Mahlzeit auf einem der höheren Manglebalkone in ein ehrsames Schläfchen verfällt und dass der Sohn nicht mehr Zeit hatte ihn zu wecken, ehe das Rauschen der nahen Gefahr plötzlich den Schlafenden aufschreckt. Hilf Himmel! Was ist zu thun? Der alte Herr sieht keinen Ausweg, der Seitengalopp ist nicht mehr am Platze, Stiegen und Stege sind abgeschnitten, seine ganze Gesellschaft hat den Park bereits verlassen und sich in die inneren unerreichbaren Gemächer zurückgezogen. Er seufzt, dass es weithin schmerzlich tönt, reckt seine fetten Glieder, fasst einen verzweifelten Entschluss und stürzt sich kopfüber in die Tiefe. Weithin hört man das Klatschen, wenn der gemästete Bauch auf das Wasser prallt, aber das Glück beschützt den Muthigen; wie ein Blitz ist der Patriarch verschwunden und zieht in kalten Schweiss gebadet aber gerettet in den Frieden seiner Familie ein. Zwar zankt die Alte, die nicht mehr die Kraft hat, am schönen Nachmittag auf den hohen Aussichtspunkt hinauf zu humpeln, in gerechter Eifersucht über die jugendlichen Streiche des jugendlichen Grossvaters, aber Grosspapa ist gerettet, das jugendliche Gekrappel jauchst und jubelt. — Bald ist die Gefahr vorüber und es heben die jungen Herren der Gesellschaft sorgsam ihren Kopf aus den Löchern hervor, blicken weit und lange umher, bedeuten dann die Damen und die Kinder und von Neuem zieht man in den fröhlichen Park hinaus und erzählt sich noch spät am Abende, wenn schon die Scheibe des Mondes sich hebt, im gruselnden Wohlgefühle, wie gross die Gefahr gewesen sei, wie man die

Kinder kaum hätte fortschleppen können, wie der Wadenkrampf den Galopp einer der Damen furchtbar verkürzt hätte und wie sogar Grosspapa zur Angst aller gezwungen gewesen wäre, sich mit einem unschicklichen Purzelbaum zu retten, was seine Verdauung gestört habe und wie Grossmama noch nicht ohne Sorge sei.

Ist das nicht ein süsses Dasein? Das Völkchen lebt frei und ungebunden, wie in einer arkadischen Republik, hat an den Wurzeln vollauf Austern zum Frasse und ist wirklich so geschickt, so rasch, so blitzschnell in seinen Löchern verschwunden, dass wir uns die längste Zeit in der Hitze umsonst abmühten, einiger Exemplare habhaft zu werden; es gelang und zwar später mit grosser Mühe, aber nicht vollkommen, denn wir bekamen nur leichtsinnige Jugend, kleine Gesellen und nicht von allen Farben; eines fetten dicken Grosspapas konnten wir doch trotz unserer verzweifelten Anstrengungen nicht habhaft werden, erst später erfuhr ich, dass man diese Thiere mit Schrot erlegt. Man soll dieselben auch oft ziemlich weit im Innern des Landes entfernt von den Sümpfen finden. Ihre Farbe ist überaus glänzend und leuchtet von Weitem im schreienden Ton aus dem Grün des Manglegehölzes, das von diesen Bewohnern wimmelt. Die Raschheit der Bewegung bei nahender Gefahr ist um so auffallender, da sie vorher starr und unbeweglich liegen. Ihr Geschmack ist vortrefflich, auch werden sie von den Bewohnern der Gegend häufig verzehrt. Aus eigener Erfahrung kann ich bestätigen, dass der Genuss der Krabben von wenigen anderen wohlschmeckenden Gerichten an Güte übertroffen wird. Bei den Manglebäumen, welche in die Region des Salzwassers und Süsswassers hineinreichen, kommen in der süssen Fluth die zahllosen kleinen Austern vor, welche der Krabbe als Nahrung dienen, übrigens auch von den Menschen recht gerne verspeist werden." — So weit die Erzählung Maximilians.

In der That gehört dieser auf Stelzen stehende Wald mit seiner gnomenartigen Krabbenbevölkerung zu den wunderlichsten Vorkommnissen Bahias.

Itaparica ist zum Theil wohl angebaut, aber die gelichtete Fläche ist im Verhältniss zu dem alles überschattenden Urwald verschwindend klein.

Ausser der Insel Itaparica liegen in der Allerheiligen-Bai noch verschiedene andere Eilande, unter denen die zauberhaften Küsten von Santa Barbara und Santa Roque bei der Rückkehr nach Bahia wie ein Traumbild an mir vorüberglitten. Eine Fahrt auf dem Rio Paraguassú, welcher ganz in der Nähe von Itaparica in die Allerheiligen-Bai mündet, musste ich mir leider versagen, so anmuthig auch eine Fahrt auf dem einsamen waldumrauschten Flusse von anderen Reisenden geschildert wird.

Unter den Vorkommnissen, welche sich mir aus meinem ferneren Aufenthalte in Bahia und den Ausflügen in dessen Umgebung am meisten meinem Gedächtnisse eingeprägt, gehört auch eine Zuckermühle. Die Operation der Zuckerbereitung war interessant zu sehen. Das Rohr wird, in Haufen zusammengeschüttet, von der Maschine zermalmt, während von der einen Seite die leere Hülle, zum Schweinefutter bestimmt, herausfiel, von der andern Seite der dicke Syrup als ein grauer Strom in die Kessel quoll. Hierauf wurde die dunkle Masse erst fleissig gewaschen, durch verschiedene Rinnen im Gebäude hin und her geführt, erhitzt und gekocht, damit das Wasser verdampfe, um endlich aus der Melasse eine Art raffinirten Zucker zu erhalten, der aber immer an Schönheit und Reinheit dem in Europa bereiteten weit nachsteht. Die Arbeit, soweit sie von menschlichen Händen verrichtet werden kann, wurde von einer Schaar von Negern aller Altersklassen versehen, über welche einige ältere zuverlässigere Schwarze die Aufsicht führten.

Unter die interessanten Dinge in Bahia gehören auch einige Verkaufsläden, in welchen vorzugsweise Naturprodukte aus Thier- und Pflanzenreich feil geboten werden. Dieselben scheinen hauptsächlich für die fremden Reisenden berechnet zu sein. Alles Erdenkliche findet sich nach Glanz und Aussehen zusammengestellt zur Auswahl hier vor. Vögel mit dem prächtigsten Gefieder, der Panzer des so sonderbaren Gürtelthiers, Insekten, Schmetterlinge und merkwürdiege Käfer erweckten mein Staunen. Eine ganze Sammlung Muscheln und sonstige Seethiere vervollständigen die Austellung dieser Bazars, an deren Eingangsthüren sich die zierlichen kleinen Aeffchen leicht angekettet in muntern Sprüngen ergötzen und besonders farbenreiche Papageien mit ihrem durchdringenden Geschrei die Käufer anzulocken scheinen. Wohl hätte mich Vieles zum Kaufe gereizt, wenn nicht der Gedanke mich davon abgehalten, dass ich erst am Beginn meiner weiten Reise stand. Ich begnügte mich einstweilen mit dem Beschauen all' der fremdartigen Gegenstände und dem stillen Ergötzen an den Wundern der Natur, welche auf so engem Raume zusammengedrängt durch ihre Formen und Farben noch mehr ins Auge fielen, als draussen in der unbegrenzten Freiheit. Vergeblich bemühte sich der Verkäufer, ein Franzose, mich zu einer Bestellung zu veranlassen, indem er erbötig war, mir jede gewünschte Thiergattung auch in lebenden Exemplaren binnen kurzer Frist zu verschaffen.

Zwölftes Kapitel.

Rio de Janeiro.

Nach meinem mehrtägigen Aufenthalt in Bahia und dessen Umgegend drängte es mich die erste Dampfergelegenheit zu benutzen, um der Residenz des Kaiserreichs, Rio Janeiro, zuzueilen. Nachdem ich meinen freundlichen Wirthsleuten Lebewohl gesagt, nicht ohne den heimlichen Wunsch, in der Hauptstadt ein etwas behaglicheres Nachtquartier vorzufinden, trat ich in Begleitung eines Schwarzen von hünenhafter Gestalt, welcher mein eben nicht geringes Gepäck wie ein Kinderspielzeug auf seinen Kopf schwang, den Rückweg zu dem belebten Hafen an, wo eine Barke mich zur Ueberfahrt nach dem vom Ufer weitab liegenden Dampfer aufnahm.

An Bord angelangt, liess ich noch einmal meine Blicke über die im Glanze der Abendsonne vor uns liegende Stadt hinüberschweifen, bis wir beim Lichte des aufgehenden Mondes die Wogen des Oceans wieder durchfurchten. Ausser den Abrolhos-Inseln kam uns nun kein Land mehr in Sicht, bis wir ziemlich nahe schon der Bai von Rio Janeiro waren. Am fünften Tage etwa nach unserer Abfahrt von Bahia zeigte sich

Bergformationen in der Bay von Rio de Janeiro.

das Kap Frio, von wo in der Regel die Ankunft der Schiffe nach Rio de Janeiro telegraphirt wird. Kap Frio präsentirt sich dem ankommenden Seefahrer als ein hoch anstrebender Felsen, auf welchem sich ein schöner Leuchtthurm befindet. Derselbe stammt aus dem Jahre 1861 und besteht aus einem 15 Meter hohen eisernen Thurme, dessen katoptrisches Licht (Spiegellicht) etwa 26 Seemeilen (37,1 Kilometer) weit schon gesehen werden soll.

Die nach Rio Janeiro bestimmten Schiffe ändern hier ihren südlichen Cours und wenden sich völlig westwärts. Ueber das Heer von imposanten Felsgebilden, welches die Aufmerksamkeit der Reisenden demnächst bei der Einfahrt in die Bai von Rio Janeiro fesselt, ist an einer anderen Stelle schon die Rede gewesen. Unzweifelhaft gehört jene Bai zu den grossartigsten Scenerien, welche man sich vorstellen kann. Mächtige Granitfelsen in den sonderbarsten Gestaltungen fallen mitunter senkrecht in das Meer ab und bilden zu beiden Seiten der Hafenmündung natürliche Mauern, die bald grau als starrer lebloser Fels, bald mit saftigem Grün tropischer Gewächse bedeckt, eben erst dem smaragdgrünen Meere entstiegen zu sein scheinen. Die eigentliche Bai, welche ein Meeresbecken von ovaler Form in der Länge von etwa 6 geographischen Meilen und einer Breite von 4 Meilen bildet, dehnt sich fast bis zu dem Fusse der den Horizont begrenzenden Hochgebirge aus. Eine Menge von Inseln und Inselchen liegt auf der grossartigen Wasserfläche zerstreut und kaum wusste ich, wohin ich zuerst die Blicke lenken sollte, so mannigfaltig und einzig in seiner Art war die Gegend, welche vor mir lag. Die auffallendste Felsenpartie ist entschieden der Pão de Assucar (Zuckerhut), welcher gleich am Eingang zu dem Hafen seine grotesken Formen zeigt. An seinem Fusse bedrohen die Batterien eines kleinen Forts den feindlichen Eindringling in die stille Bucht von Rio. Ihm gegenüber hält eine zweite Batterie des Forts von Santa Cruz die Wacht. Zwischen beiden liegt eine winzig kleine Insel, da Lagem, welche als dritte im Bunde Vertheidigungszwecken dient. Es würde zu weit führen, die Inseln und Halbinseln alle namhaft zu machen, welche in der Nähe und Ferne der Bai sich zeigen; auch würde es kaum dazu beitragen, dem Leser ein anschaulicheres Bild von den weltberühmten Ufern Rio Janeiros zu geben.

Rio Janeiro liegt mit dem Haupttheile der Stadt an dem westlichen Gestade auf einer unregelmässigen Ebene, welche zwischen zwei Reihen felsiger, unzusammenhängender Hügel eingezwängt ist. Da Rio Janeiro nicht, wie viele andere Seestädte, an einem Hange erbaut ist und da das Häusermeer vielfach durch die Landvorsprünge verdeckt wird, so bietet es als Stadt, obgleich es nach Hübner 420,000 Einwohner zählt, nicht den grossartigen Anblick, wie andere Städte von gleicher Ausdehnung. Für die Bedeutung des Platzes legt hingegen sofort der ausserordentliche Hafenverkehr Zeugniss ab, und die Schiffe aller Nationen scheinen sich in diesen Gewässern zusammengefunden zu haben.

Es ging eine geraume Zeit darüber hin, bis die Herren von der Sanitätspolizei und die Zollbeamten, wie es die Vorschrift verlangt, ihren Besuch an Bord abgestattet und die Erlaubniss zum Verlassen des Dampfers ertheilt hatten. Die Weitläufigkeiten, welche mir am folgenden Tage die Erlangung meines Gepäcks auf dem Hauptzollamt (Alfandega) verursachte, setzten meine Geduld auf eine harte Probe, waren aber noch gering gegen die Laufereien und Scheererein, welche mir bei Nachsuchung des Passvisas bevorstanden. In der Alfandega nahm sich zum Glücke meiner ein junger Brasilianer an, den ich unterwegs kennen gelernt, ein Umstand, der mir erlaubte, meinen Leidensgefährten an diesem Orte auch einige Aufmerksamkeit zu schenken. Unter denselben befand sich ein deutscher Gärtner, der nach Petropolis verschrieben war, im Besitz eines Kanarienvogels und eines kleinen Hundes, die mit ihm die weite Fahrt aus der Heimath nach Brasilien glücklich vollendet hatten, und es mag als charakteristisch für die brasilianischen Zollvexationen erzählt werden, dass beide Thierchen zu nicht geringer Empörung meines biederen Landsmanns mit mehreren Milreis Eingangszoll besteuert wurden.

Die Alfandega ist ein riesiges Gebäude mit weitläufigen, entsetzlich zugigen Hallen, die man, um desto sicherer Zahnschmerz, Rheumatismen u. dergl. davonzutragen, nur mit unbedecktem Haupte betreten darf, da die Ehrfurcht vor des Kaisers Bildniss dies erheischt, welches an einer der Wände Platz

Rio de Janeiro.

Die Rua direita in Rio de Janeiro.

gefunden und wie mir scheint höchst unpassend auf diese Weise zum Zeugen all' der vexatorischen Scenen gemacht wurde.

Meine Wohnung hatte ich für die Dauer des Aufenthaltes in Rio in Exchange Hôtel genommen, welches mir von meinem Begleiter, dem Konsul M. aus Buenos Ayres als besonders gut gerühmt war. Dasselbe lag auf der Hauptstrasse der Stadt, der Rua direita. Auf derselben befinden sich auch die Häuser der bedeutendsten Handelsfirmen, grosse Waarenlager, elegante Kaffeehäuser, die stark besuchte Börse, das Postamt, die Kirche Santa Cruz und vieles Andere mehr, auch ist sie der Ausgangspunkt einer Menge von Seitenstrassen, unter welchen die Rua do Ouvidor, der Sitz aller Luxusläden, am bemerkenswerthesten ist. Zum Mindesten bot unser Hôtel einen wesentlichen Vorzug vor andern Gasthöfen Rios dadurch, dass die Menge der von uns gefürchteten Wanzen und Baratten (Schaben) eine verschwindend kleine schien und alle Sehenswürdigkeiten Rios von hier aus leicht zu erreichen waren.

Auffallend für den Ankömmling in Rio ist die Anlage der Strassen, deren die wichtigsten so eng sind, dass von zwei Wagen, welche an einander vorüber fahren, der eine immer das Trottoir mit benutzen muss. Zudem bildet die Gasse eine nach der Mitte zu von beiden Seiten abschüssige Fläche, da statt wie bei uns zwei Rinnsteine nur ein einziger den Abfluss des Wassers vermittelt. Die Anlage der Rinnen, welche zur Regenzeit oft das Bett reissender Bäche werden, ist eben so mangelhaft, wie die Pflasterung der Strassen und die natürliche Folge derselben ist die Ansammlung aller erdenklichen Unreinlichkeiten, welchen in erster Linie die widerlichen Ausdünstungen in den Strassen Rios zu danken sind. Die Stadt macht überhaupt bei dem Durchwandern einen nicht gerade günstigen Eindruck.

Nachdem wir uns etwas umgekleidet und einen kleinen Plan über unsere Zeiteintheilung gemacht, lenkten wir unsere Schritte wie früher auch in Bahia zunächst nach dem Passeio publico, einem öffentlichen Garten in der Vorstadt da Gloria, wo am Abend ein deutsches Orchester sich hören liess. Bis zum Jahre 1860 war hier nur ein kleiner ziemlich verwilderter Park, der nichts als die herrliche Aussicht auf die prächtige Bai und einige schöne, doch nicht zahlreiche Pflanzengruppen aufzuweisen hatte. Heute ist der Garten mit den erlesensten südländischen Gewächsen ausgestattet und trefflich im Stand gehalten. Auf uns machte er einen zauberischen Eindruck, welcher durch das majestätische Rollen der Brandung am Ende des Gartens noch erhöht wurde. Während wir unter Palmen und Araucarien uns an einem erfrischenden Getränk in der hier befindlichen Restauration labten, mischte sich das donnerähnliche Tosen der See mit den harmonischen Akkorden einiger recht gut vorgetragenen Tonstücke und wir hätten wohl noch lange dieser seltenen Musik gelauscht, wenn nicht der späte Abend zur Heimkehr mahnte.

Trotzdem wir uns mitten in dem brasilianischen Winter befanden, war es in der schon weit vorgerückten Stunde noch so schwül, dass wir noch lange uns in den Schaukelstühlen unseres Gastzimmers, die, beiläufig bemerkt, in keinem brasilianischen Hause fast fehlen, plaudernd wiegten, ehe wir die harten Lagerstätten aufsuchten.

In den folgenden Tagen hatte ich Gelegenheit, Strassen und Plätze Rios noch näher kennen zu lernen. Hervorragend schöne Gebäude sucht man vergebens, und unter den öffentlichen Plätzen, deren eine ganze Anzahl vorhanden sind, ist nur einer, welcher durch Grösse und Schönheit sich auszeichnet. Es ist dies der zugleich historisch denkwürdige Schauplatz der ersten revolutionären Bewegung in Rio, die Praça da Constituição (Constitutionsplatz). Der Platz ist mit parkartigen Anlagen versehen und seine Mitte schmückt das künstlerisch ausgeführte Standbild Dom Pedro I. Derselbe ist in dem Moment dargestellt, wie er hoch zu Rosse der harrenden Menge die Verfassung überbringt; den Sockel des Denkmals zieren allegorische Figuren, welche die Hauptströme und Völkerschaften des brasilianischen Reiches im Osten, Westen, Norden und Süden versinnbildlichen. Jämmerlich dagegen ist der Anblick, welchen andere Plätze, wie der Campo da Santa Anna und der Schlossplatz, gewähren. Kaum traute ich meinen Augen, als mir auf dem letzteren der Pallast des Kaisers gezeigt wurde, so wenig entsprach das Gebäude seiner stolzen Bestimmung. Nicht minder unansehnlich erschien mir in andern Stadttheilen der Senatspallast, das Nationalmuseum, das Rathhaus, das Ministerium des Handels und der öffentlichen Arbeiten u. A. m. Die Kirchen,

Praça da Constituição

welche ziemlich zahlreich sind, können eben so wenig als architektonische Kunstwerke betrachtet werden; sie sind alle mehr oder weniger nach demselben Plane, in dem sogenannten Jesuitenstyle, erbaut. Meist bestehen sie aus einem Langschiff, zuweilen mit zwei Seitenschiffen, während zwei niedrige viereckige Thürme mit kuppelförmigen Giebeln der Eingangspforte zur Seite emporragen. In vielen Kirchen ist die Decke des Schiffes nicht einmal verschaalt, so dass das nackte mit rohen Ziegeln gedeckte Sparrwerk unverhüllt sich dem Blicke zeigt. Höchst selten nur sieht man angestrichene und mit schlechten Bildern bemalte Decken. Reicher ist der Schmuck an Gold und Silber, welcher indessen so geschmacklos wie nur immer möglich den Eindruck macht, als ob Kinder die Kirchen damit ausgeputzt hätten. Sehr bescheiden nimmt sich die deutsche protestantische Kirche aus, welche im Jahre 1845 von den damals schon ziemlich zahlreich in Rio Janeiro wohnenden Deutschen erbaut wurde.

An Erlebnissen interessanter Natur war mein Aufenthalt in Rio Janeiro nicht sonderlich reich, dennoch ist Einiges wohl der Schilderung werth. Hierzu gehört die Frohnleichnamsprozession, welche ich bequem aus den Fenstern meines Hôtels mitansah. Die schwarzen, weissen und gelben Schönen, welche bei dieser Gelegenheit in ungewöhnlichen Massen zum Vorschein kamen, entfalteten als Zuschauerinnen den höchsten Toilettenluxus, der zumeist in der auffallendsten und geschmacklosesten Zusammenstellung schreiender, greller Farben bestand. Hervorstechend darunter waren die brasilianischen Landesfarben gelb und grün vertreten. Laut und lebhaft gestikulirend und schnatternd bewegte sich die bunte Menge in den Strassen, noch ehe die Prozession selbst ihren Anfang genommen. Das endliche Erscheinen derselben, auf welche die dichtgedrängte Volksmenge mit bewunderungswürdiger Selbstverleugnung in der glühenden Sonnenhitze Stunden lang gewartet, wurde durch das Aufsteigen massenhafter Raketen verkündet, welche natürlich in dem blendenden Sonnenlichte keinen andern Effekt, als ein schwaches Verpuffen hervorbrachten. Schon in Bahia war mir die Leidenschaft der Brasilianer für Feuerwerk aufgefallen. Zu jeder Tageszeit kann man allenthalben in den brasilianischen Städten dieser Belustigung begegnen, ohne dass nur im mindesten auf die Gefahr Rücksicht genommen wird, welche damit für die Vorübergehenden verknüpft ist. Bei Kirchenfesten nun gar, wo dem Unfug von Obrigkeitswegen noch Vorschub geleistet wird, ist der Gang durch manche Strassen deshalb geradezu gefährlich. Schwarze Bedienstete der Kirche tragen bei solchen Gelegenheiten ganze Bündel der unerlässlichen Raketen im Arm, von denen sie unaufhörlich und vollkommen zwecklos einzelne, dem hellen Sonnenlichte zum Trotz, emporsteigen lassen. Unter dem Vorantritt grösstentheils schwarzer Soldaten mit entblösstem Haupte, erschienen zuerst eine Unmasse Brüderschaften und Mönchsorden mit Gesichtern in jeder Schattirung und Gewändern von allen denkbaren Farben. Einer jeden dieser Kongregationen voran wurden Kreuze, Fahnen und die betreffenden Schutzheiligen getragen. Viele der riesigen, schauderhaften Holzfiguren sassen auch rittlings auf reich geschmückten Pferden. Am lächerlichsten war mir der Anblick von ungefähr zwanzig Pferden, die mit ungeheuer grossen buntgestickten und fast bis auf den Boden reichenden Schabracken mit umfangreichen Messing- und Zinnschildern behangen, von phantastisch aufgeputzten Führern am Zügel geleitet, in feierlichem Zuge mitgeführt wurden. Dieser Anblick vervollständigte denn auch den Eindruck, welchen die Prozession überhaupt auf mich hervorbrachte. Mir war, als sehe ich den Aufzug einer Kunstreitergesellschaft mit all' dem üblichen Flitterstaat und Trödelkram behangen an mir vorüberziehen, wie man es wohl auf deutschen Jahrmärkten sieht. Zahlreiche Schaaren von Priestern, darunter viele Schwarze, sowie Musikbanden dazwischen fehlten nicht, während kleine drei- und vierjährige Mädchen zu Engeln mit goldenen Flügeln auf dem Rücken herausgeputzt in eigens dazu angelerntem Tempo einherhüpften. Den Glanzpunkt der Prozession bildete der Baldachin, unter welchem der Bischof die Monstranz trug. Die vier Stangen wurden von dem Kaiser Dom Pedro II., seinem Schwiegersohn Graf d'Eu und zwei Ministern getragen. Alle vier waren mit reichen goldgestickten Uniformen nach europäischer Weise und weissen Kasimirpantalons bekleidet; der Kaiser und sein Schwiegersohn trugen über dem Uniformfrack noch einen kurzen mantillenartigen Ueberwurf von weissem Tüll mit Schwanenboys besetzt, was sich ungemein drollig ausnahm. Trotz der sengenden Gluth gingen auch diese hochgestellten Theilnehmer des

Die Vorstadt Botafogo mit dem Zuckerhut.

Zuges baarhäuptig und der Kaiser, der seine Blicke unaufhörlich nach rechts und links und an allen Fenstern hinauf schweifen liess, wischte sich dabei beständig die perlenden Schweisstropfen von der Stirne. Dom Pedro II. ist eine stattliche Erscheinung mit angenehmen Gesichtszügen und geniesst wegen seiner grossen Leutseligkeit und Anspruchslosigkeit die allgemeinste Verehrung und Liebe seiner Unterthanen. Besonders zugethan sind ihm alle Diejenigen, welche jemals Gelegenheit hatten, in persönlichen Verkehr mit ihm zu treten und nicht genug können diese rühmen, welch' ausserordentlich wissenschaftliches Interesse Dom Pedro auf allen Gebieten bekundet und wie mannigfach die geistigen Gaben sind, womit ihn die Natur ausgestattet. Die Kaiserin mit den Prinzessinnen erwartete den Zug in der Kirche; ich verzichtete indessen darauf, ihm dahin nachzueilen und erklärte mich mit dem einmaligen Anblick der Prozession vollkommen befriedigt.

Einen der folgenden Tage benutzten wir zu einem Ausfluge nach dem botanischen Garten. Dreiviertel Stunden von Rio entfernt liegt derselbe südlich von der Stadt am Ende der Vorstadt Botafogo. Im raschen Trabe gelangten wir in dem von Mauleseln gezogenen offenen Wagen vor der vielgerühmten Pflanzung an, die fast von allen Reisenden mehr oder minder eingehend als eine der grössten Sehenswürdigkeiten Rios geschildert wird. In der That ist die Ueppigkeit der Natur daselbst eine grossartige, obgleich die Anlage als botanischer Garten kaum den nothdürftigsten wissenschaftlichen Ansprüchen genügen dürfte. Das Schönste, was der Garten aufzuweisen hat, ist die aus sogenannten Palmitas (Oreodoxa regia) bestehende Palmenallee. Dieselbe zählt 135 Palmen in der durchschnittlichen Höhe von 60 bis 70 Fuss und im Alter von 40 bis 50 Jahren. Stärke und Höhe sind sehr verschieden. Die Palmengattung, zu welcher die Bäume gehören, ist keine in Brasilien heimische Art, sondern stammt aus Ostindien, woselbst zu den Tempeln der Braminen häufig derartige Alleen, wenn auch nicht in solcher Ueppigkeit, führen. Man erzählte mir, dass die Palmiten ein sehr schnelles Wachsthum haben und oft schon im Alter von 10 bis 15 Jahren am unteren Stammesende an $^3/_4$ Fuss Durchmesser halten. Aus welcher Zeit mit Bestimmtheit die Palmenallee des botanischen Gartens stammt, konnte ich nicht in Erfahrung bringen. Wahrscheinlich datirt sie aus dem Jahre 1810, zu welcher Zeit der Garten als Versuchsstation zur Theepflanzung zuerst bebaut wurde. Kaffeebäume, Kasuarinen, Brodfruchtbäume, Gruppen von Bambusrohr und Gewürzbäume aller Welttheile zieren an andern Stellen den Garten. Im Allgemeinen ist derselbe wohl gut gehalten, doch im Verhältniss zu den reichen Mitteln, welche die Natur hier bietet, ist das Ganze nur äusserst mittelmässig, und wäre nicht die Palmenallee, um deren unvergesslichen Eindruckes willen alle Fremden hierher wallfahrten, so würde der Garten wohl den grössten Theil des Jahres hindurch vereinsamt sein. Gegenwärtig dient er vornehmlich als Versuchsgarten und zum landwirthschaftlichen Unterricht. Zugleich liefert er auch das Material zur Fabrikation der chilenischen Strohhüte, welche allgemein in Gebrauch sind.

Die Thierwelt ist nicht minder reich hierselbst vertreten als die Pflanzenwelt. Prachtvolle Schmetterlinge in den brillantesten Farben schwärmten, während wir in den Wegen umherwandelten, im Garten herum, dazwischen aber wiegten sich in der Luft die lieblichen Kolibris, die zu beobachten wir nicht müde werden konnten. Verlockend schön winkte die nächste Umgebung des Gartens zum Besuch. Ich stand indessen für dies Mal davon ab, das nahe Waldesdunkel und die dazwischen hervorschimmernde Felsenschlucht zu betreten, da der Wagen meiner Rückkehr harrte und kein Ueberfluss an Zeit gegeben war. Für den Mineralogen hat die Gegend hinter Botafogo wie auch anderwärts in nächster Nähe der Bay noch besonderen Reiz. Es werden nämlich daselbst zwischen den Felsen dunkle porphyrähnliche Granaten gefunden, während das grotesk aufgethürmte grobe Gestein aus hellgelblichem oder rosenfarbenem Granit besteht.

Ich kehrte auf demselben Weg durch das anmuthige Botafogo zurück und erfreute mich unterwegs an den wechselnden Bildern landschaftlicher Schönheit, die leider mir stets durch den unerträglichsten Staub wie verschleiert erschienen. Mein Kutscher war zufälliger Weise ein Deutscher, der mir bei dieser Gelegenheit mit dankenswerther Bereitwilligkeit von seinem Bocke herab Aufschluss über Alles gab, was einen Fremden immer nur interessiren konnte. Da derselbe mir viel von Rios weltberühmter Wasserleitung erzählte, welche in einer

Ausdehnung von etwa 3000 Klaftern der Hauptstadt das nöthige Trinkwasser von dem entfernt gelegenen Corcovado in einem überwölbten Kanal von behauenen Granitquadern zuführt, so richtete ich meine Schritte nunmehr zur Besichtigung des Aquädukts nach dieser Richtung hin. Derselbe wurde in der Mitte des verflossenen Jahrhunderts erbaut und besteht aus zwei über einander gethürmten Bogenreihen. Das Wasser, welches der Aquädukt nach der Stadt führt, stürzt am Corcovado auf seiner halben Höhe ungefähr eine halbe Stunde von der Stadt, aus

Aquädukt von Rio Janeiro.

einer Menge von Quellen natürlich oder künstlich gesammelt, als reiner dicker Wasserstrahl in schönen Fällen über die Granitfelsen hinab und bildet einen mit der herrlichsten Tropenvegetation umgebenen Bach. Auf dem weiteren Wege fliessen demselben noch eine ganze Anzahl neuer Quellen zu, welchen nöthigenfalls durch kleine Kanäle die gleiche Richtung angewiesen wurde. Am Fusse des Berges nimmt den bisher offenen Bach ein bedeckter Kanal auf und bewahrt das Wasser bei dem Austritt aus dem Waldesschatten vor dem erwärmenden Einfluss

19*

der Sonnenstrahlen. Der Wasserverbrauch in Rio soll grösser sein, als in andern grossen Städten und so ist es denn gekommen, dass die erste sogenannte Carioca-Wasserleitung bei der Zunahme der Bevölkerung sehr bald nicht mehr ausreichte. Man hat deshalb bereits eine zweite ähnliche im westlichen Theile der Stadt und eine dritte sogar, welche aus dem Tijucagebirge mit Wasser gespeist wird, angelegt. Fast jedes Haus in Rio wird von diesen Leitungen mit Wasser versehen, für welche eine gewisse mässige Abgabe bezahlt wird. Wie es heisst, werden über 7,000,000 Liter Wasser täglich den Privathäusern und öffentlichen Gebäuden zugeführt. Nicht genug damit aber giebt es in der Stadt zahlreiche Springbrunnen und laufende Brunnen sowie 861 Pfeiler mit Hähnen und Ausflussröhren, welche den ganzen Tag über von der Strassenbevölkerung in Anspruch genommen werden. Mehrere Reisende behaupten, nirgends werde so viel Wasser getrunken, als in Rio Janeiro und einer derselben giebt an, der Verbrauch in 24 Stunden betrage an 30,000,000 Liter. Die Verwaltung berechnete dagegen kürzlich, dass die öffentlichen Röhrenleitungen täglich 80 oder stündlich 3,33 Liter Wasser für jeden Einwohner liefern. Die grösseren Brunnen Chafarízes, deren Errichtung die Stadt einer englischen Aktiengesellschaft verdankt, sind fast durchgängig künstlerisch ausgeführt und bilden einen wesentlichen Schmuck des sonst an Monumenten so armen Rio Janeiros.

Ausser der grossartigen Wasserleitung ist in Rio auch für die sonstigen Bedürfnisse einer grossen Stadt, wenn auch nur mit Hülfe fremder Gesellschaften, bereits viel gethan. Beispielsweise ist das Gasbeleuchtungssystem schon ein sehr entwickeltes. Die Zahl der in Rio zur öffentlichen Beleuchtung verwandten Gasflammen beläuft sich auf 5351. Beiläufig bemerkt ist die Gasbeleuchtung auch in den Provinzialhauptstädten von Pará, Maranhão, Ceará, Pernambuco, Bahia, S. Paulo und Rio grande do Sul, sowie in den Städten Olinda, Campos in der Provinz Rio Janeiro, Campos in der Provinz S. Paulo, in Santos und Pelotas eingeführt.

Die Strassenbevölkerung ist fast dieselbe, wie sie früher in Bahia geschildert wurde. Höchstens begegnet man hier mehr Fremden, welche mit staunenden Blicken das fremdartige Treiben beobachten, oder als hier ansässige Kaufleute eiligen Schrittes sich in den Strassen bewegen. Wie es das Klima aber mit sich bringt, sind die Strassen bis zum Spätnachmittage nicht allzu belebt; erst am Abend wagen sich die Leute aus ihren Häusern heraus. Eine Ausnahme davon machen die am Hafen gelegenen Strassen und die grosse Markthalle am Palastplatze. Von dem Verkehr in derselben ist zwar schon die Rede gewesen, ich möchte diese Oertlichkeit aber nicht übergehen, ohne die treffliche Beschreibung, welche Tschudi davon entwirft, hier wiederzugeben. Er bezeichnet den Mercado als eine unerschöpfliche Fundgrube für die verschiedenartigsten Studien und als eine reiche lebendige Musterkarte der originellsten Scenen und Gruppen. „Im bunten Gewirre erblickt der aufmerksame Beobachter anständig und reinlich gekleidet die weisse Hausfrau; sie trägt ihren Korb selbst, denn sie lebt nicht in glänzenden Verhältnissen und vermag es nicht, eine Sklavin zu halten, die sie auf den Markt begleiten könnte; sie ist eine Europäerin; eine Brasilianerin würde es unter ihrer Würde halten, einen Korb mit Lebensmitteln selbst zu tragen. Unweit davon steht ein französischer Chef de Cuisine eines der grösseren Hôtels, von mehreren korbtragenden Negern begleitet, weltverachtende Selbstgenügsamkeit ist der Ausdruck seines ganzen Wesens; „la cuisine c'est moi" spricht aus jedem seiner Züge und mit imperialistischer Gönnermiene mustert er die aufgeschichteten Vorräthe der harrenden Händler. Bald hier, bald dort erscheinen die Uniformen der Proviantmeister der Kriegsschiffe, schmucke Matrosen in malerischer Seemannstracht nehmen die gekauften Waaren in Empfang. Schiffsköche aller Nationen, bald von alten Seehunden, bald von muntern Schiffsjungen begleitet, drängen sich durch die Menge und handeln unter ungeduldigem, fast komischem Geberdenspiel und lebhaften Gestikulationen die täglichen Vorräthe ein. Käufer und Verkäufer verstehen sich nicht, diese sprechen nur portugiesisch, jene russisch, schwedisch, dänisch, deutsch, englisch, französisch; aber die Bedeutung von Vintem, Pataca, Cruzado, Milreis*) kennt ein Jeder und einige aufgehobene Finger müssen das Fehlende ergänzen. Hunderte von Köchinnen in allen Farben-

---

*) Ein Vintem gleich 20 Reis, ein Pataca gleich 320 R., ein Cruzado gleich 400 R., ein Milreis gleich 1000 R. (gleich 2 Mark 25 Pf.)

schattirungen, von der pechschwarzen Longonegerin bis zur europäischen Blondine feilschen, plaudern, zanken, kosen, und beeilen sich gar nicht im mindesten, an den häuslichen Heerd zurückzukehren. Hier sitzen Miethsklaven, darunter scharf ausgeprägte Typen, und warten in behaglicher Ruhe, bis sie gerufen werden, einen Korb voll Lebensmittel wegzutragen, und dort reicht eine alte zerlumpte freigelassene Sklavin mit fleischloser Hand den letzten Vintem hin, um damit ihr kärgliches Mittagsmahl, eine Schnitte Kürbis, in Empfang zu nehmen."

Die Mannigfaltigkeit der Waaren, welche hier feilgeboten werden, ist noch weit grösser als die der Menschen, und so oft man auch den Markt besucht, um die aufgespeicherten Gegenstände daselbst zu mustern, immer wird sich etwas Neues finden, sei es ein seltener wunderlicher Fisch, ein noch nicht gekanntes Stück Wild, oder eine schöne noch nie gesehene Frucht.

Gegen früher soll sich das Strassenleben Rios in der Neuzeit sehr verändert haben. Namentlich sind an Stelle der lasttragenden Neger jetzt schon vielfach mit Maulthieren bespannte Lastwagen getreten. So geschah früher der Transport des hauptsächlichsten Handelsartikels von Rio Janeiro, des Kaffees, allein fast auf den Köpfen der berühmten Kaffeeträger. In Trupps von 10—20 Mann schleppten diese athletischen Gestalten, welche von dem grössten und stärksten unter ihnen angeführt wurden, mit ameisenartiger Emsigkeit die Kaffeesäcke aus den Magazinen in die Alfandega. Jeder der schwarzen Riesen nahm einen 1—1½ Centner schweren Kaffeesack an der Ladestelle auf den Kopf und sobald sich alle belastet hatten, setzten sie sich in einem kurzen, abgemessenen Trab in Bewegung. Der Anführer oder Capitão, der eine mit kleinen Steinchen gefüllte blecherne Büchse in der Hand hielt, durch deren Schütteln er einen ganz eigenthümlichen unmelodiösen Gesang begleitete, leitete den daher trottenden Zug und mahnte durch dieses Geräusch, ähnlich wie das Geläute an einem Wagen, die Vorübergehenden zum Ausweichen. Als ein Beispiel von der Stärke dieser Kaffeeträger führt Fletscher an, dass einer derselben auf dem Kopfe den Koffer eines Nordamerikaners 2½ Meile weit trug, der in Philadelphia durch die vereinigten Kräfte von vier Negern nicht bewältigt werden konnte, sondern erst zur Hälfte entleert werden musste, bevor dieselben ihn die Treppe hinauf zu schaffen im Stande waren. Man hat jedoch die Bemerkung gemacht, dass die Kräfte der Minasneger, welche zu dieser Arbeit vorzugsweise verwandt wurden, sich durch das unausgesetzte schwere Lasttragen ungemein schnell aufrieben. Im Interesse der Neger besitzenden Kaufleute lag es daher, eine andere Art des Transportes der Kaffeesäcke einzuführen. Die robusten Schwarzen, aus welchen sich die Kaffeesackträger rekrutirten, suchen nun ihre Kräfte am Hafen zu verwerthen. Man macht sich keinen Begriff davon, was ein solcher Neger im Fortschleppen selbst des unhandlichsten Gepäckes zu leisten fähig ist.

Die Kaufleute in Rio Janeiro suchen, wenn es ihre pekuniäre Lage nur einigermaassen erlaubt, sich neben ihrer Stadtwohnung die Annehmlichkeit eines Landaufenthaltes in der Nähe Rios zu verschaffen. Zum wenigsten siedeln sie sich gern in den freier gelegenen Vorstädten an und begeben sich nur während der Geschäftsstunden nach den im Mittelpunkte der Stadt gelegenen Comptoirs und Lagerräumen. Nach dem Schluss der Geschäftszeit führen dann zahlreiche Omnibusse, Wagen, Dampfböte etc. die Mitglieder der Handelswelt ihrem Familienkreise wieder zu. Namentlich in den letzten Jahren scheut man mehr denn je das Wohnen innerhalb der Stadt, deren Klima kein viel günstigeres ist, als das von Bahia. Schon auf kurze Entfernungen von dem Häusermeer Rio Janeiros glaubt man aufzuathmen gegen den erstickenden Dunst, welcher die engen Strassen der geschäftigen Handelsstadt erfüllt. Fügt es gar ein unglücklicher Zufall, dass man während einer Epidemie des gelben Fiebers in Rio verweilt, so fühlt man sich wie von unsichtbaren Gewalten aus der krankhaften Atmosphäre fortgetrieben. Landsleute, welche ich während meines Aufenthaltes in der Stadt kennen lernte und welchen es die Umstände nicht erlaubten, nach Laune ihren Aufenthalt zu wählen, versicherten mir, dass man zehn Jahre seines Lebens bei einem längeren Aufenthalte in Rio in die Schanze schlagen müsse.

Die Bauart der Privathäuser ist eine sehr einfache, in vieler Beziehung nichts weniger als dem Klima angemessen. In der Regel sind es sehr schmale, aber aussergewöhnlich tief angelegte Häuser, welche selten mehr als zwei Stockwerke zählen. Von äusserem Schmuck ist nicht viel zu sehen und wie bereits früher erwähnt, sind alle Bauten im Aussehen kaum von einander unterschieden. Das Erdgeschoss dient zumeist, namentlich wenn das Haus in dem eigentlichen Geschäftsviertel in der Nähe der Rua direita liegt, zu Verkaufshallen (Logas). Kellerräume entbehren die Häuser Rios fast durchweg und fast zu ebener Erde tritt man von der Strasse aus in den Flur, der unabsehbar lang sich nach den hintern Räumen verliert. Selten ist ein Haus breiter als zwei bis drei Fenster Front. Nach der Strasse zu liegen in den oberen Stockwerken nur ein paar Zimmer, unter welchen der bei keiner Wohnung fehlende zum Empfang und feierlichen Gelegenheiten dienende Saal (Sala) den vorderen Raum einnimmt. Ohne Sala erinnere ich mich selbst in ärmlichen Behausungen kaum jemals eine Wohnung gesehen zu haben.

Wie ein Sack dehnt sich hinter diesen vorderen Räumen das übrige Gelass nach dem, im Gegensatze zu jenen, im spanischen Amerika reizend mit Marmor gepflasterten und mit Blumen und Zierpflanzen geschmückten, hier aber von Schmutz starrenden Hofe zu aus. In den vom Geschäftsviertel entfernteren Häusern sind die Wohnräume in das Erdgeschoss verlegt und man sollte meinen, dass dann dem Bedürfniss nach Reinlichkeit etwas mehr Rechnung getragen wäre; aber wie man sich enttäuscht fühlt, wenn man die sich dem landenden Europäer vom Schiffe aus so herrlich präsentirenden Städte zum ersten Male betritt, eben so unangenehm wird man überrascht von der innern Beschaffenheit des brasilianischen Hausstandes. Höchstens die vornehmeren Städtebewohner, welche vielleicht aus eigener Anschauung europäisches Leben kennen lernten, suchen ihre Wohnräume behaglicher herzurichten.

Der schmale Hausgang, welchen man von der Strasse aus zuerst betritt, führt meist direkt nach der in dem engen Hofe abgesondert liegenden Küche. Diese Abtrennung der Küche vom Hauptgebäude hat ihre grossen Vorzüge, da sich der Küchengeruch weniger bemerklich macht und die Feuersgefahr im Gegensatz zu der europäischen Bauart bedeutend vermindert ist. Von dem Hausgange aus führen Thüren in das nach der Strasse zu gelegene Staatszimmer, an welches sich ein völlig dunkles Schlafgemach anschliesst. Letzteres ist durch eine sehr dünne Wand von dem nächsten Zimmer getrennt, welches als Kinderstube oder je nach Bedarf einem andern Zwecke dient. Es muss hier bemerkt werden, dass in der Regel das Haus von einer Familie allein bewohnt ist.

Nicht nur hier indessen, sondern an dem ganzen Hause ist die geringe Stärke der Wandungen auffallend und mit Bezug hierauf sagte ich Eingangs dieser Schilderung, die Bauart sei dem Klima nicht angemessen. In Italien wenigstens betrachtet man die Stärke der Mauern als ein Hauptschutzmittel gegen die sengenden Strahlen der südlichen Sonne. Auch findet man dort allgemein steinerne Fussböden, während hier nur hölzerne Dielen zur Verwendung kommen, die dem massenhaften Ungeziefer zur willkommenen Brutstätte dienen.

Die Ausstattung der Wohnräume mit Möbeln ist äusserst einfach, ja vielfach spärlich und besteht in der Sala aus einem Sopha aus Rohrgeflecht, einem Tisch und einem Piano oder Flügel, wenn sonst die Familienglieder musikalisch sind. Schränke und Kommoden sind unnachsichtlich in die Schlafstuben verbannt, wo die kolossartigen Bettstellen ihren Platz haben. Die Stühle des Empfangzimmers sind stets in Reih und Glied rechtwinklig vom Sopha ab in der Mitte der Stube um den runden Tisch herum aufgestellt. Polstermöbel gehören zu den grössten Seltenheiten und selbst die aristokratischen Haushaltungen entbehren gerne diesen Luxus, da sie das Ueberhandnehmen lästiger Insekten durch ihre Einführung fürchten und wahrscheinlich im Voraus überzeugt sind von der geringen Sorgfalt, welche die schwarze Dienerschaft auf das Ausklopfen und Bürsten derselben verwenden würde. Sehr beliebt ist die Anhäufung von Nippsachen aller Art, Glas, Porzellan, Vasen und sonstige Staubfänger, während Kunstgegenstände von Werth, z. B. Oelgemälde, ihren Weg nur ausnahmsweise nach Brasilien gefunden haben. Letztere weiss man so wenig zu würdigen, dass es mir selbst begegnet ist, von einem angesehenen Staatswürdenträger die naive Frage gehört zu haben, ob solche Bilder wohl in Europa nach dem Flächenmaass bezahlt würden.

Das Schlafzimmer, welches nur durch die den Fenstern des anstossenden Zimmers gegenüberliegende Thüre Luft und

Licht erhält, hat einige Aehnlichkeit mit den in Deutschland bekannten sog. Alkoven.

Die Fenster sind, wie in England, nach der Höhe verschiebbar, auch unter dem Scherznamen Guillotinenfenster bekannt. Die einzelnen Scheiben sind klein und in äusserst unbeholfene Holzrahmen gefasst. Spiegelscheiben kennt man kaum in den elegantesten Häusern und Kaufläden der Stadt. Man sagte mir, dass diese Art Fensterverschluss der oft ganz plötzlich sich erhebenden Windstösse halber andern Vorrichtungen vorgezogen seien und in dieser Hinsicht kann man ihnen eine gewisse Berechtigung nicht absprechen. Die Fenster des ersten Stockwerks führen meist auf einen eisenumgitterten Balkon.

An das schmale Vordergebäude schliesst sich nach hinten der Hof oder Garten an und neben diesem das Hintergebäude mit der sog. Veranda, einem schmucklosen Raum, welcher als Speisesaal, Wohnzimmer, überhaupt als Aufenthalt der Familie dient. Hier hat nur der der Familie näher stehende Gast Zutritt. Der Luxus scheint aus diesem Gemache grundsätzlich verbannt zu sein. Die allergrösste Einfachheit in Möbeln und sonstiger Ausstattung dieses Raumes tritt dem Besucher entgegen. Ein grosser Speisetisch, ein plump gebautes Büffet, einige gewöhnliche Stühle, vielleicht noch ein Rohrsopha und der nie fehlende Schaukelstuhl bilden in der Regel die ganze Einrichtung der Veranda.

In das obere Stockwerk (sobrado) führt eine meist mit viel Raumverschwendung angelegte hölzerne Treppe und eben so kunst- und schmucklos wie unten sind die oberen Räumlichkeiten beschaffen.

In der allerneuesten Zeit hat man angefangen, die alte schablonenartige Bauart zu verlassen und dem besseren Geschmacke bei der Aufrichtung öffentlicher und Privatgebäude einigen Einfluss zu gestatten. So liess sich der Baron von Nova Friburgo auf dem Wege nach Botafogo durch einen deutschen Ingenieur einen Pallast herstellen und die portugiesische Wohlthätigkeitsgesellschaft in der Cadetté-Vorstadt ein Hospital erbauen, welches an Pracht und Geschmack europäischen Bauten dieser Art kaum nachstehen dürfte.

Eben so wie man den Geruchsnerven in Rio, wie in ganz Brasilien das Allerstärkste zugemuthet findet, so sind auch dem Gehör die fürchterlichsten Qualen nicht erspart. Das unaufhörliche Glockengeläute, Negergebrülle, das ewige Knallen und Explodiren der Feuerwerkskörper verursachen dem unglücklichen Reisenden eine wahre Nervenaufregung. Das eintönige Glockengebimmel ist überdies unmelodisch im höchsten Grade; die Glocken sind hier zu Lande nicht abgestimmt, auch lässt man sie nicht austönen, sondern schlägt stundenlang kurz und schnell mit dem Klöpfel von innen auf das Metall. Häufig sind die Glocken längst bei dieser Misshandlung zersprungen und geben keinen bessern Ton von sich als den, welchen ein eiserner Topf hervorbringen würde. Darauf scheint aber Niemand zu achten, wenn es nur den gehörigen Spektakel macht. Unter den Glocken, welche früher in Rio Janeiro allabendlich in dieser Weise ertönten, befand sich auch die sog. Negerglocke, bei deren Ruf jeder Sclave, wenn er nicht einen besonderen Erlaubnissschein von seinem Herrn besass, sich rasch nach Hause zu verfügen hatte. Ob dies noch heute der Fall ist, weiss ich nicht zu sagen. Der Stunden, in welchen alle Glocken schweigen, sind nur wenige und man gewöhnt sich schliesslich an dieses Summen und Brummen so, dass es einem wie dem Müller geht, welcher aus dem Schlafe erwacht, wenn das Geklapper der Mühlenräder verstummt. Zu dem allgemeinen Spektakel trägt nicht wenig das Geklimper in den Häusern bei, in deren jeden fast ein Piano unter den Händen weisser und farbiger Schönen misshandelt wird. Meyerbeer und Verdische Opernmelodien verfolgen zum Ueberdruss den die Stadt durchwandelnden Europäer. Eine besondere Vorliebe entwickelt man für Offenbach. Um den Standpunkt hiesiger musikalischer Bildung zu bezeichnen, mag erwähnt sein, dass, als ich im Hause einer für besonders musikalisch geltenden Dame Beethovens erwähnte, diese mit naivem Erstaunen mich versicherte, dass sie diesen Namen noch nie gehört habe. In dem sogenannten Alcazar, einem kleinen französischen Vaudevilletheater, welches ich eines Abends besuchte, wurde denn auch Nichts als Offenbach aufgetischt und die französische Künstlertruppe zog einen erheblichen Gewinn aus der begeisterten Vorliebe der Einwohnerschaft für den Componisten der Herzogin von Gerolstein.

Rio zählt im Ganzen zehn Theater, zwei grössere auf der Strasse Guarda velha und an dem Konstitutionsplatze, woselbst auch grossartige Maskenbälle stattfinden, die seit 1845 eingeführt wurden, zwei kleinere, Gymnasio und S. Luiz und drei Volkstheater. Die übrigen drei haben mehr den Charakter von Café chantants, in denen auch zuweilen in deutscher Sprache gespielt wird.

Mehr als in Bahia und Pernambuco begegnete mir in den Strassen Rios brasilianisches Militair. Schon in Bahia war mir das schmutzige und verlotterte Aeussere dieser südamerikanischen Soldateska aufgefallen und ich hatte geglaubt, in der Residenz die Vaterlandsvertheidiger etwas sorgfältiger gekleidet zu finden. Aber auch hier machten die Leute eher den Eindruck von Ruhestörern als von Beschützern der öffentlichen Sicherheit.

Die regulairen Truppen bestehen grösstentheils aus Angeworbenen, obwohl die allgemeine Militairpflicht und die Organisation der bewaffneten Macht ähnlich wie in unseren europäischen Grossstaaten in Brasilien geordnet ist. Zur Rekrutirung wird nur geschritten, wenn die erforderliche Anzahl von Soldaten durch Anwerbung nicht erreicht wird. Nach dem Gesetze ist Stellvertretung gestattet, nicht aber ein vollständiger Loskauf vom Militairdienst. Die vielen Ausnahmen von der Militairpflicht machen dieselbe nahezu illusorisch. Familienversorger z. B., dann Studirende, Verwalter von grösseren Pflanzungen, Kaufmannsdiener von grösseren Häusern, Tropas und Heerdenführer, Schiffer und Fischer, mancherlei Handwerker und Fabrikarbeiter, wenn sie eine gute Aufführung nachweisen können, Beamte und geweihte Priester sind gesetzlich alle vom Militairdienst befreit. Es ist natürlich, dass unter solchen Umständen, und da die Brasilianer ohnehin keine sehr kriegerische Nation sind, die Zahl der willig in die Armee eintretenden Leute nicht gross ist, und es macht den betreffenden Commissionen die grössten Schwierigkeiten, zu den Stellungsterminen die Heerpflichtigen zusammen zu trommeln. Ja im Innern des Landes gestaltet sich jedes Mal die Rekrutirung zu einer förmlichen Menschenjagd. Die Zahl der Deserteure ist so gross, dass ständige Patrouillen unterwegs sind, um die Flüchtigen einzufangen. Die Fahnenflucht wird aber im Lande viel harmloser aufgefasst, als in europäischen Staaten, und Brodherren wie Eltern sind redlich bemüht, zur Zeit der Rekrutirung in möglichster Weise den jungen Leuten darin Vorschub zu leisten. Ein mir befreundeter Ingenieur hatte zum Beispiel einen sehr geschickten Vorarbeiter, der bei allem persönlichen Muth doch von einem unbezwingbaren Kanonenfieber während des Paraguay-Feldzuges befallen war. So oft nun die brasilianische Rekrutirungskommission, welche den Arbeiter seit Jahren auf der Liste der Stellungspflichtigen hatte, erschien, erbat der kriegsscheue Jüngling Urlaub von seinem Herrn und zog sich in die Tiefen des Urwaldes zurück, bis sich die ihn bedrohende Wolke verzogen. Mein Freund konnte ihm diese Umgehung des Gesetzes nicht allzuhoch anrechnen, da die Ehre, einen brasilianischen Waffenrock zu tragen, nicht gross ist. Nach dem Herkommen nämlich sollen zwangsweise zunächst Leute von schlechtem Rufe ausgehoben werden. Darum aber kümmern sich die in der Kommission vertretenen Militairs nicht viel, sondern sie benutzen vielmehr ihre Stellung, um Rachsucht und Habgier zu befriedigen. Sie scheuen sich nicht einmal, eines der heiligsten brasilianischen Gesetze, welches allen Autoritäten und Beamten den Eintritt in ein Privathaus vor Sonnenaufgang und nach Sonnenuntergang bei strenger Strafe verbietet, in der auffallendsten Weise zu übertreten und wenn es ihnen nicht gelingt, ihr Opfer auf der Strasse zu fangen, nach demselben im Hause zu fahnden, ja selbst Nachts im Schlafe dasselbe zu überfallen und in Ketten nach dem nächsten Militairdepôt zu schleppen. Solche Verhältnisse sind nicht geeignet, zur Hebung des brasilianischen Militairwesens beizutragen.

Sehr mangelhaft ist auch die Bekleidung und Bewaffnung der brasilianischen Soldaten. Alle Truppengattungen tragen Waffenröcke von dickem dunkelblauen grobwollenen Tuche, welche bis etwa auf den Schnitt so unzweckmässig wie nur möglich für das tropische Klima erscheinen. Die Beinkleider sind in der Regel von leichtem Leinen- oder Wollstoff; am mangelhaftesten ist die Fussbekleidung, deren Wahl ganz in das Belieben der einzelnen Soldaten gestellt scheint. Ich sah unter den mir in Rio begegnenden Kriegern solche, die in Besitz von Stiefeln waren, andere, welche Schuhe trugen, aber auch Einzelne, welche auf die nachlässigste Weise in abgetragenen Pantoffeln während des Dienstes einhergingen. Für das an deutsche Militairgestalten gewöhnte Auge gewähren solche aller militairischen Zucht und Ordnung spottenden Erscheinungen einen ganz trostlosen Anblick. Die Bewaffnung der Leute besteht bei den Füsilieren in gezogenen Flinten mit Bajonett, bei den Jägern in Karabiner und Säbel, bei den Artilleristen und Ingenieuren in Musketen mit Yatagans und endlich bei den Kavalleristen in Karabiner, Pistole, Säbel und Lanze. Zum grössten Theile werden alle diese Bedürfnisse der Armee, sammt den für die Artillerie nöthigen Geschützen und Munitionen aus Nordamerika und Europa bezogen. Erst seit dem Paraguaykriege ist man mehr darauf bedacht, in den Arsenalen des Landes selbst den Bedarf an Waffen und Munition in ausreichender Menge herzustellen. — Vor Kurzem hat man das verbesserte Comblain-Gewehr für die Infanterie eingeführt, für die Kavallerie ausser den blanken Waffen Winchester-Karabiner und Lefaucheux-Revolver. Der Artillerie sind sogar Krupp'sche und Whitworth'sche Geschütze zugetheilt worden.

Neben dem stehenden Heere, welches aus Marsch- und Garnisontruppen in der Gesammtstärke von 16,055 Mann incl. der Offiziere besteht, findet sich in Brasilien noch das Institut der Nationalgarde, in der alle marschfähigen Staatsbürger von 18—60 Jahren vorkommenden Falles zur Vertheidigung des Landes, hie und da auch zur Unterstützung der Polizei Dienste zu leisten haben. Im Kriegsfalle steigert sich die Stärke der Linientruppen auf 32,000 Mann. Bezeichnend für brasilianische Verhältnisse ist es, dass es der Nationalgarde fast ganz an Waffen fehlt und nicht einmal die zum aktiven Dienst eingezogenen Bürger alljährlich vollzählig eingekleidet und bewaffnet werden können. Die Gesammtsumme der stellungspflichtigen Nationalgardisten beträgt 741,782 Mann, von denen sich 1873 125,186 Mann in der Reserve befanden.

Der Mehrzahl nach setzt sich die brasilianische Armee aus Negern, Mulatten und Farbigen verschiedener Abstammung zusammen. Man kann diesen Soldaten im Felde Muth und Tapferkeit nicht absprechen und schwerlich würde es besser disciplinirten Truppen schneller als den Brasilianern gelungen sein, mit den kriegerischen Paraguayten fertig zu werden, da sie vor

Anderen noch eine grosse Genügsamkeit, Ausdauer und Unverdrossenheit voraus haben.

In Friedenszeiten leisten die brasilianischen Soldaten Vorpostendienste gegen die stets zu feindlichem Vorgehen geneigten Indianer. — Was den Polizeidienst anlangt, so wird er in der Hauptstadt von einem städtischen Sicherheitskorps in der Stärke von 570 Mann versehen, jedoch von einem militairisch organisirten Polizeikorps unterstützt, welches 560 Mann zählt. Die Stärke der Polizeikorps in den Provinzen wird alljährlich von den betreffenden Provinzialversammlungen bestimmt. Ausserdem giebt es in Rio noch ein 129 Mann starkes Feuerwehrkorps, welches man allenfalls auch der bewaffneten Macht beizählen kann.

Das Wetter blieb sich während unserer Anwesenheit in Rio ziemlich gleich, ich kann indessen nicht sagen, dass ich die Temperatur bedeutend unangenehmer gefunden, als in anderen brasilianischen Städten, wenigstens fiel mir die Hitze bei diesem ersten Aufenthalte in Rio nicht in so hohem Grade auf. Nur im Innern der Stadt, wo der Zutritt der frischeren Meeresluft durch eine Hügelkette gehemmt wird, ist die Luft erstickend, drückend heiss und unerträglich. Der eingeengten Lage schreibt man es zu, dass hier häufiger als anderwärts epidemische Krankheiten überhand nehmen. Von englischen Unternehmern wurde daher auch vor Jahren schon der Regierung der Vorschlag gemacht, den hinderlichen Hügel abzutragen, bis heute aber hat man sich zur Ausführung des grossartigen Projektes noch nicht entschliessen können.

Von den in Rio wohnenden deutschen Kaufleuten wurde mir erzählt, was meine eigene Erfahrung bestätigte, dass viele Nordländer in den ersten Jahren des Aufenthaltes unter den Tropen das ungewohnte Klima leichter ertragen, als dies nach längerem Verweilen daselbst der Fall ist. Die Widerstandsfähigkeit des Körpers erscheint also durch das erschlaffende Klima allmälig vermindert.

An einem Nachmittage nahm ich Gelegenheit, einige Deutsche aufzusuchen, deren Wohnung ich nach unsäglicher Mühe mit Hülfe meines Wirthes in der von Deutschen viel besuchten „Stadt Koburg" in Erfahrung gebracht. Ich hätte dies schon in den ersten zwei Tagen gethan, aber mir war durch meinen

Reisebegleiter und auch von anderer Seite bereits bekannt, dass man im Hause der Geschäftsleute in den überseeischen Hafenplätzen, so lange die Dampfer im Hafen liegen, nicht in dem Maasse willkommen ist, wie nach deren Abfahrt. Zu jener Zeit nämlich ist der deutsche Kaufmann mit Abfertigung seiner überseeischen Korrespondenz dermaassen beschäftigt, dass ihm kaum Zeit bleibt, einem Fremden Audienz zu ertheilen.

Die Familie, der mein erster Besuch galt, wohnte, wie so viele andere, auf der reizenden Insel San Domingo und der Herr des Hauses kam nur zur Ausübung seiner Geschäfte auf einige Stunden täglich in die Stadt. San Domingo, dieses gegenüber Rio auf der andern Seite des Golfs gelegene Eldorado, ist angefüllt von freundlichen Villas, ohne deshalb den Charakter eines ländlichen Aufenthaltes zu verlieren. Besonders im Thale ist es die sogenannte Praia fresca, welche sich unsere Landsleute, treu ihrem Geschmack für landschaftliche Reize, auserwählt haben. Wie in der Stadt bewohnt auch hier gewöhnlich eine Familie allein ein ganzes Haus, immer aber stehen darin mehrere Fremdenzimmer in Bereitschaft, um bei Ankunft entfernt wohnender Besucher auch die traulichen Abendstunden nicht zu verlieren, da kein Volk mehr als das deutsche die gesellige Unterhaltung liebt. Morgens um 5 Uhr schon wird gewöhnlich Reveille geschlagen und die ganze Familie, Gross und Klein, sucht das Meer auf, um sich wenigstens einigermaassen für die in der heissen Jahreszeit erschöpfende Hitze durch ein Bad zu entschädigen. Der oder die Schwarze trägt ein Zelt von Leinwand an den Strand, in welchem sich die Damen entkleiden, um in malerischem Badekostüm daraus hervorzutreten. Recht eigenthümlich erscheint es besonders dem binnenländischen Fremdling, wenn sich die ganze Familie in bunter Reihe, den Vater in der Mitte, zum Kampf gegen Brandung und Wellen anschickt. Bewunderungswürdig ist der Muth des zarten Geschlechtes, dem es ganz gleichgültig scheint, wenn haushohe Wellen die Badenden drei bis vier Mal an den Strand zurückschleudern, da immer wieder der Kampf mit dem salzigen Element aufs Neue von ihm aufgenommen wird. Die Verbindung zwischen San Domingo und Rio wird, wie bei den übrigen Vorstädten am Hafenstrande, durch kleine Dampfbarken vermittelt, welche alle halbe Stunden nach den ver-

verschiedensten Richtungen von gewissen Plätzen der Stadt abfahren. Bei der Fahrt zwischen San Domingo und Rio geniesst man einen der schönsten Anblicke von dem Hafen und der Stadt. Man sieht auf der einen Seite die Einfahrt mit der Festung Santa Cruz, der Insel Villegagnon und dem Zuckerhut, auf der andern Seite die Bai, begrenzt von dem majestätischen Orgelgebirge mit seinen abenteuerlichen Zacken; vor sich erblickt man Rio selbst in seiner ganzen Ausdehnung, mit dem Kastellberg und der Vorstadt Botafogo; Alles überragend aber erhebt sich im Vordergrunde des Bildes der mächtige Corcovado und die von den Wolken geküsste Tijuca. Im Rücken liegt malerisch am Strande Praia grande mit seiner weissen Kirche und San Domingo, umrahmt von üppig bewachsenen Bergen.

Hier in San Domingo war es, wo ich die Bekanntschaft einer Familie erneuerte, die ich einst in Dresden kennen gelernt. Der Herr des Hauses war ursprünglich Officier in sächsischen Diensten gewesen und hatte als solcher die Tochter eines in Dresden sich vorübergehend aufhaltenden Brasilianers geheirathet, auf deren Bitten er nach dem Tode des Schwiegervaters seinen Dienst quittirte und mit seiner Gattin nach Brasilien übergesiedelt war. Hier suchte er, da er kein Vermögen besass, durch Stundengeben seinen Lebensunterhalt zu erwerben. Sein Hauswesen war mehr auf brasilianischem als deutschem Fusse eingerichtet und verschlang in Folge dessen ausserordentlich grosse Summen. Sein sehnlichster Wunsch, soviel zu erwerben, um ein genügendes Kapital zur Rückkehr nach Europa zu erübrigen, hatte sich daher bis jetzt nicht verwirklichen lassen, und muthlos blickte der einst so lebensfrohe Mann in die Zukunft. Die glänzenden Schilderungen, welche Herrn X. von den Angehörigen seiner Frau in früherer Zeit, namentlich über die Leichtigkeit des Erwerbs in Brasilien, gemacht waren, hatten sich, wenn auch nicht als unwahr, doch als sehr übertrieben in der Wirklichkeit erwiesen. Wohl wurde der Unterricht in Musik und Sprachen gut bezahlt, aber im Verhältniss zu dem Verbrauch erwies sich die dadurch gewonnene Einnahme doch nur als geringfügig. Die wenig heitere Unterhaltung trieb mich früher aus dem Hause meines Landsmannes wieder fort, als ich Anfangs willens war zu bleiben. Aehnliche Enttäuschungen hatte ich ..... in der Folge noch oft Gelegenheit wahrzunehmen. Am unbefriedigsten fühlten sich, wie mir schien, in Rio Janeiro namentlich jene meiner Landsleute, welche einen höheren Grad von Bildung besassen.

Die Dunkelheit war längst hereingebrochen, als ich mit dem Dampfer nach der Stadt zurückkehrte und es fiel mir während der Fahrt auf, welchen Glanz die zahllosen Gasflammen über das Häusermeer Rio Janeiros verbreiteten. Zwar gewährt es nicht wie bei uns einen Genuss um der schönen und hellerleuchteten Läden willen des Abends durch die Strassen zu spaziren, da die Zahl der Schaufenster eine sehr geringe ist, doch lässt sich zu keiner Tageszeit das Leben auf der Strasse selbst so studiren, wie beim Herannahen der Nacht, wenn Hitze und Staub etwas nachgelassen. Nicht minder belebt als das Trottoir zu beiden Seiten der Strasse ist dann auch der Fahrweg, wo Privatwagen, Omnibusse und die Wagen der Pferdebahn an einander vorüberjagen. Die Einführung der Pferdebahn stammt erst aus der neueren Zeit; früher waren es nur Wagen einer ziemlich veralteten Bauart, welche von vier Maulthieren gezogen den Dienst der Omnibusse versahen. Die Mieth- und Platzwagen, welche den Fremden in Rio zu Gebote stehen, sind entweder einspännig von einem Pferde oder Maulthiere gezogen, zweirädrige Tilbury, oder zweispännige Fiaker. Die Fahrt auf beiden ist sehr theuer. Nach v. Tschudi verdankt Rio die Einführung von Miethwagen einem Deutschen, Namens v. Sukow, der sich, nachdem er als Officier aus brasilianischem Dienste entlassen worden, mit staunenswerther Thatkraft aus seiner unverschuldeten Noth emporgearbeitet und seine Idee, eine wohlorganisirte Anstalt für öffentliche Wagen zu errichten, mit grossem Glücke und glänzendem Erfolge durchgeführt hat. — Heute sollen 2500 Miethswagen neben einer grossen Anzahl von Omnibussen dem Verkehr in der Stadt und deren nächsten Umgebung dienen, die Zahl der Privatequipagen jedoch beläuft sich über 400 und die Gesammtzahl der Lastfuhrwerke beträgt ausserdem an 2000. — Der sehr rege Pferdebahnbetrieb ist in den Händen von sechs verschiedenen Gesellschaften und man hat berechnet, dass sie jährlich mehr als 20 Millionen Personen befördern.

Den Deutschen verdankt Rio Janeiro, wie das ganze Kaiserreich überhaupt, sehr viel und dennoch sind sie unter den fremden Nationen keineswegs in der Hauptstadt am stärksten vertreten. Weit zahlreicher sind die Portugiesen und Franzosen. Den Letzteren begegnet man fast auf Schritt und Tritt. Am häufigsten finden sie sich in der Stellung von Gastwirthen, Köchen, Haarkünstlern, Schneidern und Juwelieren oder Goldschmieden; welche Stelle sie auch einnehmen mögen, so betrachten sie sich immer als Mitglieder der grossen Nation, deren Geltung seit 1870 wohl etwas im Auslande verloren, doch bei Weitem noch nicht allen Nimbus eingebüsst hat. Die Deutschen in Rio haben selten einen andern Beruf als den des Kaufmannstandes, ebenso die Engländer, während die anwesenden Nordamerikaner und andere Nationen den verschiedensten Berufszweigen angehören.

Interessant ist es, was Tschudi, welcher den Betrachtungen über die Bevölkerung Rio Janeiros ein ziemlich ausführliches Kapitel widmet, bezüglich der früheren Herren des Landes, der Portugiesen, welche als Fremde nun in Brasilien verweilen, sagt. Die 60—80,000 Portugiesen in Rio finden sich nach ihm in allen möglichen gesellschaftlichen Stellungen, vom zerlumpten Bettler bis zum Millionär, als Tagelöhner, Kärner, Handwerker, Handlungsdiener, Krämer, Kaufleute, Facendeiros, Banquiers u. s. f. Ein grosser Theil von ihnen stammt von den azorischen Inseln und Madeira, vielleicht eben so viele als vom Festlande. Fast alle, die seit Lostrennung der Colonie vom Mutterlande nach Brasilien einwanderten, hatten nur den einen Zweck, hier sich ein Vermögen zu erwerben, und es ist auch vielen Tausenden gelungen. Der überwiegend grössere Theil von ihnen kommt oft kaum mit dem Nothwendigsten bekleidet auf den unreinlichen Schiffen ihres Vaterlandes im Hafen an. Die Mehrzahl sind blutjunge Bürschchen kaum den Knabenschuhen entwachsen und nicht im Stande gewesen, das Ueberfahrtsgeld zu bezahlen, aber sie sind voll Muth und Unternehmungsgeist. Sobald ein Schiff mit solchen portugiesischen Emigranten im Hafen einläuft, so gehen ihre Landsleute an Bord, suchen sich für ihre Zwecke die passendsten Individuen aus, zahlen dem Kapitain die Passage und führen die so ausgelösten Einwanderer ihrer neuen Bestimmung entgegen, bald als Arbeiter auf Facendas, bald aber für städtische Beschäftigungen. Sehr häufig ist es die eines Ladendieners, sie ist auch die von den jungen Ankömmlingen am meisten gesuchte. Haben sie in ihrer Heimath wie die Schweine gelebt, so beginnt ihr neues Leben nicht viel besser als das von Hunden. Dumpfe, schmutzige mit ekelhaftem Geruch angefüllte Lokale als Wohnung, schlechte Nahrung und rücksichtslose rohe Behandlung sind ihr Theil. Aber das entmuthigt den jungen Lusitanier nicht. Hat er einmal die ersten Jahre überstanden, sein Ueberfahrtsgeld und die Auslagen für die ersten nöthigen Bedürfnisse abverdient, so verbessert sich seine Stellung mehr und mehr, besonders wenn er treu und geschickt befunden wird. Er ist in der Regel sparsam, oft geizig, weiss sein erspartes Geld auf irgend eine Weise reichlich gewinnbringend zu machen und fängt, sobald es ihm nur einigermaassen möglich ist, selbst ein Geschäft an. Viele von ihnen benutzen ihre Freistunden als Ladendiener sehr nützlich und lernen lesen, schreiben und rechnen. Durch Fleiss und Genügsamkeit erringen sie sich bald eine sorgenfreie Stellung, mit Glück dazu oft grosse Reichthümer. Ich kenne solche Portugiesen, welche als armselige Ladendiener angefangen haben und heute im Besitze von Adelstiteln und ausgedehntem Grundbesitze sind, und ihre Sklaven zu hunderten, ja zu tausenden zählen. Allerdings hat er damit nicht zugleich sich das Ansehen bei der gebildeten Klasse der Brasilianer erworben und dergleichen Portugiesen sind und bleiben Emporkömmlinge.

Einmal im Besitze von Geld geht das ganze Bestreben dieser Leute auf Erlangen von Orden und Titeln und beides können sie für klingende Münze in Portugal mit Leichtigkeit erhalten. Für sein Geld wird der Victualienhändler Baron und Vicomte. Charakteristisch ist folgende verbürgte Anekdote. Ein solcher Victualienritter stieg für eine gewisse Summe vom Baron zum Visconde empor. Ein paar Tage später übergiebt ihm sein Commis irgend eine Rechnung zum unterschreiben und der neugebackene Visconde unterzeichnet Bisconde de E.; der Commis wirft einen Blick auf die Unterschrift und sagt: „Ew. Excellenz werden erlauben, man schreibt Visconde nicht mit B sondern mit V." Ganz erzürnt entgegnete der Adelsträger: „Ich habe Baron mit B geschrieben und werde Visconde auch mit B schreiben." Der pfiffige Commis, um seinen Herrn in der Unterschrift nicht blosszustellen, entgegnete ganz bescheiden: „In neuerer Zeit ist es aber Mode geworden, Visconde mit V zu schreiben." Das wirkte. Ich kenne den Herrn Vicomte persönlich und gestehe, dass seine ganze Bildung seiner Orthographie vollkommen entspricht.

Hat sich ein Portugiese in Brasilien genug erworben, so kehrt er in der Regel in sein Heimathland zurück. Dieser Zeitpunkt findet sich bei ihnen schneller als bei jedem andern Fremden, Dank ihrer grossen Rührigkeit und ihrem Fleisse.

Die Brasilianer hegen gegen die Portugiesen eine tiefe Abneigung, welche zeitweise zu den gefährlichsten Conflikten führte. Hauptsächlich begründen die Brasilianer diesen Hass damit, dass sie in der Abstammung von den Portugiesen den Hemmschuh ihrer ganzen staatlichen Entwickelung erblicken und zugleich in richtiger Erkenntniss die heute in Brasilien lebenden Portugiesen für wahre Blutsauger an dem Nationalreichthum halten.

Natürlich kommt bei alledem eine gute Portion Selbstüberschätzung der Brasilianer mit ins Spiel.

Der Brasilianer hat zwar, wie wir früher schon erwähnten,

Der Hausmuleque.

viele lobenswerthe Eigenschaften, aber auch viele Fehler, deren manche wohl durch seine Erziehung herbeigeführt und begünstigt werden. Die Kinder wachsen nämlich fast unter der ausschliesslichen Obhut schwarzer Ammen auf, während ihre Gespielen von der frühesten Jugend an Sklavenkinder sind. Im Verkehr mit diesen kleinen Negern lernen die jungen Brasilianer alle die der schwarzen Raçe eigenen Schlechtigkeiten und Laster. Der Hausmuleque (Negerjunge), auf dessen Erziehung auch nicht die geringste Sorge verwendet wird und dessen Hang zum Lügen und Stehlen durch die herbsten Züchtigungen kaum nachdrücklich bekämpft werden kann, wird für die jüngeren Familienglieder förmlich zum bösen Geist des Hauses. In keinem

Verhältnisse treten die Schattenseiten der Sklaverei, deren Ueberreste keineswegs im Lande schon ganz verschwunden sind, greller und einschneidender hervor, als in der gemeinsamen Erziehung der Kinder mit den Negern. Man kann oft hören, die brasilianische Nation würde von den Schwarzen erzogen und dieser Ausspruch hat allerdings viel Wahres an sich. Einsichtsvollere Familien, welchen es nicht an den nöthigen Mitteln fehlt, schicken schon um dieses Umstandes willen ihre Kinder in auswärtige Erziehungsanstalten.

Auf sonstige Einzelheiten im brasilianischen Familienleben werde ich vielleicht später noch zurückkommen.

Ein ausserordentlich reges Leben herrscht in Rio Janeiro auf dem Gebiete der Journalistik, deren zahlreiche Organe in den verschiedensten Sprachen zwar nicht auf der Höhe der Entwickelung, wie bei uns stehen, aber immerhin doch Zeugniss ablegen von dem Bestreben der Gebildeten, das Geistesleben des Volkes anzuregen. In allen Gasthäusern und Restaurationen fielen mir kleinere oder grössere Pressorgane in die Hände, deren äussere Form etwa dieselbe ist, wie bei den Pariser Blättern, doch ist es bemerkenswerth, dass keine der Zeitungen, namentlich in der auswärtigen Politik, streng Farbe hält. Ihre Meinung über europäische Angelegenheiten ist eine solch' schwankende, dass man nach dem Durchlesen einer solchen Zeitung eben keine hohe Achtung vor dem brasilianischen Journalistenthum gewinnt.*)

Charakteristisch für das geistige Leben Rio Janeiros ist das sehr ausgebildete Vereinswesen. Unter allen möglichen Namen bestehen daselbst Genossenschaften, deren Bestreben theils auf Förderung der Künste und Wissenschaften, theils auf Unterstützung Hülfsbedürftiger oder auch auf sonstige Zwecke gerichtet ist.

Die Gelehrtenrepublik Brasiliens, welche zum grossen Theil ihren Sitz in Rio Janeiro hat, ist nicht sonderlich gross und Wenige nur unter ihnen haben sich seither in dem Maasse ausgezeichnet, dass sie über die Grenzen ihres Vaterlandes hinaus

---

*) Die beiden bedeutendsten und ältesten Blätter Rios sind das Jornal do Commercio mit 15,000 Exemplaren Auflage, welches im Jahre 1821 gegründet wurde, und das Diario do Rio de Janeiro, welches 1817 zum ersten Male erschien.

in der wissenschaftlichen Welt Ansehen und Ruhm erlangt hätten. Es kommt dies daher, dass der Ehrgeiz in Brasilien fast allein auf politischem Gebiete zur Geltung kommt und die exakten Wissenschaften mehr um des Brodstudiums willen gepflegt werden. Auch fehlt es den Gelehrten in Brasilien noch sehr an den nöthigen Hülfsmitteln zu ihren Studien; Sammlungen und Bibliotheken, deren in Rio eine ganze Menge bestehen, sind, was die Auswahl der Bücher anlangt, nur auf sehr bescheidene Ansprüche berechnet.

Am meisten entwickelt ist die schöne Literatur, welche eine Menge namhafter Dichter und Schriftsteller aufzuweisen hat.

Dreizehntes Kapitel.

Abreise nach Petropolis.

Rio Janeiro ist mehr wie jeder andere Ort in Brasilien geeignet, die eingehendsten Beobachtungen über Land und Leute zu machen, doch würde es ermüden, wenn ich nach so langem Aufenthalte schon meine Leser nöthigen wollte, hier noch länger zu verweilen.

Aus mehrfachen Gründen hatte ich mich entschlossen, von hier aus meine Schritte zunächst nach Petropolis, der deutschen Kolonie in der Nähe Rios, zugleich Sommeraufenthalt des Kaisers, zu lenken.

Mittags um 2 Uhr begab ich mich nach der schwerfälligen Barke, welche die Ueberfahrt über die Bai von Rio nach dem jenseitigen Ufer vermittelt. Der kleine Dampfer war ziemlich stark besetzt, so dass es mir einige Mühe kostete, mich zwischen den zahlreichen Passagieren hindurchzuwinden und einen Platz zu erlangen, von dem ich einigermaassen die Aussicht nach der Bai mit ihren Inseln und üppig bewachsenen Ufern geniessen konnte. Die Mehrzahl der Mitfahrenden bestand aus Schwarzen, welche sich malerisch zwischen den Säcken und Kisten und einigen gleichfalls überfahrenden Vierfüsslern, Maulthieren und Pferden ausnahmen.

Als Liebhaber von Schaalthieren erregte unter den Frachtgütern ein grosser, mehrere Fuss hoher Korb mit frischen Austern meine besondere Aufmerksamkeit und ganz angenehm war es mir, als eine zur Schiffsmannschaft gehörige Person mich aufmunterte, gegen Erlegung einer geringen Vergütung nach Gefallen davon zuzulangen und meinem Appetit damit Genüge zu thun. Die Austern, von denen ich ein paar Dutzend ohne Umstände vertilgte, stammten aus der Bai von Rio selbst, welche eine grosse Anzahl dieser Thiere in ihrem Schoosse bergen soll. Sie schmeckten nicht übel, waren aber bei Weitem nicht von derselben Güte, wie unsere nordischen Austern. Die verschiedenen Inseln der Bai sollen namentlich eine grosse Ausbeute von Austern geben, welche in Menge nach den Laplatastaaten ausgeführt werden. Unter diesen Eilanden ist noch besonders die Insel Flores bemerkenswerth, da auf ihr sich eine 1980 Meter im Umfang haltende Fischzuchtanlage befindet, für welche der Eigenthümer, Senator Silveira da Motta, mehr als 300 Contos aufgewendet hat.

Der kleine Dampfer verfolgte unterdessen seinen Weg ziemlich langsam durch die Mitte der Bai in nördlicher Richtung. Zahlreiche Inseln, Felsen und Riffe glitten bei der Fahrt an uns vorüber und manches der kleinen Eilande, auf denen hie und da ein Hüttchen, umgeben von Orangen und Bananen, idyllisch zum Verweilen einlud, liess mich bedauern, so schnell der schönen Bai von Rio für dies Mal Lebewohl sagen zu müssen. Eine etwas umfangreichere Insel ist die Ilha do Governador, auf welcher eine ansehnliche Niederlassung betriebsamer Landleute und Industrieller sich befindet.

Die Sonne sandte während der Fahrt unbarmherzig ihre sengenden Strahlen auf unsere Häupter herab und das hölzerne Dach, welches in der Mitte des kleinen Schleppdampfers sich befand, vermochte nicht immer ausreichenden Schutz dagegen zu gewähren. Trotzdem die Entfernung bis Porto da Mauá nur eilf Seemeilen beträgt, hatten wir auf diese Weise etwa $1^{3}/_{4}$ Stunden zurückzulegen. In Mauá wartete bereits der Eisenbahnzug, welcher uns bis zum Fusse der Serra da Estrella führen sollte, von wo fünf bis sechs vierspännige Wagen der Diligence die Weiterbeförderung nach Petropolis besorgen. Die genannte Eisenbahn vom Ufer der Bai bis zum Fusse der Serra ist einer der acht Schienenwege,*) welche das brasilianische Reich bis jetzt besitzt und gehört zu den ältesten und besten Unternehmungen dieser Art. Die Gründung der Bahn, welche ein Aktienunternehmen der sogenannten Mauá-Compagnie bildet, fällt in das Jahr 1854. Die Bahn ist weder gut gebaut, noch ist das Betriebsmaterial den Anforderungen der Neuzeit entsprechend. Dennoch soll sich das Unternehmen gut rentiren. Wie auf der Bahiabahn wurde auch hier mit ausserordentlicher Geschwindigkeit gefahren und an einigen Stellen, wo die Schienen über sumpfiges Terrain hinliefen, konnte ich mich eines ängstlichen Gefühls nicht erwehren. Zum Glück wurde auf der kurzen Strecke von kaum einer halben Stunde an einer kleinen Ansiedelung in Homerin etwas Halt gemacht, so dass man neuen Muth für den Rest der Fahrt schöpfen konnte. Die Endstation trägt den Namen Raiz da Serra; hier bestieg ich die Diligencia. Dieselbe ist nach Art der Post eingerichtet und in den Händen einer Gesellschaft, der União e Industria, der man zugleich den Bau der grossartigen ersten Kunststrasse Südamerikas von Raiz da Serra bis Petropolis verdankt.

Man kommt mit der Diligencia ziemlich schnell von der Stelle, da die 4 Maulthiere trotz der oft erheblichen Steigung, ermuntert durch Peitschenhiebe und fortwährendes Zurufen, fast immer im Trab und Galopp laufen. Die Wagen sind nach amerikanischem System construirt, bei dem zu grossen Obergewicht jedoch und ungeachtet der Vortrefflichkeit der Strasse nicht ganz gegen das Umwerfen gesichert. Wie mir erzählt wurde, soll dies in der That schon vorgekommen sein. Die Strasse führt im Zickzack durch eine herrliche und grossartige Landschaft, in welcher Felspartien, Schluchten, Urwald, Wasserfälle und ein wildes Durcheinander von nie zuvor gesehenen Blumen, Bäumen und Pflanzen in buntem Wechsel das Auge entzücken. Unvergleichlich schön ist die Fernsicht, welche man, auf der Höhe angelangt, über das Meer, auf Rio Janeiro, den Corcovado, die Tijuca, die übrigen Theile des Orgelgebirges, auf die zurückgelegte Wegstrecke und die tausend anderen

---

*) Seit jener Zeit, 1869, hat sich die Zahl der dem Verkehr übergebenen Eisenbahnen in Brasilien auf 22 vermehrt, welche indessen überall nur in ihren Anfangsstrecken vollendet sind.

Mannigfaltigkeiten des vor uns liegenden Panoramas beim Scheiden der Sonne geniesst. Von Raiz da Serra bis auf die Höhe hat man etwa zwei Stunden zu fahren mit Einschluss des Aufenthalts, welcher durch das Wechseln der Maulthiere auf halbem Wege verursacht wird.

Die Nacht war längst hereingebrochen, als ich durch die wenig belebten Strassen von Petropolis vor dem Hôtel de France vorfuhr. Ich hatte diesen Gasthof gerade gewählt, da er in den Händen eines Deutschen war und da ich dem deutschen Elemente in der Bewirthung grösseres Zutrauen schenkte als den brasilianischen Gastgebern. Namentlich hatte man mir nicht viel Gutes von den andern hier befindlichen Gasthöfen berichtet. Schlechter als in dem Hôtel de France hätte ich indessen wohl nirgends logiren können und nach einer von Ungeziefer aller Art

Petropolis.

beeinträchtigten Nachtruhe musste ich die bittersten Vorwürfe meines sonst sehr geduldigen Reisegefährten, der sich mir bis hierher angeschlossen, ohne Einwurf hinnehmen. Die früheren Hôtelerfahrungen in Bahia und Rio Janeiro waren nichts gegen die Schrecken des hiesigen Nachtquartiers.

Petropolis hat etwa 3—4000 Einwohner, zum grössten Theile Deutsche, von denen viele bereits im Lande geboren und erzogen sind. Unter den deutschen Kolonien Brasiliens zählt diese Niederlassung zu den allerältesten, welche zunächst dadurch entstand, dass gelegentlich der Anwerbung von Arbeitern für die Strassenbaugesellschaft Seitens des damit beauftragten Dünkirchener Handelshauses statt 300 Arbeitern, 2300 Deutsche dazu verlockt wurden, sich nach Brasilien einzuschiffen. Um die so plötzlich ohne alle Mittel gelandeten Leute unterzubringen, schickte der Kaiser dieselben hierher nach der sog. Corrego secco, wo er einige Privatländereien besass und legte, indem er ihnen diese zum Anbau überwies, den Grund zu der rasch emporblühenden Kolonie. Das Klima, die glückliche Lage der Ländereien, sowie die Fruchtbarkeit des Bodens trugen nicht wenig dazu bei, die deutsche Ansiedlung zu heben und zu fördern. Um den Leuten eine Beschäftigung und einen Verdienst in der ersten Zeit ihres Aufenthaltes und bis zur Ernte der ersten Früchte zu verschaffen, liess sich der Kaiser nach einem schon früher gefassten Beschluss in derselben Gegend eine Sommerresidenz erbauen. Beiläufig bemerkt, ist der damals entstandene kaiserliche Palast recht geschmackvoll, wenn auch einfach ohne grossen Prunk. Die Leitung der Kolonie wurde einem gewissen Major Köhler anvertraut. Noth und Entbehrung blieb zwar den Kolonisten, wie dies stets bei neuen Ansiedlungen der Fall ist, auch hier nicht erspart, doch fehlte es den Leuten, sofern sie nur arbeiten wollten, fast zu keiner Stunde an Beschäftigung und Verdienst.

Das Städtchen macht etwa den Eindruck eines grösseren deutschen Badeortes und als Badeort und Sommeraufenthalt wird es auch sehr viel von den Bewohnern der Hauptstadt benutzt. Man rühmt besonders das erfrischende Klima von Petropolis sehr, welches auch mich nach den schwülen Tagen in Rio Janeiro auf das Angenehmste überraschte.

Die Kolonisation von Petropolis ist als eine durchaus gelungene zu bezeichnen und macht deshalb den allergünstigsten Eindruck. Sehr heimathlich muthet den deutschen Ankömmling die Benennung der verschiedenen Viertel und Strassen an. Ich fand da ein Unterrheinthal, ein Mittel- und Oberrheinthal, ein Mosel-, ein Nassauerthal und Anderes mehr. Der Zustand der Strassen lässt leider sehr zu wünschen übrig, und keiner der Seitenwege hatte für mich so Verlockendes, dass ich mich versucht fühlte, von der Hauptstrasse abzuweichen. Den eigentlichen Koloniecharakter hat das Städtchen durch die zeitweise

Uebersiedlung des Hofes und der Aristokratie hierher fast ganz verloren und man würde sehr irre gehen, wenn man von diesem Ort auf das Aussehen der andern zahlreichen Kolonieen in Brasilien schliessen wollte. Gasthäuser, Spekulationsbauten, Villen u. dgl. drängen sich wie immer an solchen Orten in den Vordergrund und in die schönsten Lagen. Die Hauptstrasse von Petropolis ist die Rua do Imperador, auf welcher auch mein Gasthof lag. Nächst dem kaiserlichen Pallaste fiel mir eigentlich kein grösseres Bauwerk sonderlich auf und interessant erschien mir nur noch das auf einem der Plätze aufgerichtete weisse Kreuz, welches an der Stelle steht, an der von den Einwanderern unter freiem Himmel der erste Gottesdienst und der erste Trauungsakt vollzogen wurde.

An Einwohnern hat Petropolis etwa 3000 aufzuweisen, meistentheils Deutsche. Leider soll unter dieser deutschen Bevölkerung, wie man mir versicherte, keine grosse Einigkeit herrschen, und namentlich Schule und Kirche bilden häufig den Anlass zu Reibereien aller Art. Auch geniesst die Bevölkerung von Petropolis, welche zum grossen Theil aus Handwerkern besteht, keinen günstigen Ruf hinsichtlich ihrer Zuverlässigkeit. Man erhält meistentheils theure und schlechte Arbeit dort. Die Landwirthschaft erstreckt sich nur auf den Anbau weniger zum Lebensunterhalt dienender Früchte, da dem Ackerbau nicht mehr die gleiche Aufmerksamkeit wie in früheren Jahren gewidmet wird.

Wie in Rio findet man auch hier Vereine und gesellige Bestrebungen, deren Hauptzweck allein auf Unterhaltung gerichtet ist. Die Eigenthümlichkeit des deutschen Charakters wird nichts weniger als ängstlich von unsern Landsleuten in Petropolis gewahrt. Man wirft namentlich der jüngeren Generation mit Recht vor, dass sie brasilianische Sitten und Sprache der deutschen vorzöge und dass sie etwas lockere Ansichten in sittlicher Beziehung hege. Ob dieser Vorwurf mit Recht oder Unrecht erhoben wird, vermag ich nicht zu entscheiden.

Der Kaiser, welcher ziemlich oft in Petropolis verweilt, war während meiner Anwesenheit gerade nicht zugegen, doch hörte ich hier mehr von ihm als in Rio Janeiro und konnte mich überzeugen, dass er bei den Deutschen fast eine noch grössere Achtung geniesst, wie bei seinen brasilianischen Unterthanen. Ausser bei der bereits oben geschilderten Prozession habe ich denselben noch einige Mal gesehen und war jedesmal von seiner Erscheinung angenehm berührt. Eine eingehende Schilderung von der Persönlichkeit Dom Pedros II. entwirft Tschudi, welcher als eidgenössischer Gesandter gewiss häufig genug Gelegenheit hatte, persönlich mit ihm zu verkehren. Derselbe äussert sich über ihn in folgender Weise:

„Dom Pedro ist gross und kräftig, mit blondem Haar und Vollbart, hoher Stirn und klarem offenen Blick. Der Schnitt des Gesichts und besonders der Mund deuten unverkennbar auf seine Verwandtschaft mit der Habsburg-Lothringischen Regentenfamilie. Ein Marineofficier, der vor einigen Jahren an Bord des brasilianischen Kriegsschiffs Bahiana in Cherbourg war, erzählte, dass die Korvette Sonntags häufig von neugierigen Parisern besucht wurde. Ein grosses Brustbild in der Kajüte soll jedesmal auf die Besucher einen überraschenden Eindruck gemacht haben und mancher von ihnen machte seinem Erstaunen ganz naiv gegen die Officiere Luft, indem er ausrief: „Aber mein Gott, wir haben geglaubt, Ihr Kaiser sei schwarz!" Die vielfarbige Bemannung des Schiffes mochte wohl die guten Pariser zu diesem abenteuerlichen Glauben veranlasst haben.

Der Kaiser ist ein Mann von rastloser Thätigkeit und einer sehr regelmässigen Lebensweise. Er liebt körperliche Bewegung, ist ein gewandter und kühner Reiter, ein trefflicher Fechter und ein geübter Billardspieler. Seine von Regierungsgeschäften freie Zeit widmet er hauptsächlich wissenschaftlichen Studien und beschäftigt sich dann mit grosser Vorliebe mit neuen Sprachen, von denen er mehrere geläufig spricht, Geschichte, Archäologie, Mathematik und Astronomie. Es steht fest, dass der Kaiser Dom Pedro II. an vielseitigem und zugleich gründlichem Wissen von keinem Brasilianer übertroffen wird. In richtiger Würdigung des hohen Einflusses wissenschaftlicher Bildungsanstalten auf das Staatsleben widmet der Monarch denselben eine besondere Aufmerksamkeit, besucht sie häufig, wohnt den Prüfungen der Schüler mit sichtlichem Interesse bei und nimmt oft selbst die Stelle des Examinators ein. Alle seine Handlungen charakterisiren sich dadurch, dass sie reiflich überlegt und klug ausgeführt sind. Er liebt strenge Ordnung und Pünktlichkeit und geht deshalb bei seinen unerwarteten Besuchen öffentlicher Anstalten in die geringsten Details der Administration ein, und mancher gewissenlose Beamte hat schon die vom Kaiser selbst aufgefundenen Nachlässigkeiten büssen müssen.

Den Ministerkonferenzen präsidirt der Kaiser mit grösster Regelmässigkeit; sie pflegen um 7 Uhr Abends zu beginnen, und oft entlässt der Monarch seine Räthe erst in den frühen Morgenstunden. Jede Vorlage behandelt er mit ihnen allseitig auf das Genaueste; die wichtigsten behält er zur strengen Prüfung bis zur nächsten Konferenz zurück und theilt dann erst seine Ansicht mit.

Es giebt eine Partei in Brasilien, die dem Kaiser den Vorwurf macht, er beschäftige sich viel zu wenig mit Regierungs-Angelegenheiten, während wiederum eine andere unverhohlen die Befürchtung ausspricht, er thue es nur zu viel, und ihn sogar absolutistischer Gelüste zeiht. Gewiss ist das Urtheil beider Parteien ein irriges, denn wenn je ein Monarch sich der Wichtigkeit seiner hohen Stellung bewusst war, so ist es Dom Pedro II. Er ist der treueste und gewissenhafteste Hüter der Konstitution und wenn auch bei seinen Umgebungen öfter schon antikonstitutionelle Gedanken aufgestiegen sind und hin und wieder gegen den Kaiser Ausdruck gefunden haben, so haben sie doch in diesem stets den entschiedensten und ehrlichsten Opponenten gefunden.

Dom Pedro II. ist kein Monarch in Uniform; er zeigt keine ausgeprägte Vorliebe für militairisches Schaugepränge, Paraden, kostspielige Abänderungen in der Bekleidung; er hat auch noch keine Gelegenheit gehabt, Proben von Feldherrntalent abzulegen, aber er hat doch wenigstens im Jahre 1863 beim englisch-brasilianischen Konflikte,*) und 1865 bei dem Kriege mit Paraguay den Beweis geliefert, dass er im Momente, wo es gilt, die Rechte seines Volkes einem äusseren Feinde gegenüber zu vertreten, seine ganze Energie der Land- und Seemacht zuwendet und mit

---

*) Die Verhaftung dreier englischer Officiere erzeugte jenen Konflikt mit England. Durch die Wegnahme fünf brasilianischer Kauffahrer Seitens des englischen Admirals Warren wurde von England ein Druck auf Brasilien ausgeübt, der zu einem Bruch zwischen beiden Mächten führte. Auf diplomatischem Wege wurde das Zerwürfniss schliesslich ausgeglichen, ohne dass indessen Brasilien den Anmaassungen Englands etwas nachgegeben hätte.

rastloser Ausdauer sich persönlich um die geringsten militairischen Details bekümmert. In der Stunde der Gefahr wird der Kaiser durch persönlichen Muth seinem Volke mit glänzendem Beispiel gewiss vorangehen.

Die Civilliste des Kaisers ist mit 800,000 Milreis (etwas über eine Million Reichsmark) festgesetzt, nach Verhältniss eine der niedrigsten irgend eines Monarchen. Dom Pedro hat sich immer geweigert, eine Vermehrung derselben von den Kammern, die ihm eine solche sicherlich gewährt haben würden, zu beanspruchen, nur um für seine Person das Budget nicht mehr zu belasten.

Bei dem grossen Wohlthätigkeitssinn des Kaisers und den endlosen Ansprüchen, die an die kaiserliche Privatschatulle gemacht werden, ist es leicht, einzusehen, dass mit so karg bemessenem Einkommen kein grossartiger Hoftrain geführt werden kann und es ist der kaiserliche Hofhalt auch demgemäss auf dem bescheidensten Fusse eingerichtet. Man hört von gewissen Seiten oft spöttische Bemerkungen darüber, dass es am brasilianischen Hofe keine Hoffeste, Galadiners, Kammerbälle giebt, dass sich auch in manch' anderer Beziehung der Kaiser sehr zurückhaltend zeigt. Dom Pedro II. scheint indessen durchaus den richtigen Weg zu verfolgen. Er will nicht auf Unkosten des Landes sich mit Prunk umgeben und durch kostspielige Feste und Essen seine Einkünfte, die er auf ungleich viel weisere Art zu verwenden weiss, schmälern." So weit Tschudis Charakteristik Dom Pedro des Zweiten.

Aus eigener Beobachtung kann ich diesem Urtheil nur beipflichten und namentlich, was der eidgenössische Gesandte über die Sparsamkeit des Monarchen berichtet, ist keineswegs übertrieben. Dom Pedro II. hat unwiderlegliche Beweise geliefert, dass ihm das Wohl des Staates jederzeit mehr am Herzen lag, als der etwaige Luxus, mit welchem er sich auf Kosten seiner Unterthanen hätte umgeben können. So verzichtete er unter Andern während des Paraguay-Krieges, als die Finanzen Brasiliens auf das Aeusserste dadurch erschöpft schienen, freiwillig auf ein Viertheil seiner Civilliste zu Gunsten der Staatskasse, und gleichzeitig auf die gleiche Summe von dem seiner Gemahlin aus Staatsmitteln ausgeworfenem Einkommen; dabei verdient noch bemerkt zu werden, dass der Kaiser so gut wie gar kein Privatvermögen besitzt. Auch verschmähte er es, die Beihülfe von Staatsgeldern für alle seine Reisen im In- und Auslande in Anspruch zu nehmen. Natürlich war er aber hierdurch jederzeit im höchsten Maasse eingeschränkt und es kann nicht Wunder nehmen, dass er z. B. bei der Bereisung Deutschlands nach Möglichkeit jeden unnöthigen Aufwand vermied. Hand in Hand mit solcher Sparsamkeit geht die Anspruchslosigkeit des Kaisers. Bei seiner Anwesenheit in München vor ein paar Jahren zog er es bekanntlich vor, sich als einfacher Reisender von einem Dienstmann durch die baierische Hauptstadt geleiten zu lassen und mit der Reisetasche in der Hand zu Fuss den ersten besten Gasthof aufzusuchen, statt mit den seiner am Bahnhof harrenden Hofequipagen nach dem Schlosse zu fahren.

Die jüngste Reise des Kaisers nach Europa hat durch das Bekanntwerden mancher kleinen Züge weitere Beiträge zur Kennzeichnung seines einfachen, harmlosen Wesens und der pietätvollen Rücksichtnahme auf fremde Bräuche geliefert. So besuchte er bei seinem Aufenthalte in Heidelberg die Vorlesungen der berühmtesten Professoren, ohne dass vorher die Studenten von seiner Anwesenheit im Hörsaale Kenntniss gehabt hätten. Nach herkömmlicher Weise empfing man den gefeierten Lehrer mit einer durch allgemeines Fusstrampeln zum Ausdrucke gebrachten beifälligen Huldigung. Die Professoren, welche dieses Gebahren ihrer Hörer vorausgesehen, hatten sich gegenseitig bereits ihre Bedenken darüber mitgetheilt und schon berathen, was dagegen zu thun sei, bis man endlich zu dem Schlusse kam, der Sache in Gottes Namen ihren Lauf zu lassen. Dom Pedro aber, als sich der sonderbare Beifallssturm erhob, gerieth dadurch nicht in die geringste Verlegenheit, sondern trampelte gelassen mit den übrigen Zuhörern um die Wette.

Befremdlich erscheint die ausserordentlich hohe Lage seines Stimmorgans, die fast unnatürlich genannt werden könnte. Der Kaiser steht übrigens noch im kräftigsten Mannesalter und wird voraussichtlich noch auf Jahrzehnte hinaus am Ruder bleiben. Für Brasilien muss dies als ein Glück betrachtet werden, da Dom Pedro, wie kein anderer Fürst es wohl versteht, die sich gegenseitig anfeindenden Parteien bis zu einem gewissen Grade mit einander auszusöhnen.

So wenig formell der Kaiser ausserhalb seines Palastes erscheint, und so ungezwungen wie er sich bei seinen Besuchen in der Provinz giebt, hat sich doch merkwürdigerweise am brasilianischen Hofe seit des Königs Johann Regierung ein ziemlich strenges Ceremoniell erhalten. Die bei Hofe erscheinenden Gäste haben stets der kaiserlichen Familie die Hand zu küssen und dieser Handkuss spielt eine grosse Rolle bei officiellen Empfangsfeierlichkeiten.

Von der Kaiserin Donna Tereza Christina Maria, einer Tochter des verstorbenen Königs beider Sicilien, Franz I., hört man wenig, und höchst selten hat man Gelegenheit, sie bei Festlichkeiten öffentlich zu sehen, da sie die meiste Zeit in dem sehr einfach gebauten etwas entlegenen Schlosse von San Cristovão zubringt. Gleich ihrem Gemahle lebt auch sie äusserst einfach und selbst die kaiserliche Tafel ist selten nur mit der einen oder andern Delicatesse bestellt. Nicht einmal feinere Weine finden für gewöhnlich sich bei den Mahlzeiten vor und Dom Pedro trinkt sogar ausschliesslich nur Wasser.

Etwas mehr Lebemann ist der Schwiegersohn des Kaisers, Dom Luiz Comte d'Eu, Gemahl der Thronfolgerin Dona Isabella, welcher zugleich die Würde eines brasilianischen Marschalls bekleidet.

Ueber dem kaiserlichen Palaste wehte, da der Kaiser zwar nicht, wohl aber seine Familie in Petropolis anwesend war, an einer mächtigen Stange die brasilianische Flagge. Ich hatte dieselbe bisher nur in sehr verschossenen Exemplaren an den in Rio ankernden Schiffen und einmal ganz flüchtig bei den Kirchenfeierlichkeiten betrachten können; hier bot sich mir zum ersten Mal Gelegenheit, mit Muse das sonderbare Staatssymbol besichtigen zu können, und mein gefälliger Wirth, welcher zufällig des Weges kam, erklärte mir bereitwillig die etwas mystische Zusammenstellung des brasilianischen Wappenschildes. Dasselbe zeigt im grünen Felde eine goldene Sphärenkugel, welche durch das Kreuz des Christusordens in vier gleiche Theile getheilt wird, umgeben von einem blauen Reifen, der 19 silberne Sterne trägt, als Symbol der zur Zeit der Unabhängigkeitserklärung Brasiliens (1822) vorhanden gewesenen Provinzen, (davon ist der Stern der Cisplatina, der jetzigen Provinz Uruguay am 27. August 1828 untergegangen, dafür kamen jedoch im Anfange der 1850er Jahre zwei neue Provinzen, Amazonas und Parana hinzu, indessen wurde die Zahl der 19 Sterne im Wappen beibehalten). Das Wappenschild ist mit einer Krone versehen und statt der Schildhalter von zwei am unteren Ende durch eine Schleife verbundenen Zweigen des Kaffeebaumes und der Tabakpflanze zur Versinnbildlichung des Nationalreichthums umschlungen. Das ganze Wappen macht den Eindruck von etwas Aussergewöhnlichem und Aussereuropäischem, kann aber kaum den Anspruch auf künstlerische Zusammenstellung erheben. Auch sind die Flaggenfarben so unglücklich gewählt, dass sie selbst in einem weniger heissen Klima bald genug unscheinbar werden würden.

Der oben erwähnte Christusorden ist der höchste von den sechs bestehenden brasilianischen Orden, dem Orden des heiligen Benedict von Avis, dem Orden des heiligen Jacobus vom Schwert, dem Orden des südlichen Kreuzes, demjenigen Dom Pedro I. und dem Rosenorden. Alle diese Auszeichnungen werden mit ziemlicher Freigebigkeit verliehen und der Rosenorden wird fast in eben so zahlreicher Menge vertheilt, wie etwa das Kreuz der Ehrenlegion in Frankreich. Doch muss erwähnt werden, dass sich die Ordensverleihung nur auf das Diplom beschränkt, und dass es dem glücklichen Empfänger überlassen bleibt, sich die Insignien auf eigene Kosten und nach eigener Wahl des Metalles zu beschaffen. Desto sparsamer ist man in Brasilien mit der Adelsverleihung. Solche wird als eine ganz ausserordentliche Auszeichnung betrachtet, und gewinnt dadurch noch an Werth, dass der Adel, nicht wie bei uns, erblich ist. Wenn daher Ausländer von Adel nach Brasilien kommen, deren jugendliches Alter es den Brasilianern unwahrscheinlich macht, dass ihre etwaigen Verdienste schon mit dem Adelsprädicat belohnt sein könnten, so werden sie mit höchst zweifelhaften Blicken angesehen und müssen es sich gefallen lassen, im Stillen von den Brasilianern für Schwindler gehalten zu werden.

So unbequem wie mir von vielen Seiten die Landreise noch weiter nach dem Innern geschildert worden, so mochte ich, einmal in Petropolis angelangt, es doch nicht versäumen, meine

Reise noch weiter, wenigstens zunächst nach Ouropreto, der Hauptstadt der Provinz Minas Geraes auszudehnen. Nach brasilianischen Begriffen war der Weg dorthin auch nicht einmal allzuweit, da er kaum dreissig deutsche Meilen betragen sollte. Am bedauerlichsten war es mir, von nun ab die Gesellschaft meines liebenswürdigen Reisebegleiters missen zu sollen, welcher es vorzog, nach Rio zurückzukehren, um sich mit einem der nächsten Dampfer nach den La Plata-Staaten zu begeben. Die Mittel, über welche ich zu verfügen hatte, waren leider nur bescheiden, so dass ich nicht, wie sonst bei derlei Reisen üblich ist, mehrere Last- und Reitthiere käuflich erwerben konnte, sondern mich vielmehr damit begnügen musste, mich selbst beritten zu machen. — Ich durfte daher von Glück sagen, als ein elsässischer Mascate (wandernder Schmuckhändler) sich fand, der desselben Weges zog und dem ich mich anschliessen konnte. Mein Hauptgepäck hatte ich in Rio Janeiro zurückgelassen, von wo aus es direkt nach Santos, dem Ausgangspunkt meiner Reise, an ein deutsches Handlungshaus vorausgeschickt wurde. Das Wenige, was ich bei mir trug, bestand in etwas Wäsche, einem leichten Sommeranzug, ein paar Hausschuhen und einem Revolver nebst genügender Munition. Zur weiteren Ausrüstung erstand ich in Petropolis noch einen Poncho von dunkelem Wollenzeug, ein Paar riesige Stiefeln und zwei Malas (Handkoffer), zum Aufschnallen auf den Sattel. Chilensporen, Reitpeitsche und sonstige Kleinigkeiten hatte ich bereits in Rio eingekauft, so dass ich nun als vollständiger Brasilianer mein Ross besteigen konnte. Die Equipirung des Pferdes, welches ich zu einem verhältnissmässig billigen Preis von einem Deutschen erhalten, war von dem Elsässer übernommen worden, der überhaupt mit freundlicher Sorge sich aller meiner Bedürfnisse von Anfang an angenommen. Hr. Maier, so hiess mein neuer Reisegefährte, stammte aus dem freundlichen Städtchen Schlettstadt im Oberelsass und war seiner Zeit nach Brasilien gekommen, da er eine gewisse Abneigung gegen den französischen Militairdienst nicht überwinden konnte, durch Schicksalstücke aber bei der Aushebung unnachsichtlich als militairpflichtig zur Fahne einberufen war. Die wenigen Franken, welche er von dem Ueberfahrtsgeld erübrigt, hatte er speculativer Weise sofort in mancherlei Waaren angelegt und war mit seinem Kleinhandel bisher so glücklich gewesen, dass er heute schon mit einer ansehnlicheren Summe recht einträgliche Geschäfte in der Provinz zu machen im Stande war. Auch hatte ein günstiger Zufall ihn in Rio in das Haus von wohlhabenden Landsleuten geführt, welche darauf bedacht waren, dem mosaischen Glaubensgenossen nach Möglichkeit weiter zu helfen. Für diese betrieb Hr. Maier den Absatz echter und unechter französischer Schmucksachen, welche er in zwei besonders grossen Satteltaschen auf dem seine Waaren schleppenden Maulthiere mit sich führte. Auf diese Weise war der rührige Geschäftsmann seit ein paar Jahrzehnten schon in den Provinzen Rio Janeiro, Espirito Santo, Minas Geraes und San Paulo umhergezogen und hatte sich nach und nach eine für mich beneidenswerthe Kenntniss von Land und Leuten angeeignet.

Maier war ebenso herausstaffirt wie ich selbst, und stellte mir an dem zur Abreise bestimmten Morgen den sog. Peão (Diener) vor, welcher wegekundiger als mein Gefährte selbst und vertraut mit Allem, was einem solch' nützlichen Menschen bei brasilianischen Reisen zu wissen Noth thut, die Leitung unserer kleinen Karavane übernehmen sollte. Aeusserlich war der junge Mensch gerade nicht sehr Vertrauen erweckend und seine Galgenphysiognomie flösste mir Anfangs einiges Bedenken ein. Im Verlaufe der Reise aber lernte ich João, dies war unseres Peãos Name, als ein wahres Juwel eines Bedienten kennen und schätzen. Seiner Abstammung nach hatte João mehr Neger- als Blut der weissen Raçe in seinen Adern; man hätte ihn aber im höchsten Grade beleidigt, wenn man ihm gegenüber diese Behauptung ausgesprochen und nicht wenig bildete er sich darauf ein, dass er der Afilhado (Pathe) eines angesehenen Tenente coronel (Oberstlieutenant) war.

Noch ehe die Sonne ihre heissen Strahlen über Berg und Fluren aussandte, trabten wir auf der sogenannten Minasstrasse dem Innern des Landes zu. Die ersten paar Stunden empfand ich keine Langeweile, da Maier im Erzählen seiner mannigfachen Erlebnisse unermüdlich war, die, wenn sie alle wahr gewesen, hingereicht hätten, einem Gerstäcker oder Cooper Stoff für zehn Jahre zu Romanen und Reiseabenteuern zu geben. Von alle den Aufschneidereien Maiers, die er zu meiner Unterhaltung verwandte, ist eine namentlich mir noch lebhaft in Erinnerung, die ich nicht verschweigen will, und die zugleich als Probe dienen mag von den reichen Phantasieerzeugnissen meines biedern Landsmannes. „Einst", so lautete die Erzählung desselben, „gelangte ich auf einer meiner Reisen nach dem Gehöft eines reichen Façendeiros in der Nähe von Santa Anna weit hinter der Serra Canastra, und als ich meine zwei Maulthiere ausgeschirrt und von der Einladung des Brasilianers, in seinem Gehöfte zu übernachten, Gebrauch machen wollte, verlangte mich danach, vor dem Schlafengehen auf der Besitzung mich etwas umzusehen. Ich war eben hinter dem Wohnhause unter den zahlreichen Orangebäumen etwas herumgeschlendert und im Begriff eine der saftigen Embigos (eine besonders wohlschmeckende Orangenart) zum Munde zu führen, als ich ganz plötzlich in einen eben gegrabenen tiefen Brunnen hinabstürzte, den ich bei der mittlerweile eingetretenen Dunkelheit nicht bemerkt, da er mit Strauchwerk überdeckt war. So gross der Schreck im ersten Augenblick gewesen, so verliess mich doch meine Geistesgegenwart nicht, und während ich unablässig Wasser zu treten suchte, rief ich so laut ich nur immer konnte, um Hülfe. Ungelogen mochte es eine Viertelstunde dauern, als endlich Stimmen über meinem Kopfe mich davon überzeugten, dass Rettung nahe sei. Die spitzbübischen und geldgierigen Neger aber, welche mir zuriefen, waren nichts weniger als gleich bereit, mir in meiner Noth beizustehen. Sie verlangten vielmehr zuerst die Summe zu wissen, welche ich ihnen für meine Rettung bieten würde. Fünf Minuten handelten und feilschten wir miteinander, bis die Schurken sich mit 20 Milreïs Lösegeld zufriedengestellt erklärten und mich glücklich wieder aus dem Wasserloch mittelst eines Strickes befreiten." Auch João wusste dergleichen Geschichtchen aufzutischen und wenn mir diese auch sonst gerade nicht von Nutzen waren, so trugen sie doch aus des Letzteren Mund dazu bei, meine Kenntnisse des Portugiesischen immer mehr zu vervollkommnen.

Unser Weg war bodenlos schmutzig und morastig, doch übersah ich gern die schlechte Beschaffenheit desselben wegen der herrlichen uns umgebenden Landschaft. Anfangs war die Strasse noch in leidlichem Zustande gewesen, aber je weiter wir uns von Petropolis entfernten, desto schlimmer wurde der Weg. Nur mit der grössten Mühe vermochten sich unsere Thiere fortzuschleppen und als der Mittag herannahte, befanden wir uns noch weit von dem Ziele, das wir uns für den ersten Tag gesteckt hatten. Wir passirten das Dörfchen San José dos Humidoro, eine andere Ansiedlung Olaria war einige Stunden vorher uns zur Seite liegen geblieben, und hier machten wir zum ersten Male nach vielen Stunden Reitens etwas Halt. Ich erinnerte mich, dass seiner Zeit auch Tschudi, der gleichfalls von Petropolis aus über Ouropreto eine Reise durch das Innere der Provinz Minas Geraes unternommen, hier sein Nachtquartier aufschlagen wollte, aber von einem Franzosen, bei dem die Reisenden für gewöhnlich ihre Nachtherberge zu nehmen pflegen, ungastlich von der Schwelle gewiesen worden war. Wir hatten in dem in einer waldigen Gegend gelegenen Sumidoiro mehr Glück, woran zum Theil wohl auch die ausgebreitete Bekanntschaft Maiers mit der Hälfte der Einwohnerschaft Schuld sein mochte. In einer Venda (Kramladen) war man auf unsere Anfrage hin gern bereit, uns gastlich aufzunehmen und die Bequemlichkeiten des Hauses, so lange es uns gefiel, zu unserer Verfügung zu stellen. Wir entschlossen uns nunmehr, einige Stunden Rast zu machen, bis die grösste Sonnengluth des Mittags etwas nachlassen würde. Auf meiner weiteren Reise suchte ich diese sich als sehr praktisch erweisende Unterbrechung der Tagestour in der Mittagszeit, wo es nur immer möglich war, einzuhalten, und wenn ich später diese Zeit in der Regel zur Ruhe und zum Schlaf verwandte, so bot sie hier mir die erfreuliche Gelegenheit, mich mit aller Muse in dem brasilianischen Kramladen umzuschauen. Die Venden sind eine Eigenthümlichkeit Brasiliens und bieten in ihrem Innern eine so ausserordentliche Vielseitigkeit von Verkaufsgegenständen, dass es weniger Mühe machen würde, jene Waaren aufzuzählen, welche zufälligerweise sich nicht darin vorfinden, als das Alles zu nennen, was friedlich hier im buntesten Durcheinander lagert. Den Bedürfnissen des täglichen Lebens sowohl, als Luxusgegenständen aller Art hat der Zufall hier einen und denselben Raum angewiesen. Diese absonderliche Beschaffenheit des Waarenlagers mag zuerst daraus entsprungen sein, dass es eine Gewohnheit der Brasilianer ist, all' ihre Einkäufe am liebsten nur bei einem Verkäufer zu machen. Tritt ein Käufer demnach in ein Geschäft, um etwa mit einem Paar silbernen Sporen sich zu versehen und findet diese nicht vorräthig, hat ausserdem aber alle möglichen Bedürfnisse, welche er gewiss sein würde, am gleichen Orte befriedigen zu können, so verlässt er doch den Laden, um an einer andern Stelle seine sämmtlichen Einkäufe zu machen. Unter solchen Umständen bleibt den Kaufleuten nichts übrig, als mit Allem zu handeln, wonach jemals Nachfrage gehalten wurde. Nur an ganz entlegenen Orten sind die Venden spärlicher mit Waaren versehen und beschränken sich auf den Handel mit Landprodukten, Sattelzeug, Eisenwaaren, Holz- und Lederschuhen, Branntwein, englischem Bier und den selten fehlenden in Blechdosen verpackten Sardines a l'huile. Die Venda von Sumidoiro gehörte zu den dürftiger bestellten Kramläden, so dass ich mit der Umschau bald zu Ende war.

Obgleich wir bereits in einem Quersack auf dem Lastthiere des Mascaten einige Lebensmittel mit uns führten, für den Fall, dass wir gezwungen wären, im Freien zu kampiren, hielt ich es für geboten, unser Verlangen nach etwas Erfrischung durch Entnahme einiger Büchsen Sardinen und einer Flasche Ale, deren Inhalt zu meiner geringen Erbauung mindestens 15 Grad Wärme hatte, zu stillen. Auch die Sardinen waren, wie sich beim Oeffnen der Dosen herausstellte, nicht Appetit erregend, da die ölige Sauce schon seit Monaten ranzig geworden. Zum ersten Male empfand ich bitter den Mangel an Brod, welches nicht einmal in den grösseren Städten Brasiliens immer zu haben ist, und an dessen Stelle im günstigsten Falle nur die mir von Anfang bis zu Ende meines Aufenthalts unter den Tropen widerlich gewesene Farinha tritt. Die Freuden des Mahles waren in Folge dessen nicht sehr gross für mich. Wir selbst führten an Lebensmitteln etwas Speck, schwarze Bohnen, Farinha, Salz und Pfeffer mit uns. Eine Speisekarte, die oft zu allen drei Mahlzeiten des Tages unsere einzige Magenstärkung blieb.

São José do Sumidoiro liegt mitten in den Bergen an dem Flusse Piabanha, der sich in der Nähe der Ortschaft gewaltsam einen Weg unter den Felsen durchgegraben, mitunter grosse kesselförmige Löcher ausfüllt, und wild zwischen den mit Gehölz bestandenen schroff abfallenden Ufern dahinrauscht. Die Gesteinsarten, die sich an den Ufern finden, sind Gneis, Granit,

Quarz und Feldspath. Es ist ein ganz unscheinbarer Ort, der nur wenige Häuser von einigermaassen wohnlicher scheinendem Aeusseren zählt, und dessen Einwohnerschaft sich auf eine kaum nennenswerthe Zahl beziffert. — Trotzdem machte der Chef unserer kleinen Karavane ganz· leidliche Geschäfte und zeigte sich, als wir unsere Strasse weiter zogen, mit dem Aufenthalte in der Vende sehr zufrieden.

Die Gegend, durch welche wir nun kamen, war vielfach mit Kaffeeplantagen, Mais und Mandioca bepflanzt, und stellenweise machte sie den Eindruck eines gesegneteren Landstriches. Stundenlang aber wechselten wieder wilde verödete Flächen, auf welchen nur die kümmerlich wieder emporwachsenden Wäldchen zwischen abgehauenen und halbverkohlten Baumstümpfen Zeugniss davon ablegten, dass menschliche Hände früher schon hier thätig waren. Wie eine Oase in der Wüste erschien hinter Sumidoiro der Ort Boa vista de Pampulha, an dem wir jedoch ohne Aufenthalt vorüberzogen.

Sehr felsig und unwegsam wurde unsere Strasse in der Nähe eines Bergrückens Alto de Pegato, wo wir die Ufer des Piobanha bereits wieder verlassen hatten. Verschiedene Male hatte ich es nur der Umsicht meiner Reisegenossen zu danken, dass mein rüstig zuschreitendes Pferd nicht bei einem oder dem andern Hinderniss strauchelte und mit mir zu Boden stürzte.

Wir waren übrigens auf der Strasse, die wir verfolgten, nicht die einzigen Reisenden; wenigstens kamen uns wohl zwei bis drei Mal einige der früher beschriebenen Tropas entgegen, mit deren Führern sich dann jedesmal unser João in einen sehr lebhaften Wortwechsel einliess, indem er von den Leuten verlangte, dass sie uns an den unwegsamsten Stellen ausweichen sollten; die Tropen-Führer machten dann mit Recht geltend, dass wir als der weniger zahlreiche Theil ihnen Platz zu machen hätten. Ohne einige Püffe und ein absichtliches Anrempeln mit den mit Baumwollenballen beladenen Maulthieren an unsere Thiere ging es dann gewöhnlich nicht ab. Die Folge davon war eine Fluth portugiesischer Flüche und Schimpfworte von Joãos Lippen, wie ich sie in solcher Vollzähligkeit nie mehr seitdem zu hören bekam.

Meistentheils führte unser Weg über schattenlose Flächen und wenn die Sonne gar zu grell uns beschien, verstummte das

Gespräch und Einer ritt hinter dem Andern still vor sich hinbrütend. Das Aussprechen eines Wortes oder gar ganzer Sätze betrachtete man als eine zu mühsame und unnöthige Anstrengung.

Neu und interessant für mich waren auf einem Theil der Reise die grossen Kaffeeplantagen der Façendas von Almeida engenho do segretario fegundes pampulha, welche an einigen Stellen die umliegenden Anhöhen bedeckten und deren tiefgrüne Färbung merkwürdig von den daneben liegenden Maisfeldern oder den dazwischen auftauchenden Kampflächen abstach. Ausser den uns begegnenden oben erwähnten menschlichen Wesen mit ihren Lastthieren machte sich während der ersten Tage nur ein äusserst spärliches Leben in der Natur bemerkbar und ohne die zahllosen winzigen Insekten, welche uns und unsere Thiere rastlos umschwärmten, um durch ihre Stiche unaufhörlich uns zu quälen, und das Brüllen der Monosaffen hätte man meinen können, die Natur sei hier ganz verödet und leblos. Nur wenn sich die Strasse hin und wieder zwischen Capoeïros hinzog, flatterten einige Vögel aus dem Gebüsch empor, oder huschte eine grosse Eidechse, verscheucht durch die nahenden Tritte der Pferde, über den Weg.

Mehr als durch alle schriftlichen Schilderungen von Land und Leuten gewinnt man auf solcher Reise ein zutreffendes Bild von der spärlichen Bevölkerung Brasiliens und den kümmerlichen Anfängen seiner Kultur. Viele Meilen weit hatten wir oft zu reiten, ehe wir auf ein einsames kleines Gehöft, meist eine isolirt stehende Vende, oder eine den Eindruck des Verfalls machende Niederlassung von Mischlingen der untersten Volksklassen trafen, deren Erwerb und Thätigkeit mir hier höchst räthselhaft erschien. Bemerkenswerth ist es bei alledem, dass die Unsicherheit der Strassen, trotz aller Ursprünglichkeit der Verhältnisse, im Allgemeinen eine sehr geringe ist und Reisende in Brasilien weniger Gefahr laufen, selbst in den einsamsten Gegenden von räuberischer Hand angegriffen zu werden, als sie es in manchen unserer europäischen durch Gesetz und Sicherheitsbeamte überwachten Staaten sind. Fast hätte ich mir alle Bewaffnung ersparen können, wenn nicht mein Revolver auch zur Wehr gegen die etwaigen mir aufstossenden Thiere dienen sollte. So traf es sich denn auch an einem der folgenden

Tage, dass uns in der Nähe des Flusses Parahybuna von Weitem schon ein Thier auffiel, welches durch sein unheimliches Aeussere unser Misstrauen rege machte. Es war ein Hund, der allem Anschein nach von der Wasserscheu befallen war und zähnefletschend mit trüben Augen und eingekniffenem Schweife uns den Weg versperrte. Ich bat meine Reisegefährten, zur Seite zu lenken und etwas Halt zu machen, indem ich selbst vom Pferde sprang, den Zügel des letzteren unserm Diener zuwarf und mich schussfertig machte. Darauf trat ich dem Hunde einige Schritte entgegen und suchte durch einen wohlgezielten Schuss in die Brust dem Leben des unheimlichen Gegners ein Ende zu machen. So gut ich auch auf das Schiessen mit dem Revolver eingeübt war, traf ich doch nicht gleich die richtige Stelle, die Kugel war nur seitwärts in die Hüfte des Hundes eingedrungen und er sass nun mit dem Hintertheile zusammengebrochen, ein klägliches Bild der Hülflosigkeit, vor mir. Erst nach abermaligem Feuern fand das Thier sein Ende und wir ritten weiter. — Tolle Hunde gehören, wie dies in der Natur der Sache liegt, in Brasilien nicht zu den Seltenheiten, und in den Städten geht die Polizei deshalb auch sehr energisch gegen alle herrenlos sich umhertreibenden Hunde vor. Man nimmt sich hierbei nicht die Mühe, die Thiere wegzufangen und zu tödten, sondern die mit diesem Geschäfte betrauten Personen werfen den armen Vierfüsslern nur einige Giftpillen vor, welche sie früher oder später aus dem Leben befördern.

Einen kurzen Halt machten wir in Rumo da Lage, wo abermals eine Vende uns aufnahm. Unser Nachtquartier schlugen wir in Riberão auf, wo wir in einer Hospitaria (Wirthshaus) sehr gut untergebracht waren. Wenn ich von einem sehr guten Quartier spreche, so ist darunter zu verstehen, dass die Anzahl des unausbleiblichen Ungeziefers, welches nie in brasilianischen Häusern fehlt, eine verhältnissmässig geringe war. Erspart bleibt freilich dabei nie die Störung der Nachtruhe durch Mäuse, Baratten, Mosquitos u. dergl. mehr. Auch die Verwahrlosung der Zimmer, welche, kaum anders als in einem Neubau zugig und in roher Weise getüncht, zum Aufenthalte dienen, entbehren aller Gemüthlichkeit. Die schlechten Nachtquartiere sind überhaupt die ständige Klage aller Brasilien-

Reisenden. Einer derselben theilt die Wirthshäuser des Landes ein in solche, wo man zu essen und zu trinken, wo man Betten und eine verschlossene Kammer erhält, und nennt sie dann gut und sehr gut, je nachdem die Bewirthung reinlich ist. Andere, wo man zu essen aber keine Betten noch Kammern, und solche wo man Kammern und keine Betten, auch keine Speisen, aber zu trinken erhält, nennt er erträglich, auch wohl schlecht; dann eine andere Art, wo man nichts von alledem erhalten kann und nur in einem oben bedeckten und nach den Seiten zu offenen Raum sich behelfen muss, nennt er sehr schlecht. Die dafür angesetzten Rechnungen, womit man bei der Abreise überrascht wird, und die in der Regel nur nach summarischen Tagespreisen angesetzt werden, sind so hoch, dass man für dasselbe Geld in einem der ersten europäischen Hôtels während der fünffachen Zeitdauer bequem wohnen und leben könnte. Es erinnerte mich dies lebhaft an die Erzählung eines viel in Brasilien herumgekommenen Handelsmannes, welcher auf dem Schiffe folgendes zum Besten gab. Als ihm nach einer durch Schaaren von Wanzen schlaflos zugebrachten Nacht am nächsten Morgen die übermässig hohe Rechnung eingehändigt wurde, konnte er sich nicht enthalten, der nächtlichen Ruhestörer gegen die Wirthin mit allem Unmuth zu erwähnen. Diese erwiderte bedauernd, dass diese Plage leider durch alle bereits dagegen angewandten Mittel nicht zu beseitigen gewesen sei, die Wanzen erschienen immer wieder. „Ich will Euch ein Mittel sagen", entgegnete der geprüfte Gast, „macht Euren Wanzen eine solche Rechnung wie mir, und sie werden auf immer Eure Schwelle meiden."

Die Lage von Riberão ist am Ende eines Thales von mässigen Höhen umgeben, durch welches ein kleines Flüsschen sich schlängelt, das wir verschiedene Male vor unserer Ankunft in dem Orte zu überschreiten hatten. Hierbei fiel mir der Mangel an Brücken auf. Desto angenehmer wurde ich im weitern Verlaufe der Reise durch die schöne neue Brücke überrascht, welche über das klare Wasser des breiten Parahyba führt, der einige Zeit vorher den bereits erwähnten Nebenfluss Parahybuna in sich aufgenommen. Dieser Strom hat zwar eine ausserordentliche Länge (von 130 bis 140 Leguas), ist aber als Wasserstrasse doch nicht von Bedeutung, da sein oberer Lauf bis nach São Fidelio, welches 15 Leguas oberhalb der Mündung liegt, von vielen Stromschnellen und Felsen unterbrochen wird.

An den Ufern des Parahyba, welchen wir nach ein paar Tagen auf entsetzlichen Umwegen über die Façenda Manoel José und Lucas erreicht hatten, nahm die Waldvegetation einen etwas üppigeren Charakter an und die Pflanzenwelt schien mir besonders reich an neuen Erscheinungen. Die Wälder an den Hängen der Berge zeigten einen wechselvolleren Baumschlag und die prächtigen Farben des saftigen Palmengrüns gaben dem Bilde, welches sich vor meinen Blicken ausbreitete, ein tropischeres Aussehen. Die Ueppigkeit und Fruchtbarkeit der Provinz Rio Janeiro, in welcher wir noch immer verweilten, ist in ihrer Art allgemein bekannt und wird kaum von einer anderen Provinz des Reiches übertroffen. Ganz besonders indessen sagt die jetzt geschilderte Gegend dem Anbau des Kaffeebaumes zu, und wie in den Südprovinzen Mais, schwarze Bohnen und Mandioca, in den Nordprovinzen Bahia und Pernambuco der Tabak die Hauptprodukte bilden, so besteht der Reichthum Rio Janeiros allein fast in seinen ausgedehnten Kaffeeplantagen. Bei Weitem der grösste Theil alles Kaffees, der in Brasilien erzeugt wird, stammt aus der Provinz Rio Janeiro.

In dem Städtchen Parahyba hielten wir uns nicht lange auf. Doch reichte die Zeit hin, um die Brücke, deren Bau ganz ausserordentliche Summen verschlungen haben soll, einer näheren Besichtigung zu unterwerfen. Wenn man nur die Hälfte der dafür verausgabten Mittel auf den Bau einer brauchbaren Strasse von Petropolis bis Parahyba oder wenigstens, auf deren Ausbesserung verwandt hätte, so würde meiner Ansicht nach mehr dadurch gewonnen worden sein, als durch den übermässigen Prunk dieses stolzen Brückenbaues. Dieselbe ruht auf sechs steinernen Pfeilern von schön behauenen Granitquadern, welche durch Eisengerippe mit einander verbunden sind. Die Construction der eisernen Spannung, deren Zwischenräume mit kleineren Steinen ausgefüllt sind, ist nach einem amerikanischen System entworfen und contractlich von einem der grössten Finanzleute Brasiliens, dem Baron von Mauá, ausgeführt. Mehr als 6000 Centner Eisen, welches Alles erst aus England eingeführt wurde, sollen zu dem Bau verwendet worden sein und wegen des Mangels an Geld und Arbeitskräften dauerte es über 20 Jahre, ehe die Brücke vollständig fertig dem Verkehr übergeben werden konnte. Der Gesammtaufwand der Baukosten soll über 1,200,000 Mark betragen haben. Besonders zierlich und hübsch ist das gusseiserne Geländer, welches die Brücke einfasst.

Zur Zeit, als man noch auf Barken über den Fluss setzte, diente das am diesseitigen Ufer stehende Wachthaus zum Aufenthalte einer die Pässe und den Verkehr zur Verhinderung des Schleichhandels controlirenden Behörde. Ab und zu unternahm das kleine Militaircommando auch Streifpatrouillen in die Umgegend und wenn man den Berichten Anderer Glauben schenken darf, so wurde bei der Untersuchung der Reisenden nach Goldstaub und Diamanten mit unglaublicher Strenge verfahren. Personen, auf welche man Verdacht hatte, verfolgte man nicht selten mehrere Tage, fiel unvermuthet mitten auf der Strasse über sie her, liess sie ihre Waaren abladen, schlug alle Kisten auf, schnitt die Sättel entzwei und riss sogar die Absätze von den Stiefeln. Dennoch wurde viel geschmuggelt. Ein Ochsentreiber wusste u. A. die Beamten dadurch zu hintergehen, dass er den Goldstaub in kleinen Beutelchen in die dicken buschigen Schwänze seiner Thiere gebunden hatte. Die Strafe für die Gold- und Diamanten-Schleichhändler war keine geringe, der Verlust ihres Vermögens und die Verbannung nach Angola in Afrika auf zehn Jahre war noch eines der gelindesten Strafmaasse.

Parahyba ist ein Ort von kaum 30 Häusern, von denen die Hälfte aber zum mindesten aus Venden und sogenannten Hôtels besteht, deren mehr als zweifelhaftes Aeussere nicht zur Einkehr verführt. Trotzdem der Verkehr gerade hier an der Brücke ein besonders reger zu sein scheint, so stierte uns die grösstentheils schwarze Einwohnerschaft doch so neugierig an, als ob sie seit Jahren keinen Fremden zu Gesicht bekommen hätte. Anfangs glaubte ich irgend etwas Absonderliches an mir zu haben, was die Aufmerksamkeit der Leute in so hohem Grade erwecken konnte, in der Folge aber machte ich die Beobachtung, dass Neugier und kindliches Staunen über das geringfügigste Schauspiel in den Strassen zu den Eigenthümlichkeiten der Brasilianer gehöre. Das Herausschauen aus den Fenstern dient in den Städten deshalb auch wesentlich zur meist einzigen Unterhaltung. Ja schliesslich verfällt man bei längerem Aufenthalte in Brasilien selbst in diesen Fehler und bringt es fertig, Stunden lang diese Art des Müssiggangs nachzuahmen.

Der Uebergang über die Brücke wurde uns gegen die Entrichtung einer kleinen Abgabe im Betrage von etwa 500 Reis (etwas über eine Mark) gestattet und ich segnete im Stillen den Erbauer, welcher wenigstens an diesem bedeutenden Strome den beschwerlicheren Uebergang durch den Fluss selbst uns erspart hatte.

Ein kleines Wölkchen am Horizonte hatte sich mittlerweile zu einer drohenden Gewitterwolke über unsern Häuptern verdichtet und ganz plötzlich brach ein Unwetter los, wie ich es seit meinem Verweilen auf südamerikanischem Boden noch nicht erlebt. In Strömen ergoss sich sündfluthartig der Regen über uns und vergebens sahen wir uns auf allen Seiten nach einem Schutz gegen solche unfreiwillige Taufe um. Die Tuchponchos, welche wir gleich beim Losbrechen des Gewitters über uns geworfen, waren im Nu so mit Regenwasser durchtränkt, dass sie Centner schwer auf unsern Schultern lasteten und das Gefühl der Unbehaglichkeit im höchsten Grade steigerten. Kein Obdach weit und breit wollte sich zeigen und wohl oder übel mussten wir unsern Weg bei aller Ungemüthlichkeit des Wetters geduldig fortsetzen. Unsern João liess die Sache am gleichgültigsten und ganz zufriedenen Gesichts steckte er sich eine Maiscigarre nach der andern an und lächelte recht boshaft, als ich meinem Unmuth etwas laut Luft machte.

An dem Flüsschen Parahybuna, dessen felsenumrahmte Ufer wir nach einem ungemein beschwerlichen schmutzigen und wenig interessanten Weg erreichten, langten wir an der Grenze der Provinz Rio Janeiro und Minas Geraes an. Farinha und Payol waren die einzigen Gehöfte, welche wir unterwegs seit dem Verlassen von Parahyba gesehen. Farinha liegt mitten in einem dicken Walde in einem feuchten Thale, welches bei Payol unheimlich sich vertieft. Ein Grenzzollhaus am diesseitigen Ufer, in welchem abermals eine Steuer für den Uebergang über eine hölzerne Brücke zu entrichten war, veranlasste uns, einen kleinen Halt zu machen. Etwas besonders Bemerkenswerthes bietet der Flussübergang nicht. In der Nähe des Parahybuna hingegen liegen zwei ruinenartige Gebäude, eben so wie am Parahyba, als Ueberreste früherer Zeiten, in denen die Gold- und Diamantensucherei in Brasilien der alleinige Beweggrund für die Europäer war, das Innere des Landes zu bereisen. Minas Geraes gehörte nämlich von jeher zu jenen Districten, welche den grössten Reichthum an seltenen Steinen und edlen Metallen bergen sollten. Und auch an den Grenzen dieser Provinz waren daher Zollrevisionsgebäude errichtet und auf das Strengste die Aus- und Einfuhr von Staatswegen in dieser Provinz überwacht, um nichts von den auf Gold und Diamanten lastenden Abgaben entschlüpfen zu lassen.

Die grosse Ermattung unserer Thiere von dem mühsamen Durchschreiten des morastigen Weges nöthigte uns, weiterhin die Gastfreundschaft eines Façendabesitzers auf der Façenda Cafesal anzusprechen. Auf das Geheiss Maiers ritt unser Peão, als wir dem Hofe auf etwa 100 Schritte nahe gekommen, noch weiter zu, hielt dann sein Pferd an und klatschte kräftig in die Hände. Lange wollte sich kein lebendes Wesen vor den Gebäuden der Façenda zeigen und Alles schien wie ausgestorben. Zwei grosse schlanke Palmen, welche hinter einem rohgezimmerten Zaun von Bohlen die einstöckigen Gebäude überragten, senkten von der Regenmenge belastet, schwermüthig ihre breiten langen Blätter über die Dächer und ergänzten so das melancholische Bild völliger Einsamkeit. Nicht einmal das Bellen eines Hundes wurde laut und es erschien uns mehr als zweifelhaft, dass uns hier ein Obdach für die Nacht geboten werden könnte. Ganz in der Ferne nur erblickte man einige weidende Thiere, das war aber auch Alles, was sich an lebenden Wesen zeigte. Auf meine Anfrage hin, warum João nicht etwas näher anreite, bedeutete mich Maier, dass dies dem brasilianischen Brauche entgegen sei. Das Besitzthum eines Brasilianers ohne dessen Erlaubniss zu betreten, dürfe kein Fremder wagen, und geschähe es dennoch, so stünde dem Herrn desselben das Recht zu, den unberufenen Eindringling sofort niederzuschiessen. Durch das „In die Hände klatschen" müsse zunächst die Anmeldung geschehen und die Erlaubniss zum Eintritt dann erwartet werden. Dies sei sowohl in Städten wie auf dem Lande ein geheiligter Brauch. Wiederholt rief João mit lauter

Stimme, während er seine schwarzen Hände zusammenklatschte: „Licença (Erlaubniss)!" Aber eine Viertelstunde fast mochte verstrichen sein, bis plötzlich an dem Thorweg der Besitzung ein Mann erschien und durch den Ausruf „Chega (Heran)!" uns zum Nähertreten aufforderte. Maier sowohl wie sein Diener brachten nun in beredten Worten ihre Bitte vor, etwas Rast unter dem schützenden Dach der Façenda halten zu dürfen. Dies wurde uns bereitwilligst gewährt. Der Herr des Hauses war nicht anwesend und in Geschäften nach dem benachbarten Städtchen Parahybuna geritten. In mancher Beziehung war es mir lieb, hierdurch von der portugiesischen Unterhaltung befreit zu sein und Muse zur Ruhe zu erhalten. Der lange Ritt auf dem ungewohnten brasilianischen Sattel hatte mich doch etwas angestrengt, und ich hätte viel darum gegeben, wenn ich zur Fortsetzung der Reise im Augenblick einen englischen Sattel aufzutreiben im Stande gewesen wäre. Später habe ich mich mehr mit dem landesüblichen Sattel (Lombilho) befreundet; nur konnte ich mich des Gedankens nicht erwehren, dass auch das Pferd durch denselben über die Gebühr beschwert würde. Die erste Unterlage für solchen Sattel besteht aus einer Wollendecke, ihr folgt eine lederne, dann eine achtfach zusammengefaltete, feine, schön gemusterte baumwollene Decke. Eine zierlich gepresste Lederdecke macht den Beschluss all' der verschiedenen Unterlagen, auf welche nun erst der dem ungarischen Bock ähnliche Sattel befestigt wird. Das Ganze wird durch einen breiten Ledergurt zusammengehalten, dessen untere Hälfte aus lauter dünnen rohen Lederstreifen besteht und der am dicken Ende einen starken eisernen Ring, an dem andern einen eben solchen kleineren hat, in welchen ein starker Riemen von rohem Leder zur Umgürtung der Sattelung befestigt ist. An dem grossen Ring hat auch der Lasso seinen Platz. Hiermit ist aber das Satteln noch lange nicht zu Ende. Ueber den Sattel wird nochmals eine kleine Lederdecke und über diese zur Bequemlichkeit des Reiters ein Lammfell gelegt, welches abermals durch einen feinen gepressten Ledergurt zusammengehalten wird. Die Steigbügel sind sehr klein, der Zaum besteht aus den Kinnbackstücken und dem Stangenzügel, das Gebiss aus einem eisernen Ringe, das die Stelle der Trense und der Kinnkette vertritt und an dem mittelst eines Stückes beweglichen Eisens die Stangenbalken befestigt sind, in welchen der Zügel eingeschnallt wird. In Erwägung dieser ungeheueren Belastung sah ich daher die Thiere alltäglich mit wahrer Genugthuung für einige Zeit ihrer schweren Bürde entledigt.

Der Mann, welcher uns zum Absitzen genöthigt, war der Capataz, eine Art Verwalter von ziemlich dunkler Farbe. Er war fast ganz allein zu Hause, denn auch die zahlreichen Arbeiter schienen noch nicht von den Plantagen heimgekehrt zu sein. Das Innere der Zimmer war auffallend einfach und schmucklos, ja kaum schienen die vorhandenen Möbel den allergeringsten Ansprüchen zu genügen, doch rühmte uns der Capataz den Reichthum seines Herrn, welcher auch verschiedene Staatswürden bekleidete.

Andern Tags setzten wir unsere Reise nach dem Städtchen Parahybuna fort, ohne dass wir während unseres Aufenthaltes in Cafesal jemand Anderes gesehen hätten, als den braunen Verwalter. Derselbe trug, beiläufig bemerkt, den stolzen Namen Leonardo Ignazio, Acevedo da Motta e da Silva. In Deutschland hätte er sich mit diesem schwungvollen Namensverzeichniss leicht für einen spanischen Granden ausgeben können, ohne bei der Passbehörde Misstrauen zu erregen. Mir imponirte schon lange nicht mehr die brasilianische Vorliebe für lange Benennungen. Man ahmt in dieser Beziehung, wie es scheint, gerne dem kaiserlichen Hause nach, dessen einzelne Glieder gewöhnlich acht und mehr Namen tragen.

Der Tag war kaum angebrochen, als wir uns von Neuem unterwegs befanden und wir hatten noch keine sehr grosse Strecke zurückgelegt, als das Städtchen Parahybuna mit der gegenüber gelegenen Ortschaft Juiz de fora an den Ufern des Flusses Parahybuna in Sicht gelangte. Die Stadt besteht eigentlich nur aus einer einzigen Strasse, welche genau dieselbe Physiognomie trägt, wie die Verkehrswege in andern Landstädtchen. Wenige Gebäude, darunter ein paar Besitzungen der grossen Aktiengesellschaft União e Industria und die auf einer Anhöhe befindliche kleine Kirche mit ihren beiden wenig ansehnlichen Thürmchen, weichen in ihrem Aussehen von der landesüblichen Bauart ab. Zu unserm Glücke hatte der Regen seit der Nacht nachgelassen und die Sonne, welche uns im Anfang unserer Reise so sehr belästigt, barg sich noch hinter einem dichten grauen Wolkenschleier. Gern hätte ich von meinen Begleitern etwas Näheres über die Entstehung Parahybunas und dessen Merkwürdigkeiten erfahren, aber Maiers Landeskenntnisse erstreckten sich wohl auf Sitten und Gebräuche der Bewohner, Handelsverhältnisse u. dergl. mehr, weniger aber auf geschichtliche und geographische Dinge. Glücklicherweise war mir der Zufall günstig, auf andere Art unterwegs manches Wissenswerthe in Erfahrung zu bringen.

Juiz de fora liegt 700 Meter über dem Meere und 144 Kilometer von Petropolis entfernt; es bildet eine wichtige Station der grossen Verkehrsstrasse, welche von der obengenannten Aktiengesellschaft durch die Provinzen Rio Janeiro und Minas Geraes in den fünfziger Jahren angelegt wurde. Die der Gesellschaft gehörigen Gebäude haben den Zweck, den Strassenbaubeamten Wohnung zu geben, auch dienen sie zur Unterbringung von Stallungen, Sägemühlen, Ziegeleien, Schmieden und Wagenfabriken. Bemerkenswerth ist in Juiz de fora die reizende Besitzung eines vermögenden Brasilianers, der als Begründer einer benachbarten deutschen Kolonie genannt zu werden verdient. Sein Name ist Ferreira Lage. Derselbe liess im Jahre 1857 in Deutschland eine Anzahl Arbeiter und Tagelöhner anwerben mit der Absicht, ihnen ausser dem reichlichen Verdienst bei dem Strassenbau auf seiner Kolonie Pedro segundo einen eigenen Grundbesitz zuzuwenden. Hauptsächlich wohl wegen der Unfähigkeit des von Ferreira Lage eingesetzten Kolonie-Directors nahm indessen die deutsche Ansiedlung bei Juiz de fora lange keinen guten Aufschwung, und erst nach vier Jahren etwa, nachdem der missliebige Kolonie-Director entlassen worden, besserten sich etwas die Verhältnisse der deutschen Kolonisten. Unter den Eingewanderten befinden sich Preussen, Holsteiner, Badenser und besonders viele Tyroler und Hessen. Sehr im Argen liegen noch die Schulen und die kirchlichen Zustände der Colonie. Nach den neuesten amtlichen Aufzeichnungen zählt Juiz de fora gegenwärtig 1296 Einwohner, von welchen 1170 Deutsche, 126 Brasilianer sind. Der Volksschulunterricht wird in zwei katholischen und einer protestantischen Knabenschule gegeben. Sie wurden im Jahre 1874 von 146 Kindern besucht. Die Erzeugnisse der Colonie bestehen hauptsächlich aus Mais, Reis,

Gemüsen und Früchten. Auch befinden sich daselbst mehrere Mahlmühlen, Sägemühlen und kleine industrielle Etablissements.

Der Chef unserer kleinen Karavane, mein Landsmann Maier, wollte leider gar nichts von einem längeren Aufenthalt in Juiz de fora oder gar von einem Abstecher nach Pedro segundo, hören, indem er mir weitläufig auseinandersetzte, dass die Bewohner von Pedro segundo wohl gern ihm etwas von seinen Waaren abnehmen würden, aber an ständigem Geldmangel litten und dass er zu dem auf den deutschen Kolonien üblichen Tauschhandel gegen Naturalien keine Lust habe.

Von Bemfico ab, wo eine Brücke über den Parahybuna führt, setzten wir unsere Reise auf dem linken Ufer des Flusses fort und erreichten gegen Mittag die Facenda Miranda. Unweit von derselben gönnten wir uns eine kurze Mittagsruhe im Schatten eines kleinen Gehölzes und hier hatte ich den seltenen Anblick einer zahlreichen Versammlung von Aasgeiern. Ein Maulthier, welches vor wenigen Tagen in der Nähe des Wäldchens vielleicht aus Altersschwäche oder durch sonst einen Zufall sein mühseliges Dasein geendigt, lag zwischen zwei mächtigen Cactusstauden und diente den unbekümmert um unsere Annäherung schaarenweis umhersitzenden Geiern zur leckern Speise. Es waren sogenannte Urubus, die in ihrem Aussehn einige Aehnlichkeit mit unsern Truthähnen haben. Wie ich später zu beobachten Gelegenheit hatte, sind diese Raubvögel in ganz Brasilien verbreitet und besitzen so wenig Scheu vor den Menschen, dass sie selbst in den Städten auf Strassen und Plätzen nicht selten in ganzen Schwärmen bei gefallenen Thieren angetroffen werden. Sie sind gewissermaassen von der Natur dazu bestellt, die von den Menschen vernachlässigte Reinigung der Stadt zu besorgen. Weniger aus Muthwillen, als in der Absicht mir einen der Raubvögel genauer zu besehen, schoss ich nach ihnen, doch war mir das Jagdglück nicht günstig und ich erzielte weiter nichts, als dass der ganze Schwarm Aasgeier seine Mahlzeit unterbrach und weit ab erst von uns sich wieder niederliess.

Die von uns weiterhin berührten Gegenden waren zwar nicht reich an Ortschaften und Verkehr, doch sah man ab und zu wenigstens in der Ferne eine einsam gelegene Estancia. Recht trübselig war der Eindruck, welchen das Dorf Chapeo d'Uvas, wohin wir später gelangten, auf uns machte. Der Weg dahin führte über viele Berge, deren man 7—8 zu ersteigen hat, und deren beträchtliche Höhe die Reise sehr beschwerlich macht. Zwischen ihnen an der Strasse liegen die Facendas Alcaida Mor und Entre Morros, welche von verschiedenen kleinen Flüssen bewässert werden. Auch der an vielen Stellen sehr sandige Boden und dessen feiner Staub wird dem Reisenden recht lästig. Zwischen Gebüschen versteckt bemerkten wir unterwegs in der Nähe der Facenda Antonio Morreira einen prächtigen Wasserfall, welcher rauschend und plätschernd aus beträchtlicher Höhe über einen Syenitfelsen zu Thale stürzt. Gern hätte ich in seiner kühlenden Nähe länger verweilt, wenn ich für mich allein meine Reisebestimmungen hätte treffen können. Hatten wir uns an der einen Stelle über zu viel Sand zu beklagen, so war es an andern Stellen das sumpfige Terrain, welches uns am Fortkommen hinderte. Ja, bei Roçinha da queiros würde die Passage ganz unmöglich gewesen sein, wenn wir nicht den Sumpf durch eine Art Knüppeldamm überbrückt gefunden hätten.

Juiz de fora war eine prächtige Stadt gegen diesen, 320 Häuser mit etwas über 3000 Einwohner zählenden Ort Chapeo d'Uvas. Hier hatte alles ein verwahrlostes Ansehen und nichts lud verlockend zum längeren Verweilen ein. Trotz der Armuth aber, in welcher sich offenbar die Mehrzahl der Bewohner von Chapeo d'Uvas befand, fiel es mir hier, wie schon im ganzen Verlauf der Reise auf, dass wir auf dem flachen Lande niemals angebettelt wurden. Man beanspruchte wohl hier und da ein übermässiges Trinkgeld, oder man prellte mich gehörig beim Zahlen der Zeche, aber es stellten sich keine zerlumpten Bettler auf den Wegen uns entgegen. In Bahia, Rio Janeiro und den andern Grossstädten Südamerikas wurde ich dagegen vielfach um Almosen angesprochen.

Der Charakter des Weges änderte sich, je weiter wir in das Innere des Landes vordrangen, weniger als ich erwartet. Wohl kam ein oder der andere neue Baum, eine noch bisher nicht gekannte Palmenart und dergleichen mehr zum Vorschein, aber es waren keine grossartigen Wechsel der Scenerie. Nur die Kaffeeplantagen schwanden nach und nach aus unserm Gesichtskreis und an ihrer Stelle fanden sich die Felder ausschliesslich mit Mandioca, Mais, Reis und schwarzen Bohnen bepflanzt. Auffallend war das massenhafte Auftreten der grossen Ameisenbauten, welche der Brasilianer Cupim nennt, und die im Anfang dieses Buches bereits beschrieben wurden.

Ein ebenso unscheinbares Oertchen wie Chapeo d'Uvas durchritten wir am Nachmittag. Dasselbe trug den Namen João Gomes und liegt recht malerisch am Fusse der Serra Mantiqueira. Die uns vorher während des Marsches zu Gesicht gekommenen Facenden Cavões, Luiz Ferreira, Buen Retiro, Teguco, Pedro Alves hatten wir unbeachtet gelassen. Den Glockenthurm fanden wir hier, wie in Italien, von der Kirche getrennt, nur ist dabei zu bemerken, dass der Thurm im Uebrigen keineswegs an die kunstvollen Bauten der Campaniles in Pisa, Florenz etc. erinnert. Der Thurm von João Gomes besteht nur in einem rohen Holzbau.

Ueber den Fluss, welcher in der Nähe des Dorfes überschritten werden musste, führte zu meiner Freude wieder eine regelrechte steinerne Brücke. Es war mir dies um so erwünschter, da João mich während der letzten halben Stunde gerade von den gefährlichen Angriffen der Piranhafische, Krokodile und andern Wasserungeheuern unterhalten hatte.

Unser Nachtquartier hatten wir für diesen Tag, wie an dem vorhergehenden schon, auf eine Facenda verlegt, die wir bei guter Zeit, Dank der Ausdauer unserer Thiere und dem für Brasilien leidlich guten Weg, erreichten. Obgleich es uns möglich gewesen wäre, noch ein gutes Stück weiter zu gelangen, verzichteten wir auf die Fortsetzung unserer Reise für diesen Tag und zwar aus mehrfachen Gründen. Die Schonung unserer Thiere und die Sorge dafür, dass sie auf dem Rastplatze immer gutes Futter fänden, musste uns vor Allem am Herzen liegen. Selten entschlossen wir uns, dazu mehr als 12 Leguas zurückzulegen, und in den Bergen kamen wir sogar noch viel langsamer von der Stelle. Die Höhe der Serra erklommen wir erst, nachdem wir uns wieder einigermaassen bei dem recht freundlichen Facendeiro hinter João Gomes die Nacht über ausgeruht hatten. Am Fusse des Gebirges ist die Gegend ziemlich bebaut; Corrego, Cabeça branca, Pinho velho, Pinho novo und Mantiqueira sind alles Stationen bescheidener Kulturanfänge. Höchstens die herrlichen Orangen- und Bananenpflanzungen bei Pedro Alves erweckten in mir die Lust, an den köstlichen Früchten mich zu laben.

Der Uebergang über das Gebirge stand in früheren Zeiten in dem Rufe einer grossen Unsicherheit. Entlaufene Sklaven und farbiges Gesindel aller Art, welche sich aus entsprungenen Verbrechern und Deserteuren rekrutirten, hatten hier ein förmliches Räuberwesen organisirt. Die Wildheit der Gegend und der Umstand, dass an dieser Stelle die Wege nach den Gold- und Diamantendistrikten führten, schien wie dazu gemacht, um das gesetzlose Treiben in jeder Weise zu begünstigen. Heutzutage gehören die Raubanfälle in den Gebirgspässen der Serra Mantiqueira zwar zu den Seltenheiten, aber halbvermoderte Schädel und Knochen, oder die letzten verwitterten Ueberreste von Sätteln oder sonstigen Gegenständen legen noch Zeugniss davon ab, dass mehr als eine Mordthat an dieser Strasse verübt worden sei. Die Blüthezeit dieses Banditenunwesens war gegen Ende des vorigen Jahrhunderts. Die Strasse führte damals, wie Eschwege erzählt, von Mantiqueira aus über das hohe Gebirge durch einen engen Pass, wo Niemand ausweichen konnte; diesen Ort hatte eine Räuberbande zur Ausübung ihrer Gräuelthaten erwählt. Die Banditen bestanden aus Müssiggängern und lüderlichen jungen Leuten, grösstentheils aus Barbaçena, Villa Rica, Sabará und anderen Orten. Durch ihren Anhang in den Städten bekamen sie immer Nachricht, wenn irgend ein Reisender, der Gold bei sich führte, vorüberkommen würde; sie lauerten ihm alsdann in dem dichten einsamen Walde auf, schleppten ihn seitwärts vom Wege ins Dickicht, schlachteten ihn, seine Gefährten wie auch seine Last- und Reitthiere und verscharrten die Leichname. Die einzige Barmherzigkeit, welche sie ausübten, bestand darin, dass sich das Opfer seine Todesart selbst wählen konnte. Man stellte es ihm frei, ob er das Oeffnen der Adern oder einen Dolchstoss ins Herz wünschte, auch gestatteten sie ihm durch ein Gebet sich zum Tode vorzubereiten. Mehrere Jahre lang trieb die unheimliche Genossenschaft ihr Wesen hier. Es verschwanden viele, nicht selten sogar hoch angesehene Personen, ohne dass man erfahren konnte, wo sie hingerathen seien, bis endlich ein Mitglied der Bande in Barbaçena tödtlich erkrankte und zu beichten verlangte. In seiner Gewissensangst entdeckte er das so lange verborgen gebliebene verbrecherische Treiben. Willig entsprach er dem Gebot, den Ort der verübten Mordthaten genau zu bezeichnen, und liess sich zu diesem Zwecke auf einer Bahre an jene Stelle tragen. Bald hatte man die Gräber der Ermordeten auf diese Weise aufgefunden und einen grossen Theil der Räuber dabei gefangen genommen. Die Meisten wurden sofort zum Tode verurtheilt und aufgehangen nur wenige unter ihnen entschlüpften dem rächenden Arme des Gesetzes. Zum Andenken aber an die unglücklichen Opfer errichtete man zwischen wild übereinander gethürmten Felsblöcken ein grosses hölzernes Kreuz, dessen Ueberreste noch zu sehen sein sollen, ich konnte sie beim Vorüberreiten nicht wahrnehmen. Sind diese Eindrücke keine angenehmen, so erfreut den Reisenden umsomehr der Anblick prächtiger brasilianischer Fichten, welche untermischt mit Palmen und all' den sonstigen schönen Bäumen des Urwaldes an den Hängen der Berge emporragen. Auf dem höchsten Gipfel des Bergkammes geniesst man einen unvergleichlichen Ueberblick, welcher nicht minder schön und grossartig ist als jener auf der Höhe von Petropolis. Sehr beschwerlich ist der Marsch bergab auf der entgegengesetzten Seite der Serra, wobei ich beinahe mit meinem Thiere gestürzt wäre, wenn ich nicht rechtzeitig das Pferd am Zügel noch emporgerissen hätte. Maier selbst passirte ein höchst drolliger Unfall. Durch das Bergabreiten war sein Sattel nach und nach ganz nach vorn dem Pferde auf den Hals gerutscht, und da das Thier an dieser Stelle bedeutend schmächtiger war als dort, wo der Sattel ursprünglich seinen Platz hat, so schwankte einige Momente Maier auf seinem Sitze hin und her und glitt ganz plötzlich sanft zur Erde. Das Reitpferd hatte einen so gutmüthigen Charakter, dass es sofort von selbst stehen blieb und geduldig darauf wartete, bis sein Reiter es von Neuem bestieg. Die brasilianischen Pferde haben, wie ich oft bemerken konnte, überhaupt ein gutmüthiges Naturell und bedürfen lange nicht einer so ängstlichen Obhut, wie ihre europäischen Verwandten. In den Städten, wie auch auf dem Lande bei Geschäftsritten wird selten es ein Reiter der Mühe werth erachten, Jemand zum Halten des Pferdes herbeizurufen, während er in einem Hause oder Laden seine Besorgungen abmacht; es genügt vollkommen, dem Thiere die Zügel über den Kopf zu hängen und willig wird er es vor der Thüre, seiner Rückkehr harrend, wiederfinden. Beabsichtigt er aber zu Fusse seinen Weg fortzusetzen, so schlingt der Reiter nur einen Knoten in die Zügel und bedeutet das Pferd durch einen leichten Schlag mit der Reitgerte, dass er seiner nicht mehr bedarf. Das verständige Thier trollt dann ohne Aufenthalt seinem gewohnten Obdach zu, woselbst der Herr versichert sein kann, es bei seiner Heimkehr wiederzufinden. Auch die ganze Art der Pferdepflege, wie sie in Brasilien üblich ist, würde bei andern Pferderaçen auf grosse Schwierigkeiten stossen. Man kümmert sich in der Regel nicht anders um die Pferde, welche frei, ohne eine Spur von Zaumzeug oder Halfter auf den ungeheueren Weideplätzen Tag und Nacht herumlaufen, als in dem Augenblicke, wo man ihrer bedarf. Irgend Jemand von dem Gesinde eilt dann hinaus und sucht die Pferde theils durch Schmeichelworte, theils durch das Vorhalten und in einem hölzernen Gefäss bewirkte Durcheinanderschütteln von Maiskörnern heran zu locken, bis sie ihm in einen engeren Hofraum (Portreiro) gefolgt sind, wo ihr Einfangen nach dem Schliessen des Thores ohne grössere Mühe bewerkstelligt wird. Das gänzliche Fehlen aller Stallpflege, welche nur den wenigen Thieren in der Stadt und selbst da noch in der mangelhaftesten Weise zu Theil wird, trägt auch die Schuld, dass die brasilianischen Pferde ein so überaus unschönes Aussehen haben.

Auf der entgegengesetzten Seite des Gebirges gewinnt die Gegend ein völlig verändertes Aussehen. Der Wald, welcher bisher selten durch ausgedehntere Lichtungen unterbrochen war, verliert sich nach und nach und kahle Berghöhen, sowie weite Grasfluren dehnten sich vor uns aus, soweit das Auge zu reichen vermochte. Hinter den Ansiedelungen Batalha, Caufiseo, Borda do Campo und Rancho novo fanden wir Getreide angebaut und zahlreiche Rindviehheerden belebten das Bild der südlichen Landschaft.

Barbaçena, eine der bedeutendsten Städte in der Provinz Minas Geraes erreichten wir erst am folgenden Tage, obgleich wir seine Häuser schon den Abend vorher, nachdem wir ein schönes Thal zwischen Borda do Campo und Rancho novo durchritten, am Horizonte zu unterscheiden geglaubt. Den Namen Stadt verdient Barbaçena eigentlich nicht, da seit seiner

Gründung durch die Jesuiten die Häuserzahl kaum bis auf 250 gestiegen ist und an Einwohnern kaum 4000 Seelen aufweist. Nach den Angaben von Eschwege, eines deutschen Naturforschers, welcher lange Jahre hindurch Brasilien in der eingehendsten Weise durchforscht, liegt die Stadt 3530 Pariser Fuss über dem Ocean, also in einer ganz beträchtlichen Höhe, welchem Umstande sie ein sehr angenehmes Klima zu verdanken hat. Für den Handelsverkehr bildet Barbaçena eine Hauptstation zwischen Ouro Preto und Rio Janeiro. Barbaçenas gesammte Einwohnerschaft besteht in Folge dessen fast nur aus Kaufleuten und mehr noch als anderswo lässt sich hier die Beobachtung machen, dass die Brasilianer eine ganz ausgesprochene Vorliebe für die Handelsbeschäftigung haben. Es ist dies eine Eigenschaft, welche ihnen noch durch die Abstammung von den Portugiesen angeboren scheint, welche ihrerseits wieder in dieser Hinsicht eine gewisse Verwandschaft mit dem israelitischen Volksstamme zeigen. Als Handelsmann verdient der Brasilianer wegen seiner Rührigkeit alles Lob, bei andern Beschäftigungen hingegen, als Beamter, Gelehrter, Handwerker oder Landwirth kann man ihn im Allgemeinen nicht thätig nennen.

Die Kaufleute von Barbaçena befassen sich hauptsächlich mit dem Salzhandel. Dasselbe wird in ungeheueren Quantitäten in Säcken zu zwei Arobas bis zu 60,000 Sack jährlich von Rio Janeiro bezogen und weiter nach dem Innern abgesetzt. Der Landbau in der nächsten Umgebung der Stadt ist kein sehr bedeutender; am meisten finden sich, wenigstens so weit ich dies beobachten konnte, vereinzelte Baumwollenpflanzungen und Felder vor, welche mit Getreidearten, namentlich Weizen, Flachs, Mandioca und Kartoffeln bebaut sind. Als ein weiteres Naturprodukt, welches der Gegend vorzugsweise eigen sein soll, ist das Vorkommen eines Talksteins (Pedra de sapão), der zu Kochtöpfen verarbeitet wird und ausserdem auch zu architektonischen Zwecken Verwendung findet. Nicht weit von Barbaçena liegt das von einem Franzosen gegründete Eisenhüttenwerk Monlevat am linken Ufer des Piracicába, eines der bedeutendsten, welches überhaupt in Brasilien in Betrieb ist.

Die Stadt liegt zwar auf einem sehr hügligen Terrain, ist aber ganz regelmässig gebaut, und hat unter den, an zwei im rechten Winkel sich kreuzenden Strassen liegenden Gebäuden einige ansehnliche Kirchen und ein vorzüglich eingerichtetes Hospital.

Die Kirchen sind nach dem in Brasilien gewöhnlichen Styl erbaut; ich zählte deren vier, und sie sowohl, wie die übrigen öffentlichen Bauten, schienen mir sehr vernachlässigt zu sein. Die Strassen waren weniger noch belebt als in Parahybuna und ich würde diesen Umstand allein der grossen Hitze zugeschrieben haben, welche bei unserm Eintritt in die Stadt herrschte, wenn nicht anderen Reisenden vor mir der mangelnde Verkehr gleichfalls aufgefallen wäre. Ich habe kaum ein Dutzend Leute auf der Strasse während meines Aufenthaltes gezählt und in der Herberge (Estalagem), wo wir auf einige Stunden Halt machten, wurden wir so schläfrig und gleichgültig empfangen, dass sich in meiner Erinnerung mit dem Namen Barbaçena stets der Begriff der Langweiligkeit verbindet. Die Unfreundlichkeit des Wirthes selbst habe ich allen Grund auf Rechnung meines biedern Reisegefährten, des Mascaten, zu setzen. Diese Handelsleute geniessen nämlich im Lande keine grosse Achtung, und wenn ich nicht bereits mich vollständig der Führung Maiers überlassen gehabt, würde ich gern, als ich allmälig dies bemerkte, meinen Weg allein fortgesetzt haben. Jedoch gehörte der ehrliche Elsässer entschieden nicht zu jenen betrügerischen Hausierern, von welchen Tschudi in seiner Reise erzählt. Maier war eine viel zu aufrichtige Natur, als dass er es hätte übers Herz bringen können, seine Kunden zu übervortheilen.

Die Erfrischungen, welche wir in Barbaçena zu uns nahmen, gehörten nicht zu den auserlesenen, und bestanden nur in etwas Serrakäse und einem über alle Begriffe schlechten Landwein. Jener Käse, der einzige eigentlich, welchen die Brasilianer zu fabriciren verstehen, hat viel Aehnlichkeit mit unserm Ziegenkäse, und wird von den Brasilianern sämmtlichen europäischen Produkten dieser Art vorgezogen. Höchst originell ist der Landesbrauch, den Käse mit eingekochten Früchten zusammen zu geniessen, eine Zusammenstellung, mit welcher ich mich niemals befreunden konnte. Eine ähnliche Geschmacksverwirrung fand ich in dem Genuss von Apfelsinenscheiben mit Mandiocamehl. Der Wein war hier ausnahmsweise Landwein; für gewöhnlich ist der Lieblingswein der Brasilianer, den man in den gewöhnlichsten Venden und Gasthäusern findet, Lissabonner Rothwein (Vinho tinto de Lisboa), ein Getränk, welches wie alle portugiesischen Weine sehr schwer und stark mit Branntwein vermischt ist.

Von den höheren Punkten der Stadt aus übersieht man auf viele Meilen weit das nach allen Richtungen hin von Gräben und Schluchten durchschnittene Hochland. Hinter Barbaçena kamen wir durch ausgedehnte Camposflächen, welche seltener mit etwas Wald bestanden waren. Einzelne Ranchos und Facendas blieben bald rechts, bald links von unserm Wege liegen, welcher hier herzlich schlecht wurde und von einem anhaltenden Regen in den vorhergehenden Tagen gehörig durchweicht war. Sehr angenehm berührte mich daher die Mittheilung Joãos, dass wir schon weit über die Hälfte der Strecke von Pretropolis bis Ouro Preto zurückgelegt hätten und in dem gebirgigeren Theile bei Queluz bessere Strassen finden würden.

Die weiteren Stationen auf dieser Tagereise, Gama, Crandahi, Facendas das Pedras und Andere mehr erweckten kein besonderes Interesse; vor dem Orte Tahipas hatten wir nur mit Gefahr unserer und unserer Thiere Leben eine Fuhrt zu passiren, welche in früheren Zeiten einmal überbrückt gewesen, nun aber kaum noch die Spuren eines solchen Brückenübergangs aufzuweisen hatte. Höchst wahrscheinlich war dies dieselbe Stelle, von der Tschudi folgende Beschreibung giebt: „Eine halbe Legua hinter Resaquénho führt der Weg über eine Brücke, die ein recht anschauliches Bild gab, auf welche unverantwortliche Weise in Brasilien sogar die bedeutendsten Hauptstrassen vernachlässigt werden. Diese Brücke war nämlich in einem so jämmerlichen Zustande, dass bei einer Breite von etwa 8 Fuss an manchen Stellen kaum noch 5 Zoll gesundes Holz war, auf das die Maulthiere hintreten konnten, ohne durchzubrechen. Bei Flussübergängen wird in Brasilien ein höchst eigenthümliches System beobachtet. Man baut eine hölzerne Brücke und benutzt dieselbe ohne sie irgend einer Reparatur zu unterziehen, so lange als noch ein Maulthier, wenn auch mit der grössten Gefahr, darüber gehen kann. Ist sie endlich ganz verfault und unbrauchbar, so sucht ein Tropeiro eine Fuhrt und treibt seine Thiere durch das Wasser, seinem Beispiele folgen Andere. Am Ein- und Ausgange dieser Fuhrt entstehen durch das Zusammenkneten des feuchten Bodens durch die Maulthiertritte, sogenannte Atoleros oder Morastplätze. Mit der Zeit werden diese so tief, dass sie die Thiere ohne die höchste Gefahr gar nicht mehr passiren können. Ist in der Nähe keine zweite oder dritte Fuhrt zu finden, so wird endlich wieder eine Brücke gebaut und der nämliche Turnus beginnt von Neuem. Wenn aber der Fluss zu tief und zu reissend ist, als dass man eine Fuhrt benutzen könnte, dann reparirt der Tropeiro mit seinen Treibern die Brücke nothdürftig; es genügt ihm natürlich, seine eigenen Thiere in Sicherheit hinüber zu bringen, ein Anderer mag sich ebenfalls um die seinigen bekümmern. Wehe aber dem einzelnen Reisenden, der keine Hülfe hat, um eine solche Brückenreparatur vorzunehmen; er kommt in die peinlichste Verlegenheit und büsst oft nutzlos mehrere Tage ein. Ein solcher provisorischer elender Zustand dauert oft jahrelang, gewöhnlich so lange bis ein Deputirter, sei es zu seinem eigenem Vortheile oder aus uneigennützigem Interesse für den Bezirk, den er vertritt, beim Provinziallandtage seine klagende Stimme erhebt, damit Geld zum Neubau der Brücke votirt wird."

Ausser durch allerlei Vögel, Eidechsen und sonstiges Gethier war unsere Strasse nicht belebt. Seit dem Morgen waren wir kaum vier Menschen begegnet und von Ferne glaubte ich beim Vorbeireiten an einzelnen Ranchos einige Neger und Mulattenkinder spielend vor diesen Ansiedlungen gesehen zu haben. Eine recht angenehme Abwechselung war es für mich deshalb, als nach langem Bergauf- und Bergabreiten durch weite schattige Thäler und über öde nur mit spärlichem Gras bedeckte Höhen ganz in der Ferne einmal bei der Facenda Engenho sich das laute Knarren einer herannahenden Carrete vernehmen liess. Auf mein Befragen, von wo das Gefährt herankomme, das man nirgends noch am Horizont erblicken konnte, bedeutete mich João, dass wir dem Fuhrwerke auf unserm Wege begegnen würden, dass dasselbe aber mindestens noch eine kleine halbe Stunde von uns entfernt sei. Das Geräusch, welches die Räder dieser landeseigenthümlichen zweispännigen Karren hervorbrachten, war ein so durchdringendes, dass ich es kaum für möglich gehalten hätte, den Wagen nicht in nächster Nähe zu erblicken. Dicht vor dem Orte Queluz traf ich ihn erst an; die Führer desselben hatten Halt gemacht und lagerten in malerischer Gruppirung neben dem Fuhrwerk, während sie ihre Thiere in der Nähe grasen liessen. Allem Anschein nach beabsichtigten sie sich an dieser Stelle mit Hülfe eines kleinen Kessels ein Mittagsmahl zu bereiten; alle schauten indessen so finster drein, dass wir nicht wagten, uns bei ihnen zu Gast zu laden, sondern es vorzogen, lieber unsern Weg nach dem schon von Ferne uns entgegen leuchtenden Queluz fortzusetzen. Dort kamen wir denn auch einige Stunden später wohlbehalten an. Ein fürchterlicher Regen, welcher ganz plötzlich auf uns herabströmte, bestimmte uns, die acht Leguas, die wir noch bis Ouro Preto zurückzulegen hatten, auf den nächsten Tag zu versparen; auch glaubte ich meinem Pferde etwas Ruhe gönnen zu müssen, wenn ich nicht riskiren wollte, an unwirthlicher Stelle plötzlich liegen zu bleiben. Maier erklärte sich damit einverstanden in Queluz Halt zu machen. In einer Art von Hôtel, welches gleich am Eingang der langen Hauptstrasse gelegen war, die binnen Kurzem durch den strömenden Regen zu einer Wasserstrasse umgewandelt erschien, suchten wir mit unsern Thieren ein schützendes Obdach. Der Wirth, der uns mit aller Freundlichkeit aufnahm, war ein Portugiese.

Die Augenblicke, in welchen der Regen etwas nachliess, benutzte ich, um mir den Ort genauer anzusehen. Queluz ist eine seiner Zeit von den Goldwäschern gegründete Ansiedlung, deren betriebsame Einwohnerschaft, die ungefähr 1500 Seelen betragen mag, sich heut zu Tage weniger mit dem Goldsuchen, als mit dem Ackerbau und der Viehzucht und mit der Anfertigung von Baumwollstoffen, namentlich gesteppten Bettdecken (Colchas), beschäftigen. Seine Entstehung mag etwa in den Beginn des vorigen Jahrhunderts fallen, und höchst wahrscheinlich bestanden die ersten Einwohner zum Theile auch aus Indianern. Für seine Grösse besitzt Queluz verhältnissmässig viele Kirchen; ich zählte deren vier, und da es an sonstigen Sehenswürdigkeiten fehlte und mir überhaupt Zeit genug zur Verfügung stand, da noch gar nicht abzusehen war, ob es möglich sein würde, am andern Morgen die Reise fortzusetzen, so begab ich mich in die bedeutendste dieser Kirchen, in die Igreja da Nossa Senhora da Conceição. Es war ein schmuckloser Raum, den ich betrat, in welchem nicht einmal die allerbescheidensten Verzierungen sich zeigten. Da ich müde war, fiel mir der in all' den brasilianischen Kirchen gewöhnliche Mangel an Sitzen auf. Dies veranlasste mich auch sehr bald, die Herberge wieder aufzusuchen. Zudem trug ich einiges Verlangen mich in meinen Poncho einzuwickeln, denn es war ganz empfindlich kalt geworden, und die Luft, welche in dem hochgelegenen Orte (3180 Fuss über dem Meere,) wehte, durchfröstelte mich ganz empfindlich, namentlich, da wir in den vorhergehenden Tagen eine ausserordentliche Hitze auszustehen gehabt.

Bis auf den grossen Schmutz, welcher im Hause unseres portugiesischen Wirthes vorherrschte, war das Nachtquartier, welches wir gefunden, für brasilianische Verhältnisse nicht übel. Ausser uns hatte sich in dem Hôtel noch eine höchst merkwürdige Persönlichkeit einlogirt, deren Erscheinen in dem Städtchen einige Aufregung hervorgerufen. Seit zwei Tagen nämlich hielt sich ein gewisser Dr. Jefferson hier auf, der nordamerikanische Schwindler, wie er nicht vollendeter in New-York auf der Chatham Street anzutreffen sein mag. Der gute Mann gab sich für den ersten Zahnarzt der Welt aus und wusste seine Kunst und Geschicklichkeit mit so fabelhafter Beredsamkeit anzupreisen, dass keiner von denen, welche von Zahnschmerzen jemals in Queluz und der Umgegend heimgesucht waren, seiner verführenden Ueberredung widerstehen konnte und seiner zweifelhaften Behandlung anheim fiel. Um den Nimbus seiner Persönlichkeit zu erhöhen, vertrat die Rolle eines Dieners und Assistenten in einer Person ein hässlicher halbwüchsiger Mulatte, welcher durch seine goldbetresste Livrée, auf deren Knöpfen die Buchstaben Dr. J. prangten, ein lebendiges Aushängeschild vorstellte. Das Beste an der Sache war, dass der spekulative Amerikaner wie ein Seiltänzer die meisten seiner Kuren vom Sattel seines Maulthieres herab vollzog. Seine Hauptkunden fanden sich unter der schwarzen Bevölkerung, welche mit neugierigen Blicken den Bewegungen des Charlatans folgte und nicht wenig die Diplome anstaunte, welche derselbe von Zeit zu Zeit zu seiner Beglaubigung öffentlich vorzeigte. Die meisten seiner Kuren bestanden in einer raschen, wenn auch nicht schmerzlosen Entfernung des kranken Zahnes, oder in der Verabreichung einer namenlosen Arznei.

Dafür liess er sich sodann das kleine Honorar von 10 Milreis (nahezu 23 Mark) zahlen. Während des Abendessens fügte es der Zufall, dass ich neben diesem Zahnkünstler zu sitzen kam und in einem Gespräch, welches sich zwischen uns entspann, erklärte mir der Amerikaner ganz harmlos, dass auf diese Weise, wie er sein Geschäft betriebe, in Brasilien sich in kurzer Zeit ein namhafter Gewinn erzielen lasse. Das brasilianische Volk sei bezüglich der zu wählenden Mittel bei Krankheiten sehr unerfahren und dumm, so dass es keines grossen Geschickes bedürfe, um die Leute recht gründlich hinters Licht zu führen. Er erzählte mir, dass einer seiner Landsleute vor Jahren bereits in ähnlicher Eigenschaft wie er Brasilien bereist und ein Vermögen von etwa 15,000 Dollar mit nach Hause gebracht habe. Bald wurde mir der Mensch durch seine kaum noch zu zügelnde Neugier über meine Verhältnisse und durch seine Geschwätzigkeit in hohem Grade lästig. Ich überliess ihn deshalb meinen Reisegefährten und suchte das Nachtlager auf. So hart wie auch dasselbe war, versank ich doch schnell in einen tiefen Schlaf, welchen nicht einmal die Ungezieferschaaren, von welchen mir am nächsten Morgen Maier erzählte, erheblich stören konnten.

Früh Morgens hatte zum Glück der Regen vollständig nachgelassen, und wir beeilten uns deshalb die kühlen Morgenstunden nach Möglichkeit auszunutzen. Zuerst führte uns unser Weg durch die Ortschaften Redondo und Congonhas. Erstere ist eine ziemlich bedeutende Ansiedlung, macht aber keinen freundlichen Eindruck, da die hölzernen Häuser nur mit Erde beworfen sind und dadurch ein düsteres Aussehen gewinnen. Nur die zahlreich wuchernden Bananensträuche verschönern in Etwas das unscheinbare Bild. Von Congonhas ist mir nichts in Erinnerung geblieben, als die Wallfahrtskirche unserer lieben Frau von Mattosinho, mit ihrem wunderthätigen Marienbilde. Eine Menge von Heiligenstatuen, welche aus einem in der Nähe vorkommenden Specksteine gemeisselt sind, zieren die Kirche von Innen und Aussen.

Ohne erwähnenswerthe Vorkommnisse erreichten wir weiterhin Vargem, dann an einem steilen Berg gelegen, die Ortschaft Carreras de Ouro Branco und die alten Goldwäschereien von Arrayae de Ouro Branco mit der Villa Itatiaia. Tschudi berichtete von hier, die Leute seien stark einer Kropfkrankheit unterworfen; ich konnte mich davon nicht überzeugen. Wir befanden uns nunmehr ganz am Fusse der Serra do Sapateiro, an welcher die Strasse ziemlich steil emporklimmt. Durch den Regen war der Weg noch schlechter geworden, als er vorher wohl gewesen, und unsere Pferde hatten alle Mühe sich auf dem schlüpfrigen Grunde zu halten. Im Uebrigen war die Gegend wild romantisch und man glaubte fast, wenn nicht die Pflanzenwelt eine so ganz fremde gewesen wäre, ein Stückchen Schweiz vor sich zu haben. Die Strasse läuft so unpraktisch, wie nur möglich, bald über die steilsten Kuppen, bald an den jähesten Hängen bergauf, bergab, und lässt nur selten eine Nachhülfe von Menschenhand erkennen. Am jenseitigen Fusse der Serra erst, nachdem diese überstiegen, trifft man wieder auf einen besseren Weg. Von den Höhen der Serra do Itacolumi aus erblickten wir zuerst die Häuser und Kirchen der Provinzial-Hauptstadt Ouro Preto, welche früher unter dem Namen Villa rica bekannt war. Die Stadt macht mit ihren vielen Kirchen keinen sehr freundlichen Eindruck und hat sogar dadurch etwas düsteres an sich. Wie ich hörte, sollen die meisten dieser Kirchen aus sog. Votivkapellen entstanden sein, welche glückliche Goldgräber bei ihren ersten Ansiedlungen im Jahre 1699 und im Beginn des achtzehnten Jahrhunderts aus Dankbarkeit gestiftet haben. Während unseres Näherkommens bemerkte ich unterwegs viele Spuren der früher hier so schwunghaft betriebenen Goldgräbereien. Die Strassen der Stadt selbst, welche alle einem Hügel zuführen, sind sehr abschüssig und steil. Auch liegt der Ort um ein bedeutendes höher, als Queluz. Nach Eschwege soll der Palastplatz 3760 engl. Fuss über dem Meere liegen. Unter den Gebäuden, welche durchweg keinen Unterschied gegen die Häuser in andern brasilianischen Städten aufweisen, sah ich viele Bauwerke aus älterer Zeit. Alles indessen, ob alt oder neu, trägt den Stempel des Verfalls und die Grundstücke besitzen, wie mir erzählt wurde, nur einen äusserst geringen Werth. Am glänzendsten nimmt sich noch der Palastplatz aus, welcher von den hauptsächlichsten öffentlichen Gebäuden umgeben ist. Besonders fiel mir darunter der Regierungspallast auf, ein burgartiger Bau, welcher vollständig auf Vertheidigung eingerichtet ist. Von architektonischer Schönheit ist das Rathhaus, von dem behauptet wird, dass es das schönste Gebäude in der Provinz Minas geraes sei. Das Ständehaus, die ehemalige Kgl. Schmelzerei, das Schatzgebäude, das Lyceum, das Theater, Kasernen und zahlreiche Kirchen rufen dem Reisenden ins Gedächtniss, dass er sich in einer Stadt von grösserer Bedeutung befindet. Eine Zierde, welche Ouro Preto mit vielen brasilianischen Städten gemein hat, sind die zahlreichen öffentlichen Brunnen mit ihren kunstvollen Ausschmückungen. Einer der Brunnen steht an der Stelle des erst im Jahre 1857 beseitigten Prangers, an dem auch die öffentlichen Auspeitschungen früher stattgefunden.

Die Bevölkerungsziffer der Stadt ist grossen Schwankungen unterworfen. Früher war Ouro Preto sehr volkreich und damals mag die Einwohnerzahl wohl an 20,000 Seelen betragen haben; seitdem die Goldausbeute aber fast ganz aufgehört, sank die Bevölkerung zeitweise bis auf 6000 Seelen herab; keinesfalls beträgt sie heute mehr als 8000. Ouro Preto würde noch mehr veröden, wenn nicht ein ziemlich lebhafter Handelsverkehr zwischen Rio Janeiro und den Provinzen hier eine Art Stapelplatz unterhielte und der Ort nicht zugleich Sitz der Regierung und vieler Unterbehörden wäre. Eine eigene Industrie hat derselbe nicht. Die öffentlichen Anstalten für den Unterricht, für die Hebung der Industrie, für das Volkswohl im Allgemeinen sind sehr bescheidener Natur, und so angelegen auch die jeweiligen Präsidenten der Provinz sich die Förderung der Interessen von Ouro Preto sein lassen, bleibt doch ihr Bemühen ein vergebliches.

Am interessantesten ist Ouro Preto hinsichtlich seiner klimatischen und landschaftlichen Lage. Das Klima ist ein verhältnissmässig sehr rauhes und die Brasilien eigenthümlichen Früchte und Sträucher, wie Apfelsinen, Limons, Ananas, Kaffeebäume und anderes mehr gedeihen nur in den allergeschütztesten Lagen. Ein Deutscher, welchen ich in Ouro Preto kennen lernte, versicherte mich mehrmals, dass das Klima dem europäischen sehr ähnlich sei. Bis auf die sonderbar gestalteten Felskuppen des in der Nähe von Ouro Preto gelegenen Bergkegels Itacolumi macht die Gegend, in welcher nicht einmal die Palmen besonders hervortreten, durchaus nicht den Eindruck einer tropischen Landschaft. Der Itacolumi, von dem ich eben sprach, ist ein höchst charakteristischer Berg in der Höhe von

5720 engl. Fuss (nach Eschwege) und eine wahre Fundgrube für Mineralogen. Unter anderen ist hier der Fundort des Itacolumitquarz und des Eschwege'schen Gelenkquarzes, ein Stein, welcher die Eigenschaft besitzen soll, sich mit Leichtigkeit biegen zu lassen. Spätere Reisende haben diese Eschwege'sche Entdeckung in das Reich der Fabel verwiesen und die Quarzstücke, welche die Museen als Gelenkquarz aufbewahren, als künstlich präparirte bezeichnet.

Ouro Preto, auch Villa rica genannt, spielt in der Geschichte Brasiliens insofern noch eine besondere Rolle, als hier im Jahre 1789 eine weit verzweigte Verschwörung gegen die Regierung entdeckt wurde, welcher eine Reihe von hochbegabten jungen Leuten, darunter auch der Dichter Gonzaga, angehörten. Die Ideen der Encyclopädisten hatten bei ihnen trotz eines strengen Absperrungssystems Eingang gefunden und jene Verschwörung, welche daraus entstand, hatte sich die Unabhängigkeit der Generalkapitania zum Zwecke gestellt. Durch Verrath entdeckt, wurden die Verschwörer mit furchtbarer Strenge bestraft. Gonzaga, der populärste brasilianische Dichter, der Sänger der Marila, wurde zu zehnjähriger Deportation nach Mozambique verurtheilt.

Unser Quartier hatten wir in Ouro Preto bei einem Kaufmann gefunden, bei dem Maier schon häufig früher logirt und mit dem er seit Jahren in geschäftlicher Verbindung stand. Für mich war mit der Ankunft in der Provinzialhauptstadt der Augenblick der Trennung von dem bisherigen Reisegefährten gekommen, in dessen Gesellschaft ich mich trotz aller Vorurtheile gegen die Mascaten ganz wohl befunden, da Maier sich durchaus nicht dazu überreden lassen wollte, statt seines gewöhnlichen Rückweges nach Rio Janeiro mich zum Rio Pará und von dort nach S. Paulo zu begleiten.

Vierzehntes Kapitel.
Reise von Ouro Preto nach Santos.

Ich war mir wohl bewusst, dass ich, ganz auf mich selbst angewiesen, grösseren Entbehrungen und Fährlichkeiten entgegenging, als bisher, wo ich mich um die Reiseroute und den Unterhalt nur so beiläufig zu kümmern hatte. Der Drang aber, das Innere des Landes noch genauer kennen zu lernen, war so stark in mir, dass ich selbst grössere Anstrengungen und Gefahren, wie sie mir geschildert wurden, kaum gescheut hätte. Meine Reiseroute sollte von da ab wesentlich von derjenigen abweichen, welche in frühern Jahren von Martius, Tschudi und andern gewählt war. Bewogen wurde ich hiezu durch das Verlangen mich dem Süden möglichst bald zuzuwenden, wo ich längere Zeit zu verweilen gedachte. Zwei Tage hatte ich unausgesetzt zu thun, um in der Stadt einen Menschen aufzutreiben, dessen Führung ich mich einstweilen, wenigstens bis zum Rio Pará ohne Bedenken anvertrauen konnte und dessen Forderung für seine Dienste einigermaassen im Einklange mit den in meinem Budget vorgesehenen Ausgaben stand. Ich war ordentlich froh, als Ouro Preto hinter mir lag, da ich schon befürchtet hatte, noch länger zu einer unfreiwilligen Muse durch den Zwang der Umstände verdammt zu sein. Der Abschied von meinen Wirthsleuten wurde mir zudem durch eine nicht kleine Rechnung leicht gemacht. Nachdem ich durch verschiedene unbedeutende Einkäufe meine Ausrüstung wieder vervollständigt, trabte ich mit José, dies war der Name meines neu angeworbenen Dieners, bei herrlichem Sonnenschein in früher Morgenstunde dem Orte Itabira zu. José berichtete mir, dass dies eine der goldreichsten Gegenden sei, aber was auch immer von dem Goldreichthum des Landes gefabelt wird, so begegnet es dem Reisenden selten aus eigener Wahrnehmung davon erzählen zu können. Anfangs ging es über kahle, halbverödete Campos, deren Vegetation von den sengenden Strahlen der Sonne einen gelblich bräunlichen Ton hatte. Ein eigentlicher Weg über die Campos war gar nicht zu entdecken, oder José hatte wenigstens denselben vollständig verlassen und liess uns querfeldein anscheinend aufs Gerathewohl zureiten. Wir wurden umschwärmt von widerlich krächzenden Quero quero's, welche uns herausfordern zu wollen schienen, indem sie nicht abliessen ganz dicht an uns vorbei zu streichen, wodurch sie im Verein mit ihrem lauten Schreien die Pferde oft zum Scheuen brachten.

Itabira, welches wir nach einigen Stunden erreichten, ist ein elendes Nest, welches mir so missfiel, dass ich gegen den

Rath Josés darauf drang, unsere Reise noch bis zu einer Estancia fortzusetzen.

In einem Wäldchen, welches bald darauf uns in seinen Schatten aufnahm, scheute plötzlich mein Pferd, und ich gewahrte am Boden zusammengerollt eine jener schönen aber gefährlichen Korallenschlangen. Es war eines der prächtigsten Exemplare, das mir jemals vorgekommen, von leuchtender zinnoberrother Färbung mit schwarzgelben Bändern um den schlanken Leib. Schnell rief ich José, der etwas zurückgeblieben, herbei. Dieser nahm ruhig seinen Relho, eine Art Hetzpeitsche, holte weit aus, und traf mit derselben so sicher das anscheinend schlafende Thier, dass es regungslos kaum noch zuckend auf der Stelle liegen blieb. Ich begnügte mich vom Pferde zu steigen um die Schlange genauer zu betrachten, auch fühlte ich mich versucht, sie um ihrer Schönheit willen zur Aufbewahrung an mich zu nehmen, José meinte indess, dass ich im Verlauf meiner Reise noch häufig genug auf diese Giftnattern stossen würde und dass sich bei diesen Korallenschlangen kurze Zeit nach dem Tode die schönen Farben verlören. Später habe ich dies durch eigene Erfahrung bestätigt gefunden.

Die Sonne vergoldete eben mit ihren letzten Strahlen das dunkle Laub einer herrlichen Laureen-Gruppe, welche beim Ausgange des Gehölzes am Wege stand, als in der Ferne die Estancia sich zeigte, woselbst wir hofften für diese Nacht ein Unterkommen zu finden. Als wir uns noch darüber besprachen, wieviel Zeit dazu erforderlich sein würde, um das vor uns liegende Ziel zu erreichen, vernahmen wir die Hufschläge eines Pferdes und, umflattert von einem in hellen Farben schimmernden Poncho, sprengte auf einem muthigen sogenannten Libuno, eine Art isabellenfarbigem Ross, ein Reiter hinter uns her, welcher bei seiner Annäherung das Pferd zügelte, und zuerst mit José, dann auch mit mir sich angelegentlich in ein Gespräch einliess. Ich hatte keinen Grund, seine verzeihliche Neugierde über mein „Woher und Wohin" unbefriedigt zu lassen; hierbei erfuhr ich denn, dass uns der Zufall mit dem Besitzer jener fernabliegenden Estancia zusammengeführt hatte. Als Don Manoel Guimaraes da Costa im Laufe des Gesprächs hörte, dass ich ein Deutscher sei, kam er ausführlich auf die deutsche Kolonisation des Landes zu sprechen und zeigte sich als ein wohlunterrichteter und klarsehender Mann. Mit der üblichen gastfreundlichen Zuvorkommenheit der Brasilianer stellte er mir Haus und Hof zur Verfügung, noch ehe ich ihn darum angesprochen.

Don Manoel war ein Mann in den 50er Jahren, von stattlichem Aeussern und einnehmender Gesichtsbildung. Seine klugen durchdringenden Augen und der schöne schwarze Vollbart, welcher den unteren Theil des etwas gelblichen Gesichts beschattete, brachten den südländischen Typus recht zur Geltung und stimmten vortrefflich zu der übrigen Erscheinung des Mannes. Er schien Gefallen an meiner Unterhaltung zu finden, und nachdem wir eine halbe Stunde plaudernd zusammen geritten waren, musste ich ihm versprechen unter allen Umständen wenigstens einen Tag in seinem gastlichen Hause zuzubringen. Gern willigte ich ein, da ohnedies mein Pferd übermüdet schien. Ueberdies stellte mir Don Manoel für den Fall meiner längeren Einkehr bei ihm die Begleitung seines Sohnes bis auf die Höhe der Serra in Aussicht.

„Sehen Sie dort drüben den kleinen Cuchillo-Hügel? Sobald wir uns in der Nähe desselben befinden, wird uns sicherlich vom Hause aus Jemand entgegen kommen. Alexandro und Isabella, meine beiden Kinder, werden gewiss schon seit ein paar Stunden auf der Lauer liegen, da sie mich von Ouro Preto um diese Zeit zurück erwarten. Beiden habe ich versprechen müssen, Etwas von dort mitzubringen und hier sehen Sie, wie ich mein Versprechen gelöst."

Bei diesen Worten griff Don Manoel in die Schäfte seiner grossen Reiterstiefeln und holte zwei ansehnliche Paquetchen hervor. Eins davon schien mehrere Bücher zu enthalten, das andere irgend eine Kleinigkeit an Schmuck oder sonstigen Toilettengegenständen.

„Nun errathen Sie den Inhalt", sagte der Brasilianer, sich zu mir wendend, indem er das grössere der beiden Paquete emporhielt.

Ich zuckte die Achseln und murmelte dazu das übliche „Quem sabe?" (Wer weiss?)

„Hier sind Bücher", fuhr mein Begleiter fort, „und zwar die portugiesische Uebersetzung von Schillers und Uhlands

Gedichten, und hier, — dabei wies er auf das zweite Paquetchen hin, habe ich eine Spieluhr gekauft, deren Melodien Ihnen gleichfalls nicht unbekannt sein werden." Er nahm dabei die letztere aus ihrer Hülle heraus, drückte an der Feder und hielt sie mir hin. In raschem Tempo vernahm ich den mir wohlbekannten schönen Strauss'schen Donauwalzer, dem die Melodie eines wohlbekannten deutschen Liedes folgte. Der Eindruck, welchen die heimischen Klänge in so weiter Ferne und in der fremdartigen Umgebung auf mich hervorbrachten, war ein ganz eigenthümlicher, und die von dem Brasilianer damit an den Tag gelegte Sympathie für deutsche Musik und Poesie rührte mich so tief, dass ich wunderbar ergriffen den Zufall pries, welcher mich mit Don Manoel zusammengeführt.

Unterdessen waren wir an dem vorerwähnten Hügel angekommen und sahen in der That von dem Gehöfte aus zwei Gestalten zu Pferde auf uns zusprengen. Der reiche Silberbeschlag ihrer Sättel und des sonstigen Zaumzeuges glitzerte und funkelte im Sonnenlicht, während sie mit Windeseile uns nahten. Don Manoel setzte gleichfalls seinem Pferde die Sporen ein und gallopirte seinen Kindern eine Strecke entgegen, während ich und José uns etwas mehr Zeit nahmen. Bald darauf aber wendeten sich die Brasilianer uns zu und Don Manoel stellte mich in aller Form seinem Sohne und seiner Tochter vor. Alexandro hatte eine unverkennbare Aehnlichkeit mit seinem Vater und mochte etwa 20 Jahre alt sein; Dona Isabella machte dagegen nicht so ganz den Eindruck einer Brasilianerin. Wohl hatte sie auch dieselbe fahle Gesichtsfarbe trotz ihrer Jugend — sie mochte ungefähr 16 Jahre zählen, aber die blauen Augen und das lichte Haar liessen darauf schliessen, dass ihre brasilianische Abstammung keine unvermischte sei. Im Laufe der Unterhaltung erfuhr ich denn auch, dass die bereits verstorbene Gemahlin Don Manoels eine Engländerin gewesen sei. Vor etwa 5 Jahren hatte eine Blatternepidemie sie dahingerafft.

Nach einigen bewillkommnenden Worten zwischen mir und den jungen Leuten lenkten wir die Pferde dem Portreiro der Besitzung zu, aus welchem soeben eine ganze Heerde von Hengsten, Stuten und Fohlen in wilder Lust hervorjagten und wiehernd über den weiten Camp sich zerstreuten, ein herrliches Bild der ungebundensten Freiheit. Pferde von allen Farben waren darunter, mit langen Mähnen und von zierlichstem Bau. Die Brasilianer fühlten sich sehr geschmeichelt, als sie hörten, welche Ausdrücke der Bewunderung mir dieser werthvolle Besitz entlockte. Wie ich aus dem Gespräche entnahm, bildete die Zucht edler Pferde die Hauptbeschäftigung der Estanceiros und Alexandro speciell war derjenige, welcher es sich angelegen sein liess, den prächtigen Bestand ab und zu durch neue Erwerbungen besonders schöner Thiere von der Serra zu vervollständigen. Kein Strick oder Halfter beengte den zierlichen Kopf und Hals der feurigen Rosse, und nur die Marke mit der Namenschiffer des Besitzers, welche die meisten an üblicher Stelle eingebrannt zeigten, und welche zum Schutz gegen etwaige Entwendung dient, zeigte, dass die Pferde ihre Freiheit nur bedingungsweise genossen. Kaum konnte ich meine Augen losreissen von dem schönen Schauspiel, welches mir im Anschauen der malerischen Bewegungen dieser Heerde zu Theil wurde.

Vor der Estancia, in deren unmittelbarer Nähe wir uns jetzt befanden, kam uns ein alter grauköpfiger Neger entgegen, welcher mit unterwürfiger Miene den breitkrämpigen Hut vor uns zog und auf das Geheiss seines Herrn zwei andere Schwarze herbeirief, die, nachdem wir abgestiegen, für die Pferde dienstwillig Sorge trugen. Der alte Graukopf, dessen wir zuerst ansichtig geworden, war ein Erb- und Inventarienstück der Familie; derselbe sollte nach der Aussage Alexandros bereits 90 Jahre auf dem Rücken haben, ein Alter, welches man nimmermehr bei seiner Rüstigkeit vorausgesetzt hätte. Ich hörte indessen, dass die Schwarzen nicht selten noch ein viel höheres Alter erreichen und bei einigermaassen guter Behandlung häufig über 100 Jahre alt werden. In den Südprovinzen traf ich selbst Personen, deren eine die respektable Summe von 110 Lebensjahren, eine andere gar 113 zählte. Von ähnlichen Fällen berichten oft genug die brasilianischen Zeitungen auch in den übrigen Provinzen. Allerdings muss ich dazu bemerken, dass namentlich die Schwarzen nie ganz genau über ihren Geburtstag Auskunft geben können und daher bezüglich solcher Angaben, bei dem Fehlen aller schriftlichen Nachweise, diese keinen unbedingten Glauben verdienen.

Nach dem Eintritt in das einfache zwischen Orangenbäumen liegende Haus, welches nur ein Erdgeschoss hatte, wurde ich in eine Art Gastzimmer geleitet, dessen ganze Ausstattung in wenig mehr als einem Bett, einem Tisch und ein paar Stühlen bestand. An morgenländische Sitten erinnerte es, als mir bald, nachdem ich mich vom dicksten Staube befreit, von einer Negerin ein Fussbad gebracht wurde, die zugleich gefällig mir nach Landesbrauch ihre Dienste leistete.

In den meisten brasilianischen Häusern auf dem Lande gehört dieser Akt zu den stehenden Gebräuchen der Gastfreundschaft und wie erfrischend er auf die Lebensgeister wirkt und deshalb dankbar entgegen genommen wird, kann nur der ermessen, welcher tage- und wochenlang im Innern des Landes in Hitze und Staub gereist ist. Sollte sich in den Fuss des Reisenden eines jener mit Recht gefürchteten Bichos (Sandflöhe) eingenistet haben, so weiss bei dieser Gelegenheit die geschickte Hand der Negerin diesem Unheil durch Entfernung desselben mit glänzendem Erfolg zu begegnen.

In der Veranda wartete unterdessen schon der Hausherr mit den Seinigen und eine ganze Reihe von Speisen bedeckte die Tafel. Was die Kunst des Kochs in der Schnelligkeit noch über die gewöhnliche Reichhaltigkeit derselben herzustellen vermocht, war Alles, wie dies hier zu Lande üblich ist, zugleich aufgetragen und man konnte in einige Verlegenheit gerathen, wovon zuerst zuzulangen sei und wie man es vermeiden könne, dass irgend welche Speise, bevor sie an die Reihe kam, nicht ungeniessbar erkalte. Die unvermeidlichen Feijões mit Xarque, Gallinha com Aroz und Quizado dufteten mir zugleich entgegen. In der Voraussicht, dass ich auf meinem weiteren Wege den Feijões zur Genüge noch zusprechen müsste, richtete ich meine Hauptangriffe auf die mächtige Schüssel Gallinha com Aroz (Huhn mit Reis). Dona Isabella, deren Erziehung seit der Mutter Tode in einem Pensionat in Rio Janeiro vollendet wurde, und welche nicht gewöhnliche Kenntnisse an den Tag legte, musste ich viel von Allemanha erzählen, was mir schwer gefallen sein würde, so fliessend zu vollbringen, wenn ich mich nicht des Französischen und Deutschen aushülfsweise hätte bedienen dürfen. — Don Manoel seinerseits gab mir werthvolle Aufschlüsse über brasilianische Verhältnisse, über die er um so besser orientirt war, da er stark an dem politischen Leben des

Landes sich betheiligte und in Wahlangelegenheiten oder zur Besprechung mit seinen Parteigenossen nicht selten die weitesten Reisen nach den Nachbarprovinzen Goyaz und S. Paulo, ja selbst bis Mato grosso unternahm. So trieb er es seit 20 Jahren und heute noch. Man kann sich denken, dass er bei solcher Thätigkeit manch' interessantes Erlebniss zu erzählen wusste, wie man es nur in einem so wenig cultivirten Lande erfahren kann. Auf meine wiederholte Frage, ob ihm niemals ein Zusammentreffen mit einem der gefürchteten Indianerstämme vorgekommen sei, streifte er sein Haupthaar etwas zur Seite und deutete auf eine tiefe Narbe unweit der linken Schläfe, indem er dazu bemerkte: „Hier trage ich ein kleines Andenken an ein solches Abenteuer, welches mir beinahe das Leben gekostet hätte." Und auf meine Bitten um Erzählung jenes Erlebnisses fuhr Don Manoel weiter fort: „Diese Estancia befand sich damals noch im Besitz meines längst gestorbenen Vaters und ich selbst hatte zum Zwecke eines Besuches bei Verwandten eine Reise in die Provinz Goyaz in die Nähe des Rio Tocantins unternommen. Es war im August des Jahres 1837, mein Onkel, der Bruder meines Vaters, besass in jener Gegend zwischen Pilar und Agoa quente ein grösseres Besitzthum, auf welchem in grossartigem Maassstabe Vieh und Pferde gezüchtet wurden. Ich weiss nicht mehr, wie gross die Zahl der vorhandenen Pferde war, aber jedenfalls hatte keine Estancia weit und breit reichere Heerden aufzuweisen. Monate lang schon war ich dort und vertrieb mir die Zeit, so gut es eben ging, mit Lesen oder mit Umherreiten in der Umgegend auf den eben erst gezähmten Pferden, ohne dass ein bemerkenswerthes Ereigniss die Einförmigkeit des täglichen Lebens unterbrochen hätte. Eines Tages aber, als ich am Spätnachmittag erst nach Hause kam, fand ich die gesammten Insassen der Estancia in der äussersten Aufregung. Auch deuteten mannigfache Spuren darauf hin, dass etwas ganz Ausserordentliches vorgefallen sein müsse. Ich sprang vom Pferde und eilte in das Haus, wo ich denn vernahm, dass vor etwa zwei Stunden ganz plötzlich eine Indianerhorde erschienen sei und Haus und Hof geplündert habe. Nur 4—5 Personen von der Dienerschaft, sowie die Kinder meines Onkels waren zugegen, hatten es aber nicht gewagt, den Wilden irgend welchen Widerstand entgegenzusetzen.

Ja, die anwesenden Diener hatten sich sogar versteckt gehalten und die Kinder ganz allein ihrem Schicksale überlassen. Als darauf zufällig mein Onkel von auswärts mit seiner Familie zurückkehrte, stellten die Indianer schleunigst ihre Raubthätigkeit ein und ergriffen die Flucht; aber zur Bestürzung des ganzen Hauses wurde meine damals zehnjährige kleine Cousine Ortiz mit hinweggeschleppt. Kaum hatte ich diese Schreckenskunde vernommen, als ich mich sofort zur Verfolgung der Räuber bereit erklärte und vor Begierde brannte, ihnen ihre Beute wieder abzujagen. Es wurde nun ein förmlicher Kriegszug ausgerüstet. Alle waren wir beritten und bis zu den Zähnen bewaffnet, entschlossen nicht eher wieder heimzukehren, als bis unsere Expedition von Erfolg gekrönt sei. Ein sehr gewandter Halbneger, welcher in früheren Jahren einmal entlaufen und Monate lang in den Bergen selbst eine Art Indianerleben geführt, diente uns als Führer. Durch tiefe Thalschluchten, über Bergabhänge, waldbedeckte und baumlose Strecken, bald in gestrecktem Galopp hoch zu Rosse, bald mühsam zu Fusse die Pferde am Zügel führend, spürten wir den Feinden nach. Hie und da entdeckten wir wohl einige Anzeichen von der kürzlichen Anwesenheit der Wilden, aber nirgends zeigten sich diese selbst und schon bemächtigte sich unserer eine gewisse Muthlosigkeit. Da die Nacht hereinzubrechen drohte, so wollten wir eben mitten in der Wildniss ein Bivouak aufschlagen, und ich selbst war damit beschäftigt, etwa ein paar hundert Schritte von unserer Haltestelle eine Palme, auf welche ich hinaufgeklettert, ihrer Blätter zu berauben, welche theils zur Deckung eines Ranchos, theils zur Pferdefütterung verwendet werden sollten, als ich zwischen Sträuchern und Bäumen in der Ferne Rauch aufsteigen sah. So geräuschlos, wie möglich glitt ich am Baume herab und schlich mich in die Nähe der Stelle, wo ich den Rauch bemerkt hatte. Mein Erstaunen und meine Freude war gleich gross über das, was ich sah. Zwei nackte braune, finster drein blickende Gestalten mit herabhängendem kohlschwarzen Haupthaar, welche offenbar den Dienst als Wachtposten versahen, lagerten auf einem Haufen Palmblätter und zwischen ihnen, still vor sich hin weinend, sass meine kleine Cousine. Allein war hier nichts auszurichten, das sah ich sogleich ein. Ich eilte deshalb so geräuschlos,

wie ich gekommen, zurück zu meinen Gefährten und entwarf
mit diesen einen wohlüberlegten Schlachtplan. Da unser kleiner
Trupp aus sechs wohlbewaffneten Männern bestand, war alle
Aussicht vorhanden, siegreich aus dem Kampfe hervorzugehen,
so lange die Wilden im Walde noch zerstreut waren. Natürlich aber durften wir von unsern Schusswaffen keinen Gebrauch
machen, wenn wir durch den Knall der Gewehre den Wilden
nicht das Signal zum Sammeln geben wollten. Wir nahmen
deshalb unsere Zuflucht zur List. Geraldo, der vorhin erwähnte
Halbneger, welcher auch der Indianersprache in diesen Gegenden etwas kundig war, legte alle überflüssigen Kleider und
Waffen ab und begab sich nach dem Lagerplatz der Wilden,
indem er sich den Anschein zu geben wusste, als sei er seinem
Herrn entsprungen. Zum Glücke auch war Ortiz, deren
Bewegung bei seinem Anblick ihn hätte verrathen können,
vor Ermattung in tiefen Schlaf gesunken. Während Geraldo
eifrig und angelegentlich mit den beiden Wilden verhandelte,
anscheinend ganz unbekümmert um das schlummernde Kind,
brachen wir von der andern Seite plötzlich aus dem Hinterhalt.
Einer von unsern Leuten hob das erschreckte Mädchen auf
seine Schultern und eilte schleunigst nach unserm Rancho, den
wir zum Sammelpunkt bestimmt, zurück, während wir die
wüthend auf uns eindringenden Indianer unschädlich zu machen
suchten. Ein furchtbarer Hieb mit einem breiten kurzen Säbel
von der Hand meines Onkels machte nach wenigen Minuten
den einen besinnungslos zur Erde stürzenden Feind kampfunfähig; in dem gleichen Augenblicke erhielt auch ich einen
wuchtigen Schlag mit einer Keule auf den Kopf und mir
schwanden die Sinne. Wie und auf welche Weise die Kampfscene schliesslich geendet und ich selbst aus den Händen der
Wüthenden befreit wurde, weiss ich nicht zu sagen, denn als
ich wieder zum Bewusstsein gelangt, befand ich mich bereits
wieder in der Estancia meines Onkels, zärtlich gepflegt von
den Damen des Hauses. Man erzählte mir, dass der Schlag,
welchen ich erhalten, von den plötzlich zu Hülfe gekommenen
Genossen des räuberischen Gesindels herrührte, mit denen
sich ein erbitterter Kampf auf Leben und Tod entsponnen.
Obwohl die Uebermacht von jenem Moment ab auf Seiten der
Wilden gewesen, sei man ihrer doch durch den unnachsichtigen

Gebrauch der Revolver Herr geworden. Zwei der braunen Räuber hatten dabei sofort ihr Leben eingebüsst und die übrigen waren mehr oder minder schwer verwundet in die Tiefen des Urwalds geflüchtet." „Diese Narbe, die ich Ihnen vorhin zeigte", fügte mein freundlicher Wirth hinzu, „rührt von jenem Schlage her und Wochen vergingen, ehe ich mich ganz wieder erholte. Kein Ereigniss jedoch pflegt so schlimm zu sein, dass es nicht auch etwas Gutes mit sich brächte. Als ich nämlich auf dem Krankenbette lag, nahm die ganze Umgegend an meinem Unfall Theil und interessirte sich für meine Wiedergenesung. Unter andern hielt sich damals gerade zu Agua quente eine englische Familie auf, welche die Absicht hegte, längere Zeit in dieser Gegend, in der Mr. Lead in seiner Eigenschaft als Ingenieur mit grösseren Messungen beschäftigt war, zu verweilen. Eines Tages erschien Mr. Lead auf der Estancia meines Oheims, um persönlich nach meinem Ergehen sich zu erkundigen, und dieser Besuch, der nach meiner Genesung von mir erwidert wurde, war die erste Veranlassung zu einem freundschaftlichen Verhältnisse mit jener Familie, welches später durch die Verbindung zwischen mir und Miss Lead sich noch inniger gestalten sollte."

Es war während dieser Erzählung spät geworden und Don Manoel sah mir wohl an, dass ich der Ruhe bedurfte; er wünschte mir deshalb gute Nacht und liess mich durch einen kleinen Mulatten, welcher der Winke seines Herrn gewärtig an der Thüre der Veranda kauerte, nach meinem Gemache geleiten, während Alexandro und Isabella sich zugleich mit dem Vater bis zum folgenden Tage von mir verabschiedeten.

Lange konnte ich nicht einschlafen, da mich im Geiste die Erzählung des Hausherrn noch allzusehr beschäftigte, auch war es schwül und beengend in dem Zimmer. Nur um einige Züge frischer Luft noch einzuathmen, sprang ich vom Lager wieder auf und öffnete das Fenster, das nach einem das Haus umgebenden Orangenhain mündete. Dies musste ich indessen bitter büssen; ein ganzer Schwarm von Mosquiten drang herein und zerstach mich über Nacht dermaassen, dass ich am Morgen mich halb tätowirt vom Lager erhob.

Den meinem Versprechen gemäss auf Don Manoels Estancia zu haltenden Rasttag benutzten wir dazu, das grosse Besitzthum nach allen Richtungen hin zu Pferde zu durchstreifen und je länger ich in der Familie verweilte, desto mehr bedauerte ich, dieselbe sobald wieder verlassen zu müssen. Der Abschied würde mir am nächsten Morgen noch schwerer geworden sein, wenn nicht Alexandro versprochenermaassen bis nach Tamanduá eine volle Tagereise weit mir freundlichst das Geleit gegeben hätte.

Die Reise bis dorthin war bezüglich der Gegend eine höchst interessante. Das Terrain wurde immer bergiger und stundenweit führte uns der Weg durch eine schattige mit Gesträuchen und Farrenkräutern dicht bewachsene waldige Gebirgsschlucht. Einsame Thäler mussten wir durchreiten, in welchen Bäche und Flüsschen wohl ein Dutzendmal uns aufhielten, aber auch willkommen geheissen wurden, als Tränken für unsere durstigen Rosse. José, dies bemerkte ich erst jetzt, hatte mit einem von den Negern auf der Estancia Guimaraes ein Tauschgeschäft gemacht und statt seines ehemaligen Pferdes ein anderes, anscheinend bedeutend besseres dafür eingehandelt.

Verschiedene Male machte mich Alexandro auf die Spuren aufmerksam, welche aus früherer Zeit Zeugniss von der Thätigkeit der Goldgräber ablegten. Ausgehöhlte Abhänge und aufgehäuftes Gerölle, Gräben und künstliche Ableitungen der Bäche aus ihrem ursprünglichen Bette wiesen deutlich darauf hin, dass in diesen Thälern ein ergiebiges Feld für die goldgierigen ersten Eindringlinge gewesen sei. Auch heute noch führt das Wasser Goldkörnchen mit sich und enthält die Erde Theile solch' edlen Metalls. Die Mühe und Arbeit, welche mit seiner Auffindung und Sonderung von den übrigen Bodenbestandtheilen verbunden ist, besonders aber der verhältnissmässig äusserst geringe Gewinnst, welcher sich bei dem Goldsuchen hier ergiebt, lässt Jedermann auf eine derartige Ausbeutung des Bodens in der Gegend von Tamanduá verzichten.

Auch was den Verkehr anlangt, war die Gegend verödeter und einsamer, als jene der in den vorhergehenden Tagen von mir berührten Distrikte.

Tamanduá selbst ist kein sehr lebhafter Ort. Das Städtchen mag etwas über 2000 Einwohner haben und stammt aus der Mitte des achtzehnten Jahrhunderts, zu welcher Zeit es von den

Goldsuchern gegründet wurde. Der Hauptreichthum der Gegend besteht heut zu Tage nur noch in grossen Viehheerden und Viehzucht ist somit ziemlich das Einzige, womit sich die Bewohner von Tamanduá beschäftigen. Seit 1773 führt zwar der Ort den stolzen Namen einer Villa, dies ist jedoch nur ein Titel, welcher der Ansiedlung verschiedene Vorrechte verleiht, nicht immer aber auf die Bedeutung einer Stadt mit Sicherheit schliessen lässt. Der Ackerbau, Bergbau und die Goldwäschereien spielen daselbst, so weit ich es beobachten konnte, eine sehr untergeordnete Rolle.

Durch die Fürsorge meines jungen brasilianischen Begleiters, von dem ich noch am Abend herzlichen Abschied nahm, war ich auf das Beste einquartiert, und der Einführung durch den wackern Alexandro hatte ich es wohl auch zu danken, dass am nächsten Morgen meine Rechnung nicht ungebührlich hoch ausfiel.

Bisher war ich vom Wetter verhältnissmässig noch begünstigt worden und einige ein paar Stunden andauernde Regengüsse abgerechnet, war die Witterung eher zu trocken und warm, als unfreundlich. Bei meiner Weiterreise von Tamanduá aber hatte ich um so mehr von Wetterlaunen zu leiden. Ein feiner Sprühregen rieselte unaufhörlich auf uns hernieder. Mich selbst würde das ziemlich gleichgültig gelassen haben, nur fürchtete ich, dass mein Diener José dadurch missmuthig werden könne, und bei der ersten besten Gelegenheit mich im Stiche lassen möchte. Alle Herrlichkeiten der Natur und Merkwürdigkeiten der Gegend machten deshalb nur einen schwachen Eindruck auf mich, und ich widmete mein Interesse fast ausschliesslich der Beobachtung des Himmels und der Wolken, die nirgends das kleinste Fleckchen Blau durchschimmern liessen; ja am Nachmittage, als wir gottergeben schon eine gehörige Strecke unserer Tagesroute in Regen und Schmutz zurückgelegt, schien es mir sogar, als ob das Wasser vom Himmel noch reichlicher fluthete. Nur schwer gelang es mir die Cigarre, die ich mir angesteckt, in Brand zu erhalten. José seinerseits wendete vergebliche Mühe daran, sich aus brasilianischem Fumo und den im Hutfutter aufbewahrten Maisblättern eine Strohcigarre zu bereiten. Von den breiten Krempen meines Hutes rieselte es cascadenartig herab und der

Tuch-Poncho, den ich umgeworfen, mochte vermöge der eingesogenen Wassermenge vielleicht einen halben Centner Gewicht erreicht haben. Von Stunde zu Stunde wurde die Situation unbehaglicher und im Stillen ärgerte ich mich darüber, dass ich am Vormittag beim Vorüberreiten an verschiedenen Ranchos den Rath meines Peão, für heute die Tagereise abzukürzen und an dem einen oder andern Orte einzukehren, so leichtsinnig in den Wind geschlagen. Ausser durch den Regen und die bodenlosen Wege war unser Fortkommen noch durch das ausserordentlich gebirgige Terrain behindert, welches wir gerade an diesem Tage zu überschreiten hatten. Es waren die Ausläufer der Serra Canastra, an deren steilen Hängen sich unsere Strasse, ein höchst ursprünglicher Saumpfad hinzog.

Eine Art von Trost gewährte es mir, als uns während des dicksten Regens ein Tropenführer mit seinen Mulas begegnete, die er unbeladen vor sich hertrieb, und der uns auf Josés Befragen den Trost gab, dass der Weg weiterhin bedeutend besser werde.

José war keine mittheilsame Natur und ich selbst war gleichfalls wenig zum Sprechen aufgelegt; so kam es denn, dass wir nicht viel Worte unterwegs wechselten. Plötzlich aber hielt José sein Pferd an und erklärte mir, er müsse daran zweifeln, dass wir unter den obwaltenden Umständen den Rio Pará, wohin wir gegen Abend zu gelangen gehofft, noch bei Tage erreichen würden. Er schlug vor, an der ersten besten Stelle einen Rancho zu errichten und den dicksten Regen darin abzuwarten. Obwohl ich mir von diesem Nachtquartier im Freien nicht viel Behaglichkeit versprach, blieb mir doch nichts anderes übrig, als auf den Vorschlag einzugehen. Da, wo der Wald sich etwas lichtete, am Ufer eines kleinen Baches und unter den schützenden Zweigen eines mächtigen Topfbaumes (Lecythis ollaria), wählten wir die trockenste Stelle aus und trafen unsere Anstalten, das unfreiwillige Nachtlager herzurichten. Die Pferde wurden abgesattelt und mit Maneas an den Vorderfüssen gefesselt, so dass sie sich zwar langsam von der Stelle bewegen und Futter suchen konnten, aber doch am Davonlaufen gehindert waren. Wir zogen darauf unsere Facas und suchten zunächst den Platz von aller überflüssigen Vegetation zu säubern. Dann fällte José mit seinem scharfen Cibó-Messer einige Stangen, welche, künstlich zusammengefügt, dem Dache unseres Ranchos einen festen Halt geben mussten. Das Hauptmaterial zum Bau der Hütte bildeten ein paar prächtige Palmen, welche wir mit vereinten Kräften fällten, um aus ihren Stämmen noch weiteres Material zu zimmern, und mit den langen Blätterwedeln ihrer reichen Krone ein schützendes Dach herzustellen. Unter demselben wurde das Sattelzeug mit seinen vielen Decken und Bestandtheilen zur Bereitung der eigentlichen Lagerstätten benutzt. Als dies Alles so weit fertig war, Dank der bewunderungswürdigen Geschicklichkeit und Erfahrung meines Führers in diesen Dingen, gingen wir daran, am Fusse der Bäume und zwischen den Felsen, wohin der Regen wenig oder gar nicht gedrungen war, trocknes Moos und Reisig zusammen zu suchen, um ein wohlthätig wärmendes Feuer damit zu unterhalten. So trocken, wie aber auch das Material war, so kostete es doch grosse Mühe, um zum Ziele zu gelangen, da das Holz der Urwaldbäume bei seiner ausserordentlichen Festigkeit und Härte sich ungemein schwer in Brand setzen lässt. Mit wahrer Genugthuung betrachtete ich mir nach Vollendung aller dieser Arbeiten unser Werk, und Josés Unterweisungen in der Baukunst von Ranchos waren so vorzüglich, dass sie mir in späteren Zeiten noch häufig zu Statten kamen. Für die leiblichen Bedürfnisse hatte noch mein liebenswürdiger Wirth Don Manoel reichlich Sorge getragen, indem er meinen Mundvorrath an schwarzen Bohnen, Farinha, Xarque und Cachaza mit einigen Büchsen voll Sardinen, englischen Biscuits und einer Flasche trefflichen Bordeaux bereicherte. Ein Verhungern war also nicht zu befürchten. Im Trocknen lagernd, gesättigt und neu gestärkt, erbaute ich mich beim Hinausschauen am Eingang der Hütte an dem erhabenen Urwaldbild, über welches meine Augen dahinschweiften, und welchem der Regen wohl etwas von seinem Zauber, doch nichts von seinem Interesse nehmen konnte. An einigen Stellen schimmerte der plätschernde Bach durch das Gesträuch, an andern Punkten war er von prächtigen Baumgruppen vollständig verdeckt, und weiterhin überbrückte ihn in kühnen Bogen ein abgestorbener Baumriese, überwuchert von einem Heere Parasyten. Farbenprächtige Blüthen schillerten überall aus dem Grün hervor, und die zierlichsten Blätter und Laubspitzen rankten sich anmuthig dazwischen. Weiter jenseits des Baches war eine undurchdringlich dichte Wand von allen denkbaren Laubholzgattungen, schwanke Palmen neigten sich darüber hin, schwermüthig ihre vom Regenwasser belasteten Zweige zur Erde senkend. Eine scharlachrothe Blüthenähre hatten wir bei unsern Arbeiten unnachsichtlich vom Aste gestreift und schnell welkte sie nun bei der Hitze des nahe lodernden Feuers. Kein lebendes Wesen schien mit uns und unsern Thieren die Waldeinsamkeit zu theilen, nur eine Amsel- oder Spechtgattung war geschäftig, aus der Rinde einer riesigen Ceder sich ihre Nahrung hervorzupochen.

Als unser Feuer ordentlich im Gange war, bemühte sich José seine Kleidungsstücke etwas zu trocknen, bedachte aber nicht dabei, dass dies ein ganz fruchtloses Beginnen sei, so lange noch immer ein feiner Regen vom Himmel fiel. Das mochte er denn auch einsehen, er zog sich in den Hintergrund der Hütte zurück, wo er nicht lange darauf in tiefen Schlaf verfiel.

So lang es hell war, benutzte ich, wie allabendlich, meine Zeit dazu, um einige Notizen zu machen; dann sah ich noch einmal nach den Pferden, warf etwas Holz auf das Feuer und überliess auch mich dem Schlafe.

Ein furchtbares Brüllen weckte mich am kommenden Morgen, nachdem die Nacht ohne alle Störung verlaufen. Erschreckt rieb ich mir die Augen, griff nach meinem Revolver, rüttelte meinen Gefährten wach und machte ihn auf die ungewöhnlichen Laute aufmerksam. José war so tief vom Schlaf befangen, dass er wenigstens 5 Minuten Zeit gebrauchte, um einigermaassen zu sich zu kommen. Das Brüllen, welches unterdessen fortdauerte, flösste ihm weder Furcht noch Befremden ein. Wie er mir erklärte, rührte es von nichts Anderem, als von einer Heerde Brüllaffen her, welche sich in unserer nächsten Nähe befinden mussten. Uebrigens war es schon längst Tag, ich mahnte daher zum schleunigen Aufbruch. Zur Hütte hinausgetreten, gewahrte ich kaum 50 Schritte von uns entfernt auf den Bäumen eine förmliche Volksversammlung von Brüllaffen (Mycetis fuscus), welche uns noch nicht bemerkt und ihre Morgenandacht zu halten schienen. Der Hauptschreier, un Barbado velho, wie José sich ausdrückte, war ein hässlicher Kerl, 2—3 Fuss hoch, von hagerer Gestalt, sein Pelz hatte eine etwas verschossene fuchsrothe Farbe, und nur der Bart, den er im Gesichte trug, war dunkler gefärbt. Mit Hülfe seiner unverhältnissmässig langen Arme und seines grossen Wickelschwanzes bewegte er sich langsam von Ast zu Ast, indem er ab und zu sitzen blieb und nach der übrigen Gesellschaft zurückschauend sein widriges Geheul anstimmte. Die Gelegenheit war zu verlockend, um nicht einen Schuss mit der Absicht daran zu wagen, mich an der Ueberraschung und dem Schrecken der Waldbewohner zu ergötzen, und ehe noch José aus der Hütte hervorgetreten, krachte es durch die Lüfte. Etwas Possierlicheres hätte man sich kaum denken können, als die Panik, welche die Affen ergriff. Nach allen Seiten flüchteten sie und schwangen sich mit bewunderungswürdiger Gelenkigkeit von den äussersten Aesten auf die nächsten Zweige der benachbarten Bäume. Dies Alles geschah mit einer Sicherheit und Geschwindigkeit, um welche sie mancher Seiltänzer oder Equilibrist beneidet haben würde. Oefter blieb einer oder der andere mit seinem Rollschwanz hängen, als sei er im Begriff sich in die Tiefe zu stürzen, aber es geschah nur um seinen Weg weiter unten in den Baumwipfeln sogleich wieder fortzusetzen. Der alte Brüllaffe, welcher das Chorgeheul eingeleitet, war der letzte, welcher seinen bisherigen Platz verliess, nicht aber ohne sich vorher noch einmal nach mir, dem Störenfried, grinzend umgesehen zu haben. Er zeigte dabei täuschend die Miene eines argwöhnischen und verwunderten Menschen und unwillkürlich fiel mir die Aehnlichkeit auf, welche in den Gesichtszügen dieser Affenart und der Neger, sowie auch anderer brasilianischer Menschenraçen zu Tage trat. Die Aehnlichkeit schien mir so frappant und erinnerte mich so sehr an Darwins Lehre von der Abstammung des Menschen von den Affen, dass ich mich nicht hätte entschliessen können, durch einen zweiten Schuss ihr Leben zu bedrohen. Ich war noch ganz in Anschauung dieses Stückchens Waldleben versunken, als José sich ungehalten über mein Schiessen zeigte, da es, wie er meinte, unsere Pferde in Furcht gesetzt haben könnte, von denen ohnehin weit und breit nichts zu sehen war. Daran hatte ich allerdings nicht gedacht. Sofort schickten wir uns an, trotz des immer noch vom Himmel rieselnden Nasses, unsern Reitthieren nachzuspüren. Wir wanden uns durch das

Dickicht zwischen Lianen und Cipós hindurch, unbekümmert um Dornen und Stacheln von Mimosen und andern Gewächsen, welche bei jedem Schritte Gesicht und Hände ritzten, indem wir mit allen Schmeichelnamen, die uns zu Gebote standen, die treulosen Flüchtlinge herbeizulocken versuchten. Aber umsonst. Wohl sahen wir die von Rosseshufen niedergetretenen Pflanzen, wohl bemerkten wir die Spuren ihrer Anwesenheit an abgebrochenen und abgebissenen Zweigspitzen, aber weder der „geliebte Malagar" noch der „theure Bruno" selbst kamen zum Vorschein. Unsere Ungeduld und verzweiflungsvolle Stimmung machte sich auf verschiedene Weise Luft. José hieb wie ein Wüthender mit seinem Facão auf alle Hindernisse im Wege ein, ich selbst ging resignirt hinter ihm, im Stillen den unseligen Schuss bereuend, welchem José hauptsächlich die Schuld an unserm Missgeschick gab. Was ich an Pflanzen und Urwaldwundern während unserer Ruhe von der Hütte aus bewundert, war mir jetzt im höchsten Grade widerwärtig. Obgleich es ganz unmöglich war, dass die Pferde in diesem Gestrüpp und Pflanzenchaos sich weit von uns verirrt, schienen mir doch im Augenblick unsere Bemühungen eben so fruchtlos, als nach sonst welchem Gute in der Urwaldwildniss zu jagen. Plötzlich stiegen auch in mir Besorgnisse empor, dass während unseres Fernseins von der Hütte der Zufall Jemanden dort vorbeiführen könne, der unser Eigenthum nicht respektiren möchte. Ich hielt es daher für gerathen schleunigst umzukehren.

Während ich an dem Lagerplatze bei mir erwog, auf welche Art und Weise die Reise ohne Pferde und ohne das Gepäck im Stiche zu lassen, fortzusetzen sei oder wie es den Pferden möglich war mit gefesselten Füssen zu entwischen, vernahm ich zu meiner unbeschreiblichen Freude in der Ferne ganz deutlich das Wiehern meines Braunen. Nun wir erst einmal wussten, wo die Deserteure zu suchen seien, konnte es nicht mehr schwer halten, ihrer habhaft zu werden. Und in der That, ehe ich mich noch ganz in freudiger Erregung bis zu der Stelle, von wo ich die Laute vernommen, durchgeschlagen, kam mir José bereits mit den beiden Pferden, welche er an einem mitgenommenen Stricke führte, entgegen. Beide hatten sie ihre Manéen, das wie, blieb uns allerdings ein Räthsel — verloren.

Mehr als je lag mir daran, die Weiterreise zu beschleunigen und trotz der ungünstigen Witterung dem einmal vorgesteckten Ziele zuzueilen. Wir rüsteten uns deshalb nach diesem kleinen Abenteuer so schnell es ging zum Abmarsch.

Nach einer Stunde Wegs lichtete sich der Wald und wir kamen in das Gebiet des Rio Pará. Sehr beschwerlich war der Uebergang über verschiedene Nebenflüsse des grossen Stromes, welche durch anhaltende Regengüsse zu reissenden Gewässern angeschwollen waren. Am Abend erreichten wir den Rio Pará selbst. Es ist ein hier schon recht ansehnlicher Fluss, an dessen Ufern hin, so weit wir sehen konnten, ein breiter Waldsaum sich erstreckte, welcher ihn auch lange Zeit hindurch vor unsern Augen verborgen hatte. Bei Passagem, einer elenden Ortschaft, setzten wir auf einer Fähre, welche von zwei Mulatten gerudert und von höchst gebrechlicher Art war, über den Strom. Das Floss, welches als Fähre diente und auf dem wir Alle, Menschen und Pferde, zugleich Platz genommen, gerieth zwar stark in die Strömung, wurde aber doch glücklich von den beiden herkulischen Schiffergestalten bis an das jenseitige Ufer hinüber bugsirt, und mir fiel es wie ein Stein vom Herzen, als ich wieder festen Boden unter meinen Füssen spürte. Trotzdem ich den beanspruchten Lohn der Leute in der Höhe von 3 Milreis ganz unverhältnissmässig fand, zahlte ich den Betrag dennoch mit Vergnügen, im Bewusstsein der glücklich überstandenen Gefahr. Ganz in der Nähe von Passagem, wo wir in einer Venda abstiegen, befindet sich der weit und breit berühmte Wasserfall des Rio Pará, auch Rio grande genannt. Der Fluss wird hier plötzlich durch die sich näher zusammen drängenden Felsen bis auf etwa 12 Meter eingeengt und stürzt nun unaufhaltsam und mit donnerndem Getöse aus beträchtlicher Höhe herab in die Tiefe. Ein kleiner Negerjunge diente mir als Führer und in nicht gar zu langer Zeit wurde das Donnern des Falles vernehmbar. Der Anblick von Oben herab war weniger lohnend und auch schwierig zu erlangen, dagegen bot das Bild in der Tiefe, die ich mit Aufwand aller Turnerkünste glücklich, wenn auch nicht ohne mehrfaches Ausgleiten und Stolpern, erreichte, einen überraschend grossartigen Anblick. Ein paar hundert Fuss tief wälzte sich eine weisse Gischtmasse brausend und zischend zwischen Felsengeklüft von gigantischen Formen herab. Eine ganz eigenartige Vegetation bedeckte das feuchte Gestein. Das verwachsene Gestrüpp zu beiden Seiten des Falles und selbst unterhalb desselben, wo wir uns aufgestellt, liess mich erkennen, dass höchst selten ein menschlicher Fuss sich hierher verirrte. Das Toben und Brausen des Wassers und die Wildniss, welche mich umgab, machten einen unheimlichen Eindruck, und nachdem ich mir das Gesammtbild eingeprägt, verliess ich bald wieder diese unwirthliche Stätte, woselbst ausser der Grossartigkeit der hier von der Natur allein bereiteten Wasserkünste nichts angenehm auf den Beschauer einwirkte, als die erfrischende Kühle, welche die in Millionen Atome zerstiebende Wassermasse hervorbrachte. War das Hinabsteigen in die Tiefe eine schwierige Sache, so war nunmehr das Emporklettern an den steilen Felsenhängen zwischen Lianen- und dornenreichem Gestrüpp nicht minder beschwerlich. Während mein junger Begleiter mit der Behendigkeit eines Affen zwischen den Felsen hinanklomm und mir stets um eine ganze Strecke voran war, lief ich selbst mehrmals Gefahr unversehens auszugleiten und mir eine ernstliche Verletzung zuzuziehen. Zwar rief ich dem kleinen Neger einige Male zu, in meiner Nähe zu bleiben, aber mein Rufen wurde von dem furchtbaren Donner der stürzenden Wasser übertönt.

Der Abend war mittlerweile hereingebrochen und es blieb mir bei der Zurückkunft nach dem Orte nichts anderes übrig, als für heute der Ruhe zu pflegen, um folgenden Tages zunächst einen Führer nach S. Mathäus und Mugi zu finden, eine Tour, welche sehr selten, wie mir gesagt wurde, von den Reisenden eingeschlagen wird, welche ich aber um deswillen vorzog, weil ich so auf die schnellste Weise auf die Strasse nach S. Paulo gelangte. Ich übernachtete in Passagem in einer kleinen baufälligen Hütte, die als Anhängsel einer kleinen Vende für gewöhnlich einem alten Hausneger zum Aufenthalt diente. Das Lager, welches ich vorfand, gehörte nicht zu den reinlichsten und seine nähere Betrachtung hätte wahrscheinlich unter gewöhnlichen Verhältnissen meine Ruhe sehr beeinträchtigt, bei der übergrossen Müdigkeit aber, welche ich fast allabendlich auf meiner Reise verspürte, war ich weniger skrupulös und verfiel auch hier schnell genug in einen tiefen todtenähnlichen Schlaf.

Beim Erwachen wurde ich auf das Angenehmste durch deutsche Laute überrascht, die an mein Ohr drangen. Einige Minuten glaubte ich zu träumen, da mir die Begegnung mit einem Landsmanne an solch entlegener Stelle doch gar zu befremdlich war. Die Sache aber klärte sich bald folgendermaassen auf. Ich hatte den Vendenbesitzer bereits am Abend mitgetheilt, dass ich unter allen Umständen in Passagem einen neuen Peão zur Weiterreise nach S. Mathäus zu miethen wünschte und ihn gebeten, sich nach einer passenden Persönlichkeit für mich umzuthun. Der Zufall wollte es, dass fast zur selben Zeit mit mir in Passagem ein deutscher Missionair, welcher in Missionsangelegenheiten in der Provinz Goyaz gewesen, auf der Durchreise nach S. Paulo hier eintraf. Kaum hatte derselbe im Gespräche mit dem Wirth meine Anwesenheit und meinen nächsten Reiseplan vernommen, so beschloss er bei sich mit mir zusammen zu reisen. Da ich aber schon in süssen Träumen lag, so wartete der gute Mann den anderen Morgen ab, um mit mir persönlich das Weitere zu verabreden. Ich wüsste nicht, was mir hätte willkommener sein können, als dieser Gesalbte des Herrn, in dem man übrigens auf den ersten Anblick, da er einen weiten Poncho, einen breitkrämpigen Filzhut und einen Säbel an der Seite trug, nichts weniger als den friedlichen Verkündiger des Evangeliums vermuthen konnte. Nur wenn er sein Haupt entblösste, bemerkte man das Zeichen seiner priesterlichen Weihe. Pater Hyeronimus, dies war sein Name, zeigte eine gleiche Freude wie ich darüber, seinen Weg mit einem Landsmanne fortsetzen zu können, noch dazu eines Landsmannes im engeren Sinne des Wortes, da er wie ich aus Baiern gebürtig war, von wo man ihn seit zwei Jahren in Missions-Angelegenheiten nach Brasilien geschickt hatte.

Schleunigst verabschiedete ich den noch seines Lohnes arrenden José, indem ich das bisher auf dem Reitthiere des Dieners untergebrachte kleine Gepäck wieder auf mein eigenes legte.

Der Weg von Passagem nach der Grenze der Provinz S. Paulo zieht sich über hügeliches zum Theil nur angebautes Land nach Südwesten, ohne besonders interessante Eigenthümlichkeiten aufzuweisen. Anmuthig gruppirte Hügel wechseln mit weiten Thälern und Einbuchtungen, deren Vegetation bald nur in graugrünem hohem Grase, bald in kleinen Gehölzen mit myrthenartigem Strauchwerk und Bäumen bestand. Belebt war die Landschaft von zahlreichen Viehheerden, welche nicht selten in träger Ruhe sich mitten auf unserm Wege gelagert und nicht die geringste Miene machten, unseretwegen ihre Siesta zu unterbrechen.

Oefter wurde die Einförmigkeit der Umgebung durch das Auftauchen einer einsamen Estancia, eines Rancho oder auch einer Venda unterbrochen; im Allgemeinen fiel mir, wie schon an den vorhergehenden Tagen, die Menschenleere und Oede auf, welche allen brasilianischen Landschaftsbildern eigenthümlich ist. Angenehm war es mir, dass seit Passagem das Wetter sich zu meinen Gunsten wieder geändert, und dass die Unterhaltung des Pater Hyeronimus, welche vorher bei meinen brasilianischen Gefährten mitunter etwas ins Stocken gerathen war, jede etwaige Langeweile verscheuchte. Pater Hyeronimus war trotz seiner streng jesuitischen Erziehung ein unterrichteter und gesprächiger Gesellschafter. Nicht allein über alle wissenschaftlichen Gegenstände wusste er mit Verständniss sich zu äussern, sondern auch ein reicher Schatz von eigenen Erlebnissen und Erfahrungen stand ihm zur Seite, dessen Einzelheiten er mit besonderer Vorliebe erzählte. Von Jugend auf hatte er einen grossen Drang danach gehabt, fremde Länder und Völker aus eigener Anschauung kennen zu lernen, und mit wahrem Eifer daher die Gelegenheit ergriffen, dem Rufe seines Ordens Folge zu leisten und die Lehren der katholischen Kirche unter Negern und Indianern des Kaiserreichs zu verbreiten. Seit seiner Ankunft auf südamerikanischem Boden hatte er unausgesetzt in den Provinzen Goyaz und S. Paulo diesem Berufe obgelegen, und er wollte nun nach der Anweisung seiner Obern, nachdem er von einem jüngeren Ordens-Bruder abgelöst worden, sich nach den Südprovinzen wenden. — In mancher Beziehung traf sein Urtheil über Brasilien mit dem meinigen völlig überein. Auch auf ihn machte das Land und seine Zustände den Eindruck, als sei man hier gegen Europa um ein paar Jahrhunderte zurückversetzt, doch verkannte er nicht, dass das Land eine glänzende Zukunft vor sich habe. — Zum Begleiter und Führer diente ihm und mir nun auch ein aus S. Paulo gebürtiger 20jähriger Bursche, welcher den Weg, wie er erzählte, schon zum vierten Male zurücklegte.

Nach einem sehr heissen Tage gelangten wir am Abend nach einem kleinen Flecken, dessen Name mir entfallen ist. In der Nähe desselben gewährten die ausserordentlich zahlreich umherfliegenden Leuchtkäfer während der inzwischen eingetretenen Dunkelheit einen prachtvollen Anblick. Diese Käfer, deren wir mehrere einfingen, um sie einer genaueren Betrachtung zu unterwerfen, gehörten alle zu den Elateren (Springkäfern). Das lebhafte grünliche ununterbrochene Licht, welches sie ausstrahlen, entströmt zwei gelblichen Punkten an der Vorderbrust. Auch besitzen sie eine seltene Springkraft, mittelst deren sie sich ein paar Fuss hoch in die Luft zu schnellen vermögen. Wenn sie im Walde umherfliegen, so hat es den Anschein, als ob Meteore die Luft erfüllten. Unter den vielen Arten dieser Leuchtkäfer, welche sich in Brasilien vorfinden, ist die glänzendste wohl die des Elater noctilocus; das Licht der zahlreichen Johanniskäferarten, welche zugleich mit den Elateren auftreten, erscheint dagegen nur matt und glanzlos. Ihrer Pracht und Leuchtkraft wegen werden die Elateren in einigen Gegenden Südamerikas von den Frauen als Schmuck verwandt. Man erzählte mir, dass auf den Antillen die Damen jene Springkäfer an Stelle von Edelsteinen nicht allein als Kopfschmuck, sondern auch zur Verzierung der Kleider verwenden. Sie werden zu diesem Zweck in kleinen Gehäusen von Tüll festgehalten und diese dann auf das Gewand geheftet. Ich selbst habe mir oft das Vergnügen gemacht, ein solches Thierchen Abends in der Stube unter einem Glase gefangen zu halten und bei seinem intensiven Scheine mein Lager aufzusuchen.

Ein grosses Hinderniss auf dem Wege vom Rio grande bis zur Grenze der Provinz S. Paulo stellte sich durch den Flussübergang über den Rio Sapucahy uns entgegen, zumal von einer Fähre weit und breit nichts zu sehen war. Glücklich aber wurde die Passage ohne Unfall bewerkstelligt und nach einigen Stunden Zureitens erschienen am Horizonte in immer deutlicheren Umrissen die bis in die weitesten Fernen sich aneinander reihenden Bergkuppen der Serra do Lobo, zwischen denen die kleine

Stadt Caldas versteckt liegen sollte. Hatten wir in dem etwas abgeflachteren Gebiete, zwischen den beiden Flüssen Rio grande und Sapucahy stellenweise ein schnelleres Tempo mit unsern Pferden einschlagen können, so mussten wir uns nun wegen des bergigen Terrains zu einem langsameren Reiten bequemen. Caldas erreichten wir ziemlich müde und abgespannt ohne einen nennenswerthen Zwischenfall. Es ist ein freundliches Städtchen mit etwa 8000 Einwohnern, welches seinen Ursprung dem in der Nähe befindlichen Militairposten von Ouro fino, woselbst sich früher sehr ergiebige Goldminen befanden, und seinen Namen den in der Umgegend vorkommenden sehr heissen Schwefelquellen verdankt. Die Nacht verbrachten wir in ganz behaglicher Weise in einer vielbesuchten Herberge.

Am andern Tage hatten wir einen sehr beschwerlichen Weg durch das zerklüftete Gebirge bis zu der Ortschaft S. João de Boa Vista zurückzulegen; einen Halt gestatteten wir uns erst in Penha, nachdem wir uns durch einen förmlichen Felsenwall hindurch gewunden.

In der Provinz S. Paulo, in welcher wir uns nun befanden, schien es mir, als ob der Feldbau schon bei Weitem mehr vorgeschritten sei, als in der Nachbarprovinz und Pater Hyeronimus wusste mir auf diese Bemerkung viel von dem Wohlstande zu erzählen, welcher auf den, in dieser Gegend Brasiliens ziemlich zahlreichen deutschen Ansiedlungen herrsche.

Unser Peão, welcher den Pater Hyeronimus schon aus Goyaz bis hierher geleitet, war ein geborener Paulist. Früher schon ist von dem eigenartigen Charakter dieser Leute die Rede gewesen, so dass ich füglich davon absehen kann, darauf noch einmal zurückzukommen. Bei dem uns begleitenden Paulisten fiel mir nur noch insbesondere auf, wie Ross und Reiter sich so gut verstanden, und auch die Eigenartigkeit seiner ganzen Ausrüstung war an dem schwarzbraunen Gesellen beachtungswerth. Er hatte im Gegensatz zu den sonst üblichen Sätteln (Lombilhos) einen sehr kleinen flachen Sattel von Holz, der nicht einmal mit Leder überzogen war. Die Steigbügel waren so klein, dass sie nur die Spitze des Fusses aufnehmen konnten, und originell nahm es sich aus, dass die Sporen mit Lederstreifen an der nackten Ferse befestigt waren. Bekleidet war unser Peão mit einer kurzen Jacke (Gibão), engen Beinkleidern (Perneiras), und einem tellerförmigen, mit Riemen am Halse befestigten Hute; alles aus weichem Leder aus Capivara-Haut. Das Pferd, welches er ritt, war ohne Zweifel das beste unserer kleinen Karawane und obgleich nur von mittlerer Grösse und hässlicher Farbe, doch schlank gebaut, von trefflicher Haltung und einer seltenen Ausdauer. Trotz der weiten Reise, welche es schon zurückgelegt, bedurfte es keiner besonderen Aufforderung seines Herrn, um es zu den ausgelassensten Sprüngen zu veranlassen.

Auf dem Gesichte des Peão selbst prägte sich ein höherer Grad von Intelligenz aus, und sein munteres Wesen erwarb ihm bei Jedermann freundliche Zuneigung. Auch in Penha, wohin wir erst am Abend gelangten, wäre es uns kaum gelungen ein passendes Unterkommen zu finden, wenn nicht unser Peão eine Eroberung an einem alten Mulatten gemacht, der sich bereit erklärte, uns alle drei in seinem Hause für die Nacht aufzunehmen. — Diese Herberge war ein Musterbild von Unreinlichkeit. Schweine und Federvieh theilten mit uns den gleichen Raum als Aufenthalt, und nirgends habe ich mich unbehaglicher gefühlt, als in der Behausung des Senhor Ferreiro zu Penha. Pater Hyeronimus schien ebenso wenig wie ich von dem Nachtquartier erbaut, obgleich Senhor Ferreiro es eigentlich an Nichts fehlen liess. Zur Feier unserer Anwesenheit hatten die Söhne des Mulatten eine Tatu aus dem nahen Walde heimgebracht, welches als duftender Braten eine ganz leckere Speise abgab. Den Beschluss des Mahles machten eine Menge im Uebermaasse von Zucker eingekochter Früchte, welche in Europa Gegenstand des höchsten Luxus gewesen wären. Leider konnte man der zu grossen Süsse halber nicht viel davon geniessen. Eine widerliche Erscheinung war die Frau des Mulatten, welche ihr sommerliches Costüm auf das Allernothwendigste nur beschränkt, und keineswegs bemüht war, unseretwegen ihre Toilette mehr zu vervollständigen. Allem Anscheine nach war sie aber eine tüchtige Hausfrau und schien sich sogar in ihren Musestunden nebenbei noch des Schnittwaarengeschäftes, welches ihr Mann betrieb, anzunehmen.

Wiederholt hatten wir in den vorhergehenden Tagen Flüsse und Bäche zu überschreiten gehabt; auch bei unserer Abreise von Penha begann die Wanderung wieder mit der Passage eines Flusses, des Rio Mogi assu, welcher sein Wasser dem Rio grande oder Pará zuführt.

Die Urwälder, denen wir in der Provinz S. Paulo begegneten, waren namentlich in den tieferen Lagen von nicht minder grossartiger Schönheit, wie in der Provinz Minas geraes. Charakteristisch darunter war das massenhaftere Vorkommen der Pinheiros (Araucaria brasiliensis), deren Früchte beiläufig bemerkt, leicht geröstet, von den Bewohnern jener Gegenden vielfach, etwa wie bei uns die essbaren Kastanien, mit welchen sie auch einige Aehnlichkeit haben, genossen werden. Entfernt erinnern die Araucarien Wälder an unsere nordischen Tannenwaldungen. Sonst wollte es mir scheinen, als wären die Urwälder in S. Paulo nicht so reich an verschiedenen Baumgattungen, wie anderwärts.

Seit unserem Eintritt in die Provinz S. Paulo bewegten wir uns öfters auf wirklichen Verkehrsstrassen; man muss sich indessen von denselben keinen grossartigen Begriff machen, da sie, wie alle Wege in Brasilien, sich in einem schauderhaft verwahrlosten Zustande befinden, trotzdem S. Paulo diejenige Provinz ist, welche man füglich das Schoosskind der brasilianischen Regierung nennen kann. Erstreckten sich doch von hieraus in den ersten Decennien der europäischen Invasion hauptsächlich alle Anfänge der Civilisation, und keine der brasilianischen Provinzen hat eine so reiche geschichtliche Vergangenheit deshalb aufzuweisen, wie diese. Selbst in der neueren Geschichte spielen bekanntlich S. Paulo und dessen Bewohner eine nicht unbedeutende Rolle. Den Haupterwerbszweig der Bevölkerung bildet der Landbau und die Viehzucht, in welchen beiden Zweigen der Landeskultur höchstens die Bewohner der Provinz Rio grande do Sul mit den Paulisten an Thätigkeit und Erfolg wetteifern. Insbesondere ist es die Erzeugung von Kaffee und Baumwolle, welche hier die volkswirthschaftlich höchste Bedeutung haben; nebensächlicher ist der Anbau von Zuckerrohr, Thee, Tabak und Mais. Nach den Angaben des Dr. Kupfer, welcher lange Jahre in dieser Provinz gelebt und sehr genau über die dortigen Verhältnisse unterrichtet ist, betrug die Ausfuhr an Kaffee allein im Jahre 1869 488,000 Sack, 1870 400,000, und 1871 460,000 Sack An Baumwolle betrug der Export 1871 über den Hafenplatz Santos 150,000 Ballen.

Die Kaffee- und Baumwollenplantagen, mit deren Bebauung sich zu einem nicht geringen Theile vorzugsweise deutsche Ansiedler befassen, nehmen den mehr nach der Küste zu gelegenen Theil des Landes ein. Im Innern sind es die grossen Facendas de criação (Viehzuchtgüter), deren Betrieb sich die reichen Brasilianer angelegen sein lassen. Die hohen Transportkosten bis zu den Hafenplätzen würden hier den Kaffee- und Baumwollen-Anbau zu einem wenig einträglichen Geschäft machen.

Nach der Schätzung des Dr. Kupfer mag die Anzahl der Deutschen in der Provinz S. Paulo etwa 4500 betragen, welche theils als Kolonisten, theils in den Städten als Kaufleute, Handwerker, oder als Besitzer kleiner Landgüter dort leben und von denen die Meisten einst als sogenannte Parceria-Kolonisten herüber gekommen sind. Das System der Parceria oder Halbpacht-Kolonien besteht darin, dass der Besitzer auf seinen Ländereien den contractlich gedungenen Arbeitern kleine Landstrecken und Wohnungen anweist, und auch denselben für das Bearbeiten seiner Plantagen einen gewissen Gewinnantheil am Reinertrage zugesteht. An und für sich ist das System nicht gerade zu verwerfen, doch hat es sich deshalb nicht bewährt, weil bei keinem andern Uebereinkommen eine so grosse Harmonie zwischen Arbeitgeber und Arbeitnehmer bedingt wird. Auch kann nur die äusserste Sparsamkeit und der grösste Fleiss dem Kolonisten hierbei eine gesicherte und unabhängige Zukunft in Aussicht stellen. Besonders benachtheiligt sind die Parceria-, wie auch die übrigen Kolonisten dadurch, dass ihnen zu ihrer eignen festen Ansiedlung meist nur schlechtes oder weitabgelegenes Land gegeben werden kann, da die werthvolleren Ländereien so ziemlich in allen Provinzen sich längst in fester Hand befinden. Eine Ausnahme hiervon machen höchstens verschiedene Distrikte in den Südprovinzen.

Das System der Parceria-Kolonien wurde zuerst von dem Senator Vergueiro in Anwendung gebracht. So lange dieser Mann selbst sich das Wohl seiner schutzbefohlenen Kolonisten angelegen sein liess, nahmen die Ansiedlungen einen gedeihlichen Fortgang und die meist deutschen Kolonisten fühlten sich daselbst glücklich und zufrieden. Unter der Verwaltung seines Sohnes aber stellten sich allerlei Missstände ein, bis schliesslich gerechte und laute Klagen über die weisse Sklaverei auf den Parceria-Kolonien ertönten.

Ich habe leider keine der Parceria-Kolonien in der Provinz S. Paulo selbst besucht, kann also aus eigner Anschauung nichts darüber berichten und stütze mich bei der Berührung dieses Themas auf die Angaben Anderer. Dr. Kupfer erzählt von Ibicaba, woselbst er als Arzt lange Zeit thätig war, dass sich die im Jahre 1856 dort wohnhaften 1000 Deutschen, 800 Schweizer und etwa 200 Portugiesen leidlich glücklich fühlten. Die Deutschen besassen meist eigene Wohnhäuser, deren Bauart und Ausstattung zwar ausserordentlich einfach war, aber doch alle Bequemlichkeit boten, welche ein schlichter Landmann verlangt. Die Miethe dafür betrug etwa 9 Thaler jährlich.

Hemmend für das Fortkommen der Kolonisten waren einige Contraktsbedingungen, durch welche den Koloniebesitzern allzu grosse Rechte eingeräumt wurden. Der Gutsherr konnte zum Beispiel die Kolonisten an andere Grundbesitzer überweisen, wenn die Letzteren ihm die gemachten Vorschüsse und Auslagen ersetzten; ferner war die Familie eines Kolonisten nach dem Contrakte verpflichtet nach dem Tode eines Familiengliedes für sämmtliche Schulden des Verstorbenen aufzukommen.

Schon durch die Kosten der Ueberfahrt, welche von dem Grundbesitzer vorgeschossen wurden, stürzte sich die Kolonistenfamilie ganz bedeutend in Schulden. Hiezu kam noch, dass es mindestens 6 Monate dauerte, bis die Leute von dem Ertrage ihrer Felder eine Ernte erzielen konnten. Bis dahin waren sie ganz auf die Vorschüsse des Gutsherrn angewiesen und die Schuldenlast hatte sich dadurch so gesteigert — nach Ablauf eines Jahres oft schon bis zu 1200 Thaler, welche zudem mit 6% jährlich verzinst werden mussten, — dass ein Herausarbeiten aus solcher Lage die aussergewöhnlichste Energie erforderte. Dies hing ausserdem immer noch von dem Ausfall der Kaffee-Ernte ab, die nicht immer eine günstige ist. 750 Milreis (etwa 1687 1/2 Mark) Gewinnantheil einer Familie von fünf arbeitsfähigen Personen ist schon als ein ausserordentlich glückliches Resultat zu betrachten. 4—5 Jahre sind also unter allen Umständen erforderlich, dass eine Kolonistenfamilie sich von den Anfangs gemachten Schulden befreit. —

Nicht selten waren Heimweh, Entmuthigung, Krankheit, auch wohl angeborene Trägheit, unüberwindliche Hemmnisse, das Loos der armen Leute zu einem besseren zu gestalten. Mit den Landessitten, Speisen und Getränken konnten sich die Wenigsten nur befreunden, und vor Allem wurde von den Kolonisten zu wenig gearbeitet. Gesteigert wurde die allgemeine Unzufriedenheit durch die Uebergriffe des Plantagenverwalters und des Koloniedirektors, welche sich allmälig zu gefürchteten kleinen Tyrannen gemacht, wobei Willkür und Ungerechtigkeit bei Ausübung ihrer Befugnisse häufig mitunter liefen. Alles dies zusammen führte schliesslich zu einem Aufstande der Kolonisten, zur Vertreibung des Verwalters und des Direktors und zum Zerfall der Kolonie von Ibicaba. Die Hauptanstifter waren die Schweizer Kolonisten.

Ein ähnliches Ende wie diese Ansiedlung fanden die Parceria-Kolonien von Ubatuba, Elias velho und Andere mehr. Wenige nur haben sich bis auf die neueste Zeit gedeihlich fortentwickelt. Dahin gehören S. Laurenço, Paraiso und Sete quedas bei Campinas. *)

Diejenigen Parceria-Kolonisten, welche durch fleissige Arbeit sich eine gewisse Selbstständigkeit errungen, ziehen sich mit ihren Ersparnissen meistentheils in die benachbarten Städte zurück, woselbst sie als Handwerker, Kaufleute und Gewerbtreibende sich einer recht glücklichen Existenz erfreuen.

Den ausserordentlichen Aufschwung, welchen die Kaffeeproduktion der Provinz S. Paulo in den letzten Jahren genommen,

---

*) Nach amtlicher Angabe sind die in der Provinz S. Paulo jetzt noch bestehenden Privat- und Parceriakolonien ausserdem

S. Jeronymo	mit	643	Kolonisten
Pao d'Alho	„	71	„
Cresciunnial	„	240	„
Cafeeiral	„	120	„
Boa vista	„	143	„
Cascalho	„	44	„
Morro azul	„	104	„
Nova Louzā	„	100	„
Nova Colombia	„	82	„
Saltinho	„	72	„
und Salto grande	„	64	„
	Summa	1683	Kolonisten.

schreibt man hauptsächlich den europäischen Einwanderern und Parceria-Kolonisten zu. Das Gleiche gilt von der Verbesserung der Baumwollen-Kultur. Ein specielles Verdienst haben sich die deutschen Ansiedler durch die dem Gemüsebau und der Milchwirthschaft zugewandte Sorgfalt erworben.

Jemehr wir uns der Küste wieder näherten und die Regionen eben jener Kolonien durchritten, desto häufiger fügte es sich, dass uns Reisende, Tropeiros, Carreten und Anderes mehr begegnete, worunter wir öfters einen Landsmann, oder doch wenigstens einen Europäer zu erkennen glaubten.

Von Penha ab schlug unser Peão, um uns über Bragança nach Jundiahy zu geleiten, einen wirklich verzweifelt unwegsamen Pfad über die Serra Negra ein. Ein kleiner Ort, Serra Negra geheissen, war die erste bewohnte Stätte wieder, auf welche wir nach unsäglichen Mühen stiessen. Nicht minder beschwerlich war der Marsch von da durch ein weites, von einem ansehnlichen Flusse durchströmtes Thal über die felsigen Ausläufer der Serra Mantiqueira nach dem, wie in einem Kessel liegenden Städtchen Bragança. Letzteres, schon 1797 gegründet, ist Sitz der Municipalbehörde, sonst aber ohne jegliche Bedeutung. — Trotzdem wir nur noch vier Leguas bis zu der Eisenbahnstation Jundiahy von hier aus zurückzulegen hatten, verschoben wir die Fortsetzung unserer Reise bis zum nächsten Tage. Das Städtchen Jundiahy, dessen Gründung in das Jahr 1656 fällt, war von jeher ein Hauptstationsort für die Reisenden, welche von hier ab nach Minas geraes, Goyaz, Mato grosso und anderwärts ihr Reiseziel genommen hatten. Die gesammte Einwohnerschaft schien aus lauter Krämern und Tropeiros zu bestehen, welche jahraus, jahrein mit der Ausrüstung von kleinen Handelskaravanen nach den Provinzen beschäftigt ist. Als Endstation der S. Paulo Eisenbahn hat sich die Bedeutung des Ortes ganz ungemein in den letzten Jahren gesteigert und allerwärts legen ansehnliche Bauten davon Zeugniss ab, dass dem Orte eine glänzende Zukunft bevorsteht. In den Logas (Kaufläden) lässt die Auswahl der Waaren gleichfalls auf den Wohlstand der Bevölkerung schliessen, welche durch den Zwischenhandel mit den Kolonialprodukten ansehnliche Kapitalien in Jundiahy ansammelt. Auch einige öffentliche Gebäude ziehen die Aufmerksamkeit des Reisenden auf sich, darunter das aus älterer Zeit stammende, allerdings theilweise dem Verfall entgegengehende Benedictiner Kloster. Noch vor dem Jahre 1867 war der Ort auffallend herabgekommen und gab ein ziemlich trostloses Bild brasilianischer Verhältnisse; heute hat sich dies in der erfreulichsten Weise geändert.

Die Eisenbahn, welche Jundiahy mit dem Hafenorte Santos verbindet, hat eine Länge von 139 Kilometer und ist eine der interessantesten, welche das Kaiserreich besitzt. Ausserordentliche Terrainschwierigkeiten stellten sich ihrem Baue entgegen und mussten durch Anlage einer Menge von Brücken, Viadukten, und Tunnels mit grossem Kostenaufwand überwunden werden. Einer der Tunnels zwischen Belem und Jundiahy hat sogar die respektable Länge von 591,3 Meter. Der Betrieb geschieht auf einem Theile der Bahn durch stehende Maschinen auf geneigten Flächen. An einer Stelle, wo die Serra do Cabatão überschritten wird, steigt die Bahn nicht weniger als 800 Meter bei einer horizontalen Entfernung von rund 8000 Meter.*) Sehr günstig sind die finanziellen Verhältnisse dieses Eisenbahnunternehmens, welches sich in den Händen einer englischen Gesellschaft befindet. Eine Steigerung des Ertrags versprach man sich mit Recht noch von der Fortführung der Bahn bis zu dem blühenden Städtchen Campinas, dem Mittelpunkte von nahezu 200 Kaffeeplantagen und Zuckerrohrpflanzungen, auf dem wellenförmigen Hochplateau in dem Flussgebiete des Rio Tieté. — Im Jahre 1874 erreichten die Einnahmen der Bahn die Summe von 3,475 : 374 $ 270 Reis, ein Mehrbetrag gegen den Ertrag des Jahres 1872 von 1,462 : 754 $ 925 Reis. Der Reinertrag von 1875 beziffert sich auf 2,456 : 731 $ 530 Reis, was 10,042% Zinsen des Anlagekapitals entspricht. Mehrere Zweigbahnen sind gegenwärtig ebenfalls schon im Betrieb.

Mein Hauptgeschäft in Jundiahy bestand zunächst, nachdem wir eine Herberge ausfindig gemacht, darin, mein Ross und unnöthiges Gepäck wieder zu verkaufen, um mit leichter Ausrüstung das Eisenbahn-Coupé zu besteigen. Dieses Vorhaben

---

*) Nach den neuesten amtlichen Angaben ist heute die Bahn bereits weiter bis zur Stadt Limeira geführt und dem Betrieb eröffnet. Sie hat sich daher um 99 Kilometer verlängert. Mit Sicherheit darf man auch hoffen, dass die noch fehlenden 35 Kilometer bis zur Stadt João do Rio Claro, deren Bau bereits sehr vorgeschritten ist, bald vollendet sein werden.

gelang mir noch im Laufe des Tages unserer Ankunft. Nicht ohne ein Gefühl des Bedauerns vermochte ich mich von meinem Pferde zu trennen, welches mit seltener Ausdauer und Willfährigkeit mich durch manch' unwirthliche Gegend und nicht geringe Fährlichkeiten unter Wagniss des eigenen Lebens muthig hindurchgetragen. Schwerer wurde es dem Pater Hyeronimus, seine Rozinante an den Mann zu bringen, da dieselbe am letzten Tage angefangen, ziemlich bedeutend zu hinken, und Pferde ohnehin in Jundiahy geringer im Werthe standen, als die allgemein verwendeten schönen und kräftigen Maulthiere. Da Pater Hyeronimus nun auch andere Geschäfte im Orte nicht so schnell abwickeln konnte und in S. Paulo unterwegs sich aufzuhalten beabsichtigte, beschloss ich allein die Reise nach Santos fortzusetzen, da andernfalls auch die Abfahrt des Dampfers, der, wie ich erfuhr, jeden Tag in Santos erwartet wurde, gar leicht von mir versäumt werden konnte.

Pater Hyeronimus und ich hatten uns unterwegs so gut zusammen unterhalten, dass es uns leid that, von einander so bald wieder scheiden zu müssen und ein herzliches Händeschütteln gab diesem Gefühle beim Abschied Ausdruck. Trotz wiederholter Nachfrage habe ich später nie wieder etwas von meinem Reisegefährten vernommen.

Die Anhänglichkeit des Peão an uns war weniger gross, denn bald nach Empfang des bedungenen Lohnes und eines reichlichen Trinkgeldes von meiner Seite trollte er sich von dannen, ohne sich sonderlich viel um uns zu kümmern.

Im Fluge durcheilte ich am nächsten Tage die prachtvolle Gegend zwischen Jundiahy und Santos. Einen kurzen Aufenthalt gestattete ich mir nur in der Provinzialhauptstadt S. Paulo, welche sich malerisch an einer Erhöhung in der Hochebene von Piratininga hinzieht. Die Stadt interessirte mich um so mehr, da sie mir als eine der ansehnlichsten Provinzialstädte Brasiliens geschildert war und aus der Zeit der ältesten Jesuitenniederlassungen stammt. Im Jahre 1554 schon sollen hier dem Apostel Paulus zu Ehren Messen gelesen worden sein; 1746 wurde S. Paulo dann der Sitz eines Bischofs.

Im Aussehen unterscheidet sich die Stadt, soviel ich bemerken konnte, in Nichts von andern brasilianischen Städten, finden sich auch unter den Häusern manche Bauten mit geschmackvoller Architektur und mehr als einer Etage, so bestehen sie doch meist nur aus Fachwerk. Unter den vielen Kirchen und Klöstern ist, mit Ausnahme etwa des Franziskaner- und des Carmeliterklosters, dessen Thurm eine eigenthümliche Kuppel besitzt, auch nicht ein einziges, welches von dem brasilianischen Einerlei abweicht. Die hie und da zu Regierungszwecken verwandten älteren Klöster sind räumlich sehr ausgedehnt, aber

Das Kloster S. Franzisco zu S. Paulo.

äusserlich ganz entsetzlich vernachlässigt, und die heutige Generation leistet geradezu Staunenswerthes, durch jeglichen Mangel an Kunstsinn und durch Geschmacklosigkeit das Wenige, was etwa davon vorhanden ist, noch zu verunstalten. Als Beispiel hierfür erwähne ich nur, dass der Bogen eines Portals an einer Kirche, welcher aus schönem italienischen Marmor gearbeitet ist, mit einer schmutzig gelben Oelfarbe überstrichen wurde.

Die Räumlichkeiten der Universität, welche S. Paulo besitzt, befinden sich in einem ehemaligen Franziskanerkloster. Zur Besichtigung der inneren Einrichtung mangelte es mir an Zeit.

S. Paulo hat gegen 20,000 Einwohner, unter denen sich ziemlich viele Deutsche befinden. Deutsches Leben und deutscher Einfluss machen sich auch in verschiedener Weise sehr bemerkbar und gewinnen täglich mehr an Boden.

Auf ihre wissenschaftlichen Institute und sonstigen öffentlichen Anstalten sind die Bewohner von S. Paulo äusserst stolz und glauben damit selbst europäischen Städten nicht nachzustehen. Inwiefern dies begründet ist, konnte ich bei der Kürze meines Aufenthaltes nicht näher untersuchen. — Wundervoll sind die Umgebungen der Stadt, welche in einer hügeligen Gegend zu den reizendst gelegenen in dieser Provinz gehört. Diese natürlichen Schönheiten durch Anlagen und sonstige Ausschmückung zu heben, lassen sich die Bewohner von S. Paulo wenig genug angelegen sein.

Von S. Paulo aus hatte ich auf der Bahn nur noch eine kurze Strecke bis Santos zurückzulegen. Dieselbe bildet den interessantesten Abschnitt der ganzen Eisenbahnlinie, da hier das Terrain am unwegsamsten und ausserordentlich malerisch ist. Aehnlich, wie auf der Mauá-Bahn bei Rio Janeiro, zieht sich die Bahnlinie an dem schroffen Küstengebirge hin und überschreitet dasselbe in der weiter oben erwähnten Weise, bis sie endlich in der reizenden Bucht von Santos ihren Ausgangspunkt findet.

Es war am Spätabend als ich dorthin gelangte, doch blieb mir für diesen Tag immer noch einige Zeit, um bei der prächtigsten Abendbeleuchtung mir durch Ersteigen des in nächster Nähe der Stadt gelegenen Berges, dessen Gipfel eine kleine Kapelle krönt, einen Ueberblick über Stadt und Hafen zu verschaffen. Santos ist eine der ältesten Ansiedelungen in Brasilien und stammt schon aus dem Jahre 1546, hat aber im Verhältniss zu diesem hohen Alter noch keine sonderlich grosse Ausdehnung gewonnen. Bis vor Kurzem zählte es nur 10,000 Einwohner; seit Eröffnung der S. Paulo-Eisenbahn macht sich indessen auch hier eine Steigerung des Verkehrs und eine Bevölkerungszunahme bemerkbar. Aus früherer Zeit finden sich noch mannigfache ansehnliche Bauten in der Stadt vor, die zugleich Sitz einiger Regierungszweige ist. Von der Hafenseite aus erscheint der Ort ziemlich bedeutend, von meinem Standpunkte, von dem erwähnten Berge aus, konnte ich jedoch bemerken, dass sich die Stadt zwar weithin erstreckt, aber dabei nur eine geringe Breite hat.

Die Kapelle, von der ich oben gesprochen, war unverschlossen und ich betrat deshalb ihr Inneres, um mich auch darin umzuschauen. Fast alle Wände waren mit Opfergaben, in Gestalt von wächsernen Gliedmaassen, abgelegten Krücken, nachgebildeten Herzen u. dergl. mehr bedeckt, welche darauf schliessen liessen, dass dem am Altar aufgestellten Marienbilde eine grosse Wunderkraft zugeschrieben wird. Nirgends aber liess sich auf der Höhe ein menschliches Wesen erblicken, und nur ein paar Ziegen sprangen vor dem Kirchlein umher, indem sie zwischen den wilden fremdartigen Gesträuchen ihr Futter suchten, ohne sich dabei durch meine Gegenwart stören zu lassen.

Wie mit Gold übergossen, erschien in diesem Augenblicke das vor mir liegende Panorama, dessen Farbenpracht und malerische Linien sich mit einfachen Worten kaum schildern lassen. Im Vordergrunde die weithin zerstreuten Häuser mit ihren blendend weissen Mauern, der Mastenwald des Hafens, die spiegelglatte Fläche des zum offenen Meere führenden Kanals mit seinen dunkelgrün an den Ufern hingestreckten Manglewaldungen, zur linken Seite weiterhin die Insel Enguá-Guaçú, und im Süden an einem Felsenhange der Insel, Santo Amaro, die Umrisse des gleichnamigen Hafenforts vereinigten sich zu einem grossartigen und ebenso lieblichen Gemälde. Hatte ich im Hinaufgehen meine Aufmerksamkeit der Pflanzenwelt, durch welche sich der Pfad dahin schlängelte, in erster Linie gewidmet, so waren es nun beim Hinabsteigen die wechselvollen Ausblicke, welche sich über Stadt und Land bei jeder Wendung des Weges zwischen dem Gebüsche vor mir aufthaten. Am Fusse des Berges gelangte ich an einem Kloster vorüber, welches in idyllischer Einsamkeit zu stiller Betrachtung einlud. Bei einem Brunnen, der unweit davon durch sein Rauschen schon den erschöpften Wanderer erquickte, begegnete ich einem dunkeläugigen schwarzlockigen Knaben, von dem ich nun erst erfuhr, dass der Berg, den ich erstiegen, der Monte serrate sei, mit der Kirche unserer lieben Frau von Monte serrate, dessen herrliche Aussicht von allen Fremden gerühmt wird.

Am Hafen in Santos.

Meine Herberge hatte ich in einem Hause auf einer mit dem Hafen parallel laufenden Strasse, anscheinend der Hauptstrasse genommen, welches den stolzen Namen Hôtel führte. Hatte ich vorher schon im Stillen mich über die Unreinlichkeit in den Strassen entsetzt, so erschien mir alles in dieser Hinsicht bisher Gesehene unbedeutend und kaum der Rede werth' gegen den geradezu fabelhaften Schmutz, welchen ich hier vorfand. Alles starrte von Unsauberkeit und die Wirthsleute, geborene Franzosen, übertrafen in ihrer Gleichgültigkeit gegen all' den Schmutz den lässigsten Brasilianer. Allerdings hatte die Wirthin einen solchen Umfang, dass es ihr schwer wurde, bei der mörderlichen Hitze, welche ständig in Santos herrschen soll, sich zur Anfeuerung ihrer Dienstboten durch die Räume des Hôtels hindurch zu wälzen. Meistentheils stand sie an dem dem Hafen zugekehrten Fenster und stiess in herzzerreissender Tonart den Seufzer „Mon Dieu, quelle chaleur!" aus, während sie von den dermaleinst nicht unschönen Zügen mit ihrem Tuche die perlenden Schweisstropfen abwischte. Mit mir zugleich logirte in dem Hôtel eine ganze Gesellschaft Ratten, welche des Abends am nahen Strande sich vergnügten und ohne Achtung jeder Hausordnung spät in der Nacht erst wieder zu ihren Schlupfwinkeln im Gasthause zurückkehrten. Das Beste im Hause war die treffliche Küche, deren Wohlthaten ich umsomehr empfand, als ich das Einerlei der brasilianischen Kost auf meiner mehrwöchentlichen Tour im Innern des Landes etwas überdrüssig geworden war.

Mein grösseres Reisegepäck, welches ich von Rio aus hierher vorausgeschickt, fand ich am nächstfolgenden Tage unversehrt auf der Dampfer-Agentur vor, so dass meine Weiterreise nur noch von der Ankunft und Abfahrt des nächsten Dampfers abhing.

Eine erfreuliche Abwechslung bot mir in Santos die Bekanntschaft eines Deutschen, welcher es sich nicht nehmen liess, mich in den deutschen Klub einzuführen. Ich weiss nicht, wie gross die Anzahl der in Santos lebenden Deutschen ist und konnte Sicheres auch nicht darüber von meinem Führer in Erfahrung bringen; immerhin mag ihre Zahl einige Hundert betragen. Jedenfalls halten die Leutchen gut zusammen und haben dadurch ein recht nettes Vereinsleben möglich gemacht, welches ihnen nach des Tages Mühen und Lasten zum Theile wenigstens die ferne Heimath ersetzt.

Mittlerweile verkündete ein Kanonenschuss die Ankunft des ersehnten Dampfers und ich eilte zum Strand, um das Nöthige für meine Weiterreise zu besorgen. Am Abend schon befand ich mich an Bord und verliess mit dem brasilianischen Steamer Gerente die schöne Bucht von Santos, deren Naturschönheiten sich meinem Gedächtnisse ebenso unvergesslich einprägten, wie jene der Bai von Rio Janeiro.

Fünfzehntes Kapitel.
Reise über Rio Grande nach Porto Alegre.

Es ist kein Zweifel, dass die Küstenfahrt auf brasilianischen Dampfern nicht zu den Annehmlichkeiten in jenen Gegenden gehört, und das Schiff, dem mich der Zufall hier in die Arme geführt, war durchaus nicht dazu angethan, meine einmal gefassten Vorurtheile gegen die brasilianische Schiffswirthschaft zu beseitigen. Zum Ueberflusse war das Schiff schlecht gebaut und schaukelte selbst bei ganz friedlich stiller See auf unerlaubte Weise. Kein Wunder also, dass ich nach längerem Aufenthalt auf dem Lande wieder einige Anwandlungen von Seekrankheit zu bestehen hatte, welche im Verein mit dem unvermeidlichen Ungeziefer an Bord mich sehr herabstimmten. Die landschaftlichen Schönheiten der Küste, in deren nächster Nähe wir fortwährend uns hielten, vermochten mich daher fürs Erste nicht zu fesseln, und erst als wir dem Hafen von Desterro uns näherten, lebte ich wieder auf und erfreute mich an der neuen Rundsicht, die sich dem Auge bot. Die Stadt gewährte einen ganz reizenden Anblick, entspricht aber, sobald man dieselbe betritt, durchaus nicht den Erwartungen, welche man sich vorher etwa davon gemacht. Unregelmässig gebaute Strassen und Plätze und sehr dürftig aussehende Häuser, von Gras überwuchertes Pflaster oder überhaupt nicht gepflasterte tief ausgefurchte Wege oder Plätze geben der Stadt ein etwas

Desterro.

verwildertes Ansehen. Nur die Umgebung und die ganze Lage des Hafens verleiht Desterro etwas überaus Anmuthiges. Die öffentlichen Gebäude sind hinsichtlich ihrer architektonischen Schönheit kaum erwähnenswerth und selbst der Palast des Präsidenten der Provinz Santa Catharina, welcher hier seinen Sitz hat, ist nur ein sehr gewöhnliches Wohnhaus. Desterro mag etwa 10 bis 12,000 Einwohner haben, die zum grössten Theile als Kaufleute, Gewerbtreibende etc. durch die sehr ausgedehnten Kolonien in dieser Provinz ihren reichlichen Verdienst finden. Eine besondere Industrie des Ortes, welche mir sofort bei meiner Landung aufgefallen, ist die von einem grossen Theil der Bevölkerung betriebene Anfertigung künstlicher Blumen und Schmucksachen von Federn, Fischschuppen oder auch sogenanntem Palmenkohl und anderem natürlichen Material, wie Muscheln, etc. Desterro und Rio Janeiro sind die Hauptfabrikationsorte für derartige Artikel, deren einzelne theurer als der gediegenste Goldschmuck bezahlt werden; den Blumenmacherinnen (meist Negermädchen oder Mulattinnen) in Desterro fehlt es jedoch dabei sehr an Geschmack. Das Gleiche fand Tschudi, welcher mehr den Fleiss und die Geduld, als die Schönheit der ausgestellten Sachen loben konnte.

Im Allgemeinen herrscht viel Leben in der Stadt und nur in den Mittagsstunden, wo die Sonne unerbittlich heiss auf die von allen Seiten durch die umliegenden Berge vor jedem Luftzuge geschützte Stadt herniederscheint, vereinsamen Strassen und Plätze etwas und höchstens weidende Maulthiere und Pferde sättigen sich dann noch an dem zwischen dem Pflaster üppig wuchernden Grase. Auch kommt es wohl vor, dass ungeachtet der heissen Mittagsstunde ein paar mit schweren Ketten belastete Sträflinge an uns vorüber geführt werden, denn Desterro dient der Regierung zugleich als Deportationsort für schwere Verbrecher.*) Es sind verwegene Gestalten, deren blaue mit

---

*) Ausser Desterro sind noch folgende Orte, einschliesslich der sogenannten Militairstrafkolonien, als Deportationsplätze zu nennen: Santa Barbara am Ufer des Rio Macaco, die von Jurupensen am Rio Vermelho gegründete Niederlassung, Santa Cruz am Rio Canna Brava, Santa Leopoldina am Rio Araguaya, Santa Maria am gleichen Flusse, S. José dos Martyrios und José de Janimbú. Diese weit vorgeschobenen Ansiedlungen dienen sowohl zur Kolonisirung des Landes, wie zugleich zur Bekehrung und Zähmung der Indianer. Nicht zu verwechseln sind diese Strafkolonien mit den ebenfalls zahlreichen Militairkolonien.

rothen Aufschlägen versehene Kleidung sie von Weitem schon kennzeichnet. Trotzdem diese Leute durchgängig fast wie die französischen Galeerensträflinge je zwei und zwei mit schweren Eisenringen aneinander gekettet sind, würde man doch fehl gehen, wenn man sie alle für todeswürdige Verbrecher halten wollte. Die Auswahl der zusammenzuschmiedenden Verurtheilten wird durchaus nicht mit ängstlicher Sorgfalt vorgenommen und allein die Zeit, beziehungsweise das Strafmaass, scheint dabei berücksichtigt zu werden. So kommt es denn, dass die Leute moralisch mehr und mehr entarten. Ueberhaupt ist das Gefängnisswesen vor Allem in Brasilien eine schwache Seite der Staatsverwaltung; es fehlt dazu sowohl an zweckmässigen Gefängnissbauten, als auch an der nöthigen Aufsicht und Sorgfalt für die anzubahnende moralische Besserung der Verbrecher. Am besten ist noch in der Hauptstadt Rio Janeiro in dieser Hinsicht gesorgt. In den Provinzen begnügt man sich mit ursprünglich zu ganz andern Zwecken bestimmten Gebäuden oder mit der Deternirung der Sträflinge auf Inseln und Küstenforts. Ueber eine zu strenge Bewachung haben sich die Sträflinge nicht zu beklagen, was sie sich häufig genug durch Entweichung und Verschwinden auf Nimmerwiedersehen zu Nutzen machen. Fügen sie sich aber nur einigermaassen den Anordnungen der Gefängnissbeamten, so wird es ihnen unter Aufsicht eines Soldaten gestattet, je zwei und zwei in der Stadt oder Ortschaft ihres Aufenthalts irgend einem Erwerbe nachzugehen, sei es durch Strohflechtereien, durch Transport von Lasten oder dergl. sich einen Gewinn zu verschaffen, der zum Theil in ihre eigne Tasche fliesst. Gesetzlich unterscheidet man Zuchthäuser, Correktionshäuser und Kettenstrafanstalten, in denen allen die Zahl der Sträflinge überwiegt, welche sich des Attentats gegen Personen schuldig gemacht haben.

Bei einem Wege nach dem Telegraphenbureau konnte ich mein Erstaunen über die engen Strassen nicht unterdrücken. Ich hatte die Absicht gehabt, nach dem Süden, woselbst ich erwartet wurde, zu telegraphiren, aber der Telegraph versagte schon seit mehreren Tagen aus irgend welcher Ursache den Dienst und ich musste daher unverrichteter Sache nach dem Hafen zurückkehren.

Desterro ist der Punkt, von welchem aus sich die deutschen Kolonien der Provinz Santa Catharina abzweigen; darunter erwähne ich besonders das auch in weiteren Kreisen bekannte 1852 von einem Privatmann gegründete und 1860 in die Hände des Staats übergegangene Blumenau, 1876 zählte es 7621 Bewohner. In wenigen Tagereisen sind diese Ansiedlungen von hier aus zu erreichen und hier in der Stadt schon ist der Einfluss des deutschen Elementes auf das öffentliche Leben unverkennbar. In dem Hôtel do Brazil an der Praça do Palaçio, wohin mich der Zufall, in der Absicht mich leiblich etwas zu erfrischen, geführt, traf ich mit einer ganzen Anzahl Deutscher zusammen und der damalige Wirth, selbst ein speculativer Landsmann, verband mit seinem Berufe als Gastwirth die Thätigkeit eines in Stadt und Umgegend vielbeschäftigten Zahnarztes. War mir mit letzterer Kunst auch für den Augenblick nicht gedient, so fühlte ich mich doch für die andere, die Kochkunst seines Hauses, dem Manne zu Dank verpflichtet.

Gegen Abend rüsteten wir uns von Neuem zur Weiterfahrt und verliessen die reizende Bucht. Der Hafen zeichnet sich durch seine geringe Tiefe aus, die nicht allen Schiffen gestattet, hier vor Anker zu gehen; auch ist es ziemlich schwierig, ungefährdet durch die etwas engen Hafenzugänge einzulaufen. Aus portugiesischer Zeit sind an mehreren Stellen noch die Ruinen kleiner Forts übrig geblieben, welche zwischen Palmen und andern fremdartigen Gesträuchen versteckt nicht wenig dazu beitragen, das Gesammtbild malerisch zu gestalten. Am bedeutendsten darunter ist das noch ziemlich gut erhaltene Fort auf der Insel Anható-mirim, welches nebenbei sich noch durch ein künstlerisch vollendetes Portal in gothischem Styl auszeichnet. Weithin bis zum äussersten Punkte des Hafens erstrecken sich die Sitios und Chacaras (Landhäuser), von denen die Stadt umgeben ist, und welche verlockend aus dem Grünen dem Vorüberziehenden entgegen winken. Alles erscheint in dieser Gegend, die sich mir nur im hellsten Sonnenschein zeigte, in so freundlichem Lichte, dass ich mit Bedauern dem Hafen von Santa Catharina Lebewohl sagte, um auf den schaukelnden Wellen dem nicht mehr fernen Ziele meiner Reise im Süden zuzusteuern.

So langweilig eine Seereise auf offenem Meere Vielen dünkt, und so wenig von dem ewigen Einerlei des Himmels und Wassers zu erzählen ist, wenn man nicht die Wunder des Meeres und die Schönheiten eines unübersehbaren in goldener Pracht strahlenden Sternenhimmels mit in den Kreis der Betrachtungen ziehen will, so ergötzlich ist es, die wechselvollen Bilder eines neuen Landes bei einer Küstenfahrt an sich vorüber gleiten zu lassen. Weiss man zudem, dass die Geduld nicht allzulange mehr durch die Länge der Fahrt auf die Folter gespannt wird, so macht sich unwillkürlich eine heiterere Stimmung geltend und selbst die von Natur Verschlossenen und Schweigsamen werden mittheilsamer als es vielleicht vorher der Fall gewesen. So erging es auch mir. Nirgends auf der ganzen Reise habe ich mehr Bekanntschaften angeknüpft, als auf der verhältnissmässig kleinen Strecke von Desterro bis Rio grande do Sul. — Zu den originellsten Personen, welche mir bei dem Verweilen auf dem Deck begegneten, gehörte ein junger Deutscher, welcher von Rio Janeiro kam und nach S. Leopoldo reiste. Derselbe hatte von seinen Eltern das Reisegeld in ausreichendem Maasse erhalten, damit aber statt sich ein Billet erster oder zweiter Klasse zu lösen, verschiedene kleine Schulden in Rio gedeckt und nur so viel übrig behalten, um auf dem letzten Platze die Reise zurückzulegen. Hier wurde nicht für das Essen der Passagiere gesorgt; dieselben hatten sich vielmehr selbst zu beköstigen. Um während der etwa 7 tägigen Reise nicht Hunger zu leiden, hatte sich der junge Mann in Rio Janeiro mit dem billigsten Nahrungsmittel, einem ganzen Sacke Orangen versehen, an denen er fast ausschliesslich sich sättigte. Sehr dankbar nahm er es daher auf, als ich ihm, nachdem er mich mit seiner ökonomischen Reisediät bekannt gemacht, etwas Brod, Schiffszwieback und kalten Braten von der gut besetzten Tafel der ersten Klasse zukommen liess. Mir flösste das Zuschauen bei dem Orangenmahle allein schon ein heimliches Grauen ein, da man gerade den Genuss der Südfrüchte in solchen Massen dem Europäer im Anfange seines hiesigen Aufenthaltes entschieden widerräth. Was die Unterhaltung mit dem jungen Manne anlangt, so machte ich die Erfahrung, dass die Schulbildung der in Brasilien aufgewachsenen Deutschen zum Theile eine sehr lückenhafte und ebenso ihr Gesichtskreis ein sehr beschränkter ist; wenigstens war aus diesem Vertreter des Deutschthums in Brasilien wenig von den Verhältnissen auf den südbrasilianischen Kolonien, welche mich höchlichst interessirten, herauszubringen. Mehr Aufschlüsse erhielt ich von einem älteren Herrn, welcher vor langen langen Jahren als Kaufmann in Rio grande etablirt war, sich nun nach Dresden zurückgezogen und jetzt von Europa zum Besuche wieder herübergekommen war. Anfangs fühlte derselbe grosse Neigung dazu, wie dies eine stehende Unsitte in fremden Ländern und bei manchen Leuten ist, mir als dem Neuling auf mein wissbegieriges Fragen mancherlei aufzubinden. Erst nachdem er sich überzeugt, dass ich nicht so ganz „Negro novo", wie man die Ankömmlinge allgemein im Lande nennt, war, lenkte er ein und erzählte mir Manches von Interesse für mich, was sich zugleich später als durchaus zutreffend erwies.

Störend war die Anwesenheit einer Bande Italiener mit Drehorgeln und dressirten Affen, deren Spektakel bei dem beschränkten Raume nicht auszuweichen war. Nach Monaten traf ich dieselben Leute in einer Vende auf den deutschen Kolonien wieder, wo sie natürlich wenig mit ihren Geschäften zufrieden sein konnten, da die Verwandten ihrer dressirten Zöglinge sich alltäglich den Blicken der Bewohner in dem vollen Uebermuth ungebändigter Freiheit hier zeigen.

Die Reisegesellschaft war, wie aus dem Vorhergehenden zu ersehen, eine recht bunte und ganz dazu geschaffen, Volks- und Nationalitätsstudien darunter anzustellen. Ich kam mir ziemlich sonderbar zwischen dieser Musterkarte von Leuten vor. Namentlich das Vorderdeck zeigte eine Menge fremdartiger Erscheinungen. Schwarze, welche zur Schiffsmannschaft gehörten, andere Farbige, welche als Diener ihre Herrschaft auf der Reise begleiteten, einige Einwandererfamilien deutscher Abkunft, ein ganzer Trupp verwahrlost aussehender Soldaten, welche bestimmt waren, zu dem in Paraguay stehenden Heere zu stossen, nebst den oben erwähnten Italienern drängten sich bunt durcheinander.

Am zweiten Tage unserer Abfahrt von Desterro nahten wir uns der gefürchteten Barre von Rio grande, von deren Fährlichkeiten jeder Reisende genugsam zu erzählen weiss. Die ganz flache Küste verläuft nämlich so allmälig in den Meeresboden, dass es nur an wenigen Stellen den Schiffen möglich ist, sich dem Strande unmittelbar zu nähern. Zudem erscheinen an verschiedenen Punkten grössere und kleinere Sandbänke weitab von der Küste, welche ihre Lage durch die Strömungen des Meeres zeitweise verändern. Erhöht wird die Gefahr des Strandens der Schiffe, sobald das Meer erheblich zurückweicht und die etwa eingetretene Ebbe neue Sandbänke zum Vorschein bringt. Der Hafen von Rio grande do Sul, welcher am äussersten Ende des Brackwasser-Sees, der Lagoa dos Patos, liegt und nur durch einen kurzen, breiten, aber ebenfalls seichten Kanal mit dem atlantischen Ocean in Verbindung steht, gehört daher zu den von den Seeleuten am meisten gefürchteten Ankerplätzen an der ganzen östlichen Küste Südamerikas. Es sind besondere Vorkehrungen getroffen, um die ankommenden Schiffe vor dem Stranden zu schützen, indem von einem Wachtschiffe aus, welches zugleich die Lootsen entgegen sendet, in der Nähe der Stadt durch Signalflaggen denselben Kenntniss von der Wassertiefe an der Einfahrtstelle gegeben wird. Trotzdem ist die Zahl der Schiffbrüche an der Barre von Rio grande alljährlich eine ziemlich grosse. Das Anprallen der Meereswogen an jenen Untiefen, namentlich bei etwas bewegter See, ruft eine heftige Brandung hervor, welche mit ihrem hochaufspritzenden Schaum und Gischt schon in weiter Ferne als eine weisse Mauer sich am Horizonte abzeichnet. Der Wasserstand wechselt sehr rasch, bleibt aber oft lange so ungemein niedrig, dass schwer belastete und tief gehende Schiffe Tage und Wochen lang vor der Barre liegen bleiben müssen. Jeder Sturm führt dem Ufer neue Sandmassen zu, welche nach und nach den Meeresgrund an dieser Stelle gänzlich umgestalten. Nirgends sind deshalb geschicktere Lootsen nöthiger als hier. Wir hatten bei unserer Einfahrt insofern besonderes Glück, als wir sofort in den eigentlichen Hafen einlaufen konnten. Zu beiden Seiten des Schiffes, welches in einem ziemlich schmalen Kanal dahin glitt, folgten uns lange Zeit Schaaren sog. Schweinefische, welche an Schnelligkeit mit unserem Dampfer wetteiferten und in tollen Sprüngen Rad zu schlagen schienen. Die Ufer zeigten sich ohne alle Vegetation und nahmen sich so ungastlich und mit ihrem gelben Sande so öde, wie nur immer möglich aus. Das Einzige, was man auf dem Lande erblickte, war die dürftige Baracke eines Fischers, dessen Netzwerke vor dem Häuschen zum Trocknen aufgehängt waren, oder auch die werthlosen Trümmer der einst hier gestrandeten Fahrzeuge. Das Wasser selbst hatte eine gelbliche Farbe angenommen und liess eine deutliche, ziemlich starke Strömung wahrnehmen.

Von der Stadt Rio grande selbst, in deren nächster Nähe wir uns nun befanden, sah man nichts als die Spitzen einiger Stangen. Nach kurzer Fahrt indessen kamen auch mehrere Häuser zum Vorschein und nach und nach die Stadt in ihrer ganzen Ausdehnung. Auch gerade gegenüber erblickt man bei der Annäherung einen Ort am jenseitigen Ufer, San José do Norte, woselbst die tiefer gehenden Schiffe anzulegen pflegen, weil im Hafen von Rio grande selbst nur Schiffe von 9 Faden Tiefgang vor Anker gehen können. Einen überraschenden Anblick gewährt beim Einbiegen in den Hafen der Mastenwald von Schiffen, mit Wimpeln und Flaggen aller seefahrenden Nationen. Das am Ufer sich entwickelnde bunte Leben lässt auf einige Stunden die Trostlosigkeit der saharaartigen Gegend, in welcher die Stadt liegt, vergessen.

Es war gerade 12 Uhr Mittags, als der Anker der Gerente auf den Grund sank, und ich in die so oft nun schon mir beschiedene Ankunftsscene am Landungsplatz eintrate. Alles drängte, stiess, oder wurde gestossen, schrie und wurde angeschrieen, so dass ein betäubender Lärm an Stelle der gewohnten Unruhe auf dem Schiffe trat. Nicht minder lebhaft ging es an dem Quai zu, von dem wir kaum 15 Schritte entfernt angelegt, und von wo über einen schmalen, zum Schiffe führenden Steg, Jeder zuerst an Bord gelangen wollte, theils um erwartete Freunde zu bewillkommnen, theils um Waaren, Briefe und sonstige Neuigkeiten von Europa in Empfang zu nehmen. In babylonischer Sprachverwirrung schlugen englische, französische, deutsche und portugiesische Laute an mein Ohr, und ich hatte Mühe, mit Hülfe dreier Neger, mich und mein Gepäck glücklich aus dem allgemeinen Chaos herauszulootsen.

Durch Empfehlungsbriefe war ich an einen deutschen Kaufmann gewiesen, der mich mit all' der Liebenswürdigkeit in seinem Hause aufnahm, wie sie in fremden Landen so häufig gefunden wird, und deren wohlthuende Beweise für Manches schadlos halten, was eine so weite Reise nach fernen Gegenden, an Entbehrungen mit sich bringt.

Rio grande ist eine reine Handelsstadt, wo man kaum ein anderes Interesse kennt, als das kaufmännische. Von den etwa 19,000 Einwohnern dürfte nur ein ganz geringer Bruchtheil anderweitigen Beschäftigungen, als dem Handelsverkehr, nachgehen. Derselbe befindet sich grösstentheils in der Hand von Fremden, unter welchen die Deutschen einen hervorragenden Platz einnehmen. Die grössten Importgeschäfte besitzen deutsche Firmen, oder sind mindestens deutschen Ursprungs. Eine natürliche Folge ist, dass unter den im Hafen liegenden Schiffen eine nicht geringe Zahl die deutsche Flagge führen. Das regste Leben ist längs des Quais. Hier wechseln mit den Stores der grossen Handelshäuser die kleinen Verkaufsstellen aller möglichen Schiffsbedürfnisse, Matrosenkneipen, Gasthäuser, Waarenmagazine jeder Art und Agenturen für Alles, was auf das Seewesen Bezug hat. Die aufgeschichteten Thierhäute und das in Massen zum Trocknen an der Sonne ausgebreitete Dörrfleisch (Xarque, Carne secca), zeigen sogleich die Haupthandelsartikel der Provinz, legen aber zugleich mit ihren widerlichen und durchdringenden Ausdünstungen den Geruchsnerven des Ankömmlings eine harte Prüfung auf. Auch die aufgestapelten Talg- und Theermassen tragen das Ihrige dazu bei, die Atmosphäre in weitem Umkreis mit wenig angenehmen Düften zu erfüllen. Blondlockige Söhne Albions und schwarze kraushaarige Neger steigen zwischen diesen Schätzen umher und jagen jeder auf seine Art dem klingenden Gewinn nach.

Die Stadt ist im Allgemeinen besser gebaut und ansehnlicher, als man sonst in Brasilien gewohnt ist, und manche Gebäulichkeiten, Läden und Einrichtungen zeugen von einem gewissen Luxus und Wohlhabenheit. Ueberrascht war ich zum Beispiel von dem eleganten Geschäft eines Haarkünstlers, welches ebenso gut in Paris oder Wien dortigen Ansprüchen genügt haben würde, wie hier in Rio grande. Unscheinbar dagegen waren durchweg die öffentlichen Gebäude, unter denen nur ein schönes neues Hospital meine besondere Aufmerksamkeit auf sich zog. An dem südlichen Ende ist die Stadt mit einigen Festungswerken umgeben, welche dazu bestimmt sind, den Ort gegen einen Ueberfall von der Landseite zu schützen. Grössere Dienste aber, als gegen menschliche Feinde, leisten diese Befestigungen gegen das Vorrücken der Sandmassen ausserhalb der Stadt.

Das Zusammenleben der vielen Deutschen in Rio grande und anderer Fremden hat, neben den einheimischen Vereinen, auch eine Gesellschaft ins Leben gerufen, welche dazu bestimmt ist, nach des Tages Mühen und Lasten für die Unterhaltung der an diese sandige Küste verbannten Europäer zu sorgen. Am Abend traf ich hier eine Menge von Landsleuten, welche mich durch ihre Erzählungen mit Freuden und Leiden ihres Aufenthalts in Rio grande bekannt machten. Trotz meines lebhaften Protestes blieb es mir nicht erspart, auch das kleine brasilianische Theater besuchen zu müssen, in welchem Hebraïca Actriçia und Mascade italiano gegeben wurden, zwei Stücke, von welchen weder das eine noch das andere mich für die schauderhafte Hitze in diesem Kunsttempel schadlos hielten. Die Darstellung war für südamerikanische Verhältnisse, im Ganzen nicht so übel. In den Zwischenakten ergötzte ich mich an dem mit einem Gemälde aus der Versailles'er Gallerie, „der Traum der Glückseligkeit", künstlerisch ausgestatteten Vorhang, ferner an einigen, in bewunderungswürdig harmloser Weise an den Galleriegesimsen sich umherjagenden Mäusen, und an den im buntesten Flitterstaat aufgeputzten farbigen Insassen verschiedener Logen. Die räumliche Ausdehnung des Theaters mag ungefähr der des Wallner-Theaters in Berlin, oder einer kleinen deutschen Sommerbühne, gleichkommen. Vor den Logen und in den Gängen wurde ich unangenehm durch das zwanglose Rauchen und Umherspucken eines nicht gerade gewählten Publikums berührt. Es mochte Mitternacht sein, ehe ich nach diesem zweifelhaften Kunstgenuss mein Lager aufsuchen konnte.

Den andern Tag benutzte ich zu mehrfachen kleinen Entdeckungsreisen in und um Rio grande zu Fuss und zu Pferd, auf deren Ergebnisse näher einzugehen überflüssig erscheint, zumal der Leser durch verschiedentliche Schilderungen schon ein hinreichend zutreffendes Bild von Rio grande erhalten haben wird.

Am Nachmittag vertraute ich mich abermals einem kleinen brasilianischen Dampfer an, welcher mich über die Lagoa dos Patos und den Guahyba hinauf nach Porto Alegre führen sollte. Nur gegen die Versicherung, recht bald nach Rio grande zu einem längeren Aufenthalte zurückzukehren, liess mein freundlicher Wirth und der ansehnliche Kreis neuer Bekannten mich von dannen ziehen. Schon sandte der Schornstein des Küstendampfers in festgeballten Massen seinen Qualm in die Lüfte, und schon schickte sich die dunkelfarbige Bemannung an, Anker und Ketten des Schiffes, welche dasselbe am Ufer gehalten, unter lautem Geschrei und Zuruf zu lösen, als ich mich sammt meinem Gepäcke an Bord einfand. Der Lootse nahm auf der Kommandantenbrücke, zwischen den beiden Radkasten, seinen Platz ein, und nachdem die Schiffsglocke alle Säumigen durch dreimalige Mahnung herbeigerufen, setzte sich das ziemlich stark mit Passagieren und Gütern aller Art belastete Schiff in Bewegung. Wir beschrieben einen grossen Bogen um die Stadt, welcher durch das ausserordentlich enge Fahrwasser auf diesem grossen Binnenmeere bedingt war, indem wir zur Linken die Ilha dos Marinheiros liegen liessen und Anfangs direkt unsern Weg nach San José do Norte zu nehmen schienen. Am gefährlichsten, wegen der ausgedehnten Sandbänke, soll, wie mir die auf dem Schiffe anwesenden Brasilianer versicherten, der Durchgang in der Höhe des Städtchens Pelotas und der Mündung des Rio San Gonzalo sein. Weiterhin nahm unser Dampfer, welcher sich bisher wie eine Schlange hindurchgewunden, einen ziemlich graden Kurs, auf welchem wiederholt die Küste unsern Blicken gänzlich entschwand. Letztere war, wo wir sie zu Gesicht bekamen, fast ebenso dürftig und trostlos, wie in nächster Nähe von Rio grande, und die einzige Abwechslung, welche am Gestade zum Vorschein kam, boten die vielen zur Sicherheit der Fahrzeuge errichteten Leuchtthürme. Einigen derselben kamen wir so nahe, dass sich die kleinsten Einzelheiten des Baues unterscheiden liessen. Dies war u. A. an dem Punta da Bujurá und an dem Punta de Cristovão Pereira der Fall. Ihren Namen (Entensee), mag die Lagoa davon erhalten haben, dass in früheren Zeiten und noch jetzt häufig grosse Schaaren von Enten diese Gewässer beleben; namentlich dort, wo dem See grössere Flüsse zuströmen und das sandige Ufer in ein

Porto Alegre von der (Ost) Landseite aus

sumpfigeres Terrain übergeht. Solche Zuflüsse finden sich in Menge an dem westlichen Gestade. Neben dem Rio San Gonzalo ist der bemerkenswertheste Strom der Rio Camaquam. Wenn die Südweststürme in den Breitegraden dieser Gegenden sich erheben, gestaltet sich die Lagoa dos Patos zu einem überaus stürmischen und gefürchteten Meere, welches schon manches Schiff in seinen Fluthen begrub.

Als wir an das nördliche Ende des Sees gelangten, wurde die Küstengegend hügeliger und verengte sich schliesslich an der Durchfahrt von Itapoam zu einem schmalen Passe, dessen Eingang wieder durch einen Leuchtthurm bezeichnet wird. Hier münden die zu einem grossen Strome bereits bei Porto Alegre vereinigten Flüsse Rio de Jacuhy, Rio Cahy, Rio dos Sinos und Rio Gravatahy, wonach sie den gemeinsamen Namen Guahyba annehmen. Aehnlich wie bei der Einfahrt in die Bai von Rio Janeiro, wird auch hier von Minute zu Minute die Gegend schöner und anziehender; verschwunden ist der Sand und statt dessen deckt eine reiche Vegetation die lachenden Ufer, die Vorsprünge und kleinen Inseln.

Obwohl, ehe wir diesen Punkt erreichten, ich eine ziemlich unruhige Nacht ohne alle Bequemlichkeit an Bord des Dampfers verlebt und noch sehr des Schlafes bedürftig war, fesselte mich doch mehr denn je die Betrachtung der Landschaft auf dem oberen Deck. Nach einigen Stunden tauchte auch die Provinzialhauptstadt Porto Alegre vor uns auf, welche auf einer Landzunge in das weit hinein zu einem See (Lagoa do Viamão) erweiterte Flussbecken sich erstreckt. Vom Schiffe aus macht die Stadt keinen grossartigen, sondern mehr einen lieblichen Eindruck. Weit vor der Stadt schon nimmt man freundliche Landsitze und Ansiedlungen wahr, welche sich längs dem Ufer zur rechten Hand des Ankommenden bis zu einem einsamen klösterlichen Gebäude dem Coleggio de S. Thereza erstrecken. Plötzlich wendet sich das Schiff und biegt um die Spitze der Landzunge in den eigentlichen Hafen ein. Hier zeigt sich die Stadt noch malerischer gelegen als vorher, und die terrassenförmig aufsteigenden Gebäude des sehr freundlichen Hafenplatzes harmoniren mit dem Gesammtbilde so glücklich, dass man sich unwillkürlich davon überrascht findet. Auch wird dieser freundliche Gesammteindruck nicht wie bei andern brasilianischen

Städten, sobald man in das Innere derselben eintritt, erheblich beeinträchtigt.

Eben so lebhaft wie in Rio grande sah man hier der Ankunft des Dampfers entgegen; nur war die Landung umständlicher, da die Dampfer weitab vom Ufer anzulegen pflegen und Schaaren von Gondeln mit einander wetteifern, den Ankommenden ihre Dienste anzubieten. Auch eine Menge von Bewohnern der Stadt umschwärmten in schnell herbeirudernden Barken den angelangten Steamer, indem sie von Ferne schon in dem Schiffsgewühl die etwa erwarteten Freunde oder Bekannten zu erkennen suchten. Mir selbst wurde es nicht schwer, zwischen all' den fremden Gesichtern das eines mir nahe Verwandten herauszufinden, dem in erster Linie mein Besuch in Porto Alegre galt. Seit Jahren waren wir schon getrennt und die Freude des Wiedersehens daher gross. Durch dies Zusammentreffen wurde ich der Mühe überhoben, für die Ueberführung meines Gepäcks und die Unterbringung meiner Person in den nächsten Tagen zu sorgen. Mit aller Muse konnte ich mich von Anfang an der Betrachtung meiner neuen Umgebung widmen.

Porto Alegre, welches ebenso wie Rio grande im vorigen Jahrhundert um das Jahr 1742 durch Ansiedler von den Azorischen Inseln gegründet wurde, ist eine der am regelmässigsten gebauten und freundlichsten brasilianischen Städte. Durch das bergige Terrain der Halbinsel ist die Einförmigkeit der gradlinigen Strassenviertel auf das Angenehmste unterbrochen und die prächtigen Ausblicke von vielen der höher gelegenen Strassen und Stadttheile erfreuen das Auge, sobald man die letzteren betritt. Im Süden schweift der Blick über den See von Viamão, im Norden und Nordosten über das weitverzweigte Netz der mit Dampfern und Segelschiffen belebten Ströme und am fernen Horizonte über die im blauen Dufte verschwimmenden Gebirgszüge, in deren Thälern die deutschen Niederlassungen von S. Leopoldo, S. Cruz und andere mehr sich befinden. Von dort aus hat sich auch der Provinzialhauptstadt ein wider Erwarten bedeutendes deutsches Leben mitgetheilt. Von den etwa 26,000 Einwohnern Porto Alegres gehört nahezu ein Achtel dem deutschen Stamme an, und so ist es natürlich, dass man auf Schritt und Tritt Landsleuten be-

Fernsicht auf die Bergkette der deutschen Colonien.

gegnet, die zum Theile erst seit kurzer Zeit hier weilen, theils aber auch seit Jahrzehnten schon ihr Heim hier aufgeschlagen haben, oder auch im Lande schon geboren und erzogen, Brasilien als ihre eigentliche Heimath betrachten. Gegen die nördlichen brasilianischen Städte tritt die Negerbevölkerung etwas zurück. Sonst weicht das Strassenleben nicht viel von andern Orten ab.

Die Gebäude sind in dem südlichen Theile der Stadt durchaus unansehnlich; nach dem Hafen zu, in welchem jahraus, jahrein eine grosse Menge von Handelsfahrzeugen liegen, haben die Strassen einen grossstädtischen Charakter und von Seiten der Regierung geschieht im Allgemeinen mehr zur Verschönerung des Platzes als sonst wo. Der Mercado, ein wirklich architektonisch schöner Bau, das Theater, das Kriegsarsenal, das Seminar, die künstlerisch ausgestatteten Brunnen, ein paar Hospitäler und mehrere andere Bauwerke würden auch einer europäischen Stadt zur Zierde gereichen. Unter den Privathäusern bemerkt man viele mit zwei ja drei Stockwerken, und die Eleganz einiger Strassentheile, wie z. B. der Rua de 7 de Setembro lässt auf eine grosse Wohlhabenheit der Bevölkerung schliessen. Zwar ist Porto Alegre der Sitz der Provinzial-Regierung, die Residenz eines Bischofs und der Mittelpunkt des ganzen geistigen Strebens der Provinz Rio grande do Sul, aber nichtsdestoweniger tritt auch hier der Handel allein in den Vordergrund. Die grössten Firmen sind in den Händen von Deutschen, welche diesem Platz speciell zu einer gewissen Bedeutung für Deutschland verholfen haben. Den Kleinhandel betreiben fast ausschliesslich Brasilianer, Portugiesen und andere Nationalitäten.

Den Glanzpunkt der Stadt bildet der grosse Platz Praça de Dom Pedro II, woselbst der Regierungspalast, ein sehr bescheidenes einstöckiges Gebäude, die Hauptkirche (Sé), das Stadthaus, das Ballhaus (welches nicht zu verwechseln mit andern Zwecken, hier nur zum Abhalten von Tanzbelustigungen dient), und das für brasilianische Verhältnisse nicht unbedeutende Theater sich befinden. Erwähnenswerth ist auch das auf dem äussersten Vorsprunge der Halbinsel liegende Zuchthaus (Cadéa), und um seiner erbärmlichen Beschaffenheit willen das auf der nordwestlichen Landspitze befindliche Einwandererhaus, bei dessen Betrachtung mir allerdings die Sorgfalt der Regierung für die hier landenden und zum Theil erst herbeigerufenen Europäer als keine sehr zu lobende vor Augen trat. Aehnlich wie im Zwischendeck der grossen Auswandererschiffe ist der Raum, in welchem die Leute hier beherbergt werden, in Bretterverschläge von quadratischer Form eingetheilt, die je nach der Ueberfüllung des Hauses einer grösseren oder geringeren Zahl von Personen zum zeitweiligen Aufenthalt dienen. Mehrmals während meines Verweilens in Porto Alegre hatte ich Gelegenheit das Einwandererhaus kurz nach dem Eintreffen neuer Einwanderer zu besuchen und das Leben und Treiben in demselben zu beobachten. Es entwickelte sich dann ein reger Verkehr in den Räumen und auf dessen Vorhof des sonst verödeten Gebäudes. Statt der auf dem Schiffe benutzten Kleider wurde aus Kisten und Kasten der Sonntagsstaat hervorgesucht und während ein Familienmitglied bei den umherliegenden Gegenständen Wache hielt, traten die übrigen in Trupps ihre Wanderung durch und vor die Stadt an, um sich mit dem äusseren Anblick der neuen Heimath vertraut zu machen. Frauen und Mädchen waren bemüht, in dem geräumigen Hofe auf provisorisch hergestellten Feuerheerden mit den von der Regierung gelieferten Lebensmitteln ein einfaches Mahl zu bereiten, während Andere an der Praia (Strand) dicht neben dem Hause grosse Wäsche abhielten, die bisher, wo nur das salzige zum Waschen untaugliche Seewasser ihnen zu Gebote stand, ein dringendes Bedürfniss war. Als Trockenplatz und Bleiche benutzte man ein Eckchen der Praça da Harmonia, an welcher das Einwanderer-Gebäude gelegen ist. Der Totaleindruck, welchen man von dieser Einwandererherberge davonträgt, ist der, als ob man das Armenviertel irgend einer Stadt betreten, und jeder Insasse derselben empfindet eine gerechte Sehnsucht nach dem verheissenen Eldorado zwischen der üppigen Vegetation der deutschen Kolonien, nicht selten aber auch ein leises Heimweh nach dem aufgegebenen Vaterlande. Kein Mensch scheint sich sonderlich um die Ankömmlinge zu kümmern; nur ab und zu findet sich ein Beamter ein, der den Posten eines Dolmetscher-Agenten bei der Provinzialregierung bekleidet, dem speciell die Sorge und Obhut der neuen Kolonisten anvertraut ist. Bitten, Klagen und Beschwerden, welche diese in deutscher oder sonst welcher europäischen Sprache vorbringen, vermittelt er an die zuständige Behörde, ohne dass indessen immer seine Bemühungen von Erfolg gekrönt sind. Segensreicher als seine Wirksamkeit in dem Einwandererhause ist die des deutschen Hülfsvereins, welcher über namhafte Mittel gebietet und sich das Wohl und Wehe der deutschen Kolonisten jederzeit angelegen sein lässt. Die genannte Gesellschaft wurde im Jahre 1858 gegründet und hat nach einem nahezu zwanzigjährigen Bestehen, allseitig im alten und neuen Vaterlande unterstützt, mit ihrem an 20,000 Thaler betragenden Kapital, beziehungsweise dessen Zinsen, schon manchen deutschen Landsmanne vom Untergange gerettet. Nicht minder heilsam eingreifend nimmt sich auch das deutsche Konsulat der Ankommenden in jeder Bedrängniss an und es ist zu wünschen, dass dessen Vertreter allezeit so thatkräftig und theilnahmsvoll sich erweisen möge, wie dies von dem gegenwärtigen Konsul Herrn Ter-Brüggen geschieht. — Die Stadt ist reich an Konsulaten und bei festlichen Gelegenheiten kann man an den ausgehängten Flaggen ein förmliches Studium der verschiedenen Landesfarben anstellen. Argentinien, Dänemark, England, Frankreich, Italien, die Niederlande, Oesterreich, Portugal, Spanien, Uruguay sind alle hier diplomatisch vertreten. Die Hauptstrasse der Stadt ist die Rua do Praia, welche sich von einem Ende derselben gradlinig fast bis zum andern Ende erstreckt und dort auf der Praça do Paraizo mündet. An derselben liegen unter andern öffentlichen Gebäuden das scheunenartige hässliche Zollhaus, das Provinzialschatzamt und die Arsenale. Am Ausgange der Stadt fällt das grosse Hospital, die Santa Casa da Misericordia, in die Augen; unscheinbar dagegen ist die in einer Seitenstrasse gelegene kleine protestantische Kirche, an deren Giebel nur das Kreuz auf die Bestimmung des Hauses hindeutet.

Mit öffentlichen Plätzen ist Porto Alegre sehr reich bedacht, denn neben den obengenannten dient noch eine ausgedehnte Wiesenfläche dicht vor der Stadt, die Varzia, als Weide und Tummelplatz für Pferde und Hornvieh. Eine breite Freitreppe, welche einen Fahrweg einschliesst, führt zu der etwas tiefer gelegenen Trift hinab, und auch hier geniesst man einen jener schönen Rundblicke, an denen Porto Alegre so reich ist. Zwar entbehren die Berge am Horizonte den Schmuck der Wälder, doch giebt der eigenthümliche Farbenton des Hintergrundes und die hie und da zwischen Häusern hervorragenden Palmenwipfel dem Bilde einen entschieden südlichen Charakter. An jedem Tage fast erblickt man auf der Varzia selbst ein neues verändertes Leben. Sind es heute die grossen Tropas halbwilder Pferde und ungezähmten Viehes, welche weit von den Höhen der Serra her nach Porto Alegre zum Verkauf getrieben und von den auf ihren unscheinbaren Rossen wild einhersprengenden Tropeiros gehütet werden, so nehmen ein ander Mal Karretenführer, unter ihrem Wagen gelagert, ihre Stelle ein. Ein grosses Feuer, über welchem der Kessel zur Bereitung der unvermeidlichen schwarzen Bohnen mit Xarque hängt, und um ihn her im Kreise die dunkelfarbigen Gesichter einiger träger aber kräftiger Gestalten stimmen vollkommen zu den übrigen fremdländischen Gegenständen, die dem Beschauer hier entgegentreten. Auch Carreira-Reiter benutzen an manchen Tagen den weiten Plan zu ihren Wettläufen; kommt aber der Abend heran, so vereinsamt die weite Grasfläche und ein melancholischer Hauch breitet sich über ihre in nebelhafte Linien sich verlierende Ferne aus. Gern kehrt man zurück und sucht im Kreise deutscher Landsleute zu vergessen, dass ein unabsehbar weites Meer dies Gestade von der Heimath trennt. — Der deutschen Geselligkeit sind mehrere Vereine gewidmet, unter welchen zur Zeit meines Verweilens in Porto Alegre der Club und die Germania obenan standen. Ein höheres geistiges Interesse war weder bei dem Einen noch bei dem Andern vertreten und die Unterhaltung beschränkte sich zumeist auf Karten-, Billardspiel und Tanzvergnügen bei 20 bis 30 Grad Réaumur. Das Bierbankgeplauder, welchem sich ein Theil der karten- und tanzunkundigen Kaufmannschaft hingab, entbehrte alles ansprechenden Gehalts. Nur als der grosse deutsch-französische Krieg im Jahre 1870 ausbrach, wich die gewöhnliche Apathie einer grösseren Regsamkeit, und nachdem man mit einem wahren Heisshunger die mit jedem Dampfer anlangenden deutschen Zeitungen verschlungen, wurde laut und heftig über die vaterländischen Ereignisse debattirt. Es wurden die wunderbarsten Hypothesen und Prophezeiungen dabei ausgekramt, und das Heer der Konsule fühlte sich nicht wenig gehoben durch die auf ihre Stellung ausstrahlende Wichtigkeit der Situation.

Mit besonderer Begierde wurde das Gerücht aufgefasst, dass Napoleon selbst Hand an sich gelegt; dies gab Veranlassung zu bedeutenden Wetten zwischen den jubelnden Deutschen und den nicht sparsam vertretenen franzosenfreundlichen Bewohnern der Stadt. Wie in Deutschland zu jener Zeit, so liessen auch hier die Zeitungen bei jedem neuangekommenen Telegramme Extrablätter ausgeben, deren Erscheinen durch aufsteigende Raketen am lichten Tage der verblüfften Welt kund gegeben wurde, und bei dem Eintreffen der Siegesnachrichten von Weissenburg, Wörth, Metz und Sedan kannte der Jubel unter unsern Landsleuten keine Grenzen.

Gelegentlich der Erwähnung von Zeitungen sei bemerkt, dass die öffentliche Meinung in Porto Alegre auch durch ein deutsches Pressorgan „Die Deutsche Zeitung" vertreten wird, welche einstmals als Aktienunternehmen ins Leben trat und sich schon eine ganze Reihe von Jahren (1861 gegründet) lebensfähig gezeigt hat. Das Blatt hat sich in erster Linie die Bekämpfung der Jesuiten und die Vertretung deutscher Interessen gegen brasilianische Uebergriffe zur Aufgabe gestellt. Im Inseratentheil aber prägt sich der leider nie ganz unter den Deutschen versiegende Parteihader aus und man kann sicher sein, fast in jeder Nummer des zwei Mal wöchentlich erscheinenden Blattes die gedruckten Beweise solcher Zänkereien zu finden. Am Platze selbst ist diese Zeitung bis jetzt ohne Concurrenz geblieben, dagegen erscheinen in der Provinz und zwar in S. Leopoldo noch zwei deutsche Blätter, von denen das eine, welches zugleich Organ der Jesuiten ist, bezeichnend genug mit den aus der Druckerei der deutschen Zeitung entwendeten Lettern gegründet wurde. Die hauptsächlichste geistige Nahrung schöpft jedoch die deutsche Bevölkerung, der im Allgemeinen das Lesen noch kein grosses Bedürfniss ist, aus den von Deutschland bezogenen illustrirten Blättern und Zeitschriften.

Das allgemeine Hospital, von welchem bereits die Rede war, ist in aussergewöhnlich grossem Maassstabe angelegt und sollen jährlich über tausend Kranke in demselben behandelt werden. Man könnte daraus folgern, dass die Stadt kein gesundes Klima besitze, doch lässt sich dies letztere nicht behaupten und die meisten Kranken in der Caridade liefert wohl die Umgebung Porto Alegres. Der Bau ist quadratisch angelegt und überdeckte Corridore, ähnlich den Kloster-Kreuzgängen, umschliessen einen mit Oragenbäumen bepflanzten geräumigen Hof. Die Krankensäle sind gross, luftig und ganz nach europäischem Vorbilde eingerichtet. Rechts vom Eingang des stattlichen Gebäudes befindet sich die Apotheke und links ein Berathungszimmer der Aerzte. Alle Neujahr ist das Hospital zum Besuch für Jedermann geöffnet, eine Einrichtung, die für manche Kranke allerdings unangenehm und störend ist; ungeschickter noch erscheint es, dass man dicht neben dem Krankenhaus die Hauptwache der Nationalgardisten verlegt hat, welche rücksichtslos mehrmals des Tages mit ihren Trommeln die den Kranken nöthige Ruhe beeinträchtigen. Die ebenfalls in der Caridade befindliche Irrenstation liegt sehr im Argen und ist bis auf Weniges nach ganz veralteten Prinzipien eingerichtet. Neben der zur Caridade gehörigen Kirche liegt von einer Mauer umfasst eine Art von Hospitalgarten, für dessen Anbau und Pflege jedoch absolut nichts gethan wird, so dass die wüste Fläche einen trostlosen Anblick gewährt. Die Zahl der Aerzte ist eine ganz ansehnliche; es befanden sich daselbst damals zwischen 30 bis 40, worunter vier Deutsche. Mit dem Hospital ist auch ein Findelhaus verbunden.

Durch übergrosse Reinlichkeit zeichnet sich Porto Alegre ebensowenig wie andere brasilianische Städte aus, und die Lässigkeit, welche in dieser Beziehung allenthalben waltet, wird leider oft genug von den durch das Klima schon etwas erschlafften Deutschen der unteren Stände getheilt. Es ist dies, je nach ihrer besonderen Abstammung, mehr oder minder der Fall, da ja alle Stämme des alten Vaterlandes hier zusammengewürfelt sind. So scheint z. B. dem pommerschen und holsteinischen Element eine grössere Accuratesse angeboren als den Bewohnern des Nahethals, und im Allgemeinen scheint der norddeutsche Volksstamm mit mehr Zähigkeit an den Gebräuchen und Sitten der Heimath festzuhalten, als dies bei den Süddeutschen der Fall ist.

Porto Alegre besitzt eine ganze Reihe von Schulen und höheren Unterrichtsanstalten, in denen indessen für die zahlreichen Deutschen nicht besonders gut gesorgt ist. Der Unterricht der Kinder ist deshalb auch in der Regel ein Beweggrund für unsere Landsleute, nach Europa zurückzukehren. Alles, was auf brasilianischen Schulen gelehrt wird, ist doch nur Stückwerk. Am leidlichsten werden noch die Mädchen in Handarbeiten unterrichtet. Hierbei sei erwähnt, dass die Brasilianerinnen vielfach gewohnt sind, bei ihrer Arbeit nach orientalischer Sitte mit untergeschlagenen Beinen auf dem Boden zu kauern. Selbst in manchen Mädchenschulen findet dieser Brauch statt. Als Tisch dient ein festes kleines Kissen, welches der Arbeitenden im Schoosse ruht und woran nöthigenfalls die Arbeit befestigt wird.

Die nennenswerthesten höheren Unterrichtsanstalten Porto Alegres sind das bischöfliche Seminar und das Lyceum. In der neuesten Zeit sollen auch einige höhere Privatschulen von Deutschen gegründet worden sein, von welchen man mit Anerkennung spricht.

Bei einer Wanderung durch die Stadt sind es die mehrfach schon angeführten öffentlichen Brunnen, die als eine Zierde von Strassen und Plätzen bestechend auf den Beschauer einwirken. Einer der schönsten dieser Brunnen ist jener auf dem Largo de Portão. In einem Marmorbecken von beträchtlicher Grösse erhebt sich ein bronzenes Piedestal, auf welchem über vier grossen Schaalen eine Statuette aufgestellt ist. Die Bronzefigur stellt ein weibliches Wesen in halb schwebender Gestalt dar, welches in der Linken einen Bündel Blumen und Garben, in der Rechten einen Merkurstab hält und irgend eine Göttin oder Nymphe versinnbildlichen soll. Um den Brunnen herum läuft ein zierliches eisernes Gitter, unterbrochen von lanzenschaftähnlichen Pfeilern. Leider ist fast immer das Marmorbecken trocken und die an einzelnen Brunnen angebrachten wasserspendenden Figuren zeigen sich ohne den lebendigen Quell; statt ihrer wird das Trinkwasser von den in der Nähe wohnenden Aufsehern um schnödes Geld feilgeboten. — Die ganze Wasserleitung ist das Werk einer englischen Gesellschaft, welche auf 30 Jahre gegen eine bedeutende Abgabe das ausschliessliche Privilegium hat, die Stadt mit Trinkwasser zu versorgen.

Haupterwerbszweig der Bewohner von Porto Alegre ist zwar der mit der Entwickelung der Kolonien Hand in Hand gehende Handel, die Stadt entbehrt aber deshalb nicht aller eigenen Industrie, unter welcher die Fabrikation von Cigarren, einiger Schiffbau, grosse Schlosserwerkstätten, Essigfabriken, Bierbrauereien, Färbereien, Blumenfabriken und dergl. mehr genannt zu werden verdienen. Namentlich seit der Zunahme der deutschen Bevölkerung hat auch die Industrie sich in bedeutendem Maasse gehoben. Am lebhaftesten ist der Hafenverkehr, woselbst die zahlreichen Produkte des Ackerbaus, schwarze Bohnen, Mais, Farinha, Hülsenfrüchte aller Art, Kartoffeln, Halmenfrüchte, Tabak und anderes mehr, ferner Häute, Xarque, Speck, Talg, Hörner etc. in Massen auf den Flüssen, in Lanchãos (eine Art Flussschiffe), zu Markte gebracht, oder auf andere Schiffe verladen aus der Provinz ausgeführt werden. Auch Sattlerarbeiten aus dem Innern der Provinz und eine grosse Menge seltener und werthvoller Gesteinsarten, wie Achat und Jaspisse, werden von hier aus versandt.

Die Eisenbahn, welche heut zu Tage neben der Schifffahrt, dem Handel und Verkehr in Porto Alegre dient, war zur Zeit meines Aufenthalts noch nicht zur Ausführung gekommen; nur eine Pferdeeisenbahn hatte vor Jahren einmal den Verkehr zwischen der Stadt und einer benachbarten kleinen Wallfahrtskirche (Menino Deos), wo alljährlich grosse Volksfeste abgehalten werden, vermittelt. Jahre lang war indessen schon der Betrieb dieser Bahn eingestellt worden. Etwaige Ausflüge oder Reisen in das Innere der Provinz war man daher genöthigt, theils zu Schiffe, theils zu Pferde anzustellen.*) Vornehmlich um die deutschen Kolonien aus eigener Anschauung kennen zu lernen, entschloss ich mich ziemlich bald zu einer Bereisung der nahegelegenen Koloniedistrikte von S. Leopoldo.

Sechzehntes Kapitel.
S. Leopoldo und die deutschen Kolonieen.

Ich hatte hinlänglich Muse dazu gehabt, während des Aufenthaltes in der Stadt für meine Ausrüstung Sorge zu tragen, und meine Equipirung gelang um so leichter, als mir die

---

*) Die seit dem 14. April 1874 dem Betriebe übergebene Eisenbahn von Porto Alegre nach S. Leopoldo, welche mit englischen Kapitalien gegründet wurde und vorerst bis zum Hamburger Berg und später noch weiter ins Innere der Provinz fortgesetzt werden soll, hat eine Länge von 33 Kilom.

S. Leopoldo am Rio dos Sinos.

Erfahrung anderer mir nahestehender Personen zu Gute kam. Von den zwei, damals nach S. Leopoldo einzuschlagenden Wegen, den mittelst des Flussdampfers auf dem Rio dos Sinos und den andern zu Pferde über den Camp, wählte ich um des in Porto Alegre gekauften Rosses willen, den letzteren.

Der Weg von der Hauptstadt über die weiten baumlosen Niederungen am linken Ufer des Rio dos Sinos bietet bis zu den Vorbergen der Serra, in der Nähe des Berges Sapucaya, wenig Interessantes, ja mitunter ist er so einförmig, dass es verzeihlich erscheint, wenn man, wie dies mir begegnete, während der tropischen Hitze auf dem sachte dahin trabenden Pferde stellenweise einschläft. Namentlich wird es nach dem Uebergang über den Rio Gravatahy recht herzlich langweilig, und die Berge, welchen man zureitet, wollen durchaus nicht näher rücken. Der genannte Fluss entspringt auf der Cochilha das Lombas und gehört zu den Zuflüssen des Guahyba. Einige Anregung empfing ich höchstens durch die Begegnung eines Trupps Strausse, die scheu bei meiner Annäherung feldeinwärts liefen.

Ich wurde von einem Deutschen aus Porto Alegre begleitet, welcher freundlich bemüht war, mich durch Plaudern über Land und Leute zu unterhalten, und aus seinen Erzählungen schon konnte ich entnehmen, dass das deutsche Leben in der Provinz, und insbesondere auf den Koloniëen, bei Weitem mehr entwickelt sei, als anderwärts in Brasilien.

Am Spätnachmittag ritten wir in dem Städtchen S. Leopoldo ein, um uns bis zum andern Morgen in einem der für brasilianische Verhältnisse leidlich guten Hôtels etwas Rast zu gönnen. — S. Leopoldo liegt auf dem linken Ufer des Rio dos Sinos und bildet den Mittelpunkt des ausgedehnten Koloniebezirks; ein kleiner Theil des Städchens nur befindet sich auf dem rechten Ufer, mit welchem eine Fähre die Verbindung herstellt.*) Die Bevölkerung beträgt ungefähr 2000 Seelen und Alles in Allem hat der Ort einige Aehnlichkeit mit einem deutschen Marktflecken. S. Leopoldo ist ganz regelmässig angelegt, aber nur an einer Strasse eigentlich ziehen sich die Häuser in ununterbrochener Reihe hin. Man sieht hier

---

*) Durch den Eisenbahnverkehr wurde neuerdings der Bau einer stattlichen Brücke bedingt.

neben den nur aus einem Erdgeschoss bestehenden Gebäuden auch mehrstöckige Häuser; die Nebenstrassen sind sehr lückenhaft bebaut und einen ländlichen Charakter gewinnt das Ganze hauptsächlich dadurch, dass alle Strassen ungepflastert sind. An hervorragenden Gebäuden besitzt das Städtchen nur eine Kirche in gothischem Styl.

Die Anlage des Ortes ist insofern verfehlt, als derselbe in einer Flussniederung liegt, und da nicht das Geringste durch Dammbauten zu seinem Schutze geschieht, alljährlich beim Uebertreten des Rio dos Sinos durch grosse Ueberschwemmungen heimgesucht wird.

Hier dürfte es wohl am Platze sein, Einiges über Gründung und Entstehung des kleinen Neudeutschlands in Südbrasilien zu erzählen.

Es war im Jahre 1824, als der Kaiser Dom Pedro der Erste, von der Ueberzeugung durchdrungen, dass nur freie Arbeit und freie Arbeiter, an Stelle der mit der Zeit zur Aufhebung gelangenden Sklaverei, die Kolonisationsbestrebungen Brasiliens fördern würden, nach einigen glücklichen Resultaten im Norden des Reiches eine grössere Anzahl Deutscher zur Ansiedlung in Rio grande do Sul anwerben liess. Auch deutsche Soldaten, welche für den brasilianischen Dienst in deutschen Seestädten angeworben waren, sollten hier im Süden nach abgelegter Dienstzeit sich als Ackerbauer niederlassen. So sehr die öffentliche Meinung damals gegen die Auswanderung unserer Landsleute eiferte, fand sich doch eine Zahl von über 100 Seelen aus Deutschland zusammen, welchen auf der kaiserlichen Domaine Feitoria velha, am linken Ufer des Rio dos Sinos, an der Stelle, wo das heutige S. Leopoldo liegt, Wohnsitze und Land zum Bebauen angewiesen wurde. Dichter Urwald deckte noch den Boden, und es bedurfte der grössten Ausdauer und Anstrengung von Seiten der Kolonisten, um das Land der Kultur zugänglich zu machen. — Von da ab erhielt die junge Ansiedlung stetig neue Zuzüge aus Deutschland, so dass sie schon im Jahre 1830 die Zahl von 4856 Seelen erreicht hatte. Bald genügte die ursprünglich zur Kolonie gegebene Fläche nicht mehr und es mussten fortwährend neue Ländereien hinzugezogen werden, wodurch nunmehr die sogenannten Picaden (Schnaisen, Linien) entstanden, welche sich heut zu Tage bis dicht an den Fuss der

Serra hin erstrecken. Meist waren es Deutsche aus Mecklenburg, Pommern, Westfalen, Rheinpreussen, aus dem Kurfürstenthum Hessen, aus der bayerischen Rheinpfalz und vornehmlich aus dem Fürstenthum Birkenfeld, welche sich eine neue Heimath hier gründeten.

Politischer Zustände halber trat in der Entwickelung der Kolonie S. Leopoldo bis zu den 40er Jahren eine Pause ein, in welcher jedoch der einmal vorhandene Stamm von Kolonisten um so fester Fuss fasste. Die in die gleiche Zeit fallenden häufigen Einfälle wilder Indianerstämme hinderten die Ansiedler sich weiter auszubreiten, führten aber zu einem festeren Zusammenhalten und Begründung eines eigentlichen Gemeinwesens um so mehr als die Leute, denen bis dahin immer ein Direktor vorgestanden, sich nun fast ganz selbst überlassen blieben.

Ein grosses Hemmniss für die Fortentwickelung von S. Leopoldo lag darin, dass es von der Regierung theils aus Mangel an Geld, theils aus Mangel an Leuten gleich von Anbeginn an versäumt wurde, die einzelnen Kolonieloose gehörig zu vermessen und abzugrenzen. Unzählige Plackereien, Streitfälle und Prozesse, welche aus dieser Versäumniss entstanden, trugen nicht dazu bei, neue Einwanderer aus Deutschland herbeizulocken und günstig auf die in Deutschland vorgefasste Meinung über Brasilien einzuwirken. Erst nach langen Jahren hatte die Regierung ein Einsehen mit diesen Uebelständen und suchte mit ungeheueren Geldopfern den begangenen Fehler wieder gut zu machen.

An dem politischen Leben der neuen Heimath nahmen die Deutschen Anfangs nur einen sehr geringen Antheil, bis sie allmälig, von den republikanischen Ideen der Nachbarstaaten beeinflusst, sich nur allzu lebhaft an der Revolution des Jahres 1834 betheiligten. Der Aufstand nahm die gefährlichste Ausdehnung an und drohte durch seine 9jährige Dauer alle Erungenschaften des vergangenen Jahrzehnts wieder zunichte zu machen. Einmal in den politischen Strudel mit hineingerissen, schlugen die Deutschen es sogar aus, von einem Neutralitätsanerbieten Gebrauch zu machen und nahmen theils für die gesetzliche Regierung, theils für die Rebellen Partei. Unter dem Namen der Farappen-Krieg spielt der Aufstand eine nicht unbedeutende Rolle in der brasilianischen Geschichte, und ältere Bewohner von S. Leopoldo wissen noch genugsam davon zu erzählen, mit welch' unerhörter Hartnäckigkeit und selbst grausamer Tapferkeit die Deutschen damals auf beiden Seiten gefochten. Zu der gegenseitigen Erbitterung mochte wohl auch die religiöse Parteistellung beitragen, da auf der einen Seite Katholiken, auf der andern Protestanten sich um ihren Pfarrer geschaart hatten. — Seit jener Zeit konnte die Regierung einige Besorgniss wegen der Anhäufung so vieler Ausländer an einem Orte nie ganz verbannen, und als die Zahl der Kolonisten gegen Mitte der 50er Jahre bis auf 12,000 gewachsen, suchte man die neuen Ankömmlinge anderwärts in entfernteren Gegenden unterzubringen. Unter anderen wurde damals zur Gründung der Kolonieen von Mundo novo, Santa Cruz etc. geschritten, ja man hätte am liebsten statt unserer Landsleute andere Nationalitäten zur Ansiedlung vermocht, wenn nicht erwiesener Maassen die Deutschen allein sich der Aufgabe der Kolonisirung gewachsen gezeigt hätten.

Nach und nach nahm die deutsche Einwanderung einen immer grösseren Aufschwung, und wenn früher nur die eindringlichsten Ueberredungskünste deutsche Ackerbauer dazu bestimmen konnten in Südbrasilien sich niederzulassen, so trugen gar bald die grössere Leichtigkeit der Ueberfahrt und die glänzenden Erfolge ihrer Landsleute, von denen zahlreiche Berichte erzählten, die zugleich durch briefliche Mittheilungen von Freunden und Verwandten Bestätigung fanden, dazu bei, die Provinz Rio grande do Sul mit Deutschen mehr und mehr zu bevölkern. Aller Orten entstanden weitere Kolonieen, deren gegenwärtig die Provinz gegen 40 zählen dürfte. Nicht allein die Regierung liess es sich angelegen sein, auf den vorhandenen Staatsländereien den Einwanderern gegen eine geringe Zahlung den nöthigen Ackerboden zur Verfügung zu stellen, sondern auch Privatleute und Gesellschaften von Kapitalisten verabfolgten in gleicher Art den deutschen Ansiedlern Grund und Boden zur Kolonisirung.

Durchgängig liegen fast die Kolonieen an den Abhängen und zwischen den Vorbergen der Serra, auf dichtem Urwaldboden, indem ein schiffbarer Fluss zum Ausgangspunkt für die zu errichtenden Picaden gewählt wurde. Bei der Anlage einer neuen

Kolonie wird im Allgemeinen ein ziemlich gleiches Verfahren beobachtet. Eine gerade Linie, welche in gehöriger Breite mitten durch den Urwald hindurch gelegt wird, dient zur Basis und Hauptstrasse des zu cultivirenden Bezirkes, und nur wenn steile Felswände oder tiefe Schluchten hindernd in den Weg treten, weicht man von der Richtung ab. Zu beiden Seiten dieser Linie steckt man die einzelnen Kolonieloose in einer Breite von durchschnittlich 100 Braçen (eine Braça = 20 Decimeter) ab, während die Tiefe der zugetheilten Flächen die gesetzlich 15—1600 Braças beträgt, fürs erste meist unvermessen bleibt. Der Flächeninhalt eines solchen Kolonielooses beträgt somit ungefähr 302 Magdeburgische Morgen. Diese mangelhafte Vermessung hat auf allen Kolonieen fast, wie bereits erwähnt, manchen Zwist hervorgerufen, da immer ein Nachbar mit dem andern wegen der beiderseitigen Grenzen in Streit gerieth. Auch war die Güte des Landes begreiflicher Weise eine sehr verschiedene und doch forderte die Regierung von jedem Kolonisten den gleichen Geldbetrag. Insbesondere war die Verwirrung auf der Kolonie S. Leopoldo eine ausserordentlich grosse geworden und etwas Regelung in den Landbesitz kam eigentlich erst, nachdem der preussische Gesandte v. Eichmann, sowie der schweizerische Gesandte von Tschudi auf die Beschwerden der Kolonisten hin sich zu Sachwaltern ihrer Landsleute gemacht, die Missstände bei der Regierung gerügt und diese bestimmt hatten, das ganze Kolonieterritorium noch einmal vollständig neu zu vermessen.

Der Ort S. Leopoldo selbst bildet den Stapelplatz für alle Produkte, welche in den verschiedenen Picaden angebaut werden. Mit der Zeit haben sich auch eine Menge von Handwerkern und Gewerbetreibenden in dem kleinen Orte angesiedelt, der ausser dem deutschen Leben und Schaaren von deutschen Kindern kaum irgend etwas Interessantes aufzuweisen hat, wenn man nicht das als eine Eigenthümlichkeit gelten lassen will, dass die vielen Schwarzen, gross und klein, unsere Muttersprache eben so geläufig sprechen, wie wir selbst. Scherzhafter Weise haben sie sich dabei je nach der Landsmannschaft ihrer Herrschaft die verschiedensten deutschen Dialekte zu eigen gemacht und es begegnen uns in Folge dessen dem Idiome nach schwarze Pommern, schwarze Schwaben, sowie schwarze Bayern und Sachsen.

Meinen Aufenthalt hatte ich in Kochs Hôtel genommen, in welchem ich mir einige Stunden Schlaf gönnte. Macht man keine zu grossen Ansprüche, so kann man mit der Bewirthung in S. Leopoldo ganz zufrieden sein.

Es wohnen zwar in dem Städtchen auch einige Brasilianer, die aber den Deutschen gegenüber völlig verschwinden und dem Einflusse der Mehrheit sich nicht entziehen können. Man kann deshalb die Bemerkung nicht unterdrücken, dass entgegen den Erfahrungen in anderen Ländern und Welttheilen hier die Deutschen hartnäckiger an Sitten und Sprache der Heimath festhalten, wenn auch andererseits mancher wenig empfehlenswerthe Landesbrauch bei ihnen Eingang findet. Die deutsche Sprache erfährt die sorglichste Pflege, und mehr fast noch als in Porto Alegre wurde wenigstens zur Zeit meines dortigen Aufenthalts Mühe und Geld in reichlichem Maasse auf deutsche Schulen verwendet. Es befand sich damals ein Mädchen- und ein Knabeninstitut daselbst, welche zusammen nahe an 200 Schüler zählten.

Die Hauptindustrie bildet neben der Vermittelung des Produktenhandels die Verarbeitung von Häuten zu Leder und allen Arten von Sattlerarbeiten.

Zufälliger Weise hatten anhaltende Regengüsse in den vorhergehenden Tagen den Rio dos Sinos weit über seine Ufer hinausgedrängt, und so kam es, dass die ganze Varzia hinter S. Leopoldo weithin unter Wasser stand. Auch die dem Flusse nahe liegenden Strassen des Städtchens waren überschwemmt und der Verkehr zwischen beiden Ufern dadurch sehr erschwert. Erwünscht war die Wasserfluth nur der blondhaarigen jugendlichen Bevölkerung S. Leopoldos, welche unter Schreien und Jubel mit improvisirten und wirklichen Kähnen auf dem plötzlich erstandenen Meere ihr Wesen trieb. Eine Schaar von sechs unbändigen Knaben zwischen 9 und 12 Jahren namentlich belustigte mich höchlich durch ein in Scene gesetztes Seegefecht, bei dem nicht viel gefehlt, dass die kleine Marine sammt und sonders dem Element zur Beute geworden wäre. Eine halbe Stunde fast schaute ich mit Interesse dem verwegenen Spiele zu und konnte meine Verwunderung den Umstehenden nicht verbergen, dass man die Kleinen in solcher Weise gewähren liess. Es gehört indessen zu den Eigenthümlichkeiten des Lebens unter den deutschen Ansiedlern in Brasilien, dass die aufwachsende Jugend nicht mit jener Aengstlichkeit gehütet wird wie bei uns. Vom zartesten Alter an überlässt man die Kinder ganz sich selbst, sie tummeln sich zu Lande und zu Wasser, sie üben frühzeitig sich im Gebrauch von Feuerwaffen und jagen auf ungesattelten Pferden über den weiten Camp dahin, ohne dass deshalb mehr Unglücksfälle zu beklagen wären, als in unsern civilisirteren Verhältnissen.

Durch die Vermittelung eines S. Leopoldenser Bürgers hatte ich für meine weitere Excursion auf die deutschen Kolonieen einen kleinen Peão angeworben, unter dessen Führung ich meinen Weg noch am späten Nachmittag trotz der überschwemmten Umgebung fortsetzte, da überdies nach den Aussagen der Leute das Wasser sich nach ein paar Tagen verlaufen würde und nur an wenigen Stellen der Passage jenseits des Flusses hinderlich sein könnte.

Auf einer Fähre, die ein alter brummiger Deutscher in Pacht hatte, setzten wir mit den Pferden über den Fluss. Dann kauerten wir fast eine halbe Stunde lang auf den bis an die Brust im Wasser vorsichtig dahinschreitenden Thieren. Eine Gruppe von Bäumen in weiter Ferne war mir von dem Peão als Ausgangspunkt des nassen Rittes bezeichnet und dieser in gerader Linie zusteuernd, glaubte ich für den Augenblick der Führung des Peãos nicht zu bedürfen und liess deshalb denselben hinter mir reiten. Da, mit einem Male, schwand meinem Pferde der Boden unter den Füssen und ich stürzte kopfüber, nicht wissend, wie mir geschah, in die hochaufspritzende und über mir zusammenschlagende Fluth. Der Zügel war mir aus der Hand geglitten und unwillkürlich liess ich auch die Reitpeitsche fallen, um mich zum Schwimmen anzuschicken. Es dauerte einige Sekunden, bis ich mit dem Kopfe wieder an die Oberfläche kam und die Situation überblicken konnte. Das Nächste, was ich bemerkte, war mein Pferd, welches unweit von mir auf eine kleine Anhöhe sich gerettet und lammfromm des Reiters harrte, der alsbald auch in meiner Person aus den Fluthen wieder auftauchte. Mein Peão blickte nicht minder erwartungsvoll auf die Stelle, wo ich vor einigen Augenblicken verschwunden war, wusste aber vor Schrecken nicht, wie er helfend mir beispringen sollte. Eine Strecke von fast 10 Schritten musste ich schwimmend zurücklegen, ehe auch ich festen Boden unter meinen Füssen fühlte und bald darauf mein Pferd wieder besteigen konnte, eine Aufgabe, welche um so schwieriger war, da sich in den weiten Reiterstiefeln eine zentnerschwere Wassermasse angesammelt. Dieses unerwartete Begegniss nöthigte mich wohl oder übel nach S. Leopoldo oder wenigstens bis an die ersten Häuser des diesseitigen Ufers zurückzukehren, denn nicht allein meine Kleider waren bis auf das letzte Stück durchnässt, auch von alle den in den Satteltaschen befindlichen Gegenständen war kein einziger trocken geblieben. Das Unangenehmste bei dem ganzen Abenteuer war für mich die Entdeckung, dass mir bei dem Sturze mein Portemonnaie mit einem Betrage von etwa 75 Thlr. aus der Tasche entfallen war. — Zum Glücke wohnte gleich am Eingange des Ortes ein wohlhabender Deutscher, an welchen ich von Porto Alegre aus auf das Wärmste empfohlen war und den ich nur deshalb bisher nicht aufgesucht, weil mir in meinem Hotel versichert wurde, dass er verreist sei. Dort sprach ich nun vor. Allerdings war der Mann nicht zu Hause, aber mit freundlicher Bereitwilligkeit kam seine Frau meinem Anliegen entgegen. Kleider, Wäsche und Geld, Alles stellte sie mir zur Verfügung, und ich hätte getrost sogleich weiter reisen können, wenn nicht Rock und Hosen des abwesenden Hausherrn meinem Körper allzuwenig angepasst gewesen und ich mich nicht vollständig in den unergründlichen Tiefen seiner Bekleidungsgegenstände verloren hätte. Ich beschloss deshalb bis zum andern Tage das Trocknen meiner eignen Garderobe abzuwarten. Bezüglich des verlorenen Portemonnaies sammt Inhalt gab mir die wohlbeleibte Hausfrau den Trost, dass nach dem Verlaufen des Wassers von einem ihrer Leute an der ihr näher beschriebenen Stelle, wo der Unfall stattfand, genaue Nachforschung gehalten werden sollte. Ich erwähne hierzu, dass, obgleich ich wenig Hoffnung an diese Vertröstung knüpfte, in der That das verlorene Portemonnaie gefunden wurde und dass ich zu meiner grossen Freude den ganzen Inhalt, welcher hauptsächlich aus brasilianischem Papiergeld bestand, wegen seines durchweichten Zustandes auf eine Leine zum Trocknen aufgehängt, eine Woche später bei meinen Gastfreunden vorfand.

Der Hamburger Berg.

Am Mittag des folgenden Tages war Alles wieder so weit im Stande, um die unterbrochene Reise von Neuem aufzunehmen. Gewitzigt durch das einmal genossene Bad überliess ich mich ganz der Führung meines Peão's, der auf das Sorglichste vermied, den tiefen Graben, von dessen Vorhandensein ich keine Ahnung gehabt, nahe zu kommen.

Unser nächstes Ziel war der „Hamburger Berg", zwei Leguas von S. Leopoldo, woselbst eine grössere Anzahl von Kolonisten, Handwerkern und Gewerbetreibenden auf einem sog. Stadtplatze etwas gedrängt beisammen wohnen. Die Ortschaft, welche daraus entstanden ist, hat, mehr noch als die Stadt S. Leopoldo, Aehnlichkeit mit einem deutschen Dorfe, zwischen dessen Häusern allerdings mehrere Palmen fremdartig dareinschauen. Das Terrain, auf welchem der Ort erbaut, ist sehr hügelig und wegen seiner hohen Lage schon von Weitem sichtbar. Eine Bevölkerung von etwa 600 Seelen, ausschliesslich Deutsche, bildet die rührige Einwohnerschaft, welcher es an Nichts, was der leiblichen Wohlfahrt des Menschen nöthig ist, zu fehlen scheint. Die Geschäftsleute befassen sich hauptsächlich damit, in den fernsten Gegenden des Urwalds von den Kolonisten die Bodenerzeugnisse einzuhandeln, auf Maulthieren nach dem Hamburger Berg und von da auf Wagen nach S. Leopoldo zu Markte zu bringen, von wo sie dann wieder auf Schiffen nach Porto Alegre verladen werden. So war es wenigstens bis vor ein paar Jahren. Heute besteht zwischen dem Hamburger Berg und Porto Alegre ein direkter Eisenbahnverkehr, welcher den Handel zwischen der Hauptstadt und den Kolonieen wesentlich fördern und günstiger noch gestalten muss.

Von S. Leopoldo bis zum Hamburger Berge und noch eine kleine Strecke darüber hinaus ist die Gegend ziemlich baumlos; Banhados (Sumpfgegenden) wechseln mit trocknen magern Campflächen, die nur spärlichen Graswuchs zeigen, dicht vor dem Reisenden aber schon dehnen sich die blauen waldreichen Berge der eigentlichen Picaden aus. Die ersten Berge sind die Zwillingskuppen der Dous Irmãos. Von hier aus zweigen sich die ältesten Kolonie-Picaden ab, unter welchen am bemerkenswerthesten die Baumschnaiz (Picada dos Dous Irmãos) ist, deren deutscher Name sich von einem ihrer ersten Bewohner Namens Baum herleitet. Die Hauptstrasse der Baumschnaiz ist nahezu fünf Leguas lang und 300 Familien etwa theilen sich in den Besitz der einzelnen Kolonieloose.

Es macht einen eigenen Eindruck auf den Ankömmling, der zum ersten Male diese Gegenden bereist, welche von tausend und aber tausend Menschen bewohnt werden, wenn er bei Tage langer Verfolgung seines Weges nichts Anderes als deutsche Laute vernimmt.

Unterhalb des Hamburger Berges hatte ich in einem Kolonistenhause etwas Halt gemacht und mich über die Lage und das Wissenswertheste in den einzelnen Picaden genauer erkundigt. Hier wie anderwärts wurde mir angerathen, den Wasserfall des Rio do Cadéa zu besuchen. Dies führte mich durch einen grossen Theil der oben genannten Baumpicade. Die Hauptstrasse, welche dem Verkehre dort dient, ist im Anfange ein recht gut im Stande gehaltener Vicinalweg, der sogar für Fuhrwerke benutzbar ist. Man hat zwar keine Kunststrasse ersten Ranges vor sich, doch sind bei der ursprünglichen Anlage des Weges allzusteile Steigungen vermieden, ohne dadurch erhebliche Umwege herbeigeführt zu haben. Die Kolonistenwohnungen tauchen bald zur rechten, bald zur linken Seite nahe der Strasse in kurzen Entfernungen zwischen den grünenden Plantagen vor den Augen des Reisenden auf und reihen sich Stunden lang wie in einem deutschen Dorfe bald dichter, bald weiter an einander. Viele der Häuser sind von sehr schlichtem Aeusseren und man sieht ihnen an, dass ihre Räumlichkeiten nur auf das nothwendigste Bedürfniss beschränkt wurden; andere dagegen zeugen durch ihre solide Beschaffenheit und die Ausdehnung des Gehöftes von der Wohlhabenheit des Besitzers. Durchweg sind vor oder hinter den Gebäuden grosse Orangenhaine, deren köstliche Früchte weniger dem Menschen zur Erfrischung, wie den frei sich herumtummelnden Schweinen zur willkommenen Nahrung dienen. Wo ein günstiger Zufall den Kolonisten einen Steinbruch auf seinem Territorium entdecken liess, wurde das Wohnhaus massiver hergestellt, sonst begnügte man sich mit Fachwerk, Holz und Lehmbauten. Manchmal erblickt man noch die Hütten, welche bei der Ankunft den Kolonisten als erstes Obdach dienten und die mit Hülfe der Nachbarn, in der Nähe einer Quelle oder an den sonst geeignet erscheinenden Punkten nach Rodung des Urwalds

Die Kirche von S. Leopoldo.

errichtet wurden. Längere Zeit schon urbar gemachte Waldflächen dienen zur Viehtrift und werden gemeinschaftlich von den Nachbarn benutzt. Um das Vieh aber von dem Besuche der angrenzenden Pflanzungen abzuhalten, hat man die Weideplätze mit einem Zaun umgeben. Aehnlich, wie im bayerischen Gebirge wird dadurch häufig der Weg mit kunstlos als Thor zugerichteten Zaunstücken versperrt, deren Oeffnen jedem Weiterschreiten vorausgehen muss. Venden, welche halb die Stelle von Schenken, halb von Kramläden vertreten, bilden die Stationen unterwegs, an welchen man sich gerne eine kurze Rast während der drückendsten Hitze gönnt. Kleinere Flüsschen und Bäche sind, gegen den sonstigen brasilianischen Brauch, sorglich überbrückt und Alles ladet zur weiteren Verfolgung des Weges ein.

An dem belebtesten Theile der Picade sieht man die Häuser ganz dicht zusammengedrängt und es zeigen sich hierdurch sowohl, wie durch ein stattliches Gotteshaus auf einem freien Platze die Anfänge einer grösseren Ortschaft. Scherzhafter Weise wird dieser Theil der Picade die „Judengasse" genannt.

Auf einem hohen Berge, welchen man zu überschreiten hat, der Rödersberg oder Reitersberg genannt, geniesst man eine herrliche Aussicht, hinter welchem sich ein besonderer Abschnitt der Picade, die sogenannte Wallachei, aufthut. — Neben der Bepflanzung des fruchtbaren fetten Waldbodens, von dem von Jahr zu Jahr neue Flächen gerodet und mit üppig emporschiessendem Mais, Zuckerrohr, Oelfrüchten oder Getreidearten angebaut werden, sind von den unermüdlich emsigen Ansiedlern bereits auch industrielle Einrichtungen, wie Oel-, Mehl- und Säge-Mühlen in der Tiefe der Thäler an plätschernden Waldbächen erbaut worden. Bald ist es ein idyllisches friedliches Bild, auf welchem die Blicke des Wanderes mit Vergnügen ruhen, bald gestaltet sich die Umgebung wild und grossartig durch ihre erhabene Naturschönheit. Weiterhin gelangt man durch das Jammerthal, welches seinen bedenklichen Namen indessen nur von einem mit den Worten „O Jammerthal!" beginnenden, und von den ersten Kolonisten hier mit Vorliebe gesungenen Liede trägt, nach dem Windhof, dem Endpunkte der Baumpicade. Hier betritt man zum ersten Mal bei der Reise landeinwärts die Araucarienzone; auch befindet man sich in ansehnlicher Höhe über dem Meere. Dies Alles zusammengenommen prägt der Landschaft einen besondern Charakter auf.

Schon während des ersten Tages meiner Reise durch die deutschen Kolonien hatte ich Gelegenheit, eine grosse Menge von Landsleuten kennen zu lernen und über ihre und ihrer Nachbarn Verhältnisse sie zu befragen. Es war mir namentlich dabei um die Erfahrung zu thun, wie sie mit ihrem selbstgewählten Schicksal in Brasilien zufrieden seien und ob sie keine Sehnsucht nach der Rückkehr verspürten. Die Meisten äusserten sich sehr zufrieden und nur solche, welchen man Arbeitsscheu ansah, hatten viel an Land, Leuten und Leben auszusetzen. Alle aber kamen darin überein, dass die Möglichkeit, sich hier eine sorgenfreie Zukunft zu schaffen, unbedingt eine weit grössere als in Europa sei, und dass das gleiche Kapital von Arbeit und Anstrengung hier einen weit sichereren und grösseren Ertrag biete, als dies z. B. in Deutschland der Fall sei. Allerdings setzte man voraus, dass jeder zur Uebersiedelung nach den südbrasilianischen Kolonieen Entschlossene von Hause aus vermögenslos, wie die meisten von ihnen selbst sei und einen kräftigen jeder Anstrengung gewachsenen Körper besitze. Viele derer, welche ich gesprochen, hatten wohl um deswillen keine Sehnsucht mehr nach Deutschland, weil sie nicht ganz in Frieden mit der Polizei und öffentlichen Ordnung von dort geschieden waren, doch befand sich auch ein grosser Procentsatz von gänzlich unbescholtenen Leuten darunter, deren Urtheil, soweit sie die Verhältnisse nur nach dem materiellen Erfolge ihrer Bemühungen betrachteten, durchaus zu Gunsten Brasiliens lautete. Ich überzeugte mich, dass für diejenigen, welche auf jeden geistigen Lebensgenuss Verzicht leisten können oder in einer Stellung aufgewachsen sind, welche dergleichen Bedürfnisse nicht kennt, der nicht zu leugnende Mangel an höheren Bestrebungen hier zu Lande kein Hemmniss ist, sich bei der durchaus materiellen Beschäftigung und deren lohnendem Erfolg unbedingt glücklich zu fühlen. Selbst der höchst unvollkommene Zustand der Schulen, welchen in den seltensten Fällen Lehrer vom Fach vorstehen und die kaum auf dem Standpunkt einer deutschen Dorfschule sich befinden, sowie die mitunter herzlich schlechte kirchliche Vertretung wird von dieser Klasse von Leuten weniger schwer empfunden, als an irgend einem Theile der Picaden der Mangel eines guten Wirthshauses. — Zur Besetzung der protestantischen Pfarrämter hatte man sich zwar seiner Zeit an das Berliner Konsistorium mit der Bitte gewandt, für die Ueberweisung geprüfter Theologen an die deutschen Kolonieen Sorge zu tragen, aber selbst hierdurch wurde nur eine ganz kleine Anzahl gewissenhafter Seelsorger für die hiesigen Gemeinden gewonnen. Einzelne Strecken der Kolonieen hatten sich bereits ganz der Kirche entwöhnt und die dortigen Ansiedler begnügten sich damit, zu ihrer Erbauung in der Bibel zu lesen. Diese Zustände wurden einestheils von gewissenlosen Abenteurern protestantischer Religion, andererseits von den Mitgliedern der Gesellschaft Jesu, welch' letztere schon seit Jahr und Tag festen Fuss auf den deutschen Kolonieen gefasst, ausgenutzt. Um ihre eigennützigen Zwecke zu verfolgen, liessen sie sich die Verdummung des Volkes angelegen sein, und suchten dem Aberglauben, wie der Schwärmerei, nach jeder Richtung hin Vorschub zu leisten. Die beschränkten Kandidaten der Gottesgelahrtheit aus den Missionshäusern Barmen, Basel und andern Orten blieben hinter den Bestrebungen der jesuitischen Missionaire nicht zurück. Eine grelle Beleuchtung der religiösen Verkommenheit auf den Kolonieen von S. Leopoldo lieferte in der allerneuesten Zeit der sogenannte Muckerkrieg. Die traurigen Vorgänge dieser Bewegung in jener Gegend lassen sich in folgendem Berichte zusammenfassen.

Ein Kolonist aus der Picade Ferra Braz, Namens Georg Maurer, der zwar von deutschen Eltern abstammte, aber auf den Kolonieen geboren war und so gut wie gar keine Schulkenntnisse besass, wusste sich den Anschein zu geben, als ob er im Besitze wichtiger Medikamente und Geheimmittel sei. Unterstützt wurde er in seinem Schwindelgeschäft durch sein Weib Jacobine, welche aus einer Herrnhuter Familie stammte, an religiöser Ueberspanntheit, einer Art somnambüler Zufälle litt, welch' letztere einer göttlichen Einwirkung zugeschrieben und zu Gunsten der heilenden Wunderkraft ihres Mannes ausgebeutet wurden. Die scheinbare Frömmigkeit der Maurerschen Familie und der Ruf des Wunderdoctors, zu dem von weit und breit die Hülfesuchenden herbeikamen, ohne dass jedoch Einer wirklich geheilt von dannen zog, machte das Maurersche Haus zum Sammelplatz einer zahlreichen Partei, welche in den Genannten zwei höher begnadete Wesen erblickte. Um die leichtgläubige Menge noch mehr auszubeuten, begnügte sich das Maurersche Ehepaar nicht, nur für die körperliche Gesundheit der Menge zu sorgen, sondern man begann auch unter dem Vorgeben einer direkten göttlichen Erleuchtung den versammelten Anhängern die Bibel auszulegen. Geistliche beider Confessionen leisteten den Frömmlern Vorschub und je mehr Anklang die Sache demzufolge in den Picaden fand, desto toller trieben es die Leute. In S. Leopoldo nahm man zwar an dem Treiben der Muckerpartei (welche Bezeichnung man den Sektirern beilegte), genugsam Anstoss, Georg Maurer und seine Frau Jabobine liessen sich aber nicht dadurch beirren, ja letztere wagte sogar die Behauptung: Christus wandle wieder auf Erden und zwar in ihrer eigenen Gestalt. Ein verkommener Seminarist, der eine Zeitlang die Stelle eines protestantischen Geistlichen versehen, Namens Klein, that gleichfalls aus eigennützigen Gründen das Seinige, um die Zahl der neuen Anhänger zu vergrössern und bestätigte Jacobinens Behauptung, dass sie selbst Christus sei.

Es wurden von nun ab die unsinnigsten Prophezeiungen der Schwärmerin verbreitet, die alle darauf hinaus liefen, dass die Mucker die Auserwählten Gottes seien, alle Nichtgläubigen binnen Kurzem vernichtet und deren Eigenthum auf Maurer und Consorten übergehen müsse. Auf Ansuchen verschiedener Koloniebewohner führte dies tolle Gebahren zwar zu einer polizeilichen Untersuchung, der es jedoch nicht gelang, dem Unfug ein Ende zu machen. Im Gegentheil, die Sektirer wurden dreister noch als vorher, bauten sich eine Art von Burg, machten Alle ihren Besitz zu Geld und rüsteten sich durch Waffen, Munitions- und Lebensmittelanhäufung zur Vertheidigung auf Tod und Leben. Bald darauf artete die religiöse Verirrung in thätliche Angriffe auf Leben und Eigenthum ihrer Mitbürger aus. Eine Mordthat nach der andern fiel in den Bergen von Ferra Braz vor, ohne dass die zweifelsohne in der Maurerschen Bande zu suchenden Mörder eine Strafe erlitten. Dies machte die Mucker immer dreister und verwegener und Jacobine theilte häufig förmliche Mordbefehle aus, von welchen namentlich diejenigen zuerst betroffen wurden, welche sich von dem blutigen und sittenlosen Treiben lossagten. Am hellen Tage in den Strassen von S. Leopoldo wurde solchermaassen ein 16jähriger Knabe, der früher zu der Sekte gehört und Manches ausgeplaudert, ein Opfer ihrer Rache. Die hierauf angestrengten polizeilichen Verfolgungen hatten kein weiteres Resultat, als dass die Wuth und Erbitterung in der Muckerburg, gegen welche sich nach brasilianischem Recht und Gesetz nicht viel unternehmen liess, auf dass Aeusserste stieg. Zahlreiche Familien wurden durch Jacobinens tyrannischen Machtspruch zur Ausrottung durch Feuer und Schwert bestimmt, und mehr wie eine dieser barbarischen Sentenzen wurde von ihren fanatischen Anhängern vollzogen.

Dies Alles geschah im Juni des Jahres 1874.

Eine militairische Macht wurde nun aufgeboten, welche sich der Mordbrenner bemächtigen sollte, allein man stiess auf einen verzweifelten Widerstand, dem sich die ersten Linientruppen und Polizeisoldaten bei Weitem nicht gewachsen zeigten. Es musste daher die Nationalgarde in dem aufständischen Bezirke aufgeboten und ein regulärer Feldzug gegen die Mucker eröffnet werden. Vorher kam es noch, am 24. Juni 1874, zu einer Art Bartholomäusnacht, welche Jacobine angeordnet. Die Mucker hatten sich in zahlreichen Banden über sämmtliche Picaden verbreitet und sengten und mordeten in wahrhaft teuflischer Weise unter ihren deutschen Landsleuten. Endlich langte militairische Verstärkung aus der Hauptstadt Porto Alegre nebst einigen Geschützen auf den Kolonieen an. Der erste Angriff auf die Muckerburg am 28. Juni misslang vollständig und kostete über 40 Todte und Verwundete auf Seite der Truppen, endigte aber mit dem Rückzuge derselben. Da das kleine Korps durch seine Niederlage sehr geschwächt war, musste ein abermaliger Angriff verschoben werden, bis die telegraphisch herbeigerufenen Verstärkungen aus Porto Alegre, Jaguarão und selbst aus Rio Janeiro angelangt waren. Dies währte bis zum 18. Juli. Am 19. jenes Monats rückte man endlich mit 400 Mann und 4 Geschützen zum Angriff gegen die Mucker vor. Obgleich die Geschütze schon nach wenigen Schüssen unbrauchbar geworden, gelang es doch nach vierstündigem Kampfe mit stürmender Hand das bereits brennende Haus, worin sich die Aufrührer hielten, zu nehmen und die sich verzweifelnd wehrenden Männer und Weiber zu überwältigen. Schon glaubte man hiermit die Ruhe vollständig wieder hergestellt zu haben, aber in der Nacht griffen die im Walde zerstreuten Mucker das Lager der Soldaten mit Gewehrfeuer aus sicherem Verstecke an und tödteten bei dieser Gelegenheit den tapfern Befehlshaber, Oberst Genuino. — Die Unfähigkeit seines Nachfolgers in der ferneren Leitung der militairischen Maassregeln und die Energielosigkeit der Soldaten selbst veranlasste eine Schaar entschlossener Kolonisten als Freiwillige in den Kampf einzutreten, um ihn zu Ende zu führen, wobei sie nur im letzten Augenblick der Entscheidung von etwa 100 Soldaten, unter Führung des Artillerie-Kapitains Dantas, unterstützt wurden. Ein ehemaliger Mucker, der sich freiwillig der Polizei gestellt, führte die Soldaten zum Verstecke seiner früheren Genossen, welche bei diesem Ueberfalle Alle fast, Jacobine inbegriffen, ihr Leben einbüssten. — Länger als ein Jahr verstrich, bis die während der Kämpfe gemachten Gefangenen von den Gerichten in Porto Alegre prozessirt wurden. Die Hauptschuldigen darunter, welche noch am Leben waren, erhielten Zuchthausstrafen bis zu 23 Jahren. Viele aber wurden auch in Anbetracht ihrer geistigen Unmündigkeit mit verhältnissmässig gelinden Strafen bedacht. — In der Geschichte der deutschen Kolonieen füllt diese traurige Episode ein nicht unwichtiges Blatt aus und wird Manches dazu beigetragen haben, die Vorurtheile einzelner brasilianischer Parteien gegen die Erstarkung des Deutschthums in Brasilien gerechtfertigt erscheinen zu lassen. Zu wünschen ist nur, dass wenigstens die Deutschen selbst in Brasilien aus dem ganzen Vorgange die Lehre ziehen, der Volksbildung und Pflege des Religionsbewusstseins mehr Sorgfalt als bisher zuzuwenden, das heisst keine pekuniären Opfer zu scheuen, um statt der unfähigen und moralisch tiefstehenden Vertreter beider Bekenntnisse an Einsicht und Charakter tüchtige Kräfte für ihre Gemeinden zu gewinnen.

Nach dieser Abschweifung nehme ich den Faden der Erzählung meiner Reiseerlebnisse wieder auf.

Auf einem Seitenwege schlugen wir, nachdem wir andern Tags einen Theil der Baumpicade wieder zurückgeritten waren, den Weg nach der seitwärts gelegenen Picade do Herval oder dem Theewald ein. Diesen Namen führt jener Theil der Kolonieen von dem im Walde hier häufiger vorkommenden Paraguaytheebaum. Man gelangt nach der eigentlichen Picade durch den sogenannten Theeweg. Derselbe gehört zu den malerischsten Partieen der deutschen Kolonieen, deren Glanzpunkt der oben erwähnte Wasserfall des Rio da Cadea bildet. In seiner Nähe angelangt, stieg ich mit meinem Begleiter vom Pferde, und nachdem wir die Thiere bei einem nahe wohnenden Kolonisten eingestellt, begaben wir uns nach der Schlucht, von der aus grosser Entfernung schon das mächtige Rauschen der gewaltigen Cascade an unser Ohr schlug. Von allen in Brasilien bekannten Wasserfällen ist dieser, welcher im Jahre 1855 von dem damaligen Präsidenten der Provinz Sinimbú nach seinem Entdecker, der Altenhofersche Wasserfall benannt wurde, der grossartigste. Nach übereinstimmender Angabe fallen die kolossalen Wassermassen aus einer Höhe von 480 rhein. Fuss tobend und brausend in die Tiefe. Von allen Seiten umrahmen wild aufgethürmte Felsen und eine unvergleichlich schöne Urwaldvegetation das erhabene Schauspiel, welches auch die kühnste Phantasie nach der Beschreibung allein sich nicht vorzustellen vermöchte. Der Ruf dieser seltenen Naturschönheit hat sich schon weit über die Provinz hinaus verbreitet und es wird kaum ein Reisender die Gegend verlassen, ohne sich den unvergesslichen Anblick des Wasserfalles im Theewald verschafft zu haben.

An die Romantik des Ortes knüpfen sich denn auch schon manche Geschichten, unter welchen eine, die sich während meines Aufenthalts in Rio grande do Sul zugetragen, mich besonders ergötzte. Einige reisende deutsche Damen weideten sich mit Entzücken in der Nähe des Falles an der grossartigen Natur. Ueberrascht vernahmen sie plötzlich, von einer klangvollen Männerstimme gesungen, den ersten Vers des nur allzubekannten Liedes: „Ich weiss nicht was soll es bedeuten." Als die Töne verklungen, versuchte eine der Damen, indem sie die folgende Strophe anstimmte, den unsichtbaren Sänger zur Fortsetzung seines Gesanges einzuladen und in der That, kaum waren die Worte: „Der Gipfel des Berges funkelt im Abendsonnenschein", verhallt, so vernahmen die Schönen, näher klingend, und das Brausen des Falles übertönend, aus der Tiefe die bekannte dritte Strophe des Heine'schen Liedes: „Die schönste Jungfrau sitzet dort oben wunderbar, ihr goldnes Geschmeide blitzet, sie kämmt ihr goldnes Haar", und gleichzeitig bahnte sich eine kräftige Mannesgestalt ihren Weg durch das Gestrüpp und stellte sich freundlich grüssend den Damen als Landsmann vor. Hatte die Stimme des noch nicht sichtbaren Sängers schon Eingang zum Herzen einer der noch unverheiratheten Touristinnen gefunden, so erweckte die persönliche Erscheinung des Troubadours ein noch grösseres Interesse. Um kurz zu sein, füge ich nur noch hinzu, dass die Dame nicht mehr nach Deutschland zurückkehrte, sondern nicht lange nach dieser ersten Begegnung dem biedern Landsmann als Gattin in sein Haus folgte. So ganz baar an poetischen Abenteuern ist also, wie man sieht, Brasilien doch nicht.

Der berühmte Wasserfall liegt so ziemlich in dem gebirgigsten Theile des Theewaldes auf dem Kolonieloose No. 8. Ungeheuere Felsenmassen und undurchdringlicher Urwald, wovon nur ein kleiner Theil zu Plantagen umgewandelt ist, hinderten mich, einen kürzeren Weg nach meinem weiteren Reiseziele, dem Stadtplatze von Petropolis, einzuschlagen; ich musste vielmehr nach Besichtigung des Falles bis zur Mitte der Baumschnaiz fast zurückreiten, von wo mich sodann ein Seitenweg über die Linha de S. Paulo nach der Linha do Kaffé oder Kaffeepicade führte. Es ist dies eine der grössten Picaden nächst der Baumschnaiz und bezüglich der landschaftlichen Schönheiten auch eine der interessantesten. Etwa fünf bis sechs, bis auf eins davon, mit einander parallel laufende Thäler, umschlossen von hohen, dicht mit waldbestandenen Felsenhängen, ist die Gegend charakteristischer wie andere für die deutschen Urwaldansiedlungen. Die Bergriesen und die malerischen Thäler zu benennen, hat man sich brasilianischer Seits kaum oder selten nur bemüssigt gefunden, dagegen haben die Deutschen ein jedes Plätzchen fast nach ihrer Art getauft und glaubt man schon bei dem Verkehr mit den Kolonisten, von denen man weit und breit keine andern als deutsche Laute vernimmt, in einem entlegenen Theile der Heimath zu reisen, so wird die Täuschung noch erhöht bei der Nennung eines „Bohnenthals", eines „Conzler- und Holländerthals", wie einige der „Kaffeeschnaizthäler" allgemein benannt sind.

Die Kaffepicade.

Da der nächste Tag gerade ein Sonntag war, so machte ich in der Venda eines gewissen Link auf einen Tag Halt. Ein nicht gerade geräumiges, aber für brasilianische Verhältnisse ziemlich reinliches Zimmer, in welchem 2—3 Feldbetten, oder wie man sie dort nennt „Esel", standen, nahm mich auf, und der wohlbeleibte gemüthliche Vendenbesitzer that Alles, um mir den Aufenthalt so angenehm wie möglich zu machen. Seine Küche beherbergte ein wahres Unicum als Köchin, welche mit bescheidenen Mitteln Mittags und Abends die vorzüglichsten Leckerbissen zu bereiten verstand.

Des andern Tages wurde ich schon am frühen Morgen durch das Getrappel vieler Pferde und Maulthiere geweckt. Von Nah und Fern waren auf ihnen die Kolonisten herbeigekommen, um der Sonntagspredigt in der nahen katholischen Kapelle beizuwohnen, und als ich mich zum Fenster hinaus beugte, sah ich immer noch mehr festlich angethane Reiter und Reiterinnen anlangen. Nach Art der Kolonisten in Brasilien sassen Frauen und Mädchen rittlings im Sattel und wussten ihre Reitthiere so gut zu meistern, als ob sie alle in irgend einem Circus ihre Studien gemacht. Allerdings ist das Zaumzeug nicht so complicirt, wie in Deutschland; Pferden, Maulthieren und Eseln wird nur ein Stangenzaum, Kandare, angelegt und dies als genügend erachtet; eine Trense kommt gar nicht in Anwendung. Mitunter ist das Sattelzeug der Bauern recht elegant und mit zierlich gepresstem oder ausgeschnittenem Leder ausstaffirt. Die übermässige Anwendung von Silberschmuck an Beschlägen, Sporen und dergleichen wird von den Kolonisten nicht so allgemein den Brasilianern nachgeahmt. — Vor der Predigt stärkte sich Alt und Jung in der Vende durch einen tüchtigen Schluck. Einige versäumten auch wohl ganz dabei den eigentlichen Zweck ihres Hierherkommens. Gegen Abend sammelte man sich wieder in der Vende zum Tanz, zu welchem ein zufällig anwesender Leierkasten-Mann unermüdlich ein und denselben Walzer aufspielte, und bei welchem die Kolonisten wie ihre Schönen mit wahrer Todesverachtung in wilden Sprüngen der Hitze Trotz boten. Von Schlaf war für mich bei diesem Höllenspektakel keine Rede, da der Ball bis um 3 Uhr am Morgen währte; ich machte daher gute Miene zum bösen Spiel, setzte mich auf den Ladentisch in der

Vende und betheiligte mich als Zuschauer an der Lustbarkeit. Im Stillen ergötzte mich die altmodische Tanzweise, welche sich unter den vor Jahrzehnten ausgewanderten Leuten erhalten und ebenso auf die Jugend vererbt hatte. Natürlich wurde zwischendurch manches Gläschen geleert, und mit Selbstverläugnung sah ich Alt und Jung den wirklich polizeiwidrig schlechten Landwein trinken; nur Einige erlaubten sich und ihren Tänzerinnen eine Flasche Pale, Ale, oder Porter. Als die Köpfe sich etwas mehr erhitzt, machte sich die männliche Jugend ein höchst eigenthümliches Vergnügen. Vier bis sechs Burschen traten vor die Thüre und kehrten bald darauf zu Pferde in die ohnehin nicht geräumige Stube zurück, woselbst sie unter dem Halloh der Uebrigen eine gute Viertelstunde lang im Kreise herum ritten und sonstigen Unfug trieben. Wie ich später noch öfter erfahren, ist dieses Reiten in das Innere der Venden ein sehr beliebter Scherz der Kolonisten.

Eine Hauptrolle in meinem zeitweiligen Nachtquartier spielte der Schullehrer des kleinen Distrikts, dessen Lebens- und Leidensgeschichte Mitleid erregend war. Er hatte seiner Zeit in Deutschland den Posten eines Eisenbahn-Beamten bekleidet und war um seiner kärglichen Besoldung willen aus Noth und Verzweiflung ausgewandert. Seine Frau war einst ebendaselbst Erzieherin, sprach geläufig französisch und besass überhaupt Bildung und Kenntnisse. Hier fütterte sie das Vieh und die Schweine und hatte es im Haferschneiden zu einer wirklich bewunderungswürdigen Fertigkeit gebracht; denn ohne die Landwirthschaft würde das Ehepaar auch in der Kaffeepicade Hunger gelitten haben. Die Besoldung eines Schullehrers wetteifert noch an Unzulänglichkeit mit dem so vielfach besprochenen kümmerlichen Loose eines deutschen Dorfpädagogen. In der Regel besuchen 50—60 Kinder eine solche Schule in der Picade. Die Schulstunden werden von Morgens 8 Uhr bis Mittags 1 Uhr abgehalten; Ferien sind zwei Mal im Jahre, zur Weihnachtszeit, die zugleich mit der schwarzen Bohnenernte zusammenfällt, und im August zur Saatzeit der schwarzen Bohnen. Während beider landwirthschaftlichen Zeitabschnitte müssen die Kinder fleissig den Eltern bei der Arbeit helfen. Die Wissenschaft hängt also auf das Engste mit dem Schicksal der schwarzen Bohnen zusammen. Für den Unterricht, welcher sich nur auf Elementargegenstände erstreckt, zahlt jedes Kind jährlich 6 Milreis (13½ M.), und einen halben Sack Milho (Mais), welcher dem Werth von 800 Reis (1 M. 80 Pf.) gleichkommt. Es ergiebt sich also für den Lehrer eine Besoldung von 400 Milreis (900 M.). Der Schullehrer in der Kaffeepicade, von welchem ich oben gesprochen, war allmälig denn auch zu der Einsicht gekommen, dass der Anbau des Feldes vortheilhafter sein würde, als die weitere Aussaat geistiger Früchte auf kümmerlichem Boden; er ging deshalb, wie er mir anvertraute, mit der Absicht um, binnen Jahresfrist von seinem Amte zurückzutreten und wie weiland Cincinnatus hinter dem Pfluge, in der Urbarmachung des Feldes, hier ferner seine Befriedigung zu suchen.

Um mich über verschiedene Verhältnisse auf der Kolonie zu unterrichten, brachte ich noch mehrere Tage in der Kaffeepicade zu und gewann dadurch einen tiefen Einblick in das Leben der südbrasilianischen Landsleute.

Ein prachtvolles Schauspiel genoss ich an einem der nächstfolgenden Abende, als gerade meinem Fenster gegenüber auf einem steilen Bergabhange eine Roça abgebrannt wurde, d. h. ein Stück Wald, welches zur Plantage bestimmt, niedergeschlagen und durch die Sonne seit Wochen gehörig ausgedörrt war, wurde in Brand gesteckt, um Raum zum Pflanzen und Säen zu gewinnen. Die Verwerthung des kostbaren Holzmaterials kommt dabei nicht in Betracht, da Wege und Mittel fehlen, um dasselbe aus den Bergen herauszuschaffen. Bei grosser Trockenheit trifft es sich oft, dass die Art dieser Urbarmachung weitergreifende Brände herbeiführt und auch nahe stehenden Kolonistenwohnungen gefährlich wird. Für gewöhnlich sieht der Ansiedler dem Roçabrand mit grosser Ruhe zu, da sich das Feuer den sehr harten Hölzern und saftreichen Pflanzenmassen in den benachbarten Waldtheilen nicht so leicht mittheilt. Auch die Portreiros oder eingezäunten Viehtriften pflegt man alljährlich zur Zeit der grössten Trockenheit in Brand zu stecken, um hierdurch das Wachsthum des Grases zu steigern. Die Kolonistenhäuser selbst sind gegen Feuersgefahr, so leicht sie auch sonst gebaut scheinen, dadurch ziemlich gesichert, dass nach brasilianischem Brauch die Küche abseits vom Hause liegt. Ist damit das Problem aller Baumeister, den Küchengeruch aus den

Wohnräumen fern zu halten, gelöst, so verstehen es die Kolonisten auf nicht minder einfache Weise die lästigen Miasmen der Aborte zu beseitigen, indem sie von der Anlage derartiger Einrichtungen in und an den Häusern ganz absehen, und es jedem Einzelnen überlassen, sich die betreffende Stätte unter freiem Himmel auszusuchen. Zahlreiche, auf dem Gehöft sich umhertummelnde Schweine sorgen ihrerseits für die unverzügliche Beseitigung dieser unvermeidlichen Abfälle und zeigen sich dabei so pflichteifrig, dass es schwer hält, die Voreiligkeit der nützlichen Thiere von sich abzuwehren. Man ist deshalb genöthigt, sich mit Stöcken und Steinen zu bewaffnen, sobald man in solchem Falle ihrer Begegnung nicht ausweichen kann. Die Schweine selbst sind die lebendigen Weideplätze mehrerer kleiner Vogelarten, welche sorglos auf dem Rücken der borstigen Hausthiere herumspazieren.

Das in Brasilien so lästige Ungeziefer, von dem ich schon genugsam zu leiden gehabt, störte mich in der Kaffeepicade auffallend wenig; dagegen kam ich bei einem Gang vor das Haus in unliebsame Berührung mit einem Surillo oder Stinkthier, so dass ich aus eigener Erfahrung die widerliche Eigenschaft desselben kennen lernte. Ein Theil meiner Kleidung musste des unvertilgbaren Gestanks wegen, der durch das Surillo übertragen wurde, geopfert werden. —

Nirgends ist ein ergiebigeres Feld für Männer der Wissenschaft zoologische Studien zu machen, als gerade auf den Kolonieen, wo kaum ein Tag vergeht, an welchem nicht ein oder das andere interessante Erlebniss aus der Thierwelt dem Reisenden vor Augen kommt. So wurde während meiner Anwesenheit in dem Linkschen Hause hinter dem Zaune ein Ameisenbär gefangen, welcher jedem zoologischen Garten zur Zierde gereicht hätte, und an meiner Stubendecke hatte ich Gelegenheit, die Kunstfertigkeit einer Wespenart in der Erbauung ihrer Nester aus Erdklumpen zu bewundern.

Nach mehreren Tagen drängte es mich, das gastliche Haus meines biedern Wirthes zu verlassen, um meine Reise durch die Kolonieen fortzusetzen. Ich schloss mich dies Mal einigen Kolonisten an, die gleich mir ihr Weg nach Nova Petropolis führte. Wir hatten die Kaffeepicade zur Erreichung dieses Ziels ihrer ganzen Länge nach zu durchreiten, da sich die

Der Stadtplatz von Neupetropolis.

die Strasse, mitten durch die einzelnen Besitzungen, bald dem Laufe eines kleinen Baches folgend, bald an der Lehne eines Berges sich hinziehend, hindurchschlängelte. Einzelne Partieen der ziemlich engen Thäler waren von seltener Schönheit und ergötzten das Auge durch die reiche Abwechslung von Wald und Felsen, angebauten Feldern und öden Hängen. Besonders da, wo der Rio da Cadea, welchen wir auf unsern Pferden überschreiten mussten, die Caffepicade quer durchschneidet, steigerten sich die Naturschönheiten der Umgebung. Je mehr man sich den Kolonieen von Neupetropolis im Norden nähert, desto höher hat man emporzuklimmen und schliesslich läuft der Weg hoch über dem Kamm der nächsten Serra-Ausläufer dahin.

Die Kolonieen von Neupetropolis, auf welchen ich mich nunmehr befand, sind vor kaum 20 Jahren, im Jahre 1858 erst, der deutschen Kolonisation erschlossen worden, liegen an dem linken Ufer des Rio Cahy, gleichsam als äusserste Vorposten den Verkehr zwischen dem Hafen von Porto Alegre und dem unwegsamen Serragebiete vermittelnd.

Wie auf allen Kolonieen, wurde auch hier sofort bei der Gründung auf die Anlage eines Stadtplatzes Bedacht genommen. Derselbe liegt dort, wo die Araucarienzone beginnt, auf einem mässig grossen Hochplateau. Fast auf allen Seiten ist derselbe umsäumt von einem prächtigen Pinienwalde, welcher einen, wenn auch düstern, doch schönen Hintergrund zu den wenigen Kolonistenhäusern und der da befindlichen protestantischen Kirche bildet. An die Gründung von Neupetropolis knüpften sich Anfangs grosse Hoffnungen und Erwartungen, welche indessen nur zum geringsten Theile sich erfüllten. Die Kommunikationsmittel waren zu geringfügig, als dass selbst bei dem grössten Fleisse der Kolonisten Neupetropolis mit den übrigen Picaden im Handel hätte rivalisiren können; zudem war der Stamm der Kolonisten, welche zuerst ihre Wohnsitze hier aufschlugen, nicht geeignet, die Anlage sehr zu fördern. Zufällig waren eine Menge von sächsischen Fabrikarbeitern hierher verschlagen, von denen die wenigsten den harten Arbeiten eines Ansiedlers im Urwalde gewachsen waren. Die Kolonie soll schon enorme Summen verschlungen haben und alljährlich ebenso bedeutende Zuschüsse noch erfordern. Rühmenswerth ist die Nachsicht, welche hier wie an anderen Orten die

Regierung gegen die Kolonisten übt, indem sie grossmüthig die Schuld derselben für die überlassenen Ländereien unverzinslich weiter stundet.

Anlage, Eintheilung und Art der Bebauung der Kolonieen von Neupetropolis sind die gleichen, wie in den älteren Picaden und ich wüsste kaum, was ich besonders hervorheben sollte, wenn nicht in einem oder dem andern Distrikte die Grossartigkeit der Natur. Mein Quartier nahm ich auf eine frühere Einladung hin in dem Hause des Koloniedirektors auf dem Stadtplatz, um jedoch schon am nächsten Tage wieder weiter zu ziehen.

Auf meinen Streifpartieen in den folgenden Tagen durch die einzelnen Linhas gelangte ich unter Andern in die Picada nova, wo ich gerade zur Kirchweih zurecht kam. Dieselbe wurde von den deutschen Landsleuten, meist Rheinpreussen und Bayern, eben so laut und lustig gefeiert, wie dies bei uns der Fall zu sein pflegt. An 50—60 Männer und Weiber zu Pferde, mit Bändern und Blumen geschmückt, zogen an mir zur Kirche vorüber. Voran ritt die edle Musika, hinter welcher drei Fahnen lustig im Winde flatterten, eine schwarzrothgoldne, eine blauweisse und die grüne mit dem brasilianischen Wappen. Aus der nahen Kirche schallte der sonore Gesang der andächtigen Gemeinde zu mir herüber und jubelnde Kinder von unverfälschtem deutschem Typus tummelten sich in ausgelassener Freude auf dem Festplatze. So trug denn das Ganze ein echt deutsches Gepräge, welches mehr noch als alle die deutschen Orts- und Familiennamen die Erinnerung an die vaterländischen Gauen in mir wach rief.

Der eigentliche Spektakel ging in den verschiedenen Venden vor sich, wo ein paar Nächte hindurch gespielt, getanzt und getrunken wurde. Am dritten Tage endlich sollte die Kirmess nach Brauch und Sitte der Heimath begraben werden. Die Bursche und Mädchen ziehen dabei unter Vorantritt der Musik mit Hacken und Grabscheit vor das Haus und hier werden bei dem Klang der deutschen Nationalhymne ein paar leere Weinflaschen unter ausgelassenen Scherzen vergraben. Nach diesem Akte sprudelt noch einmal Alles in jugendlicher Tobsucht auf und geht hierauf auseinander, um die ermüdeten Lebensgeister durch Schlaf zu stärken. Das Treiben der Leute unterhielt mich, so dass ich längere Zeit in ihrer Nähe verweilte. Als man hörte, dass ich vor nicht langer Zeit erst aus Deutschland herübergekommen und in der Heimath des Einen oder Andern bekannt sei, wurde ich mit tausenderlei Fragen bestürmt, kaum wusste ich mich der Wissbegierde meiner neuen Bekannten zu erwehren. So angenehm wie es auch war, in fremdem Lande nur unter Deutschen Tage lang sich zu bewegen, so athmete ich doch auch wieder auf, als ich meine Wanderungen durch die Kolonieen von S. Leopoldo als abgeschlossen betrachten und zunächst nach Porto Alegre zurückkehren konnte.

Es würde zu wenig Interesse bieten, wollte ich den Rückweg aus dem Gebirge durch die Linha nova, Linha Hortencio, Quatorze, Quarenta e oito, Bom jardim und Costa da Serra nach dem Campe von S. Leopoldo eingehender schildern. Fast durchweg schlechte Wege führten mich in mehreren Tagen durch anmuthige, aber auch wilde Gegenden, welche unsern Hochgebirgslandschaften in mancher Hinsicht ähnelten, über Bäche und reissende Flüsschen, welche mehr als ein Mal beim Durchreiten durch ihren tückischen Grund mich und mein Pferd gefährdeten. Unter die Erinnerungen an die Natureindrücke mengten sich jene, welche ich von dem deutschen Kolonistenleben gewonnen und von dem ich mir früher ein so ganz verschiedenes Bild gemacht. Die Leute, welche ich angetroffen, lebten im Allgemeinen fast eben so behaglich hier, wie sie es von Kindheit auf gewohnt und die höheren Anforderungen an das Leben, welche andere Gesellschaftsklassen stellen, waren ihnen ja auch in der Heimath unbekannt. Das Leben und Treiben der Ansiedler in diesen Bergen war den hier eigenthümlichen Verhältnissen so entsprechend, dass ich mir im Geiste das Eine nicht ohne das Andere denken konnte. Mögen die verschiedenen Reisenden in ihren Erzählungen von den südbrasilianischen Kolonieen mitunter auch allzu überschwänglich sein, das lässt sich nicht läugnen, dass sich ein ansehnliches Neudeutschland mit deutscher Sprache, Sitten und Gebräuchen achtunggebietend auf dem südamerikanischen Kontinent aufgebaut hat, dem Jeder, der es kennen gelernt, das beste Gedeihen wünschen muss.

Ausser diesen ältesten Ansiedelungen in der Provinz existiren noch eine ganze Reihe von neueren Kolonisations - Unternehmungen, welche hauptsächlich durch die gedeihliche Entwickelung von S. Leopoldo früher oder später mit ins Leben gerufen wurden. Bei der Wahl der Gegend, in welcher solche Anlagen erfolgten, liess man sich in der Regel davon leiten, dass ein schiffbarer Fluss die Ländereien durchströmte. So lassen sich füglich die vorhandenen Kolonieen nach den einzelnen Flussgebieten eintheilen. Sucht man sich ein übersichtliches Bild von der gesammten deutschen Kolonisation in der Provinz Rio grande do Sul zu vergegenwärtigen und geht bei dieser Betrachtung vom Westen aus, so findet man zunächst die Kolonieen am Jacuhy, darunter S. Angelo, weiterhin die deutschen Picaden am Rio Pardo, am Rio Pardinho, auf welche ich noch einmal zurückkommen werde, dann am Rio Taquary, am Cahy, S. Leopoldo am Rio dos Sinos, am Rio Santa Maria, am Rio Tres Forquilhas und am Rio Mampituba. Hat man eine dieser Ansiedelungen gesehen, so kennt man sie eigentlich alle. Einen wesentlichen Unterschied zwischen ihnen wüsste ich kaum anzugeben; das Einzige möchte etwa sein, dass mancher Koloniedistrikt umfangreicher, gebirgiger oder ebener, wasserreicher und fruchtbarer, günstiger oder ungünstiger gelegen ist, als der andere. Wohl möglich ist es auch, dass ein unbefangener Reisender den Charakter, die Art und Weise der Bewohner an einem Orte anders bedingt durch ihre ursprüngliche Stammesverschiedenheit findet, im Allgemeinen ist der Zusammenhang Aller in ihrer Entwickelung, ihrem Leben und Bestreben nicht zu verkennen.

Die meisten der vorangegebenen Kolonieen lernte ich im Verlaufe meines Aufenthaltes in der Provinz durch eigene Anschauung kennen, ja meine Stellung zu der Regierung, durch welche mir das Direktorium über eine derselben übertragen wurde, brachte mich sogar in sehr nahe Beziehungen zu der deutschen Kolonisation und versetzte mich in die Lage, Jahre lang die Leiden und Freuden unserer Landsleute im Urwalde von Brasilien in mancher Beziehung zu theilen. Was ich während dieser Zeit an statistischem, geographischem und anderem Material etwa gesammelt, gehört nicht alles in den Rahmen des Bildes, welches ich in vorliegenden Blättern dem Leser von Land und Leuten zu geben habe. Will sich Jemand genauer unterrichten über den Umfang, die Bevölkerung und die Ausdehnung des Handels auf den deutschen Kolonieen, so seien ihm die Berichte von R. Hensel in der Zeitschrift für Erdkunde vom Jahre 1867 (Berlin), Kapitän Hörmeyers Beschreibung von Brasilien, ferner die Schriften von Woldemar Schulze, Hauptmann Jahn, die mehrfach erwähnten Reisewerke von Tschudi, Lallemand u. A. empfohlen.

Zur Rückkehr nach Porto Alegre wählte ich nach meiner Rundtour in dem Bezirke von S. Leopoldo dies Mal statt des Landwegs die Reise auf einem Flussdampfer des Rio dos Sinos.

Siebzehntes Kapitel.

S. Cruz und Mont' Alverne.

Einige Tage nach meiner Ankunft in der Hauptstadt hatte ich eine Audienz bei dem Präsidenten der Provinz. Bei dieser Gelegenheit wurde mir eben jenes Amt eines Koloniedirektors, zu dessen Uebernahme ich mich vorher schon bereit erklärt, übertragen und zwei Tage später dampfte ich von Porto Alegre mit einem jener kleinen Remorqueurs, wie sie auf den südamerikanischen Flüssen gebräuchlich sind, den anfänglich breiten, dann immer schmaler werdenden Jacuhy hinauf.

Die brasilianische Sonne, von der ich genugsam schon auch unter diesen Breitegraden zu leiden gehabt, sengte unbarmherzig auf die Köpfe von uns Reisenden und auf dem Schiffe entwickelte sich neben hundert andern widerlichen und schlechten Ausdünstungen ein penetranter Geruch von dem warm gewordenen Theer an der äusseren Schiffsverkleidung.

Die Reisegesellschaft bestand wie gewöhnlich aus dem buntesten Gemisch von Leuten aller Art. Einige deutsche Auswandererfamilien, leicht kenntlich an den noch aus der Heimath stammenden Mützen und Kopftüchern, mehr aber noch durch das ungekünstelte Erstaunen über die gänzlich neue Umgebung, — ferner einige brasilianische Soldaten mit wilden blatternarbigen Gesichtern, schmutzigen Bärten, verlotterten Uniformen, mehrere brasilianische Gentlemens mit lederfarbigem Teint — die verkörperte Langeweile — stolze Donas mit ihrer faulen und schmutzigen Dienerschaft und schliesslich das herumlungernde Gesindel der Schiffsmannschaft, — eine wahre Blumenlese von Galgenphysiognomien, umgaben mich in stiller Eintracht. — Von einer gewählten Unterhaltung unterwegs konnte mithin kaum die Rede sein und ich war froh, als wir nach einer zwölfstündigen Fahrt das Städtchen Rio Pardo erreicht hatten. Die Fahrt auf dem Flusse war auch, was landschaftliche Schönheit anbetrifft, nicht interessant genug, um sich durch die Betrachtung der Ufer für den trostlosen Schiffsaufenthalt schadlos halten zu können. Die einzige angenehme Unterbrechung unterwegs bildete ein kurzer Aufenthalt bei den sich gegenüber liegenden beiden Städtchen S. Jeronymo und Triumpho. Ersterer Ort ist zwar erst seit dem Jahre 1847 angelegt, hat sich aber schnell zu einem lebhaften kleinen Stapelplatz entwickelt, da ein in der Nähe aufgefundenes Kohlenlager regen Verkehr anbahnte. Triumpho hat seit Jahren schon seinen ehemaligen Glanz eingebüsst, da mehrere Xarqueaden, die früher hier bestanden, eingegangen sind, zugleich war aber auch die Revolution von 1835 dem Gedeihen des Ortes hinderlich. Bei Triumpho mündet der ziemlich bedeutende Rio Taquary in den Jacuhy.

Rio Pardo, wo ich den Dampfer verliess, wird erst sichtbar, nachdem man durch einen Hohlweg am linken Ufer des Flusses etwas hinaufgestiegen ist. Die Stadt gehört so ziemlich zu den ältesten Ortschaften der Provinz, hat aber auch gegen früher sehr viel an Glanz und Bedeutung verloren. Gegründet wurde sie seiner Zeit durch die Jesuiten, und die regelmässig angelegten, zum Theil gepflasterten Strassen mit ihren ansehnlichen Häusern, mehreren Kirchen etc., vor denen heute zwischen den Steinen üppiges Gras emporschiesst, legen noch Zeugniss ab von dem einstigen Wohlstand, welcher hier geherrscht. In den Häusern, die vielleicht für 4000 Menschen Raum bieten, wohnen jetzt nur etwas über 1000 Einwohner und all' die Herrlichkeit früherer Jahrhunderte ist von wildem Schlinggewächs, von Moos und Gras überwuchert. Die einsamen Strassen, das graue Gemäuer und die halbverfallenen Bauten, welche so viel hätten erzählen können, wenn ihnen Sprache verliehen wäre, stimmten mich, nachdem ich kurz zuvor erst das lebensfrische S. Leopoldo besucht, etwas elegisch. Ich beeilte mich deshalb nach Möglichkeit mit einigen nothwendigen Besorgungen fertig zu werden, um meinem nächsten Ziele, der Kolonie Santa Cruz, zuzueilen. Es dauerte nicht lange, so war ich wieder im Besitz eines Pferdes, welches mich über den Camp tragen sollte, und geleitet von einem schmutzigen Negerjungen auf einem Maulesel, der mit meinen Reisetaschen etc. beladen nicht gerade Vertrauen erweckend aussah, trotteten wir über die weiten Grasflächen dahin. Nach etwa einer halben Stunde erreichten wir eine Aldea (Indianerdorf), welches in der frühen Morgenstunde vollständig ausgestorben zu sein schien; dann ging es über ein ziemlich hügeliges Terrain, nach einem abermaligen halbstündigen Zwischenraum an einer Estancia vorüber und wieder nach längerem Ritte kamen wir nach dem sog. Rincão d'el Rey, einer ehemaligen grossen Staatsdomaine, auf welcher seit Jahren schon eine Privatkolonie entstanden ist.

Schon in Rio Pardo war mir anempfohlen, in einem der hier an der Strasse liegenden Kolonistenhäuser Halt zu machen und einige Erfrischung zu mir zu nehmen. Diesen Rath befolgte ich und wurde ganz trefflich von der biederen deutschen Wirthin aufgenommen und mit Eiern, Bier und Kaffee traktirt.

Der weitere Weg nach S. Cruz führte über unbewohnte Campflächen, deren unbeschreibliche Monotonie durch nichts unterbrochen wurde, als höchstens durch die Begegnung einiger herrenlos weidender Pferde, einer Rindviehheerde und eines Trupps Strausse, welche flüchtig unsere Strasse kreuzten. Längst war die Sonne am Horizonte im Westen verschwunden und eine wohlthuende Kühle an Stelle der unerträglichen Hitze getreten, als die Berge, zwischen denen die Kolonieen von S. Cruz liegen, uns endlich nahe gerückt waren und wir ziemlich hungrig und erschöpft auf dem Stadtplatz oder Faxinal von S. Cruz anlangten.

Unstreitig gehören die Niederlassungen, welche ich hier zu sehen bekam, nächst S. Leopoldo zu den blühendsten der ganzen Provinz. Mit Einschluss der Nachbarkolonie Mont' Alverne, die speciell meiner Leitung anvertraut war, umfasste das gesammte Territorium ein Gebiet von ungefähr 24 Quadrat Leguas.

Dasselbe erstreckt sich über das ganze Hügelland der Vorberge der Serra do Mar, ist ungemein reich bewässert, waldreich, überaus fruchtbar und besitzt ein herrliches, besonders den Deutschen sehr zuträgliches Klima, welches den Wechsel der Jahreszeiten ziemlich scharf hervortreten lässt. Seit der Gründung der Kolonie im Jahre 1849 hat sich denn auch diese Niederlassung wie keine andere gehoben und zählt mit Einschluss der Bevölkerung von Mont' Alverne schon nahezu 12,000 Seelen. Alle möglichen Gewerbe werden hier ausgeübt, Mühlen, Gerbereien, Sattlereien, Schmieden, Seilereien und Anderes mehr sind schon seit Jahren in vollem Betriebe, und in all' den Thälern des weiten Koloniegebietes herrscht reger Fleiss und emsige Gewerbthätigkeit.

Die Aufnahme in einem gastfreundlichen Hause bei Deutschen, wo ich mehr noch wie bei Andern die heimische Sitte bewahrt fand, that mir unendlich wohl und ich trug durchaus kein Verlangen danach, meinen Bestimmungsort, welcher noch 10 Leguas weiter nach der Serra zu gelegen sein sollte, sobald aufzusuchen.

So waren denn etwa 8 Tage der Ruhe verstrichen. Meine guten Wirthsleute hatten mich so mit Freundlichkeit überhäuft, dass es mir täglich schwerer wurde mich wieder auf den Weg zu machen. Verschiedene Boten aus meinem Koloniebezirke mahnten mich aber dringend daran, mich dort einzufinden, da meine Anwesenheit kaum länger verschoben werden durfte. An einem Platze sollte ich Grenzstreitigkeiten schlichten, am andern mich für den Bau einer Schule bei der Regierung verwenden, am dritten war eine Brücke über den Fluss zu bauen und Anschläge dafür zu entwerfen und noch vielerlei andere Dinge harrten meiner Ankunft und Entscheidung.

Ich sattelte daher meinen Schimmel, ein treffliches Pferd, welches ich mittlerweile für einen Spottpreis erworben, warf noch einen wehmüthigen Blick auf die Fleischtöpfe von S. Cruz und ritt ohne jede weitere Begleitung, dies Mal allein mit einigem Gepäck, welches in zwei Satteltaschen quer vor mir lag, von dannen.

Weit ab von jeder menschlichen Kultur, hoch in den Bergen der Serra do Mar, lag das Ziel meiner Reise. Die Sonne war längst hinter den schroffen Spitzen der Gebirgskette verschwunden, — seit frühem Morgen hatte ich keine Menschenseele mehr gesehen und mein Magen, den ich ab und zu nur mit einem Stück Fleisch und einem Schluck Cachaza beschwichtigt, fing ganz bedenklich an zu knurren, als ich mit einem Male menschliche Stimmen vor mir vernahm. — Ich hielt einen Augenblick still und horchte, ehe ich den in scharfen Zickzackwendungen sich vorwärts ziehenden Pfad weiter verfolgte. „Das sind ja Deutsche", dachte ich bei mir, als ich genauer hingehorcht, und eben wollte ich meinem Pferde wieder die Sporen geben, da vernahm ich folgende Worte: „Hörst Du nichts? Lebendig soll uns Keiner entwischen!"

Mit einem Rucke hielt ich meinen Schimmel an und wendete denselben so geräuschlos dies möglich war, indem ich gleichzeitig nach meinem Revolver sah. Einen ungleichen Kampf im Dunkel und Dickicht des Waldes zu bestehen, — dazu verspürte ich gerade kein Verlangen, und die Bewohner jener Gegend standen überdies in keinem besonders guten Ruf. Eine halbe Stunde vorher hatte ich einen Seitenweg bemerkt, der mich eben so schnell nach der Picada Brazil, wohin ich wollte, führen musste, an diesen dachte ich sofort, um wo möglich dem gefährlich scheinenden Zusammentreffen aus dem Wege zu gehen. Ohne Zwischenfall erreichte ich auch, allerdings auf ungeheuern Umwegen und tief in der Nacht, die Hütte des von meiner Ankunft unterrichteten Ansiedlers. Er selbst war nicht zu Hause, nur seine bessere Hälfte empfing mich äusserst freundlich und eine Heerde verwilderter Buben schnarchte kräftig in allen Tonarten aus verschiedenen Ecken des hölzernen Baues.

„Wo ist Ihr Mann?" frug ich erstaunt. „Mein Mann", erwiderte die Hausfrau, die gleich einer Waldfee mit wallendem Haar vor mir stand, — „Herr Gott, haben Sie denn den nicht getroffen? er ist Ihnen mit dem Schullehrer ja entgegen geritten und hat noch die Flinte mitgenommen, um da unten an der Plantage vielleicht ein Wildschwein zu schiessen." —

Wildschweine schiessen — unten an der Plantage, — jetzt ging mir ein Licht auf. Die Plantage hatte ich von Ferne gesehen, und die Stimmen, welche die verdächtigen Worte ausgestossen, glaubte ich auch schon gehört zu haben; — kein Zweifel also — es war mein harmloser Wirth, den ich für einen tückischen Strassenräuber gehalten. — Ich gab der Frau mein vermeintliches Abenteuer zum Besten, und diese wollte sich ausschütten vor Lachen über das Missverständniss. — Nach einem kräftigen Imbiss legte ich mich getrost auf das breite Lager in einem engen Bretterverschlag, durch welchen das Concert der schnarchenden Jugend gedämpft wurde, ohne die Rückkehr des gestrengen Hausherrn abzuwarten und schlief den Schlaf des Gerechten. Ich hatte einen ganz wüsten Traum in jener Nacht, den ich niemals vergessen werde. Mir kam es vor, als sei ich unter die Räuber gefallen, und zwei derselben hätten mich zwischen sich genommen, um mich zu massakriren. Bald bekam ich hier, bald dort einen Puff, bald stiess mich der zwischen die Rippen, bald brüllte jener mich an. — Aengstlich wachte ich endlich auf und wollte mich auf die andere Seite legen, — da in der That packte mich ein Mensch am Arme; ich retirirte auf die andere Seite, — auch hier stemmte sich mir Jemand entgegen. Räuber, Diebe, wollte ich eben schreien, als sich neben mir im Düstern die Gestalt meiner guten Wirthin erhob, die mir besorgt zuraunte: „Herr Gott, was haben Sie für einen unruhigen Schlaf! Legen Sie sich doch mehr hier herüber, damit mein Mann nicht wach wird, der da neben Ihnen liegt." — Jetzt war mir Alles klar; die guten Leutchen hatten mir in Ermangelung eines Gastbettes einen Platz auf ihrem gemeinschaftlichen Lager zurecht gemacht, und nachdem ich eingeschlafen, sich beide ruhig zu meiner linken und rechten Seite niedergelegt. — Ich beruhigte mich und die arme Hausfrau, und friedlich schliefen wir hierauf alle drei in dieser allerdings etwas aussergewöhnlichen Anordnung bis zum Morgen.

Beim Frühstück, welches aus einem auf den Namen Kaffee getauften heissen Getränk bestand, und aus einem von Maismehl zubereiteten, entfernt an Brot erinnerndem Gebäck, sammelte sich in dem Mittelraum des Hauses die aus sieben männlichen Sprösslingen bestehende Nachkommenschaft meiner Wirthsleute. Bezeichnend für die brasilianischen, wie für die Kolonieverhältnisse war es, dass der Benjamin unter dieser streitbaren Schaar, ein etwas schmutziger Knabe von etwa ‘7 Jahren, noch nicht die Weihe der Taufe, und der Stammhalter, ein 17jähriger Jüngling, noch keinerlei Schulunterricht genossen hatte. Ueberhaupt war die ganze Familie von einer durch keine Kultur beleckten

Waldursprünglichkeit. — Als auf meine Vorstellungen hin bald darauf die **Taufe** des Jüngstgeborenen in der etwa 10 Leguas entfernten protestantischen Kirche endlich vorgenommen werden sollte, lies es sich der Kolonist nicht nehmen, wie das dort zu Lande hergebracht ist, den Kaiser bei seinem siebenten Sohne zu Pathe zu bitten, ein Gesuch, dem auf das Bereitwilligste von Dom Pedro II. entsprochen wurde. Im Hochgefühl dieser Pathenschaft strahlte der zu Pferde eintreffende Täufling wahrhaft vor Wonne, und bei der Taufe ging es ausgelassener zu, als auf mancher Hochzeit.

Die Geschäfte auf der Kolonie nahmen viele Stunden in Anspruch und ich hätte ihnen gleich gern noch längere Zeit an Ort und Stelle gewidmet, wenn ein einigermaassen passendes Asyl für mich in dieser Region zu finden gewesen wäre. Die Verhältnisse in Mont' Alverne waren aber so ursprünglicher Art, dass meine Unterkunft im Hause jenes siebenfachen Kindersegens beneidenswerth gegen das Quartier erschien, welches ich allenfalls bei andern Kolonisten zu erwarten hatte. Ich war daher fest entschlossen, fürs Erste nach S. Cruz zurückzukehren und von dort aus die Interessen der meiner Obhut anvertrauten Kolonie wahrzunehmen. So ohne alle weiteren Abenteuer sollte ich aber die unwirthlichen Thäler von Mont' Alverne nicht verlassen.

Einer der Söhne des wackern Ansiedlers hatte mich als wegekundiger Hinterwäldler andern Tages durch die weiten Urwaldstrecken geleitet und ich überzeugte mich, je weiter ich auf dem Gebiete dieser von der Provinzial-Regierung im Jahre 1859 angelegten Kolonien vordrang, dass Mont' Alverne wohl alle natürlichen Erfordernisse für eine glückliche Fortentwickelung besass und dass für tausende von Kolonisten-Familien Raum vorhanden war, dass aber seit Jahren schon die ganze Anlage stiefmütterlich vom Staate behandelt und namentlich für die Eröffnung zweckmässiger Verkehrs- und Absatzwege so gut wie Nichts geschehen sei. Ebensowenig hatte man es für nöthig befunden, für eine genaue Vermessung der Ländereien, für Anlage von Kirchen und Schulen zu sorgen und die hierher geschickten Kolonisten ganz sich selbst überlassen. Viele der ursprünglich angesessenen Leute, welche ihrer Nationalität nach aus Rheinpreussen, Schweizern und einigen

Franzosen und Belgiern bestanden, hatten daher theils der ungünstigen Terrain- und Kommunikations-Verhältnisse, theils um anderer Ursachen willen längst ihre Ländereien wieder im Stiche gelassen, und statt sich fortzuentwickeln, nahm die Bevölkerung von Mont' Alverne, so lange dasselbe nur als ein Anhängsel der grösseren Nachbar-Kolonie S. Cruz behandelt wurde, stetig ab. Die Bewohner von Mont' Alverne, welche diese Vernachlässigung hart genug empfanden und ohnehin sich nicht aus den lautersten Elementen zusammensetzten, trugen deshalb eine gewisse Bitterkeit im Herzen, welche sie leicht geneigt waren, in gefährlicher Weise an dem Fremdling auszulassen. Unter diesen Umständen war es wohl gerechtfertigt, dass ich vor meiner Uebersiedelung in die Einsamkeit eines wahren Urwaldlebens von einem vorläufigen Standquartier aus, zu welchem ich S. Cruz gewählt, alle Minen springen liess, um bei der Regierung das Allernöthigste zur Existenzermöglichung in Mont' Alverne auszuwirken.

Als ich mit meinem Führer die Niederungen im Flussgebiete des Rio Taquary erreicht, von wo aus ich nicht mehr fehlen zu können glaubte, entliess ich den jungen Landsmann und ritt in raschem Tempo, so schnell als es der bodenlose echt brasilianische Weg erlaubte, dem vorläufigen Ziele wieder zu.

Es mochten etwa drei Stunden verflossen sein, als ich mit Schrecken gewahrte, dass ich mich in der Richtung getäuscht, denn der Wald nahm kein Ende und von all' den Merkmalen des richtigen Weges, welche mir zu guter Letzt von meinem Führer noch angegeben waren, liess sich nichts entdecken. Die Sonne war längst hinter den Bergen untergegangen, die ich vor lauter Wald nicht sehen konnte. — Im Urwald irre zu reiten, in gänzlich unbekannten Regionen und ohne allen Proviant in der Tasche ist eine gefährliche Sache. Ich war deshalb etwas erregt und trieb meinen Schimmel zu immer grösserer Eile an. Plötzlich fasste es mich mit Vehemenz an der Kehle und ehe ich noch über den Angriff auf Leib und Leben zu mir selbst kam, lag ich auf dem Boden in einer Pfütze. Schon glaubte ich, dass einige Strolche sich mit der Plünderung meiner Habseligkeiten befassen würden, aber soviel ich mich auch umsah, konnte ich keine menschliche Seele erblicken, um meine Gegenmaassregeln nehmen zu können.

Nur mein Pferd graste, den Zügel hinter sich schleifend in meiner Nähe und schaute mir verständnissvoll zu, wie ich mich mühsam emporarbeitete. Ich sann und sann, wer oder was mich aus dem Sattel geworfen, denn zu deutlich hatte ich den fremden Körper an meinem Halse gespürt. Endlich entdeckte ich einige Schritte hinter mir hoch über meinem Haupte eine Liane, die noch durch ihr Schwanken sich selbst verrathend mich offenbar in der Dämmerung gefasst und elendiglich zu Falle gebracht. Mit Ausnahme von ein paar kleinen Schrammen lief die Sache glücklicher Weise ohne besonderen Schaden ab.

„Komm Schimmel, komm!" rief ich meinem Pferde zu und hielt demselben die Hand entgegen. Mein gutes Ross verspürte aber gar keine Lust mir Folge zu leisten, sondern entfernte sich immer weiter von mir, während ich mit meinen schweren Reiterstiefeln und den handtellergrossen Chilensporen nur mühsam hinterdrein humpelte. Das Anrufen in allen Schmeicheltönen und das Fluchen in allen Tonarten waren gleich nutzlos, ich musste geduldig die Folgen meiner Unachtsamkeit tragen. Nebenbei wurde es immer finsterer, bald stolperte ich über eine Baumwurzel, bald über Steine, die dicht gesäet umherlagen. — Ich nahm meine Uhr hervor, mehr aus Gewohnheit als darnach zu sehen und entdeckte mit Hülfe einiger Zündhölzchen, deren ich schon eine ganze Schachtel voll verbraucht, um nur die schlimmsten Löcher und gefährlichsten Passagen des Weges zu umgehen, — dass es bereits 8 Uhr vorüber war. Einen Werth hatte diese Zeitbestimmung nur insofern für mich, dass ich in etwa drei Stunden, wenn sonst das Wetter anhielt, auf Mondschein rechnen konnte.

Ermüdet, hungrig und durstig schleppte ich mich nur noch so hin, als meinem Schimmel die Geduld auszugehen schien und derselbe, wie ich deutlich hören konnte — denn von Sehen war keine Rede mehr — in schnellerem Tempo vorwärts eilte. Mit einem Male schien er still zu stehen. Was mochte das sein? Auch ich beschleunigte mit Aufwand aller Kräfte meine Schritte. — Da richtig stand das Pferd und wandte, so viel ich im Dunkel bemerken konnte, den Kopf nach mir; ich trat zögernd näher und gewahrte nun zu meiner stillen Freude, dass der Zügel an einer hervorstehenden Wurzel hängen geblieben und zum Theile wenigstens damit meine Noth gehoben war. Schnell fasste ich denselben und schwang mich in den Sattel.

Eine halbe Stunde später nahm auch der Wald ein Ende und in der Hütte eines freundlichen Mulattenpaares fand ich Gelegenheit, nach einem kräftigen Mahle meine ermatteten Glieder auszuruhen.

Als ich mich am andern Morgen von meinem Lager, welches mir in einer Art von Blockhaus auf Maisstroh bereitet war, erhob, bemerkte ich zu meiner nicht gerade angenehmen Ueberraschung, dass ein Strichregen, der möglicherweise einige Wochen anhalten konnte, eingetreten war. Zwei Tage konnte ich allenfalls abwarten, ob sich der Himmel meiner erbarmen und die Sonne vielleicht aus reinem Mitleid sich entschliessen würde, einige Stunden zu scheinen, aber wehe mir, wenn ich mich getäuscht, wenn Bäche und Flüsse anfingen auszutreten und die Wege zu Sümpfen umgestalteten. Nach einiger Ueberlegung liess ich mich von meinem Wirthe bestimmen, wenigstens den folgenden Tag abzuwarten. Der Aufenthalt in der elenden Baracke, einem sogenannten Rancho, in Gesellschaft des freundlichen aber stumpfsinnigen Mulatten und seines Weibes, die beständig in unappetitlicher Weise aus einer schmierigen Cuja mit grossem Behagen ihren Paraguaythee schlürften und dazwischen Dutzende von Cigarretten aus Fumo von Maisstroh rauchten, langweilte mich sehr. Auch war die Unterhaltung mit den Leuten bald erschöpft und was sollte ich nun treiben, um den Tag todtzuschlagen? Zum Lesen hatte ich nichts bei mir, ebensowenig wie bei meinem Wirthe dergleichen zu finden war, und das Schreiben war in den Morgenstunden gleichfalls unmöglich, da man am Abend vergessen, meine Satteltaschen, in deren einer sich mein Notizbuch befand, aus dem Hofe in die Hütte hereinzunehmen, und nun waren dieselben mit ihrem Gesammtinhalt völlig aufgeweicht. Es blieb mir also nichts übrig als zu rauchen und zu schlafen; beides besorgte ich redlich und wie Alles in der Welt ein Ende nimmt, so entschwand auch dieser unfreiwillige Ruhetag und die darauffolgende Nacht.

Den andern Tag regnete es zwar immer noch mit einer staunenswerthen Beharrlickeit, aber ich liess mich jetzt nicht länger abhalten, sondern sattelte mein Pferd, liess mir vom

Wirth den Weg zeigen und trabte, nachdem ich meinen Dank für das freundliche Obdach in klingender Münze abgestattet, schleunigst von dannen.

Nach kurzer Zeit sah mein Schimmel mehr isabellenfarbig aus als weiss, so war derselbe von dem auf allen Seiten hochaufspritzenden Koth der grundlosen Wege überzogen. Einen Trab oder Galopp wagte ich gar nicht anzuschlagen, Schritt vor Schritt tappten wir über die, wie Furchen sich über den Weg hinziehenden Löcher und Pfützen hinweg, bis gegen Mittag mit Mühe und Noth ein Fluss, welchen ich unter allen Umständen durchreiten musste, erreicht war.

„Wie wird das werden?" dachte ich. Man glaubte das Rauschen einer haushohen Kaskade zu vernehmen, ehe man überhaupt noch das Ufer zu Gesicht bekam, und wirklich versperrte, statt des friedlichen Flüsschens, ein wüthender Strom meinen Weg.

Umsonst war alles Anspornen meines Pferdes und alles Zureden; mein Schimmel bäumte sich und sprang zur Seite, als ob ich ihm einen Selbstmord zugemuthet. Guter Rath war jetzt theuer und ich hätte mich zu allen möglichen Gelübden verstanden, wenn mir irgend Jemand eine Aussicht eröffnet, wie ich wohl mit meinem Rosse an das jenseitige Ufer gelangen könne.

Während ich aber noch mit mir berathschlagte, was zu thun, kam ganz unerwartet ein Tropeiro daher, der wie ich über das schäumende Gewässer setzen musste. Als derselbe meine Verlegenheit bemerkte, nahm er mein Pferd am Zügel, band es mit diesem an den Schweif eines seiner Maulthiere und so ging es dann, allerdings nicht ohne ersichtlichen Widerstand und nicht ohne dass ich Gefahr lief, unterwegs sammt meinem Gepäck ein gründliches Bad zu nehmen, durch die reissende Strömung.

Wenn ich hierbei bemerke, dass dasselbe Flüsschen von den Kolonisten von Mont' Alverne bei jeder kleinen Reise zum Absatz ihrer Produkte in ähnlicher Weise ohne Brücke überschritten werden musste, so wird man zugestehen, dass sie allen Grund hatten, sich über die mangelhafte Kommunikation mit den Verkehrsorten zu beklagen.

Nach anhaltendem Ritt gelangte ich am späten Abend nach S. Cruz zurück; aber in welchem Zustande befand ich mich. Bis auf die Haut durchnässt, mit Schmutz bedeckt, ausgehungert und vor Frost mit den Zähnen klappernd, wankte ich unter das schützende Dach meiner einstweiligen Herberge. Ein mehrwöchentlicher Stockschnupfen, ein völlig unbrauchbar gewordener Anzug, ein verlorener silberner Sporn, eine in Lumpen aufgelöste Brieftasche, ein lahmendes Pferd und endlose Schreibereien im Interesse der beklagenswerthen Bewohner von Mont' Alverne, — das war das Resultat der ersten Ausübung meines Amtes und nur zu gerechtfertigt wird es erscheinen, dass ich nicht gerade sehr erbaut von alle dem war, was ich auf diesem Ausflug beobachtet und erlebt.

Die Kolonieen von S. Cruz und Mont' Alverne bestehen, wie jene von S. Leopoldo, aus einer Menge von einzelnen Picaden, deren Produktions- und Bevölkerungsverhältnisse ziemlich verschieden sind. Sehr weit entwickelt sind die in der Nähe des Flüsschens Pardinho gelegenen Picaden von S. Cruz. Hauptsächlich' wird in Massen der Tabak auf ihnen kultivirt, der in ganzen Schiffsladungen von Rio Pardo aus nach den La Plata-Staaten und nach Europa ausgeführt wird.

Die kirchlichen und die Schulverhältnisse würden vielleicht in S. Cruz auch noch ziemlich im Argen liegen, wenn nicht von den Kolonisten selbst die Initiative zur Herstellung geordneter Zustände ergriffen worden wäre. Leider herrscht dabei nicht die nöthige Einigkeit, und Geistliche wie Lehrer schämen sich nicht, einander gegenseitig zu befehden. Am meisten Zwietracht säen die Jesuiten, welche auf dem Stadtplatz von S. Cruz seit Jahren schon festen Fuss gefasst. Die katholische Kirche sowohl wie das protestantische Gotteshaus sind recht gefällige Bauten und lassen auf die Wohlhabenheit der Gemeinde schliessen. Die Einwohnerzahl des Städtchens ist vorläufig bei dem kurzen Bestand der Kolonieen noch eine sehr geringe und wird kaum 4—500 Seelen betragen. Ausser dem Fachinal findet sich in einer entfernteren Picade auch noch ein zweiter Stadtplatz, Santa Thereza genannt.

Vor zwei Jahren, wenn ich nicht irre, wurde S. Cruz, wie man dies in Brasilien nennt, „emancipirt"; das heisst, statt durch den bisher alle Angelegenheiten der Gemeinde allein vermittelnden Direktor trat die Kolonie unmittelbar mit den höheren Regierungsorganen der Provinzialhauptstadt in Verbindung und wurde bezüglich der vorzunehmenden kommunalen Verbesserungen etc. ganz auf sich selbst angewiesen. Ob dies zum Heil und Segen der Kolonisten gereicht, muss die Folge lehren. Analog den Verwaltungseinrichtungen anderer brasilianischer Distrikte und Ortschaften liegt die Ausübung der Gewalt seit der Aufhebung des Direktoriums ganz in den Händen des Friedensrichters, des Municipalrichters und anderer an Ort und Stelle wohnender Beamten. Sehr verdient um die Hebung von S. Cruz haben sich die nach einander hier im Amte befindlichen deutschen Direktoren Schwerin, Mabilde und Trein gemacht. Bei dieser Gelegenheit bemerke ich, dass die Direktion auf sämmtlichen Kolonieen der Provinz fast durchgängig bis in die neueste Zeit von Deutschen verwaltet wurde, während dem gesammten Einwanderungswesen in Rio grande do Sul ein Kolonisations-Chef und Dolmetscher-Agent vorstand, der seinen Sitz in Porto Alegre hatte.

Mein Aufenthalt in S. Cruz währte viele Monate hindurch und ich benutzte so viel, wie nur immer thunlich, meine Zeit, um das weite, 24 Leguas umfassende Gebiet von S. Cruz und Mont' Alverne zu durchstreifen. Auf alle diese einzelnen Ausflüge näher einzugehen, erscheint mir nicht angezeigt. Ein hervorragenderes Interesse für mich hatte die Reise nach dem weithin sichtbaren Sandstein-Bergkegel Butucarahy, dann nach dem malerisch an den Ufern des Rio Taquary gelegenen gleichnamigen Städtchen und die Reise ins Innere nach dem tief in den Bergen versteckten Orte Passo Fundo. Wo man in diesen Gegenden auch hingelangt, bietet die Natur grossartige Schönheiten dar. Am schönsten ist die Aussicht von dem Butucarahy, auf dessen Gipfel sich eine kleine Wallfahrtskapelle befindet.

Die Vegetation hat im Allgemeinen denselben Charakter, wie in den um 24 Jahre älteren Ansiedlungen von S. Leopoldo; nur den Pinien begegnet man häufiger als es dort der Fall ist. Schauderhaft ist der Zustand der Wege, obgleich nicht unbedeutende Summen und noch bedeutend mehr Zeit von Seite der Kolonisten auf deren Verbesserung schon verwandt wurde. Besonders halsbrecherisch waren jene Pfade, welche ich die nicht beneidenswerthe Aufgabe hatte, bei meinen Inspektionsreisen nach Mont' Alverne benutzen zu müssen, namentlich nach einem starken Regen schien alles Terrain sich in einen rothen Lehmbrei aufgelöst zu haben.

Unter die Sehenswürdigkeiten in der Nähe des Stadtplatzes von S. Cruz, welcher, beiläufig bemerkt, die officielle Benennung S. João führt, zählte eine grosse Sandsteinhöhle, nach welcher wiederholt mit den etwa anwesenden Gästen aus Porto Alegre Entdeckungsfahrten unternommen wurden. Dieselbe liegt seitab vom Wege, der nach der sogenannten alten Picade führt, an einem ziemlich schroffen Hange und ist nicht leicht zugänglich. Das Innere aber ist geräumig und erstreckt sich an hundert Meter weit in den Berg hinein. Die Höhle ist weniger um ihrer geologischen Bildung halber, als um ihrer Bewohner willen interessant und sehenswerth. Tausende von Fledermäusen und zwar Thiere von einer der grössten Gattungen haben hier seit undenklichen Zeiten ihren Aufenthalt genommen. In Schaaren schwärmen sie Tag und Nacht in den dunklen Gängen der Höhle umher, oder sitzen in Haufen an ihren Wänden. Jeden Augenblick muss der Besucher ihrer Schlupfwinkel befürchten, mit einem oder dem andern dieser lichtscheuen Geschöpfe, die bei dem etwa angezündeten Lichte wild und unruhig umherflattern, in Konflikt zu gerathen. In dem grossen saalartig erweiterten Mittelraum der ausgedehnten Sandsteingewölbe haben die Fledermäuse einen erstaunlich grossen Berg von Excrementen angehäuft, dessen penetranter Geruch nicht zu den Annehmlichkeiten des Höhlenbesuchs beiträgt. Vielleicht wird einmal nach Jahrzehnten der industrielle Sinn der Bewohner von S. Cruz noch darauf verfallen, diesen Fledermaus-Guano zur Düngung ihrer Tabakplantagen zu verwenden.

Der Reichthum der Wälder an nutzbaren Hölzern hatte zur Zeit meiner Anwesenheit auf den Kolonieen von S. Cruz schon mehrere unternehmungslustige Deutsche zur Anlage von regelrechten Säge- und Schneidemühlen veranlasst. Eines dieser Etablissements befand sich auch in der Nähe des obenerwähnten Berges Butucarahy, und als ich zu meiner Belehrung dorthin an einem nicht allzuheissen Tage meinen Streifzug richten wollte, fand mein Vorschlag zu dem Ausflug allgemeinen Anklang unter Freunden und Bekannten, die sich mir anschlossen. Vor Allem war es die Besteigung des Berges, auf welchem sich jene alte Wallfahrtskapelle befindet, die für meine Reisegesellschaft eine gewisse Anziehungskraft hatte. Ausgerüstet, als zögen wir auf mehrere Wochen ins Feld, rückten wir schon bei Tagesgrauen unserm Ziele entgegen. Schon unterwegs herrschte die fröhlichste Stimmung in unsern Reihen, so dass uns nichts in unserer ausgelassenen Laune zu beeinträchtigen vermochte.

Der Butucarahy liegt etwas nördlich von Villa Thereza am jenseitigen, das heisst am rechten Ufer des Rio Pardinho, den wir bei einer ziemlich schlecht passirbaren Fuhrt zu durchschreiten hatten, ist aber von Villa Thereza aus auf der sogenannten grossen Strasse leicht erreichbar. Die Besichtigung der sehr einfachen Schneidemühle in seiner Nähe, der Anfangs der Ausflug allein gelten sollte, war bald abgethan, und nachdem wir unsere Pferde bei einem Kolonisten eingestellt, schickten wir uns an, den äusserst schroffen Bergkegel auf einem recht unwegsamen Pfade zu erklimmen. Als Wegweiser dienten die Ueberreste von Kreuzen oder von Heiligenbildern, welche als ehemalige Stationen für Wallfahrer zu beiden Seiten des Weges sich noch vorfanden. Steingeröll und wildes Gestrüpp deckte vielfach den Pfad, während ausser uns kein lebendes Wesen weit und breit sich zeigte. Nur ein Mal huschte eine aussergewöhnlich grosse Schlange zur Seite, die unser Nahen aus beschaulichen Betrachtungen wohl aufgeschreckt haben mochte und einer meiner S. Cruzer Begleiter knüpfte daran die Erzählung von der in S. Cruz verbreiteten Mähr, dass in einem gewissen Gehölze, nicht weit vom Ausgange nach dem Campe, seit Jahr und Tag ein Riesenungethüm von einer Schlange verborgen ihr Wesen treibe. Das Wäldchen, trotzdem es ganz in der Nähe des Stadtplatzes liegt, wird daher von Alt und Jung mit ängstlicher Scheu gemieden. Solche Geschichten sind auf den deutschen Kolonieen, trotz der kurzen Zeit ihres Bestehens, schon sehr vielfach verbreitet und man könnte in ihnen fast die Anfänge einer Entwickelung deutscher Volkssagen und Legenden in dem neuen Vaterlande erblicken.

Das Bergansteigen kostete uns manchen Schweisstropfen und gegen alle vorherige Berechnung langten wir erst spät, als der Abend schon angebrochen war, auf der Spitze des Berges an. Bisher war unsere Aufmerksamkeit vom Wege so in Anspruch genommen, dass wir auf den Himmel und seine Launen nicht Acht gehabt, jezt aber gewahrten wir unangenehm überrascht, dass uns ein eben beginnender arger Regenguss am Hinabsteigen hinderte, auch schien es bedenklich, bei der hereinbrechenden Dunkelheit solch' halsbrecherischen Weg zurück zu wagen. Obgleich ganz und gar nicht für ein nächtliches Bivouak bezüglich der Kleidung vorbereitet, beschlossen wir deshalb doch zum mindesten das Aufhören des Regens hier oben abzuwarten. Nicht weit von der Stelle, wo wir den Gipfel erklommen, bemerkten wir die alte seit langer Zeit nicht mehr zum Gottesdienst benutzte und ihrem Verfalle zueilende ehemalige Wallfahrtskapelle. Sie bot uns jetzt ein willkommenes Asyl und wie wohl hunderte vor uns schon gethan, — wenigstens liess sich dies aus mannigfachen Ueberresten schliessen, — zündeten wir in dem öden und kahlen Raum ein lustig flackerndes Feuer an, das uns bei der abendlichen und vom Regen stark abgekühlten Luft angenehm durchwärmte. Von all' dem Glanz und Schmuck des Gotteshauses waren kaum noch geringe Anzeichen übrig geblieben, nur die Altardecke lag vergessen in einem Winkel, und so schien es denn keinem von uns ein sacrilegisches Beginnen, als einer von der Gesellschaft das Tuch um seine Schulter hing, während er seine Kleider zum Trocknen vor dem Feuer ausgebreitet.

Als wir so malerisch an dem ganz aussergewöhnlichen Orte um die wärmende Flamme gelagert waren, entdeckte Einer von uns beim Umherspähen in der öden Halle kleine Reste von Wachslichtern, vielleicht die letzten Ueberbleibsel geweihter Kerzen. Dies brachte uns auf den Einfall, mit ihrer Hülfe uns vom Butucarahy zurück zu leuchten. Wir hatten uns zwar viel vom Erwarten des Sonnenaufganges auf der Höhe versprochen, da ohnehin die Aussicht vom Butucarahy bei unserer Ankunft an den wenigen Stellen, wo eine solche wegen der üppigen Vegetation zu geniessen war, durch schwarze Wetterwolken bisher verschleiert erschien; indessen verzichteten wir nach einiger Ueberlegung auf ein längeres Verweilen und ordneten uns, als sich der Regen glücklich verzogen, zu einer seltsamen Prozession bergabwärts. Wie es still beim Hinaufsteigen gewesen, so empfing uns jetzt wieder eine erhabene Waldeinsamkeit, die nur von unseren Zurufen, von unserem Geplauder und unserem

Lachen unterbrochen wurde. Hie und da löste sich ein Stein unter den Füssen und polterte mit Geräusch in die Tiefe, oder ganz von Ferne tönte ein schwacher Laut aus dem nicht weit vom Berge gelegenen Gehöfte an unser Ohr, sonst aber war es still — todtenstill. Die kleinen Kerzchen waren auf halbem Wege schon verloschen und es bedurfte der ganzen Aufmerksamkeit eines meiner deutschen Landsleute, der häufiger schon diese Partie unternommen und den Zug leitete, um nicht etwa fehl zu gehen. Zu einer sehr ungewöhnlichen Stunde langten wir endlich bei dem Ausgangspunkte der Expedition an und nachdem wir uns einige Stunden Rast gegönnt, fingen wir unsere Pferde in dem Corale ein, sattelten sie und ritten, wenn auch etwas ermüdet, dem Fachinal von S. Cruz wieder zu.

Selten verging ein Tag, an dem ich nicht auf die vorgeschilderte Weise einen neuen Theil der Gegend kennen gelernt und durch Fragen und Erkundigungen dabei Vieles erfahren, was sich schlechthin aus den Erzählungen Anderer oder aus Reisebeschreibungen kaum entnehmen lässt.

Der Verkehr mit den Deutschen in und um S. Cruz, worunter viele Schlesier und Pommern, ist ein sehr ungezwungener. Die Gastfreundschaft wird im allerweitesten Maasse von Jedermann ausgeübt, nur darf man sich nicht an der etwas derben, darum aber nicht minder herzlich gemeinten Weise der Leute stossen. Von Bezahlung ist keine Rede. Nicht einmal die Vendenbesitzer erheben einen Anspruch auf Geldentschädigung für das freundlich gebotene Nachtquartier, sowie Essen und Trinken.

Zweierlei Uebelstände machen sich in S. Cruz, wie anderwärts auf den deutschen Kolonieen fühlbarer fast noch, als die mangelhaften Kirchen- und Schulverhältnisse. Es ist dies die weite Entfernung von ärztlichem Beistand in Krankheitsfällen und von polizeilicher Hülfe bei der Ahndung von Vergehen oder Verbrechen. Zwar haben sich wiederholt schon Aerzte unter den Kolonisten niedergelassen, verliessen aber nach kurzem Verweilen die Gegend wieder, da ohne Subsidien der Regierung keine Praxis aurea ihr Dableiben lohnte. In Folge dessen setzten sich Pfuscher und Quacksalber an ihre Stelle, um die Leichtgläubigkeit der Menge zu ihrem Vortheile auszubeuten. Auch treiben manche andere Unberufene neben ihrer gewöhnlichen Beschäftigung Homöopathie, Baumscheidismus u. dgl. m., welche Heilmethoden als Universalmittel gegen alle Krankheitserscheinungen angewandt werden. Zum Glück erfreuen sich die Kolonisten in den verschiedenen Picaden im Allgemeinen einer dauerhaften Gesundheit, bei besonderen Unglücksfällen aber sind sie leider auf die zweifelhafte Hülfeleistung jener ärztlichen Dilettanten angewiesen. Wohl entschliessen sie sich dann auch, einen Arzt aus weiter Ferne herbeizuholen, aber in der Regel ist es bereits zu spät.

Was die Aufrechthaltung der gesetzlichen Ordnung durch die Polizei anlangt, so hatte ich in meiner amtlichen Thätigkeit gar schlimme Erfahrungen zu machen. Der polizeiliche Gewalthaber wohnte z. B. mehrere Leguas von Mont' Alverne entfernt und Schlägereien, Diebstähle, ja selbst ein Mord ereigneten sich unter der verwilderten Bevölkerung einzelner Picaden, ohne dass der Polizeibeamte auch nur das Geringste davon gewahr geworden wäre, wenn er nicht einige Wochen später auf schriftlichem Wege Kenntniss von solchen Vorgängen erhalten hätte. Kam er dann an Ort und Stelle, so war der Schuldige längst über alle Berge. — Derartige Missstände wurden zu meiner Zeit auch von andern Koloniedirektoren auf das Tiefste beklagt und bezeichnend ist die Mittheilung, welche mir einer derselben über seine Erlebnisse in dieser Hinsicht machte. Derselbe erzählte Folgendes: „Die Bewohner einer entfernten Picade, die untauglichsten Elemente in meinem ganzen Kolonialgebiete, begingen jahraus, jahrein solche Ausschreitungen, dass ich fast wöchentlich genöthigt war, mich an Ort und Stelle einzufinden, um Streitigkeiten zu schlichten oder zur Ruhe und Ordnung eindringlich zu ermahnen. Alle meine Bemühungen aber, geregelte Zustände herbeizuführen, waren umsonst; man spottete meiner Warnungen, und ich selbst sah allerdings meine Ohnmacht genugsam ein, ja sogar meine eigene Sicherheit war bedroht, wenn mir nicht eine polizeiliche Executivgewalt beigegeben wurde. Ich wendete mich zur Erlangung derselben also an die oberste Behörde in der Hauptstadt, indem ich erklärte, lieber mein Amt niederlegen zu wollen, als länger noch mich dem Spotte meiner Untergebenen auszusetzen. Darauf hin wurden mir in der That vom Präsidenten der Provinz 5 Polizeisoldaten überwiesen, mit denen man glaubte, mich für alle Zeiten befriedigt zu haben. Eines Tages trafen dieselben bei mir ein, und wenn auch ihr Anblick von vornherein kein Vertrauen erweckender war, denn fast wie alle brasilianischen Vaterlandsvertheidiger sahen die braunen Gesellen sammt ihrer Ausrüstung ungemein verlottert aus, so setzte ich doch fürs Erste kein Misstrauen in ihren Pflichteifer. Schon am folgenden Tag rückte ich mit ihnen gegen meine unbotmässigen Unterthanen ins Feld. Um sodann einigen Dieben auf die Spur zu kommen, quartierte ich meine kleine Truppenmacht in der betreffenden Picade selbst ein. Das Resultat meiner Operationen war aber nichts weniger als den Erwartungen entsprechend. Die 5 Soldaten nämlich erwiesen sich als noch grössere Schelme wie meine Kolonisten und stahlen öffentlich und heimlich, wie die reinen Banditen. Ich citirte sie deshalb vor mich, stellte sie über ihre Unthaten zur Rede und wusste mir schliesslich nicht anders zu helfen, als sie alle fünf einzusperren. Als Gefängniss benutzte ich den Hühnerstall neben meinem Hause, dessen Festigkeit indessen so gering war, dass ich schon am nächsten Morgen den Käfig leer fand. Die gesammte Polizeimacht war mir entwischt. Noch habe ich kein Verlangen getragen, sie zum zweiten Male herbeizurufen. Lieber überlasse ich die Dinge sich selbst und dem entfernt wohnenden Delegaten die Sorge, dem Gesetze in meinem Koloniegebiete Achtung zu verschaffen."

Indem ich nun mit der Darlegung der Erfahrungen und Verhältnisse meines mehrjährigen Aufenthaltes in Brasilien schliesse, hoffe ich nicht nur die Erkenntniss dieses interessanten Landes dem Leserkreise möglichst nahe gerückt, sondern auch mein eigenes Urtheil über Land und Leute zur Genüge begründet zu haben.

Was ich namentlich über die Ansiedlungen unserer deutschen Landsleute, denen man eine aufrichtige Theilnahme nicht versagen kann, am Schlusse hinzuzufügen habe, ist der Wunsch, dass dieselben sich der Beachtung und Begünstigung ihrer heimischen Regierung mehr erfreuen möchten als bisher, wo ein künstlich genährtes Vorurtheil den fernen Söhnen der Heimath und dem eigenen Vortheil durch gesetzliche Abwehr und Warnung gegen jede Auswanderung in Brasilien lähmend in den Weg trat. Schon das blühende Gedeihen der Ansiedlungen in Rio grande do Sul, wie auch in der allbekannten Kolonie Blumenau (Provinz S. Katharina), ist geeignet alle gehässigen Gegenbehauptungen glänzend zu widerlegen. Dem übervölkerten Deutschland könnte dieser Abzugskanal überflüssiger Kräfte zur eigenen Stärkung dienen, indem ihm jenseits des Meeres die Sympathieen seiner Landeskinder bei nur einiger Sorgfalt erhalten blieben und dem einheimischen Handel und Gewerbe neue Absatzquellen sich eröffnen würden.

Allerdings muss ich betonen, dass in klimatischer Beziehung nur die Provinzen Rio grande do Sul und S. Catharina für deutsche Ansiedelungen ins Auge zu fassen sind und mit gutem Gewissen unseren Landsleuten empfohlen werden können. — Den gebildeten Ständen ist von einer Auswanderung und einem bleibenden Aufenthalte in Brasilien überhaupt abzurathen, denn so interessant das Land auch für den Naturforscher und Reisenden ist, so bietet es doch für sie mit Ausnahme der Aerzte oder Kaufleute, welche eine feste Stelle dort erwartet, kein geeignetes Fortkommen, ja auch diese kehren in der Regel dereinst mit ihren materiellen Errungenschaften nach der Heimath zurück, da es auf die Dauer für sie kaum möglich ist, eine Entschädigung für die in Brasilien fehlenden idealen Genüsse des Lebens zu finden.

www.ingramcontent.com/pod-product-compliance
Lightning Source LLC
Chambersburg PA
CBHW021230300426
44111CB00007B/491